| 计量经济学丛书 |

GAOJI JILIANG JINGJIXUE

高级计量经济学

叶阿忠 吴相波 陈丛波 郑 航 陈芳倩 编著

厦门大学出版社 XIAMEN UNIVERSITY PRESS 国家一级出版社 全国百佳图书出版单位

图书在版编目(CIP)数据

高级计量经济学/叶阿忠等编著.—厦门:厦门大学出版社,2020.9
ISBN 978-7-5615-7893-3

Ⅰ.①高… Ⅱ.①叶… Ⅲ.①计量经济学—高等学校—教材 Ⅳ.①F224.0

中国版本图书馆 CIP 数据核字(2020)第 173002 号

出 版 人 郑文礼
责任编辑 吴兴友
封面设计 李嘉彬
技术编辑 朱 楷

出版发行 厦门大学出版社
社 址 厦门市软件园二期望海路 39 号
邮政编码 361008
总 机 0592-2181111 0592-2181406(传真)
营销中心 0592-2184458 0592-2181365
网 址 http://www.xmupress.com
邮 箱 xmup@xmupress.com
印 刷 厦门市金凯龙印刷有限公司

开本 787 mm×1 092 mm 1/16
印张 20.5
插页 1
字数 474 千字
版次 2020 年 9 月第 1 版
印次 2020 年 9 月第 1 次印刷
定价 58.00 元

本书如有印装质量问题请直接寄承印厂调换

厦门大学出版社
微信二维码

厦门大学出版社
微博二维码

前　言

本书涉及近年来在学术文献上应用较多的一些计量经济学模型。有的模型有软件实现,有的模型仅作介绍,希望再版时所有模型都可以用软件实现。

本书分十四章。第一章是导论;第二章是最大似然估计;第三章是广义矩估计;第四章是贝叶斯估计;第五章是向量自回归模型,包括时间序列的VAR模型、结构向量自回归模型、面板数据向量自回归模型、马尔可夫区制转换向量自回归模型、门限向量自回归模型、因素增广的向量自回归模型和时变参数向量自回归模型;第六章是多值选择模型,包括多值Logit模型、条件Logit模型、条件多值Logit模型、分层Logit模型和分层贝叶斯Logit模型;第七章是转换模型,包括面板平滑转换回归模型、贝叶斯区制转移模型和马尔可夫区制转换向量误差修正模型;第八章是非线性回归模型,包括非线性格兰杰因果检验、非线性MG系统模型、非线性平滑转移误差修正模型和分时段Tobit模型;第九章是分位数回归模型,包括面板分位数回归模型、门限分位数回归模型和时变系数分位数回归模型;第十章是倾向得分匹配模型与风险分析;第十一章是半参数与非参数计量经济学模型;第十二章是空间计量经济模型,包括空间计量经济学基础、空间回归模型、面板空间回归模型、空间变系数回归模型、空间杜宾模型、面板数据空间向量自回归模型和全局向量自回归模型;第十三章是计量经济学的实证练习:经济增长的实证研究;第十四章是计量经济学之Stata应用。

本书初稿的第一章和第五章由叶阿忠、吴先亚、丁梦璐和梁文明编写,第二章和第三章由林韦佳、丁梦璐、陈芳倩和邱丽萍编写,第四章和第七章由陈依凡、梁文明和张锡书编写,第六章和第九章由朱松平、王宣惠和梁文明编写,第八章和第十章由汪晓恒、陈芳倩、邱丽萍和郑航编写,第十一章由陈丛波、陈志勇和郑航编写,第十二章由陈丛波、陈婷和王宣惠编写,第十三章和第十四章由吴相波编写。全书最终由叶阿忠、吴相波、陈丛波、郑航和陈芳倩统稿完成。

感谢国家自然科学基金委管理科学部两个面上项目“半参数空间向量自回归模型的理论研究及其应用”(71171057)和“半参数全局向量自回归模型的理论研究及其应用”(71571046)的资助!特别感谢清华大学博士生导师李子奈教授在我读博士期间对我的培养和博士毕业后科研工作的关心,使我持续关注计量经济学理论和应用研究领域。也感谢妻子陈明英女士和女儿叶宇欣的一如既往的支持!还要特别感谢厦门大学出版社吴兴友先生的大力支持！也感谢所有本书编写者家属的共同支持！由于我们的学术水平有限，加之时间仓促，书中的错漏和疏忽在所难免，恳请读者批评指正！

叶阿忠

福州大学计量经济研究所

2020 年 3 月

目 录

第一章　导论

1.1　引言

一、本教材内容安排的说明

计量经济学已经成为财经类高校硕士研究生教育的必修课程，甚至许多非经济学专业的硕士研究生都存在着学习计量经济学的需要。计量经济学作为一门经济学课程，自20世纪90年代中期在我国高等院校的经济、管理学科相关专业逐步开设，至今已有20多年历史。早在1998年，教育部高等学校经济学科教学指导委员会就将计量经济学列入包括西方经济学、统计学、财政学等学科在内的经济学类八大核心课程。近年来伴随着经济发展，尤其在金融、证券和宏观经济管理领域，定量分析的重要性越发凸显，计量经济学的重要性也逐渐为人们所认识。那么研究生计量经济学和本科生计量经济学有什么区别呢？

大部分本科生计量经济学教材通常是初级和中级的计量经济学教材，内容是以传统的经典的计量经济学为主，注重本科生计量经济学基本理论的学习和理解，偏重于学生对于计量经济学模型的掌握与应用。综合比较现有国内计量经济学教材，初级阶段推荐由张晓桐主编、南开大学出版社出版的《计量经济学基础》一书。中级阶段推荐由李子奈、潘文卿编著、高等教育出版社出版的《计量经济学》，该书是目前国内本科生使用最多的中级计量经济学教材。除此之外，一般本科生计量经济学教材只要求学生掌握1～2个如EViews软件的基本操作和计量经济模型的软件应用，对于较为前沿的现代计量经济学的理论和发展涉及不多或者只要求简单的了解。总而言之，本科生计量经济学教材更偏重于基础和应用，不过分要求学生对于计量经济学学习的深度和广度，对于较为前沿的现代计量经济学内容的掌握和学习要求也不高。

再说到研究生计量经济学教材，首先，可以肯定的是研究生计量经济学教材与本科生计量经济学教材并非有什么本质上的区别，两者恰恰有着紧密的联系。第一，本科生计量经济学的学习是研究生阶段计量经济学学习的必要前提。研究生计量经济学是财经类研究生必须要掌握的一门核心课程，其对于研究生阶段学术研究，以及未来各个领域就业都具有极大的裨益，为了掌握和学好这门课程就必须要有相应的基础。对于本科阶段没有学习过计量经济学的非经济学专业学生或者本科计量经济学基础不扎实的学生而言，直接进行研究生计量经济学课程学习就会比较困难。第二，两者的学习目的大致相同，本科生和研究生计量经济学的学习目的之一都是为了模型的应用，而不是为了计量经济学的理论研究。许多财经类的学生甚至许多来自不同专业的学生进行计量经济学的学习，都是为了学术研究和论文撰写过程中甚至是将来从事不同领域工作中应用不同的模型。只不过本科生阶段学习的理论和模型可能略微浅显和不足，不足以应对和解决各类复杂的经济问题和现象。第三，两者内容有重叠。许多本科生和研究生计量经济学教材的内容相似，尤其是关于经典线性计量经济学部分和一些较为基础的现代计量经济学部分。这就很容易给一些本科阶段学习过计量经济学的研究生一种错觉——两者没有什么太大区别。这部分研究生肯定会产生疑问：两者区别究竟在哪里？

综合笔者多年的本科生和研究生计量经济学课程的教学经验，以及对于大量计量经济学教材的阅读比较，归纳出以下三种本科生和研究生计量经济学内容的不同：

第一，广度和深度方面的不同。即使本科生和研究生的计量经济学的部分内容存在重叠，比如经典计量经济学部分。但是这并不意味着对于这些内容学习的要求就一致，研究生计量经济学要求研究生必须比本科生更加熟练地掌握经典计量经济学的理论知识和模型特征，同时还要求研究生掌握更多的本科生没有接触到的计量经济学知识和模型，如现代计量经济学发展的重要分支——非参数计量经济学和空间计量经济学等。

第二，基础知识和前沿知识的比例不同。本科生计量经济学更偏重基础而忽略前沿知识；研究生计量经济学更重视基础和前沿的相互结合。大部分本科生教材里经典计量经济学等相关的基础计量经济学知识通常占据教材内容的50%～80%，而诸如现代时间序列计量经济学模型、微观计量经济学模型、非参数计量经济学模型和空间计量经济学模型等现代计量经济学的重要分支的前沿内容往往很少甚至没有，即使部分本科教材有包含以上内容也往往只涉及很浅显的概念。而许多研究生的教材和中高级的计量经济学教材中基础的计量经济学知识配比通常都低于一半，同时也比较重视现代计量经济学的相关内容。研究生计量经济学要求研究生必须拥有扎实的计量经济学基础，同时还要掌握现代计量经济学内容。这就要求阅读此类研究生计量经济学教材之前必须有一定的计量经济学基础。

第三，研究生计量经济学更注重方法论培养。本科生计量经济学通常只需要学生能够理解和掌握计量模型的实现方法，用于一些简单的经济问题和现象的研究分析即可，对于计量模型的方法论研究——理论方法是如何产生和发展的——没有太高要求。而研究生计量经济学更注重对于学生计量模型方法论研究的培养。因为只有掌握了理论产生和发展的方法论，才能够有计量经济学的发展和创新，而这正是研究生计量经济学教学的根本目的。而对于模型应用，相比于本科阶段仅要求学生能够熟练掌握和应用，研究生计量经济学更注重的是培养学生掌握应用模型演变和发展的方法论，让学生了解模型是如何提出和发展的，为学生未来实践中提出模型打下方法论基础。正如李子奈教授所说："知识和模型有些已经过时，有些即将过时，而产生知识和模型的方法论永远不会过时。"

此外，研究生计量经济学也可以分为不同阶段。通常研究生一年级阶段所接触的计量经济学和教材更注重巩固和夯实学生对于计量经济学的系统认识，辅以加强学生对于各类较为前沿的现代计量经济学模型的学习与应用。此阶段的学习和教材通常会出现现代计量经济学内容不完整的问题。而许多培养要求较高的经济类研究生通常会在研究生二年级阶段继续学习计量经济学的高级课程或者说高级计量经济学，在计量经济学的高级课程中更侧重于学生对于大量前沿模型理论方法和应用的学习，此阶段的学习任务主要是学习、讨论和研究现代计量经济学的各个分支和主要的模型。

最后，笔者及其团队阅读大量研究生计量经济学教学相关文献，结合多年来丰富的教学经验，发现研究生计量经济学的教学存在以下几点常见的问题：(1)许多教师尤其是有海外留学经历的老师在教授计量经济学时通常会过于着重教授某个现代计量经济学的分支。(2)许多老师在授课期间过多介绍模型的理论方法和数学过程推导，不注重模型的应用和操作。(3)如今研究生计量经济学的课时设计通常受限于学生专业的培养计划等因素而大幅度缩减，致使计量经济学学习内容不完善。(4)大量研究生的论文中出现计量模型"滥用""错用"的现象。

因此，针对上述情况，本书的整个编著过程遵循研究生计量经济学的特征——对本科教材的拓展升华，凸显研究生计量经济学的广度和深度，对计量经济学基础知识和前沿知识进行适度配比，尽可能包含现代计量经济学的所有模型类型，强化教材对于学生方法论的培养效果。进而根据研究生对于计量经济学的需求、老师对于学生的授课需求和高校对于学生学习目标和培养计划的标准，合理设计本书框架，尽可能包含适当模型理论的推导，也注重模型应用的实现。本书求全不求专的特点可以满足不同专业的学生对于各类模型的需求，这也有助于老师在授课期间更多的强化学生们模型学习和应用的思路，淡化数学推导过程，因为详细的理论推导和大量的操作案例使得学生自学过程变得更为平坦，也不致出现模型"滥用""错用"的现象。

二、本书计量工具介绍

本书采用了 EViews、MATLAB、Stata 和 R 软件等计量工具来实现本书各种模型的估计、检验和预测。其中 EViews 采用 10.0 版本，MATLAB 采用 R2018a 版本、Stata 采用 16.0 版本和 R 软件采用 3.6.3 版本。下面对各计量工具进行简单的介绍。

1.EViews 软件

EViews 是 Econometrics Views 的缩写，直译为计量经济学观察，通常称为计量经济学软件包。它的本意是对社会经济关系与经济活动的数量规律，采用计量经济学方法与技术进行"观察"。另外 EViews 也是美国 QMS 公司研制的在 Windows 下专门从事数据分析、回归分析和预测的工具。使用 EViews 可以迅速地从数据中寻找出统计关系，并用得到的关系去预测数据的未来值。计量经济学研究的核心是设计模型、收集资料、估计模型、检验模型、应用模型(结构分析、经济预测、政策评价)。EViews 是完成上述任务比较得力的必不可少的工具。正是由于 EViews 等计量经济学软件包的出现，使计量经济学取得了长足的进步，发展成为一门较为实用与严谨的经济学科。

EViews 是在 Windows 操作系统中计量经济学软件里世界性领导软件。它功能强大、界面友好；拥有最新的建模工具，是快速直观且容易使用的软件。EViews 软件在科学数据分析与评价、金融分析、经济预测、销售预测和成本分析等领域应用非常广泛。

EViews 软件在 Windows 环境下运行，操作接口容易上手，使得本来复杂的数据分析过程变得易学易用。

EViews 处理的基本数据对象是时间序列，每个序列有一个名称，只要提及序列的名称就可以对序列中所有的观察值进行操作，EViews 允许用户以简便的可视化的方式从键盘或磁盘文件中输入数据，根据已有的序列生成新的序列，在屏幕上显示序列或打印机上打印输出序列，对序列之间存在的关系进行统计分析。

2.MATLAB 软件

MATLAB 是美国 MathWorks 公司出品的商业数学软件，用于算法开发、数据可视化、数据分析以及数值计算的高级技术计算语言和交互式环境，主要包括 MATLAB 和 Simulink 两大部分。

MATLAB 是 matrix&laboratory 两个词的组合，意为矩阵工厂(矩阵实验室)。它将数值分析、矩阵计算、科学数据可视化以及非线性动态系统的建模和仿真等诸多强大功能集成在一个易于使用的视窗环境中，为科学研究、工程设计以及必须进行有效数值计算的众多科学领域提供了一种全面的解决方案，并在很大程度上摆脱了传统非交互式程序设计语言(如 C、Fortran)的编辑模式，代表了当今国际科学计算软件的先进水平。

MATLAB 和 Mathematica、Maple 并称为三大数学软件。它在数学类科技应用软件中在数值计算方面首屈一指。MATLAB 可以进行矩阵运算，绘制函数和数据，实现算法，创建用户界面，连接其他编程语言的程序等，主要应用于工程计算、控制设计、信号处理与通信、图像处理、信号检测、金融建模设计与分析等领域。

MATLAB 的基本数据单位是矩阵，它的指令表达式与数学、工程中常用的形式十分相似，故用 MATLAB 来解算问题要比用 C，FORTRAN 等语言简捷得多，并且 MATLAB 也吸收了像 Maple 等软件的优点，使 MATLAB 成为一个强大的数学软件。在新的版本中也加入了对 C，FORTRAN，C++，JAVA 的支持。

3.Stata 软件

Stata 是一套用于数据分析、数据管理以及绘制专业图表的完整及整合性统计软件。它提供许许多多功能，包含线性混合模型、均衡重复反复及多项式普罗比模式。用 Stata 绘制的统计图形相当精美。

Stata 的统计功能很强，除了传统的统计分析方法外，还收集了近 20 年发展起来的新方法，如 Cox 比例风险回归，指数与 Weibull 回归，多类结果与有序结果的 logistic 回归，Poisson 回归，负二项回归及广义负二项回归，随机效应模型等。具体说，Stata 具有如下统计分析能力：

数值变量资料的一般分析：参数估计、t 检验、单因素和多因素的方差分析、协方差分析、交互效应模型、平衡和非平衡设计、嵌套设计、随机效应、多个均数的两两比较、缺项数据的处理、方差齐性检验、正态性检验、变量变换等。

分类资料的一般分析：参数估计、列联表分析（列联系数、确切概率）、流行病学表格分析等。

等级资料的一般分析：秩变换、秩和检验、秩相关等

相关与回归分析：简单相关、偏相关、典型相关，以及多达数十种的回归分析方法，如

多元线性回归、逐步回归、加权回归、稳键回归、二阶段回归、百分位数（中位数）回归、残差分析、强影响点分析、曲线拟合、随机效应的线性回归模型等。

其他方法：质量控制、整群抽样的设计效率、诊断试验评价、kappa 等。

4.R 软件

R 语言是统计领域广泛使用的，诞生于 1980 年左右的 S 语言的一个分支。R 语言是 S 语言的一种实现。S 语言是由 AT&T 贝尔实验室开发的一种用来进行数据探索、统计分析、作图的解释型语言。最初 S 语言的实现版本主要是 S-PLUS。S-PLUS 是一个商业软件，它基于 S 语言，并由 MathSoft 公司的统计科学部进一步完善。

R 是一套完整的数据处理、计算和制图软件系统。其功能包括：数据存储和处理系统；数组运算工具(其向量、矩阵运算方面功能尤其强大)；完整连贯的统计分析工具；优秀的统计制图功能；简便而强大的编程语言：可操纵数据的输入和输出，可实现分支、循环，用户可自定义功能。

与其说 R 是一种统计软件，还不如说 R 是一种数学计算的环境，因为 R 并不是仅仅提供若干统计程序，使用者只需指定数据库和若干参数便可进行统计分析。R 的思想是：它可以提供一些集成的统计工具，但更大量的是各种数学计算、统计计算的函数，从而使使用者能灵活机动地进行数据分析，甚至创造出符合需要的新的统计计算方法。

该语言的语法表面上类似 C，但在语义上是函数设计语言(functional programming language)的变种并且和 Lisp 以及 APL 有很强的兼容性。特别的是，它允许在“语言上计算”(computing on the language)。这使得它可以把表达式作为函数的输入参数，而这种做法对统计模拟和绘图非常有用。

R 是一个免费的自由软件，它有 UNIX、LINUX、MacOS 和 WINDOWS 版本，都是可以免费下载和使用的。在 R 主页那儿可以下载到 R 的安装程序、各种外挂程序和文档。在 R 的安装程序中只包含了 8 个基础模块，其他外部模块可以通过 CRAN 获得。

三、计量模型发展概况

计量经济学自 20 世纪 20 年代末 30 年代初诞生以来，已经形成了十分丰富的内容体系。一般认为，可以以 20 世纪 70 年代为界将计量经济学分为经典计量经济学和现代计量经济学两个阶段，而现代计量经济学又可以主要分为以下 4 个分支：时间序列计量经济学、微观计量经济学、非参数计量经济学和面板数据计量经济学。这些分支作为独立的课程已经被列入经济学研究生的课程表，独立的教科书也已陆续出版，应用研究已十分广泛，标志着它们作为计量经济学的分支学科已经成熟。

其中现代计量经济学模型体系是以经典计量经济学模型理论为基础而逐渐发展起来的，计量经济学模型的发展就是经典计量经济学模型和以此为基础发展的各个现代计量经济学分支模型的发展。进入 20 世纪 70 年代以后，现代计量经济学得到了发展。作为现代计量经济学发展的导向原则，无非是两条。一是使得计量经济学模型所揭示和描述的“经济如何运行的信息”与现实的经济运行更加吻合；二是为达到这个目的，如何在模型研究中充分利用“现有的数据资料”。各种类型的现代计量经济学模型，都没有改变经典计量经济学倡导和确立的“经济理论、数学、统计学结合”的本质、坚实的概率论基础、“利用现有的数据资料以提取关于经济如何运行的信息”的功能以及所遵循的研究步骤。所以说，现代计量经济学是在经典计量经济学的基础上发展起来的。下面就简要介绍经典计量经济学及各个现代计量经济学分支的发展概况：

1.经典计量经济学的发展

经典计量经济学以凯恩斯主义为导向建立了宏观计量经济模型结构，具有它所处的时代的局限性。但是，作为一种实证经济研究方法，它倡导的“经济理论、数学、统计学结合”的本质，它所依赖的坚实的概率论基础，它能够实现的“利用现有的数据资料以提取关于经济如何运行的信息”的功能，以及它所遵循的“关于经济活动的观察（即行为分析）→关于经济理论的抽象（即理论假说）→建立总体回归模型→获取样本观测数据→估计模型→检验模型→应用模型”的研究步骤，是没有时代局限性的，是普遍适用的。因而，经典计量经济学模型至今仍然被广泛应用。而经典计量经济学有其明显的共同特征，李子奈(2002)对此作出如下概括。在理论方法方面的特征可以简要概括为：(1)模型类型——参数模型、随机模型；(2)模型导向——理论导向；(3)模型结构——线性模型、因果分析模型；(4)数据类型——截面数据、时间序列数据、被解释变量具有服从正态分布的连续观测值；(5)估计方法——仅利用样本信息、最小二乘方法、最大似然方法。在应用方面的特征可以简要概括为：(1)应用模型方法论基础——实证分析、经验分析；(2)应用模型的功能——结构分析、政策评价、经济预测、理论检验与发展；(3)应用模型的领域——传统的应用领域，例如生产、需求、消费、投资、货币需求、就业、福利以及宏观经济等。

在经典计量经济学的发展历史上，有 4 位经济学家因为在经典计量经济学领域作出重要贡献而获得诺贝尔经济学奖，他们是弗里希(R.Frisch)、丁伯根(J.Tinbergen)、哈维尔莫(Trygve Haavelmo)和克莱因(R.Klein)。关于他们的贡献的描述，实际上就是关于经典计量经济学发展的描述。

经典计量经济学领域最早获得诺贝尔奖的是 1969 年第一届的获得者弗里希和丁伯根。弗里希在 1933 年首先提出了计量经济学的定义，并第一个运用计量经济学的方法分析资本主义的经济波动，首创描述资本主义经济周期的数学模型，最早把导致经济波动的因素区分为扩散作用和冲击作用两大类，将两者结合起来解释资本主义经济周期，为当代经济周期理论奠定了重要基础。丁伯根被称为计量经济学模型发展之父，他主要发展了动态计量经济模型来分析经济问题。丁伯根在数量经济学理论上有三个贡献：一是提出了现代动态经济分析和“蛛网理论”；二是根据历史统计资料，利用数学和数理统计方法，对各种经济周期理论进行统计检验；三是首次用 48 个方程式为美国建立了完整的宏观经济计量模型，设法定量地明确各个因素的重要性，以便检验现有许多经济周期学说的解释价值，在模型中并且借助统计分析测定反应系数和“前导及滞后”。他把通行的统计方法用于宏观经济问题的研究，从而开创了一个全新的经济学分支，即经验宏观经济学。哈维尔莫于 1943 年发表于 Econometrica 的论文《联立方程系统的统计学内涵》和于 1944 年完成的博士论文《计量经济学中的概率论方法》，奠定了计量经济学的概率论基础，提出了联立方程计量经济学模型系统的识别和估计理论，并因此获得 1989 年诺贝尔经济学奖。克莱因通过他的研究以及对各国研究团体的指导，促进了有关计量经济模型的研究和使用这些模型对经济政策的实际效果进行分析的可行性的研究。由于克莱因的大力推动，计量经济模型获得了广泛应用,克莱因也因此获得1980年诺贝尔经济学奖。克莱因的学术成就是将计量经济学方法和凯恩斯主义宏观经济学分析结合起来,创立了宏观计量经济学。他第一次完整地把凯恩斯的经济理论表述为数学形式,不仅在结构、规模和先进的估算方法论方面是现代宏观模型的鼻祖,而且也是正式地用于经济波动预测的第一个计量经济模型,对后来美国和其他国家建立的宏观计量经济模型有深远而普遍的影响。

此外20世纪70年代,以卢卡斯、萨金特、西姆斯等为代表对经典计量经济学进行批判。卢卡斯批判的实质是对以凯恩斯主义为导向的宏观计量经济模型的批判,也是对凯恩斯主义的质疑。卢卡斯批判代表着那段时期经济自由主义思想的兴起,实际上推动了计量经济模型更加向现实经济主体靠近,提出了建立宏观计量经济学模型的新思路,即按照个人行为最大化原则,从微观层面入手研究宏观经济问题,同时,计量经济模型由原来的结构不变开始了向变结构模型方向的发展,这些为后来的计量经济学模型的发展提供了建模基础和理论前提。卢卡斯批判并没有否定作为经济理论、数学和统计学结合的计量经济学,也没有否定作为实证经济研究主流方法的计量经济学模型方法。

2.现代时间序列计量经济学

宏观经济时间序列的非平稳性与经典计量经济学模型数学基础之间存在矛盾。经典计量经济学模型的数学基础是极限法则,即大数定律和中心极限定理。以独立随机抽样的截面数据为样本,如果模型设定是正确的,模型随机扰动项满足极限法则和由极限法则导出的基本假设,继而进行的参数估计和统计推断是可靠的。以时间序列数据为样本,时间序列性破坏了随机抽样的假定,但是如果模型设定是正确的,并且所有时间序列是平稳的,时间序列的平稳性替代了随机抽样假定,模型随机扰动项仍然满足极限法则。问题在于用统计数据构造的时间序列大都是非平稳的,那么采用经典计量经济学模型方法的数学基础被破坏。于是如何以非平稳时间序列为样本,构建揭示宏观经济变量之间结构关系的计量经济学模型成为亟待解决的问题,现代时间序列计量经济学应运而生。

格兰杰(W.J.Granger)(1974)通过模拟试验发现,完全无关的非平稳时间序列之间可以得到拟合很好但毫无道理的回归结果。这就是著名的“伪回归”。这一发现说明,非平稳时间序列由于具有共同的变化趋势,即使它们之间在经济行为上并不存在因果关系,如果将它们分别作为计量经济学模型的被解释变量和解释变量,也能够显示较强的统计上的因果关系。伪回归是结果,其原因是前述的时间序列的非平稳性与经典计量经济学模型数学基础之间的矛盾。

经济理论和常识告诉我们,宏观经济时间序列虽然经常是非平稳的,但是它们所表征的宏观经济变量之间确实存在行为上的均衡关系,应该存在一个揭示和描述这种均衡关系的计量经济学模型。于是,进一步研究发现,如果非平稳时间序列之间的线性组合所形成的新的序列是平稳的,那么它们之间的回归关系是真实的,称它们之间产生了“协整”,这种真实的回归关系就是由协整方程描述的长期均衡模型。同时,如果变量之间存在协整,则它们间的短期非均衡关系总能由一个误差修正模型表述。这些就构成了格兰杰对现代时间序列计量经济学的重要贡献,他也因此获得2003年诺贝尔经济学奖。

于是,对时间序列进行平稳性检验(单位根检验),对存在均衡关系的非平稳时间序列进行协整检验以及建立描述变量间长期均衡关系的长期均衡模型和描述变量间短期非均衡关系的误差修正模型(ECM,error correction model),构成了现代时间序列计量经济学模型理论方法的核心内容。

3.微观计量经济学

随着经济、社会的发展,人们越来越关注家庭、个人等微观主体的决策问题,计量经济学由宏观领域向微观领域扩张,是一个必然趋势。宏观计量经济学模型依赖于由统计得到的宏观时间序列数据,而微观计量经济学模型自然依赖于微观数据,主要是截面数据,也包括时间序列数据。微观数据的来源主要不是统计,而是调查,所以微观计量经济学的发展必须以大量的微观数据为条件。微观数据表征家庭、个人等微观主体的决策行为,问题多种多样,数据的特征也各不相同,很难满足经典计量经济学模型对数据的要求,所以就必然要发展不同于经典计量经济学模型的模型理论与方法。另外,微观主体数量众多,只有依赖于大样本建立的计量经济学模型才能够揭示微观主体决策行为的一般规律,而大样本对计算技术和计算机的运算能力提出了新的要求。以上四个方面就是微观计量经济学产生的问题背景,微观计量经济学模型理论正是在这些问题的导向下产生与发展的。或者更简明地说,微观计量经济学是基于研究对象和表征研究对象的数据特征而发展的。20 世纪 70 年代以来,以托宾(J. Tobin)、赫克曼(J.J. Heckman)和麦克法登(D.L. McFadden)为代表的经济学家正是通过解决微观计量经济学的模型设定和估计问题,而对计量经济学的发展做出了重要贡献。

随着面板数据计量经济学成为一个独立的分支而从微观计量经济学中分离,已经发展并得到广泛应用的微观计量经济学模型主要是依赖于截面数据而构建。对于截面数据,只有当数据是在截面总体中由随机抽样得到的样本观测值,并且变量具有连续的随机分布时,才能够将模型类型设定为经典的计量经济学模型。经典计量经济学模型的数学基础是建立在随机抽样的截面数据之上的。在实际的微观实证研究中,面对的截面数据经常是非随机抽样得到的,或者是离散的,20 世纪 70 年代以来,针对这些类型数据的模型已经得到发展并建立了坚实的数学基础。主要包括以下几类:离散选择模型、计数数据模型、选择性样本模型和持续时间数据模型。

4.非参数计量经济学

经典经济学模型具有一个共同的特点,即变量之间的结构关系给定,未知量是一组个数有限且为常数的参数,可以通过样本数据加以估计,因而又被称为参数模型。经典模型的常参数假设与实际经济现象经常产生冲突,也成为引起人们批评的一个主要问题。另外,参数模型虽然简明而易于处理,用途广泛,但是普遍存在设定误差问题,且估计效果经常不理想,Pagan and Ullah(1999)和 Horowitz(2001)都说明了这个问题。解决设定误差问题的方法之一就是不先验地设定模型的结构,而是要通过估计才能得到某种结构关系,即所谓非参数方法。非参数计量经济学模型主要适用于人们对于待估参数分布了解较少、变量的数量较少并且拥有大量的观察数据集合的计量经济学问题。

非参数计量经济学模型包括完全非参数模型和半参数模型。如果所有变量之间的关系都是不明确的,称之为完全非参数模型,简称非参数模型或者无参数模型(nonparametric model),如果一部分变量之间的关系是明确的,而另一部分变量之间的关系是不明确的,称之为半参数模型(semiparametric model)。

在省却了模型设定内容的非参数计量经济学模型理论方法体系中,估计方法自然就成为研究的核心内容。可以将非参数计量经济学模型的估计方法分为两大类:局部逼近估计方法和整体逼近估计方法。局部逼近估计方法发展于1980年前后,以权函数方法的发展最为成熟,应用最为普遍,包括核权估计、局部线性估计等。整体逼近估计方法发展于1990年前后,以级数估计(最小二乘估计)为主,包括正交序列估计、多项式样条估计等。当然非参数计量经济学模型具有应用上的局限,在非参数计量经济学应用研究的实践中,人们发现它存在着以下四个问题:一是随着解释变量维数的增加,非参数估计的精确度急剧下降,即所谓"维数的诅咒"(curse of dimensionality);二是在多维解释变量的条件下,非参数估计在直观地说明和解释结果方面存在固有的困难;三是非参数模型不能外推(extrapolation),因而在预测和政策分析中存在明显不足;四是非参数模型难以施加限制条件。针对这些问题,人们设想通过某种折中的办法加以解决,其成果就是所谓半参数模型。半参数模型允许一定程度函数形式的设定,但又不像参数模型那样有严格的限制条件,从而降低了设定误差的可能。同时,半参数模型较之非参数模型有较高的估计精度,结果易于说明和解释,且具有有限的外推能力,这些都使其有更广泛的应用价值。

5.面板数据经济学

随着对经济问题研究的深入,人们发现,如果把横截面数据和时间序列数据放在一起,描述了一个总体中给定样本在一段时间的状态,并对其中每一个样本单位都进行多重观察,包括了单独的横截面数据和单独的时间序列数据不能表达的信息,似乎更能反映经济活动的行为规律。计量经济学模型方法是经验实证研究方法,所谓"经验",就是已经发生的事件。显然,研究中吸收的"经验"越多,研究结果就越可靠。所以,任何计量经济学模型研究,都将经验信息的充分利用作为一个基本原则。面板数据(panel data)综合了横截面数据和时间序列数据,同时反映了空间和时间两个维度的经验信息,如果以它们为样本构建计量经济学模型,其功能和质量必然会超过单独的横截面样本和单独的时间序列样本。面板数据计量经济学正是基于数据信息的充分利用而产生和发展的。

最早将面板数据引入计量经济学模型的是Mundlak(1961),Balestra & Nerlove(1966)。但是他们只是将面板数据作为一组混合数据(pooled data)样本用以估计经典的计量经济学模型。Kuh(1963)发展了面板数据模型的设定检验,面板数据计量经济学模型理论体系开始建立,并逐渐发展形成了现代计量经济学的一个相对独立的分支。但是,根据萧政(Cheng Hsiao, 2003)列举的被SSCI收录的有关Panel Data模型研究的论文数量,从1989年的29篇,到1999年的650篇,说明面板数据模型理论方法的发展和应用研究的开展主要发生在20世纪80—90年代。

面板数据计量经济学模型能够使得经验信息得到充分利用,因而具有最广阔的发展前景。目前的应用研究主要集中于宏观经济领域,以地区作为个体,因为宏观经济面板数据依赖于统计,比较容易获取。随着以家庭、个人作为个体的微观面板数据资源的逐渐丰富,微观面板数据模型将成为面板数据计量经济学应用研究的主体,就像微观计量模型已经成为截面数据计量经济学模型应用研究的主体一样。在面板数据计量经济学理论研究方面,主要有两个热点领域:一个是面板数据非线性模型研究,或者称为面板数据微观计量经济学模型研究,另一个是面板数据单位根和协整检验理论研究。在这两个热点研究领域中,面板数据微观计量经济学模型研究已经取得实际应用的成果,已成为面板数据计量经济学教科书的一部分内容。在面板数据单位根检验领域,基于截面不相关假定的面板数据单位根检验(称为第一代面板数据单位根检验)始于 Quah(1992,1994)的研究,突破于 LLC 检验(Levin,Lin & Chu,2001)和 IPS 检验(Imetal, 2003),并取得了新的进展;基于截面相关的面板数据单位根检验(称为第二代面板数据单位根检验)始于 Flores, Perre-Yves & Szafarz(1995)的研究,Bai & Ng(2004)发展了 PANIC 方法,具有里程碑意义。相对于面板数据单位根检验的研究,面板数据协整检验的研究仍然处于发展阶段。一类是基于残差的检验,通过检验残差是否平稳来检验协整关系是否存在,类似于时间序列中的 EG 两步法协整检验。Kao(1999)和 Pedroni (1999,2004)是这一类方法中引用率最高的文献。另一类是基于面板向量误差修正模型(PV ECM)或者说是基于似然函数的检验,类似于时间序列中的 Johansen (1991)协整检验。该类检验最主要贡献来自 Larsson, Lyhagen & Lötgren (2001)和 Groen & Kleibergen (2003)。

1.2 本书框架介绍

本书适用于经济学专业和非经济学专业硕士研究生群体,是对大部分本科计量经济学教材的拓展升华。大部分研究生计量经济学教材仍同本科生教材一般注重对于经典线性回归模型的理论介绍,对于估计方法非经典、数据类型非经典和非线性的等非经典线性模型的介绍和研究深度略显不足。而本书着重介绍计量经济学非经典估计方法和大部分非经典线性回归模型,并且附有各个非经典线性模型的大量详尽的操作实例,这是也本书有别于其他研究生计量经济学教材的一大特色。而且本书的各个模型都是现阶段国内外学者撰写论文和各类期刊上常见的“座上客”,读者可以通过本书的案例,更快地理解和掌握各类计量模型,有利于读者自学各类模型的软件操作,这对于研究生阶段的论文撰写具有极大的助益。

本书共有十二章,为方便读者进行系统性和针对性的学习或者有目的性的查阅,本小节简要介绍本书框架和各章节的主要内容。具体框架如下:

第一章是本书的导论部分,导论部分分为三小节。第一小节首先介绍研究生计量经济学与本科生计量经济学的区别,本书所使用的软件工具和计量模型的发展概况。第二小节介绍本书的框架,便于读者系统性的学习掌握。第三小节主要介绍经典线性回归模型的局限和计量模型的局限性,从而加深读者对于计量模型和经典线性回归模型的理解,有助于本书后续章节的学习。

第二章到第四章这三章主要介绍了最大似然估计、广义矩估计和贝叶斯估计等计量经济学估计方法。虽然最大似然方法、贝叶斯估计法属于经典的方法,但是在一般以经典线性计量经济学模型为主要内容的中级教科书或者本科教材中并未作为重点。因此这三章深入地介绍了最大似然估计、广义矩估计和贝叶斯估计,并对其拓展和应用做出详尽介绍,为读者的计量经济学学习拾缺补漏。

第二章主要介绍最大似然估计及其相关拓展。最大似然估计是不同于最小二乘法的另一种参数估计方法，是从最大似然原理出发发展起来的其他估计方法的基础。虽然在经典线性计量经济学模型中其应用没有最小二乘法普遍，但最大似然估计仍在计量经济学理论上占据重要的地位，因为最大似然原理比最小二乘原理更本质地解释了通过样本估计总体参数的内在机理。计量经济学理论的发展，更多地是以最大似然原理为基础的；对于一些特殊的计量经济学模型，只有最大似然方法才是很成功的估计方法。同时，本书后续内容中，最大似然估计方法被广泛地应用，因此读者熟练地掌握本章内容不仅有利于本书的学习，更有利于加深对计量经济学理论发展的认识。

第三章主要介绍广义矩估计的推导和应用。广义矩估计方法(GMM)是基于模型实际参数满足的一些矩条件而形成的一种参数估计方法，是矩估计方法的一般化。只要模型设定正确，总能找到该模型实际满足的若干矩条件而采用 GMM。由于传统计量经济学模型估计方法如最小二乘法、工具变量法等都有它们的局限性，其参数估计量必须在模型满足某些假设时才具有良好的性质，如模型随机误差项需服从正态分布；而 GMM 允许随机误差项存在异方差和序列相关，通过 GMM 所得到的参数估计量比其他参数估计方法更合乎实际。而且 GMM 包容了许多常用的估计方法，最大似然法和最小二乘法都是它的特例。所以，GMM 具有其他方法没有的优越性而得以广泛应用，熟练掌握广义矩估计这一章节的重要性不言而喻。

第四章主要介绍贝叶斯估计的基本概念和估计过程。早在 20 世纪 50 年代，以 H. Robbins 为代表提出的在计量经济学模型中将经验贝叶斯估计方法和经典方法结合的概念就受到广泛的重视和应用。贝叶斯估计对经典计量经济学估计方法的扩展在于它不仅利用样本信息，同时还利用样本外信息。贝叶斯方法数学描述复杂，内容也很广泛，所以许多中级水平的计量经济学教材都不包含这部分内容。因此第四章主要介绍其基本概念和估计过程，使读者加强对贝叶斯估计的概念性理解，为深入学习和应用打下基础。

第五章主要介绍向量自回归模型及相关拓展模型。向量自回归模型作为当今应用最广泛的时间序列分析模型，几乎取代了经济预测领域经典的计量经济学结构模型，这是因为经济理论常常不能为现实经济活动变量之间的关系提供严格的解释。向量自回归模型作为一种非结构化模型，主要是通过实际数据而非经济理论来确定经济系统的动态结构，建模时无需提出先验理论假设。此外随着向量自回归的广泛运用，对于向量自回归的发展也为众多计量经济学家所重视，因此本章还会介绍诸如结构向量自回归模型、面板向量自回归等一些应用较多的向量自回归模型的拓展模型。

第六章主要介绍多元选择模型及其拓展。经典计量经济学模型中，被解释变量通常被假定为连续变量。但是经济分析中经常面临许多决策问题，这时我们通常面临着离散的数据，以离散的数据建立起来的计量经济学模型称为离散选择模型，当解释变量存在多种选择时，称为多元选择模型。一般的本科教材和中级计量经济学教材通常着重介绍二元离散选择模型，对于多元选择模型及其拓展介绍不够深入，因此本书主要介绍多元选择模型。同时因为多元 Probit 模型需要对多元正态分布的整体进行评价，所以它的应用受到限制。而逻辑分布更适用于效用最大化的分布选择，因此第六章主要介绍应用最多的多元离散选择 Probit 模型。

第七章主要介绍的是面板平滑转换回归模型(PSTR)、贝叶斯区制转移模型(MSBVAR)和马尔可夫区制转换向量误差修正模型(MS-VECM)三个模型。其中PSTR模型在PTR基础上结合STAR模型的思想,引入一个转换函数来区分不同的样本区制,转换函数是某一外生变量的连续函数,从而使得不同区制下的回归系数平滑连续的转换,与经济事实更相符合。贝叶斯区制转移模型是由马尔可夫区制转换(MSR)模型和传统的Hamilton马尔可夫区制转移时间序列模型(MS-AR模型)拓展而来。马尔可夫区制转换向量误差修正模型是由Krolzig扩展了MS-VAR模型,将不可观测区制变量加入向量误差修正模型而来。

第八章主要介绍的非线性回归模型。现实生活和经济活动中许多的变量之间关系往往都是非线性的,非线性计量经济学模型理论方法是计量经济学的重要组成部分,尤其是随着计算机应用技术的发展,使得计算速度和时间已经不再是建立模型的障碍,人们可以尽可能从模型质量方面去考虑模型的结构和估计方法,非线性计量经济学模型得以迅猛发展。因此,本章主要介绍一些经典的、应用较为广泛的非线性回归模型。

第九章主要介绍的是分位数回归模型及其拓展。分位数回归估计方法不同于经典模型估计方法,它可以估计出不同分位点下模型参数的估计值,而不同分位点下模型参数的估计是不同的。由于分位数回归不同于经典回归模型的特征,使得它具有广泛的引用,尤其是对于一些非常关注尾部特征的应用研究。基于此,本章主要介绍一些较为经典的分位数回归模型。

第十章主要介绍的是倾向得分匹配模型和风险分析。倾向得分是非随机化研究中控制偏倚的一种新方法。近年来,倾向得分方法以其研究步骤标准化程度高、易于理解等优点而备受研究者的关注,并广泛地应用于各领域的非随机化研究中。COX比例风险模型是建立风险函数与观察协变量之间的一种回归关系,主要应用在生存资料的统计分析研究中,它是把风险函数构造成观察到的协变量的对数线性函数。COX比例风险模型能估计试验对象生存状态的风险率。如果将这种表示试验对象生存状态风险率作为倾向得分,则可以根据倾向得分的研究方法对试验进行匹配处理,然后通过统计分析获得处理效应的估计。因此本章主要介绍倾向得分匹配模型相关的一些经典模型,如倍差法、COX比例风险模型等。

第十一章主要介绍的是非参数和半参数计量经济学。现代计量经济学的一个重要分支是非参数计量经济学模型,包括无参数模型和非参数模型。经典模型的常参数假定通常与实际经济现象冲突,另外参数模型普遍存在设定误差问题,因此能否不事先设定模型结构关系,而采用适当方法从样本观测数据信息中估计出模型结构关系?这就是非参数计量经济学发展的基本思路。非参数计量经济学主要从1980年后开始发展,至今仍在发展中,国内关于非参数计量经济学的书籍仍较为罕见,本章主要介绍非参数计量经济学的一些基本概念和一些典型模型。

第十二章主要介绍的是空间计量经济学。随着交通的便利和信息网络的高速发展,区域之间经济活动越来越具有空间相关性,空间计量学也随着实际研究的需要而迅速发展。空间计量经济学的发展虽然已有30年历史,但因各方面原因其仍然是计量经济学的一个年轻分支,空间计量经济学的各种书籍也较为罕见。因此本章主要介绍空间计量经济学的一些基本思想和空间计量模型的实现，为有研究需要的老师和研究生提供帮助，但本章的内容相对于空间计量经济学的学习仍显不足。有兴趣的读者可以进一步阅读相关的书籍，如叶阿忠、吴继贵和陈生明等著的《空间计量经济学》。

1.3　经典线性回归模型的局限性

在讨论经典线性回归模型局限性之前，让我们回顾一下经典线性回归模型所具有的特征。在理论方法方面的特征可以简要概括为：(1) 模型类型 —— 参数模型、随机模型；(2) 模型导向 —— 理论导向；(3) 模型结构 —— 线性模型、因果分析模型；(4) 数据类型 —— 截面数据、时间序列数据、被解释变量具有服从正态分布的连续观测值；(5) 估计方法 —— 仅利用样本信息、最小二乘方法、最大似然方法。

经典线性回归模型的表达形式通常为：

$$y_i = \beta_0 + \beta_1 x_{i1} + \beta_2 x_{i2} + \cdots + \beta_k x_{ik} + u_i \quad (i = 1, 2, \cdots, n; k = 1, 2, \cdots, n)$$

其中，k 为解释变量个数，$\beta_j (j = 1, 2, \cdots, k)$ 称为回归系数。若将常数项 β_0 看作一个虚变量，则变量个数为 $k + 1$。

为了使参数估计具有良好的统计性质，仍需要对该模型做若干假设：

(1) 变量选取及函数设定正确；

(2) 解释变量 $x_{i1}, x_{i2}, \cdots, x_{ik}$ 是非随机的，且各 x_{ij} 之间不存在严格的线性相关；

(3) 随机误差项 u 与解释变量 x 不相关：

$$\text{Cov}(x_{ij}, u_i \mid x_{i1}, x_{i2}, \cdots, x_{ik}) = 0 \quad (j = 1, 2, \cdots, k)$$

(4) 随机误差项 u 服从零均值、同方差的正态分布，且序列不相关：

$$E(u_i \mid x_{i1}, x_{i2}, \cdots, x_{ik}) = 0$$

$$\text{Var}(u_i \mid x_{i1}, x_{i2}, \cdots, x_{ik}) = \sigma^2$$

$$u_i \mid x_{i1}, x_{i2}, \cdots, x_{ik} \sim N(0, \sigma^2)$$

$$\text{Cov}(u_i, u_j \mid x_{i1}, x_{i2}, \cdots, x_{ik}) = 0 \quad (i \neq j)$$

根据以上特征可以简单地归纳总结经典线性回归模型具有以下局限性：

(1)参数模型必须设定正确且满足假定条件。但经典线性回归模型的模型参数设定与实际现象经常发生冲突，成为人们批评计量经济学的一个主要问题。另外，参数模型广泛应用的过程中普遍存在设定误差的问题。因为在实践中，模型函数形式很少是已知的，如果函数形式设定错误，产生的后果是严重的。基于此，以“不事先设定模型结构关系(函数形式)，而采用适当方法从样本观测数据信息中估计出模型结构关系”为思路发展的非参数计量经济学模型得以发展。

(2)模型的理论导向。作为模型设定导向的，应该是通过实际经济活动观察和经济行为分析而得到的关于经济行为关系的假设，无论是凯恩斯主义，还是包括卢卡斯的理性预期理论在内的其他经济理论，都不能作为设定计量经济学模型的导向。

(3)数据类型受限。经典线性回归模型的数学基础是建立在随机抽样的截面数据上——只有当截面数据是在截面总体中由随机抽样得到的样本观测值，并且连续的随机分布时，才能够将模型类型设定为经典线性回归模型或是经典计量经济学模型。对于实际微观研究中，面临非随机抽样或者是离散的截面数据，经典线性回归模型就表现的无能为力。

(4)线性假定。许多经济现象中的变量之间的因果关系往往不是线性的，即使有些非线性问题可以通过简单的变换转换为线性问题，但在实际研究和分析过程中面临的往往是不可转换的非线性问题。因此，非线性计量经济学模型理论方法是计量经济学的重要组成部分，并且随着计算机应用技术发展，非线性计量模型得以迅速发展。

(5)估计方法。经典线性回归模型普遍采用样本信息仅利用样本信息的最小二乘方法和最大似然方法。而其他估计方法，例如同时利用样本信息和先验信息的贝叶斯估计，和同样利用基于样本信息的矩估计方法，特别是广义矩估计(GMM)在近 30 年都在其他现代计量经济学模型中得到广泛应用。

当然，不仅经典线性回归模型具有存在局限性，包括经典计量经济模型在内的所有的计量经济模型都有其局限性。李子奈、齐良书(2010)从计量经济学模型方法论基础出发，结合模型应用实践，对模型在结构分析、经济预测、政策评价以及检验与发展经济理论应用中的一些问题和争论进行了理论和实际分析，借以研究计量经济学模型在这些应用领域的功能与局限，得到以下结论：

结构分析是计量经济学模型的最重要的功能，但是它是建立在模型设定正确的基础上的，而模型设定正确的关键是遵循“从一般到简单”的建模思路。在实际的计量经济学应用研究中，“从简单到复杂”的建模思路虽然难以避免，但无论从经济学、逻辑学和统计学的角度分析，都是缺少坚实基础的。对于结构分析中的实用主义，则必须坚决摈弃。将计量经济学模型用于结构分析时，模型的结构参数不变性具有功能与局限的两重性。利用从总体中随机抽取的样本的信息，得到总体的结构参数，用于总体的结构分析，其经济学基础、逻辑学基础和数学基础是坚实可靠的，但是它只能用于总体的结构分析，不能应用于样本。建立用于结构分析的微观计量经济学结构模型，在模型设定正确的情况下，不必看重拟合优度，关键是模型总体是否显著成立，变量是否显著。但是需要特别注意，这里的前提是“模型设定正确”，核心是模型解释变量中包含了对被解释变量具有显著影响的所有变量。

经典计量经济学结构模型应用于经济预测具有方法论上的局限性，一方面因为模型是基于样本而构建，而预测是针对“样本外”而言的；另一方面是因为所依赖的必须是“覆盖性的法则”，而模型所揭示的是“不明显的规律”。相对于时间序列数据结构模型，横截面数据结构模型在经济预测中仍然具有较大的实用价值，因为预测点一般会置于样本观测值的范围之内，同时样本点和预测点在经济行为上一般遵循同样的经济理论或行为规律。对时间序列数据结构模型的批评促进了 VAR 类模型的发展和在宏观经济预测中的广泛应用。对于那些没有政府干预，完全按照市场规律运行的经济体，VAR 类模型可以进行成功的预测；相反，对于存在政府干预的经济体，采用 VAR 类模型进行预测很难取得成功。

由于经济政策具有不可试验性，决定了计量经济学模型的政策评价功能的不可替代性。

利用计量经济学模型进行政策模拟是最具实用价值的一种政策评价方法。一方面，它可以充分发挥计量经济学模型的优势；另一方面，它也可以避免模型系统可能存在的系统性偏差，因为政策模拟需要的是相对性的结论。发生于 20 世纪 70 年代的对于计量经济学模型政策评价功能的争论，实际上是关于政策有效性的争论。政策无效的宏观经济理论并不能否定计量经济学模型的政策评价功能，恰恰相反，只有通过模型的检验，才能给出实际经济活动中政策是否有效的证据。由于经济系统，特别是宏观经济系统的复杂性，以及经济政策传导路径的多样性，联立方程模型系统在宏观经济政策评价中仍然具有不可替代的地位。微观计量经济学模型尽管受到样本的局限，无论在理论上和实际上，仍然具有重要的政策评价功能。

狭义的计量经济学模型研究从设定的模型开始，只具有检验理论的功能；如果将设定模型的过程纳入计量经济学模型研究之中，就可以实现发现理论的功能。而经验检验固有的经济意义和统计意义的不对称性，以及证伪和证实的不对称性，构成了计量经济学模型理论检验功能的局限。必须严格按照计量经济学模型研究的思想路线和技术路线，完成演绎推理和归纳推理交替的全过程，才能实现模型的理论检验功能。在同一经济现象具有多种不同的理论解释的情况下，模型设定检验和模型选择显得十分重要。正确的理论只能是一种，正确的模型也只能是一种，这是毫无疑问的。

第二章　最大似然估计

在经典的计量经济学的学习中，我们最经常使用的最小二乘法(ordinary least square，OLS)对参数进行估计。最小二乘法的思想是选取最合适的参数估计量，使得模型更好地拟合样本数据。而最大似然估计(maximum likelihood estimate，MLE)是与最小二乘法不同的一种参数估计的方法，最大似然估计运用最大似然原理，即针对一组样本观测值，最合理的参数估计量是使得从总体中抽取该样本数据的概率最大。本章将从最大似然估计的定义、估计方法、大样本性质等角度对最大似然估计做一个全面的介绍。

2.1　最大似然估计的定义

最大似然估计是一种已知总体分布，给定样本数据，估计模型参数的一种估计方法，通俗地讲，“已知分布，给定数据，估计参数”的一种常见的估计方法。举一个简单的例子：相关部门要对全国人民的体重做一个统计，假设体重服从正态分布 $N(\mu,\sigma^2)$，从全国各地随机抽取 N 组样本，再运用最大似然估计的方法，可以得到正态分布均值和方差的估计值。

下面将运用具体的数学语言介绍最大似然估计。

首先，我们引入似然函数(likelihood function)的概念。

假设随机向量 $\boldsymbol{x}$ 的概率密度函数为 $f(\boldsymbol{x};\boldsymbol{\theta})$，其中 $\boldsymbol{\theta}$ 为 $k\times1$ 未知参数向量，$\boldsymbol{\theta}\in\boldsymbol{\Theta}$，$\boldsymbol{\Theta}$ 表示参数 $\boldsymbol{\theta}$ 所有可能取值所构成的集合。我们要得到的是从随机样本 $\{\boldsymbol{x}_1,\boldsymbol{x}_2,\cdots,\boldsymbol{x}_N\}$ 出发，选择 $\boldsymbol{\theta}$ 最合适的估计值。假定随机样本 $\{\boldsymbol{x}_1,\boldsymbol{x}_2,\cdots,\boldsymbol{x}_N\}$ 为独立同分布的，因此联合概率密度函数可以表示成 $f(\boldsymbol{x}_1;\boldsymbol{\theta})f(\boldsymbol{x}_2;\boldsymbol{\theta})\cdots f(\boldsymbol{x}_N;\boldsymbol{\theta})$。

从总体中随机抽取一组样本观测值 $\{\boldsymbol{x}_1,\boldsymbol{x}_2,\cdots,\boldsymbol{x}_N\}$，样本的联合密度函数可以看成在 $\{\boldsymbol{x}_1,\boldsymbol{x}_2,\cdots,\boldsymbol{x}_N\}$ 给定的情况下，未知参数 $\boldsymbol{\theta}$ 的函数。将该函数定义为“似然函数”，即：

$$L(\boldsymbol{\theta};\boldsymbol{x}_1,\boldsymbol{x}_2,\cdots\boldsymbol{x}_N)=\prod_{i=1}^{N}f(\boldsymbol{x}_i;\boldsymbol{\theta}) \tag{2.1.1}$$

由(2.1.1)可知似然函数和联合密度函数是相等的。不同之处在于似然函数是以未知参数 $\boldsymbol{\theta}$ 为自变量，随机样本 $\{\boldsymbol{x}_1,\boldsymbol{x}_2,\cdots,\boldsymbol{x}_N\}$ 为给定的参数；联合密度函数是以 $\{\boldsymbol{x}_1,\boldsymbol{x}_2,\cdots,\boldsymbol{x}_N\}$ 为自变量，参数 $\boldsymbol{\theta}$ 为给定的值。

其次，介绍最大似然估计法。

最大似然估计法是建立在最大似然原理的基础上得到的一种估计方法。最大似然原理是寻找某个 $\boldsymbol{\theta}$ 的值，使得取到该组样本数据的概率最大，即使得给定样本数据的条件下，似然函数达到最大值。

因为对数函数是严格的单调递增函数，所以 $L(\boldsymbol{\theta};\boldsymbol{x}_1,\boldsymbol{x}_2,\cdots,\boldsymbol{x}_N)$ 与 $\ln L(\boldsymbol{\theta};\boldsymbol{x}_1,\boldsymbol{x}_2,\cdots,\boldsymbol{x}_N)$ 有相同的最大值点。将式(2.1.1) 两边同取对数得到：

$$\ln L(\boldsymbol{\theta};\boldsymbol{x}_1,\boldsymbol{x}_2,\cdots,\boldsymbol{x}_N)=\sum_{i=1}^{N}\ln f(\boldsymbol{x}_i;\boldsymbol{\theta}) \tag{2.1.2}$$

称为对数似然函数。

最大化对数似然函数(2.1.2)：

$$\max_{\boldsymbol{\theta}\in\boldsymbol{\Theta}}\ln L(\boldsymbol{\theta};\boldsymbol{x}_1,\boldsymbol{x}_2,\cdots,\boldsymbol{x}_N) \tag{2.1.3}$$

则把最大似然估计量 $\hat{\boldsymbol{\theta}}_{LM}$ 表示为最大化对数似然函数的值函数：

$$\hat{\boldsymbol{\theta}}_{LM}=\underset{\boldsymbol{\theta}\in\boldsymbol{\Theta}}{\operatorname{argmax}}\ln L(\boldsymbol{\theta};\boldsymbol{x}_1,\boldsymbol{x}_2,\cdots,\boldsymbol{x}_N) \tag{2.1.4}$$

要使 $\ln L(\boldsymbol{\theta};\boldsymbol{x}_1,\boldsymbol{x}_2,\cdots,\boldsymbol{x}_N)$ 取得最大值，无约束的极值问题需要满足的一阶条件为

$$s(\boldsymbol{\theta};\boldsymbol{x})=\frac{\partial\ln L(\boldsymbol{\theta};\boldsymbol{x})}{\partial\boldsymbol{\theta}}=\begin{pmatrix}\dfrac{\partial\ln L(\boldsymbol{\theta};\boldsymbol{x})}{\partial\boldsymbol{\theta}_1}\\ \dfrac{\partial\ln L(\boldsymbol{\theta};\boldsymbol{x})}{\partial\boldsymbol{\theta}_2}\\ \vdots\\ \dfrac{\partial\ln L(\boldsymbol{\theta};\boldsymbol{x})}{\partial\boldsymbol{\theta}_K}\end{pmatrix}=\boldsymbol{0} \tag{2.1.5}$$

即

$$\frac{\partial}{\partial\boldsymbol{\theta}_i}\ln L(\boldsymbol{\theta};\boldsymbol{x})=0,i=1,2,\cdots,K \tag{2.1.6}$$

将满足一阶条件的 $\hat{\boldsymbol{\theta}}$ 代入二阶条件中

$$\left.\frac{\partial^2\ln L(\boldsymbol{\theta};\boldsymbol{x})}{\partial\boldsymbol{\theta}\partial\boldsymbol{\theta}'}\right|_{\hat{\boldsymbol{\theta}}} \tag{2.1.7}$$

二阶条件即为海塞矩阵，当海塞矩阵满足负定矩阵时，$\hat{\boldsymbol{\theta}}$ 为使得式(2.1.2) 最大化的解，即 $\hat{\boldsymbol{\theta}}_{LM}=\hat{\boldsymbol{\theta}}$。

现在以 k 元线性回归方程为例，简单地回顾一下最大似然估计法的计算过程。

假设多元线性回归模型为

$$Y_i=\boldsymbol{X}_i\boldsymbol{\beta}+\mu_i \tag{2.1.8}$$

其中 $\boldsymbol{X}_i=(1,\boldsymbol{X}_{i1},\boldsymbol{X}_{i2},\cdots,\boldsymbol{X}_{ik})$，$\boldsymbol{\beta}=(\beta_0,\beta_1,\beta_2,\cdots,\beta_k)'$，对于残差项 μ_i，假设其条件概率分布服从均值为0，方差为σ^2 的正态分布，即$\mu_i\mid\boldsymbol{X}_i\sim N(0,\sigma^2)$。因此$Y_i\mid\boldsymbol{X}_i\sim N(\boldsymbol{X}_i\boldsymbol{\beta},\sigma^2)$。则 $Y_i\mid\boldsymbol{X}_i$ 的概率密度函数为

$$f(Y_i\mid\boldsymbol{X}_i)=\frac{1}{\sqrt{2\pi\sigma^2}}\mathrm{e}^{-\frac{(\boldsymbol{Y}_i-\boldsymbol{X}_i\boldsymbol{\beta})^2}{2\sigma^2}} \tag{2.1.9}$$

假设有 N 个样本观测值，记为 $\boldsymbol{X}=(\boldsymbol{X}_1,\boldsymbol{X}_2,\cdots,\boldsymbol{X}_N)'$，$\boldsymbol{Y}=(Y_1,Y_2,\cdots,Y_N)'$，联合概

率密度函数为

$$\prod_{i=1}^{N} f(Y_i \mid \boldsymbol{X}_i) = (2\pi\sigma^2)^{-n/2} e^{\frac{\sum (Y_i - \boldsymbol{X}_i\boldsymbol{\beta})^2}{2\sigma^2}} \tag{2.1.10}$$

则似然函数为

$$L(\boldsymbol{\beta}, \sigma^2) = \prod_{i=1}^{N} f(Y_i \mid \boldsymbol{X}_i) = (2\pi\sigma^2)^{-n/2} e^{\frac{\sum (Y_i - \boldsymbol{X}_i\boldsymbol{\beta})^2}{2\sigma^2}} = (2\pi\sigma^2)^{-n/2} e^{\frac{-(\boldsymbol{Y} - \boldsymbol{X}\boldsymbol{\beta})'(\boldsymbol{Y} - \boldsymbol{X}\boldsymbol{\beta})}{2\sigma^2}} \tag{2.1.11}$$

对上式两边同时取对数得到对数似然函数

$$\ln L(\boldsymbol{\beta}, \sigma^2) = -\frac{n}{2}\ln 2\pi - \frac{n}{2}\ln\sigma^2 - \frac{1}{2\sigma^2}(\boldsymbol{Y} - \boldsymbol{X}\boldsymbol{\beta})'(\boldsymbol{Y} - \boldsymbol{X}\boldsymbol{\beta}) \tag{2.1.12}$$

一阶条件为

$$\begin{cases} \dfrac{\partial}{\partial \boldsymbol{\beta}} \ln L(\boldsymbol{\beta}, \sigma^2) = 0 \\ \dfrac{\partial}{\partial \sigma^2} \ln L(\boldsymbol{\beta}, \sigma^2) = 0 \end{cases} \tag{2.1.13}$$

即

$$\begin{cases} \dfrac{1}{\sigma^2}(\boldsymbol{Y} - \boldsymbol{X}\boldsymbol{\beta})'X = 0 \\ -\dfrac{n}{2\sigma^2} + \dfrac{1}{2\sigma^4}(\boldsymbol{Y} - \boldsymbol{X}\boldsymbol{\beta})'(\boldsymbol{Y} - \boldsymbol{X}\boldsymbol{\beta}) = 0 \end{cases} \tag{2.1.14}$$

解得

$$\hat{\boldsymbol{\beta}}_{LM} = (\boldsymbol{X}'\boldsymbol{X})^{-1}(\boldsymbol{X}'\boldsymbol{Y}), \hat{\boldsymbol{\sigma}}^2_{LM} = \frac{\boldsymbol{e}'\boldsymbol{e}}{n} \tag{2.1.15}$$

其中 $\boldsymbol{e} = \boldsymbol{Y} - \boldsymbol{X}\boldsymbol{\beta}$。

二阶条件为

$$\begin{pmatrix} -\dfrac{n^3}{2(\boldsymbol{e}'\boldsymbol{e})^2} & -\dfrac{n^2}{(\boldsymbol{e}'\boldsymbol{e})^2}\boldsymbol{e}'\boldsymbol{X} \\ -\dfrac{n^2}{(\boldsymbol{e}'\boldsymbol{e})^2}\boldsymbol{e}'\boldsymbol{X} & -\dfrac{n}{\boldsymbol{e}'\boldsymbol{e}}\boldsymbol{e}'\boldsymbol{X}'\boldsymbol{X} \end{pmatrix} \tag{2.1.16}$$

为负定矩阵，所以 $\hat{\boldsymbol{\beta}}_{LM}$ 和 $\hat{\boldsymbol{\sigma}}^2_{LM}$ 为最大似然估计值。

我们已经知道最小二乘法的回归系数的估计值 $\hat{\boldsymbol{\beta}}_{OLS}$ 和随机扰动项方差 $\hat{\boldsymbol{\sigma}}^2_{OLS}$ 分别为

$$\hat{\boldsymbol{\beta}}_{OLS} = (\boldsymbol{X}'\boldsymbol{X})^{-1}(\boldsymbol{X}'\boldsymbol{Y}), \hat{\boldsymbol{\sigma}}^2_{OLS} = \frac{\boldsymbol{e}'\boldsymbol{e}}{n-k-1} \tag{2.1.17}$$

对比可知，最小二乘法和最大似然估计得到的回归系数的估计值是相同的，但是随机扰动项的方差存在差异。但是当样本足够大的情形下，这种差异可以忽略。对于最大似然估计存在的良好的大样本性质将在 2.3 节中做出具体的介绍。

2.2　最大似然估计的迭代求解

对于非线性回归模型，只能在已知概率密度函数的明确的解析表达式时，才能得到最大似然估计量的解析解(arithmetic solution)。因此，通常情况下，估计量最大似然估计没有解析解，只能寻找数值解(numerical solution)，常用的方法是迭代求解的方法。因此，需要求最大似然估计的迭代公式。在求最大似然估计时，需要求解

$$\frac{\partial}{\partial \boldsymbol{\theta}}\ln L(\boldsymbol{\theta};\boldsymbol{x})=0 \tag{2.2.1}$$

假设$\boldsymbol{\theta}^*$是参数的精确值，取参数的近似值为$\tilde{\boldsymbol{\theta}}$，在$\tilde{\boldsymbol{\theta}}$处采用一阶泰勒展开，则

$$\frac{\partial}{\partial \boldsymbol{\theta}}\ln L(\boldsymbol{\theta};\boldsymbol{x})=\frac{\partial \ln L}{\partial \boldsymbol{\theta}}\Big|_{\boldsymbol{\theta}=\tilde{\boldsymbol{\theta}}}+\frac{\partial^2 \ln L}{\partial \boldsymbol{\theta}\partial \boldsymbol{\theta}'}\Big|_{\boldsymbol{\theta}=\tilde{\boldsymbol{\theta}}}(\boldsymbol{\theta}-\tilde{\boldsymbol{\theta}}) \tag{2.2.2}$$

所以在$\boldsymbol{\theta}^*$处，上式化为

$$\frac{\partial}{\partial \boldsymbol{\theta}}\ln L(\boldsymbol{\theta};\boldsymbol{x})\Big|_{\boldsymbol{\theta}=\boldsymbol{\theta}^*}=\frac{\partial \ln L}{\partial \boldsymbol{\theta}}\Big|_{\boldsymbol{\theta}=\tilde{\boldsymbol{\theta}}}+\frac{\partial^2 \ln L}{\partial \boldsymbol{\theta}\partial \boldsymbol{\theta}'}\Big|_{\boldsymbol{\theta}=\tilde{\boldsymbol{\theta}}}(\boldsymbol{\theta}^*-\tilde{\boldsymbol{\theta}}) \tag{2.2.3}$$

令上式等于0并化简可得

$$\boldsymbol{\theta}^*=\tilde{\boldsymbol{\theta}}-\left[\frac{\partial^2 \ln L}{\partial \boldsymbol{\theta}\partial \boldsymbol{\theta}'}\Big|_{\boldsymbol{\theta}=\tilde{\boldsymbol{\theta}}}\right]^{-1}\frac{\partial \ln L}{\partial \boldsymbol{\theta}}\Big|_{\boldsymbol{\theta}=\tilde{\boldsymbol{\theta}}} \tag{2.2.4}$$

因此可以得到迭代公式为

$$\boldsymbol{\theta}^{(l+1)}=\boldsymbol{\theta}^{(l)}-\left[\frac{\partial^2 \ln L}{\partial \boldsymbol{\theta}\partial \boldsymbol{\theta}'}\Big|_{\boldsymbol{\theta}=\boldsymbol{\theta}^{(l)}}\right]^{-1}\frac{\partial \ln L}{\partial \boldsymbol{\theta}}\Big|_{\boldsymbol{\theta}=\boldsymbol{\theta}^{(l)}} \tag{2.2.5}$$

通过求$\boldsymbol{\theta}^{(l)}(l=1,2,\cdots)$的收敛值可得

$$\lim_{l\to\infty}\boldsymbol{\theta}^{(l)}=\boldsymbol{\theta}^* \tag{2.2.6}$$

为最大似然估计的估计值。式(2.2.5)中对数似然函数的二阶导数$\partial^2\ln L/\partial\boldsymbol{\theta}\partial\boldsymbol{\theta}'$称为信息矩阵或者海塞矩阵，而对数似然函数的一阶导数$\partial\ln L/\partial\boldsymbol{\theta}$被称为得分函数。

最大似然估计的迭代求解是针对一个目标函数$f(\boldsymbol{x})$找到使得目标函数最大或者最小的参数$\boldsymbol{x}$的值。常见的迭代算法的思路为：(1) 寻找初始值$\boldsymbol{x}_0$；(2) 运用迭代的方式不断更新参数值$\boldsymbol{x}$；(3) 根据一定的条件结束迭代的过程，找到最优值$\boldsymbol{x}^*$。衡量不同算法的主要标准是找到最优值的速度的快慢。一般将迭代算法分为三类：无导数方法、一阶导数方法和二阶导数方法。无导数方法顾名思义不会计算目标函数的导数；一阶导数方法在迭代过程中只会使用到目标函数的一阶导数；二阶导数方法是通过使用目标函数的一阶导数和二阶导数估计参数的估计值。

2.2.1 无导数方法

无导数方法中最常见的是“网格搜索”(grid search)的方法。网格搜索适用于目标函数$\ln L(\boldsymbol{\theta};\boldsymbol{x})$的参数$\boldsymbol{\theta}$是一维的，同时知道参数$\boldsymbol{\theta}$的取值范围情形，若$\boldsymbol{\theta}$是多维的计算量很大。

网格搜索的基本思想如下:假设欲求非线性方程 $\ln L(\boldsymbol{\theta};\boldsymbol{x})$ 的最大值,假设已知当参数 $\boldsymbol{\theta}\in(1,2)$ 时目标函数 $\ln L(\boldsymbol{\theta};\boldsymbol{x})$ 取得最大值,可将此区间十等分(1.1,1.2,…,1.9),计算目标函数的取值,得到 $\hat{\theta}_{1,\max}$,再将 $(\hat{\theta}_{1,\max}-0.1,\hat{\theta}_{1,\max}+0.1)$ 十等分,假设一定的精度,以此类推达到一定精度为止。

2.2.2 二阶导数方法

二阶导数方法一般用于估计排序选择模型、二元选择模型、计数模型中的参数的最大似然估计量。下面介绍二阶导数方法中的 Newton-Raphson(牛顿 - 拉夫森)法和 Quadratic hill-climbing 法(二次爬山算法)。

(1)Newton-Raphson(牛顿 - 拉夫森)法

要求对数似然函数 $\ln L(\boldsymbol{\theta};\boldsymbol{x})$ 的最大值,已知估计值 $\boldsymbol{\theta}$ 的初始值为 $\boldsymbol{\theta}^{(1)}$,Newton-Raphson 法的迭代公式为

$$\frac{\partial \ln L}{\partial \boldsymbol{\theta}}\Big|_{\boldsymbol{\theta}=\boldsymbol{\theta}^{(1)}}+\frac{\partial^2 \ln L}{\partial \boldsymbol{\theta}\partial \boldsymbol{\theta}'}\Big|_{\boldsymbol{\theta}=\boldsymbol{\theta}^{(1)}}(\boldsymbol{\theta}^{(2)}-\boldsymbol{\theta}^{(1)})=0 \tag{2.2.7}$$

化简后得

$$\boldsymbol{\theta}^{(2)}=\boldsymbol{\theta}^{(1)}-\left[\frac{\partial^2 \ln L}{\partial \boldsymbol{\theta}\partial \boldsymbol{\theta}'}\Big|_{\boldsymbol{\theta}=\boldsymbol{\theta}^{(1)}}\right]^{-1}\frac{\partial \ln L}{\partial \boldsymbol{\theta}}\Big|_{\boldsymbol{\theta}=\boldsymbol{\theta}^{(1)}} \tag{2.2.8}$$

若当前的参数值为 $\boldsymbol{\theta}^{(l)}$,打算估计参数值 $\boldsymbol{\theta}^{(l+1)}$ 的值,则

$$g^{(l)}+H^{(l)}(\boldsymbol{\theta}^{(l+1)}-\boldsymbol{\theta}^{(l)})=0 \tag{2.2.9}$$

即

$$\boldsymbol{\theta}^{(l+1)}=\boldsymbol{\theta}^{(l)}-(H^{(l)})^{-1}\boldsymbol{g}^{(l)} \tag{2.2.10}$$

其中 $\boldsymbol{g}^{(l)}$ 是得分矩阵,$\boldsymbol{g}^{(l)}=\partial \ln L/\partial \boldsymbol{\theta}\ |_{\boldsymbol{\theta}=\boldsymbol{\theta}^{(l)}}$;$\boldsymbol{H}^{(l)}$ 是信息矩阵,$\boldsymbol{H}^{(l)}=\partial^2 \ln L/\partial \boldsymbol{\theta}\partial \boldsymbol{\theta}'\ |_{\boldsymbol{\theta}=\boldsymbol{\theta}^{(l)}}$。

如果对数似然函数恰好为二次多项式,Newton-Raphson 经过一次迭代可以得到最大值。否则,算法是否成功,就要依赖于一个局部二次近似值是否能够准确地捕捉到函数的形状。

(2)Quadratic hill-climbing 法

Quadratic hill-climbing 法是由 Goldfeld 和 Quandt 提出的。该方法是在 Newton-Raphson 法的基础上变形得到的。与 Newton-Raphson 法不同之处在于,Quadratic hill-climbing 法在信息矩阵中加入了一个修正矩阵或者称为岭因素(ridge factor),Quadratic hill-climbing 法的迭代公式为

$$\boldsymbol{\theta}^{(l+1)}=\boldsymbol{\theta}^{(l)}-(\widetilde{\boldsymbol{H}}^{(l)})^{-1}\boldsymbol{g}^{(l)} \tag{2.2.11}$$

其中

$$-\widetilde{\boldsymbol{H}}^{(l)}=-\boldsymbol{H}^{(l)}+\alpha\boldsymbol{E} \tag{2.2.12}$$

式中 $\boldsymbol{E}$ 为单位矩阵,α 为利用该算法计算出来的一个正数。

该方法使得参数估计沿着梯度向量的方向进行。即当我们的初始值距离最大值较大时,函数的局部二次近似值就可能是这个函数的总体形状的一个较差的向导,所以沿着梯度向量的方向进行估计可能会更好。该方法在初始值选取不够恰当时能够更好地对参数进行最大似然估计。

2.2.3 一阶导数方法

一阶导数方法一般适用于非线性最小二乘模型、ARCH模型、GARCH模型等一般的非线性模型。一阶导数方法可以避免二阶导数方法需要估计大量的元素，二阶导数方法每次估计都需要估计二阶导数矩阵的 $k(k+1)/2$ 个元素，k 表示未知参数的个数。一阶导数方法一方面可以避免每次大量的元素的估计，同时可以减少计算时间，提高计算的效率。通常一阶导数方法有两种，分别为：Gauss-Newton/BHHH 方法和 Marquardt 方法。

(1)Gauss-Newton/BHHH 方法

Gauss-Newton/BHHH 方法通过每个观测值对目标函数的贡献的梯度向量的外积和代替了海塞矩阵的逆矩阵中的负值。在能够最大化函数的参数值上估计这个近似值，近似等于海塞矩阵。但是在远离最大值时，该近似值会非常不准确。可以看出该方法的优点为只需要计算一阶导数。但是该方法也存在缺陷：在远离最大值的情况下，这个近似值会导致迭代效率下降，需要多次迭代才能达到收敛。

(2)Marquardt 方法

Marquardt 方法与 Quadratic hill-climbing 法类似，通过在海塞矩阵估计值加入一个修正矩阵或者称为岭元素。岭元素的引入可以避免梯度的外积接近于奇异值的问题，并有可能提高收敛速度。

2.3　非线性模型最大似然估计实例

利用最大似然估计法估计一个模型，关键在于构建一个包含未知参数的函数，将样本中各个观测值作为已知数，建立最大似然函数形式。

本节将以非线性回归模型、Logit 模型为例，详细地描述最大似然估计法的估计过程。

2.3.1 非线性回归模型的最大似然估计

假定非线性回归模型为

$$G(Y_i;\boldsymbol{\theta}) = H(\boldsymbol{X}_i;\boldsymbol{\beta}) + \mu_i \tag{2.3.1}$$

若

$$\boldsymbol{\mu} \sim N(0,\sigma^2\boldsymbol{I}) \tag{2.3.2}$$

其中 $\boldsymbol{I}$ 为单位矩阵。则 Y_i 的密度函数为

$$f(Y_i \mid \boldsymbol{X}_i) = \frac{|\partial\mu_i/\partial Y_i|}{\sqrt{2\pi\sigma^2}}\mathrm{e}^{-\frac{[G(Y_i;\boldsymbol{\theta}) - H(\boldsymbol{X}_i;\boldsymbol{\beta})]^2}{2\sigma^2}} \tag{2.3.3}$$

令

$$J(Y_i;\boldsymbol{\theta}) = \left|\frac{\partial\mu_i}{\partial Y_i}\right| = J_i \tag{2.3.4}$$

则 $\boldsymbol{J}_i$ 为雅可比行列式。

Y_i 的密度函数中会增加一项 J_i 的原因是：若 x 是一个密度函数为 $f_x(x)$ 的连续随机变量，$y=g(x)$ 是 x 的单调函数，y 的密度函数可以用变量替换的 y 的密度函数

$$P(y \leqslant b)=\int_{-\infty}^{b} f_x(g^{-1}(y))\,|(g^{-1}(y))'|\,\mathrm{d}y \tag{2.3.5}$$

同时

$$P(y \leqslant b)=\int_{-\infty}^{b} f_y(y)\mathrm{d}y \tag{2.3.6}$$

其中 $|(g^{-1}(y))'|$ 项是从 x 到 y 的变换的雅可比行列式。

对式(2.3.3)取对数，并整理可得对数似然函数

$$\ln L=-\frac{n}{2}\ln 2\pi-\frac{n}{2}\ln\sigma^2-\frac{1}{2\sigma^2}[G(Y_i;\boldsymbol{\theta})-H(\boldsymbol{X}_i;\boldsymbol{\beta})]^2+\sum_i \ln J(Y_i;\boldsymbol{\theta}) \tag{2.3.7}$$

线性回归模型与非线性回归模型的对数似然函数差别在于非线性回归模型的对数似然函数多了一项雅可比行列式 $J_i=|\partial\mu_i/\partial Y_i|$。因为线性回归模型的对数似然函数的雅可比行列式 $J_i=1$。

对式(2.3.7)求偏导并令其等于 0，得

$$\frac{\partial \ln L}{\partial \boldsymbol{\beta}}=\frac{1}{\sigma^2}\sum \frac{\partial H(\boldsymbol{X}_i;\boldsymbol{\beta})}{\partial \boldsymbol{\beta}}=0 \tag{2.3.8}$$

$$\frac{\partial \ln L}{\partial \boldsymbol{\theta}}=\sum \frac{1}{J_i}\left(\frac{\partial J_i}{\partial \boldsymbol{\theta}}\right)-\frac{1}{\sigma^2}\sum \frac{\partial G(\boldsymbol{Y}_i;\boldsymbol{\theta})}{\partial \boldsymbol{\theta}}=0 \tag{2.3.9}$$

$$\frac{\partial \ln L}{\partial \sigma^2}=-\frac{n}{2\sigma^2}+\frac{1}{2\sigma^4}\sum_i \mu_i^2=0 \tag{2.3.10}$$

由式(2.3.8)(2.3.9)和(2.3.10)可知，σ^2 的估计值不受 $\boldsymbol{\beta}$ 和 $\boldsymbol{\theta}$ 的估计值的影响，由式(2.3.10)可知

$$\hat{\sigma}^2=\frac{\sum_i \mu_i^2}{n} \tag{2.3.11}$$

将上式代入式(2.3.7)得集总对数似然函数

$$\ln L=-\frac{n}{2}(1+\ln 2\pi)-\frac{n}{2}\ln\left(\frac{1}{n}\sum \mu_i^2\right)+\sum_i \ln J(Y_i;\boldsymbol{\theta}) \tag{2.3.12}$$

此方程只与 $\boldsymbol{\beta}$ 和 $\boldsymbol{\theta}$ 有关，我们只需对 $\boldsymbol{\beta}$ 和 $\boldsymbol{\theta}$ 求最大化即可。

例 2.3.1　估计 C-D 生产函数

在微观经济学中我们学过了柯布 - 道格拉斯(C-D)生产函数，理论形式为

$$Y=K^{\alpha}L^{1-\alpha} \tag{2.3.13}$$

其中 Y 表示产出量，K 表示资本投入，L 表示劳动投入。

现在选取 2015 年中国 31 个省(直辖市、自治区)的建筑业增加值作为产出量 Y，建筑业总投资作为资本投入 K，直接从事建筑业经营活动的平均人数作为劳动投入 L，其中建筑业增加值和建筑业总投资在回归中所用数据是按照建筑业企业数平均的。变量观测值如表 2.3.1 所示。假设模型设定为

$$\ln Y=\beta_0+\beta_1\ln K+\beta_2\ln L,\ \beta_1+\beta_2=1 \tag{2.3.14}$$

表 2.3.1　2015 年中国各地区建筑业数据表

地区	建筑业增加值（万元）	总资产（万元）	直接从事生产经营活动的平均人数	企业个数(个)
北京	12 374 185.27	183 659 721.00	162.45	2 909
天津	6 633 672.75	57 219 100.00	90.54	1 551
河北	7 549 634.99	44 823 884.00	139.23	2 375
山西	4 613 403.47	40 337 922.00	99.49	2 285
内蒙古	2 524 242.01	18 725 376.00	40.59	841
辽宁	10 653 841.33	68 779 289.00	170.87	5 563
吉林	3 741 626.23	23 449 197.00	88.20	2 270
黑龙江	2 471 101.81	17 274 374.00	73.60	1 601
上海	8 341 694.29	86 446 890.00	126.43	2 779
江苏	59 965 222.99	164 330 243.00	833.31	8 909
浙江	47 131 356.23	116 542 560.00	782.19	6 133
安徽	12 065 109.75	47 335 318.00	167.06	2 763
福建	22 708 762.33	42 664 757.00	293.64	3 402
江西	8 412 209.55	26 984 565.00	165.70	1 739
山东	20 785 208.01	99 206 358.00	311.22	5 945
河南	20 785 208.01	99 206 358.00	311.22	5 945
湖北	19 603 679.07	88 949 139.00	232.83	3 218
湖南	12 771 357.11	39 953 782.00	221.27	2 022
广东	19 627 225.46	107 374 057.00	224.43	4 311
广西	5 351 871.51	17 094 285.00	98.66	1 071
海南	529 871.77	2 152 272.00	7.75	148
重庆	15 012 469.28	49 040 475.00	200.00	2 492
四川	13 737 915.55	77 654 931.00	296.44	3 449
贵州	2 748 977.85	26 087 102.00	55.70	742
云南	5 516 538.95	36 943 637.00	113.60	2 417
西藏	237 365.64	1 547 467.00	3.47	167
陕西	9 032 736.87	46 703 921.00	127.37	1 878
甘肃	3 280 338.47	16 903 621.00	60.90	1 264
青海	795 362.97	5 098 509.00	12.80	366
宁夏	919 356.08	6 895 018.00	19.66	503
新疆	5 326 625.30	20 383 343.00	79.39	1 114

数据来源：国家统计局

对于 C-D 生产函数，可以采用最小二乘估计，也可以采用最大似然估计的方法，这里采用最大似然估计，运用 Stata 16.0 软件，先打开 2.3.1.dta，数据中 y 为建筑业增加值 / 企业个数，k 为总资产 / 企业个数，l 为直接从事生产经营活动的平均人数。然后，在命令窗口输入如图 3.2.1 的程序进行最大似然估计：

```
gen lny = ln(y)
gen lnk = ln(k)
gen lnl = ln(l)
cap program drop mymean_lf
program define mymean_lf/ * 定义最大似然函数 * /
args lnf mu sigma / * 输入项：似然函数，参数 * /
quietly replace `lnf' = ln(normalden( $ML_y,`mu',`sigma'))
end
constraint 2lnk + lnl = 1/ * 设置约束条件 * /
ml model lf mymean_lf (lny = lnk lnl ) (sigma:),constraint(2)/ * 带有约束条件的最大似然估计 * /
ml max
```

按 Enter 键后运行结果如图 2.3.1 所示：

```
                                                Number of obs     =         31
                                                Wald chi2(1)      =     169.32
Log likelihood = -13.785995                     Prob > chi2       =     0.0000

 ( 1)  [eq1]lnk + [eq1]lnl = 1
------------------------------------------------------------------------------
         lny |      Coef.   Std. Err.      z    P>|z|     [95% Conf. Interval]
-------------+----------------------------------------------------------------
eq1          |
         lnk |   .7821207    .060107    13.01   0.000     .6643131    .8999282
         lnl |   .2178793    .060107     3.62   0.000     .1000718    .3356869
       _cons |  -.5354006   .3165804    -1.69   0.091    -1.155887    .0850855
-------------+----------------------------------------------------------------
sigma        |
       _cons |   .3774833   .0479404     7.87   0.000     .2835218    .4714448
------------------------------------------------------------------------------
```

图 2.3.1　带有约束条件的最大似然估计

由图 2.3.1 所示的结果得到表 2.3.2 列出的参数估计量、标准误、渐近 t 统计和 Wald 统计量。

表 2.3.2　C-D 生产函数的最大似然估计结果

变量	参数估计量	标准误	渐近 t 统计量
常数项	−0.5354	0.3166	3.62
$\ln K$	0.7821	0.0601	13.01
$\ln L$	0.2179	0.0601	3.62
Wald 统计量 = 169.32，p 值为 0.0000			

2.3.2 Logit 模型的最大似然估计

Logit 模型研究二元变量的影响因素。假设我们研究的被解释变量 y_i 是一个二元变量，只有 0 和 1 两个取值。我们将 y_i 视为随机变量 Y_i 的实现值，Y_i 有 0 和 1 两个取值，相应的概率分别为 $1-\pi_i$ 和 π_i。Y_i 服从伯努利分布，参数为 π_i 有

$$P(Y_i=y_i)=\pi_i^{y_i}(1-\pi_i)^{1-y_i}\text{，其中 } y_i=0,1 \tag{2.3.15}$$

显然，若 $y_i=1$，则上式为 π_i；若 $y_i=0$，则上式为 $1-\pi_i$。

若设定模型为如下形式：

$$y_i=\pi(x_i)+\varepsilon_i \tag{2.3.16}$$

其中，ε_i 为随机干扰项，有两个可能的取值。若 $y_i=1$，则上式为 $\varepsilon_i=1-\pi(x_i)$，相应的概率为 $\pi(x_i)$；若 $y_i=0$，则上式为 $\varepsilon_i=-\pi(x_i)$，相应的概率为 $1-\pi(x_i)$。因此，ε_i 服从均值为 0，方差为 $\pi(x_i)[1-\pi(x_i)]$ 的分布。

为了能使 $\pi(x_i)$ 介于 0 和 1 之间，通常将其定义为

$$\pi(x_i)=\frac{\exp(\boldsymbol{x}'_i\boldsymbol{\beta})}{1+\exp(\boldsymbol{x}'_i\boldsymbol{\beta})} \tag{2.3.17}$$

该式称为 Logit 的逆变换(antilogit)。

第 i 个观测值对应的似然函数为

$$\pi(x_i)^{y_i}[1-\pi(x_i)]^{1-y_i} \tag{2.3.18}$$

假设所有观测值是相互独立的，则样本似然函数为所有观测值对应的似然函数的乘积

$$L(\boldsymbol{\beta})=\prod_{i=1}^{n}\pi(x_i)^{y_i}[1-\pi(x_i)]^{1-y_i} \tag{2.3.19}$$

我们的目标是求得使式(2.3.18)最大是对应的参数估计值 $\hat{\boldsymbol{\beta}}$。我们在定义对数似然函数

$$\ln L(\boldsymbol{\beta})=\sum_{i=1}^{n}\{y_i\ln[\pi(x_i)]+(1-y_i)\ln[1-\pi(x_i)]\} \tag{2.3.20}$$

例 2.3.2　用最大似然估计 Logit 模型

Spector 和 Mazzeo 在 1980 年的一篇论文中选取的 32 组观测数据，研究新的经济学教学方法的效果。被解释变量是采用一种新的教学方法 PSI 后学生在一次测试中分数是否得到改善的指标，用 GARDE 表示。解释变量为平均分数 GPA，学生修该门课程前摸底测验的得分 TUCE 和表示学生是否接受新教学方法的二元变量指标 PSI。32 组观测数据如表 2.3.3 所示。

表 2.3.3　用于分析学习效果的数据

观测值	GRADE	GPA	TUCE	PSI	观测值	GRADE	GPA	TUCE	PSI
1	0	2.66	20	0	17	0	2.75	25	0
2	0	2.89	22	0	18	0	2.83	19	0
3	0	3.28	24	0	19	0	3.12	23	1

续表

观测值	GRADE	GPA	TUCE	PSI	观测值	GRADE	GPA	TUCE	PSI
4	0	2.92	12	0	20	1	3.16	25	1
5	1	4.00	21	0	21	0	2.06	22	1
6	0	2.86	17	0	22	1	3.62	28	1
7	0	2.76	17	0	23	0	2.89	14	1
8	0	2.87	21	0	24	0	3.51	26	1
9	0	3.03	25	0	25	1	3.54	24	1
10	1	3.92	29	0	26	1	2.83	27	1
11	0	2.63	20	0	27	1	3.39	17	1
12	0	3.32	23	0	28	0	2.67	24	1
13	0	3.57	23	0	29	1	3.65	21	1
14	1	3.26	25	0	30	1	4.00	23	1
15	0	3.53	26	0	31	0	3.10	21	1
16	0	2.74	19	0	32	1	2.39	19	1

这里采用最大似然估计，运用Stata 16.0软件，先打开数据2.3.2.dta，然后在命令窗口输入如图2.3.3所示命令：

```
cap program drop mylogit_lf/ * 编写似然函数的 stata 程序 * /
   program define mylogit_lf
      args lnf xb
      qui replace `lnf' = ln(invlogit( `xb')) if $ML_y1 == 1
      qui replace `lnf' = ln(invlogit(−`xb')) if $ML_y1 == 0
end
ml model lfmylogit_lf ( GRADE = GPA TUCE PSI)
ml max
```

按 Enter 键后运行结果如图2.3.2所示：

```
                                                Number of obs     =         32
                                                Wald chi2(3)      =       8.38
Log likelihood = -12.889633                     Prob > chi2       =     0.0388

------------------------------------------------------------------------------
       GRADE |      Coef.   Std. Err.      z    P>|z|     [95% Conf. Interval]
-------------+----------------------------------------------------------------
         GPA |   2.826113   1.262941     2.24   0.025     .3507936    5.301432
        TUCE |   .0951577   .1415542     0.67   0.501    -.1822835    .3725988
         PSI |   2.378687   1.064564     2.23   0.025     .2921799    4.465195
        cons |  -13.02135   4.931324    -2.64   0.008    -22.68656   -3.356129
------------------------------------------------------------------------------
```

图 2.3.2 Logit模型最大似然估计结果

根据图 2.3.2 所示的结果，得到表 2.3.4 列出的参数估计量、标准误、渐近 t 统计量和 Wald 统计量。

表 2.3.4　Logit 模型的最大似然估计结果

变量	参数估计量	标准误	渐近 t 统计量
常数项	−13.0214	4.9313	−2.64
GPA	2.8261	1.2629	2.24
TUCE	0.0952	0.1416	0.67
PSI	2.3787	1.2629	2.24
Wald 统计量 = 8.38，p 值为 0.0388			

2.4　最大似然估计的大样本性质及渐近协方差矩阵

最大似然估计因为具有样本容量大，渐近性质好的特点被广泛地应用。本节内容将对最大似然估计的大样本性质做出简单的介绍并给出简单的数学证明，同时将介绍最大似然估计量的渐近协方差矩阵。

本节我们将使用如下符号：$\hat{\boldsymbol{\theta}}$ 表示最大似然估计量，$\boldsymbol{\theta}_0$ 表示 $k\times 1$ 参数向量的真实值，$\boldsymbol{\theta}$ 表示既不是最大似然估计量也可能不是真实值的参数的可能值。

2.4.1 正则条件

最大似然估计必须在一定正则条件下，才会拥有良好的大样本性质。我们假定 $\{\boldsymbol{x}_1,\boldsymbol{x}_2,\cdots,\boldsymbol{x}_N\}$ 是密度函数为 $f(\boldsymbol{x};\boldsymbol{\theta}_0)$ 的总体中的一个随机样本，并且满足如下的正则条件：

定义 2.1　正则条件

(1) 参数空间 $\boldsymbol{\Theta}$ 为紧集，真实参数 $\boldsymbol{\theta}$ 在参数空间 $\boldsymbol{\Theta}$ 的内部。

(2) 样本为独立同分布的，并且样本的取值范围不依赖于参数 $\boldsymbol{\theta}$ 的取值。

(3) $\ln f(\boldsymbol{x};\boldsymbol{\theta}_0)$ 对 $\boldsymbol{\theta}$ 的前三阶导数都是连续的，而且对几乎所有 $\boldsymbol{Y}_i$ 和所有 $\boldsymbol{\theta}$ 都是有限的，这个条件保证了 $\ln L$ 的导数存在一个近似泰勒展开式和有限方差。

(4) 满足计算 $\ln f(\boldsymbol{x};\boldsymbol{\theta}_0)$ 的一阶和二阶导数所需要的条件。

(5) 对 $\boldsymbol{\theta}$ 的所有值 $|\partial^3 \ln f(\boldsymbol{x}_i;\boldsymbol{\theta})/\partial\boldsymbol{\theta}_i\partial\boldsymbol{\theta}_j\partial\boldsymbol{\theta}_l|$ 都小于一个具有有限期望的函数。这个条件保证能够截断泰勒展开。

2.4.2 得分函数的定义及性质

我们在进行最大似然估计时，要求对数似然函数 $\ln L(\boldsymbol{\theta};\boldsymbol{x}_1,\boldsymbol{x}_2,\cdots,\boldsymbol{x}_N)$ 的最大值，需

要满足一阶条件为零的要求,即

$$s(\boldsymbol{\theta};\boldsymbol{x})=\frac{\partial \ln L(\boldsymbol{\theta};\boldsymbol{x})}{\partial \boldsymbol{\theta}}=\begin{bmatrix}\dfrac{\partial \ln L(\boldsymbol{\theta};\boldsymbol{x})}{\partial \theta_1}\\ \dfrac{\partial \ln L(\boldsymbol{\theta};\boldsymbol{x})}{\partial \theta_2}\\ \vdots \\ \dfrac{\partial \ln L(\boldsymbol{\theta};\boldsymbol{x})}{\partial \theta_K}\end{bmatrix}=\mathbf{0} \tag{2.4.1}$$

此一阶条件要求,对数似然函数的一阶偏导数或者称为梯度向量(gradient)$\boldsymbol{s}(\boldsymbol{\theta};\boldsymbol{x})$为$\mathbf{0}$。该梯度向量也称为“得分函数”(score function) 或“得分向量”(score vector)。

性质 2.4.1　得分函数的期望为 $\mathbf{0}$。如果似然函数的设定是正确的,则 $E[\boldsymbol{s}(\boldsymbol{\theta}_0;\boldsymbol{x})]=\mathbf{0}$,其中 $\boldsymbol{s}(\boldsymbol{\theta}_0;\boldsymbol{x})$ 表示得分函数 $\boldsymbol{s}(\boldsymbol{\theta};\boldsymbol{x})$ 在 $\boldsymbol{\theta}=\boldsymbol{\theta}_0$ 处的取值。

证明:

因为似然函数 $L(\boldsymbol{\theta};\boldsymbol{x})$ 是概率密度函数,所以似然函数的积分为 1,即

$$\int L(\boldsymbol{\theta};\boldsymbol{x})\mathrm{d}\boldsymbol{x}=1 \tag{2.4.2}$$

可化为

$$\int \exp[\ln L(\boldsymbol{\theta};\boldsymbol{x})]\mathrm{d}\boldsymbol{x}=1 \tag{2.4.3}$$

方程两边对 $\boldsymbol{\theta}$ 求导可得

$$\int \exp[\ln L(\boldsymbol{\theta};\boldsymbol{x})]\frac{\partial \ln L(\boldsymbol{\theta};\boldsymbol{x})}{\partial \boldsymbol{\theta}}\mathrm{d}\boldsymbol{x}=0 \tag{2.4.4}$$

因此

$$\int \frac{\partial \ln L(\boldsymbol{\theta};\boldsymbol{x})}{\partial \boldsymbol{\theta}}\ln L(\boldsymbol{\theta};\boldsymbol{x})\mathrm{d}\boldsymbol{x}=0 \tag{2.4.5}$$

因此根据数学期望的计算法则,若随机变量 Y 满足 $Y=g(X)$ 且$\int_{-\infty}^{+\infty}g(X)f(X)\mathrm{d}X$ 绝对收敛,则

$$E(Y)=E(g(X))=\int_{-\infty}^{+\infty}g(X)f(X)\mathrm{d}X \tag{2.4.6}$$

则似然函数设定正确,且在 $\boldsymbol{\theta}=\boldsymbol{\theta}_0$ 处,式(2.4.5) 可以化为

$$E\left[\frac{\partial \ln L(\boldsymbol{\theta}_0;\boldsymbol{x})}{\partial \boldsymbol{\theta}}\right]=0 \tag{2.4.7}$$

得证。

2.4.3 信息矩阵的定义及性质

定义“信息矩阵”(information matrix) 为对数似然函数的海塞矩阵的期望值的负数,即

$$\boldsymbol{I}(\boldsymbol{\theta})=-E\left[\frac{\partial^2 \ln L(\boldsymbol{\theta};\boldsymbol{x})}{\partial \boldsymbol{\theta}\partial \boldsymbol{\theta}'}\right] \tag{2.4.8}$$

其中海塞矩阵常用 $\boldsymbol{H}(\boldsymbol{\theta})$ 表示，即

$$\boldsymbol{H}(\boldsymbol{\theta})=\frac{\partial^2 \ln L(\boldsymbol{\theta};\boldsymbol{x})}{\partial\boldsymbol{\theta}\partial\boldsymbol{\theta}'} \tag{2.4.9}$$

在一维的情形下，$-\partial^2 L/\partial\boldsymbol{\theta}^2$ 表示对数似然函数的二阶导数的负数。由于对数似然函数是凹函数，填上负号之后二阶导数正好为正数。$-\partial^2 L/\partial\boldsymbol{\theta}\partial\boldsymbol{\theta}'$ 表示的是对数似然函数在 $\boldsymbol{\theta}$ 空间中的曲率。$\boldsymbol{I}(\boldsymbol{\theta})$ 表示的是平均曲率。我们知道曲率越大曲线越陡峭，在样本给定的条件下，更加容易判断真实 $\boldsymbol{\theta}$ 的大小；若曲率为零，对数似然函数没有唯一的最大值，无法判断 $\boldsymbol{\theta}$ 的准确位置。因此 $\boldsymbol{I}(\boldsymbol{\theta})$ 包含 $\boldsymbol{\theta}$ 是否容易估计的信息，被称为“信息矩阵”。

由于信息矩阵包含二阶偏导数的计算，因此尝试将其转换为一阶偏导数的计算，得到下列该性质。

性质 2.4.2　信息矩阵等式。在 $\boldsymbol{\theta}=\boldsymbol{\theta}_0$ 处，有以下“信息矩阵等式”成立，即

$$\begin{aligned}\boldsymbol{I}(\boldsymbol{\theta}_0)&=-E\left[\frac{\partial^2 \ln L(\boldsymbol{\theta}_0;\boldsymbol{x})}{\partial\boldsymbol{\theta}_0\partial\boldsymbol{\theta}'_0}\right]=E\left[\frac{\partial \ln L(\boldsymbol{\theta}_0;\boldsymbol{x})}{\partial\boldsymbol{\theta}_0}\frac{\partial \ln L(\boldsymbol{\theta}_0;\boldsymbol{x})}{\partial\boldsymbol{\theta}'_0}\right]\\&=E[s(\boldsymbol{\theta}_0;\boldsymbol{x})s(\boldsymbol{\theta}_0;\boldsymbol{x})']\end{aligned} \tag{2.4.10}$$

证明：

根据式(2.4.4) 可得

$$\int\frac{\partial \ln L(\boldsymbol{\theta};\boldsymbol{x})}{\partial\boldsymbol{\theta}}\exp[\ln L(\boldsymbol{\theta};\boldsymbol{x})]\mathrm{d}\boldsymbol{x}=\boldsymbol{0} \tag{2.4.11}$$

将方程两边同时对 $\boldsymbol{\theta}'$ 求导可得

$$\int\left\{\frac{\partial^2 \ln L(\boldsymbol{\theta};\boldsymbol{x})}{\partial\boldsymbol{\theta}\partial\boldsymbol{\theta}'}\exp[\ln L(\boldsymbol{\theta};\boldsymbol{x})]+\frac{\partial \ln L(\boldsymbol{\theta};\boldsymbol{x})}{\partial\boldsymbol{\theta}}\exp[\ln L(\boldsymbol{\theta};\boldsymbol{x})]\frac{\partial \ln L(\boldsymbol{\theta};\boldsymbol{x})}{\partial\boldsymbol{\theta}'}\right\}\mathrm{d}\boldsymbol{x}=\boldsymbol{0} \tag{2.4.12}$$

移项可得

$$-\int\frac{\partial^2 \ln L(\boldsymbol{\theta};\boldsymbol{x})}{\partial\boldsymbol{\theta}\partial\boldsymbol{\theta}'}\exp[\ln L(\boldsymbol{\theta};\boldsymbol{x})]\mathrm{d}\boldsymbol{x}=\int\frac{\partial \ln L(\boldsymbol{\theta};\boldsymbol{x})}{\partial\boldsymbol{\theta}}\exp[\ln L(\boldsymbol{\theta};\boldsymbol{x})]\frac{\partial \ln L(\boldsymbol{\theta};\boldsymbol{x})}{\partial\boldsymbol{\theta}'}\mathrm{d}\boldsymbol{x} \tag{2.4.13}$$

化简可得

$$-\int\frac{\partial^2 \ln L(\boldsymbol{\theta};\boldsymbol{x})}{\partial\boldsymbol{\theta}\partial\boldsymbol{\theta}'}L(\boldsymbol{\theta};\boldsymbol{x})\mathrm{d}\boldsymbol{x}=\int\frac{\partial \ln L(\boldsymbol{\theta};\boldsymbol{x})}{\partial\boldsymbol{\theta}}\cdot\frac{\partial \ln L(\boldsymbol{\theta};\boldsymbol{x})}{\partial\boldsymbol{\theta}'}L(\boldsymbol{\theta};\boldsymbol{x})\mathrm{d}\boldsymbol{x} \tag{2.4.14}$$

由于似然函数设定是正确的，因此在 $\boldsymbol{\theta}=\boldsymbol{\theta}_0$ 处，式(2.4.14) 中的左式等于

$$-E\left[\frac{\partial^2 \ln L(\boldsymbol{\theta}_0;\boldsymbol{x})}{\partial\boldsymbol{\theta}\partial\boldsymbol{\theta}'}\right]=-\int\frac{\partial^2 \ln L(\boldsymbol{\theta}_0;\boldsymbol{x})}{\partial\boldsymbol{\theta}\partial\boldsymbol{\theta}'}L(\boldsymbol{\theta}_0;\boldsymbol{x})\mathrm{d}\boldsymbol{x} \tag{2.4.15}$$

式(2.4.14) 中的右式等于

$$E\left[\frac{\partial \ln L(\boldsymbol{\theta}_0;\boldsymbol{x})}{\partial\boldsymbol{\theta}}\cdot\frac{\partial \ln L(\boldsymbol{\theta}_0;\boldsymbol{x})}{\partial\boldsymbol{\theta}'}\right]=\int\frac{\partial \ln L(\boldsymbol{\theta}_0;\boldsymbol{x})}{\partial\boldsymbol{\theta}}\frac{\partial \ln L(\boldsymbol{\theta}_0;\boldsymbol{x})}{\partial\boldsymbol{\theta}'}L(\boldsymbol{\theta};\boldsymbol{x})\mathrm{d}\boldsymbol{x} \tag{2.4.16}$$

所以在 $\boldsymbol{\theta}=\boldsymbol{\theta}_0$ 处有

$$-E\left[\frac{\partial^2 \ln L(\boldsymbol{\theta}_0;\boldsymbol{x})}{\partial\boldsymbol{\theta}\partial\boldsymbol{\theta}'}\right]=E\left[\frac{\partial \ln L(\boldsymbol{\theta}_0;\boldsymbol{x})}{\partial\boldsymbol{\theta}}\cdot\frac{\partial \ln L(\boldsymbol{\theta}_0;\boldsymbol{x})}{\partial\boldsymbol{\theta}'}\right] \tag{2.4.17}$$

得证。

性质 2.4.3　得分函数的方差为信息矩阵。在 $\boldsymbol{\theta}=\boldsymbol{\theta}_0$ 处，信息矩阵 $\boldsymbol{I}(\boldsymbol{\theta}_0)$ 就是得分函数的协方差矩阵 $\mathrm{Var}[\boldsymbol{s}(\boldsymbol{\theta}_0;\boldsymbol{x})]$。

证明：

$$\mathrm{Var}[s(\boldsymbol{\theta}_0;\boldsymbol{x})]=E[s(\boldsymbol{\theta}_0;\boldsymbol{x})s(\boldsymbol{\theta}_0;\boldsymbol{x})']-E[s(\boldsymbol{\theta}_0;\boldsymbol{x})]\cdot E[s(\boldsymbol{\theta}_0;\boldsymbol{x})]' \tag{2.4.18}$$

由性质 2.4.1 可知 $E[\boldsymbol{s}(\boldsymbol{\theta}_0;\boldsymbol{x})]=\boldsymbol{0}$，所以

$$\mathrm{Var}[s(\boldsymbol{\theta}_0;\boldsymbol{x})]=E[s(\boldsymbol{\theta}_0;\boldsymbol{x})s(\boldsymbol{\theta}_0;\boldsymbol{x})']=\boldsymbol{I}(\boldsymbol{\theta}_0) \tag{2.4.19}$$

得证。

性质 2.4.4　"克莱默 - 劳下限"(Cramer-Rao lower bound)。假设 $\hat{\boldsymbol{\theta}}$ 是对真实值 $\boldsymbol{\theta}_0$ 的任意无偏估计，则在一定的正则条件下，$\hat{\boldsymbol{\theta}}$ 的方差不会小于 $[\boldsymbol{I}(\boldsymbol{\theta}_0)]^{-1}$，即

$$\mathrm{Var}(\hat{\boldsymbol{\theta}})\geqslant[\boldsymbol{I}(\boldsymbol{\theta}_0)]^{-1} \tag{2.4.20}$$

其中 $[\boldsymbol{I}(\boldsymbol{\theta}_0)]^{-1}$ 被称为"克莱默 - 劳下限"。

证明：

因为 $\hat{\boldsymbol{\theta}}(\boldsymbol{x})$ 是对真实值 $\boldsymbol{\theta}_0$ 的任意无偏估计，所以

$$\boldsymbol{\theta}_0=E[\hat{\boldsymbol{\theta}}(\boldsymbol{x})]=-\int\hat{\boldsymbol{\theta}}(\boldsymbol{x})L(\boldsymbol{\theta}_0;\boldsymbol{x})\mathrm{d}\boldsymbol{x} \tag{2.4.21}$$

对上式两边同时对 $\boldsymbol{\theta}_0$ 求导得

$$\boldsymbol{I}=\int\hat{\boldsymbol{\theta}}(\boldsymbol{x})\frac{\partial L(\boldsymbol{\theta}_0;\boldsymbol{x})}{\partial\boldsymbol{\theta}}\mathrm{d}\boldsymbol{x}=\int\hat{\boldsymbol{\theta}}(\boldsymbol{x})\frac{\partial \ln L(\boldsymbol{\theta}_0;\boldsymbol{x})}{\partial\boldsymbol{\theta}}L(\boldsymbol{\theta}_0;\boldsymbol{x})\mathrm{d}\boldsymbol{x} \tag{2.4.22}$$

其中 $\boldsymbol{I}$ 为单位向量。又因为

$$E\left[\hat{\boldsymbol{\theta}}(\boldsymbol{x})\frac{\partial \ln L(\boldsymbol{\theta}_0;\boldsymbol{x})}{\partial\boldsymbol{\theta}}\right]=\int\hat{\boldsymbol{\theta}}(\boldsymbol{x})\frac{\partial \ln L(\boldsymbol{\theta}_0;\boldsymbol{x})}{\partial\boldsymbol{\theta}}L(\boldsymbol{\theta}_0;\boldsymbol{x})\mathrm{d}\boldsymbol{x} \tag{2.4.23}$$

所以

$$E\left[\hat{\boldsymbol{\theta}}(\boldsymbol{x})\frac{\partial \ln L(\boldsymbol{\theta}_0;\boldsymbol{x})}{\partial\boldsymbol{\theta}}\right]=\boldsymbol{I} \tag{2.4.24}$$

由协方差与数学期望的关系以及 $E\left[\frac{\partial \ln L(\boldsymbol{\theta}_0;\boldsymbol{x})}{\partial\boldsymbol{\theta}}\right]=\boldsymbol{0}$ 可知

$$E\left[\hat{\boldsymbol{\theta}}(\boldsymbol{x})\frac{\partial \ln L(\boldsymbol{\theta}_0;\boldsymbol{x})}{\partial\boldsymbol{\theta}}\right]=\mathrm{Cov}(\hat{\boldsymbol{\theta}}(\boldsymbol{x}),\frac{\partial \ln L(\boldsymbol{\theta}_0;\boldsymbol{x})}{\partial\boldsymbol{\theta}})=\boldsymbol{I} \tag{2.4.25}$$

由相关系数矩阵

$$\rho=\frac{\mathrm{Cov}\left(\hat{\boldsymbol{\theta}}(\boldsymbol{x}),\frac{\partial \ln L(\boldsymbol{\theta}_0;\boldsymbol{x})}{\partial\boldsymbol{\theta}}\right)}{\sqrt{\mathrm{Var}(\hat{\boldsymbol{\theta}}(\boldsymbol{x}))\cdot\mathrm{Var}\left(\frac{\partial \ln L(\boldsymbol{\theta}_0;\boldsymbol{x})}{\partial\boldsymbol{\theta}}\right)}}\leqslant 1 \tag{2.4.26}$$

可以推出

$$\mathrm{Var}(\hat{\boldsymbol{\theta}}(\boldsymbol{x}))\cdot\mathrm{Var}\left(\frac{\partial \ln L(\boldsymbol{\theta}_0;\boldsymbol{x})}{\partial\boldsymbol{\theta}}\right)\geqslant I \tag{2.4.27}$$

又因为

$$\mathrm{Var}(\hat{\boldsymbol{\theta}}(\boldsymbol{x}))\cdot\mathrm{Var}\left(\frac{\partial\ln L(\boldsymbol{\theta}_0;\boldsymbol{x})}{\partial\boldsymbol{\theta}}\right)=\mathrm{Var}(\hat{\boldsymbol{\theta}}(\boldsymbol{x}))\cdot E\left(\frac{\partial\ln L(\boldsymbol{\theta}_0;\boldsymbol{x})}{\partial\boldsymbol{\theta}}\right)^2 \tag{2.4.28}$$

因此可以推出

$$\mathrm{Var}(\hat{\boldsymbol{\theta}}(\boldsymbol{x}))\geqslant\left[E\left(\frac{\partial\ln L(\boldsymbol{\theta}_0;\boldsymbol{x})}{\partial\boldsymbol{\theta}}\right)^2\right]^{-1}=\boldsymbol{I}(\boldsymbol{\theta}_0)^{-1} \tag{2.4.29}$$

2.4.4 最大似然估计的大样本性质

定理 2.4.1　最大似然估计的大样本性质。在正则条件下，最大似然估计拥有以下大样本性质。

(1) 一致性：$p\lim\hat{\boldsymbol{\theta}}=\boldsymbol{\theta}_0$。

(2) 渐近正态性：$\sqrt{N}(\hat{\boldsymbol{\theta}}-\boldsymbol{\theta}_0)\xrightarrow{d}N(\boldsymbol{0},N[\boldsymbol{I}(\boldsymbol{\theta}_0)]^{-1})$，渐近正态性也可以近似地认为 $\sqrt{N}(\hat{\boldsymbol{\theta}})\xrightarrow{d}N(\boldsymbol{\theta}_0,N[\boldsymbol{I}(\boldsymbol{\theta}_0)]^{-1})$，其中 $\boldsymbol{I}(\boldsymbol{\theta}_0)=-E[\partial^2\ln L/\partial\boldsymbol{\theta}_0\partial\boldsymbol{\theta}_0']$。

(3) 渐近有效性：即渐近协方差矩阵 $\mathrm{AVar}(\hat{\boldsymbol{\theta}})=n[\boldsymbol{I}(\boldsymbol{\theta}_0)]^{-1}$，在大样本下达到了克莱默－劳下限。

(4) 不变性：若存在　个连续可微的函数 $\boldsymbol{g}(\cdot)$，令 $\boldsymbol{\alpha}\equiv\boldsymbol{g}(\boldsymbol{\theta})$，则 $\boldsymbol{\alpha}$ 的最大似然估计量为 $\hat{\boldsymbol{\alpha}}\equiv\boldsymbol{g}(\hat{\boldsymbol{\theta}})$。

证明：

(1) 一致性

已知对数似然函数为

$$\ln L(\boldsymbol{\theta};\boldsymbol{x})=\sum_{i=1}^{N}\ln f(\boldsymbol{x}_i;\boldsymbol{\theta}) \tag{2.4.30}$$

为了使用大数定律，将(2.4.30)除以 N，并将其定义为

$$Q_N(\boldsymbol{\theta})=\frac{1}{N}\sum_{i=1}^{N}\ln f(\boldsymbol{x}_i;\boldsymbol{\theta}) \tag{2.4.31}$$

因此将最大似然估计中最大化目标函数(2.4.30)转化为最大化式(2.4.31)。

又因为对于任意的 $\boldsymbol{\theta}$，$\left\{\sum_{i=1}^{N}\ln f(\boldsymbol{x}_i;\boldsymbol{\theta}),i=1,2,\cdots,N\right\}$ 为独立同分布，则样本均值将收敛到总体均值，即

$$Q_N(\boldsymbol{\theta})=\frac{1}{N}\sum_{i=1}^{N}\ln f(\boldsymbol{x}_i;\boldsymbol{\theta})\xrightarrow{p}E[\ln f(\boldsymbol{x};\boldsymbol{\theta})]\equiv Q(\boldsymbol{\theta}) \tag{2.4.32}$$

下面证明 $Q(\boldsymbol{\theta})$ 在 $\boldsymbol{\theta}=\boldsymbol{\theta}_0$ 处达到最大值。

考虑随机变量

$$\frac{f(\boldsymbol{x};\boldsymbol{\theta})}{f(\boldsymbol{x};\boldsymbol{\theta}_0)} \tag{2.4.33}$$

由于对数函数为严格凹函数，根据詹森不等式(Jensen's Inequality)有

$$E\left[\ln\frac{f(\boldsymbol{x};\boldsymbol{\theta})}{f(\boldsymbol{x};\boldsymbol{\theta}_0)}\right]<\ln\left\{E\left[\frac{f(\boldsymbol{x};\boldsymbol{\theta})}{f(\boldsymbol{x};\boldsymbol{\theta}_0)}\right]\right\} \tag{2.4.34}$$

其中 $\boldsymbol{\theta}\neq\boldsymbol{\theta}_0$。

又因为

$$E\left[\frac{f(\boldsymbol{x};\boldsymbol{\theta})}{f(\boldsymbol{x};\boldsymbol{\theta}_0)}\right]<\int\left[\frac{f(\boldsymbol{x};\boldsymbol{\theta})}{f(\boldsymbol{x};\boldsymbol{\theta}_0)}\right]f(\boldsymbol{x};\boldsymbol{\theta}_0)\mathrm{d}\boldsymbol{x}=\int f(\boldsymbol{x};\boldsymbol{\theta}_0)\mathrm{d}\boldsymbol{x}=1 \tag{2.4.35}$$

结合式(2.4.34)和(2.4.35)可得

$$E[\ln f(\boldsymbol{x};\boldsymbol{\theta})]<E[\ln f(\boldsymbol{x};\boldsymbol{\theta}_0)] \tag{2.4.36}$$

则

$$Q(\boldsymbol{\theta})<Q(\boldsymbol{\theta}_0) \tag{2.4.37}$$

对于任意的 $\boldsymbol{\theta}\neq\boldsymbol{\theta}_0$ 成立。

所以 $Q(\boldsymbol{\theta})$ 在 $\boldsymbol{\theta}\neq\boldsymbol{\theta}_0$ 处达到唯一的最大值，即对数似然函数的期望值在 $\boldsymbol{\theta}=\boldsymbol{\theta}_0$ 处达到最大值。根据式(2.4.36)知，当 $\boldsymbol{\theta}\neq\boldsymbol{\theta}_0$ 时，有

$$E[\ln f(\boldsymbol{x};\hat{\boldsymbol{\theta}})]<E[\ln f(\boldsymbol{x};\boldsymbol{\theta}_0)] \tag{2.4.38}$$

即

$$Q(\hat{\boldsymbol{\theta}})<Q(\boldsymbol{\theta}_0) \tag{2.4.39}$$

又因为 $\hat{\boldsymbol{\theta}}$ 是最大似然估计量，所以

$$Q_N(\hat{\boldsymbol{\theta}})<Q_N(\boldsymbol{\theta}_0) \tag{2.4.40}$$

要使式(2.4.39)和(2.4.40)同时成立且满足 $Q_N(\boldsymbol{\theta})\xrightarrow{p}Q(\boldsymbol{\theta})$，则

$$p\lim\hat{\boldsymbol{\theta}}=\boldsymbol{\theta}_0 \tag{2.4.41}$$

(2) 渐近正态性

在最大似然估计值处，需要满足对数似然函数的一阶条件为零：

$$\boldsymbol{s}(\hat{\boldsymbol{\theta}};\boldsymbol{x})=\frac{\partial\ln L(\hat{\boldsymbol{\theta}};\boldsymbol{x})}{\partial\boldsymbol{\theta}}=\boldsymbol{0} \tag{2.4.42}$$

将 $\boldsymbol{s}(\hat{\boldsymbol{\theta}};\boldsymbol{x})$ 在参数$\boldsymbol{\theta}_0$处进行二阶泰勒展开，并利用微分中值定理得

$$\boldsymbol{s}(\hat{\boldsymbol{\theta}};\boldsymbol{x})=\boldsymbol{s}(\boldsymbol{\theta}_0;\boldsymbol{x})+\boldsymbol{H}(\boldsymbol{\theta}^*;\boldsymbol{x})(\hat{\boldsymbol{\theta}}-\boldsymbol{\theta}_0)=0 \tag{2.4.43}$$

其中 $\boldsymbol{H}$ 为海塞矩阵，$\boldsymbol{\theta}^*$ 介于$\boldsymbol{\theta}_0$与 $\hat{\boldsymbol{\theta}}$ 之间，即 $\forall\bar{\omega}\in(0,1)$，$\boldsymbol{\theta}^*=\bar{\omega}\hat{\boldsymbol{\theta}}+(1-\bar{\omega})\boldsymbol{\theta}_0$。

对式(2.4.43)进行整理得

$$\hat{\boldsymbol{\theta}}-\boldsymbol{\theta}_0=[-\boldsymbol{H}(\boldsymbol{\theta}^*;\boldsymbol{x})]^{-1}\boldsymbol{s}(\boldsymbol{\theta}_0;\boldsymbol{x}) \tag{2.4.44}$$

两边同时乘以 $\sqrt{N}$ 得

$$\sqrt{N}(\hat{\boldsymbol{\theta}}-\boldsymbol{\theta}_0)=[-\boldsymbol{H}(\boldsymbol{\theta}^*;\boldsymbol{x})]^{-1}[\sqrt{N}\boldsymbol{s}(\boldsymbol{\theta}_0;\boldsymbol{x})] \tag{2.4.45}$$

由于 $p\lim(\hat{\boldsymbol{\theta}}-\boldsymbol{\theta}_0)=0$，所以 $p\lim(\hat{\boldsymbol{\theta}}-\boldsymbol{\theta}^*)=0$。因此

$$\sqrt{N}(\hat{\boldsymbol{\theta}}-\boldsymbol{\theta}_0)\xrightarrow{d}[-\boldsymbol{H}(\boldsymbol{\theta}_0;\boldsymbol{x})]^{-1}[\sqrt{N}\boldsymbol{s}(\boldsymbol{\theta}_0;\boldsymbol{x})] \tag{2.4.46}$$

将 $\boldsymbol{H}(\boldsymbol{\theta}_0;\boldsymbol{x})$ 和 $\boldsymbol{s}(\boldsymbol{\theta}_0;\boldsymbol{x})$ 都除以 N 得

$$\sqrt{N}(\hat{\boldsymbol{\theta}}-\boldsymbol{\theta}_0)\xrightarrow{d}\left[-\frac{1}{N}\boldsymbol{H}(\boldsymbol{\theta}_0;\boldsymbol{x})\right]^{-1}\left[\sqrt{N}\ \frac{1}{N}\boldsymbol{s}(\boldsymbol{\theta}_0;\boldsymbol{x})\right] \tag{2.4.47}$$

又因为

$$\mathrm{Var}\left[\sqrt{N}\ \frac{1}{N}\boldsymbol{s}(\boldsymbol{\theta}_0;\boldsymbol{x})\right]=\frac{1}{N}\mathrm{Var}[\boldsymbol{s}(\boldsymbol{\theta}_0;\boldsymbol{x})]=\frac{1}{N}\boldsymbol{I}(\boldsymbol{\theta}_0) \tag{2.4.48}$$

且

$$p\lim\left[-\frac{1}{N}\boldsymbol{H}(\boldsymbol{\theta}_0;\boldsymbol{x})\right]=-E\left[\frac{1}{N}\boldsymbol{H}(\boldsymbol{\theta}_0;\boldsymbol{x})\right]=-\frac{1}{N}\boldsymbol{I}(\boldsymbol{\theta}_0) \tag{2.4.49}$$

同时

$$E[\boldsymbol{s}(\boldsymbol{\theta}_0;\boldsymbol{x})]=\boldsymbol{0} \tag{2.4.50}$$

则可以得到

$$\sqrt{N}(\hat{\boldsymbol{\theta}}-\boldsymbol{\theta}_0)\xrightarrow{d}N\left(\boldsymbol{0},\left[\frac{1}{N}\ [\boldsymbol{I}(\boldsymbol{\theta}_0)]^{-1}\right]^{-1}\frac{1}{N}\ [\boldsymbol{I}(\boldsymbol{\theta}_0)]^{-1}\ \left[\frac{1}{N}\ [\boldsymbol{I}(\boldsymbol{\theta}_0)]^{-1}\right]^{-1}\right) \tag{2.4.51}$$

即

$$\sqrt{N}(\hat{\boldsymbol{\theta}}-\boldsymbol{\theta}_0)\sim N(\boldsymbol{0},N\ [\boldsymbol{I}(\boldsymbol{\theta}_0)]^{-1}) \tag{2.4.52}$$

渐近正态性得证。

因为克莱默-劳下限为$[\boldsymbol{I}(\boldsymbol{\theta}_0)]^{-1}$，因此完成了渐近有效性的证明。

(3) 不变性

要证明当$\boldsymbol{\alpha}\equiv\boldsymbol{g}(\boldsymbol{\theta})$时，$\boldsymbol{\alpha}$的最大似然估计量为$\hat{\boldsymbol{\alpha}}\equiv\boldsymbol{g}(\hat{\boldsymbol{\theta}})$，则需要构造出$\boldsymbol{\alpha}$的似然函数

$$L_\alpha(\boldsymbol{\alpha};\boldsymbol{x}) \tag{2.4.53}$$

根据$\boldsymbol{\alpha}\equiv\boldsymbol{g}(\boldsymbol{\theta})$的函数关系，我们有

$$L_\alpha(\boldsymbol{\alpha};\boldsymbol{x})=\sup_{\{\boldsymbol{\theta}:g(\boldsymbol{\theta})=\alpha\}}L(\boldsymbol{\theta};\boldsymbol{x})\leqslant\sup_{\boldsymbol{\theta}}L(\boldsymbol{\theta};\boldsymbol{x}) \tag{2.4.54}$$

又因为

$$\sup_{\boldsymbol{\theta}}L(\boldsymbol{\theta};\boldsymbol{x})=L(\hat{\boldsymbol{\theta}};\boldsymbol{x})=\sup_{\{\boldsymbol{\theta}:g(\hat{\boldsymbol{\theta}})=\hat{\boldsymbol{\alpha}}\}}L(\boldsymbol{\theta};\boldsymbol{x})=L_{\boldsymbol{\alpha}}(\hat{\boldsymbol{\alpha}};\boldsymbol{x}) \tag{2.4.55}$$

所以

$$L_{\boldsymbol{\alpha}}(\boldsymbol{\alpha};\boldsymbol{x})\leqslant L_{\boldsymbol{\alpha}}(\hat{\boldsymbol{\alpha}};\boldsymbol{x}) \tag{2.4.56}$$

在$\boldsymbol{\alpha}$的取值范围内，以$\boldsymbol{\alpha}$为参数的似然函数在$\boldsymbol{\alpha}=\hat{\boldsymbol{\alpha}}$处取得最大值，所以$\hat{\boldsymbol{\alpha}}$为$\boldsymbol{\alpha}$的最大似然估计量。

2.4.5 最大似然估计的渐近协方差矩阵的估计方法

从上一小节的介绍中我们能够知道，在大样本的条件下，最大似然估计量的渐近协方差矩阵为

$$\mathrm{AVar}(\hat{\boldsymbol{\theta}})=n[\boldsymbol{I}(\boldsymbol{\theta}_0)]^{-1}=n\left\{-E\left[\frac{\partial^2\ln L(\boldsymbol{\theta}_0;\boldsymbol{x})}{\partial\boldsymbol{\theta}\partial\boldsymbol{\theta}'}\right]\right\} \tag{2.4.57}$$

从上式我们可以发现渐近协方差矩阵依赖于未知参数$\boldsymbol{\theta}_0$。因此本节我们给出三种估计方法。估计的前提是建立在似然函数正确和大样本上进行的。

(1) 期望值法。利用未知参数$\boldsymbol{\theta}_0$的估计值$\hat{\boldsymbol{\theta}}$，代替式(2.4.57)中的$\boldsymbol{\theta}_0$，即

$$\mathrm{A\hat{V}ar}(\hat{\boldsymbol{\theta}})=n\ [\boldsymbol{I}(\hat{\boldsymbol{\theta}})]^{-1}=n\left\{-E\left[\frac{\partial^2\ln L(\hat{\boldsymbol{\theta}};\boldsymbol{x})}{\partial\boldsymbol{\theta}\partial\boldsymbol{\theta}'}\right]\right\} \tag{2.4.58}$$

(2) 观测信息矩阵(observed information martrix，简称 OIM) 法。利用未知参数$\boldsymbol{\theta}_0$

的估计值 $\hat{\boldsymbol{\theta}}$,代替式(2.4.57) 中的$\boldsymbol{\theta}_0$,同时忽略期望算子,即

$$\mathrm{A\hat{V}ar}(\hat{\boldsymbol{\theta}})=n\left[-\frac{\partial^2 \ln L(\hat{\boldsymbol{\theta}};\boldsymbol{x})}{\partial\boldsymbol{\theta}\partial\boldsymbol{\theta}'}\right] \tag{2.4.59}$$

(3) 梯度向量外积(outer product of gradients,简称 OPG) 法或 BHHH 法。利用信息矩阵等式,用 $\sum_{i=1}^{N}\hat{\boldsymbol{s}}_i\hat{\boldsymbol{s}}_i'$ 估计 $\boldsymbol{I}(\boldsymbol{\theta}_0)$,即

$$\mathrm{A\hat{V}ar}(\hat{\boldsymbol{\theta}})=n\left(\sum_{i=1}^{N}\hat{\boldsymbol{s}}_i\hat{\boldsymbol{s}}_i'\right) \tag{2.4.60}$$

前两种方法都存在需要计算二阶偏导数的问题,存在无法得到解析解或者计算量偏大的问题。第三种方法只需要计算一阶偏导数,较简便;同时能保证渐近协方差矩阵是非负定的。

2.5 准最大似然估计法

最大似然估计要求所观测的随机变量分布严格服从假定,若实际的分布不是我们所假定的分布,则似然函数设定有误,那么最大似然估计的大样本性质便不存在。

我们将使用不正确的似然函数而得到的最大似然估计,称为准最大似然估计(quasi ML,简称 QML) 或者称为伪最大似然估计(pseudo ML)。

本节内容考虑一套估计方法的结论,这种方法在某些模型设定偏误的情况下,可以得到一致的准最大似然估计。比如,最大似然估计要求随机变量服从正态分布,线性回归模型最大似然估计量等价于最小二乘估计量,而最小二乘估计量的一致性不依赖于正态分布的假定。所以最大似然估计中随机误差项服从正态分布假定并没有那么强。

如果准最大似然估计满足以下两个条件,则准最大似然估计量仍然是一致估计量。

(1) 模型设定的概率密度函数属于“线性指数分布族”(linear exponential family),即概率密度函数可以写为

$$f(\boldsymbol{x};\boldsymbol{\theta})=\frac{p(\boldsymbol{x})}{q(\boldsymbol{\theta})}\mathrm{e}^{r(\boldsymbol{\theta})} \tag{2.5.1}$$

的形式。线性指数分布族包括正态分布、二项分布、泊松分布、负二项分布等。

(2) 模型的函数形式设定正确。

但是在更一般的情况下,准最大似然估计并不是一致估计,即使准最大似然估计是一致估计,准最大似然估计量 $\hat{\boldsymbol{\theta}}_{QML}$ 的渐近协方差也通常不再是 $N\ [\boldsymbol{I}(\boldsymbol{\theta}_0)]^{-1}$。

在这里先介绍一个概念 ——“三明治估计量”(sandwich estimator)。在随机变量服从正态分布的假定不满足,但是其他假定都满足的条件下,最大化准最大似然函数得到准最大似然估计量 $\hat{\boldsymbol{\theta}}_{QML}$ 的渐近协方差估计量为

$$\mathrm{Var}(\hat{\boldsymbol{\theta}}_{QML}-\boldsymbol{\theta}_0)=\frac{1}{N}\ [\hat{\boldsymbol{I}}(\hat{\boldsymbol{\theta}}_{QML})]^{-1}\hat{\boldsymbol{\Phi}}(\hat{\boldsymbol{\theta}}_{QML})\ [\hat{\boldsymbol{I}}(\hat{\boldsymbol{\theta}}_{QML})]^{-1}) \tag{2.5.2}$$

若准最大似然估计量 $\hat{\boldsymbol{\theta}}_{QML}$ 是最大似然估计量,即随机变量服从正态分布的假设成立,$\hat{\boldsymbol{\theta}}_{QML}-\boldsymbol{\theta}_0$ 的渐近协方差估计量为$[\boldsymbol{I}(\boldsymbol{\theta}_0)]^{-1}$。将类似式(2.5.2) 的渐近协方差估计量的

形式成为三明治估计量。

假设正确的对数似然函数为 $\ln L(\boldsymbol{\theta};\boldsymbol{x})$，而被错误设定的函数形式为 $\ln L^*(\boldsymbol{\theta};\boldsymbol{x})$，$\ln L^*(\boldsymbol{\theta};\boldsymbol{x})$ 被称为准对数似然函数。最大化 $\ln L^*(\boldsymbol{\theta};\boldsymbol{x})$ 得到的准最大似然估计量为 $\hat{\boldsymbol{\theta}}_{QML}$，假设估计量的真实值为$\boldsymbol{\theta}_0$，一般情况下的 $\hat{\boldsymbol{\theta}}_{QML}-\boldsymbol{\theta}_0$ 的标准误不再是 $[\boldsymbol{I}(\boldsymbol{\theta}_0)]^{-1}$ 形式，但是仍然是三明治估计量。将具有三明治估计量形式的标准误称为“胡贝尔-怀特稳健标准误”(Huber-White robust standard errors)，最早由 Huber(1967) 和 White(1982) 提出。胡贝尔-怀特稳健标准误常常简称为稳健标准误。需要说明的是，胡贝尔-怀特稳健标准误与异方差稳健的标准误是相同的。

在使用最大似然估计非线性模型时，如果对模型的正确设定没有把握，但是估计量是一致估计，可以考虑使用胡贝尔-怀特稳健标准误。如果对模型的设定很有把握时，则可以直接使用 OIM 或 OPG 法来估计渐近方差，没有必要使用稳健标准误。在实证研究中，同时估计这两种标准误，如果两种标准误相差不大，以此验证了模型设定的正确性。

我们需要注意到 OIM 法，OPG 法和胡贝尔-怀特稳健标准误都是建立在样本数据是独立同分布的前提上，如果样本数据可以分成若干组，且同一组内的观测值存在自相关，则需要使用“聚类稳健标准误”(cluster-robust standard errors)。

如果准最大似然估计量不是一致估计，即使使用胡贝尔-怀特稳健标准误也是没有用的，胡贝尔-怀特稳健标准误只是一致地估计了一个不一致估计量的方差。

总之，对于线性回归模型，通常建议使用胡贝尔-怀特稳健标准误，而对于非线性模型，应分下列四种情况讨论。

(1) 如果认为模型设定正确，则不使用胡贝尔-怀特稳健标准误；

(2) 如果认为模型可能设定有问题，但准最大似然估计量为一致估计，则使用胡贝尔-怀特稳健标准误；

(3) 如果认为模型可能设定有问题，且准最大似然估计量不是一致估计，使用胡贝尔-怀特稳健标准误也是无用的；

(4) 如果样本数据存在聚类现象，应使用聚类稳健标准误。

2.6 三类渐近等价的统计检验及随机扰动项的正态性检验

2.6.1 三类渐近等价的统计检验

在最大似然估计的非线性模型中，常用的三类在大样本渐近等价的统计检验为沃尔德检验(Wald test)、似然比检验(likelihood ratio test，LR)和拉格朗日乘子检验(Lagrange multiplier test，LM)。

假设 $\boldsymbol{\theta}$ 是模型中所有参数构成的列向量。考虑参数的 $J(J<k+1)$ 个约束，约束方程为

$$\mathrm{H}_0: c(\boldsymbol{\theta})=0 \tag{2.6.1}$$

其中 $c(\boldsymbol{\theta})$ 为 $J\times 1$ 的向量，上式即为三类统计检验的原假设。

设 $\hat{\boldsymbol{\theta}}_U$ 是 $\boldsymbol{\theta}$ 的无约束下的最大似然估计，$\hat{\boldsymbol{\theta}}_R$ 是 $\boldsymbol{\theta}$ 在约束(2.6.1)下的最大似然估计，$\boldsymbol{\theta}_0$ 表示参数向量的真实值。

(1) 沃尔德检验

Wald 检验通过研究 $\boldsymbol{\theta}$ 的无约束估计量 $\hat{\boldsymbol{\theta}}_U$ 与 $\boldsymbol{\theta}_0$ 的距离对其进行检验。基本思想：如果 H_0 正确，则 $c(\hat{\boldsymbol{\theta}}_U)'$ 的绝对值不应该很大。Wald 统计量为

$$W = c(\hat{\boldsymbol{\theta}}_U)' \left[\frac{\partial c(\boldsymbol{\theta})}{\partial \boldsymbol{\theta}'} \Big|_{\boldsymbol{\theta}=\hat{\boldsymbol{\theta}}_U} \mathrm{Var}(\hat{\boldsymbol{\theta}}_U) \left(\frac{\partial c(\boldsymbol{\theta})}{\partial \boldsymbol{\theta}'} \Big|_{\boldsymbol{\theta}=\hat{\boldsymbol{\theta}}_U} \right)' \right]^{-1} c(\hat{\boldsymbol{\theta}}_U) \xrightarrow{d} \chi^2(J) \tag{2.6.2}$$

(2) 似然比检验

LR 检验的基本思想是，如果 H_0 正确，则 $\ln L(\hat{\boldsymbol{\theta}}_U) - \ln L(\hat{\boldsymbol{\theta}}_R)$ 不应该很大。LR 统计量为

$$\mathrm{LR} - 2\left[\ln L(\hat{\boldsymbol{\theta}}_U) - \ln L(\hat{\boldsymbol{\theta}}_R)\right] \xrightarrow{d} \chi^2(J) \tag{2.6.3}$$

(3) 拉格朗日乘子检验

LM 检验的基本思想为，如果原假设 H_0 正确，则在约束估计量 $\hat{\boldsymbol{\theta}}_R$ 处，梯度向量接近于零。即 $\frac{\partial \ln L(\hat{\boldsymbol{\theta}}_R)}{\partial \boldsymbol{\theta}'} \approx 0$。LM 统计量为

$$\mathrm{LM} = \left(\frac{\partial \ln L(\boldsymbol{\theta})}{\partial \boldsymbol{\theta}'} \Big|_{\boldsymbol{\theta}=\hat{\boldsymbol{\theta}}_R} \right) \mathrm{Var}(\hat{\boldsymbol{\theta}}_R) \left(\frac{\partial \ln L(\boldsymbol{\theta})}{\partial \boldsymbol{\theta}'} \Big|_{\boldsymbol{\theta}=\hat{\boldsymbol{\theta}}_R} \right)' \xrightarrow{d} \chi^2(J) \tag{2.6.4}$$

2.6.2 对正态分布假设的检验

在对非线性模型使用最大似然估计时，正态分布假定是推导最大似然估计量的前提，因此检验扰动项是否服从正态分布是比较重要的。

为了观察扰动项是否为正态分布，直观的方法是画图法。以下介绍三种画图的方法判断扰动项的正态性。

(1) 把残差用直方图(histogram)表现出来，与正态分布的密度函数比较。

(2) 使用“核密度估计法”(kernel density estimation)得到残差的密度函数的光滑估计，并与正态分布的密度函数相比较。

(3) 将正态分布的分位数(quantile)与残差的分位数画成散点图(scatter plot)。如果残差服从正态分布，则该图上的散点应该集中在45°线附近。这种图被称为“分位数-分位数图”(quantile-quantile plot，记为 QQ Plot)。

通过画图可以直观地判断是否为正态，具体判断扰动项是否服从正态分布还需要通过严格的统计检验。

我们先回顾一下随机变量 X 偏度、峰度和超额峰度的公式。随机变量 X 的偏度为

$$E\left[\frac{(X-\mu)}{\sigma}\right]^3 \tag{2.6.5}$$

峰度为

$$E\left[\frac{(X-\mu)}{\sigma}\right]^4 \tag{2.6.6}$$

超额峰度为

$$E\left[\frac{(X-\mu)}{\sigma}\right]^{4}-3 \tag{2.6.7}$$

对于残差 $\{e_1, e_2, \cdots, e_N\}$ 其偏度为

$$\frac{1}{N\hat{\sigma}^{3}}\sum_{i=1}^{N}e_i^3 \tag{2.6.8}$$

峰度为

$$\frac{1}{N\hat{\sigma}^{4}}\sum_{i=1}^{N}e_i^4 \tag{2.6.9}$$

则超额峰度为

$$\left(\frac{1}{N\hat{\sigma}^{4}}\sum_{i=1}^{N}e_i^4\right)-3 \tag{2.6.9}$$

偏度和超额峰度都是服从正态分布的，利用这两个统计量构造“雅克 - 贝拉检验”(Jarque and Bera，JB)，使用它们的平方和的加权平均作为检验统计量：

$$\mathrm{JB}=\frac{N}{6}\left[\left(\frac{1}{N\hat{\sigma}^{3}}\sum_{i=1}^{N}e_i^3\right)^{2}+\frac{1}{4}\left(\frac{1}{N\hat{\sigma}^{4}}\sum_{i=1}^{N}e_i^4-3\right)^{2}\right]\xrightarrow{d}\chi^{2}(2) \tag{2.6.10}$$

由于 JB 统计量是两个正态分布的平方和，因此自由度为 2。

除了JB检验，还可以通过Shapiro-Wilk检验和D'Agostino提出的D检验对随机干扰项服从正态分布假设进行检验。

例 2.6.1 正态分布检验

利用例 2.3.1 的回归结果，若回归后退出程序，需重新进行最大似然估计，保存最大似然估计的残差 e，对残差进行正态性检验。

(1) 画出残差 e 的直方图，并与正态密度函数图像相比较。

在命令窗口输入如下程序：

```
predict e /* 保存最大似然估计结果的残差 */
hist e,normal/* 画出残差的直方图,并与正态密度函数图像相比较 */
```

结果如图 2.6.1 所示。

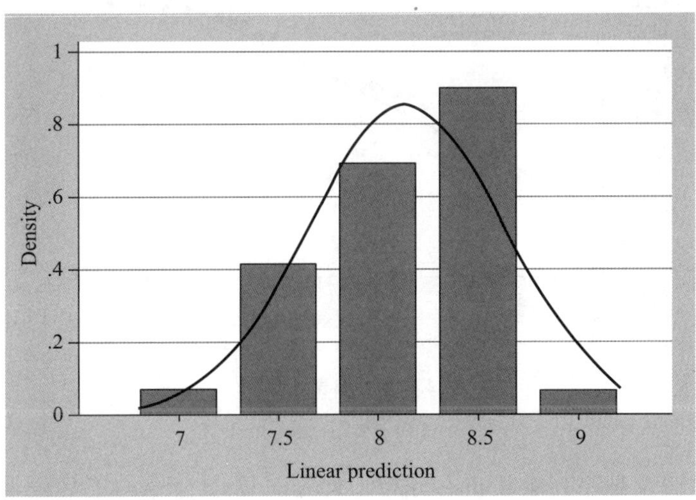

图 2.6.1 残差直方图与正态密度函数图像

直方图显示,残差的分布与正态分布比较接近。

(2) 画出残差 e 的核密度图,并与正态密度函数图像相比较。

在命令窗口输入如下程序,核密度曲线用虚线表示。

```
kdensity e,normal lpattern(" —")/ * 保存最大似然估计结果的残差 */
```

结果如图 2.6.2 所示。

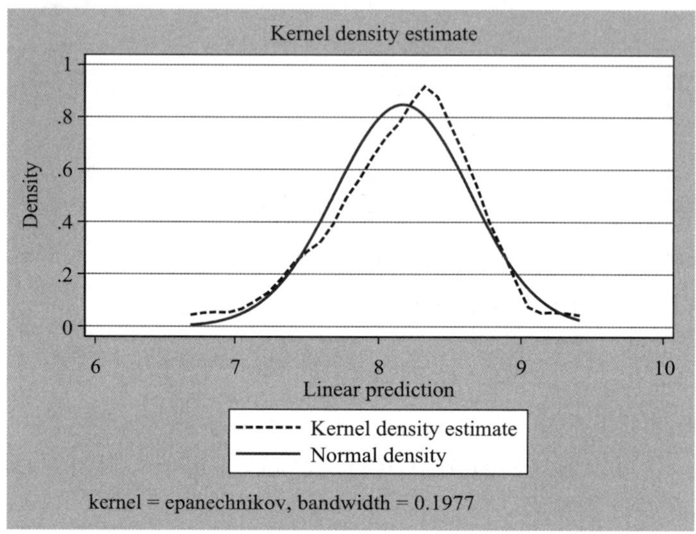

图 2.6.2 残差核密度曲线与正态密度函数图像

(3) 画出残差 e 的 QQ 图,在命令窗口输入如下程序:

```
qnorm e/ * 画出残差的 QQ 图 */
```

结果如图 2.6.3 所示。

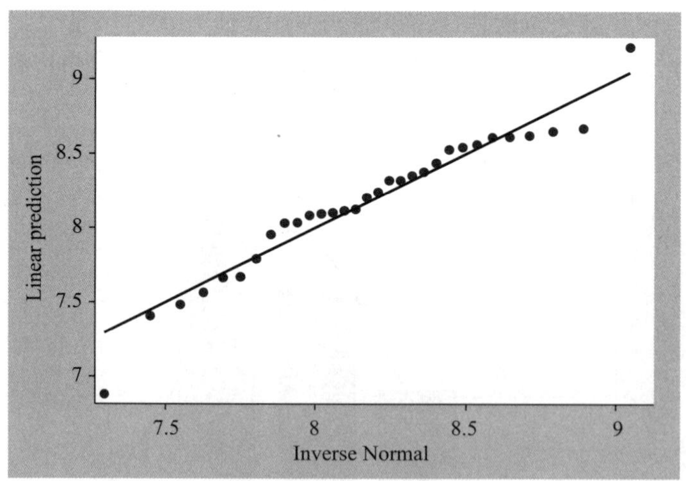

图 2.6.3 残差 QQ 图

(4)JB 检验。

JB检验的原假设是序列服从正态分布。首先安装JB命令的工具包,然后在命令窗口输入的命令及结果如图 2.6.4 所示。

ssc install jb6

jb6 e/ * JB 检验 * /

```
Jarque-Bera normality test:  1.898 Chi(2)  .3871
Jarque-Bera test for Ho: normality: (e)
```

图 2.6.4　JB 检验结果

JB 统计量的值为 1.898，对应的 p 值为 0.3871，在 10％ 的显著性水平上，因此不能拒绝原假设，残差服从正态分布。

（5）D’Agostino 检验。

D’Agostino 检验的原假设也是序列服从正态分布。在命令窗口输入的命令及结果如图 2.6.5 所示。

sktest e

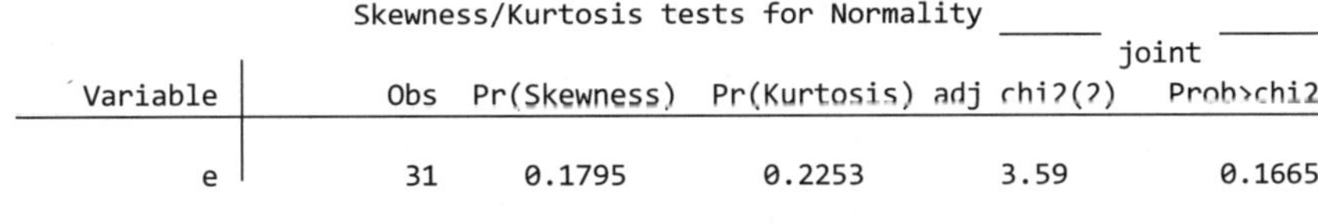

Skewness/Kurtosis tests for Normality

Variable	Obs	Pr(Skewness)	Pr(Kurtosis)	adj chi2(2)	joint Prob>chi2
e	31	0.1795	0.2253	3.59	0.1665

图 2.6.5　D’Agostino 检验结果

JD’ Agostino 检验的 p 值为 0.1665，因此不能拒绝原假设，残差服从正态分布。

（6）Shapiro-Wilk 检验。

Shapiro-Wilk 检验的原假设是序列服从正态分布。在命令窗口输入的命令及结果如图 2.6.6 所示。

swilk e/ * Shapiro-Wilk 检验 * /

Shapiro-Wilk W test for normal data

Variable	Obs	W	V	z	Prob>z
e	31	0.96220	1.231	0.431	0.33313

图 2.6.6　Shapiro-Wilk 检验

JB 统计量的值为 1.898，对应 p 值为 0.33313，在 10％ 的显著性水平上，因此也不能拒绝原假设，残差服从正态分布。

总之，根据各检验结果，残差序列服从正态分布。

第三章　广义矩估计法

上一章中我们介绍了最大似然估计，最大似然估计在实际中得到了广泛地使用，但是最大似然估计的大样本性质需要建立在默认样本总体分布已知基础上。随后出现的准最大似然估计，依然无法避免参数的估计是有偏估计。并且，对于复杂模型而言，最大似然估计的计算量巨大，在实际应用中可能遇到无法写出似然函数的解析式，这将造成最大似然估计陷入困境。而广义矩估计不需要设定似然函数，能够避免繁琐的计算过程。而且可以证明，广义矩估计包含了许多常见的估计方法，比如：普通最小二乘法、广义最小二乘法、最大似然估计等，因此，本章将重点介绍广义矩估计。首先我们先介绍矩估计的定义及性质，然后延伸到广义矩估计法。

3.1　矩估计

3.1.1 矩估计定义

我们会用样本均值和样本方差对数据进行描述，均值和方差等样本统计量是简单的描述性统计量。而样本统计量在总体中都有对应的统计量，如样本均值与总体期望值相对应。既然存在这种对应关系，我们可以借助这种关系来说明使用样本“矩”作为总体参数估计量的合理性。

矩估计(method of moments，MM)是基于实际参数满足一些矩条件而形成的一种参数估计方法。矩估计的基础是：随机抽样中，在一般的假定之下，样本统计量将依概率收敛到某个常数。比如，随机变量 Y 的期望值为 μ，则

$$E(Y)=\mu \tag{3.1.1}$$

则 $\hat{\mu}$ 满足相应的样本矩条件

$$\frac{1}{T}\sum_{t=1}^{T} y_t=\hat{\mu} \tag{3.1.2}$$

可以将式(3.1.2)中的左式转化成分布中未知参数的函数。为估计 K 个参数 $\theta_1,\theta_2,\cdots,\theta_K$，我们可以计算 K 个这种统计量 $\overline{m}_1,\overline{m}_2,\cdots,\overline{m}_K$，其概率极限为参数的已知函数。通过

这 K 个矩对应于 K 个函数，通过对函数的求解得到 K 个参数 $\theta_1,\theta_2,\cdots,\theta_K$ 的估计量。根据大数定律和中心极限定理可以知道参数估计量具有一致性和渐近正态性。

现在，考虑一元线性回归模型中的假设条件：

$$\begin{cases} E(\mu_t)=0 \\ E(x_t\mu_t)=0 \end{cases} \tag{3.1.3}$$

对应的样本矩条件为

$$\begin{cases} \dfrac{1}{T}\sum_{t=1}^{T}\hat{\mu}_t=\dfrac{1}{T}\sum_{t=1}^{T}(y_t-\beta_0-\beta_1x_t)=0 \\ \dfrac{1}{T}\sum_{t=1}^{T}x_t\hat{\mu}_t=\dfrac{1}{T}\sum_{t=1}^{T}x_t(y_t-\beta_0-\beta_1x_t)=0 \end{cases} \tag{3.1.4}$$

这就是 OLS 估计量的正规方程组。因此，OLS 估计量是一个矩估计量。

3.1.2 随机抽样和分布的参数估计

考虑来自具有有限矩 $E(x^k)$ 的分布随机抽样，样本包含 n 个样本观测值 $x_1,x_2,\cdots,x_n$。第 k 阶未中心化矩是：

$$m'_k=\frac{1}{n}\sum_{i=1}^{n}x_i^k \tag{3.1.5}$$

根据大数定律，有：

$$E(m'_k)=\mu'_k=E(x_i^k) \tag{3.1.6}$$

和

$$\mathrm{Var}(m'_k)=\frac{1}{n}\mathrm{Var}(x_i^k)=\frac{1}{n}(\mu'_{2k}-\mu'^2_k) \tag{3.1.7}$$

通常一阶矩为样本均值，即

$$\mu'_1=E(x_i)=\mu \tag{3.1.8}$$

再由辛钦定理有

$$p\lim m'_k=\mu'_k=E(x_i^k) \tag{3.1.9}$$

最后由林德伯格－李维中心极限定理，有

$$\sqrt{n}(\bar{m}'_k-\mu'_k)\xrightarrow{d}N(0,\mu'_{2k}-\mu'^2_k) \tag{3.1.10}$$

通常，μ'_k 为上面参数的函数。通常计算这 K 个原始矩，并令它们等于这些函数，我们便得到 K 个方程，通过这 K 个方程解出 K 个未知参数的估计值。

从上面的分析可以看到，x 的幂可以提供矩条件，但是其他函数也可以作为矩条件。令 $g_k(\cdot)$ 是不涉及样本容量 n 的任何连续函数，并且有

$$\bar{g}_k=\frac{1}{n}\sum_{i=1}^{n}g_k(x_i),k=1,2,\cdots,K \tag{3.1.11}$$

式(3.1.11)也是数据的“矩”，由辛钦定理有

$$p\lim\bar{g}_k=E[g_k(x_i)]=\gamma_k(\theta_1,\theta_2,\cdots,\theta_K) \tag{3.1.12}$$

我们假定 $\gamma_k(\cdot)$ 包含分布的一些或全部参数，由于要估计 K 个未知参数，有 K 个矩方程：

$$\begin{cases}\bar{g}_k-\gamma_1(\theta_1,\theta_2,\cdots,\theta_K)=0\\ \vdots\\ \bar{g}_k-\gamma_K(\theta_1,\theta_2,\cdots,\theta_K)=0\end{cases} \tag{3.1.13}$$

通过求解方程组(3.1.13)可以得到矩估计量:$\hat{\theta}_k=\hat{\theta}_k(\bar{g}_1,\bar{g}_2,\cdots,\bar{g}_k)$。

在通常情况下,矩估计量不是有效的。但是当参数服从的是指数族分布时,参数估计量是有效的。

定义 3.1.1　一个指数(参数)族分布的对数似然有如下形式时

$$\ln L(\boldsymbol{\theta}\mid \boldsymbol{X})=a(\boldsymbol{X})+b(\boldsymbol{\theta})+\sum_j c_j(\boldsymbol{X})s_j(\boldsymbol{\theta}) \tag{3.1.14}$$

其中$a(\cdot)$、$b(\cdot)$、$c(\cdot)$和$s(\cdot)$都是函数。若对数似然函数具有该形式,则函数$c_j(\cdot)$称为充分统计量。当充分统计量存在时,矩估计量将是他们的函数。而且,在此情形中,矩估计量将是最大似然估计量,所以,矩估计是有效的。

3.1.3 计算矩估计量的方差

在一些情形中,我们能够得到矩估计量具体分布。比如,在正态分布中抽样时,样本均值$\hat{\mu}$具有均值为μ和方差为σ^2/n且服从正态分布,而样本方差$\hat{\sigma}^2$具有均值为$[(n-1)/n]\sigma^2$和方差为$[(n-1)/n]^2 2\sigma^4/(n-1)$,且与一个自由度为$n-1$的某个倍数的卡方变量具有完全相同的分布。即使不是从正态分布中抽样,样本均值的精确方差会是$\mathrm{Var}(x)/n$,而总体方差的矩估计量的渐近方差为$\{E[(x-E(x))^4]-[\mathrm{Var}(x)]^4\}/n$,但是其精确分布很难确定。

在有些情形中,我们没有样本矩方差的精确表达式。比如,我们假设样本统计量为

$$\overline{M}_t=\frac{1}{n}\sum_{i=1}^{n}\mathrm{e}^{tx_i}=\frac{1}{n}\sum_{i=1}^{n}M_{it} \tag{3.1.15}$$

只有当t为整数时,$\overline{M}_t$的精确方差才能计算出来。但是如果抽样是随机的,且$\overline{M}_t$是一个样本均值,我们就可以使用观测值M_{it}的样本方差乘以$1/n$来估计其方差。我们还可以得到$\overline{M}_t$和$\overline{M}_s$的一个协方差估计量:

$$\mathrm{Cov}(\overline{M}_t,\overline{M}_s)=\frac{1}{n}\frac{1}{n-1}\sum_{i=1}^{n}(\mathrm{e}^{tx_i}-\overline{M}_t)(\mathrm{e}^{tx_i}-\overline{M}_s) \tag{3.1.16}$$

若矩的计算方式为

$$\bar{g}_k=\frac{1}{n}\sum_{i=1}^{n}g_k(x_i),k=1,2,\cdots,K \tag{3.1.17}$$

其中$\boldsymbol{x}_i$可以是对以变量向量的观测值,则对$(g_1,g_2,\cdots,g_k)$的渐近协方差的适当估计可用下式来计算:

$$V=\frac{1}{n}\frac{1}{n-1}\sum_{i=1}^{n}(g_j(\boldsymbol{x}_i)-\bar{g}_j)(g_k(\boldsymbol{x}_i)-\bar{g}_k),j,k=1,2,\cdots,K \tag{3.1.18}$$

这提供了用在计算估计参数中的矩的渐近协方差矩阵。

为了完成计算,回顾矩方程:

$$\bar{m}_k=\bar{g}_k-\gamma_K(\theta_1,\theta_2,\cdots,\theta_K),k=1,2,\cdots,K \tag{3.1.19}$$

令 $\boldsymbol{G}$ 是以如下偏微分向量为第 k 行的 $K \times K$ 矩阵：

$$\boldsymbol{G}^k = \frac{\partial g_k}{\partial \boldsymbol{\theta}} \tag{3.1.20}$$

在参数的真值 $\boldsymbol{\theta}$ 处一阶泰勒展开求解的矩方程组：

$$\bar{\boldsymbol{g}} \approx \gamma(\boldsymbol{\theta}) + \boldsymbol{G}(\boldsymbol{\theta})(\hat{\boldsymbol{\theta}} - \boldsymbol{\theta}) \tag{3.1.21}$$

所以

$$\hat{\boldsymbol{\theta}} - \boldsymbol{\theta} \approx \boldsymbol{G}(\boldsymbol{\theta})^{-1}(\bar{g} - \gamma(\boldsymbol{\theta})) = G(\boldsymbol{\theta})^{-1}\bar{m} \tag{3.1.22}$$

从中心极限定理我们知道 $\bar{\boldsymbol{g}} - \gamma(\boldsymbol{\theta})$ 渐近均值为 $\mathbf{0}$，渐近协方差矩阵为 $(1/n) \cdot p\lim(n\boldsymbol{V})$ 的正态分布。利用协方差矩阵的性质：

$$\mathrm{Var}(\boldsymbol{A}x) = \boldsymbol{A}\mathrm{Var}(\boldsymbol{x})\boldsymbol{A}' \tag{3.1.23}$$

得到矩估计量的渐近方差矩阵可以估计为

$$\mathrm{Var}(\hat{\boldsymbol{\theta}}) = \bar{\boldsymbol{G}}^{-1}\boldsymbol{V}(\bar{\boldsymbol{G}}^{-1})' \tag{3.1.24}$$

3.2　广义矩估计

3.2.1 广义矩估计定义

广义矩估计(generalized method of moments，GMM)是矩估计方法的一般化。广义矩估计仍然是设定参数满足的一定的理论关系，这里的理论关系指的是矩条件，用样本值代入矩条件计算得出参数估计量。但是，存在矩条件个数超过参数个数的情况。例如，一元线性回归模型设定不含截距项，则存在过度识别的情况。一般地，假设参数 $\boldsymbol{\theta}$ 是 k 维参数向量，如果满足的矩条件有 $L(L \geqslant k)$ 个：

$$E(m_l(\boldsymbol{\theta})) = 0, l = 1, 2, \cdots, L \tag{3.2.1}$$

为了利用样本数据的所有信息，广义矩估计通过选择最小距离估计量的思想，解决过度识别的问题。选择参数估计量 $\boldsymbol{\theta}$ 的标准是使样本矩之间的距离最小。用函数表示为

$$\min Q = \bar{\boldsymbol{m}}'\boldsymbol{A}\bar{\boldsymbol{m}} \tag{3.2.2}$$

式中：$\bar{\boldsymbol{m}}$ 是 L 维样本矩向量，第 l 个元素 m_l 是第 l 个样本矩，$\boldsymbol{A}$ 是加权矩阵。任何正定矩阵 $\boldsymbol{A}$ 都能得到 $\boldsymbol{\theta}$ 的一致估计，然而，要得到 $\boldsymbol{\theta}$ 的有效估计的条件是 $\boldsymbol{A}$ 等于样本矩条件 $\bar{\boldsymbol{m}}$ 的协方差矩阵的逆。广义矩估计量的协方差矩阵为

$$\sum = \frac{1}{n}(\boldsymbol{G}'\boldsymbol{A}\boldsymbol{G})^{-1} \tag{3.2.3}$$

其中 $\boldsymbol{G} = \partial\bar{\boldsymbol{m}}/\partial\boldsymbol{\theta}'$。

需要强调一点：广义矩估计是一个大样本估计。只有在大样本的情况下，广义矩估计量才是渐近有效的，小样本的情况下是无效的。

3.2.2 一致性和渐近正态性

我们现在更详细地分析 GMM 估计量的性质。由于 GMM 估计量涵盖了我们遇到过

的其他估计量，包括最小二乘法、工具变量法和最大似然估计，所以这些结论都能扩展到那些情形中去。

我们先对广义矩估计和样本矩条件作出如下假设：

假设 3.2.1　样本矩条件的收敛和连续性。假定数据生成过程中满足使用大数定律所需要的条件，则我们可以假定样本矩条件依概率收敛到它的期望，即

$$\bar{\boldsymbol{m}}(\boldsymbol{\theta})=\frac{1}{n}\sum_{l=1}^{L}m_l(\boldsymbol{\theta})\xrightarrow{p}\mathbf{0} \tag{3.2.4}$$

同时假定样本矩条件 $\bar{\boldsymbol{m}}(\boldsymbol{\theta})$ 是连续可微函数。

假定 3.2.2　识别。对任意 $n\geqslant k$，若 $\boldsymbol{\theta}_1$ 和 $\boldsymbol{\theta}_2$ 是两个不同的参数向量，则存在数据集使得 $\bar{\boldsymbol{m}}(\boldsymbol{\theta}_1)\neq\bar{\boldsymbol{m}}(\boldsymbol{\theta}_2)$，并且使样本矩之间的距离最小的参数估计量唯独在真实参数 $\boldsymbol{\theta}$ 处取到。

识别条件具有三个重要含义：

(1) 阶条件：矩条件数至少和参数个数一样多，即 $L\geqslant k$。这是识别的必要非充分条件。

(2) 秩条件：$L\times k$ 阶的导数矩阵 $\boldsymbol{G}=\partial\bar{\boldsymbol{m}}/\partial\boldsymbol{\theta}$ 的行秩等于 k。

(3) 唯一性：根据连续性假定，识别假定意味着满足总体矩条件的参数向量是唯一的。在真实参数 $\boldsymbol{\theta}$ 处，有 $p\lim\bar{\boldsymbol{m}}(\boldsymbol{\theta})=\mathbf{0}$，若某一参数 $\boldsymbol{\theta}_1$ 满足这个条件，则 $\boldsymbol{\theta}_1=\boldsymbol{\theta}$。

假定 3.2.3　样本矩条件的渐近分布。我们假设样本矩条件服从中心极限定理。这就假定了样本矩条件具有一个有限的渐近协方差矩阵 $(1/n)\boldsymbol{\Phi}$，于是有

$$\sqrt{n}\times\bar{\boldsymbol{m}}(\boldsymbol{\theta})\xrightarrow{d}N(\mathbf{0},\boldsymbol{\Phi}) \tag{3.2.5}$$

假定 3.2.4　鞅差分序列(martingale difference series)。我们假设函数 $m_l(\boldsymbol{\theta})$ 是一个平稳遍历的鞅差分序列，即

$$E(m_l(\boldsymbol{\theta})\mid m_{l-1}(\boldsymbol{\theta}),m_{l-2}(\boldsymbol{\theta}),\cdots)=0 \tag{3.2.6}$$

有了这些假定，我们就可以推导 GMM 估计的一致性和渐近正态性。

定理 3.2.1　GMM 估计量的一致性和渐近正态性。

(1)$\hat{\boldsymbol{\theta}}_{GMM}$ 为一致估计，即

$$\hat{\boldsymbol{\theta}}_{GMM}\xrightarrow{P}\hat{\boldsymbol{\theta}} \tag{3.2.7}$$

(2)$\hat{\boldsymbol{\theta}}_{GMM}$ 服从渐近正态性，若 $m_l(\boldsymbol{\theta})$ 是一个平稳遍历的鞅差分序列，则

$$\hat{\boldsymbol{\theta}}_{GMM}\sim N(\hat{\boldsymbol{\theta}},\sum) \tag{3.2.8}$$

其中$\sum$为

$$\sum=\frac{1}{n}(\boldsymbol{G}'\boldsymbol{A}\boldsymbol{G})^{-1} \tag{3.2.9}$$

证明：

(1) 一致性

GMM 估计量可以通过最小化以下函数而推导出

$$Q_L(\boldsymbol{\theta})=\bar{m}_L(\boldsymbol{\theta})'\boldsymbol{A}_L\bar{m}_L(\boldsymbol{\theta}) \tag{3.2.10}$$

式中$\boldsymbol{A}_L$ 为权重矩阵。

首先必须证明，$Q_L(\boldsymbol{\theta})$ 会收敛于一个值 $Q_0(\boldsymbol{\theta})$。根据假定 3.1，$Q_0(\boldsymbol{\theta})$ 收敛于 0。我们假定参数空间中的其他点 $Q_L(\boldsymbol{\theta}')$ 也收敛于 $Q_L(\boldsymbol{\theta})$，由于 $\boldsymbol{A}_L$ 为正定矩阵，所以对有限的 L，有

$$0 \leqslant Q_L(\boldsymbol{\theta}_{GMM}) \leqslant Q_L(\boldsymbol{\theta}) \tag{3.2.11}$$

所以在有限样本中，$\hat{\boldsymbol{\theta}}_{GMM}$ 实际上最小化了式(3.2.10)。所以式(3.2.10) 在 $\hat{\boldsymbol{\theta}}_{GMM}$ 处的样本值不会大于其他的样本值，包括真实参数值。但是在真实参数值 $\boldsymbol{\theta}$ 处，有

$$Q_L(\boldsymbol{\theta}) \xrightarrow{p} 0 \tag{3.2.12}$$

所以要式(3.2.11) 正确，则由于假定 3.2，必须有

$$Q_L(\boldsymbol{\theta}_{GMM}) \xrightarrow{p} 0 \tag{3.2.13}$$

随着 $L \to \infty$，$Q_L(\boldsymbol{\theta}_{GMM})$ 和 $Q_L(\boldsymbol{\theta})$ 收敛于相同的极限。于是，随着 $n \to \infty$，一定有

$$\overline{m}_L(\boldsymbol{\theta}_{GMM}) \to \overline{m}_L(\boldsymbol{\theta}) \tag{3.2.14}$$

因为这个函数是二次型，且$\boldsymbol{A}_L$ 为正定矩阵，根据假定 3.2，随着 $L \to \infty$，$\hat{\boldsymbol{\theta}}_{GMM}$ 一定等于$\boldsymbol{\theta}$。

(2) 渐近正态性

GMM 估计量的一阶条件为

$$\left.\frac{\partial Q_L(\boldsymbol{\theta})}{\partial \boldsymbol{\theta}}\right|_{\boldsymbol{\theta}=\hat{\boldsymbol{\theta}}_{GMM}} = 2G_L(\hat{\boldsymbol{\theta}}_{GMM})'\boldsymbol{A}_L\overline{m}_L(\hat{\boldsymbol{\theta}}_{GMM}) = 0 \tag{3.2.15}$$

其中$G_L(\boldsymbol{\theta}) = \partial\overline{m}_L(\boldsymbol{\theta})/\partial\boldsymbol{\theta}'$，$\overline{m}_L(\boldsymbol{\theta})$ 被假定为连续且可微的函数。因此在真实参数$\boldsymbol{\theta}$ 处一阶泰勒展开，即

$$\overline{m}_L(\hat{\boldsymbol{\theta}}_{GMM}) = \overline{m}_L(\boldsymbol{\theta}) + G_L(\bar{\boldsymbol{\theta}})(\hat{\boldsymbol{\theta}}_{GMM} - \boldsymbol{\theta}) \tag{3.2.16}$$

式中 $\bar{\boldsymbol{\theta}}$ 为 $\hat{\boldsymbol{\theta}}_{GMM}$ 与真实参数 $\boldsymbol{\theta}$ 之间的一个点，对于 $\boldsymbol{\theta}$ 中的任意元素，$\forall\, w \in (0,1)$，有

$$\bar{\boldsymbol{\theta}} = w\hat{\boldsymbol{\theta}}_{GMM} + (1-w)\boldsymbol{\theta} \tag{3.2.17}$$

将式(3.2.16) 代入式(3.2.15) 中得

$$G_L(\hat{\boldsymbol{\theta}}_{GMM})'\boldsymbol{A}_L\overline{m}_L(\boldsymbol{\theta}) + G_L(\hat{\boldsymbol{\theta}}_{GMM})'\boldsymbol{A}_L G_L(\bar{\boldsymbol{\theta}})(\hat{\boldsymbol{\theta}}_{GMM} - \boldsymbol{\theta}) = 0 \tag{3.2.18}$$

从上式中解出估计误差并乘以$\sqrt{n}$，于是有

$$\sqrt{n}(\hat{\boldsymbol{\theta}}_{GMM} - \boldsymbol{\theta}) = -[G_L(\hat{\boldsymbol{\theta}}_{GMM})'\boldsymbol{A}_L G_L(\bar{\boldsymbol{\theta}})]^{-1} G_L(\hat{\boldsymbol{\theta}}_{GMM})'\boldsymbol{A}_L\sqrt{n}\overline{m}_L(\boldsymbol{\theta}) \tag{3.2.19}$$

假设上式左右都有极限分布，则它们的极限分布相同。根据 $\hat{\boldsymbol{\theta}}_{GMM}$ 的一致性，我们知道 $\hat{\boldsymbol{\theta}}_{GMM}$ 和$\bar{\boldsymbol{\theta}}$ 都收敛于$\boldsymbol{\theta}$。根据假定的严格连续性，一定有

$$G_L(\bar{\boldsymbol{\theta}}) \xrightarrow{p} G_L(\boldsymbol{\theta}),\ G_L(\hat{\boldsymbol{\theta}}_{GMM}) \xrightarrow{p} G_L(\boldsymbol{\theta}) \tag{3.2.20}$$

同时权重矩阵$\boldsymbol{A}_L$ 收敛于常矩阵 $\boldsymbol{A}$，经过合并整理，有

$$\sqrt{n}(\hat{\boldsymbol{\theta}}_{GMM} - \boldsymbol{\theta}) \xrightarrow{p} \{[G(\boldsymbol{\theta})'\boldsymbol{A}G(\boldsymbol{\theta})]^{-1}G(\boldsymbol{\theta})'\boldsymbol{A}\}\sqrt{n}\overline{m}_L(\boldsymbol{\theta}) \tag{3.2.21}$$

现在通过假定 3.3，大括号里的矩阵是一个常量。最后一项具有假定 3.3 中给出的正态分布，这个分布的均值和方差分别为零和 $\boldsymbol{\Phi}$，经整理，我们可以得到

$$\sum = \frac{1}{n}\{[G(\boldsymbol{\theta})'\boldsymbol{A}G(\boldsymbol{\theta})]^{-1}G(\boldsymbol{\theta})'\boldsymbol{A}\}\boldsymbol{\Phi}\boldsymbol{A}\ [G(\boldsymbol{\theta})'\boldsymbol{A}G(\boldsymbol{\theta})]^{-1} \tag{3.2.22}$$

最终结论是所选权重矩阵 $\boldsymbol{A}$ 的函数，若最优权重矩阵使用

$$\mathbf{A}=\boldsymbol{\Phi}^{-1} \tag{3.2.23}$$

则式(3.2.22) 可化为

$$\sum=\frac{1}{n}\left[G(\boldsymbol{\theta})'\mathbf{A}G(\boldsymbol{\theta})\right]^{-1} \tag{3.2.24}$$

证毕。

3.2.3 GMM 估计中的相关统计检验

首先我们先了解一下未知参数 $\boldsymbol{\theta}$ 的个数 k 与矩条件个数 L 的关系。

(1) 如果 $L<k$,为不可识别,则 $\hat{\boldsymbol{\theta}}$ 无解;

(2) 如果 $L=k$,为恰好识别的情况,则 $\hat{\boldsymbol{\theta}}$ 有唯一解;

(3) 如果 $L>k$,为过度识别,则 $\hat{\boldsymbol{\theta}}$ 有无穷多解。

我们在前面的描述中知道:GMM 估计的目标

$$Q=\bar{\boldsymbol{m}}'\mathbf{A}\bar{\boldsymbol{m}} \tag{3.2.25}$$

在恰好识别的情形下,上式恰好为零,因为我们能够找到一组估计值使得 $\bar{\boldsymbol{m}}$ 刚好为零。因此,在矩条件个数恰好等于待估计情形中,权重矩阵**A**与解无关。但是如果是在过度识别的情况下,那么这些条件就意味着存在一些实实在在的约束。由此,如果导致矩条件的模型假设首先就不正确,那么至少有些样本矩约束将被系统地违背。这个结论就为过度识别约束提供一个基础。

根据构造,在使用了最优权重矩阵后,我们有

$$nQ=\left[\sqrt{n}\,\bar{\boldsymbol{m}}(\hat{\boldsymbol{\theta}})'\right]\left\{\mathrm{Var}\left[\sqrt{n}\,\bar{\boldsymbol{m}}(\hat{\boldsymbol{\theta}})\right]\right\}^{-1}\left[\sqrt{n}\,\bar{\boldsymbol{m}}(\hat{\boldsymbol{\theta}})\right] \tag{3.2.26}$$

于是上式构造出了一个 Wald 统计量,在模型假设下

$$nQ\xrightarrow{d}\chi^2(L-k) \tag{3.2.27}$$

若在未知参数 $\boldsymbol{\theta}$ 中有 J 个变量受约束,则把自由参数的个数限制到 $k-J$ 个,这个约束不会改变我们 GMM 估计的目标

$$Q_R=\bar{\boldsymbol{m}}'_R\mathbf{A}\bar{\boldsymbol{m}}_R \tag{3.2.28}$$

我们发现权重矩阵 **A** 没有变化。在解法上可能有所改变,这些约束会使之成为一个最优化问题。但是,矩条件在本质上没有改变。我们有

$$nQ_R\xrightarrow{d}\chi^2(L-(k-J)) \tag{3.2.29}$$

施加约束后的加权平方和 nQ_R 肯定大于无约束的加权平方和 nQ,其差为

$$(nQ_R-nQ)\xrightarrow{d}\chi^2(J) \tag{3.2.29}$$

这里提供对一组约束进行检验的方法,这种检验方法由 Newey and West 在 1987 年提出。

我们在 2.6 中论述了在最大似然估计下三个渐近等价的统计检验,分别为沃尔德检验(Wald test)、似然比检验(likelihood ratio test,LR) 和拉格朗日乘子检验(Lagrange multiplier test,LM),在这里对其统计量重申一遍。

假设 $\boldsymbol{\theta}$ 是模型中 k 个参数构成的列向量。考虑参数的 $J(J<k+1)$ 个约束,约束方程为

$$H_0: c(\boldsymbol{\theta}) = 0 \tag{3.2.30}$$

令$\hat{\boldsymbol{\theta}}_U$ 是 $\boldsymbol{\theta}$ 的无约束下的最大似然估计，$\hat{\boldsymbol{\theta}}_R$ 是 $\boldsymbol{\theta}$ 在约束下的最大似然估计，即在施加原假设后得到的估计量。渐近等价的三个统计量中的 Wald 统计量为

$$W = c(\hat{\boldsymbol{\theta}}_U)' \left[\frac{\partial c(\boldsymbol{\theta})}{\partial \boldsymbol{\theta}'} \Big|_{\boldsymbol{\theta}=\hat{\boldsymbol{\theta}}_U} \mathrm{Var}(\hat{\boldsymbol{\theta}}_U) \left(\frac{\partial c(\boldsymbol{\theta})}{\partial \boldsymbol{\theta}'} \Big|_{\boldsymbol{\theta}=\hat{\boldsymbol{\theta}}_U}\right)'\right]^{-1} c(\hat{\boldsymbol{\theta}}_U) \xrightarrow{d} \chi^2(J) \tag{3.2.31}$$

Wald 统计量是无约束估计量不能满足约束的程度度量，Wald 统计量只用无约束估计量便可以计算了。LM 统计量为

$$\mathrm{LM} = \left(\frac{\partial \ln L(\boldsymbol{\theta})}{\partial \boldsymbol{\theta}'} \Big|_{\boldsymbol{\theta}=\hat{\boldsymbol{\theta}}_R}\right) \mathrm{Var}(\hat{\boldsymbol{\theta}}_R) \left(\frac{\partial \ln L(\boldsymbol{\theta})}{\partial \boldsymbol{\theta}'} \Big|_{\boldsymbol{\theta}=\hat{\boldsymbol{\theta}}_R}\right)' \xrightarrow{d} \chi^2(J) \tag{3.2.32}$$

LM 统计量是基于约束统计量。似然比统计量为

$$\boldsymbol{LR} = 2\left[\ln L(\hat{\boldsymbol{\theta}}_U) - \ln L(\hat{\boldsymbol{\theta}}_R)\right] \xrightarrow{d} \chi^2(J) \tag{3.2.33}$$

LR 统计量要求同时计算两个估计量。

Newey and West 在 1987 年曾为 GMM 估计量设计了这些检验对应的统计量。令 $\hat{\boldsymbol{\theta}}_{GMM,U}$ 是 $\boldsymbol{\theta}$ 的无约束下的矩估计，$\hat{\boldsymbol{\theta}}_{GMM,R}$ 是 $\boldsymbol{\theta}$ 在约束下的矩估计，Wald 统计量的计算相同，只是使用的是 GMM 估计的结果而不是最大似然估计的结果。在式(3.2.31) 中我们将使用 $\boldsymbol{\theta}$ 的无约束的 GMM 估计量，即

$$W_{GMM} = c(\hat{\boldsymbol{\theta}}_{GMM,U})' \left[\frac{\partial c(\boldsymbol{\theta})}{\partial \boldsymbol{\theta}'} \Big|_{\boldsymbol{\theta}=\hat{\boldsymbol{\theta}}_{GMM,U}} \mathrm{Var}(\hat{\boldsymbol{\theta}}_{GMM,U}) \left(\frac{\partial c(\boldsymbol{\theta})}{\partial \boldsymbol{\theta}'} \Big|_{\boldsymbol{\theta}=\hat{\boldsymbol{\theta}}_{GMM,U}}\right)'\right]^{-1} c(\hat{\boldsymbol{\theta}}_{GMM,U}) \xrightarrow{d} \chi^2(J) \tag{3.2.34}$$

似然比统计量是式(3.2.29) 中的 nQ 的差值，在有约束和无约束的估计量中应使用的相同的权重矩阵。Q 在无约束情形下得到 Q_U，Q 在无约束情形下得到 Q_R。LR 统计量为

$$\mathrm{LR} = nQ_R - nQ_U \tag{3.2.35}$$

最后，对应的 LM 统计量为

$$\mathrm{LM}_{GMM} = n\left[\bar{m}_U(\hat{\boldsymbol{\theta}}_R)' \boldsymbol{\Phi}_U^{-1} G_U(\hat{\boldsymbol{\theta}}_R)\right]\left[G_U(\hat{\boldsymbol{\theta}}_R)' \boldsymbol{\Phi}_U^{-1} G_U(\hat{\boldsymbol{\theta}}_R)\right]\left[G_U(\hat{\boldsymbol{\theta}}_R)' \boldsymbol{\Phi}_U^{-1} \bar{m}_U(\hat{\boldsymbol{\theta}}_R)\right] \tag{3.2.36}$$

这个 LM 统计量与最大似然估计的 LM 统计量相同。在式(3.2.35) 中的 Q 的导数为

$$\frac{\partial Q}{\partial \boldsymbol{\theta}} = 2G_U(\hat{\boldsymbol{\theta}}_R)' \boldsymbol{\Phi}_U^{-1} G_U(\hat{\boldsymbol{\theta}}_R) \tag{3.2.37}$$

LM 统计量 LM_{GMM} 就是检验这个向量在原假设约束下等于零的假设的 Wald 统计量。所以 Wald 统计量为

$$W_{GMM} = n\left[\bar{m}_U(\hat{\boldsymbol{\theta}}_R)' \boldsymbol{\Phi}_U^{-1} G_U(\hat{\boldsymbol{\theta}}_R)\right]\left[G_U(\hat{\boldsymbol{\theta}}_R)' \boldsymbol{\Phi}_U^{-1} G_U(\hat{\boldsymbol{\theta}}_R)\right]\left[G_U(\hat{\boldsymbol{\theta}}_R)' \boldsymbol{\Phi}_U^{-1} \bar{m}_U(\hat{\boldsymbol{\theta}}_R)\right] \tag{3.2.38}$$

3.3 线性回归模型中的广义矩估计量

3.3.1 IV 估计

考虑多元线性回归模型的 GMM 参数估计，假设回归方程为

$$y_i = \boldsymbol{x}'_i\boldsymbol{\beta} + \mu_i, i = 1,2,\cdots,n \tag{3.3.1}$$

式中：解释变量向量 $\boldsymbol{x}'_i = (\boldsymbol{x}_{i1},\boldsymbol{x}_{i2},\cdots,\boldsymbol{x}_{ik})'$，参数向量 $\boldsymbol{\beta} = (\beta_1,\beta_2,\cdots,\beta_k)'$，$n$ 是样本个数。对于 k 维单方程参数向量 $\boldsymbol{\beta}$ 的 GMM 估计，由于解释变量向量 $\boldsymbol{x}_i$ 与随机扰动项 μ_i 是相关的，因此假设存在含有 $L(L \geqslant k)$ 个分量的工具变量 $\boldsymbol{z}_i$ 与随机扰动项 μ_i 不相关，即 L 个变量的向量 $\boldsymbol{z}_i$ 与随机扰动项 μ_i 满足 L 个正交的矩条件：

$$E(\boldsymbol{z}_i,\mu_i) = 0 \tag{3.3.2}$$

式中 $\boldsymbol{z}_i = (z_{i1},z_{i2},\cdots,z_{iL})$ 是 L 维向量。

相应的 L 个样本矩为

$$\bar{\boldsymbol{m}} = \frac{1}{n}\boldsymbol{Z}'\hat{\boldsymbol{u}}(\boldsymbol{b}) \tag{3.3.3}$$

式中：$\boldsymbol{Z}$ 是工具变量数据矩阵，$\hat{\boldsymbol{u}}(\boldsymbol{b})$ 是式(3.4.1)的残差序列。选择参数估计量 $\boldsymbol{b}$，使式(3.3.4)所示的加权距离最小。

$$Q = \frac{1}{n^2}[\hat{\boldsymbol{u}}'(\boldsymbol{b})\boldsymbol{Z}]\boldsymbol{A}[\boldsymbol{Z}'\hat{\boldsymbol{u}}(\boldsymbol{b})] \tag{3.3.4}$$

样本矩 $\bar{\boldsymbol{m}}$ 的协方差矩阵为

$$\boldsymbol{\Omega} = \frac{1}{n^2}Z'\mathrm{Cov}(\hat{\boldsymbol{u}},\hat{\boldsymbol{u}}')\boldsymbol{Z} \tag{3.3.5}$$

可以使用 White 异方差一致协方差或 Newey-West HAC 一致协方差估计 $\boldsymbol{\Omega}$ 矩阵。

例 3.3.1　利用中国的时间序列数据，建立从 1978—2015 年中国居民消费水平与国内生产总值的函数关系，假定回归模型为

$$\mathrm{CS}_t = \beta_0 + \beta_1\mathrm{GDP}_t + \mu_t, t = 1978,\cdots,2015 \tag{3.3.6}$$

其中 CS_t 表示居民消费水平(元)，GDP_t 表示支出法的国内生产总值(亿元)，样本为 1978—2015 年的年度数据，表 3.3.1 为相关的数据表。影响居民消费的因素很多，但是都和 GDP 相关。因为怀疑解释变量 GDP_t 是内生性变量，所以采用支出法中的固定资产形成总额(亿元)I_t 为工具变量，采用 GMM 方法估计方程(3.3.6)。

表 3.3.1　1978—2015 年中国居民消费水平、国内生产总值和固定资产形成总额数据表

时间	CS_t	GDP_t	I_t	时间	CS_t	GDP_t	I_t
1978	184	3 634.1	1 108.7	1997	2 978	80 024.8	25 363.2
1979	208	4 078.2	1 194.1	1998	3 126	85 486.3	28 751.4
1980	238	4 575.3	1 345.8	1999	3 346	90 823.8	30 241.4

续表

时间	CS_t	GDP_t	I_t	时间	CS_t	GDP_t	I_t
1981	264	4 957.3	1 381.9	2000	3 721	100 576.8	33 527.7
1982	284	5426.3	1 558.6	2001	3 987	111 250.2	38 064
1983	315	6 078.7	1 742.6	2002	4 301	122 292.2	43 796.9
1984	356	7 345.9	2 192.1	2003	4 606	138 314.7	53 964.4
1985	440	9 180.5	2 844.1	2004	5 138	162 742.1	65 669.8
1986	496	10 473.7	3 299.7	2005	5 771	189 190.4	75 809.6
1987	558	12 294.2	3 821.4	2006	6 416	221 206.5	87 223.3
1988	684	15 332.2	4 842	2007	7 572	271 699.3	105 052.2
1989	785	17 359.6	4 518.6	2008	8 707	319 935.9	128 001.9
1990	831	19 067	4 636.1	2009	9 514	349 883.3	156 734.5
1991	916	22 124.2	5 794.8	2010	10 919	410 708.3	185 827.3
1992	1 057	27 334.2	8 461	2011	13 134	486 037.8	219 671
1993	1 332	35 900.1	13 574.4	2012	14 699	540 988.9	244 600.7
1994	1 799	48 822.7	17 187.9	2013	16 190	596 962.9	270 924.2
1995	2 330	61 539.1	20 357.4	2014	17 778	647 181.7	290 053.1
1996	2 765	72 102.5	23 319.8	2015	19 397	699 109.4	301 503

数据来源:Wind 数据库

Stata 中先打开数据 3.3.1.dta,再进行 GMM 估计的命令为:

```
ivregress gmm CS (GDP = I)   /* GMM 估计 */
```

估计的结果为:

$$\begin{aligned}&\hat{CS}_t = 447.25 + 0.027GDP_t\\&t \quad (3.56) \qquad (80.82)\\&R^2 = 0.9965, J = 0\end{aligned} \tag{3.3.7}$$

J 统计量是目标函数的最小值,即通过式(3.4.4)计算得到的加权距离 Q 的值。当工具变量比待估计参数多时,J 统计量可用于检验过度识别约束的有效性,在过度识别约束成立的原假设下,J 统计量乘以样本数渐近服从 χ^2 分布,自由度为过度识别约束数目。在该例子中,由于工具变量的个数与内生变量的个数相等,不存在工具变量过度识别的问题,所以不需要再进行工具变量过度识别检验。

3.3.2 最大似然估计也是广义矩估计

我们曾在 2.5 中提到,在似然函数设定不正确时,"准最大似然估计"也可能是一致估计量。这是因为最大似然估计也是广义矩估计。

在第二章中我们证明了，在似然函数设定正确的情况下，得分函数的期望值

$$E[\boldsymbol{s}(\boldsymbol{\theta}_0;\boldsymbol{x})]=\boldsymbol{0} \tag{3.3.8}$$

其中

$$\boldsymbol{s}(\boldsymbol{\theta};\boldsymbol{x})=\frac{\partial \ln L(\boldsymbol{\theta};\boldsymbol{x})}{\partial \boldsymbol{\theta}} \tag{3.3.9}$$

为对数似然函数的一阶偏导数。同样，第 i 个数据对应的得分函数的贡献为

$$\boldsymbol{s}_i(\boldsymbol{\theta};\boldsymbol{x}_i)=\frac{\partial \ln L(\boldsymbol{\theta};\boldsymbol{x}_i)}{\partial \boldsymbol{\theta}} \tag{3.3.10}$$

也满足该性质

$$E[\boldsymbol{s}_i(\boldsymbol{\theta}_0;\boldsymbol{x}_i)]=\boldsymbol{0} \tag{3.3.11}$$

将上式看成总体矩条件，对应的样本矩条件为

$$\frac{1}{N}\sum_{i=1}^{N}\boldsymbol{s}_i(\hat{\boldsymbol{\theta}};\boldsymbol{x}_i)=\boldsymbol{0} \tag{3.3.12}$$

去掉上式中的 $1/N$ 就是最大似然估计的一阶条件。因此，可以将最大似然估计看成恰好识别的 GMM 估计。根据 GMM 的性质，只有矩条件

$$E[\boldsymbol{s}_i(\boldsymbol{\theta}_0;\boldsymbol{x}_i)]=\boldsymbol{0} \tag{3.3.13}$$

正确时，则 GMM 估计量是一致的。显然，矩条件比对数似然函数的条件更弱一些，因此，随机扰动项在非正态分布的情况下，只要有矩条件成立，则准最大似然估计依然是一致的。

比如，对于线性回归方程，如果随机扰动项服从正态分布，则 Y_i 的密度函数为

$$L(\boldsymbol{\beta},\boldsymbol{\sigma}^2;Y_i)=\frac{1}{\sqrt{2\pi\sigma^2}}\mathrm{e}^{-\frac{(Y_i-\boldsymbol{X}_i\boldsymbol{\beta})^2}{2\sigma^2}} \tag{3.3.14}$$

则

$$\ln L(\boldsymbol{\beta},\boldsymbol{\sigma}^2;Y_i)=-\frac{1}{2}\ln 2\pi-\frac{1}{2}\ln\sigma^2-\frac{(Y_i-\boldsymbol{X}_i\boldsymbol{\beta})^2}{2\sigma^2} \tag{3.3.15}$$

$$\boldsymbol{s}_i(\boldsymbol{\beta})=\frac{\partial \ln L(\boldsymbol{\beta},\sigma^2;Y_i)}{\partial \boldsymbol{\beta}}=\frac{(Y_i-\boldsymbol{X}_i\boldsymbol{\beta})\boldsymbol{X}_i}{2\sigma^2} \tag{3.3.16}$$

$$E[\boldsymbol{s}_i(\boldsymbol{\beta})]=\frac{E[(Y_i-\boldsymbol{X}_i\boldsymbol{\beta})\boldsymbol{X}_i]}{2\sigma^2}=\boldsymbol{0} \tag{3.3.17}$$

这恰好是 OLS 对应的矩条件，它是否成立并不依赖于似然函数是否正确。总之，许多计量方法都可以认为是 GMM 的特例。

3.3.3 实例

Mincer(1958) 第一次开始研究工资与受教育年限的相关关系，但是他没有考虑"能力"这个变量，导致遗漏变量偏误。Griliches(1976) 针对美国面板数据中的年轻男子组群，采用工具变量法对遗漏变量问题进行修正。Blackburn and Neumark(1992) 更新了数据集，下面我们将用这个数据集 3.3.3.dta，运用 Stata 16.0 进行广义矩估计。

该数据集中包括以下变量：lw(工资的对数值)，s(受教育年限)，age(年龄)，expr(工龄)，tenure(在现在单位工作的年数)，iq(智商)，med(母亲的受教育年限)，kww(在

“Knowledge of the World of Work(职场知识)”测试中的成绩),mrt(是否结婚的虚拟变量,已婚 =1),rns(是否住在美国南方的虚拟变量,住在南方 =1),smsa(是否住在大城市的虚拟变量,住在大城市 =1),year(有数据的最早年份,1966—1973 年中的某一年)。这是一个两期的面板数据,初始期为以上变量有数据的最早年份,结束期为 1980 年。不带“80”字样的变量为初始期,而带“80”字样的变量名为 1980 年数据。比如 lw 为初始期的工资的对数值,而 lw80 为 1980 年的工资的对数值。

1.观测各变量的统计特征。

Stata 的命令为:sum,结果如表 3.3.2 所示。

表 3.3.2　各个变量数据统计表

Variable	Obs	Means	Std.Dev	Min	Max
rns	758	0.269	0.444	0	1
rns80	758	0.293	0.455	0	1
mrt	758	0.515	0.500	0	1
mrt80	758	0.898	0.302	0	1
smsa	758	0.704	0.457	0	1
smsa80	758	0.712	0.423	0	1
med	758	10.910	2.742	0	18
iq	758	103.856	13.619	54	145
kww	758	36.534	7.302	12	56
year	758	69.032	2.632	66	73
age	758	21.825	2.982	16	30
age80	758	33.012	3.056	28	38
s	758	13.405	2.232	9	18
s80	758	13.707	2.215	9	18
expr	758	1.735	2.106	0	11.444
expr80	758	11.394	4.211	0.692	22.045
tenure	758	1.931	1.674	0	10
tenure80	758	7.363	5.050	0	22
lw	758	5.867	0.429	4.605	7.051
lw80	758	6.827	0.410	4.749	8.032

2.观测智商和受教育年限的相关关系。

Stata 的命令为:pwcorr iq s,sig。

得到智商和受教育年限的相关系数表,见表 3.3.3。

表 3.3.3　智商和受教育年限的相关系数表

	iq(智商)	s(受教育年限)
iq(智商)	1.0000	
s(受教育年限)	0.5131(p 值 = 0.0000)	1.0000

表 3.3.3 显示,智商和受教育年限具有较强的正相关关系。

3.进行 OLS 回归。

引入 expr,tenure,rns,smsa 作为控制变量,解释变量为 s(受教育年限)。

Stata 的命令为:reg lw s expr tenure rns smsa,r。命令中的"r" 表示使用稳健标准误。回归结果为:

$$\begin{aligned} lw = & 4.1044 + 0.1026s + 0.0381expr + 0.0356tenrue - 0.0841rns + 0.1397smsa \\ & (46.81)\quad (16.53)\quad (5.76)\qquad (4.45)\qquad (-2.85)\qquad (4.98) \\ & R^2 = 0.3521, F = 84.05 \end{aligned} \tag{3.3.18}$$

回归结果表明,教育投资的年回报率为 10.26%,并且在 5% 的显著性水平上不为 0。通俗来说多受一年的教育,则未来的工资会高出 10.26%,这个教育投资回报率似乎太高了。其原因可能是:由于"能力" 与受教育年限具有相关关系,而遗漏关于"能力" 对工资的影响,因此高估了教育的回报率。

4.引入智商(iq) 作为"能力" 的代理变量,进行 OLS 回归。

Stata 的命令为:reg lw s iq expr tenure rns smsa,r。回归结果为:

$$\begin{aligned} lw = & 3.8952 + 0.0928s + 0.0033iq + 0.0393expr + 0.0342tenrue - 0.0745rns + 0.1367smsa \\ & (33.60)\quad (13.30)\quad (2.90)\quad (5.91)\qquad (4.33)\qquad (-2.49)\qquad (4.92) \\ & R^2 = 0.3600, F = 71.89 \end{aligned} \tag{3.3.19}$$

引入智商(iq) 作为"能力" 的代理变量后,教育投资的回报率下降为 9.28%,教育投资的回报率有所下降,但是仍然显得有点高。

5.由于用 iq 来度量能力存在测量误差,故 iq 为内生变量,考虑使用变量 med 和 kww 作为其工具变量,进行 GMM 估计。

Stata 命令为:ivregress gmm lw s expr tenure rns smsa (iq=med kww)。GMM 估计结果为:

$$\begin{aligned} lw = & 3.2073 + 0.0604s + 0.0141iq + 0.0741expr + 0.0299tenrue - 0.0445rns + 0.1267smsa \\ & (8.06)\quad (3.18)\quad (2.33)\quad (5.82)\qquad (3.62)\qquad (-1.29)\qquad (4.26) \\ & R^2 = 0.2750,\ Wald = 372.75(p = 0.0000) \end{aligned} \tag{3.3.20}$$

再进行过度识别检验。Stata 命令为:estat overid。检验结果为 p 值等于 0.6972,所以认为工具变量均为外生变量。

根据结果,教育投资回报率降为 6.04%,比较合理。并且 iq 的符号也符合理论假设。

第四章　贝叶斯估计

统计学中有两大主要学派，占主流地位的是“频率学派(frequency school)”，也称“古典学派(classical school)”；另外一个学派是英国统计学家 T.R.Bayes 于 19 世纪创立的“贝叶斯学派(Bayesian school)”。20 世纪 50 年代，以 H.Bobbins 为代表在计量经济学模型中将经验贝叶斯法与经典方法相结合，并得到广泛的运用。贝叶斯估计对经典计量经济学模型估计方法的扩展在于：它不仅利用样本信息，同时利用非样本信息。在小样本情况下，最小二乘估计、最大似然估计、广义矩估计等经典估计方法不再具有优良性质，而贝叶斯估计方法就是小样本情况下的优良估计方法。

4.1　贝叶斯估计的基本思想

贝叶斯估计方法的基本思想：贝叶斯学派认为由于待估参数的不确定性，应假定待估计的模型参数为服从一定概率分布的随机变量(向量)，从而根据经验给出待估参数的先验分布(prior distribution)，关于这些分布的信息也被称为先验信息；然后将这些先验信息与样本信息相结合，进而应用贝叶斯定理(Bayes's theorem)求出待估参数的后验分布(posterior distribution)；贝叶斯方法与经典估计方法的主要区别在于：

1.关于参数的解释不同

经典估计方法假设总体服从分布 $f(x;\theta)$，认为待估参数 θ 具有确定值，它的估计量才是随机的，如果估计量是无偏的，该估计量的期望等于那个确定的参数；而贝叶斯方法认为待估参数 θ 是一个服从某种分布的随机变量(向量)。

2.所利用的信息不同

经典方法对参数的估计只利用样本信息；贝叶斯方法要求事先提供一个参数的先验分布，即人们对有关参数的主观认识(先验信息)，是非样本信息，在参数估计过程中，这些非样本信息与样本信息一起被利用。

3.对随机误差项的要求不同

经典方法除了最大似然估计在参数估计过程中并不要求知道随机误差项的具体分布形式，但在假设检验与区间估计时是需要的；贝叶斯估计则需要知道随机误差项的具体分布形式。

4.选择参数估计量的准则不同

经典估计方法要么以残差平方和最小，要么以似然函数最大为准则，构造极值条件，求解参数估计量；贝叶斯方法则需要构造一个损失函数，并以损失函数最小化为准则求得参数估计量。常用的损失函数有线性函数和二次函数，不同的损失函数，得到的参数估计值是不同的。

尽管先验分布具有主观性，但是在大样本中，先验分布的作用将变得很小。另外，可用“相对不含信息”的先验分布，并对后验分布对先验分布的依赖性进行“敏感性分析”。贝叶斯估计的主要优点有：

古典学派一般通过最优化进行参数估计，但是有时不易求得最优解。而贝叶斯学派只要反复使用贝叶斯定理即可，不需要进行最优化。虽然贝叶斯估计可能没有解析解，但随着计算方法的发展，已基本不成问题。

古典学派需要用不同的统计量来估计期望、方差、中位数、分位数等，而贝叶斯学派可以直接得到参数的整个后验分布，进而根据后验分布可以算出各阶矩。

对于古典学派的统计量，常常不易找出其“精确的有限样本分布”，故而只能推导大样本渐近分布。而贝叶斯学派一般可以直接计算精确的有限样本分布，不需要渐近理论。

4.2 贝叶斯定理

贝叶斯定理是贝叶斯估计的理论基础，因为贝叶斯估计的实质就在于反复使用贝叶斯定理，将先验分布与样本数据综合为后验分布。

对于随机事件 A 与 B，有如下的贝叶斯公式：

$$P(A \mid B)=\frac{P(AB)}{P(B)}=\frac{P(B \mid A)P(A)}{P(B)} \tag{4.2.1}$$

其中，第 1 个等号为条件概率的公式，第 2 个等号使用了概率的乘法公式。如果将 $P(A)$ 视为先验概率，将 B 视为样本数据，则贝叶斯公式给出了在看到样本数据 B 之后，如何将先验概率 $P(A)$ 更新为后验概率 $P(A \mid B)$ 的规则。

一般地，对于随机向量 $\boldsymbol{\theta}$（视为待估参数）与随机向量 $\boldsymbol{Y}$（视为样本数据），根据贝叶斯定理可以得到：

$$P(\boldsymbol{\theta} \mid \boldsymbol{Y})=\frac{f(\boldsymbol{\theta},\boldsymbol{Y})}{f(\boldsymbol{Y})}=\frac{f(\boldsymbol{Y} \mid \boldsymbol{\theta})g(\boldsymbol{\theta})}{f(\boldsymbol{Y})} \tag{4.2.2}$$

其中，$P(\boldsymbol{\theta} \mid \boldsymbol{Y})$ 是看到样本数据 $\boldsymbol{Y}$ 之后 $\boldsymbol{\theta}$ 的后验分布密度函数；$f(\boldsymbol{\theta},\boldsymbol{Y})$ 为 $\boldsymbol{\theta}$ 与 $\boldsymbol{Y}$ 的联合分布；$g(\boldsymbol{\theta})$ 是待估参数 $\boldsymbol{\theta}$ 的先验分布密度函数；$f(\boldsymbol{Y} \mid \boldsymbol{\theta})$ 是给定参数 $\boldsymbol{\theta}$ 时 $\boldsymbol{Y}$ 的密度函数；$f(\boldsymbol{Y})$ 是 $\boldsymbol{Y}$ 的边缘密度函数，可看作联合分布 $f(\boldsymbol{\theta},\boldsymbol{Y})$ 将 θ 积分掉：

$$f(\boldsymbol{Y})=\int f(\boldsymbol{\theta},\boldsymbol{Y})\mathrm{d}\boldsymbol{\theta}=\int f(\boldsymbol{Y} \mid \boldsymbol{\theta})g(\boldsymbol{\theta})\mathrm{d}\boldsymbol{\theta} \tag{4.2.3}$$

在贝叶斯分析中，一般把 $\boldsymbol{Y}$ 的密度函数 $f(\boldsymbol{Y} \mid \boldsymbol{\theta})$ 记为 $L(\boldsymbol{\theta};y)$。由于式(4.2.2) 分布的边缘分布不包含 $\boldsymbol{\theta}$，因此可以将 $f(\boldsymbol{Y})$ 视为常数(样本观测值独立于待估参数)。因此，后验分布与式(4.2.2) 的分子成正比：

$$p(\boldsymbol{\theta} \mid \boldsymbol{Y}) \propto f(\boldsymbol{Y} \mid \boldsymbol{\theta}) g(\boldsymbol{\theta}) \propto L(\boldsymbol{\theta};\boldsymbol{Y}) g(\boldsymbol{\theta}) \tag{4.2.4}$$

其中,"$\propto$"表示"成正比"。

即后验信息正比于样本信息与先验信息的乘积。式(4.2.4)表明,可以通过样本信息对先验信息的修正来得到更准确的后验信息。得到后验分布的密度函数后,就可以此为基础进行参数的点估计、区间估计与假设检验。

例 4.1.1　记随机样本为 $\boldsymbol{y}=(y_1,y_2,\cdots,y_n)'$,其中 $y_i \sim N(\theta,\sigma^2)$,方差 σ^2 已知,均值 θ 未知。

古典学派常根据残差平方和最小或似然函数最大化来求参数的估计值,但贝叶斯学派要额外地设定 θ 的先验分布。为了计算方便,选择先验正态分布,即 $\theta \sim N(u,\tau^2)$,其中先验均值 u 与先验方差 τ^2 为已知常数。(τ^2 越大表示先验分布的不确定性较大)。

后验分布 $P(\theta \mid Y)$ 的计算过程如下:

1.写出先验分布密度 $\pi(\theta)$。

定义 θ 的精确度为

$$h \equiv 1/\tau^2$$

精确度 h 越大,方差 τ^2 就越小,表明对随机变量 θ 知道得越精确。由于样本均值 $\bar{y}$ 的方差为 $\frac{\sigma^2}{n}$,记 $\bar{y}$ 的精确度为 $h^* \equiv n/\sigma^2$。

θ 的先验密度为

$$\begin{aligned}\pi(\theta) &= (2\pi\tau^2) - 1/2\exp\{-(\theta-u)^2/2\tau^2\} \\ &= \exp\{-h\ (\theta-u)^2/2\}\end{aligned}$$

2.写出样本数据 y 的联合密度,即似然函数:

$$\begin{aligned}L(\theta;y) &= \prod_{i=1}^{n} (2\pi\sigma^2)^{-1/2}\exp\{-(y_i-\theta)^2/2\sigma^2\} \\ &= (2\pi\sigma^2) - n/2\exp\{-\sum\nolimits_{i=1}^{n} (y_i-\theta)^2/2\sigma^2\} \\ &\propto \exp\{-\sum\nolimits_{i=1}^{n} (y_i-\bar{y}+\bar{y}-\theta)^2/2\sigma^2\} \\ &\propto \exp\{-\sum\nolimits_{i=1}^{n} (\bar{y}-\theta)^2/2\sigma^2\} \\ &\propto \exp\{-n(\bar{y}-\theta)^2/2\sigma^2\} \\ &\propto \exp\{-h^*(\bar{y}-\theta)^2/2\}\end{aligned}$$

3.根据贝叶斯定理,写出后验分布的密度核。

$$\begin{aligned}p(\theta \mid Y) &\propto L(\theta;Y)g(\theta) \propto \exp\{-h^*(\bar{y}-\theta)^2/2\} \cdot \exp\{-h\ (\theta-u)^2/2\} \\ &\propto \exp\{-\frac{1}{2}[h^*(\bar{y}-\theta)2+h(\theta-u)^2]\} \\ &\propto \exp\{\bar{h}(\theta-\bar{u})2\}\end{aligned}$$

其中,$\bar{h} \equiv h+h^*$,$\bar{u} \equiv (hu+h^*\bar{y})/\bar{h}$。

后验分布的精确度提高为 $\bar{h} \equiv h+h^*$,后验分布的期望值调整为 $\bar{u} \equiv (hu+h^*\bar{y})/\bar{h}$,即先验均值与样本均值 $\bar{y}$ 的加权平均,权重为各自的精确度。

由于 $\bar{h} \equiv h+h^* = h+\frac{n}{\sigma^2}$,故当样本量 $n \to \infty$ 时,后验精度 $\bar{h} \to \infty$,样本精确度对后

验精确度的贡献变大，$h^*/\bar{h} \to 1$。

当样本量 $n \to \infty$ 时，后验均值 $\bar{u} \to \bar{y}$，即当样本容量越来越大时，先验分布所起的作用越来越小，几乎完全由样本数据决定。

在得到后验分布后，可以把它视为“修正的先验分布”，并作为未来的先验分布。

4.3 基于后验分布的统计推断

贝叶斯估计的主要结果为后验分布。有了后验分布，就可以进行一系列的统计推断。

下面将以正态线性单方程计量经济学模型为例介绍贝叶斯估计方法。选择正态线性单方程计量经济学模型的主要原因是：(1) 多元线性单方程计量经济学模型具有普遍性意义；(2) 在模型设定正确的情况下，随机误差项是大量随机扰动的总和，根据中心极限定理，可以认为它是渐近正态分布；(3) 计算简单，使用方便，并能完整地体现贝叶斯估计方法的主要内容。

正态线性单方程计量经济学模型又分为随机误差项方差已知和方差未知两种情况。这里我们只演示方差已知的情况。

对于正态线性单方程计量经济学模型

$$\boldsymbol{Y} = \boldsymbol{X\beta} + \boldsymbol{u} \tag{4.3.1}$$

式中 $\boldsymbol{u} \sim N(\boldsymbol{0}, \sigma^2 \boldsymbol{I})$。为方便起见，在下面的讨论中将只涉及正态分布的“核”，即其指数部分，而忽略其常数部分，不影响讨论结果。

1.参数的边缘后验分布

假设参数 $\boldsymbol{\theta}$ 为向量，$\boldsymbol{\theta} = (\theta_1, \cdots, \theta_q)$，在知道 $\boldsymbol{\theta}$ 的后验分布 $p(\boldsymbol{\theta} \mid \boldsymbol{Y})$ 之后，可以求得单个参数的 $\theta_k (1 \leqslant k \leqslant q)$ 的边缘后验分布(marginal posterior)：

$$p(\theta_k \mid \boldsymbol{Y}) = \int p(\boldsymbol{\theta} \mid \boldsymbol{y}) \mathrm{d}\theta_1 \cdots \mathrm{d}\theta_{k-1} \mathrm{d}\theta_{k+1} \cdots \mathrm{d}\theta_q \tag{4.3.2}$$

边缘分布常常既不对称也非“单峰(unimodal)”，这与古典学派的统计量不同。

1.后验分布的各阶矩

根据后验分布，可以计算其各阶矩，比如均值、中位数、方差等。

2.点估计

在得到贝叶斯估计的后验密度后，即可以此为出发点，进行点估计。其思路是利用损失函数并使平均损失最小。为此需要确定一个损失函数。

设 $\hat{\boldsymbol{\beta}}$ 为 $\boldsymbol{\beta}$ 的估计量，损失函数 $Lo(\boldsymbol{\beta}, \hat{\boldsymbol{\beta}})$ 表示参数为 $\boldsymbol{\beta}$ 时采用 $\hat{\boldsymbol{\beta}}$ 为估计量所造成的损失，故总存在 $Lo(\boldsymbol{\beta}, \hat{\boldsymbol{\beta}}) \geqslant 0$。满足 $\min(Lo(\boldsymbol{\beta}, \hat{\boldsymbol{\beta}}))$ 的 $\hat{\boldsymbol{\beta}}$ 即为需要的估计量。由于损失函数依赖样本，故取加权平均损失，权重为后验密度函数 $g(\hat{\boldsymbol{\beta}} \mid \boldsymbol{Y})$，表示为

$$E(Lo(\boldsymbol{\beta}, \hat{\boldsymbol{\beta}})) = \int Lo(\boldsymbol{\beta}, \hat{\boldsymbol{\beta}}) \cdot g(\boldsymbol{\beta} \mid \boldsymbol{Y}) \mathrm{d}\boldsymbol{\beta} \tag{4.3.3}$$

能使式(4.3.2) 所表示的加权平均后验损失最小的 $\hat{\boldsymbol{\beta}}$ 的值，即为 $\boldsymbol{\beta}$ 的贝叶斯点估计值。

下面以二次损失函数为例说明点估计过程：

假设损失函数的二次型：

$$Lo = (\boldsymbol{\beta} - \hat{\boldsymbol{\beta}})'\boldsymbol{M}(\boldsymbol{\beta} - \hat{\boldsymbol{\beta}}) \tag{4.3.4}$$

其中，$\boldsymbol{M}$ 是一个正定矩阵。

由式(4.3.3)知，

$$\begin{aligned} E(Lo) &= E((\boldsymbol{\beta} - \hat{\boldsymbol{\beta}})'\boldsymbol{M}(\boldsymbol{\beta} - \hat{\boldsymbol{\beta}})) \\ &= E\{(\boldsymbol{\beta} - \hat{\boldsymbol{\beta}} + E(\boldsymbol{\beta}) - E(\boldsymbol{\beta}))'\boldsymbol{M}(\boldsymbol{\beta} - \hat{\boldsymbol{\beta}} + E(\boldsymbol{\beta}) - E(\boldsymbol{\beta}))\} \\ &= E\{(\boldsymbol{\beta} - E(\boldsymbol{\beta})) - (\hat{\boldsymbol{\beta}} - E(\boldsymbol{\beta}))\}'\boldsymbol{M}\{(\boldsymbol{\beta} - E(\boldsymbol{\beta})) - (\hat{\boldsymbol{\beta}} - E(\boldsymbol{\beta}))\} \\ &= E\{(\boldsymbol{\beta} - E(\boldsymbol{\beta}))'\boldsymbol{M}(\boldsymbol{\beta} - E(\boldsymbol{\beta}))\} + \{(\hat{\boldsymbol{\beta}} - E(\boldsymbol{\beta}))'\boldsymbol{M}\hat{\boldsymbol{\beta}} - E(\boldsymbol{\beta}))\} \end{aligned} \tag{4.3.5}$$

上述推导过程中出现的交叉项为 $\boldsymbol{0}$，即

$$\begin{aligned} E\{(\boldsymbol{\beta} - E(\boldsymbol{\beta}))'\boldsymbol{M}(\hat{\boldsymbol{\beta}} - E(\boldsymbol{\beta}))\} &= E(\boldsymbol{\beta} - E(\boldsymbol{\beta}))'\boldsymbol{M}(\hat{\boldsymbol{\beta}} - E(\boldsymbol{\beta})) \\ &= \boldsymbol{0} \cdot \boldsymbol{M} \cdot (\hat{\boldsymbol{\beta}} - E(\boldsymbol{\beta})) \\ &= \boldsymbol{0} \end{aligned} \tag{4.3.6}$$

考察式(4.3.4)可知，第一项不含 $\hat{\boldsymbol{\beta}}$，又 $\boldsymbol{M}$ 是一个正定矩阵，因此第二项

$$\{(\hat{\boldsymbol{\beta}} - E(\boldsymbol{\beta}))'\boldsymbol{M}\hat{\boldsymbol{\beta}} - E(\boldsymbol{\beta}))\} \geqslant \boldsymbol{0} \tag{4.3.7}$$

所以使式(4.3.4)最小的 $\hat{\boldsymbol{\beta}}$ 应使式(4.3.6)中等号成立，即

$$\hat{\boldsymbol{\beta}} = E(\boldsymbol{\beta})$$

即二次损失函数的点估计值为后验均值。损失函数选取的不同得到的点估计值可能也不同，常使用后验均值(posterior mean)或后验中位数(posterior median)作为点估计值。由于在贝叶斯分析中，未知参数 $\boldsymbol{\theta}$ 被视为随机变量，而非一个固定的点，因此在贝叶斯分析中，点估计不是考察的重点，关注的重点是 $\boldsymbol{\theta}$ 的整个后验分布。

3.区间估计

类似于点估计，可以根据 $\boldsymbol{\beta}$ 的后验密度函数进行区间估计。这里引入最高后验密度区间(HPD 区间)，即区间内每点的后验密度函数值大于区间外任何一点的后验密度函数值。

对于单参数($k=1$)模型的区间估计，可参照下式：

$$\int_a^b g(\boldsymbol{\beta} \mid Y)\mathrm{d}\boldsymbol{\beta} = 1 - \alpha \tag{4.3.8}$$

其中($1-\alpha$)为置信水平。这种区间估计与经典样本信息理论中的区间估计是一致的。特别地，在正态分布情况下，只要稍作变换就可通过查正态分布表得到结论。

对于多参数($k>1$)模型的区间估计，可根据 $\boldsymbol{\beta}$ 的后验密度函数，求出 $\boldsymbol{\beta}$ 的每一元素的边缘后验密度函数，再按照单参数情况求出每一参数的最高后验密度区间。

需要说明的是，参数的最高后验密度在形式上与经典样本信息理论中的置信区间是一致的，但解释并不相同。在贝叶斯估计中参数的最高后验密度区间的含义是参数以($1-\alpha$)的概率位于该区间内；经典样本信息理论中的置信区间的含义是该区间以($1-\alpha$)的概率包含参数。含义上的区别源于是否把待估参数作为随机变量。

4.假设检验

由于贝叶斯分析认为参数不是固定的，故像“$H_0:\beta=\beta_0$”这类的假设检验通常也就没

有意义(假设 β 为连续变量)。但可以检验参数 β 是否属于参数空间 Θ 的某个子集 Θ_1,比如检验原假设:"$H_0:\beta\in\Theta_1\subset\Theta$",替代假设为"$H_1:\beta\in\Theta_2\subset\Theta$",其中 Θ_1 与 Θ_2 可以有交集,即允许"非嵌套式(non-nested)"检验。在古典学派中,"$H_0:\beta\in\Theta_1$"成立的概率要么为 0(伪命题),要么为 1(真命题)。而贝叶斯学派直接计算"$H_0:\beta\in\Theta_1$"成立的后验概率,即

$$p(H_0\mid Y)=\frac{p(Y\mid H_0)p(H_0)}{p(Y)}\tag{4.3.9}$$

其中,Y 为样本数据。同样地,替代假设"$H_1:\beta\in\Theta_2$"成立的后验概率为

$$p(H_1\mid Y)=\frac{p(Y\mid H_1)p(H_1)}{p(Y)}\tag{4.3.10}$$

进而计算两个假设的后验概率之比"后验几率比(posterior odds ratio)":

$$\underbrace{\frac{p(H_0\mid Y)}{p(H_1\mid Y)}}_{(1)}=\underbrace{\frac{p(Y\mid H_0)}{p(Y\mid H_1)}}_{(2)}\cdot\underbrace{\frac{p(H_0)}{p(H_1)}}_{(3)}\tag{4.3.11}$$

式(4.3.11)中,第(1)部分为后验几率比,第(2)部分为"贝叶斯因子(Bayes factor)",第(3)部分称为"先验几率比(prior odds ratio)"。上式表明,后验几率比等于贝叶斯因子与先验几率比的乘积。如果后验几率比大于 1,则数据显示我们更应该相信 H_0 而不是 H_1。总之,贝叶斯假设检验的实质是,计算不同假设的后验概率,然后进行比较。这一点不同于古典学派假设检验的基于小概率事件的反证法。

4.4 先验分布的选取

1.无信息先验分布

与古典学派相比,贝叶斯学派很大的一个挑战是要确定先验分布,但是先验分布是贝叶斯分析中主观性的来源,为了减少主观性,一种方法是选择基本不带信息的先验分布,即无信息先验分布(uninformative prior),另一种降低方法为扩大样本容量来减少先验分布对后验分布的影响。

如果参数空间 Θ 是有界的,则可以使用均匀分布来作为无信息先验分布,即 $g(\boldsymbol{\theta})=c>0,\forall\theta\in\Theta$,这被称为"均匀先验分布(uniform prior)"。但是,如果参数空间 Θ 是无界的,则均匀先验分布就是"非正常密度函数(improper density)"(因为 $\int g(\boldsymbol{\theta})\mathrm{d}\boldsymbol{\theta}=\infty$),这可能导致后验分布也是非正常密度函数。

此外,均匀先验分布的另一缺点在于作参数变换时,不满足不变性。比如,假设一维参数 $\theta>0$ 服从先验均匀分布,即 $g(\theta)=c>0$。考虑参数变换 $\gamma=\ln\theta$,根据随机变量函数的概率分布公式可知,γ 的先验密度为 $g(\gamma)=g(\theta)\left|\frac{\mathrm{d}\theta}{\mathrm{d}\gamma}\right|=c\mathrm{e}^{\gamma}$,故 $\gamma=\ln\theta$ 不再是均匀分布。因此,似乎无信息的参数 θ 经过参数转换变成 γ 后,就带有明显的信息了。

为了避免均匀先验分布的非正常密度函数而同时维持很少的信息,可以假设先验分

布的方差很大。比如，$\theta \sim N(u,\tau^2)$，其中 τ^2 很大。这种先验分布被称为模糊先验分布或弥漫先验分布(vague of diffuse prior)，但是它在参数变换下同样不满足不变性。

在实践中，较常用的无信息先验分布是 Jeffreys(1946) 提出的杰弗里先验分布(Jeffrey's prior)：

$$g(\boldsymbol{\theta}) \propto |I(\boldsymbol{\theta})|^{1/2} = \left| -E\left(\frac{\partial^2 \ln L}{\partial \boldsymbol{\theta} \partial \boldsymbol{\theta}'}\right) \right|^{1/2} \tag{4.4.1}$$

从上式可知，杰弗里先验分布的密度核是信息矩阵 $I(\boldsymbol{\theta})$ 的行列式的平方根，其中 $L \equiv L(\boldsymbol{\theta};\boldsymbol{Y})$ 为似然函数。杰弗里先验分布的优点在于它具有不变性，即无论作什么参数变换，先验分布的形式不变。

下面将以一维情形来证明其不变性：

对于参数 θ，其杰弗里分布 $g(\theta) \propto |I(\theta)|^{1/2}$。假设参数变换为 $\gamma = h(\theta)$，则根据随机变量函数的分布公式：

$$g^*(\gamma) = g(\theta)\left|\frac{\partial \theta}{\partial \gamma}\right| \propto |I(\theta)|^{1/2}\left|\frac{\partial \theta}{\partial \gamma}\right| \tag{4.4.2}$$

因此，要证明参数变换的不变性，只要证明 $|I(\gamma)|^{1/2} = |I(\theta)|^{1/2} \cdot \left|\frac{\partial \theta}{\partial \gamma}\right|$ 即可。为此，计算 $I(\gamma) = -E\left[\frac{\partial^2 \ln L}{\partial \gamma^2}\right]$。

又

$$\frac{\partial \ln L}{\partial \gamma} = \frac{\partial \ln L}{\partial \theta} \cdot \frac{\partial \theta}{\partial \gamma} \tag{4.4.3}$$

$$\frac{\partial^2 \ln L}{\partial \gamma^2} = \frac{\partial^2 \ln L}{\partial \theta^2} \cdot \left(\frac{\partial \theta}{\partial \gamma}\right)^2 + \frac{\partial \ln L}{\partial \theta} \cdot \frac{\partial^2 \theta}{\partial \gamma^2} \tag{4.4.4}$$

其中，得分函数 $\frac{\partial \ln L}{\partial \theta}$ 的期望值 $E\left(\frac{\partial \ln L}{\partial \theta}\right) = 0$。因此，

$$I(\gamma) = -E\left[\frac{\partial^2 \ln L}{\partial \gamma^2}\right] = -E\left(\frac{\partial^2 \ln L}{\partial \theta^2}\right)\left(\frac{\partial \theta}{\partial \gamma}\right)^2 = I(\theta)\left(\frac{\partial \theta}{\partial \gamma}\right)^2 \tag{4.4.5}$$

对式(4.4.5) 两边取行列式再开平方可得

$$|I(\gamma)|^{1/2} = |I(\theta)|^{1/2} \cdot \left|\frac{\partial \theta}{\partial \gamma}\right| \tag{4.4.6}$$

因此，$g^*(\gamma) \propto |I(\gamma)|^{1/2}$，故杰弗里先验分布具有不变性。

例 4.4.1　假设 $Y \sim N(u,\sigma^2)$，考察正态分布的杰弗里分布。

(1) u 未知而 σ^2 已知，则 $I(u) = -E\left[\frac{\partial^2 \ln L}{\partial u^2}\right] = \frac{n}{\sigma^2}$，由于 σ^2 已知，故杰弗里先验分布为 $g(u) \propto |I(u)|^{1/2} \propto c$，其中 c 为常数。此时，杰弗里先验分布为非正态密度函数。

(2) u 已知而 σ^2 未知，则 $I(\sigma^2) = -E\left[\frac{\partial^2 \ln L}{\partial (\sigma^2)^2}\right] = \frac{n}{2\sigma^4}$，故杰弗里先验分布为 $g(\sigma^2) \propto |I(\sigma^2)|^{1/2} \propto \sigma^{-2}$。

(3)u 与σ^2 皆未知，则 $I(u,\sigma^2)=-E\begin{bmatrix}\dfrac{\partial^2\ln L}{\partial u^2} & \dfrac{\partial^2\ln L}{\partial u\partial(\sigma^2)}\\ \dfrac{\partial^2\ln L}{\partial u\partial(\sigma^2)} & \dfrac{\partial^2\ln L}{\partial(\sigma^2)^2}\end{bmatrix}=\begin{bmatrix}\dfrac{n}{\sigma^2} & 0\\ 0 & \dfrac{n}{2\sigma^4}\end{bmatrix}=\dfrac{n^2}{2\sigma^6}$，故杰弗里先验分布为 $g(u,\sigma^2)\propto|I(u,\sigma^2)|\propto\left|\dfrac{n^2}{2\sigma^6}\right|\propto\sigma^{-3}$。

在(1)中，杰弗里先验分布为均匀分布，但在(2)(3)情形下都不是均匀分布。因此，杰弗里先验分布在何种意义上是无信息先验分布并不清楚。

2.自然共轭先验分布

为了简化计算，常针对不同的样本密度函数选择合适的先验分布，使得样本密度函数、先验分布、后验分布都具有相同的函数形式(同族密度函数)，这种先验分布被称为自然共轭先验分布，满足这种的先验分布和样本密度函数称之为自然共轭对。共轭先验分布的思想基础是先验的规律与后验的规律具有一致性，对于每个具体的分布来说，都有其共轭分布。

如例4.4.1中的情形(1)，方差已知均值未知的正态分布，其自然共轭先验分布就是正态分布。因为样本密度函数与先验分布的密度核在形式上都是指数函数，因此它们相乘得到的后验分布仍然具有指数函数的形式。

使用自然共轭先验分布除了计算简便、获得解析解外的另一好处是由于后验分布与先验分布的形式相同，故容易把后验分布作为下一轮估计的先验分布。

3.敏感度分析

不同的先验分布得到的贝叶斯估计结果往往不同，且对先验分布的具体形式常常并没有把握。因此，需要做敏感性分析，考虑不同的先验分布和不同的样本密度函数对后验分布的影响。

4.5 线性回归模型贝叶斯估计的例子

由于贝叶斯估计利用了样本信息和先验信息，所以它比仅利用样本信息的参数估计量更有效。在样本容量比较小的情况下，仅利用样本信息得到的参数估计量是很不可靠的，如果能够采用贝叶斯估计，则将提高参数估计量的可靠性。问题在于如何得到先验信息。也正是由于这一点，使得贝叶斯估计虽然具有较大的理论意义，但是实际应用却受到了限制。

例4.5.1　下面以建立某国国防支出模型为例，对贝叶斯估计的过程进行实际演算。

经过理论分析、数据散点图分析和变量显著性检验，得到该国国防支出(用DE表示)主要取决于当年国内生产总值，而且呈线性关系。于是将总体回归模型设定为：

$$\mathrm{DE}_t=\beta_0+\beta_1\mathrm{GDP}_t+\mu_t,\ t=1,2,\cdots,T$$

共采集了46年的样本数据。但是经过分析发现，如果采用全部46组样本估计模型，由于各方面的原因，例如国际环境、经济体制等，需要在模型中引入若干虚变量，显然不利于模型在预测方面的应用。如果仅采用后 20 组样本估计模型，模型比较简单，但是样本明显偏少。于是决定采用贝叶斯估计，将后 20 组样本作为样本信息，前 26 组样本作为先验信息。

(1) 利用样本信息估计模型

选取后 20 组样本数据，采用经典模型的估计方法，得到：

$\hat{\beta}_0 = 126.18 \qquad \hat{\beta}_1 = 0.008886 \qquad \hat{\sigma}_\mu^2 = 453$

(2) 求先验均值与方差

选取前 26 年的数据为样本观测值，估计模型，将估计结果作为先验信息。得到参数的先验均值为：

$$\bar{\beta}_0 = 10.981 \qquad \bar{\beta}_1 = 0.047678$$

参数的先验协方差矩阵为：

$$\overline{\sum}_B = \begin{bmatrix} 76.625 & -0.0371 \\ -0.0371 & 2.1204e-005 \end{bmatrix}$$

(3) 利用样本信息修正先验分布

利用式(2.3.9) 和式(2.3.10) 计算待估参数后验均值和后验协方差矩阵。得到：

$$\bar{\beta}_0 = 87.0354 \qquad \bar{\beta}_1 = 0.000979$$

$$\overline{\sum}_B = \begin{bmatrix} 10.0093 & -0.000262 \\ -.000262 & 2.98683e-008 \end{bmatrix}$$

(4) 求参数的点估计值

根据本节的证明，上述后验均值就是参数的点估计值。于是得到采用贝叶斯估计的模型为：

$$\widehat{\mathrm{DE}}_t = 87.0354 + 0.00979\mathrm{GDP}_t \tag{4.5.1}$$

显然与仅仅依赖于后 20 年的样本信息估计的模型

$$\widehat{\mathrm{DE}}_t = 126.18 + 0.008886\mathrm{GDP}_t \tag{4.5.2}$$

有明显不同。

(5) 预测检验

利用模型(4.5.1) 预测该国第 47 年的国防支出，得到$\widehat{\mathrm{DE}}_{47} = 865.7$，在 95% 的置信水平下预测值的置信区间为(780.4，951.0)。而该年实际国防支出为 934.7。

为了进行比较，利用仅仅依赖于后 20 年样本信息估计的模型(4.5.2) 对第 47 年进行预测，得到$\widehat{\mathrm{DE}}_{47} = 831.7$，其预测精度明显低于模型(4.5.1)；如果利用全部 46 年的所有数据为样本估计模型，并对第 47 年进行预测，得到的预测值为 860.4，其预测精度也低于模型(4.5.1) 的预测结果。

例 4.5.2　居民的收入水平决定了其消费支出水平，但不同收入来源水平的变动对消费水平的影响是有差异的。从中国的统计资料看，中国城镇居民人均收入来源主要包括工资性收入、营业净收入、财产性收入与转移性收入四大项，而从当前的情况看，广大居民的收入主要来源于工资性收入，其他 3 项来源的收入相对来说要小得多。表 4.5.1 给出了 2013 年中国 31 个省级区域城镇居民人均工资性收入、其他收入以及人均现金消费支出的数据。

表 4.5.1　2013 年中国各地区城镇居民人均收入与人均消费性支出

单位：元

地区	现金消费支出 Y	工资性收入 X_1	其他收入 X_2	地区	现金消费支出 Y	工资性收入 X_1	其他收入 X_2
北　京	26 274.9	30 273.0	15 000.8	湖　北	15 749.5	15 571.8	9 608.7
天　津	21 711.9	23 231.9	12 423.7	湖　南	15 887.1	13 951.4	10 691.6
河　北	13 640.6	14 588.4	9 554.4	广　东	24 133.3	25 286.5	11 217.5
山　西	13 166.2	16 216.4	7 797.2	广　西	15 417.6	15 647.8	9 381.0
内蒙古	19 249.1	18 377.9	8 600.1	海　南	15 593.0	15 773.0	9 146.8
辽　宁	18 029.7	15 882.0	12 022.9	重　庆	17 813.9	16 654.7	10 195.7
吉　林	15 932.3	14 388.3	9 155.9	四　川	16 343.5	14 976.0	8 917.9
黑龙江	14 161.7	12 525.8	8 623.4	贵　州	13 702.9	13 627.6	7 785.5
上　海	28 155.0	33 235.4	15 643.9	云　南	15 156.1	15 140.7	9 557.6
江　苏	20 371.5	21 890.0	13 241.0	西　藏	12 231.9	19 604.0	2 956.7
浙　江	23 257.2	24 453.0	16 788.0	陕　西	16 679.7	16 441.0	7 667.8
安　徽	16 285.2	15 535.3	9 470.8	甘　肃	14 020.7	13 329.7	6 819.3
福　建	20 092.7	21 443.4	11 939.3	青　海	13 539.5	14 015.6	8 115.4
江　西	13 850.5	14 767.5	8 181.9	宁　夏	15 321.1	15 363.9	8 402.8
山　东	17 112.2	21 562.1	9 066.0	新　疆	15 206.2	15 585.3	6 802.6
河　南	14 822.0	14 704.2	8 982.3				

资料来源：根据《中国统计年鉴》(2014) 整理。

从 31 个省级区域简单算术平均数据看，人均工资性收入为 17 872.4 元，而人均其他收入只有 9798.7 元，前者是后者的 2 倍。为了考察人均工资性收入与其他收入的变动如何具体影响城镇居民的人均消费性支出，我们考虑建立二元线性回归模型，应用 Stata 软件进行贝叶斯估计，在 Command 窗口输入如下命令：

```
bayes: regress Y X1 X2
```

估计结果见图 4.5.1。两个解释变量前的参数估计值分别为 0.5530598 和 0.7255871，都为正数，且都处于 0 与 1 之间，这些参数估计值的经济含义是合理的。

```
Model summary
------------------------------------------------------------------------------
Likelihood:
  Y ~ regress(xb_Y,{sigma2})

Priors:
  {Y:X1 X2 _cons} ~ normal(0,10000)                                        (1)
         {sigma2} ~ igamma(.01,.01)
------------------------------------------------------------------------------
(1) Parameters are elements of the linear form xb_Y.

Bayesian linear regression                       MCMC iterations  =     12,500
Random-walk Metropolis-Hastings sampling         Burn-in          =      2,500
                                                 MCMC sample size =     10,000
                                                 Number of obs    =         31
                                                 Acceptance rate  =      .3452
                                                 Efficiency:  min =      .0824
                                                              avg =      .1055
Log marginal-likelihood = -286.01233                          max =       .154

------------------------------------------------------------------------------
             |                                                Equal-tailed
             |      Mean   Std. Dev.     MCSE     Median  [95% Cred. Interval]
-------------+----------------------------------------------------------------
Y            |
          X1 |  .5530598   .0623035   .002071   .5519142   .4333397   .6784926
          X2 |  .7255871   .1136651   .003687   .7272941    .501975    .946397
       _cons |  32.63004   98.45034    3.4296   33.72113  -165.8587   223.0749
-------------+----------------------------------------------------------------
      sigma2 |   1820227   520146.5   13255.6    1739511    1058610    3102389
------------------------------------------------------------------------------
Note: Default priors are used for model parameters.
Note: Adaptation tolerance is not met in at least one of the blocks.
```

图 4.5.1 线性回归模型的贝叶斯估计结果

4.6 向量自回归模型的贝叶斯估计

4.6.1 向量自回归模型

首先回顾下 VAR 模型，含有 k 个变量的 VAR(p) 模型表达形式如下：

$$\boldsymbol{y}_t = \boldsymbol{c} + \boldsymbol{A}_1\boldsymbol{y}_{t-1} + \boldsymbol{A}_2\boldsymbol{y}_{t-2} + \cdots + \boldsymbol{A}_p\boldsymbol{y}_{t-p} + \boldsymbol{\mu}_t \quad t = 1,2,\cdots,T \tag{4.6.1}$$

其中，

$$\boldsymbol{y}_{t-i} = \begin{pmatrix} y_{1t-i} \\ y_{2t-i} \\ \vdots \\ y_{kt-i} \end{pmatrix}, i = 1,2,\cdots,p; \boldsymbol{A}_j = \begin{pmatrix} \alpha_{11.j} & \alpha_{12.j} & \cdots & \alpha_{1k.j} \\ \alpha_{21.j} & \alpha_{22.j} & \cdots & \alpha_{2k.j} \\ \vdots & \vdots & \ddots & \vdots \\ \alpha_{k1.j} & \alpha_{k2.j} & \cdots & \alpha_{kk.j} \end{pmatrix}, j = 1,2,\cdots,p$$

$\boldsymbol{\mu}_1, \boldsymbol{\mu}_2, \cdots, \boldsymbol{\mu}_n$ 是相互独立的 m 维正态随机误差向量，即：

$$\boldsymbol{\mu}_t \sim \text{i.i.d. } N_k(\boldsymbol{0}, \boldsymbol{\Sigma}), t = 1,2,\cdots,n$$

如果每一个方程中都是以常数项和所有变量的滞后项作为其解释变量，即每一个方程的解释变量都是相同的，则称此模型为非限制性 VAR(p) 模型。

非限制性 VAR(p) 模型可写成如下形式：

$$\boldsymbol{y}_t = \boldsymbol{B}^T \boldsymbol{z}_t + \boldsymbol{\mu}_t \quad t = 1, 2, \cdots, n \tag{4.6.2}$$

其中，

$$\boldsymbol{B} = \begin{pmatrix} c^T \\ A_1^T \\ A_2^T \\ \vdots \\ A_p^T \end{pmatrix}_{(kp+1)\times k} \qquad \boldsymbol{z}_t = \begin{pmatrix} 1 \\ y_{t-1} \\ y_{t-2} \\ \vdots \\ y_{t-p} \end{pmatrix}_{(kp+1)\times 1}$$

从而式(4.6.2) 可以写为

$$\boldsymbol{Y} = \boldsymbol{ZB} + \boldsymbol{U} \qquad \boldsymbol{U} \sim N(\boldsymbol{0}, \sum \otimes \boldsymbol{I}_n) \tag{4.6.3}$$

其中，

$$\boldsymbol{Y} = \begin{pmatrix} y_1^T \\ y_2^T \\ \\ y_n^T \end{pmatrix} \qquad \boldsymbol{Z} = \begin{pmatrix} z_1^T \\ z_2^T \\ \\ z_n^T \end{pmatrix} \qquad \boldsymbol{U} = \begin{pmatrix} \mu_1^T \\ \mu_2^T \\ \\ \mu_n^T \end{pmatrix}$$

定理 4.6.1　在扩散先验分布 $\pi(\boldsymbol{B}, \sum) \sim |\sum|^{-(m+1)/2}$ 下，非限制性 VAR(p) 模型参数的后验分布如下：

$$\begin{aligned} (\boldsymbol{B} \mid \boldsymbol{Y}, \boldsymbol{Z}) &\sim \mathrm{Mt}_{d\times k}(\hat{\boldsymbol{B}}, \boldsymbol{Z}'\boldsymbol{Z}, n-d) \\ (\boldsymbol{\Sigma} \mid \boldsymbol{Y}, \boldsymbol{Z}) &\sim \mathrm{IW}_k(S, n-k), d = kp+1 \end{aligned} \tag{4.6.4}$$

即协方差矩阵的后验边缘分布为逆 Wishart 分布。其中，

$$\hat{\boldsymbol{B}} = (\boldsymbol{Z}'\boldsymbol{Z})^{-1}\boldsymbol{Z}'\boldsymbol{Y}, \quad \boldsymbol{S} = \boldsymbol{Y}'[\boldsymbol{I}_k - \boldsymbol{Z}(\boldsymbol{Z}'\boldsymbol{Z})^{-1}\boldsymbol{Z}']\boldsymbol{Y} \tag{4.6.6}$$

由于 VAR 模型无须决定哪些变量是内生的，哪些变量是外生的，用此方法得到的预测优于用更复杂的联立方程模型得到的预测。但是，这类模型存在以下缺陷：(1) 忽略先验信息，对所有需要估计的参数都给予同样的权重，这可能会影响实证研究结果的有效性；(2) 传统 VAR 模型需要一定数目的参数，从而可能引起“过参数化”问题。而且一般来说，宏观经济的数据时间上可能比较短，最后可能影响整个 VAR 系统的稳健性。

为了减少超参数的数量，确定参数的合理取值，提高模型的预测能力，在贝叶斯统计的基础上，Robet Litterman(1986) 首先提出了贝叶斯向量自回归模型(BVAR 模型)，首先假设模型中各系数分别符合某一先验分布，通过该先验信息初步确定系数矩阵中各元素的数学期望和标准差的范围，从而确定各经济变量对整个预测系统的影响程度，从而降低预测误差，提高系统预测精度。

虽然 BVAR 模型需要先验信息的支持，但是 Litterman 指出，如果缺乏明确的先验信息，可将系数矩阵中各个元素的先验分布假设为 Minnesota 分布(随机的先验分布)。

4.6.2 Minnesota 先验分布的参数设定

本小节主要介绍 Minnesota 共轭先验分布下 VAR(p) 模型的贝叶斯分析理论。

对于 Var(p) 模型，有

$$y_{it}=\sum_{j=1}^{k}\sum_{\tau=1}^{p}\alpha_{ij\tau}y_{jt-\tau}+\mu_{it},\quad i=1,2,\cdots,k;t=1,2,\cdots,n \tag{4.6.7}$$

$\alpha_{ij\tau}$ 为第 i 个方程中变量 y_j 的 τ 阶滞后项的系数，若 $\alpha_{ij\tau}\sim N(\delta_{ij\tau},S_{ij\tau}^2)$，则模型中参数先验分布中需要确定的超参数至少 $2m^2p$ 个，其中包括 m^2p 个先验均值 $\delta_{ij\tau}$ 和 m^2p 个先验方差参数 $S_{ij\tau}^2$。一般情况下，要给定这 $2m^2p$ 个超参数的合理取值是相当复杂与困难的。Minnesota 共轭先验分布的提出有效地减少了需要赋值的超参数的数量。Minnesota 共轭先验分布的基本假定如下：

(1) 正态性。$\boldsymbol{\mu}_t\sim \text{i.i.d.}N_k(\mathbf{0},\boldsymbol{\Sigma})$，$\quad t=1,2,\cdots,n$。

(2) 协方差矩阵 $\boldsymbol{\Sigma}$ 和系数 $\alpha_{ij\tau}$，$i=1,2,\cdots,k\quad \tau=1,2,\cdots,p$ 相互独立；

(3) 协方差矩阵 $\boldsymbol{\Sigma}$ 的先验分布取为扩散先验分布，即

$$\pi(\boldsymbol{\Sigma})\propto|\boldsymbol{\Sigma}|^{-(m+1)/2},\boldsymbol{\Sigma}>0。$$

(4) $\alpha_{ij\tau}$ 相互独立，且 $\alpha_{ij\tau}\sim N(\delta_{ij\tau},S_{ij\tau}^2)$，$\delta_{ij\tau}$ 表示参数 $\alpha_{ij\tau}$ 的最佳经验值，而先验方差 $S_{ij\tau}^2$ 反映了对这个猜测的信心，其取值大小与信心成反比。

(5) 均值 $\delta_{ij\tau}$ 取值满足如下式子：

$$\delta_{ij\tau}=\begin{cases}1,i=j, & \iota-1\\ 0, & \text{else}\end{cases}$$

除了方程左边变量自身的一阶滞后变量的系数的先验期望为 1 外，方程中的其他变量的先验期望均为 0。

(6) 标准差 $S_{ij\tau}$ 可分解为如下 4 个因子的乘积：

$$S_{ij\tau}=\gamma\cdot g(\tau)\cdot f(i,j)\cdot\frac{s_i}{s_j}$$

其中，γ 为总体紧度(overall tightness)，它的大小反映了分析人员对先验信息的信心大小的程度，其取值大小与对先验信息的把握大小成反比；函数 $f(i,j)$ 是第 i 个方程中第 j 个变量相对于第 i 个变量的紧度，s_i 是变量 y_i 的单变量自回归模型的标准差；滞后延迟函数 $g(\tau)$ 表示 τ 阶滞后变量对一阶变量的相对紧度，表示过去信息比当前信息有用程度的降低。

滞后延迟函数 $g(\tau)$ 必须满足这样一个假设：随着滞后长度的增加，滞后变量的系数趋向于零。主要的两类滞后延迟函数形式如下：

调和滞后延迟函数：　$g(\tau)=\tau^{-d}$，　$d>0$；

几何滞后延迟函数：　$g(\tau)=d^{\tau-1}$，　$d>0$.

容易发现：滞后一阶时，即当 $\tau=1$ 时，两种滞后延迟函数都存在 $g(1)=1$。而不同的 d 值对于 $S_{ij\tau}$ 有着不同的含义。就调和滞后延迟函数而言，d 值越大，紧度 $g(\tau)$ 越小，进而 $S_{ij\tau}$ 下降；就几何滞后延迟函数而言，d 值越大，紧度 $g(\tau)$ 越大，进而 $S_{ij\tau}$ 上升。不仅如此，两种延迟函数随滞后阶数 τ 的增加而收缩速度也不同。由于几何紧度函数收缩速度太快，所以 Doan 建议使用调和滞后延迟函数。

确定了 $g(\tau)$ 与 γ 后，先验方差分布中超参数数量从 m^2p 个减少为 m^2+2(m^2 个相对紧度函数 $f(i,j)$，再加上 $g(\tau)$ 与 γ) 个。所以接下来的主要任务就是确定一个合适的

$f(i,j)$ 以进一步减少先验分布中的参数个数。显然，$f(i,j)$ 可以看作 $m\times m$ 矩阵 $F\triangleq(f(i,j))_{m\times m}$ 的(i,j) 处的元素，一般 $f(i,j)$ 可以设为如下形式：

$$f(i,j)=\begin{cases}1, & i=j\\ w_{ij}, & i\neq j\end{cases} \tag{4.6.8}$$

其中 w_{ij} 是介于0与1之间的一个常数，它的取值反映了第 i 个方程中其他变量(不包括 x_i 及其滞后变量)对第 i 个变量的相对紧度。在 $i\neq j$ 情况下，w_{ij} 为一个不变常数，则 m^2 个参数 $f(i,j)$ 的选取问题转化为确定一个超参数 w 的大小。

在 Minnesota 先验分布的基本假定(6) 中，s_i/s_j 是第 i 个序列 $\{y_{it}\}$ 的自回归残差标准差与第 j 个序列 $\{y_{jt}\}$ 自回归残差标准差之比，用于反映先验分布的设定必须考虑实际的样本数据信息。

为了更直观地表述，这里用一个滞后长度为2阶的双变量 VAR(2) 模型加以说明，该模型系数的 Minnesota 先验分布为：

$$\begin{cases}y_{1t}=\alpha_{111}y_{1t-1}+\alpha_{112}y_{1t-2}+\alpha_{121}y_{2t-1}+\alpha_{122}y_{2t-2}+\mu_{1t}\\ \qquad (1,\gamma)\quad \left(0,\dfrac{\gamma}{2^d}\right)\quad \left(0,\dfrac{\gamma w_{12}s_1}{s_2}\right)\quad \left(0,\dfrac{\gamma w_{12}s_1}{s^d s_2}\right)\\ y_{2t}=\alpha_{211}y_{1t-1}+\alpha_{212}y_{1t-2}+\alpha_{221}y_{2t-1}+\alpha_{222}y_{2t-2}+\mu_{2t}\\ \qquad \left(0,\dfrac{\gamma w_{21}s_2}{s_1}\right)\quad \left(0,\dfrac{\gamma w_{21}s_2}{s^d s_1}\right)\quad (1,\gamma)\quad \left(0,\dfrac{\gamma}{2^d}\right)\end{cases} \tag{4.6.9}$$

括号内的第一项为该系数先验分布的均值，第二项为该系数先验分布的方差。s_i 是 $\{y_{it}\}$ 对常数项和 p 阶滞后项的最小二乘回归的残差标准差。

4.6.3 模型参数的后验估计

如果 VAR(p) 模型转化成形式似不相关模型：

$$\boldsymbol{y}=\widetilde{\boldsymbol{Z}}\boldsymbol{\beta}+\boldsymbol{\varepsilon},\quad i=1,2,\cdots,m\quad \boldsymbol{\varepsilon}\sim N_{mm}(0,\boldsymbol{\Sigma}\otimes\boldsymbol{I}_n) \tag{4.6.10}$$

并将模型参数的 Minnesota 先验分布记为

$$(\boldsymbol{\beta}\mid\boldsymbol{\Sigma})\sim N(\boldsymbol{\mu}_0,\boldsymbol{M}_0),\quad \pi(\boldsymbol{\Sigma})\propto|\boldsymbol{\Sigma}|^{-(m+1)/2} \tag{4.6.11}$$

此处 μ_0 的分量为0或者1，而协方差矩阵 M_0 由 n 块对角矩阵构成，其中每一个对角阵的元素由 $S^2_{i,j,\tau}$ 组成，非对角元素均为0。

根据贝叶斯定理，参数$(\boldsymbol{\beta},\boldsymbol{\Sigma})$ 的联合后验分布密度函数为

$$\pi(\boldsymbol{\beta},\boldsymbol{\Sigma}\mid\boldsymbol{y},\widetilde{\boldsymbol{Z}})\propto\frac{1}{|\boldsymbol{\Sigma}|^{(m+n+1)/2}}\exp\left\{-\frac{1}{2}\left[(\boldsymbol{y}-\widetilde{\boldsymbol{Z}}\boldsymbol{\beta})^T(\boldsymbol{\Sigma}\otimes\boldsymbol{I}_n)^{-1}(\boldsymbol{y}-\widetilde{\boldsymbol{Z}}\boldsymbol{\beta})^T+(\boldsymbol{\beta}-\boldsymbol{\mu}_0)^T\boldsymbol{M}_0^{-1}(\boldsymbol{\beta}-\boldsymbol{\mu}_0)\right]\right\}$$

$$\propto\frac{1}{|\boldsymbol{\Sigma}|^{(m+n+1)/2}}\exp\left\{-\frac{1}{2}\left[(\boldsymbol{\beta}-\hat{\boldsymbol{\beta}}_B)^T\boldsymbol{V}^{-1}(\boldsymbol{\beta}-\hat{\boldsymbol{\beta}}_B)^T-\hat{\boldsymbol{\beta}}_B^T\boldsymbol{V}^{-1}\hat{\boldsymbol{\beta}}_B+\boldsymbol{y}^T(\boldsymbol{\Sigma}\otimes\boldsymbol{I}_n)^{-1}\boldsymbol{y}+\boldsymbol{\beta}_0^T\boldsymbol{M}_0^{-1}\boldsymbol{\beta}_0\right]\right\}$$

其中，

$$\hat{\boldsymbol{\beta}}_B=\boldsymbol{V}^{-1}\left[\widetilde{\boldsymbol{Z}}^T(\boldsymbol{\Sigma}\otimes\boldsymbol{I}_n)^{-1}\boldsymbol{y}+\boldsymbol{M}_0^{-1}\boldsymbol{\beta}_0\right],\boldsymbol{V}=\left[\widetilde{\boldsymbol{Z}}^T(\boldsymbol{\Sigma}\otimes\boldsymbol{I}_n)^{-1}\widetilde{\boldsymbol{Z}}+\boldsymbol{M}_0^{-1}\right]^{-1}$$

显然，对于给定的协方差阵 $\boldsymbol{\Sigma}$，系数矩阵 $\boldsymbol{\beta}$ 的后验分布为均值为 $\hat{\boldsymbol{\beta}}_B$，协方差矩阵为 $\boldsymbol{V}$ 的多元正态分布，即：

$$(\boldsymbol{\beta} \mid \boldsymbol{\Sigma}; \boldsymbol{y}, \widetilde{\boldsymbol{Z}}) \sim N(\hat{\boldsymbol{\beta}}_B, \boldsymbol{V})$$

实际应用中，先求出 $\boldsymbol{\Sigma}$ 的最大似然估计：

$$\hat{\boldsymbol{\Sigma}} = S/n, \quad \boldsymbol{S} = \boldsymbol{y}^T [\boldsymbol{I}_m - \widetilde{\boldsymbol{Z}} (\widetilde{\boldsymbol{Z}}^T \widetilde{\boldsymbol{Z}})^{-1} \widetilde{\boldsymbol{Z}}] \boldsymbol{y}$$

最后替代 $\hat{\boldsymbol{\beta}}_B$ 中的协方差矩阵 $\boldsymbol{\Sigma}$ 再进行参数估计。

与传统 VAR 模型类似，可以做相应的脉冲响应分析和方法分解。

4.6.4 实例

例 4.6.1　表 4.6.1 中序列 FDI、GDP、CK 分别表示 1985—2015 年外商直接投资（万美元）、国内生产总值（亿元）、出口额（亿元），试建立 BVAR 模型。

表 4.6.1　1985—2015 年 FDI、GDP、出口额数据

年份	FDI	GDP	CK	年份	FDI	GDP	CK
1 985	195 600	9 098.9	808.9	2001	4 687 800	110 863.1	22 024.4
1986	224 400	10 376.2	1 082.1	2002	5 274 300	121 717.4	26 947.9
1987	231 400	12 174.6	1 470	2003	5 350 500	137 422	36 287.9
1988	319 400	15 180.4	1 766.7	2004	6 063 000	161 840.2	49 103.3
1989	339 200	17 179.7	1 956	2005	6 032 500	187 318.9	62 648.1
1990	348 700	18 872.9	2 985.8	2006	6 302 100	219 438.5	77 597.2
1991	436 600	22 005.6	3 827.1	2007	7 476 800	270 232.3	93 627.1
1992	1 100 800	27 194.5	4 676.3	2008	9 239 500	319 515.5	100 394.94
1993	2 751 500	35 673.2	5 284.8	2009	9 003 300	349 081.4	82 029.69
1994	3 376 700	48 637.5	10 421.8	2010	10 573 500	413 030.3	107 022.84
1995	3 752 100	61 339.9	12 451.8	2011	11 601 100	489 300.6	123 240.6
1996	4 172 600	71 813.6	12 576.4	2012	11 171 600	540 367.4	129 359.25
1997	4 525 700	79 715	15 160.7	2013	11 758 600	595 244.4	137 131.43
1998	4 546 300	85 195.5	15 223.6	2014	11 956 200	643 974	143 883.75
1999	4 031 900	90 564.4	16 159.8	2015	12 626 660	689 052	141 166.83
2000	4 071 500	100 280.1	20 634.4				

资料来源：《中国统计年鉴》

由于在时间序列模型的处理中，EViews 采用的算法比 Stata 的算法更精确，操作也相对容易。而本例主要建立的是贝叶斯向量自回归模型，EViews 中有着内置的函数命令包，为参数的估计提供了非常便利的操作。对于时间序列相关基础的 Stata 操作，可以参见叶阿忠《计量经济学》（2020 版）一书。

为避免数据的剧烈波动，将原始数据取对数处理，在 EViews 中进行如下操作，点击文件窗口的菜单栏 Genr，然后输入以下命令，得到表 4.6.2 所示数据。

lfdi = log(fdi)

lgdp = log(gdp)

lck = log(ck)

表 4.6.2　1985—2015 年 FDI、GDP、出口额数据取对数值

年份	Log(FDI)	Log(GDP)	Log(CK)	年份	Log(FDI)	Log(GDP)	Log(CK)
1985 年	6.695 675	12.183 83	9.115 909	2001 年	9.999 906	15.360 47	11.616 05
1986 年	6.986 659	12.321 19	9.247 27	2002 年	10.201 66	15.478 36	11.709 46
1987	7.293 018	12.351 9	9.407 107	2003	10.499 24	15.492 7	11.830 81
1988	7.476 869	12.674 2	9.627 76	2004	10.801 68	15.617 72	11.994 36
1989	7.578 657	12.734 35	9.751 484	2005	11.045 29	15.612 67	12.140 57
1990	8.001 623	12.761 97	9.845 482	2006	11.259 29	15.656 39	12.298 83
1991	8.249 863	12.986 77	9.999 052	2007	11.447 08	15.827 32	12.507 04
1992	8.450 262	13.911 55	10.210 77	2008	11.516 87	16.039	12.674 56
1993	8.572 59	14.827 66	10.482 15	2009	11.314 84	16.013 1	12.763 06
1994	9.251 655	15.032 41	10.792 15	2010	11.580 8	16.173 86	12.931 28
1995	9.429 62	15.137 83	11.024 19	2011	11.721 89	16.266 61	13.100 73
1996	9.439 577	15.244 05	11.181 83	2012	11.770 35	16.228 89	13.2
1997	9.626 462	15.325 28	11.286 21	2013	11.828 7	16.280 1	13.296 73
1998	9.630 602	15.329 82	11.352 7	2014	11.876 76	16.296 76	13.375 41
1999	9.690 282	15.209 75	11.413 82	2015	11.857 7	16.351 32	13.443 07
2000	9.934 715	15.219 52	11.515 72				

(1) 平稳性检验

实际经济生活中的金融经济数据都是非平稳的时间数据，需要进行平稳性检验。因此首先对 lnFDI、lnGDP、lnCK 进行平稳性检验。采用 ADF 法进行平稳性检验，操作步骤以及检验结果如下。

在 EViews 中打开所要进行检验的时间序列"lnFDI"、"lnGDP"、"lnCK"，然后点击左上角的 view/Unit Root Test，进行单位根检验。如图 4.6.1 所示。

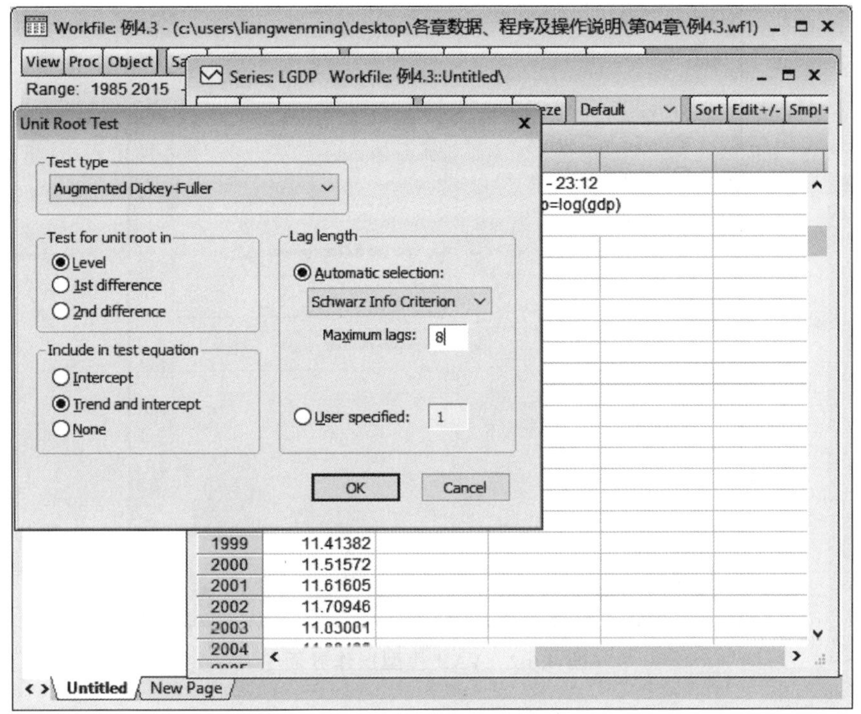

图 4.6.1 平稳性检验

首先进行水平值的检验，最大滞后阶数采用 Schwert(1989) 建议的最大滞后阶数 $P_{\max}=[12\times(T/100)^{1/4}]$ 的法则确定最大阶数为 8 阶滞后，ADF 检验形式分别按照含时间趋势和截距项、含时间趋势项、两者都不含的步骤进行检验，结果显示检验水平值为接受原假设。然后在 Test for unit root in 中确定一阶差分，结果显示含时间趋势和截距项的形式下 ADF 检验拒绝原假设。同样操作步骤对"lnGDP"、"lnCK" 进行平稳性检验，结果得到含时间趋势和截距项的形式下 lnFDI、lnGDP、lnCK 皆为一阶平稳，具体一阶差分后的 ADF 检验统计量如下表 4.6.3 所示。

表 4.6.3 ADF 检验结果

变量	统计量	P 值
$\Delta\ \ln FDI$	−2.433791	0.0168
$\Delta\ \ln GDP$	−3.759651	0.0358
$\Delta\ \ln CK$	−5.367787	0.0008

经过一阶差分后的 3 个变量都变得平稳了，即 3 个变量都是一阶单整的。接下来我们对这 3 个变量建立 VAR(p) 模型。

(2) 滞后阶数的确定

在建立 VAR(p) 模型之前我们需要确定最优的滞后阶数即 p 值，接下来我们就研究确定最优的滞后阶数。在 EViews 中，点击菜单栏 Quick/Estimate VAR，弹出如图 4.6.2 所示对话框：

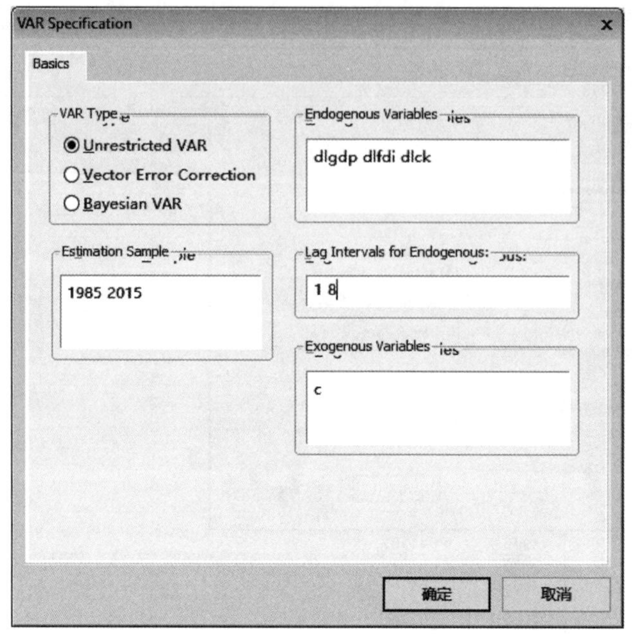

图 4.6.2 VAR 模型操作界面

在 VAR Type 中选择无约束 VAR 模型，在右侧 Endogenous Variables 中，输入平稳序列的变量，上述已经确定最大滞后阶数为 8 阶，但操作过程中，由于样本量以及待估参数的个数原因，使得滞后阶数过多，无法进行估计，经尝试选择滞后阶数为 5 阶；参数设置阶数，点击“确定”，会弹出 VAR 模型参数估计的对话框，然后点击左上角的 View/Lag Structure/Lag Length Criteria，EViews 的操作截面如图 4.6.3 所示。

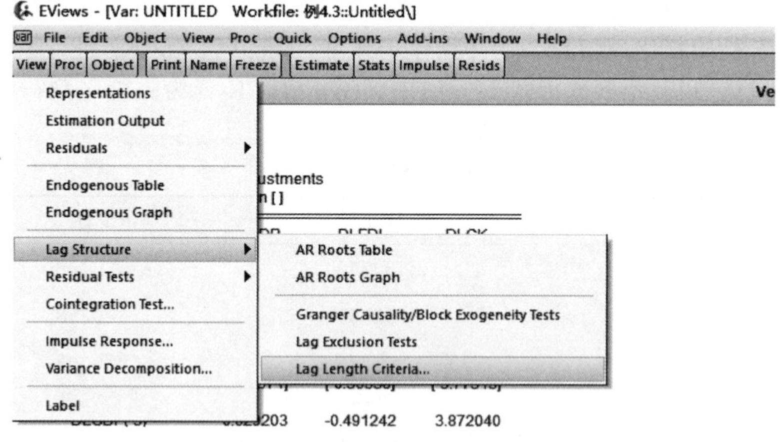

图 4.6.3 VAR 模型滞后阶数确定

然后在弹出的对话框中，滞后阶数填上述的最大阶数 5，进而得到如下表 4.6.4 所示的滞后阶数的选择的信息表。

表 4.6.4　滞后阶数的确定

Lag	LogL	LR	FPE	AIC	SC	HQ
0	57.60944	NA	2.54e－06	－4.368755	－4.222490	－4.328187
1	81.78479	40.61460	7.61e－07	－5.582784	－4.997723	－5.420513
2	91.70282	14.28195	7.35e－07	－5.656225	－4.632370	－5.372251
3	101.6414	11.92629	7.50e－07	－5.731311	－4.268660	－5.325634
4	125.9751	23.36036*	2.68e－07*	－6.958008*	－5.056562*	－6.430628*
5	132.7572	4.883089	4.63e－07	－6.780573	－4.440332	－6.131490

根据上边中绝大多数统计量确定滞后阶数为 4 阶，因此建立滞后 4 阶的向量自回归模型。

(3) 协整检验

为了防止所建立的 VAR 模型出现伪回归，还需进行协整检验。EViews 中的操作步骤为 view/cointergration test。上边已经得到滞后阶数为 4，所以在 Lag intervals 标 1～4 表示 1 阶到 4 阶，其他选项卡为默认值，检验结果如表 4.6.5 所示。

表 4.6.5　协整检验

Unrestricted Cointegration Rank Test (Trace)

Hypothesized No. of CE(s)	Eigenvalue	Trace Statistic	0.05 Critical Value	Prob.**
None *	0.686064	40.89629	35.19275	0.0109
At most 1	0.281120	11.93211	20.26184	0.4549
At most 2	0.136899	3.680579	9.164546	0.4618

Trace test indicates 1 cointegratingeqn(s) at the 0.05 level

* denotes rejection of the hypothesis at the 0.05 level

** MacKinnon-Haug-Michelis (1999) p-values

Unrestricted Cointegration Rank Test (Maximum Eigenvalue)

Hypothesized No. of CE(s)	Eigenvalue	Max-Eigen Statistic	0.05 Critical Value	Prob.**
None *	0.686064	28.96418	22.29962	0.0051
At most 1	0.281120	8.251530	15.89210	0.5180
At most 2	0.136899	3.680579	9.164546	0.4618

Max-eigenvalue test indicates 1 cointegratingeqn(s) at the 0.05 level

* denotes rejection of the hypothesis at the 0.05 level

** MacKinnon-Haug-Michelis (1999) p-values

迹检验和最大特征根检验都小于其各自在1%置信水平下的临界值，拒绝了原假设，因此在最优滞后期内，这3个变量间存在1个长期稳定的协整关系，即变量间存在长期的稳定关系。

(4) 格兰杰因果关系检验

下面对VAR(4)进行外生性检验，EViews中操作步骤为View/Lag Structure/Granger Causality，选取滞后4期进行格兰杰因果检验，这3个变量间的格兰杰因果检验的结果如表4.6.6所示。

表4.6.6 格兰杰因果关系检验

Dependent variable: DLGDP

Excluded	Chi-sq	df	Prob.
DLFDI	8.497168	4	0.0750
DLCK	6.996768	4	0.1361
All	15.10870	8	0.0571

Dependent variable: DLFDI

Excluded	Chi-sq	df	Prob.
DLGDP	4.572843	4	0.3340
DLCK	6.201133	4	0.1846
All	7.046091	8	0.5317

Dependent variable: DLCK

Excluded	Chi-sq	df	Prob.
DLGDP	18.46246	4	0.0010
DLFDI	18.72530	4	0.0009
All	31.41395	8	0.0001

由上表可知，在5%显著性水平下，认为DLGDP、DLFDI为DLCK的原因，3个变量之间的具体关系需要进一步研究。

(5)BVAR模型

在Minnesota先验分布下，建立了BVAR(4)模型，EViews中操作步骤与VAR(P)模型类似：Quick/Estimate VAR，在弹出的VAR模型操作界面VAR Type中，选择Bayesian VAR。Prior type表示贝叶斯先验类型。本例选择Minnesota先验分布，参数估计结果如下表4.6.7所示。

表 4.6.7 BVAR 模型的估计结果

变量	VAR(4)			BVAR $\mu=0$ $\lambda_1=8$ $\lambda_2=0.99$ $\lambda_3=1$		
	DLGDP	DLFDI	DLCK	DLGDP	DLFDI	DLCK
DLGDP(−1)	0.930763	0.343212	−0.213018	0.920551	0.315462	−0.216800
	(0.29475)	(1.78762)	(1.07325)	(0.30519)	(1.56304)	(1.39680)
	[3.15778]	[0.19199]	[−0.19848]	[3.01636]	[0.20183]	[−0.15521]
DLGDP(−2)	−1.099599	−2.296685	−3.404066	−1.084477	−2.277695	−3.331148
	(0.31724)	(1.92399)	(1.15513)	(0.32708)	(1.67502)	(1.49689)
	[−3.46617]	[−1.19371]	[−2.94692]	[−3.31566]	[−1.35980]	[−2.22537]
DLGDP(−3)	0.459473	0.037873	2.143725	0.453217	0.070145	2.028665
	(0.38330)	(2.32466)	(1.39568)	(0.38854)	(1.98966)	(1.77808)
	[1.19872]	[0.01629]	[1.53597]	[1.16647]	[0.03525]	[1.14093]
DLGDP(−4)	−0.176676	1.963362	−2.440454	−0.179762	1.883946	−2.345486
	(0.24080)	(1.46042)	(0.87681)	(0.24537)	(1.25662)	(1.12292)
	[−0.73370]	[1.34438]	[−2.78333]	[−0.73260]	[1.49921]	[−2.08874]
DLFDI(−1)	0.043789	0.615781	−0.061755	0.045281	0.621208	−0.061047
	(0.05297)	(0.32124)	(0.19286)	(0.05483)	(0.28084)	(0.25097)
	[0.82672]	[1.91691]	[−0.32020]	[0.82581]	[2.21198]	[−0.24324]
DLFDI(−2)	0.062016	−0.124042	0.855075	0.061274	−0.124241	0.840860
	(0.05905)	(0.35814)	(0.21502)	(0.06088)	(0.31183)	(0.27865)
	[1.05021]	[−0.34636]	[3.97677]	[1.00648]	[−0.39842]	[3.01765]
DLFDI(−3)	0.068532	0.181303	−0.349568	0.067403	0.170594	−0.326339
	(0.07579)	(0.45966)	(0.27597)	(0.07693)	(0.39406)	(0.35210)
	[0.90422]	[0.39443]	[−1.26669]	[0.87616]	[0.43292]	[−0.92684]
DLFDI(−4)	−0.079047	−0.373025	0.472860	−0.076378	−0.351472	0.450245
	(0.06289)	(0.38144)	(0.22901)	(0.06409)	(0.32835)	(0.29336)
	[−1.25681]	[−0.97793]	[2.06478]	[−1.19165]	[−1.07043]	[1.53480]
DLCK(−1)	−0.076948	0.214169	0.016901	−0.074675	0.221160	0.008554
	(0.07415)	(0.44972)	(0.27000)	(0.07640)	(0.39130)	(0.34968)
	[−1.03770]	[0.47623]	[0.06260]	[−0.97746]	[0.56519]	[0.02446]

续表

变量	VAR(4)			BVAR $\mu=0$ $\lambda_1=8$ $\lambda_2=0.99$ $\lambda_3=1$		
	DLGDP	DLFDI	DLCK	DLGDP	DLFDI	DLCK
DLCK(−2)	0.156449	0.846811	0.261063	0.153204	0.832247	0.259633
	(0.06763)	(0.41016)	(0.24625)	(0.06966)	(0.35680)	(0.31886)
	[2.31335]	[2.06460]	[1.06015]	[2.19922]	[2.33255]	[0.81426]
DLCK(−3)	0.094673	0.494019	0.062733	0.092779	0.477244	0.080329
	(0.07387)	(0.44802)	(0.26898)	(0.07519)	(0.38511)	(0.34419)
	[1.28158]	[1.10267]	[0.23322]	[1.23386]	[1.23925]	[0.23339]
DLCK(−4)	0.019758	−0.306037	0.223913	0.019910	−0.296437	0.220078
	(0.06194)	(0.37568)	(0.22555)	(0.06333)	(0.32438)	(0.28994)
	[0.31896]	[−0.81462]	[0.99274]	[0.31437]	[−0.91385]	[0.75905]
C	0.080682	−0.124867	0.507128	0.081471	−0.116355	0.500977
	(0.04415)	(0.26774)	(0.16074)	(0.04535)	(0.23230)	(0.20758)
	[1.82763]	[−0.46638]	[3.15487]	[1.79639]	[−0.50089]	[2.41343]

通过对比分析发现，BVAR 模型的估计结果与 VAR 模型差异不是很大，读者可以自行设置不同的超参数，可以发现估计结果的 BVAR 模型与 VAR 模型的估计结果相差较大。这主要是因为不同的BVAR模型中将λ_i的值设定得不同，导致BVAR模型中参数的估计值无法接近其真实值。因此，研究者在设定 BVAR 模型时，需要在降低自由度损失与控制约束的严厉程度两个问题之间进行权衡，尽可能使用有效的先验信息来提升 BVAR 模型的估计效果。

第五章　向量自回归模型

本章主要讨论如今应用广泛的一类现代时间序列分析模型——向量自回归模型，将单个时间序列自回归模型扩展到多个时间序列，即构成向量自回归模型。由于经济理论常常不能为现实经济活动变量之间的关系提供严格的解释，使得在经济预测领域经典的计量经济学结构模型几乎为向量自回归模型所取代，因此研究生学习计量经济学的过程中加深对向量自回归的掌握是相当有必要的。向量自回归模型作为一种非结构化模型，主要是通过实际数据而非经济理论来确定经济系统的动态结构，建模时无需提出先验理论假设。但正因为向量自回归模型没有揭示经济系统中变量的直接因果关系，其也存在应用上的局限性，其主要应用的领域局限于经济预测，即使在经济预测方面，应用也要考虑是否存在结构约束。所以，人们应用向量自回归模型，更多的是将其作为一个动态平衡系统，进而分析该系统受到某种冲击时系统各个变量的动态变化，以及每个冲击对内生变量变化的贡献度，即本章也会介绍到的脉冲响应分析和方差分解分析。最后，随着向量自回归的广泛运用，对于向量自回归的发展也为众多计量经济学家所重视，因此本章还会介绍诸如结构向量自回归模型、面板向量自回归等一些应用较多的向量自回归模型的拓展模型。

5.1　时间序列的 VAR 模型

5.1.1 VAR 模型的设定、推导及解释

20 世纪 70 年代，以卢卡斯(E.Lucas)、萨金特(J.Sargent)、西姆斯(A.Sims)等为代表的经济学家对经典计量经济学进行批判，导致计量经济学由经济理论导向转向数据关系导向。西姆斯(1980)等人将向量自回归模型(vector autoregression models，VAR)引入宏观经济分析，使之成为现代时间序列分析的主要模型之一。

VAR 模型是分析联合内生变量间的动态关系的动态模型，而不带有任何约束条件，故又称无约束 VAR 模型。VAR 模型主要通过实际经济数据而非经济理论进行建模，建模时无需提出先验经济理论假设，而是通过时间序列提供的信息将这些假设进行区分。VAR 模型主要用于预测和分析随机扰动对系统的动态冲击，冲击的大小、正负以及时间，

实际上是向量自回归移动平均(VARMA)的简化,后者因参数过多在实际应用中将会遇到不少问题而较少使用。

一般地,含 k 个变量的 VAR(p) 模型表示如下:

$$\boldsymbol{y}_t = \boldsymbol{A}_1 \boldsymbol{y}_{t-1} + \cdots + \boldsymbol{A}_p \boldsymbol{y}_{t-p} + \boldsymbol{B}_1 \boldsymbol{x}_t + \cdots \boldsymbol{B}_r \boldsymbol{x}_{t-r} + \boldsymbol{\varepsilon}_t \tag{5.1.1}$$

其中,$\boldsymbol{y}_t$ 是 k 维内生变量向量;$\boldsymbol{x}_t$ 是 f 维外生变量,样本数目为 T。$\boldsymbol{A}_1, \boldsymbol{A}_2, \cdots, \boldsymbol{A}_p$;$\boldsymbol{B}_1, \boldsymbol{B}_2, \cdots, \boldsymbol{B}_r$ 是待估计的参数矩阵,p 和 r 是内生变量和外生变量的滞后阶数;$\boldsymbol{\varepsilon}_t$ 是 k 维随机扰动列向量,它们相互之间可以同期相关,但不与自的滞后值相关且不与等式右边的变量相关。假设 $\boldsymbol{\Sigma}$ 是 $\boldsymbol{\varepsilon}_t$ 的协方差矩阵,是一个 $k \times k$ 的正定矩阵。

对于两个变量($k=2$),$y_t = (y_t^1, y_t^2)^T$ 时,VAR(2) 模型的矩阵表示如下:

$$\begin{pmatrix} y_t^1 \\ y_t^2 \end{pmatrix} = \begin{pmatrix} \gamma_{11}^1 & \gamma_{12}^1 \\ \gamma_{21}^1 & \gamma_{22}^1 \end{pmatrix} \begin{pmatrix} y_{t-1}^1 \\ y_{t-1}^2 \end{pmatrix} + \begin{pmatrix} \gamma_{11}^2 & \gamma_{12}^2 \\ \gamma_{21}^2 & \gamma_{22}^2 \end{pmatrix} \begin{pmatrix} y_{t-2}^1 \\ y_{t-2}^2 \end{pmatrix} + \begin{pmatrix} u_{1t} \\ u_{2t} \end{pmatrix} \tag{5.1.2}$$

显然,式(5.1.2) 中,方程组左侧是 2 个第 t 期的内生变量;右侧分别是两个一阶和二阶滞后变量作为解释变量,这些滞后变量与随机干扰项不相关。由于内生变量的滞后变量只出现在等式右侧,故不存在同期相关问题,最小二乘法的估计量具有有效性和一致性,而随机扰动列向量的自相关问题可通过增加因变量的滞后阶数来解决。

为了叙述方便,下面考虑的 VAR(p) 模型都是不含外生变量的向量自回归模型,形如下式:

$$\boldsymbol{y}_t = A_1 \boldsymbol{y}_{t-1} + \cdots + A_p \boldsymbol{y}_{t-p} + \boldsymbol{\varepsilon}_t \tag{5.1.3}$$

或者

$$\boldsymbol{A}(L)\boldsymbol{y}_t = \boldsymbol{\varepsilon}_t \tag{5.1.4}$$

式(5.1.4) 中,$\boldsymbol{A}(L) = I_k - A_1 L - A_2 L^2 - \cdots - A_p L^p$ 是滞后算子 L 的 $k \times k$ 阶参数矩阵,一般称(5.1.4) 为非限制性向量自回归模型(unrestricted VAR)。

如果行列式 $\det[\boldsymbol{A}(L)]$ 的根都在单位圆外,则(5.1.4) 满足平稳性条件,可以将其化为无穷阶的向量动平均(vector moving average,简称 VMA(∞)) 形式:

$$\boldsymbol{y}_t = \boldsymbol{\Theta}(L)\varepsilon_t \tag{5.1.5}$$

其中 $\boldsymbol{\Theta}(L) = \boldsymbol{A}(L)^{-1}, \boldsymbol{\Theta}(L) = \boldsymbol{\Theta}_0 + \boldsymbol{\Theta}_1 L + \boldsymbol{\Theta}_2 L^2 + \cdots, \quad \boldsymbol{\Theta}_0 = I_k$。

对 VAR 模型的估计可以通过最小二乘法来进行,假如对 $\boldsymbol{\Sigma}$ 矩阵不施加限制性条件,由最小二乘法可得 $\boldsymbol{\Sigma}$ 矩阵的估计量为

$$\hat{\boldsymbol{\Sigma}} = \frac{1}{T} \boldsymbol{\Sigma} \hat{\boldsymbol{\varepsilon}}_t \hat{\boldsymbol{\varepsilon}}_t' \tag{5.1.6}$$

式(5.1.6) 中,$\hat{\boldsymbol{\varepsilon}}_t = \boldsymbol{y}_t - \hat{A}_1 \boldsymbol{y}_{t-1} - \hat{A}_2 \boldsymbol{y}_{t-2} - \cdots - \hat{A}_p \boldsymbol{y}_{t-p}$。当 VAR 的参数估计出来之后,由于 $\boldsymbol{\Theta}(L)\boldsymbol{A}(L) = \boldsymbol{I}_k$,所以也可以得到相应的 VMA(∞) 模型的参数估计。值得一提的是,在 VAR 模型的构建和应用中我们常常并不关注参数的检验,主要是研究序列之间的动态变化规律。

接下来我们简单总结一下 VAR 模型的特点和优缺点:第一,VAR 模型不以经济理论为依据,只需要在建模过程中将相关变量放进 VAR 模型之中,并且确定滞后阶数 p 即可;第二,VAR 模型不需要对待估参数施加零约束,不管参数估计值是否显著,都将保留在模型中;第三,VAR 模型的解释变量中不包括任何当期变量,预测是 VAR 模型的重要应用

之一。

VAR模型具有以下几个优点：第一，模型设定非常简单，并且不需要考虑变量是外生的还是内生的；其次，模型中每个方程都可以用OLS方法单独估计，估计方法简便；最后，VAR模型的预测比传统的联立方程模型更为简便和准确。当然VAR模型也在以下两个方面遭到了学者们的诟病：第一，其不以任何经济理论为依据，仅仅是依靠实际数据，导致模型和模型系数的解释较为困难。第二，每个VAR模型都需要估计$n\times p$个参数和常数项，估计这么多的参数将消耗大量的自由度，因此常常需要样本容量足够大，实际上，即使大样本也会存在估计问题。

在对VAR模型有了进一步的了解之后，我们将关注模型的估计和模型的解释方面的问题。由于模型本身特点导致参数估计值的经济解释较为困难，通常采用观察模型系统的脉冲响应函数（impulse response function，IRF）和进行方差分解（variance decomposition）分析，这两种方法将会在下一节里详细介绍。这里先简单介绍一下模型估计的两个相关问题。VAR模型在采用OLS估计法或似然估计法之前都要确定模型的滞后阶数p。p值不能太小，否则会导致误差项自相关性，进而使得参数估计值具有不一致性，因此通常需要加大p值来消除误差项的自相关性。但p值也不能太大，否则待估参数过多会影响参数估计值的有效性。下面给出两种p值的选择方法。

第一种方法是利用LR统计量p值，选择构造如下LR统计量，

$$LR=-2[\log L(p)-\log L(p+1)]\sim\chi^2_{(k2)}$$

其中$\log L(p)$和$\log L(p+1)$)分别是VAR(p)和VAR($p+1$)模型的最大似然估计值。p表示VAR模型中滞后变量的最大滞后期。原假设最佳滞后期为p，若LR值极大，则拒绝原假设。

第二种方法是利用AIC和SC准则来确定p值，选择p值的原则是在增加p值的过程中使得AIC和SC达到最小。

除了p值的确定外，VAR模型估计完后还检验VAR模型的稳定性，即模型中某一方程随机扰动项受到一个脉冲冲击后，随时间推移冲击会逐渐消失，就可以认为VAR模型是稳定的。VAR模型稳定的判别条件是要求式(5.1.4)的滞后多项式$A(L)$对应的特征方程

$$|I_k-A_1z-A_2z^2-\cdots-A_pz^p|=0$$

的特征根都落在单位圆之外，即特征根的倒数在单位圆之内。

5.1.2 脉冲响应函数

（一）脉冲响应函数介绍

前面提到对于VAR模型，单个参数估计值的经济解释是困难的，其应用除预测外，我们还对系统的动态特征感兴趣，即一个内生变量对残差（innovation）冲击的反应（响应）。具体而言，当随机误差项施加一个标准差大小的冲击（来自系统内部或外部）后对内生变量的当期值和未来值所带来的影响（动态影响）。这可以通过脉冲响应函数（impulse response function，IRF）来刻画。第i个内生变量的一个冲击不仅直接影响到第i个变量，还将通过VAR模型的动态结构传递给其他内生变量，脉冲响应函数试图刻

画这些影响的轨迹，显示任意一个变量的扰动是如何通过模型影响所有其他变量，最终又反馈到本身的过程。

为浅显说明脉冲响应的基本原理，说明残差是如何将冲击传递给内生变量的（对残差是冲击，对内生变量是对冲击的响应），下面举一个两个变量的 VAR(p) 模型的例子。

$$\begin{pmatrix} y_{1t} \\ y_{2t} \end{pmatrix} = \begin{pmatrix} \theta_{11}^{(0)} & \theta_{12}^{(0)} \\ \theta_{21}^{(0)} & \theta_{22}^{(0)} \end{pmatrix} \begin{pmatrix} \varepsilon_{1t} \\ \varepsilon_{2t} \end{pmatrix} + \begin{pmatrix} \theta_{11}^{(1)} & \theta_{12}^{(1)} \\ \theta_{21}^{(1)} & \theta_{22}^{(1)} \end{pmatrix} \begin{pmatrix} \varepsilon_{1t-1} \\ \varepsilon_{2t-1} \end{pmatrix} + \cdots \tag{5.1.7}$$

模型中 $\theta_{ij}^{(q)}$ 是参数，随机扰动项 $\boldsymbol{\varepsilon}_t = (\varepsilon_{1t}, \varepsilon_{2t})'$，又称为新息，因为在预测时实际受到了误差项的动态影响。假定随机扰动项满足：

$$\begin{aligned} &E(\boldsymbol{\varepsilon}_{it}) = \mathbf{0}, && \forall t && i = 1,2 \\ &\mathrm{Var}(\boldsymbol{\varepsilon}_t) = E(\boldsymbol{\varepsilon}_t \boldsymbol{\varepsilon}_t') = \boldsymbol{\Sigma} = \{\sigma_{ij}\} && \forall t && \\ &E(\boldsymbol{\varepsilon}_{it} \boldsymbol{\varepsilon}_{it}') = 0, && \forall t \neq s && i = 1,2 \end{aligned} \tag{5.1.8}$$

为简便起见，假定 VAR(2) 模型所反映的系统是从第 0 期开始活动，现在假定在基期给 y_1 一个单位的脉冲，即：

$$\varepsilon_{1t} = \begin{cases} 1, & t = 0 \\ 0, & \text{else} \end{cases} \tag{5.1.9}$$

$$\varepsilon_{2t} = 0, t = 0, 1, 2, \cdots \tag{5.1.10}$$

则由 y_1 的脉冲引起的 y_2 的响应函数为

$$\begin{aligned} t = 0, \quad & y_{20} = \theta_{21}^{(0)} \\ t = 1, \quad & y_{21} = \theta_{21}^{(1)} \\ t = 2, \quad & y_{22} = \theta_{21}^{(2)} \\ & \vdots \end{aligned} \tag{5.1.11}$$

因此，由 y_1 的脉冲引起的 y_2 的累计响应函数为 $\sum_{q=0}^{\infty} \theta_{21}^{(q)}$，$\theta_{21}^{(q)} = \frac{\partial y_{2,t+q}}{\partial \varepsilon_{1t}}$ 作为 q 的函数，描述了在时期 t，第 1 个变量的扰动项增加一个单位，其他扰动不变，且其他时期的扰动均为常数的情况下 $y_{2,t+q}$ 对 ε_{1t} 的一个单位冲击的反应，我们把它称为脉冲 - 响应函数。

一般地，如果冲击不是 1 个单位，假定 $\boldsymbol{\varepsilon}_t$ 的第一个元素变化 δ_1，第二个元素变化 δ_2，则时期 T 冲击为 $\boldsymbol{\delta} = (\delta_1, \delta_2)'$，而 t 到 $t+q$ 的其他时期没有冲击，向量 $\boldsymbol{y}_{t+q}$ 的响应表示为

$$\begin{aligned} \boldsymbol{\Psi}(q, \boldsymbol{\delta}, \boldsymbol{\Omega}_{t-1}) &= E(\boldsymbol{y}_{t+q} \mid \boldsymbol{\varepsilon}_t = \boldsymbol{\delta}, \boldsymbol{\varepsilon}_{t+1} = 0, \cdots, \boldsymbol{\varepsilon}_{t+q} = 0, \boldsymbol{\Omega}_{t-1}) - \\ &\quad E(\boldsymbol{y}_{t+q} \mid \boldsymbol{\varepsilon}_t = 0, \boldsymbol{\varepsilon}_{t+1} = 0, \cdots, \boldsymbol{\varepsilon}_{t+q} = 0, \boldsymbol{\Omega}_{t-1}) \\ &= \boldsymbol{\Theta}_q \boldsymbol{\delta} \end{aligned} \tag{5.1.12}$$

式中 $\boldsymbol{\Omega}_{t-1}$ 表示 $T-1$ 期的信息组合。但是，对于上述脉冲响应函数的结果的解释却存在一个问题：前面我们假设的协方差矩阵 $\boldsymbol{\Sigma}$ 是非对角矩阵，意味着扰动项向量 $\boldsymbol{\varepsilon}_t$ 中的其他元素随着第 1 个元素 $\boldsymbol{\varepsilon}_{1t}$ 的变化而变化，这与计算脉冲反应时假定 $\boldsymbol{\varepsilon}_{1t}$ 变化，而 $\boldsymbol{\varepsilon}_t$ 中其他元素不变相矛盾。这就需要利用一个正交化的脉冲响应函数来解决，常用的正交化方法为 Choleskey 分解，在时期 T，其他变量和早期变量不变的情况下，$\boldsymbol{y}_{t+q}$ 对 $\boldsymbol{y}_{1t}$ 的一个单位冲击的反应为

$$\frac{\partial \boldsymbol{y}_{t+q}}{\partial \boldsymbol{u}_{1t}} = \frac{\partial \boldsymbol{y}_{t+q}}{\partial \boldsymbol{\varepsilon}_t'} \frac{\partial \boldsymbol{\varepsilon}_t'}{\partial \boldsymbol{u}_{1t}} = \boldsymbol{\Theta}_q \boldsymbol{P}_1 \tag{5.1.13}$$

式中$\boldsymbol{P}_1$表示Choleskey分解得到的$\boldsymbol{P}$矩阵的第j列元素，矩阵$\boldsymbol{P}$的选择与变量选择有关。对脉冲反应函数处理的困难在于各残差之间不是完全非相关的。当残差间相关时，它们的共同部分不易识别，处理这一问题的不严格做法是将共同部分归于VAR系统第一个方程的扰动项。因此，改变VAR模型中的方程顺序可能会导致脉冲响应的很大不同。

在应用正交化脉冲响应函数反映变量之间的动态关系时，必须对变量的顺序进行充分的考虑。另外，不能只用关注的变量建立VAR模型，在实际应用中应把所有相互影响的变量都包含在变量中。若只将研究时几个相互影响的变量考虑进来，而忽略其他相关变量，这样构建的VAR模型的正交化脉冲响应函数是没有应用价值的。同时，只有当向量平稳时，向量自回归模型的正交化脉冲反应函数才收敛。所以，要应用正交化脉冲响应函数反映变量间的动态关系时，向量必须平稳。向量平稳除了向量的每个分量平稳外，VAR模型特征方程的所有特征值都要在单位圆以外。

上述冲击思想可以推广到含N个变量的VAR(p)模型。对一个含K个内生变量的VAR模型每个内生变量都对应着K个脉冲响应函数，故一个含K个内生变量的VAR将有K^2个脉冲响应函数。

注意，只有当向量平稳时，向量自回归模型的正交化脉冲响应函数才是收敛的。所以，应用正交化脉冲响应函数来反映变量间的动态关系，向量必须要平稳。向量平稳除了向量的分量平稳外，还有前面提到的VAR模型特征方程所有特征值都在单位圆之外。此外还要充分考虑模型变量的顺序和将所有相互影响的变量包含在向量当中。这是因为变量顺序的改变会影响脉冲响应函数，而忽略了其他对模型变量有关的变量构建出来的VAR模型的正交化脉冲响应函数也是没有价值的。

（二）广义脉冲响应函数

VAR模型的动态分析一般采用“正交化”脉冲响应函数来实现，而正交化通常采用Choleskey分解完成，但是Choleskey分解的结果严格依赖于模型中变量的次序，因此这里将介绍由Koop提出的广义脉冲响应函数来克服上述缺点。

考虑VAR模型

$$\boldsymbol{y}_t=(\boldsymbol{I}_k+\boldsymbol{\Theta}_1\boldsymbol{L}+\boldsymbol{\Theta}_2\boldsymbol{L}^2+\cdots)\boldsymbol{\varepsilon}_t \quad t=1,2,\cdots,T \tag{5.1.14}$$

协方差矩阵$\boldsymbol{\Sigma}$是正定矩阵，但是由于扰动项之间可能存在同期相关关系，所以，协方差矩阵$\boldsymbol{\Sigma}$不一定是对角矩阵。

假设冲击只是发生在第j个变量上(广义的假定)，则有

$$\boldsymbol{\Psi}(q,\delta_j,\boldsymbol{\Omega}_{t-1})=E(\boldsymbol{y}_{t+q}\mid \varepsilon_{jt}=\delta_j,\boldsymbol{\Omega}_{t-1})-E(\boldsymbol{y}_{t+q}\mid \boldsymbol{\Omega}_{t-1}) \quad q=0,1,\cdots \tag{5.1.15}$$

由于$\boldsymbol{\Sigma}$不是对角阵，意味着$\boldsymbol{\varepsilon}_t$各元素之间存在同期相关关系，则给$\varepsilon_{jt}$一个冲击，$\boldsymbol{\varepsilon}_t$中其他元素同期也会发生变化，因此为得到上式的结果，需要首先计算由ε_{jt}变化引起的$\boldsymbol{\varepsilon}_t$中其他元素同期发生的变化$\boldsymbol{\delta}=E(\boldsymbol{\varepsilon}_t\mid \varepsilon_{jt}=\delta_j)$。假定$\boldsymbol{\varepsilon}_t$服从多元正态分布，则

$$\boldsymbol{\delta}=E(\boldsymbol{\varepsilon}_t\mid \varepsilon_{jt}=\delta_j)=(\sigma_{1j},\sigma_{2j},\cdots,\sigma_{kj})'\sigma_{jj}{}^{-1}\delta_j=\boldsymbol{\Sigma}_j\sigma_{jj}{}^{-1}\delta_j \tag{5.1.16}$$

式中$\sigma_{jj}=E(\varepsilon_{jt}^2)$，$\boldsymbol{\Sigma}_j=E(\boldsymbol{\varepsilon}_t\varepsilon_{jt})$表示$\boldsymbol{\varepsilon}_t$协方差矩阵的第$j$列元素，变量$j$的冲击引起向量$\boldsymbol{y}_{t+q}$的响应为：

$$\boldsymbol{\Psi}(q,\delta_j,\boldsymbol{\Omega}_{t-1})=\boldsymbol{\Theta}_q\boldsymbol{\delta}=\left(\frac{\boldsymbol{\Theta}_q\boldsymbol{\Sigma}_j}{\sqrt{\sigma_{jj}}}\right)\left(\frac{\delta_j}{\sqrt{\sigma_{jj}}}\right) \quad q=0,1,\cdots \tag{5.1.17}$$

若设

$$\delta_j = \sqrt{\sigma_{jj}} \tag{5.1.18}$$

则响应的广义脉冲响应函数为

$$\boldsymbol{\Psi}_j^{(q)} = \sigma_{jj}^{-1/2} \boldsymbol{\Theta}_q \sum_j \quad q = 0, 1, \cdots \tag{5.1.19}$$

当协方差矩阵$\sum$是对角矩阵时，正交脉冲与广义脉冲的结果是一致的，当协方差矩阵$\sum$是非对角矩阵时，Choleskey 正交脉冲只在 $j=1$ 时相等。

5.1.3 方差分解

另一个评价VAR模型的方法是方差分解(variance decomposition)，它是分析每一个结构冲击对内生变量的变化的贡献度[通常利用相对方差贡献率(relative variance contribution, RVC) 来衡量]。VAR 模型的方差分解给出对变量产生影响的每个随机扰动的相对重要信息。

脉冲响应函数对于只是要简单说明变量间的影响关系又稍微过细了。因此 Sims(1980) 提出方差分解法，定量地但是相对粗糙地把握变量间的影响关系。

多变量 VAR 模型中，y_t 的第 i 个变量 y_{it} 可以写成：

$$y_{it} = \sum_{j=1}^{k} (\theta_{ij}^{(0)} \varepsilon_{jt} + \theta_{ij}^{(1)} \varepsilon_{jt-1} + \theta_{ij}^{(2)} \varepsilon_{jt-2} + \cdots) \quad i = 1, 2, \cdots, k, t = 1, 2, \cdots, T \tag{5.1.20}$$

记 $\mathrm{Var}(\varepsilon_{jt}) = \sigma_{jj}$，则

$$E[(\theta_{ij}^{(0)} \varepsilon_{jt} + \theta_{ij}^{(1)} \varepsilon_{jt-1} + \theta_{ij}^{(2)} \varepsilon_{jt-2} + \cdots)^2] = \sum_{q=0}^{\infty} (\theta_{ij}^{(q)})^2 \sigma_{jj} \quad i, j = 1, 2, \cdots, k \tag{5.1.21}$$

则

$$\mathrm{Var}(y_{it}) = \sum_{j=1}^{k} \left\{ \sum_{q=0}^{\infty} (\theta_{ij}^{(q)})^2 \sigma_{jj} \right\}, \quad i = 1, 2, \cdots, k \tag{5.1.22}$$

$\boldsymbol{y}_i$ 的方差可以分解成 k 种不相关的影响，因此为了测定各个扰动项相对 y_i 的方差有多大的贡献程度，相对方差贡献率定义为

$$\mathrm{RVC}_{j \to i}(\infty) = \frac{\sum_{q=0}^{\infty} (\theta_{ij}^{(q)})^2 \sigma_{jj}}{\mathrm{Var}(y_{it})} = \frac{\sum_{q=0}^{\infty} (\theta_{ij}^{(q)})^2 \sigma_{jj}}{\sum_{j=1}^{k} \left\{ \sum_{q=0}^{\infty} (\theta_{ij}^{(q)})^2 \sigma_{jj} \right\}} \tag{5.1.23}$$

它是根据第 j 个变量基于冲击的方差对 y_i 的方差贡献度来观察第 j 个变量对第 i 个变量的影响。实际应用时，不可能直到无穷项之和来评价，若模型满足平稳性条件，则 $\theta_{ij}^{(q)}$ 随着 q 增大呈几何级数性衰减，通常只取有限项计算。

脉冲响应函数描述了 VAR 系统中某个内生变量一个单位的冲击给其他变量所带来的影响，是一种绝对效果的描述；利用方差分解可描述每个变量的更新对 VAR 系统变量影响的贡献度，是一种相对效果的描述。

应用方差分解分析向量自回归模型的的注意事项和脉冲响应函数一样。

5.1.4 实例

例 5.1.1　下面是一个较为完整的研究实例,试图说明向量自回归模型如何通过脉冲响应分析和方差分解分析实现它的应用价值。影响中美贸易量的决定因素是什么?人民币汇率是影响中美贸易量的决定因素吗?下面考虑人民币兑日元和人民币兑欧元的汇率对中美贸易的影响,建立向量自回归模型,并应用广义脉冲响应和方差分解研究中美贸易相关变量的动态关系,以期回答这些问题。

(1) 变量的选择

为充分考虑影响中美进出口贸易的因素,在经济体方面,将日本与欧盟的因素考虑进来;在宏观经济数据方面,考虑 GDP、CPI、汇率等因素的影响。VAR 模型中的变量包括:中国 GDP、美国 GDP、日本 GDP、欧盟 GDP、人民币兑美元汇率、人民币兑日元汇率、人民币兑欧元汇率、中国 CPI、美国 CPI、中国对美国进口总额、中国对美国出口总额共 11 个变量,样本区间为 2005 年 7 月至 2010 年 12 月,采用 66 个月度数据。

(2) 数据的处理

由于进出口贸易额和 GDP 存在明显的季节趋势,因此采用 TRAMO/SEATS 方法对中美日欧的 GDP 及中美的进出口贸易量进行季节调整。同时,为了避免模型出现“伪回归”现象,要求各时间序列的变量具有同阶平稳性,因此首先应对模型所涉及的时间序列变量进行季节调整和一次差分后进行 ADF 单位根检验。ADF 检验结果表明 11 个变量都是 I(1) 序列,进一步的 JJ 协整检验表明 11 个变量协整。具体操作为:双击序列名 →“Proc” →“Seasonal Adjustment” →“TRAMO/SEATS”。

(3)VAR 模型滞后阶数的确定

因为上述 11 个变量都是 I(1) 序列,若直接建立 VAR 模型,则模型不稳定且脉冲响应函数不收敛,因而 VAR 模型的脉冲响应函数失去应用价值。为此,采用各变量的一阶差分建立 VAR 模型。为了简洁起见,约定在下面的内容中在不影响理解的情况下,变量的差分仍然用同样的变量名表示。按照各经济体在国际上的重要性和影响力,设定向量变量的顺序为美国 GDP(americagdp)、中国 GDP(chinesegdp)、欧盟 GDP(eurgdp)、日本 GDP(japanesegdp)、人民币兑美元汇率(dollar)、人民币兑欧元汇率(eur)、人民币兑日元汇率(yen)、美国 CPI(americacpi)、中国 CPI(chinesecpi)、中国对美国出口总额(export)、中国对美国进口总额(import)。利用上述数据构建 VAR 模型时,滞后阶数的确定尤为重要。因为滞后阶数太多会导致需要估计的参数过多,模型的自由度减少,而滞后阶数太少则无法完整反映所构造模型的动态特征。因此,在确定滞后阶数时应综合考虑 AIC 信息准则、SC 信息准则、LR 统计量、FPE 最终预测误差、HQ 信息准则。运用 EViews8.0 建立 VAR 模型并考查滞后阶数,根据 AIC 信息准则、SC 信息准则确定滞后阶数为 2。

(4) 模型稳定性检验

基于 VAR 模型的脉冲响应函数是用来度量随机扰动项在受到一个标准差冲击后,对各变量当前和将来取值的影响,分析 VAR 模型中变量的扰动如何通过模型影响到其他变量,最终又反馈到自身的过程。首先应对的 VAR 模型进行稳定性检验,以确保其脉冲响应收敛性。检验结果表明 VAR 模型的 AR 根的模均小于 1 且位于单位圆内,这说明所构建的 VAR 模型是稳定的。具体操作为:选择需要分析的变量 →“Open as VAR” →

"View" → "Lag structure" → "AR Roots Graph"。

(6) 脉冲响应函数

如果模型中随机扰动项是相关的，它们将包含一个不与任何特定变量相联系的共同成分。通常将共同成分的效应归属于 VAR 系统中第一个出现的变量。这就需要根据经济理论对变量进行排序，虽然之前按照各经济体在国际上的重要性和影响力设定了向量变量的顺序，但 GDP、汇率、CPI 等经济变量之间往往会相互作用，很难进行排序。因此，这里采用广义脉冲响应分析法(generalized impulse responses)，避免排序不当导致的偏差。具体操作为：选择需要分析的变量 → "Open as VAR" → "View" → "Impulse Response"。

下面，按重要程度依次分析中美国内生产总值、三币种汇率对中美贸易的影响。

① 中美国内生产总值(GDP) 变化量对进出口量变化量的影响

分别给各经济体 GDP 变化量和人民币兑各币种汇率变化量一个正的冲击，采用广义脉冲方法得到关于中国对美国进出口贸易量变化量的脉冲响应函数图。在各图中，横轴表示冲击作用的滞后期间数(单位：月度)，纵轴表示中国对美国进出口贸易量变化量的响应，实线表示脉冲响应函数，代表了中国对美国进出口贸易量变化量受到其他变量变化量的冲击后的反应，虚线表示正负两倍标准差偏离带。从图 5.1.1 可以看出：

Response to Generalized One S.D. Innovations ±2 S.E.

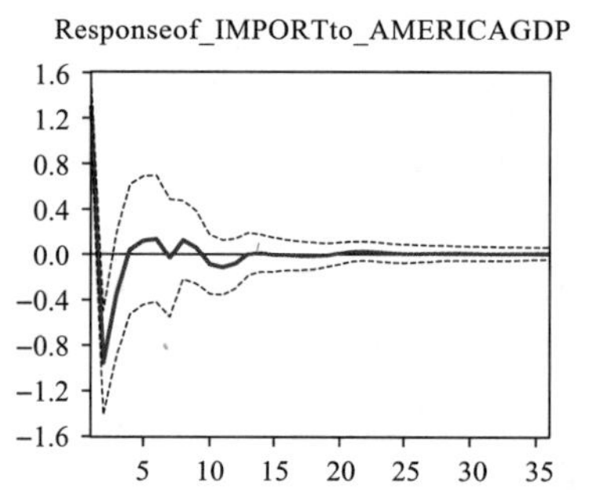

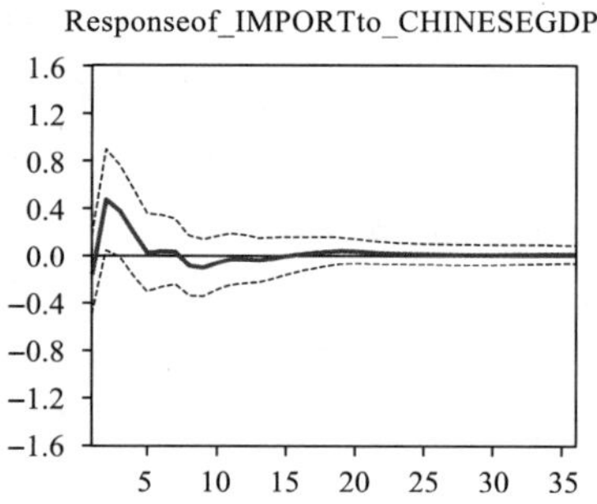

Response to Generalized One S.D. Innovations ±2 S.E.

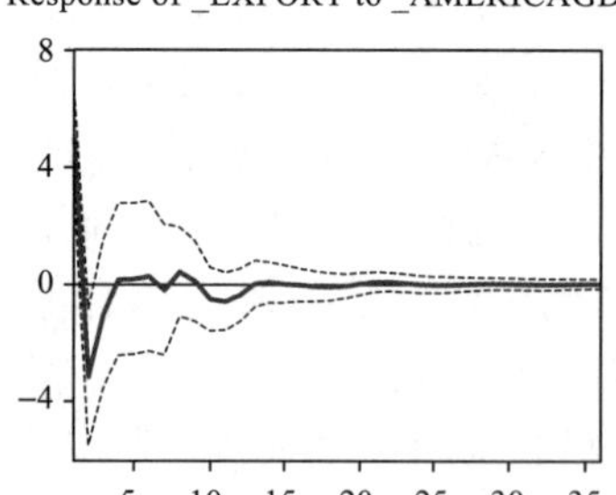

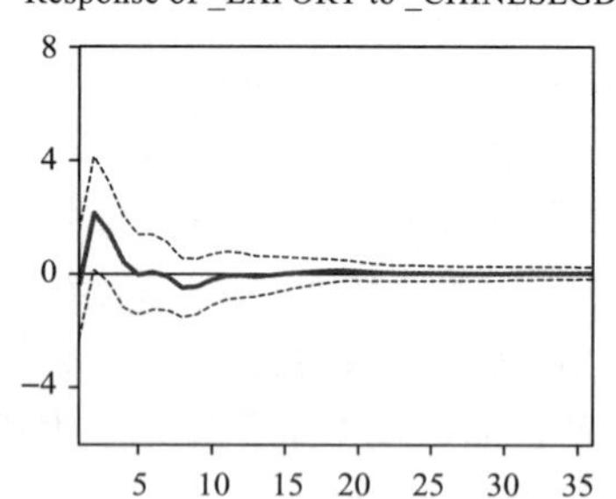

图 5.1.1　美国、中国 GDP 变化对中国对美国进出口影响的脉冲响应函数

A.两国 GDP 变化量的变动对进出口变化量的影响路径几乎完全相同,侧面反映出中美贸易的传导区制已日趋成熟稳定。

B.给美国国民生产总值(GDP) 变化量一个正冲击后,中国对美国的进出口贸易量变化量在前两期上下波动幅度剧烈,在冲击开始即达到最高点,对中国对美国进口和出口变化量的当期冲击分别为1.30和4.99。在下一期,又迅速回落到负值最低点,对中国对美国进口和出口变化量的下一期冲击分别为 −0.95 和 −3.16。此后只有小幅波动,在 12 期(即一年) 以后趋于平稳。基于美国 GDP 对中美贸易量的巨大影响程度,基本可以认为,当美国经济增长时,对中国市场的需求远大于其对中国的出口能力,这是中美贸易长期逆差的主要原因。中国对美出口总额中,加工贸易出口占比达到 59%(人民币汇率变动对中美贸易差额影响的实证检验)。相对于一般贸易而言,汇率变动对加工贸易出口的影响要小于对一般贸易的影响。这是因为加工贸易的特点一般是"两头在外","以进养出"。由于人民币升值首先降低了我国企业采购进口机器设备和原材料的人民币成本,然后在加工贸易出口收汇时抵消了人民币收入的减少。伴随进出口规模扩大,中国对美贸易顺差不断增加。

C.中美比较:相较而言,美国 GDP 变化量的变化对于中国对美进口量变化量的影响力度更大,作用时间更快(美国当期,中国下一期),且波动较为剧烈,存在超调现象。以上情况反映出当美国国内生产增加时,传导区制畅通,能迅速转化为扩大对华出口,而且这一冲击在一年内都具有较大的作用。而超调现象也从某一侧面反映出,在中国对美进口贸易中,中国独立自主性较小,谈判博弈能力有限。

② 各币种汇率变化量对进口量变化量的影响

从图 5.1.2 左图可以看出,当在本期给人民币兑欧元汇率一个正冲击后,中国对美国的进口贸易量变化量在一段时期内受到正的影响,在下一期达到最高点 0.78;从第 12 期开始影响一直为负。这表明,人民币兑欧元汇率变化量的提高(即人民币对欧元贬值) 在一年时间内能够提高中国对美国进口贸易量,但是长期来看影响为负。从图 3.4.4 中图可以看出,在本期给人民币兑美元汇率变化量的正冲击对中国对美国的进口贸易量变化量的影响在前 7 期为负,并且在第 4 期达到负的最大值(−0.598710),在第 8 期以后转正,有较为持续的正的影响。从图 3.4.4 右图可以看出,在本期给人民币兑日元汇率变化量的正冲击在一开始有正的影响,并且在当期达到最高点 0.386097,在前 8 期内有小幅的波动。

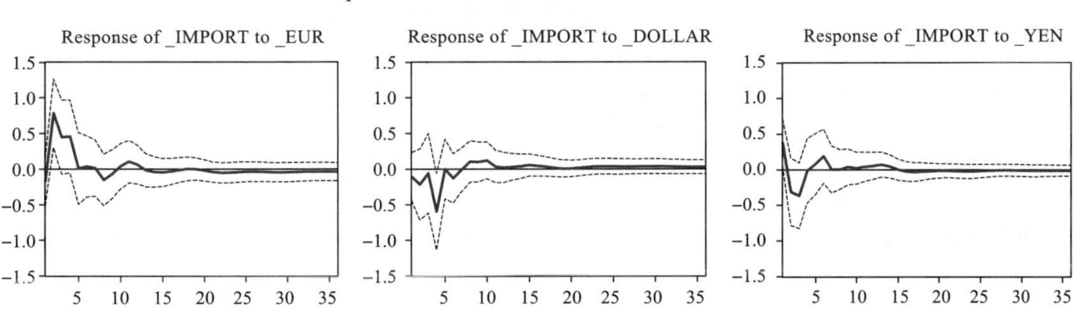

图 5.1.2　人民币兑欧元、美元、日元的汇率变化对中国从美国进口贸易量的脉冲响应函数

③ 各币种汇率变化量对出口量变化量的影响

从图 5.1.3 左图可以看出，当在本期给人民币兑欧元汇率变化量一个正冲击后，一开始对中国对美国的出口贸易量变化量的影响为负(－2.788876)，在下一期后便转为正向影响，并且在下一期达到最高点 2.371575。这表明，人民币兑欧元汇率变化量的正冲击对中国对美国出口贸易量变化量基本具有长期的同向影响。从图 3.4.5 中图可以看出，在本期给人民币兑美元汇率变化量的正冲击对中国对美国的进口贸易量变化量的影响基本为负，并且在第 4 期达到负的最大值(－1.923264)，在第 12 期以后逐渐趋于平稳。从图3.5.5 右图可以看出，在本期给人民币兑日元汇率变化量的正冲击在一开始有正的影响 1.848245，在前 8 期内有小幅的波动，且在第 3 期达到负的最大值(－2.050993)。这表明，人民币兑日元汇率的变化在短期内对中国对美国出口贸易量有较大的冲击。

总体来说，人民币兑欧元汇率变化量对中国对美进口变化量的影响较大，而人民币兑日元汇率变化量对中国对美出口变化量的影响甚至要稍大于人民币兑美元汇率，以上这些结论都说明经典马歇尔 - 勒纳条件在研究两国贸易量时只考虑这两国汇率的不合理性。图 5.1.4、图 5.1.5 累积的脉冲响应函数图也可以看出人民币兑欧元、日元汇率变化量对中美贸易量变化量的影响完全不逊于人民币兑美元汇率。

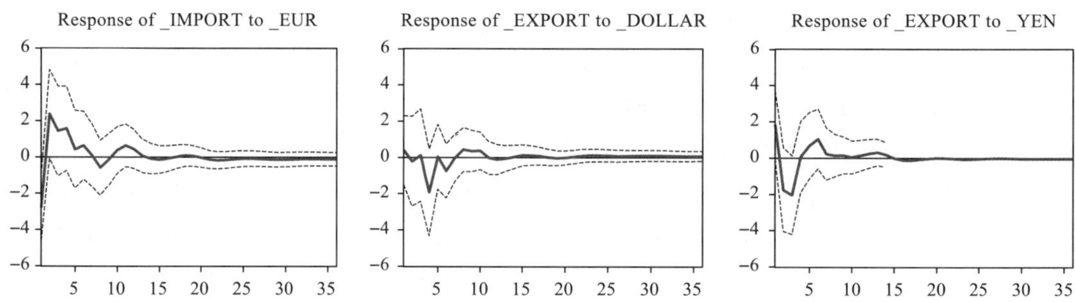

图 5.1.3　人民币兑欧元、美元、日元的汇率变化对中国对美国出口贸易量的脉冲响应函数

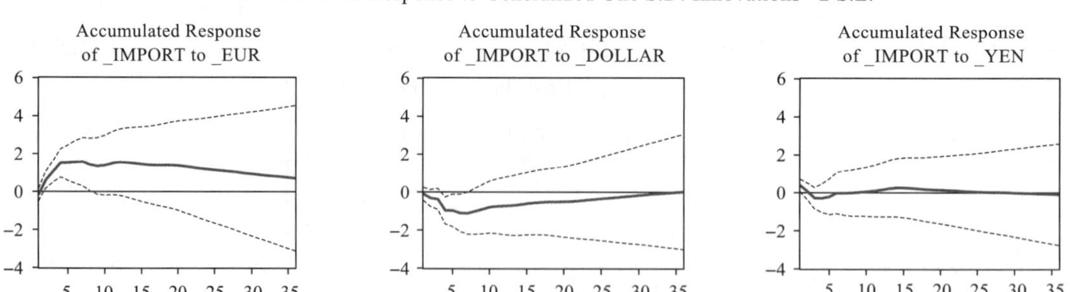

图 5.1.4　人民币兑欧元、美元、日元的汇率变化对中国从美国进口贸易量累积的脉冲响应函数

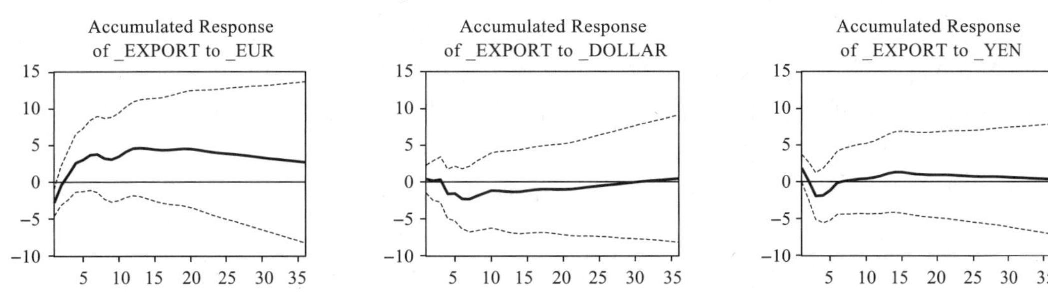

图 5.1.5　人民币兑欧元、美元、日元的汇率变化对中国对美国出口贸易量累积的脉冲响应函数

(5) 方差分解

由于变量较多，首先对模型进行方差分解以观察各变量的贡献程度，然后重点分析贡献程度较大的变量的脉冲响应图。方差分解是分析每一个结构冲击对内生变量变化的贡献度，通常用方差来度量，以此来评价不同结构冲击的重要性。采用方差分解的方法着重考察各变量变化对中美进出口贸易量的影响。具体操作为：选择需要分析的变量 → "Open as VAR" → "View" → "Variance Decomposition"。

① 各变量变化量对进口量变化量的贡献程度如图 5.1.6，分析结果如下：

A. 汇率因素。人民币兑欧元汇率变化量对中美贸易量变化量的贡献度(10%)，超过了人民币兑美元汇率变化量的贡献度(8%)。反映出在全球经济一体化的背景下，各国经济联系日趋紧密。美欧两大经济体对华出口在很大程度上存在相似性，因此具有很强的竞争性。此外，人民币兑日元汇率变化量的贡献度也达到了 4%，这些也印证了本节开头所提出的观点，即中美贸易变化量与中日、中欧贸易变化量有很高的相似度，美国公司在这些领域通常要与欧盟及日本的公司竞争，而不是与中国的公司竞争。因此，要研究中国对美国的进口与出口，如果不考虑美元兑欧元、美元兑日元汇率的"替代效应"，也是不合理的。也就是说，单靠人民币兑美元汇率升值，而不考虑人民币兑欧元、人民币兑日元汇率的话，也许是达不到预期效果的。不过，需要注意的是，三币种汇率都不是影响中国对美进口的最重要因素。

B. GDP 影响。美国 GDP 变化量是影响中国对美进口变化量的最重要因素，在第一个月，甚至达到了 98.31%，几乎成为唯一影响因素。此后，虽然影响程度有所下降，但始终保持在 50% 以上。因此基本可以认为，只要美国 GDP 变化量增加，中国对美进口量变化量就一定会增加。与此同时，中国 GDP 变化量的贡献率一直不大，始终保持在 5% 左右。这也反映出了一个令人费解，但却是不争的事实，即中国经济近年来强劲的增长势头并没有为中国对美进口做出多少贡献。因此，要真正改善中美贸易逆差问题，美国一直奉行的"限制高科技对华出口、对华武器禁运" 等政策也许都需要重新审视。

② 各变量变化量对出口量变化量的贡献程度如图 5.1.7，分析结果如下：

A. 汇率方面，人民币兑日元汇率变化量的贡献度最大，达到了 10%，再次证明了第三国汇率相对于人民币兑美元汇率而言，对中美贸易的巨大影响。这可能和中国对美、对日出口的相似性、竞争性有关，同时也再次印证了前面的分析，即要研究中国对美国的进口与出口，如果不考虑美元兑欧元、美元兑日元汇率的"替代效应"，也是不合理的。

B. 美国 GDP 变化量依然是影响中国对美出口变化量的最重要因素(44%)，但贡献度相较于进口时的贡献度已大为下降。而中国 GDP 变化量对出口的贡献度仍然不大，最大时达到 5.19%，且滞后 10 个月。同时，上一期出口额变化量成影响出口变化量的第二大因素(30%)，存在粘滞性，这也许从侧面也反映了在中国对美出口中，中国的话语权不足，美国国内需求是影响中国对美出口的决定因素。不过，依然需要注意的是，三币种汇率都不是影响中国对美出口的最重要因素。

由方差分解大致可以得出两个结论，一是 GDP 变化量特别是美国的 GDP 变化量对进出口贸易变化量的影响最大；二是各币种汇率变化量对中美贸易的影响程度几近相同，在研究中美贸易时如果只盯着人民币兑美元的汇率，是不合理的。

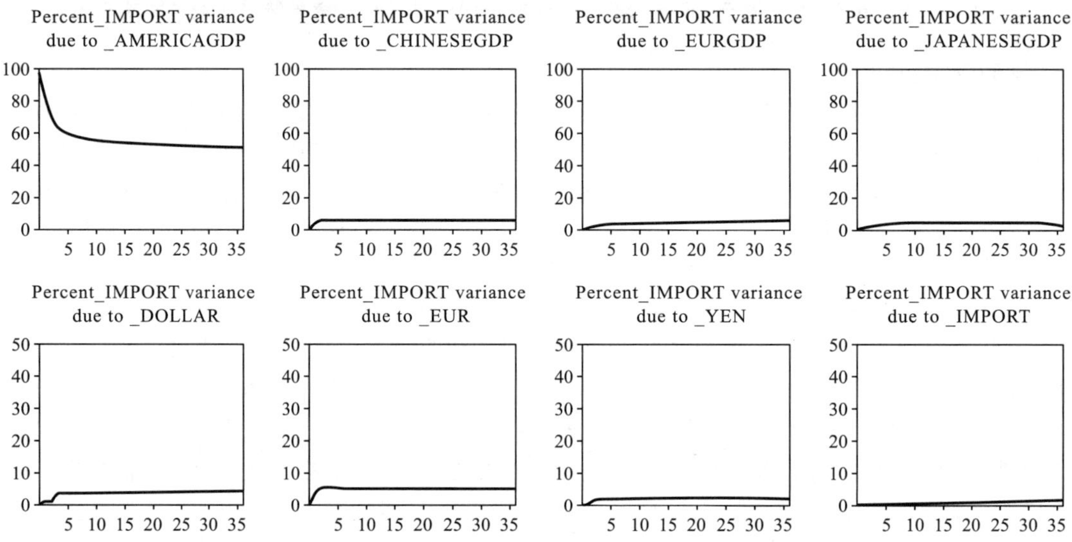

图 5.1.6　各变量变化量对进口量变化量的贡献程度

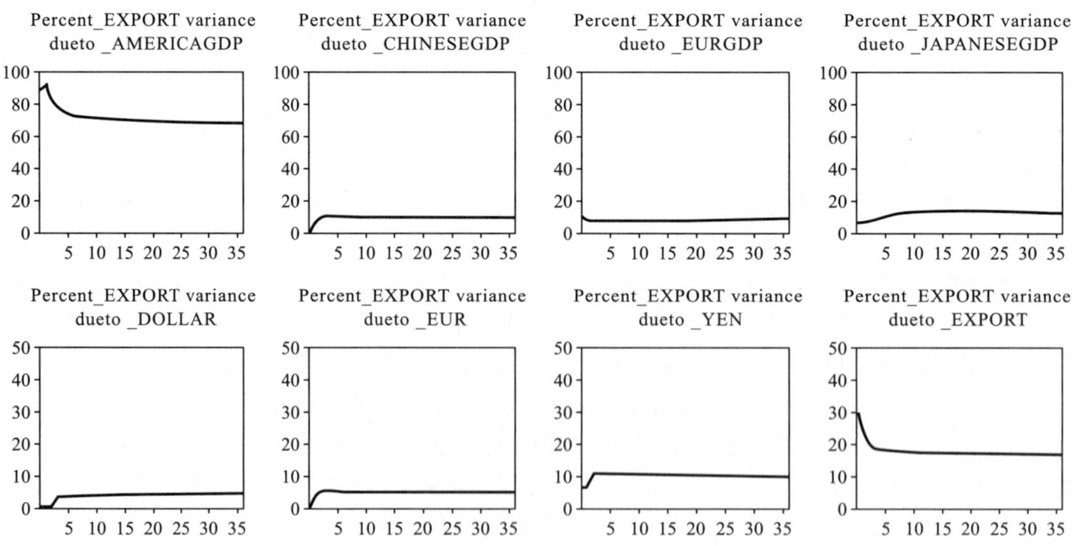

图 5.1.7　各变量变化量对出口量变化量的贡献程度

5.2　结构向量自回归模型

若变量之间不仅存在滞后影响，还存在同期影响，则建立 VAR 模型不太适合，因为 VAR 模型实际上把当期关系隐含到了随机扰动项之中。虽然 VAR 模型可取代联立方程模型，且被证实为实用有效的方法，但是存在参数过多的问题。实际分析中，只有所含经济变量较少的 VAR 模型才可以通过 OLS 和最大似然估计得到满意的估计结果。结构向量自回归模型（structural VAR，SVAR）加入变量间的同期影响关系，使得模型较向量自回归模型更加符合现实。

5.2.1 SVAR 模型形式

1.两变量的 SVAR 模型

为明确变量间的当期关系，首先研究两变量的 VAR 模型结构式和简化式之间的转化关系。如含有两个变量（$k=2$）、滞后一阶（$p=1$）的 VAR 模型结构式可以表示为：

$$\begin{aligned} x_t &= b_{10} + b_{12} z_t + \gamma_{11} x_{t-1} + \gamma_{12} z_{t-1} + u_{xt} \\ z_t &= b_{20} + b_{21} x_t + \gamma_{21} x_{t-1} + \gamma_{22} z_{t-1} + u_{zt} \end{aligned} \tag{5.2.1}$$

在模型中假设：

(1) 变量过程 x_t 和 z_t 是平稳随机过程；

(2) 随机误差 u_{xt} 和 u_{zt} 是白噪声系列，假设方差 $\sigma_x^2 = \sigma_z^2 = 1$；

(3) 随机误差项 u_{xt} 和 u_{zt} 之间不相关，即 $\mathrm{Cov}(u_{xt}, u_{zt}) = 0$

式(5.2.1) 一般称为一阶结构向量自回归模型（SVAR(1)）。它是一种结构式经济模型，引入了变量之间的作用与反馈作用，系数 b_{12} 表示变量 z_t 的单位变化对变量 x_t 的即时作用，r_{12} 表示 z_{t-1} 的单位变化对 x_t 的滞后影响。当 b_{21} 不等于 0 时，则作用在 x_t 上的冲击 u_{xt} 通过对 x_t 的影响，能够即时传到变量 z_t 上，这是一种间接的即时影响；同样地，当 b_{21} 不等于 0 时，则作用在 z_t 上的冲击 u_{zt} 通过对 z_t 的影响，能够对 x_t 产生一种间接的即时影响。冲击的交互影响体现了变量作用的双向和反馈关系。

模型(5.2.1) 可写为如下矩阵形式：

$$\begin{pmatrix} 1 & -b_{12} \\ -b_{21} & 1 \end{pmatrix} \begin{pmatrix} x_t \\ z_t \end{pmatrix} = \begin{pmatrix} b_{10} \\ b_{20} \end{pmatrix} + \begin{pmatrix} \gamma_{11} & \gamma_{12} \\ \gamma_{21} & \gamma_{22} \end{pmatrix} \begin{pmatrix} x_{x-1} \\ z_{t-1} \end{pmatrix} + \begin{pmatrix} u_{xt} \\ u_{zt} \end{pmatrix} \tag{5.2.2}$$

式(5.2.2) 可简单地表示为

$$\boldsymbol{B}_0 \boldsymbol{y}_t = \boldsymbol{\Gamma}_0 + \boldsymbol{\Gamma}_1 \boldsymbol{y}_{t-1} + \boldsymbol{u}_t \quad t = 1, 2, \cdots, T \tag{5.2.3}$$

假设 $\boldsymbol{B}_0$ 可逆，可导出简化式方程

$$\boldsymbol{y}_t = \boldsymbol{B}_0^{-1} \boldsymbol{\Gamma}_0 + \boldsymbol{B}_0^{-1} \boldsymbol{\Gamma}_1 y_{t-1} + \boldsymbol{B}_0^{-1} u_t = \boldsymbol{A}_0 + \boldsymbol{A}_1 \boldsymbol{y}_{t-1} + \boldsymbol{\varepsilon}_t$$

其中，

$$\boldsymbol{A}_i = \boldsymbol{B}_0^{-1} \boldsymbol{\Gamma}_i \quad i = 0, 1$$

$$\boldsymbol{\varepsilon}_t = \boldsymbol{B}_0^{-1} \boldsymbol{u}_t$$

从上式可以看到简化式扰动项 $\boldsymbol{\varepsilon}_t$ 是结构式扰动项 $\boldsymbol{u}_t$ 的线性组合，因此代表一种复合

冲击。因为 u_{xt} 和 u_{zt} 是不相关的白噪声序列，则可断定上述 ε_{1t} 和 ε_{2t} 也是白噪声序列。

同期的 ε_{1t} 和 ε_{2t} 之间的协方差为

$$\mathrm{Cov}(\varepsilon_{1t},\varepsilon_{2t})=E(\varepsilon_{1t}\varepsilon_{2t})=\frac{b_{21}\sigma_x^2+b_{12}\sigma_z^2}{(1-b_{12}b_{21})^2}=\frac{b_{21}+b_{12}}{(1-b_{12}b_{21})^2} \tag{5.2.4}$$

从式(5.2.4) 中可以看出，当 $b_{12}\neq 0$ 或 $b_{21}\neq 0$ 时，VAR 模型简化式中的扰动项不再像结构式那样不相关。当 $b_{12}=b_{21}=0$ 时，即变量之间没有即时影响，上述协方差为 0，相当于对 $\boldsymbol{B}_0$ 矩阵施加约束。

2.多变量的 SVAR 模型

一般的 k 元 p 阶 VAR 模型如下：

$$\boldsymbol{y}_t=\boldsymbol{A}_1\boldsymbol{y}_{t-1}+\cdots+\boldsymbol{A}_p\boldsymbol{y}_{t-p}+\boldsymbol{\varepsilon}_t \tag{5.2.5}$$

还可写成

$$\boldsymbol{A}(\boldsymbol{L})\boldsymbol{y}_t=\boldsymbol{\varepsilon}_t \tag{5.2.6}$$

式中，$\boldsymbol{A}(\boldsymbol{L})=\boldsymbol{I}-\boldsymbol{A}_1\boldsymbol{L}-\boldsymbol{A}_2\boldsymbol{L}^2-\cdots-\boldsymbol{A}_p\boldsymbol{L}^p$ 是滞后算子 $\boldsymbol{L}$ 的参数矩阵多项式，$\boldsymbol{\varepsilon}_t$ 为 k 维新息变量。

当模型满足平稳性条件时，则根据 Wald 定理可将模型表示为移动平均形式：

$$\boldsymbol{y}_t=\boldsymbol{C}(\boldsymbol{L})\boldsymbol{\varepsilon}_t \tag{5.2.7}$$

其中，$\boldsymbol{C}(\boldsymbol{L})=\boldsymbol{A}(\boldsymbol{L})^{-1}=\boldsymbol{C}_0+\boldsymbol{C}_1\boldsymbol{L}+\boldsymbol{C}_2\boldsymbol{L}^2+\cdots+\boldsymbol{C}_0=\boldsymbol{I}_k$。

VAR 模型中没有给出变量之间当期相关关系的确切形式，而这些当期相关关系隐藏在 $\boldsymbol{\Sigma}$ 矩阵的相关结构之中。为了明确变量间的当期关系，需将式(5.2.5) 转变为结构形式：

$$\boldsymbol{B}_0\boldsymbol{y}_t=\boldsymbol{\Gamma}_1\boldsymbol{y}_{t-1}+\boldsymbol{\Gamma}_2\boldsymbol{y}_{t-2}+\cdots+\boldsymbol{\Gamma}_p\boldsymbol{y}_{t-p}+\boldsymbol{u}_t \tag{5.2.8}$$

其中，

$$\boldsymbol{B}_0=\begin{bmatrix}1 & -b_{12} & \cdots & -b_{1k}\\ -b_{21} & 1 & \cdots & -b_{2k}\\ \vdots & \vdots & \vdots & \vdots\\ -b_{k1} & -b_{k2} & \cdots & 1\end{bmatrix}\quad \boldsymbol{\Gamma}_i=\begin{bmatrix}\gamma_{11}^{(i)} & \gamma_{12}^{(i)} & \cdots & \gamma_{1k}^{(i)}\\ \gamma_{21}^{(i)} & \gamma_{22}^{(i)} & \cdots & \gamma_{2k}^{(i)}\\ \vdots & \vdots & \vdots & \vdots\\ \gamma_{k1}^{(i)} & \gamma_{k2}^{(i)} & \cdots & \gamma_{kk}^{(i)}\end{bmatrix}$$

可以将式(5.2.6) 写成滞后算子形式

$$\boldsymbol{B}(\boldsymbol{L})\boldsymbol{y}_t=\boldsymbol{u}_t,\quad \boldsymbol{E}(\boldsymbol{u}_t\boldsymbol{u}_t')=\boldsymbol{I}_k \tag{5.2.9}$$

其中 $\boldsymbol{B}(\boldsymbol{L})=\boldsymbol{B}_0-\boldsymbol{\Gamma}_1\boldsymbol{L}-\boldsymbol{\Gamma}_2\boldsymbol{L}^2-\cdots-\boldsymbol{\Gamma}_p\boldsymbol{L}^p$，$\boldsymbol{B}(\boldsymbol{L})$ 是滞后算子的 $k\times k$ 阶参数矩阵，$\boldsymbol{B}_0\neq\boldsymbol{I}_k$ 如果矩阵多项式 $\boldsymbol{B}(\boldsymbol{L})$ 可逆，则式(5.2.9) 可以写成

$$\boldsymbol{y}_t=\boldsymbol{D}(\boldsymbol{L})\boldsymbol{u}_t \tag{5.2.10}$$

其中，$\boldsymbol{D}(\boldsymbol{L})=\boldsymbol{B}(\boldsymbol{L})^{-1}=\boldsymbol{D}_0+\boldsymbol{D}_1\boldsymbol{L}+\boldsymbol{D}_2\boldsymbol{L}^2+\cdots;\boldsymbol{D}_0=\boldsymbol{B}_0^{-1}$

由式(5.2.7) 和(5.2.10) 可以得到：

$$\boldsymbol{C}(\boldsymbol{L})\boldsymbol{\varepsilon}_t=\boldsymbol{D}(\boldsymbol{L})\boldsymbol{u}_t \tag{5.2.11}$$

其对于任意的 t 均是成立的，该式称为典型的 SVAR 模型。由于 $C_0=I_k$，可得

$$\boldsymbol{C}_0\boldsymbol{\varepsilon}_t=\boldsymbol{\varepsilon}_t=\boldsymbol{D}_0\boldsymbol{u}_t \tag{5.2.12}$$

将式(5.2.11) 两端平方取期望，可得

$$\boldsymbol{D}_0\boldsymbol{D}'_0=\boldsymbol{\Sigma} \tag{5.2.13}$$

所以我们可以通过对 $\boldsymbol{D}_0$ 施加约束来识别 SVAR 模型。

本书讨论的SVAR模型,$\boldsymbol{B}_0$ 矩阵均是主对角元素为1的矩阵。如果 $\boldsymbol{B}_0$ 是一个下三角矩阵,则 SVAR 模型称为递归的 SVAR 模型。

更一般地,如果存在可逆矩阵 $\boldsymbol{A}^*$,$\boldsymbol{B}$ 是 $k\times k$ 阶的可逆矩阵,$\boldsymbol{A}^*$ 左乘 $\boldsymbol{A}(\boldsymbol{L})\boldsymbol{y}_t=\boldsymbol{\varepsilon}_t$,得到:

$$\boldsymbol{A}^*\boldsymbol{A}(\boldsymbol{L})\boldsymbol{y}_t=\boldsymbol{A}^*\boldsymbol{\varepsilon}_t \quad t=1,2,\cdots,T \tag{5.2.14}$$

如果 $\boldsymbol{A}^*$,$\boldsymbol{B}$ 满足如下条件:$\boldsymbol{A}^*\boldsymbol{\varepsilon}_t=\boldsymbol{B}\boldsymbol{u}_t$,$E(\boldsymbol{u}_t)=\boldsymbol{0}_k$,$E(\boldsymbol{u}_t\boldsymbol{u}_t')=I_k$,则称上述模型为 AB- 型 SVAR 模型。

5.2.2 SVAR 模型的识别和估计

SVAR 模型的识别问题即能否从模型简化式的参数估计得到相应结构式的参数估计。由于简化式(5.2.5) 利用最大似然估计法估计的参数个数为 $k^2p+(k^2+k)/2$;少于式(5.2.7) 中 k 元 p 阶的SVAR模型中需要估计的参数个数为 k^2p+K^2,要保证SVAR模型能够识别,也就是结构式参数都有正确的估计,需要另外施加约束条件使得简化式的未知参数不比结构式的未知参数少,这些约束条件可以是长期的,也可以是短期(同期)的。如果不对结构式参数进行约束,将出现模型不可识别的问题。

根据(5.2.11) 以及 $\boldsymbol{C}_0=\boldsymbol{I}_k$ 可知

$$\boldsymbol{\varepsilon}_t=\boldsymbol{D}_0\boldsymbol{u}_t, \tag{5.2.15}$$

进而有

$$\boldsymbol{C}(\boldsymbol{L})\boldsymbol{D}_0\boldsymbol{u}_t=\boldsymbol{D}(\boldsymbol{L})\boldsymbol{u}_t,$$

即

$$\boldsymbol{C}_i\boldsymbol{D}_0=\boldsymbol{D}_i, i=0,1,2,\cdots \tag{5.2.16}$$

因而可以通过直接对 $\boldsymbol{D}_0$ 施加短期约束来识别SVAR模型的整个结构系统。如果 $\boldsymbol{D}_0$ 是已知的,可以通过估计式(5.2.12) 和(5.2.16) 得到滞后多项式的结构系数和结构信息 $\boldsymbol{u}_t$,这些约束通常来自经济理论,表示经济变量和结构冲击之间有意义的长期关系和短期关系。

(1) 短期约束

短期约束通常直接施加在矩阵 $\boldsymbol{D}_0$ 上,表示经济变量对结构冲击的同期响应。

由式(5.2.15) 可知:

$$\boldsymbol{\Sigma}=E(\boldsymbol{\varepsilon}_t\boldsymbol{\varepsilon}_t')=\boldsymbol{D}_0-\boldsymbol{D}_t' \tag{5.2.17}$$

因而可以通过直接对 $\boldsymbol{D}_0$ 施加短期约束来识别SVAR模型。由于 $\boldsymbol{D}_0=\boldsymbol{B}_0^{-1}$,所以可以通过对 $\boldsymbol{B}_0$ 施加约束来识别模型,此时不仅要满足施加约束条件的个数,更多地还应考虑到实际的经济意义。

考虑更一般的情形,设同期关系模型为:

$$\boldsymbol{A}\boldsymbol{\varepsilon}_t=\boldsymbol{B}\boldsymbol{u}_t \tag{5.2.18}$$

对上式两端取期望可以得到:

$$\boldsymbol{A}\boldsymbol{\Sigma}\boldsymbol{A}'=\boldsymbol{B}\boldsymbol{B}' \tag{5.2.19}$$

为了能够识别结构模型(即识别 $\boldsymbol{\Sigma}$),则需要对估计参数施加 $2k^2$ 个约束(k 为变量个数),又由于式(5.2.19)左右两端为对称的,相当于施加了 $k(k+1)/2$ 个约束,故只需矩阵 $\boldsymbol{A}$ 和 $\boldsymbol{B}$ 再施加 $k(3k-1)/2$ 个约束即可识别 $\boldsymbol{\Sigma}$。特别地,对于式(5.2.17)的情形,有 $\boldsymbol{A}=\boldsymbol{B}_0$,$\boldsymbol{B}=\boldsymbol{I}_k$,已经满足识别模型的最低要求,可以再根据实际经济变量对模型施加额外约束。通常情况下,大都采用 0 约束排除法,例如通过乔里斯基(Choleskey)分解建立递归形式的短期约束。但是,一般短期约束的施加不必是下三角形式的,只要满足式(5.2.17),约束可以施加给 $\boldsymbol{D}_0$ 的任何元素。

(2) 长期约束

关于长期约束的概念最早是由布兰卡德(Blanchard)和柯(Quah)在 1989 年提出的,是为了识别模型供给冲击对产出长期的影响。施加在结构模型的系数矩阵 $\boldsymbol{D}_i$ 上的约束通常称为长期约束。

由式(5.2.11)和式(5.2.18),可知:

$$\boldsymbol{D}(\boldsymbol{L})=\boldsymbol{C}(\boldsymbol{L})\boldsymbol{A}^{-1}\boldsymbol{B} \tag{5.2.20}$$

由式(5.2.10)可知:

$$\boldsymbol{D}_i=\frac{\partial \boldsymbol{y}_{t+i}}{\partial \boldsymbol{u}_t},i=1,2,\cdots \tag{5.2.21}$$

式(5.2.21)也称脉冲响应函数。最常见的长期约束为对 $\boldsymbol{D}=\sum_{i=0}^{\infty}\boldsymbol{D}_i$ 的第 i 行第 j 列元素施加约束,该元素表示为第 i 个变量对第 j 个变量的结构冲击的累积响应,一般情形仍采用 0 约束形式,即 $D_{ij}=0$ 表示第 i 个变量对第 j 个变量的结构冲击的长期响应为 0。若不进行长期约束,则 $\boldsymbol{D}$ 中的各元素默认为 NA。

长期约束和短期约束是从两个不同的角度对模型进行限制,是我们应该同时考虑的。

脉冲响应分析和方差分解的基本思想在介绍 VAR 模型中已讨论,这里不再重复,仅在本小节 EViews 操作部分给出 SVAR 进行脉冲响应分析与方差分解的相应结果。

5.2.3 SVAR 模型的 EViews 实现

假定随机干扰项存在同期的相互影响。

(1)SVAR 模型的建立与估计

在建立 SVAR 模型之前,应该事先生成短期约束或长期约束矩阵,通常采用短期约束形式,以 3 阶为例是如下形式:

$$\boldsymbol{A}=\begin{bmatrix}1 & 0 & 0\\ NA & 1 & 0\\ NA & NA & 1\end{bmatrix},\boldsymbol{B}=\begin{bmatrix}NA & 0 & 0\\ 0 & NA & 0\\ 0 & 0 & NA\end{bmatrix}$$

这实际上是一种通过乔里斯基(Choleskey)分解建立的递归形式的短期约束,通过矩阵对象存放相应的值。

在工作文件窗口一次点击 Object/New Object,显示对话框如图 5.2.1 所示:

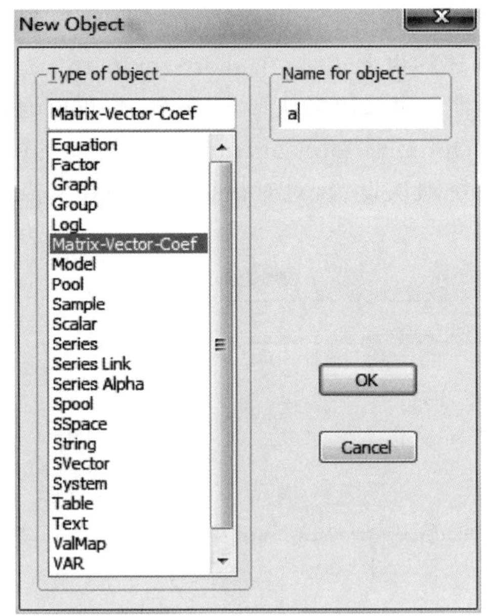

图 5.2.1　建立矩阵对象

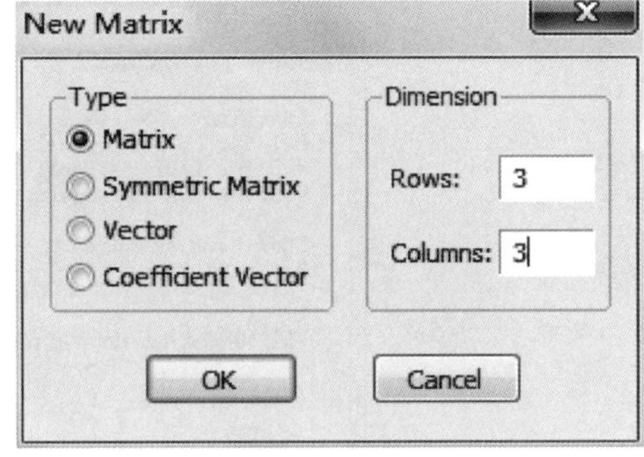

图 5.2.2　定义矩阵

在对话框中点击 Matrix-vector-Coef，并在右上角输入矩阵的命名，如 a，点击"OK"按钮，得到如图 5.2.2 对话框：

对话框左上方为矩阵的类型，通常选择"Matrix"，右侧需要定义矩阵的行和列。本例三个变量，定义 3 行 3 列，点击"OK"按钮，得到图 5.2.3，点击"Edit"，输入约束矩阵。类似地可定义矩阵 $\boldsymbol{B}$，为主对角线上均是缺失值 NA 的矩阵。因子结构即相应矩阵命名完成，可进行 SVAR 参数估计。

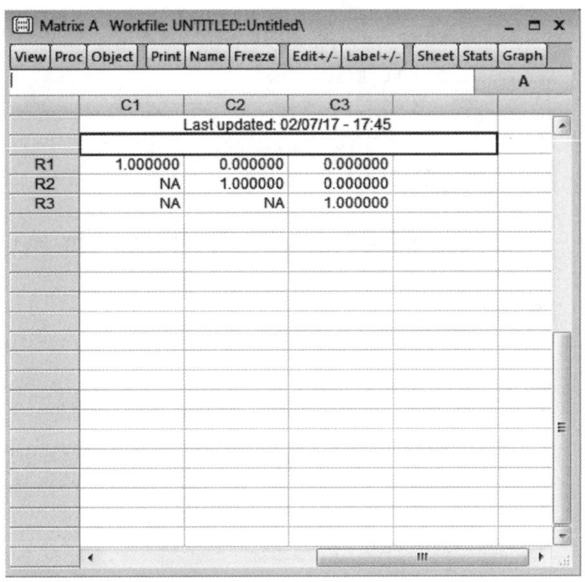

	C1	C2	C3
R1	1.000000	0.000000	0.000000
R2	NA	1.000000	0.000000
R3	NA	NA	1.000000

图 5.2.3　矩阵设置

进而，在 VAR 对象的工具栏中选择“Proc/Estimate Structural Factorization”，得到如图 5.2.4、图 5.2.5 对话框，当采用 Matrix 方式描述约束形式时，在 short-run patter 右侧空白区域输入短期约束矩阵对象的名称 a 和 b，长期约束采取默认形式；另外，也可以通过文本的方式描述短期和长期约束的形式。点击“Optimization Control”，得到图 5.2.6 对话框，可以对迭代控制选项进行设置，这里采用系统默认设置(对对话框进行解释)，点击“确定”按钮，得到图 5.2.7 所示的估计结果。

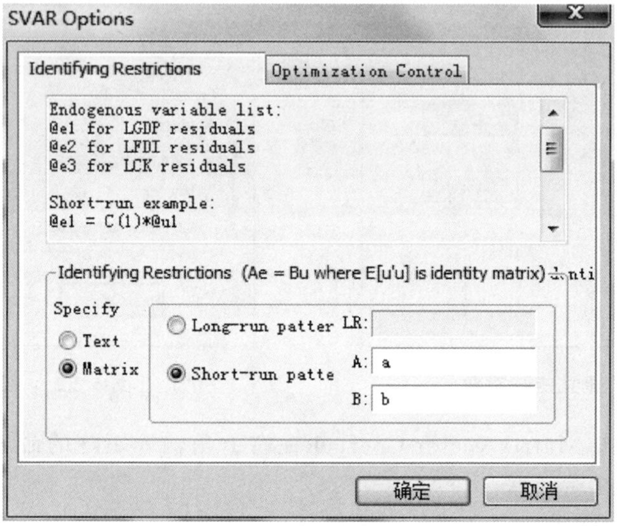

图 5.2.4　SVAR 模型估计定义框(1)

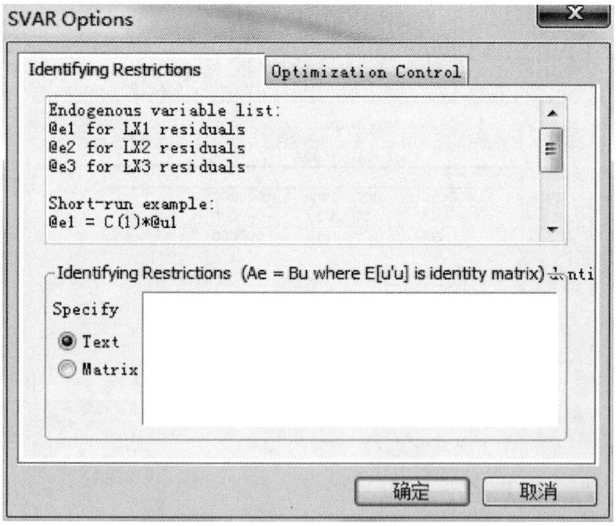

图 5.2.5　SVAR 模型估计定义框(2)

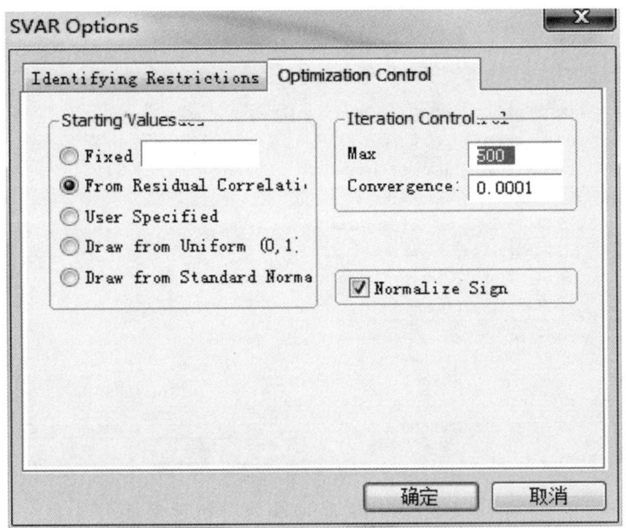

图 5.2.6　SVAR 模型估计定义框(3)

	Coefficient	Std. Error	z-Statistic	Prob.
C(1)	-3.037221	1.172613	-2.590130	0.0096
C(2)	-4.680839	0.522600	-8.956838	0.0000
C(3)	0.455697	0.076761	5.936539	0.0000
C(4)	0.028110	0.003825	7.348469	0.0000
C(5)	0.171278	0.023308	7.348469	0.0000
C(6)	0.068316	0.009297	7.348469	0.0000
Log likelihood	101.5977			
Estimated A matrix:				
1.000000	0.000000	0.000000		
-3.037221	1.000000	0.000000		
-4.680839	0.455697	1.000000		
Estimated B matrix:				
0.028110	0.000000	0.000000		
0.000000	0.171278	0.000000		
0.000000	0.000000	0.068316		

图 5.2.7　SVAR 模型估计结果

对于过度识别的模型，输出结果中还包括有关过度识别的 LR 检验结果：

$$LR = 2(l_u - l_R) = T(\mathrm{tr}(\boldsymbol{P})) - \log|\boldsymbol{P}| - k)$$

式中，$\boldsymbol{P} = \boldsymbol{A}^{-1}(\boldsymbol{B}^{-1})^T\boldsymbol{B}^{-1}\boldsymbol{A}\boldsymbol{\Sigma}$；LR 统计量近似服从 $x^2(q-k)$，q 为限制条件的个数。本例的似然比为 101.5977。

(2)SVAR 模型的脉冲响应与方差分解

整个过程与 VAR 模型类似，点击 Impulse Responses/Impulse Definition/Structural Decomposition，如图 5.2.8 对话框，输出方式可以是 Table、Multiple Graphs、Combined Graphs，点击“确定”按钮，得到如图 5.2.9 结果。

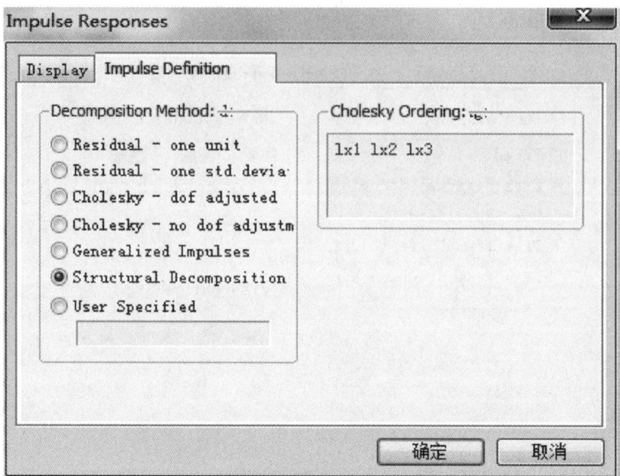

图 5.2.8 SVAR 脉冲响应分析定义框

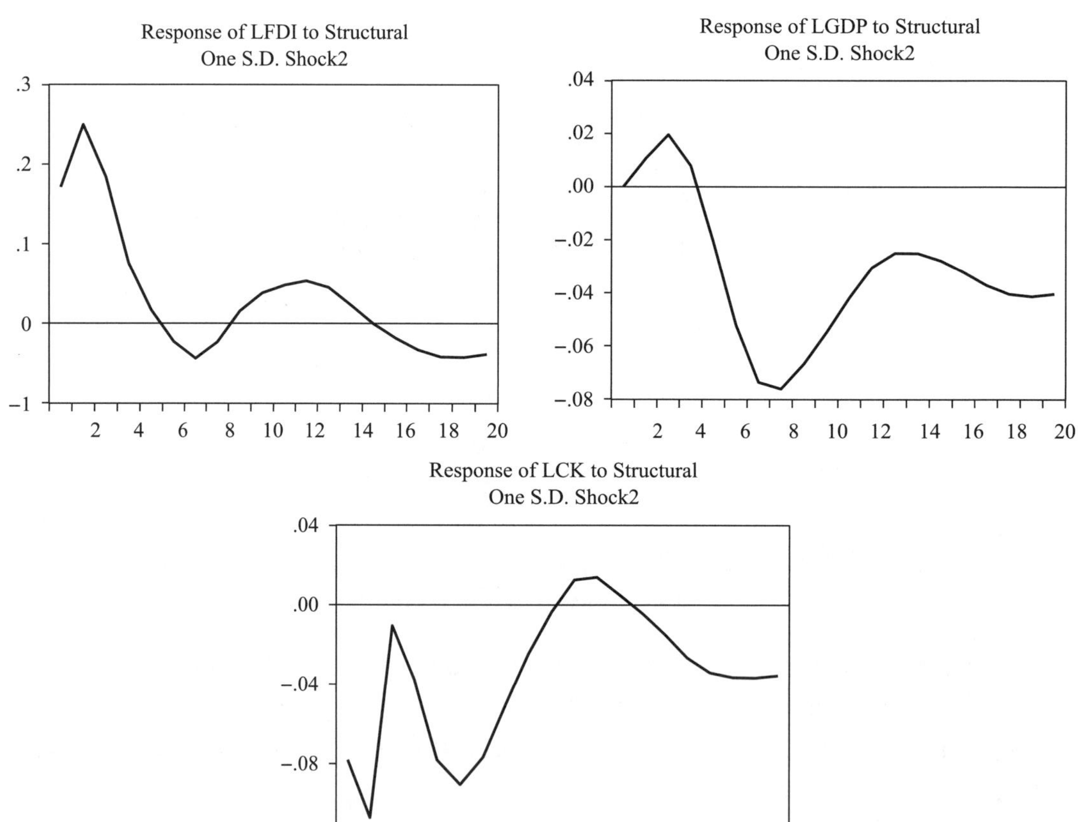

图 5.2.9 脉冲响应输出结果

图 5.2.9 显示了 SVAR 模型中 LGDP,LGDI,LCK 分别对 LFDI 的一个标准差的冲击的脉冲响应。SVAR 模型的方差分解同 VAR 模型的方差分解类似(后者在对话框中点击 Structural Decomposition,前者选择 Choleskey Decomposition),如果选择输出方式是组图,且只考虑 LFDI 的一个冲击造成的影响,如图 3.5.10 对话框。点击"确定"按钮,得到如图 5.2.11 所示结果:

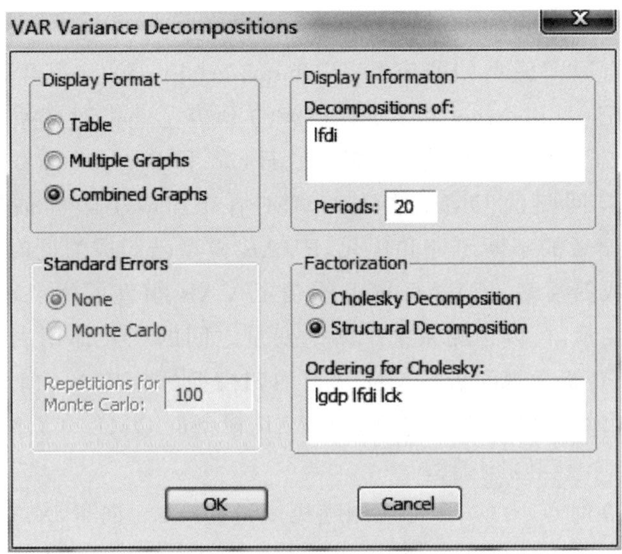

图 5.2.10　SVAR 模型方差分解定义框

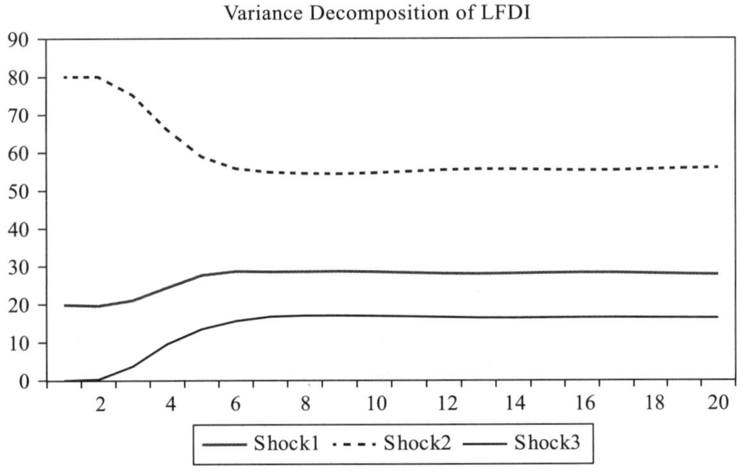

图 5.2.11　SVAR 模型方差分析结果

5.3 面板数据向量自回归模型

5.3.1 模型

面板数据向量自回归模型的研究始于 Chamberlain(1983) 基于混合数据情形的讨论；1988 年，Holtz-Eakin，Newey 和 Rosen(1988) 研究了一类时变系数的面板数据向量自回归模型，并提出了一种 2SLS 估计；Binder、Hsiao 和 Pesaran(2003) 给出了个体固定效应面板数据向量自回归的 QML 估计、GMM 估计和最小距离估计。此后，Love & Zicchino (2006) 等学者的不断研究和优化，PVAR 模型已经成为同时具有时间序列数据与面板数据优点的成熟模型。PVAR 模型沿袭了 VAR 模型的优点，即把系统中的所有变量都看作是内生变量，可以预测系统中多个变量之间的相互作用。本节主要分为两个部分，第一部分主要介绍微观面板数据向量自回归模型(即 PVAR 模型) 及其假设，第二部分介绍 Hsiao 给出的随机效应固定效应 PVAR 模型的 QML 和 GMM 估计。

(一) 面板数据向量自回归模型

设 $\boldsymbol{Y}_{it}$ 是个体 i 在时点 t 的 m 个可观测随机变量的 $m\times 1$ 向量，$\boldsymbol{X}_{it}$ 是个体 i 在时点 t 的 m 个可观测的确定性严格外生变量的 $m\times 1$ 向量，$\boldsymbol{\gamma}_i$ 是个体 i 的 m 个不可观测的个体固定效应的 $m\times 1$ 向量，$\boldsymbol{\Phi}_{it}$ 和 $\boldsymbol{\psi}_{it}$ 分别是 l 期之后变量 $\boldsymbol{Y}_{i,t-l}$ 和 $\boldsymbol{X}_{i,t-l}$ 的 $m\times m$ 系数矩阵，则称模型

$$\boldsymbol{Y}_{it}=\boldsymbol{\gamma}_0+\boldsymbol{\Phi}_{i1}\boldsymbol{Y}_{i,t-1}+\boldsymbol{\Phi}_{i2}\boldsymbol{Y}_{i,t-2}+\cdots+\boldsymbol{\Phi}_{ip}\boldsymbol{Y}_{i,t-p}+\boldsymbol{\psi}_{i1}\boldsymbol{X}_{i,t-1}+\boldsymbol{\psi}_{i2}\boldsymbol{X}_{i,t-2}+\cdots+\boldsymbol{\psi}_{ip}\boldsymbol{X}_{i,t-p}+\boldsymbol{\gamma}_i+u_{it}\quad (i=1,2,\cdots,N;t=p+1,p+2\cdots,T) \tag{5.3.1}$$

如果模型(5.3.1) 中滞后内生变量和外生变量的系数矩阵是非时变的，称模型

$$\boldsymbol{Y}_{it}=\boldsymbol{\gamma}_0+\boldsymbol{\Phi}_1\boldsymbol{Y}_{i,t-1}+\boldsymbol{\Phi}_2\boldsymbol{Y}_{i,t-2}+\cdots+\boldsymbol{\Phi}_p\boldsymbol{Y}_{i,t-p}+\boldsymbol{\psi}_1X_{i,t-1}+\boldsymbol{\psi}_2X_{i,t-2}+\cdots+\boldsymbol{\psi}_p\boldsymbol{X}_{i,t-p}+\boldsymbol{\gamma}_i+u_{it} \tag{5.3.2}$$

是个体固定效应向量自回归模型。

由于模型(5.3.1) 的估计方法只是常用的面板数据的个体固定效应向量自回归模型(5.3.2) 的估计方法的简单推广，所以，为了便于表述，本节重点讨论模型(5.3.2) 的假设和参数估计问题。

(二) 模型假设

假设 1　对于任意的 N 和 $T>p+3$，$\boldsymbol{Y}_{i1},\boldsymbol{Y}_{i2},\cdots,\boldsymbol{Y}_{it}$ 是可观测的。

为了较好地估计模型参数，假设模型(5.3.2) 的误差项 $\boldsymbol{u}_{it}$ 满足以下正交条件。

假设 2　对于 $i=1,2,\cdots,N;t=1,2\cdots,T;\boldsymbol{u}_{it}\sim \text{i.i.d}(\boldsymbol{0},\boldsymbol{\Omega})$，即 $\boldsymbol{u}_{it}$ 是具有零期望、协方差矩阵 $\boldsymbol{\Omega}$ 的独立同分布的随机变量

假设 3　对于 $s<t$，$\boldsymbol{Y}_{st}$，$\boldsymbol{X}_{it}$ 和 $\boldsymbol{\gamma}_i$ 与模型误差项 $\boldsymbol{u}_{it}$ 正交，即

$E(\boldsymbol{Y}_{it}\boldsymbol{u}_{it})=E(\boldsymbol{X}_{it}\boldsymbol{u}_{it})=E(\boldsymbol{\gamma}_i\boldsymbol{u}_{it})=\boldsymbol{0}$

显然,对于 $t>1$,变量 $\boldsymbol{Y}_{it}$ 和 $\boldsymbol{X}_{it}$ 的滞后变量 $\boldsymbol{Y}_{i,t-1}$ 和 $\boldsymbol{X}_{i,t-1}$ 是模型(5.3.2) 的工具变量。

(三)PVAR(p) 模型

(1) 模型设定

Binder、Hsiao 和 Pesaran(2003) 讨论的面板数据自回归系统的数据生成过程是

$$\Phi(L)\boldsymbol{Y}_{it}=\boldsymbol{Y}_{it}-\boldsymbol{\Phi}_i\boldsymbol{Y}_{i,t-1}-\boldsymbol{\Phi}_2\boldsymbol{Y}_{i,t-2}-\cdots-\boldsymbol{\Phi}_p\boldsymbol{Y}_{i,t-p}-\boldsymbol{\psi}_1\boldsymbol{X}_{i,t-1}-\boldsymbol{\psi}_2X_{i,t-2}-\cdots-\boldsymbol{\psi}_pX_{i,t-p}=\boldsymbol{\gamma}_i+\boldsymbol{u}_{it}\quad(i=1,2,\cdots,N;t=p+1,p+2\cdots,T)\tag{5.3.3}$$

其中,$\Phi(L)=1-\Phi_1L-\Phi_2L^2-\cdots-\Phi_pL^p$ 是滞后算子 L 的 p 阶多项式,并称

$$|\Phi(L)|=0$$

是模型 PVAR(p) 的 p 阶滞后算子 L 的特征方程。

为了简化谈论过程,Binder、Hsiao 和 Pesaran(2003) 分别研究了随机效应和固定效应的模型

$$\Phi(L)(\boldsymbol{Y}_{it}-\boldsymbol{\eta}_i-\boldsymbol{\delta}t)=\boldsymbol{u}_{it}\tag{5.3.4}$$

的参数估计,简称模型(5.3.4) 为 PVAR(p)。

实际上,根据特征方程 $|\Phi(L)|=0$ 根的分布,PVAR(p) 模型(5.3.4) 概括了模型(5.3.3) 的下面四种情形。

情形 1　如果特征方程 $|\Phi(L)|=0$ 的所有根均在单位圆外,并且存在 $m\times1$ 的向量 η_i,使得模型(5.3.3) 的固定效应向量 $\boldsymbol{\gamma}_i=-\boldsymbol{\Pi}\boldsymbol{\eta}_i$,其中 $\boldsymbol{\Pi}=-(\boldsymbol{I}_m-\sum_{i=1}^{p}\boldsymbol{\Phi}_i)$,则 PVAR($p$) 模型(5.3.3) 具有

$$\Phi(L)(\boldsymbol{Y}_{it}\quad\boldsymbol{\eta}_i)=\boldsymbol{u}_{it}\tag{5.3.5}$$

的形式,这时,模型(5.3.5) 被称为有固定效应的稳定 PVAR(p) 模型。

情形 2　如果特征方程 $|\Phi(L)|=0$ 的所有根均在单位圆外,并且存在 $m\times1$ 的向量 $\boldsymbol{\eta}_i$、$\boldsymbol{\delta}$,使得模型(5.3.3) 的固定效应向量

$$\boldsymbol{\gamma}_i=-\boldsymbol{\Pi}\boldsymbol{\eta}_i+\left(\sum_{i=1}^{p}\boldsymbol{\Phi}_i\right)\boldsymbol{\delta}-(\boldsymbol{\Pi}\boldsymbol{\delta})t$$

则 PVAR 模型(5.3.3) 具有

$$\Phi(L)(\boldsymbol{Y}_{it}-\boldsymbol{\eta}_i-\boldsymbol{\delta}t)=\boldsymbol{u}_{it}\tag{5.3.6}$$

的形式,其中,$\boldsymbol{\Pi}=-\left(\boldsymbol{I}_m-\sum_{i=1}^{p}\boldsymbol{\Phi}_i\right)$。

这时称模型(5.3.6) 为有固定效应的趋势稳定 PVAR 模型。

情形 3　如果特征方程 $|\Phi(L)|=0$ 存在单位根,$\Phi(L)=(1-L)\Phi^*(L)$,且存在 $m\times1$ 的向量 $\boldsymbol{\delta}$,使得模型(5.3.3) 的固定效应向量

$$\boldsymbol{\gamma}_i=\boldsymbol{\Pi}^*\boldsymbol{\delta}$$

则 PVAR 模型(5.3.3) 具有

$$\boldsymbol{\Phi}^*(L)\Delta\boldsymbol{Y}_{it}=\boldsymbol{\Pi}^*\boldsymbol{\delta}+\boldsymbol{u}_{it}\tag{5.3.7}$$

的形式，其中

$$\boldsymbol{\Phi}^{*}(L)=\boldsymbol{I}_{m}-\sum_{t=1}^{p-1}\boldsymbol{\Phi}^{*}L^{l}$$

$$\boldsymbol{\Pi}^{*}=-\left(\boldsymbol{I}_{m}-\sum_{l=1}^{p}\boldsymbol{\Phi}_{i}^{*}\right)$$

$$\boldsymbol{\Phi}_{l}^{*}=-\left(\boldsymbol{I}_{m}-\sum_{j=1}^{l}\boldsymbol{\Phi}_{j}\right)(l=1,2,\cdots,p-1)$$

这时称模型(5.3.7)是存在单位根的固定效应 PVAR 模型

情形4　如果特征方程 $|\Phi(L)|=0$ 的一些根在单位圆上，并且 $\text{rank}(\boldsymbol{\Pi})=r,0<r<m$，则模型(5.3.3)可以表示为固定效应的面板向量误差修正模型

$$\Delta\boldsymbol{Y}_{it}=\boldsymbol{\gamma}_{i}+(\boldsymbol{\Gamma}+\boldsymbol{\Pi})\boldsymbol{\delta}-\boldsymbol{\Pi}\boldsymbol{\delta}t+\boldsymbol{\Pi}\boldsymbol{Y}_{i,t-1}+\sum_{l=1}^{p-1}\boldsymbol{\Gamma}_{l}\boldsymbol{\Delta}\boldsymbol{Y}_{i,t-1}+\boldsymbol{u}_{it} \tag{5.3.8}$$

其中 $\boldsymbol{\Gamma}_{l}=-\sum_{s=l+1}^{p}\boldsymbol{\Phi}_{s}(l=1,2,\cdots,p-1)$；$\boldsymbol{\Pi}=\boldsymbol{JB}$，$\boldsymbol{J}$、$\boldsymbol{B}$ 是秩为 r 的 $m\times r$ 矩阵，并且分别于 $\boldsymbol{J}$、$\boldsymbol{B}$ 正交的 $m\times(m-r)$ 矩阵 $\boldsymbol{J}_{\perp}$、$\boldsymbol{B}_{\perp}$ 具有秩 $m-r$。

这时，称模型(5.3.8)是协整的固定效应 PVAR 模型。

实际上，模型(5.3.4)和模型

$$\boldsymbol{Y}_{it}=\boldsymbol{\gamma}_{i}+\boldsymbol{\Phi}_{1}\boldsymbol{Y}_{i,t-1}+\boldsymbol{\Phi}_{2}\boldsymbol{Y}_{i,t-2}+\cdots+\boldsymbol{\Phi}_{p}\boldsymbol{Y}_{i,t-p}+\boldsymbol{u}_{it} \tag{5.3.9}$$

是有区别的。

例如，当 $p=1$ 时模型(5.3.4)是

$$\boldsymbol{Y}_{it}=(\boldsymbol{I}_{m}-\boldsymbol{\Phi})\boldsymbol{\gamma}_{i}+\boldsymbol{\Phi}\boldsymbol{Y}_{i,t-1}+\boldsymbol{u}_{it} \tag{5.3.10}$$

模型(5.3.9)是

$$\boldsymbol{Y}_{it}=\boldsymbol{\gamma}_{i}+\boldsymbol{\Phi}\boldsymbol{Y}_{i,t-1}+\boldsymbol{u}_{it} \tag{5.3.11}$$

显然，在矩阵 $\boldsymbol{\Phi}$ 的特征根均在单位圆时，模型(5.3.10)和模型(5.3.11)是等价的。但是，当矩阵 $\boldsymbol{\Phi}$ 存在单位圆上的特征根时，模型(5.3.11)存在线性趋势项，而模型(5.3.10)不存在。因此，Binder、Hsiao 和 Pesaran(2003)分固定效应和随机效应两种情形，研究了模型(5.3.10)的估计。并且他们指出有关面板数据一阶向量自回归模型(5.3.10)的研究结果可以直接推广到 p 阶向量自回归模型(5.3.4)的情形，本节只介绍 PVAR(1)模型的 QML 估计和 GMM 估计。

(2) 模型假设

在模型 PVAR(p)满足假设 1 和假设 2 的情况下，模型(5.3.4)还需要满足以下两个假设。

假设 4　对于模型(5.3.4)，特征方程 $|\Phi(L)|=0$ 的根不在单位圆外。

设 $\boldsymbol{Z}_{it}=\boldsymbol{Y}_{it}-\boldsymbol{\gamma}_{i}$，则模型(5.3.10)可写为

$$(\boldsymbol{I}_{m}-\boldsymbol{\Phi}\boldsymbol{L})\boldsymbol{Z}_{it}=\boldsymbol{u}_{it}(t=1,2,\cdots,T)$$

$$\Delta\boldsymbol{Y}_{it}=-(\boldsymbol{I}_{m}-\boldsymbol{\Phi})(\boldsymbol{Y}_{i0}-\boldsymbol{\gamma}_{i})+\boldsymbol{u}_{it}$$

由于 T 是固定的，需要对 PVAR(R)模型(5.3.4)中 $\boldsymbol{Y}_{it}$ 的初始值 $\boldsymbol{Y}_{i0}$ 进行一些约束。

假设 5　模型(5.3.4) 中 $\boldsymbol{Z}_{it}$ 满足条件

(1)$\boldsymbol{Z}_{i0}=\boldsymbol{Y}_{i0}-\boldsymbol{\gamma}_i$ 关于个体是独立同分布的；

(2) 对于每个 i，$E(\boldsymbol{Z}_{i0})=\boldsymbol{O}_{m\times 1}$；

(3) 对于每个 i，$E(\boldsymbol{Z}_{i0}\boldsymbol{Z}'_{i0})=\sum_{Z0}$ 是非奇异矩阵。

(四) 随机效应 PVAR(1) 模型的 QML 估计

若模型(5.3.10) 的个体效应 $\boldsymbol{\gamma}_i$ 是随机的，为了估计模型，需要假设随机个体效应 $\boldsymbol{\gamma}_i$ 的分布满足以下条件。

假设 6　模型(5.3.11) 的个体效应 $\boldsymbol{\gamma}_i$ 使得

(1)$E(\boldsymbol{\gamma}_i)=\boldsymbol{O}_{m\times 1}$；

(2)$\mathrm{Var}(\boldsymbol{\gamma}_i)=\boldsymbol{\Omega}_r$；

(3) 对于所有个体 i 和 $t=1,2,\cdots,T$，$\mathrm{Cov}(\boldsymbol{\gamma}_i,\boldsymbol{u}_{it})=\boldsymbol{O}_{m\times m}$。

于是，再假设 1 ～ 6 下，对于所有的个体 i 和 $t=1,2,\cdots,T$，

$$\boldsymbol{R}_{it}=\begin{pmatrix}\boldsymbol{Y}_{i0}\\ \boldsymbol{\gamma}_i\\ \boldsymbol{u}_{ti}\end{pmatrix}\sim \mathrm{i.i.d}(0,\boldsymbol{\Omega}_R) \tag{5.3.12}$$

其中，

$$\boldsymbol{\Omega}_R=\begin{pmatrix}\boldsymbol{\Omega}_0 & \boldsymbol{\Omega}_{0\gamma} & \boldsymbol{0}\\ \boldsymbol{\Omega}_{0\gamma} & \boldsymbol{\Omega}_\gamma & \boldsymbol{0}\\ \boldsymbol{0} & \boldsymbol{0} & \boldsymbol{\Omega}_{it}\end{pmatrix},\boldsymbol{\Omega}_0=\mathrm{Var}(\boldsymbol{Y}_{i0})$$

并且 $\boldsymbol{\Omega}_0$ 和 $\boldsymbol{\Omega}_\gamma$ 分别是正定的和非负定的矩阵。

假设 7　对于所有所有个体 i 和 $t=1,2,\cdots,T$，矩阵 $\boldsymbol{R}_{ir}\boldsymbol{R}'_{ir}$ 存在有限的二阶矩。

设 $[2m^2+3m(m+1)/2]\times 1$ 向量

$$\boldsymbol{\theta}=(\varphi',\sigma'_{it},\sigma'_\gamma,\sigma'_0,\sigma'_{0\gamma})'$$

是模型(5.3.11) 的未知参数向量，其中，$\boldsymbol{\varphi}=\mathrm{Vech}(\boldsymbol{\Phi})$，$\boldsymbol{\sigma}_{it}=\mathrm{Vec}(\boldsymbol{\Omega}_{it})$，$\boldsymbol{\sigma}_\gamma=\mathrm{Vec}(\boldsymbol{\Omega}_\gamma)$，$\boldsymbol{\sigma}_0=\mathrm{Vec}(\boldsymbol{\Omega}_0)$，$\boldsymbol{\sigma}_{0\gamma}=\mathrm{Vech}(\boldsymbol{\Omega}_{0\gamma})$：这里的 Vech(•)，Vec(•)，分别是将矩阵元素按列从左到右和按行从上到下排列成列向量的算子。

假设 8　设模型(5.3.11) 的参数向量 $\boldsymbol{\theta}\in\Theta$，其中 Θ 是欧氏空间 $R^{2m^2+3m(m+1)/2}$ 的紧致子集，并且模型(5.3.11) 的真实参数向量 $\boldsymbol{\theta}_0$ 是 Θ 的内点。

未来估计随机效应模型(5.3.11) 的参数向量 $\boldsymbol{\theta}$，令

$$\boldsymbol{Y}_i=\begin{pmatrix}\boldsymbol{Y}_{i0}\\ \boldsymbol{Y}_{i1}\\ \vdots\\ \boldsymbol{Y}_{iT}\end{pmatrix},\boldsymbol{\eta}_i=\begin{pmatrix}\boldsymbol{Y}_{i0}\\ \boldsymbol{\gamma}_i+\boldsymbol{u}_{i1}\\ \vdots\\ \boldsymbol{\gamma}_{iT}+\boldsymbol{u}_{iT}\end{pmatrix},\boldsymbol{W}=\begin{pmatrix}\boldsymbol{I}_m & & & \boldsymbol{0}\\ -\boldsymbol{\Phi} & \boldsymbol{I}_m & & \\ & \ddots & \ddots & \\ \boldsymbol{0} & & -\boldsymbol{\Phi} & \boldsymbol{I}_m\end{pmatrix}_{(T+1)\times m(T+1)}$$

则

$$\eta_i=\boldsymbol{W}\boldsymbol{Y}_i \tag{5.3.13}$$

显然，$|W|=1$，并且从式(5.3.12) 得到

$$E(\boldsymbol{\eta}_i)=\boldsymbol{0},\mathrm{Var}(\boldsymbol{\eta}_i)=\sum\nolimits_{\eta}=\begin{pmatrix}\boldsymbol{\Omega}_0 & \boldsymbol{\iota}'_T\boldsymbol{\Omega}'_{0\gamma}\\ \boldsymbol{\iota}_T\otimes\boldsymbol{\Omega}_{0\gamma} & \boldsymbol{\iota}_T\otimes\boldsymbol{\Omega}_u+\boldsymbol{\iota}_T\boldsymbol{\iota}'_T\otimes\boldsymbol{\Omega}_\gamma\end{pmatrix}$$

其中 $\boldsymbol{\iota}_T$ 是 T 个 1 组成 $T\times 1$ 矩阵。

并且

$$E(\boldsymbol{Y}_i)=0,\mathrm{Var}(\boldsymbol{Y}_i)=\sum\nolimits_{Y}=\boldsymbol{W}^{-1}\sum\nolimits_{\eta}\boldsymbol{W}'^{-1}$$

于是，在 $\boldsymbol{u}_{it}$ 服从正态分布的假设下，模型(5.3.10) 参数向量 $\boldsymbol{\theta}$ 的对数似然函数是

$$L(\theta)=-\frac{mN(T+1)}{2}\ln(2\pi)-\frac{N}{2}\ln\left|\sum\nolimits_{\eta}\right|-\frac{N}{2}tr\left(\sum\nolimits_{Y}^{-1}\boldsymbol{S}_{N.Y}\right)$$

其中

$$S_{N.Y}=\frac{1}{N}\sum_{i=1}^{N}\boldsymbol{Y}_i\boldsymbol{Y}'_i$$

从而，利用 White(1994) 的 QML 估计技术，Binder、Hsiao 和 Pesaran(2003) 在模型(5.3.11) 满足假设 1 ～ 8 的条件下，当 $N\to\infty$ 时，参数向量 θ 的 QML 估计

$$\hat{\theta}_{QML}=\arg\max_{\theta}L(\theta)$$

是一致估计，且 $S_{N.Y}\xrightarrow{a.s.}\sum_{Y}$。

(五) 固定效应 PVAR(1) 模型的 GMM 估计

在前面讨论的随机效应 PVAR(1) 模型(5.3.11) 中，个体效应不存在确定性的时间趋势项，而在多数经济数据中存在时间趋势因素。所以，本节研究有共同确定性时间趋势的固定效应 PVAR(1) 模型

$$(I_m-\Phi L)(\boldsymbol{Y}_{it}-\lambda_i-\delta t)=\boldsymbol{u}_{it} \qquad (5.3.14)$$

的 GMM 估计。

对于个体 i，模型(5.3.14) 的一阶差分形式

$$\Delta\boldsymbol{Y}_{it}-\boldsymbol{\delta}=\boldsymbol{\Phi}(\Delta\boldsymbol{Y}_{i,t-1}-\boldsymbol{\delta})+\Delta\boldsymbol{u}_{it} \quad (t=2,3,\cdots,T) \qquad (5.3.15)$$

于是，得到矩条件

$$E\{[\Delta\boldsymbol{Y}_{it}-\boldsymbol{\delta}-\boldsymbol{\Phi}(\Delta\boldsymbol{Y}_{i,t-1}-\boldsymbol{\delta})]\boldsymbol{Q}_{it}\}=0 \quad (t=2,3,\cdots,T) \qquad (5.3.16)$$

其中 $\boldsymbol{Q}_{it}=(1,Y'_{i0},Y'_{i1},\cdots,Y'_{i,t-2})'$。

令 $\Delta\boldsymbol{Y}_i=(\Delta Y_{i2},\Delta Y_{i3},\cdots,\Delta Y_{iT})',\Delta\boldsymbol{u}_i=(\Delta u_{i2},\Delta u_{i3},\cdots,\Delta u_{iT})'$，

$\Delta\boldsymbol{Y}_{i,-1}=(\Delta Y_{i1},\Delta Y_{i2},\cdots\Delta Y_{i,T-1})',\boldsymbol{R}_i=[\Delta Y_{i,-1},\iota_{T-1}],\boldsymbol{\Lambda}=[\boldsymbol{\Phi},\boldsymbol{\psi}],\boldsymbol{\psi}=(\boldsymbol{I}_m-\boldsymbol{\Phi})\boldsymbol{\delta}$。

将 $T-1$ 个(5.3.15) 堆积得到

$$\Delta\boldsymbol{Y}_i=\boldsymbol{R}_i\boldsymbol{\Lambda}+\boldsymbol{\Delta u}_i \qquad (i=1,2,\cdots,N) \qquad (5.3.17)$$

同时，(5.3.17) 式左乘工具变量矩阵

$$\boldsymbol{Q}_i=\begin{bmatrix}Q_{i2} & 0 & \cdots & 0\\ 0 & Q_{i3} & \cdots & 0\\ \vdots & \vdots & & \vdots\\ 0 & 0 & \cdots & Q_{iT}\end{bmatrix} \qquad (5.3.18)$$

$$\boldsymbol{Q}_i\Delta\boldsymbol{Y}_i=\boldsymbol{Q}_i\boldsymbol{R}_i\boldsymbol{\Lambda}+\boldsymbol{Q}_i\Delta\boldsymbol{u}_i$$

$$(\boldsymbol{Q}_i\otimes\boldsymbol{I}_m)\mathrm{Vec}(\Delta\boldsymbol{Y}_i)=(\boldsymbol{Q}_i\boldsymbol{R}_i\otimes\boldsymbol{I}_m)\mathrm{Vec}(\boldsymbol{\Lambda})+(\boldsymbol{Q}_i\otimes\boldsymbol{I}_m)\mathrm{Vec}(\Delta\boldsymbol{u}_i)$$

Binder、Hsiao 和 Pesaran(2003) 通过求解最小化问题

$$\min_{\lambda}\left\{\left[\sum_{i=1}^{N}((\boldsymbol{Q}_i\otimes\boldsymbol{I}_m)\mathrm{Vec}(\Delta\boldsymbol{Y}_i)-(\boldsymbol{Q}_i\boldsymbol{R}_i\otimes\boldsymbol{I}_m)\mathrm{Vec}(\boldsymbol{\Lambda}))\right]'\times\right.$$
$$\left[\sum_{i=1}^{N}(\boldsymbol{Q}_i\otimes\boldsymbol{I}_m)\sum(\boldsymbol{Q}_i\otimes\boldsymbol{I}_m)'\right]^{-1}\times$$
$$\left.\left[\sum_{i=1}^{N}((\boldsymbol{Q}_i\otimes\boldsymbol{I}_m)\mathrm{Vec}(\Delta\boldsymbol{Y}_i)-(\boldsymbol{Q}_i\boldsymbol{R}_i\otimes\boldsymbol{I}_m)\mathrm{Vec}(\boldsymbol{\Lambda})\right]\right\}$$

的解，得到 $\boldsymbol{\Lambda}$ 的估计。其中，

$$\sum=\begin{pmatrix}2\boldsymbol{\Omega} & -\boldsymbol{\Omega} & 0 & \cdots & 0\\ -\boldsymbol{\Omega} & 2\boldsymbol{\Omega} & -\boldsymbol{\Omega} & \cdots & 0\\ 0 & -\boldsymbol{\Omega} & 2\boldsymbol{\Omega} & \cdots & 0\\ \vdots & \vdots & \vdots & & \vdots\\ 0 & 0 & 0 & \cdots & 2\boldsymbol{\Omega}\end{pmatrix}$$

并且，通过求解矩条件方程

$$E\{[(\Delta\boldsymbol{Y}_{it}-\boldsymbol{\delta})-\boldsymbol{\Phi}(\Delta\boldsymbol{Y}_{i,t-1}-\boldsymbol{\delta})][(\Delta\boldsymbol{Y}_{it}-\boldsymbol{\delta})-\boldsymbol{\Phi}(\Delta\boldsymbol{Y}_{i,t-1}-\boldsymbol{\delta}]'-2\boldsymbol{\Omega}\}=0\quad(t=2,3,\cdots,T)$$

可以得到估计 $\boldsymbol{u}_{it}$ 的协方差矩阵 $\boldsymbol{\Omega}$。

如果特征方程 $|\Phi(L)|=0$ 的所有根均在单位圆之外，即模型(5.3.14) 是趋势平稳 PVAR 过程，则当 $N\to\infty$ 时，上述 GMM 估计是一致的，并且服从渐近正态分布。

5.3.2 实例

例 5.3.1　利用 Michael R.M. Abrigo and Inessa Love(2015) 提供的案例和程序演示 PVAR 模型 Stata 软件实现的操作步骤。我们利用的数据是取自美国 1968 年到 1978 年的全国纵向调查中的样本数据，样本包括 2 039 名女性，她们的工资(美元) 和每年工作时间(小时) 至少经过三轮调查，其中两项是连续数年。霍尔茨 - 埃金等人采用了相同的调查方法，但在不同的时间段和不同的员工样本中，结果可能无法直接比较。在将提供的“5.3.1.dta” 数据文件导入 Stata 后的软件操作步骤如下：

(1) 进行面板数据的单位根检验，确保面板数据平稳，若不平稳可取对数或进行差分后使其平稳，使用处理后的平稳面板变量建立模型可以保证模型的准确性和稳定性。因为主要是进行 PVAR 模型的操作，本例直接给出的是平稳的面板数据 wage 和 hours。

(2) 由于 pvar 属于外部命令，因此首先需要在 Stata 中安装 pvar 命令，对于 Stata15 版本以上的软件，可以直接通过命令 h pvar，在弹出的文件窗口中，点击 st0455 链接进行安装，如图 5.3.1 所示。

图 5.3.1 PVAR 命令安装示意图

(3) 安装完毕后，使用 pvarsoc 命令获取滞后阶数选择的统计量。对 1 ～ 3 阶滞后面板 VAR 的模型进行选择，使用前 1/4 的小时和工资作为工具。在 Stata 中输入命令：

gen wage＝exp(ln_wage)

pvarsoc wage hours，maxlag(3) pvaropts(instl (1/4))

Enter 键后的结果如图 5.3.2 所示。

```
Selection order criteria
Sample:  72 - 72                              No. of obs      =       376
                                              No. of panels   =       376
                                              Ave. no. of T   =     1.000
```

lag	CD	J	J pvalue	MBIC	MAIC	MQIC
1	1	12.76614	.386265	-58.38893	-11.23386	-29.95277
2	1	2.524654	.9605714	-44.91206	-13.47535	-25.95462
3	1	1.812524	.7701902	-21.90583	-6.187476	-12.42712

图 5.3.2 PVAR 模型滞后阶数选择结果图

根据安德鲁斯和鲁(2001) 的三种模型选择标准和整体的模型确定系数，一阶面板

VAR 是首选模型，因为它具有最小的 MBIC、MAIC 和 MQIC。虽然我们也要尽量减少 Hansen 的 J 统计量，但它并不适用于模型中的自由度，如 Andrews 和 Lu 的模型选择标准。

（4）使用 pvar 命令进行模型回归。基于选择标准，我们采用了一种基于实现 pvar 的 GMM 评估的一阶面板 VAR 模型，在 Stata 中输入命令

pvar wage hours,instl(1/4)

结果如图 5.3.3 所示：

```
Final GMM Criterion Q(b) =      .0182
Initial weight matrix: Identity
GMM weight matrix:     Robust
                                              No. of obs       =       683
                                              No. of panels    =       456
                                              Ave. no. of T    =     1.498
```

	Coef.	Std. Err.	z	P>|z|	[95% Conf. Interval]	
wage						
wage L1.	.720115	.206907	3.48	0.001	.3145847	1.125645
hours L1.	-.0018692	.0325551	-0.06	0.954	-.0656759	.0619376
hours						
wage L1.	-.3681637	.5447273	-0.68	0.499	-1.43581	.6994823
hours L1.	.2657025	.1070334	2.48	0.013	.0559208	.4754842

Instruments : l(1/4).(wage hours)

图 5.3.3　GMM 的 PVAR 模型回归估计结果

可以看到，在回归中包含的 456 名女性比数据中可用的女性样本要少得多。默认情况下，PVAR 会从在回归过程中忽略样本中缺少数据的观测值。由于所有女性的工作时间和工资数据并不包含所有年份的观测值，所以在样本中，观察的数量随着变量滞后阶数的增加而逐渐减少。

（5）对于此种现象，我们可以使用由霍尔茨-埃金所提出的“GMM-style”工具来改进估计，而在缺少值的情况下，工具的滞后值被替换为零。这增加了回归的样本，从而得到更有效的参数估计值，在 Stata 中输入命令

pvar wage hours,instl(1/4) gmmstyle

得到如图 5.3.4 所示结果：

```
Final GMM Criterion Q(b) =     .00466
Initial weight matrix: Identity
GMM weight matrix:     Robust
                                                No. of obs      =      4528
                                                No. of panels   =      1808
                                                Ave. no. of T   =     2.504
```

	Coef.	Std. Err.	z	P>|z|	[95% Conf.	Interval]
wage						
wage L1.	.9929798	.0908449	10.93	0.000	.814927	1.171032
hours L1.	.1078616	.0320306	3.37	0.001	.0450828	.1706404
hours						
wage L1.	-1.381493	.2661892	-5.19	0.000	-1.903215	-.8597722
hours L1.	-.0530505	.0767666	-0.69	0.490	-.2035103	.0974093

```
Instruments : l(1/4).(wage hours)
```

图 5.3.4 使用 GMM-style 的 PVAR 模型回归估计结果

(6) 尽管Granger的一阶面板的因果关系可以从PVAR的输出中推断出来,但我们仍然用 PVAR 格兰杰作为一个例子来进行测试,在 Stata 中输入命令:

pvargranger

得到结果如图 5.3.5 所示。

```
panel VAR-Granger causality Wald test
  Ho: Excluded variable does not Granger-cause Equation variable
  Ha: Excluded variable Granger-causes Equation variable
```

Equation \ Excluded	chi2	df	Prob > chi2
wage			
hours	11.340	1	0.001
ALL	11.340	1	0.001
hours			
wage	26.935	1	0.000
ALL	26.935	1	0.000

图 5.3.5 使用 GMM-style 的 PVAR 模型格兰杰检验结果

如图 5.3.5 所示,Granger 的因果测试结果显示,在置信区间内,工资是时间的格兰杰原因,时间也是工资的格兰杰原因,这与霍尔茨 - 埃金的发现类似。

(7) 面板向量自回归模型估计很少被它自己解释。在实践中,研究人员常常对外生变量的变化对面板 VAR 系统各个内生变量和其他变量的冲击感兴趣。在估计脉冲响应函数(IRF)和预测误差方差分解(FEVD)之前,我们首先检查了回归的面板 VAR 的稳定性,输入如下命令：

pvarstable,graph

得到如图 5.3.6 所示的表格和特征值的图,根据下面所得到的稳定性检验表和图,不难发现,上述所建立的 PVAR 模型的内生变量间是稳定的。

Eigenvalue stability condition

Eigenvalue Real	Eigenvalue Imaginary	Modulus
.8228594	0	.8228594
.1170699	0	.1170699

图 5.3.6　PVAR 模型回归结平稳性检验表

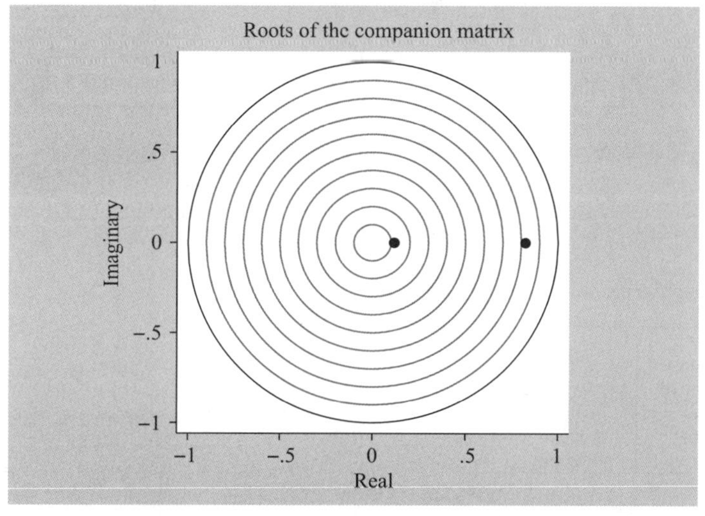

图 5.3.7　PVAR 模型回归结果平稳性检验图

(8) 根据上述 Granger 的因果检验结果,我们认为工资水平的冲击会直接影响到当时的工作时间,而当前的工作只会影响到未来的工资水平。基于这种因果关系,我们使用命令

pvarfevd,mc(200)

pvarirf,mc(200) oirf byopt(yrescale)

利用基于估计模型的 200 个蒙特卡罗方法,得到该 PVAR 模型的方差分解表格和脉冲响应图,如图 5.3.8 所示。

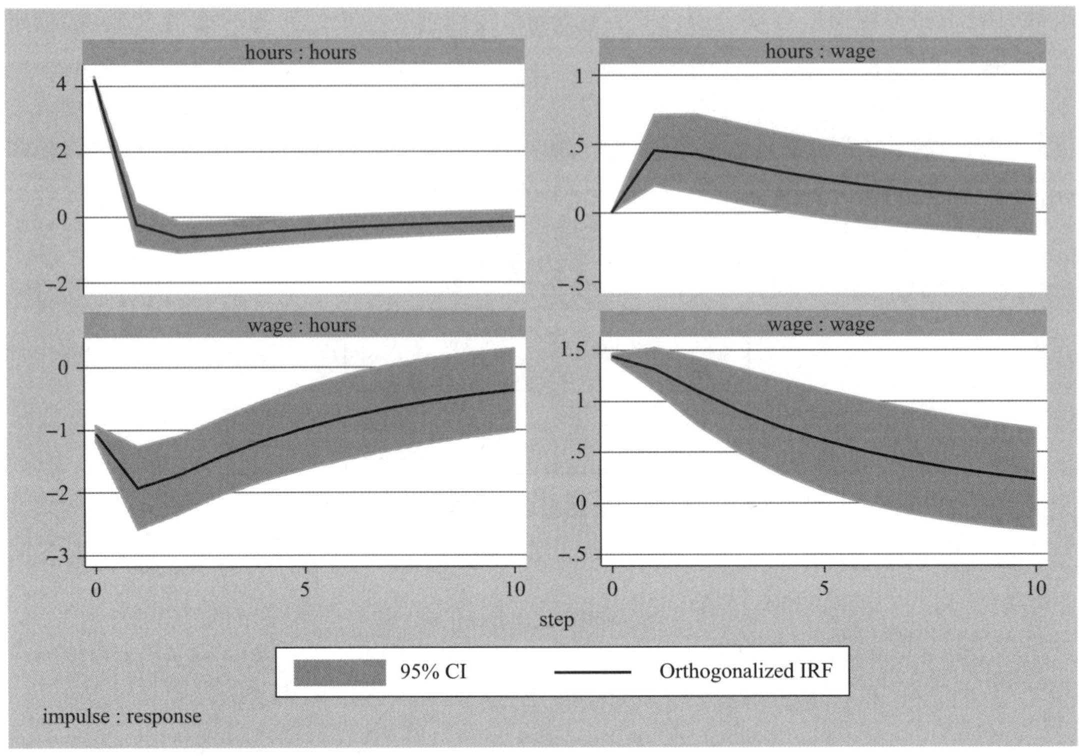

图 5.3.8 PVAR 模型脉冲响应图

Forecast-error variance decomposition

Response variable and Forecast horizon	Impulse variable wage	hours
wage		
0	0	0
1	1	0
2	.9485007	.0514994
3	.9279414	.0720586
4	.9185348	.0814652
5	.9135616	.0864383
6	.9106783	.0893217
7	.90891	.0910899
8	.9077874	.0922126
9	.9070589	.0929411
10	.9065793	.0934207
hours		
0	0	0
1	.05916	.94084
2	.2141947	.7858053
3	.3000483	.6999517
4	.3470037	.6529964
5	.3746337	.6253663
6	.3917269	.6082731
7	.4026389	.5973611
8	.4097458	.5902542
9	.4144348	.5855651
10	.4175552	.5824448

图 5.3.9 PVAR 模型方差分解表

根据方差分解的结果，我们可以看到，女性工作时间的变化大概有 40% 可以由他们工资变化来解释。另外，工作时间仅能解释未来女性工资变化的 10% 左右。

根据上面脉冲响应图，可以看出实际工资的冲击会在前期减少努力工作的时间，意味着样本中女性劳动力供给会下降。另外，对工作时间的冲击对工作时间和工资都有积极而短暂的影响。最后，对工资的冲击会对未来工资有持续的积极影响。

5.4 马尔可夫区制转换向量自回归模型

一般假设模型观测值是连续的，区制转换由可观测的内生或外生变量决定，然而现实生活中，未来的状态变化往往只与前一期的状态有关，而与比前一期更早的状态没有关系，例如液体中微粒所作的布朗运动、传染病受感染的人数、车站的候车人数等，而马尔可夫区制转换模型的提出能够有效地刻画这些现实普遍存在的现象。而将马尔可夫区制转换模型与多元时间变量的向量自回归模型(VAR)的结合，将能进一步推动经济系统动态性研究。

马尔可夫区制转换(Markov switch)模型最先由Hamilton(1989)提出的。该模型假设模型观测值服从离散的马尔可夫随机过程，这个过程是可以利用转移概率定义的。马尔可夫区制转换模型作为一种非线性回归模型，在分析变量之间非线性、非对称性问题上具有明显优势，马尔可夫模型的所有系数是可以根据区制的转换而变动的，在同一区制中系数和系数方差是不变的，但当区制发生变化时系数和方差会随之改变，区制与区制之间的转换有相应的转移概率。Krolzig(1997)、Ehrmann(2003)等将马尔可夫链引入向量自回归模型，提出了马尔可夫区制转换向量自回归模型(MS-VAR)(markov switching vector autoregressions)，MS-VAR是分析遵从区制转换的多变量时间序列向量自回归计量模型，MS-VAR的提出为在不同区制下估计VAR模型提供了一般性计量工具。

Krolzig(1997)详细阐述其模型时，同时指出MS-VAR具有如下几个优点：(1)与其他模型不同的是，不是预先设定各个状态的时间段，而是自动从样本数据中捕获过去的状态信息；(2)在对参数进行一致有效估计的基础上，能够进一步给出状态转换的概率矩阵，即可以从样本数据中计算出经济处于某个状态的概率；(3)当经济从某个状态转换到另一状态时，能够自动矫正模型的参数，得到某个特定状态下的模型，并描述特定状态及状态转变时变量的动态特征和相互关系；(4)MS-VAR能较好的预测出未来状态转换的概率值。MS-VAR的缺点是只能对各状态进行统计性质分析，而无法给出不同状态的经济含义。

5.4.1 马尔可夫区制转换向量自回归模型表达及类型

MS-VAR模型相比传统向量自回归模型(VAR)的最大优势在于它允许模型参数随着样本数据中可能存在的不可观测的区制状态变量转换而变化，而且该状态变量一般遵循马尔可夫区制转换过程。

对于滞后 p 阶的MS-VAR模型来说，其一般的形式为：

$$Y_t = v(s_t) + A_1(s_t)Y_{t-1} + \cdots + A_p(s_t)Y_{t-p} + \varepsilon_t$$
$$\varepsilon_t \sim \text{i.i.d.} N(0, \sum(s_t)) \tag{5.4.1}$$

其中，s_t 表示不可观测的区制变量，是所处的不同区制状态，可以看作是不同的运行阶段。s_t 表示存在 M 种状态的一阶 Markov 区制转换变量，是一个随机变量，且在 t 时刻所处的状态只与 $t-1$ 时刻有关，与 $t-1$ 时刻以前的时刻无关，若用 p_{ij} 表示为从区制 i 转换到区制 j 的概率$(i,j \in \{1,2,\cdots,M\})$，则有如下的表达式：

$$p_{ij} = \Pr(s_{t+1} = j \mid s_t = i) = \Pr(s_{t+1} = j \mid s_t = i, s_{t-1} = k, \cdots)$$

$$\sum p_{ij} = 1 \tag{5.4.2}$$

上式中 M 为区制状态的数量。假设样本数据中存在三种区制状态，则 $s_t = \{1,2,3\}$，各种状态之间的转换概率矩阵为：

$$\boldsymbol{P} = \begin{bmatrix} p_{11} & p_{12} & p_{13} \\ p_{21} & p_{22} & p_{23} \\ p_{31} & p_{32} & p_{33} \end{bmatrix} \tag{5.4.3}$$

显然，对于转移概率矩阵的每一行都有：

$$p_{i1} + p_{i2} + p_{i3} = 1, i = 1,2,3$$

当 $m = 1,2,\cdots,M$ 时，MS-VAR 的一般形式可进一步写成如下形式：

$$Y_t = \begin{cases} v_1 + A_{11}Y_{t-1} + \cdots + A_{p1}Y_{t-p} + \sum_1^{1/2} \mu_t, s_t = 1 \\ v_2 + A_{12}Y_{t-1} + \cdots + A_{p2}Y_{t-p} + \sum_2^{1/2} \mu_t, s_t = 2 \\ \vdots \\ v_M + A_{1M}Y_{t-1} + \cdots + A_{pM}Y_{t-p} + \sum_M^{1/2} \mu_t, s_t = M \end{cases} \tag{5.4.5}$$

其中 μ_t 的协方差矩阵为单位矩阵。

均值出现区制转换的模型为

$$Y_t - \mu(s_t) = A_1(s_t)(Y_{t-1} - \mu(s_{t-1})) + \cdots + A_p(s_t)(Y_{t-p} - \mu(s_{t-p})) + \varepsilon_t \tag{5.4.6}$$

为了表述的方便，这里分别用 M、I、A、H 来代表 MS-VAR 模型中每个方程中的均值、截距、系数和方差的区制转换。

对于 p 阶的模型，如果方程中的 M、I、A 和 H 中的某一个变量随 s_t 的变化而变化，相应的可以得到 MSM-VAR(p)、MSI-VAR(p)、MSA-VAR(p) 和 MSH-VAR(p) 模型。如果 M 和 H 同时随 s_t 的变化而变化，则可以得到 MSMH-VAR(p) 模型；如果 I 和 H 同时随 s_t 的变化而变化，则可以得到 MSIH-VAR(p) 模型；如果 I、A 和 H 同时随 s_t 的变化而变化，则可以得到 MSMAH-VAR(p) 模型。

对于存在三种区制、同时滞后 p 阶，而且方程的截距和方差随状态变量调整的 MSIH(3) − VAR(p) 模型可写成：

$$Y_t = \begin{cases} v_1 + A_{11}Y_{t-1} + \cdots + A_{p1}Y_{t-p} + \sum_1^{1/2} \mu_t, s_t = 1 \\ v_2 + A_{12}Y_{t-1} + \cdots + A_{p2}Y_{t-p} + \sum_2^{1/2} \mu_t, s_t = 2 \\ v_3 + A_{13}Y_{t-1} + \cdots + A_{p3}Y_{t-p} + \sum_3^{1/2} \mu_t, s_t = 3 \end{cases}$$

同时，MS-VAR 模型在实证研究中可以根据现实研究特征假定参数是否随着区制的改变而变动，根据不同的假设，MS-VAR模型有着不同的形式，具体见表5.4.1，其中A_j代表自回归参数。

表 5.4.1　MS-VAR 模型的设定形式

说明		MSH(均值模型)		MSI(截距模型)	
		μ 可变	μ 不变	ν 可变	ν 不变
A_j 不变	$\sum$ 不变	MSM-VAR	Liner MVAR	MSI-VAR	Liner VAR
	$\sum$ 可变	MSMH-VAR	MSH-VAR	MSIH-VAR	MSH-VAR
A_j 可变	$\sum$ 不变	MSMA-VAR	MSA-VAR	MSIA-VAR	MSA-VAR
	$\sum$ 可变	MSMAH-VAR	MSAH-VAR	MSIAH-VAR	MSAH-VAR

5.4.2 马尔可夫区制转换向量自回归模型的估计

对 MS-VAR 模型的基本形式简单介绍完后，接下来对 MS-VAR 模型的判断准则及估计方法进行简单的说明。

要应用 MS 模型，变量首先需要满足平稳性要求，因此需要进行单位根检验。其次，需要进行非线性检验，Hansen(1992) 提出的一种似然比检验，其原假设 H_0：单状态线性模型；备择假设 H1：非线性区制转换模型。该假设的检验统计量为：

$$LR = LR(m) - LR(l) \sim \chi^2(k) \tag{5.4.7}$$

其中，k 表示两个模型待估参数个数之差，LR(l) 表示线性模型的最大似然值，LR(m) 表示 Markov 区制转换模型的最大似然值。在原假设成立的条件下，似然比统计量 LR 渐近服从自由度为 k 的卡方(Chi) 分布。如果拒绝原假设，则该变量适用于 MS 模型。

对于一个给定区制 S_t 以及滞后内生变量$\boldsymbol{Y}_{t-1}=(Y_{t-1},Y_{t-2},\cdots,Y_1,Y_0,\cdots,Y_{1-p})'$的条件下，$Y_t$ 概率分布密度函数给定为$P(\boldsymbol{Y}_t \mid s_t,\boldsymbol{Y}_{t-1})$。假设设定的 MS-VAR 模型的随机扰动项误差项 $\boldsymbol{\mu}_t$ 服从正态分布，则有：

$$P(\boldsymbol{Y}_t \mid s_t = l_m, \boldsymbol{Y}_{t-1}) = \ln(2\pi)^{-1/2}\ln\left|\sum\right|^{-1/2}\exp\{(\boldsymbol{Y}_t - \boldsymbol{Y}_{mt})'\sum\nolimits_m^{-1}(\boldsymbol{Y}_t - \bar{\boldsymbol{Y}}_{mt})\} \tag{5.4.8}$$

其中，$\bar{Y}_{mt}=E(Y_t \mid s_t,Y_{t-1})$代表$\boldsymbol{Y}_t$在区制$m$的条件预期。因而对于给定区制$s_t$的情况下的$\boldsymbol{Y}_t$的条件密度服从正态分布。有：

$$\boldsymbol{Y}_t \mid s_t = m, \boldsymbol{Y}_{t-1} \sim \text{NID}(\bar{\boldsymbol{Y}}_{mt}, \sum\nolimits_m) \tag{5.4.9}$$

其中，条件均值 $\bar{Y}_{mt}$ 可以写成一个向量的形式$\bar{\boldsymbol{Y}}_t$。例如，MSI 模型的形式中的$\bar{\boldsymbol{Y}}_t$可以写为：

$$\bar{\boldsymbol{Y}}_t = \begin{bmatrix} \bar{Y}_{1t} \\ \vdots \\ \bar{Y}_{mt} \end{bmatrix} = \begin{bmatrix} \nu_1 + \sum_{j=1}^{p} A_{1j}Y_{t-j} \\ \vdots \\ \nu_M + \sum_{j=1}^{p} A_{Mj}Y_{t-j} \end{bmatrix} \tag{5.4.10}$$

那么 Y_t 的条件密度可以表示为：

$$p(\boldsymbol{Y}_t \mid s_{t-1}=i,\boldsymbol{Y}_{t-1})$$

$$=\sum_{m-1}^{M} p(\boldsymbol{Y}_t \mid s_{t-1},\boldsymbol{Y}_{t-1})\Pr(s_t=m \mid s_{t-1}=i) \tag{5.4.11}$$

$$=\sum_{m-1}^{M}\sum_{i=1}^{M} p_{im}(\ln(2\pi)^{-1/2}\ln \mid \sum \mid^{-1/2}\exp\{(\boldsymbol{Y}_t-\bar{\boldsymbol{Y}}_{mt})'\sum_{m}^{-1}(\boldsymbol{Y}_t-\bar{\boldsymbol{Y}}_{mt})\})$$

关于马尔可夫链的信息，可以归纳到 $\boldsymbol{S}_t$ 中：

$$\boldsymbol{S}_t=\begin{bmatrix} I(s_t=1) \\ \vdots \\ I(s_t=M) \end{bmatrix} \tag{5.4.12}$$

其中的每一个分量都代表一个二值函数，表示为：

$$I(s_t=m)=\begin{cases} 1, \text{if } s_t=m \\ 0, \text{ otherwise} \end{cases} \tag{5.4.13}$$

其中式(5.4.11)中的条件密度函数可以写为：

$$p(\boldsymbol{Y}_t \mid \boldsymbol{S}_{t-1},\boldsymbol{Y}_{t-1})=\boldsymbol{\eta}'_t\boldsymbol{P}'\boldsymbol{S}_{t-1} \tag{5.4.14}$$

由于区制变量被假设为不能被实际观测到。那么从第 $t-1$ 期到 t 的信息被假设只包含可以被关联到的时间序列变量。不可观测变量 $\boldsymbol{S}_t$ 的信息，可以用 $\Pr(\boldsymbol{S}_t \mid \boldsymbol{Y}_t)$ 来代替。在区制 m 上给定信息集 $\boldsymbol{Y}_t$ 时的概率被定义为 $\boldsymbol{S}_{mt|\tau}$，并且总向量可以被写为 $\hat{\boldsymbol{S}}_{t|\tau}$：

$$\Pr(\boldsymbol{S}_{mt|\tau}\hat{\boldsymbol{S}}_{t|\tau})=\begin{bmatrix} \Pr(s_t=1 \mid Y_t) \\ \vdots \\ \Pr(s_t=M \mid Y) \end{bmatrix}$$

上述矩阵有两种不同的解释含义。首先，$\hat{\boldsymbol{S}}_{t|\tau}$ 代表给定信息集 $\boldsymbol{Y}_\tau$ 的情况下 $\boldsymbol{S}_t$ 的离散条件概率分布。其次，$\hat{\boldsymbol{S}}_{t|\tau}$ 等价于在给定 $\boldsymbol{Y}_\tau$ 时 $\boldsymbol{S}_t$ 的条件均值。其原因为 $\boldsymbol{S}_t$ 为二值变量，所以有 $E(S_{mt})=\Pr(S_{mt}=1)=\Pr(s_t=1)$。

基于信息集 $\boldsymbol{Y}_{t-1}$，$\boldsymbol{y}_t$ 的条件概率密度为：

$$\begin{aligned} p(\boldsymbol{y}_t \mid \boldsymbol{Y}_{t-1}) &= \int p(\boldsymbol{y}_t,\boldsymbol{S}_{t-1} \mid Y_{t-1})\mathrm{d}\boldsymbol{S}_{t-1} \\ &= \int p(\boldsymbol{y}_t,\boldsymbol{S}_{t-1} \mid \boldsymbol{Y}_{t-1})\Pr(\boldsymbol{S}_{t-1} \mid \boldsymbol{Y}_{t-1})\mathrm{d}\boldsymbol{S}_{t-1} \\ &= \boldsymbol{\eta}'_t\boldsymbol{P}'\hat{\boldsymbol{S}}_{t-I|t-1} \end{aligned} \tag{5.4.15}$$

其中，$\int f(\boldsymbol{y}_t,\boldsymbol{S}_t)\mathrm{d}\boldsymbol{S}_t=\sum_{m=1}^{M} f(\boldsymbol{y}_t,\boldsymbol{S}_t=\boldsymbol{l}_m)$ 代表 $\boldsymbol{S}_t$ 所有可能值的加总。

对于每一个变量 $\boldsymbol{y}_t$ 可以采用似然函数的递推法给出说明。接下来给出基本方法的概述：

给定一个前定样本 Y_0。在状态 $\boldsymbol{S}$ 时样本 $\boldsymbol{Y}\equiv\boldsymbol{Y}_T$ 的概率密度函数可以表述为：

$$p(\boldsymbol{Y} \mid \boldsymbol{S})=\prod_{t=1}^{T} p(\boldsymbol{y}_t \mid \boldsymbol{S}_t,\boldsymbol{Y}_{t-1}) \tag{5.4.16}$$

观测值和状态变量的联合概率分布可以计算为：

$$p(\boldsymbol{Y} \mid \boldsymbol{S}) = p(\boldsymbol{Y} \mid \boldsymbol{S})\Pr(\boldsymbol{S}) = \prod_{t=1}^{T} p(\boldsymbol{y}_t \mid \boldsymbol{S}_t, \boldsymbol{Y}_{t-1}) \prod_{t=1}^{T} \Pr(\boldsymbol{S}_t \mid \boldsymbol{S}_{t-1})\Pr(\boldsymbol{S}_2) \tag{5.4.17}$$

Y 的非条件密度的边际分布可以表述为：

$$p(\boldsymbol{Y}) = \int p(\boldsymbol{Y}, \boldsymbol{S})\mathrm{d}\boldsymbol{S} \tag{5.4.18}$$

对于 MS-VAR 模型的似然函数最大化的计算，详细的说是一种迭代估计技术，是对自回归参数的估计值以及不可观测变量的转换概率的一种迭代估计。使用 $\boldsymbol{\lambda} = (\theta, \rho)$ 代表参数向量。$\boldsymbol{\lambda}$ 的取值就是使观测向量 $\boldsymbol{Y}_T = (y_T, \cdots, y_{T-p})'$ 的似然函数取值最大的参数值。

模型的最大似然估计是基于一种由 Hamilton(1990) 提出的预期最大算法而执行的。其中 EM 算法的迭代一般分为两步。第一步为预期，包括对参数向量 $\boldsymbol{\lambda}^{j-1}$，通过此可以推导出不可观测变量 $\boldsymbol{S}_t$ 的平滑概率 $\Pr(\boldsymbol{S} \mid \boldsymbol{Y}, \boldsymbol{\lambda}^{j-1})$。第二步为最大化，参数向量 $\boldsymbol{\lambda}$ 是通过似然函数一阶条件的解来推导的。条件区制转换概率 $\Pr(\boldsymbol{S} \mid \boldsymbol{Y}, \boldsymbol{\lambda})$ 可以使用平滑概率 $\Pr(\boldsymbol{S} \mid \boldsymbol{Y}, \boldsymbol{\lambda}^{j-1})$ 来替代。其中参数向量 $\boldsymbol{\lambda}$ 在每一步预期的时候被更新。在每一步都保证似然函数值不断地增大。同时，整个区制向量的条件密度分布函数给定为：

$$\Pr(\boldsymbol{S} \mid \boldsymbol{Y}) = p(\boldsymbol{Y}, \boldsymbol{S}) / p(\boldsymbol{Y}) \tag{5.4.19}$$

最优的条件区制转换概率 $\Pr(\boldsymbol{S}_t \mid \boldsymbol{Y})$ 可以通过 $\Pr(\boldsymbol{S} \mid \boldsymbol{Y})$ 的边际最大化推出。这些计算可以通过迭代的滤波和平滑的算法而给出。这些统计工具给出了在指定观测集 $\boldsymbol{Y}_\tau$，$\tau \leqslant T$ 的时候 $\boldsymbol{S}_t$ 的推断方法。在不同的信息集下，区制状态 $\{\boldsymbol{S}_t\}_{t=1}^{T}$ 的时间路径可以被重新定义为：

$\hat{\boldsymbol{S}}_{t|\tau}, \tau < t$，区制转换概率的预测

$\hat{\boldsymbol{S}}_{t|\tau}, \tau = t$，区制转换概率的滤波

$\hat{\boldsymbol{S}}_{t|\tau}, t < \tau \leqslant T$，区制转换概率的平滑

在实际应用中，只要应用到的为区制转换概率的滤波 $\hat{\boldsymbol{S}}_{t|t}$，区制转换概率的一步预测 $\hat{\boldsymbol{S}}_{t|t-1}$，以及区制转换概率的全样本平滑 $\hat{\boldsymbol{S}}_{t|T}$。

5.4.3 实例

人民币汇率制度改革过程中，中央银行对人民币汇率的变化采取了灵活调整的节奏和力度，因此，人民币汇率水平的高低、实际汇率与市场预期汇率值的差异都可能影响短期资本流动。加之在此期间，世界性金融危机广泛蔓延，人民币汇率绝对水平及其与市场预期汇率值的差异都可能会对短期资本的流动产生不同的结构性影响，因此，需要采用能充分捕捉这种影响区制差异的计量模型予以分析。根据 Krolzig(1998) 的研究，MS-VAR 模型可能是解决上述非线性区制问题的较好分析方法。

估计过程使用 OX 和 GiveWin2 软件完成，通过对模型结构、滞后阶数以及区制状态数量的反复选择，根据 AIC 和 HC 信息准则，最后选定 MSIH(2)-VAR(2) 的模型形式，得到的模型拟合及检验结果如表 5.4.1 所示。

表 5.4.1 MS-VAR 模型的拟合效果及检验

LR 检验结果	MS-VAR 估计	线性 VAR 估计
似然线性检验:98.08	对数似然值:399.30	对数似然值:350.26
Chi(9) = [0.0000]**	AIC 准则:-7.23	AIC 准则:-6.47
Chi(11) = [0.0000]**	HQ 准则:-6.83	HQ 准则:-6.18
DAVIES = [0.0000]**	SC 准则:-6.24	SC 准则:-5.76

从 LR 检验结果可以看出,该 VAR 模型中确实存在着显著的非线性情况。同时,从 MS-VAR 与线性 VAR 估计的对数似然值大小也可以看出,MS-AVR 模型的拟合效果要优于相应的线性 VAR 模型,AIC 准则、HQ 准则及 SC 准则也同时表明了这一点。

通过整理可以得到模型的取值转换平滑概率图,如图 5.4.1 所示:

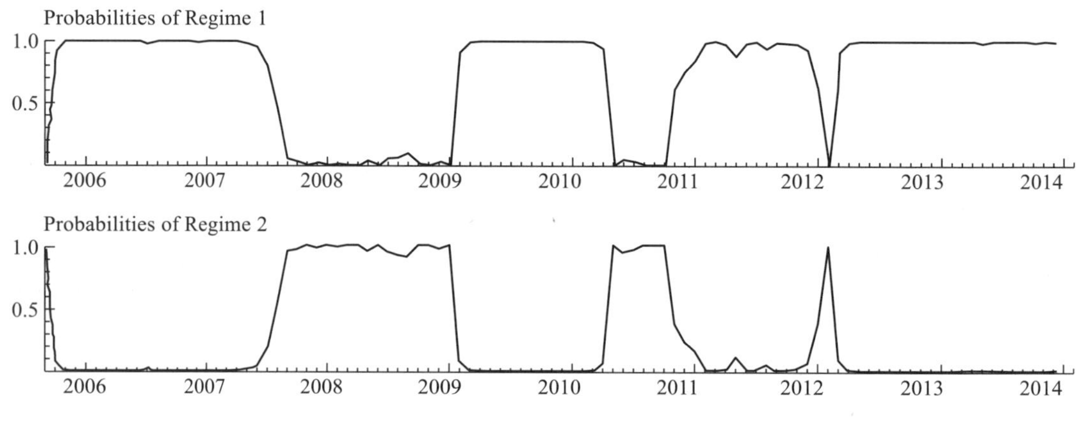

图 5.4.1 MS-VAR 模型的区制转换平滑概率图

从图 5.4.1 可以看出,中央银行反市场预期的汇率政策操作对短期资本流入额影响确实存在着显著两区制特征,且这两种区制特征较为稳定。这主要表现在两个方面,各区制的平滑概率较高,除了区制转换的部分区域,其余部分的平滑概率基本保持在接近于 1 的水平;其二,每一个区制内的持续时间都较长,存在稳定的区制区间,如表 5.4.2 所示。

表 5.4.2 MS-VAR 模型的区制转移概率矩阵及持续期估计结果

	区制转换概率		样本数量	平均持续期
	区制 1	区制 2		
区制 1	0.9486	0.0514	72.6	19.46
区制 2	0.1639	0.8361	27.4	6.1

表 5.4.2 表明,区制的稳定性较高,这主要从区制的转换概率可以看出。在相邻时间区间保持在区制 1 的概率为 0.9486,而在区制 2 的时间区间中停留在同一区制的概率为 0.8361。另外,从区制的样本数量来看,停留在区制 2 的时间为 27.4 个月,其余时间除区制转换的月份以外,都主要停留在区制 1 所在的时间区间中。两个区制的时间区间都比

较稳定，这证明了两区制特征的稳定性。

图 5.4.2 给出了不同区制下，针对人民币汇率水平值、实际值与市场预期的汇率差异分别出现 1 个标准差新息的正向冲击时，短期资本流入数量等变量的累积响应情况。

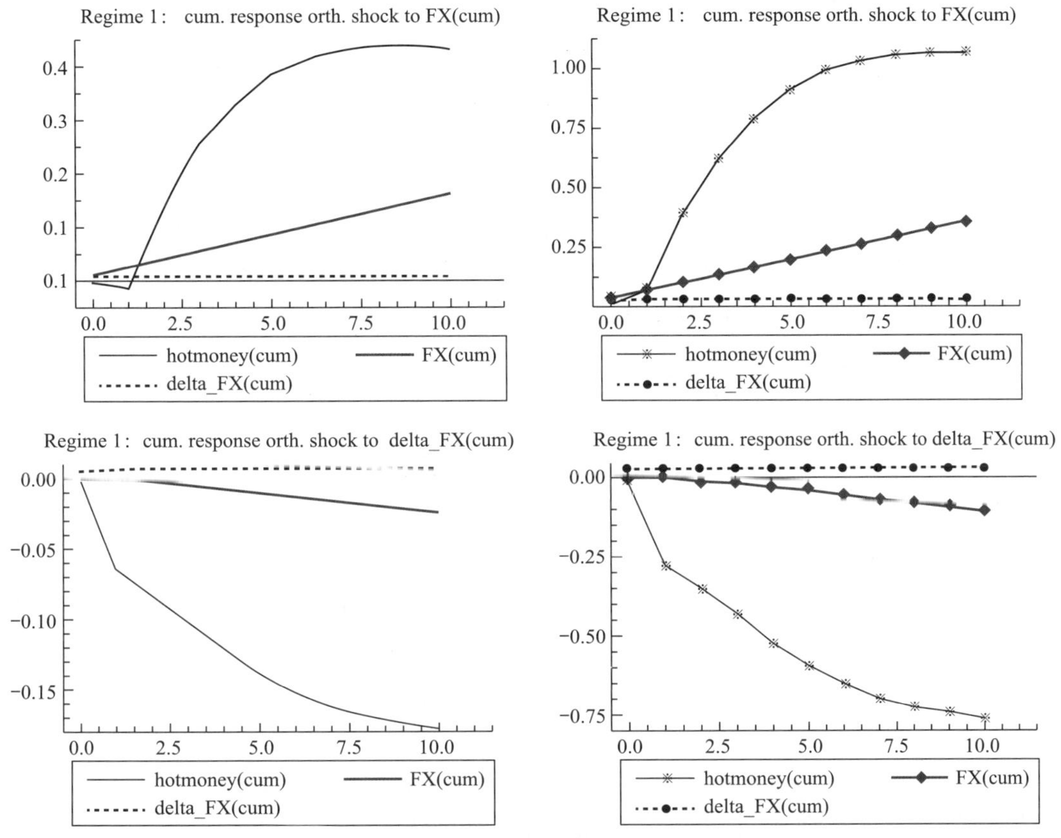

图 5.4.2　MS-VAR 模型的冲击响应图

注：(1)、(2) 分别表示在区制 1 和区制 2 下，短期资本流入、人民币汇率水平、汇率实际值与市场预期值差异对人民币汇率制的累积脉冲响应；(3)、(4) 表示在区制 1 和区制 2 下，短期资本流入、人民币汇率水平、汇率实际值与市场预期值差异对汇率实际值与市场预期值差异的累积脉冲响应情况。

首先，从图 5.4.2(1) 可以看出，人民汇率水平产生 1 个标准差新息的正向冲击(由于采用直接标价法，所以意味着人民币相对美元贬值)，无论是在区制 1 还是区制 2，从短期资本的累积响应趋势来看，都会导致短期资本流入的增加。但是，在区制 1 中，当 1 个标准差新息的正向冲击出现的第一个月度，短期资本流入的数量为负，这意味着短期资本会出现暂时性的流出，然后再逆转为流入，在约 7 个月左右的时间，这种正向冲击的影响基本消失，导致的短期资本累积流入数量大约为 50 亿美元；而在区制 2 中(图 5.4.2 的(2) 图所示)，在正向冲击出现的第一个月度，短期资本即开始流入，但流入的速度较慢，然后转为快速流入，在持续约 7 个月度的时间后，正向冲击的影响消失，累积的短期资本流入数量约为 100 亿美元。因此，短期资本的脉冲响应效果在区制 2 中表现得更为明显。但是，在整个样本考察区间，月均的短期资本流入规模约为 208 亿美元左右，因此，无论是在区制 1 还是区制 2 下，人民币汇率水平的这种正向冲击对短期资本流入规模的遏制效果都是相对有效的。

其次，图 5.4.2(3)、(4) 分别显示了在区制 1 和区制 2 下，实际汇率值与市场预期值的差异出现 1 个标准差新息的正向冲击对短期资本流入数量的影响。很容易看出，无论是在区制 1 还是区制 2 之下，实际汇率值与市场预期值差异的正向冲击都会抑制短期资本流入数量的增加。其中，在区制 1 之下，正向冲击出现之后的第一个月度，会减少约 6.5 亿美元的短期资本流入，然后在约 10 个月的时间之后，这种正向冲击的影响逐渐消失，累积减少短期资本流入的规模约为 18 亿美元。而区制 2 下，在约 10 个月的持续时间里，这种正向冲击将会减少短期资本流入的规模约为 75 亿美元。同样，考虑到整个样本考察区间内的月均短期资本流入规模，无论是在区制 1 还是区制 2 下，市场预期与实际汇率差异的正向冲击对短期资本流入规模的遏制效果也是相对有限的，尤其是在区制 1 中，这种遏制短期资本的效果更是微弱。

5.5 门限向量自回归模型

非线性动态模型常见于三种类型：马尔可夫区制转换向量自回归模型、门限向量自回归模型(threshold vector auto regression model，TVAR) 和平滑转换向量自回归模型(smooth transition vector auto regression model，STVAR)。门限向量自回归(TVAR)模型由门限自回归(TAR) 模型扩展至向量自回归模型而得来，融合了 TAR 模型和 VAR 模型的优点，门限向量自回归模型是主流非线性时间序列模型之一，也是一个相对直观的模型，应用较为广泛，可以用来研究经济中具有非线性关联的经济问题。例如制度转换、金融加速器非对称性效应、货币政策非对称性等宏观经济问题的研究；城镇化、产业集聚对全要素生产率增长的门槛效应研究等。

由于门限向量自回归(TVAR) 模型由门限自回归(TAR) 模型扩展至向量自回归模型而得来，用于刻画不同区制或状态下变量之间的作用区制和区制间非线性的动态特征。因此本小节会对 TAR 模型进行简单的介绍。TAR 模型假设时间序列存在区制转换的可能性，打破了时间序列线性关系的假设，引入了非线性关系。1983 年 Tong 提出门限模型，此后，基于 TAR 模型的表征时间序列非线性特征的各类模型得到长足发展。

门限向量自回归模型成为目前研究变量间非线性关系的重要方法。这种方法把全局时间序列变量分成若干段区制，在不同的区制采用不同的线性逼近，其中区制的分割就是由所谓的门限值或者阈值(threshold value) 来划分。线性逼近在非线性研究中具有很重要的地位，而门限向量自回归(TVAR) 模型由于刻画出了时间序列在不同区制中呈现出的不同的动态特征，在时间序列分析中也具有很大的作用。

门限向量自回归模型的一般表示形式：

$$\boldsymbol{y}_t=\sum_{i=1}^{q}(\boldsymbol{\mu}_i+\sum_{j=1}^{p}\boldsymbol{\Phi}_{ij}\boldsymbol{y}_{t-j}+\boldsymbol{\varepsilon}_{it})I(r_{j-1}<Z_{t-d}\leqslant r_j) \tag{5.3.26}$$

其中，$\boldsymbol{y}_t$ 与 $\boldsymbol{\varepsilon}_{it}$ 是 $m \times 1$ 向量，$j=1,\cdots,p$；$\boldsymbol{\mu}_i$ 表示 $m \times 1$ 阶截距矩阵，$i=1,\cdots,q$。$\boldsymbol{\Phi}_{ij}$ 表示 $m \times m$ 阶系数矩阵，误差项 $\boldsymbol{\varepsilon}_{it}$ 均值为0。I 为示性函数，若 $r_{j-1} < Z_{t-d} \leqslant r_j$，则 $I=1$，否则 $I=0$。门限变量 $\boldsymbol{Z}_{t-d}$ 为 $\boldsymbol{y}_t$ 的分量且满足平稳性要求。

早期的TVAR模型假设门限VAR模型中所有方程的门限变量均为 $\boldsymbol{Z}_{t-d}$。Tena and Tremayne (2009) 放松了这一假设，并表示 *TVAR* 中每一方程可以有不同的门限变量，而且个别方程可以是线性的，进一步扩展了 *TVAR* 模型的应用范围。

5.5.1 两区制门限向量自回归模型

TVAR是捕捉诸如区制转换或者非对称性等非线性关系的比较直接有效的方法。根据研究内容的不同，可以分为两区制和多区制的情况。比如说，研究存款利率上限是否产生实际约束时宏观经济的动态变化，也就是存款利率受约束和不受约束两个区制。因此，我们在此仅介绍两区制TVAR模型，多区制的情况是两区制模型的扩展形式。具体模型设定如下：

假设 $\boldsymbol{y}_t$ 由 $k \times l$ 维内生变量向量组成，记为 $\boldsymbol{y}_t=(y_{1t},\cdots,y_{kt})'$，$\boldsymbol{c}_i$ 是 $k \times l$ 维常数向量，$\boldsymbol{A}_{i,j}$ 是 $k \times k$ 维的系数矩阵，其中 $i=1,2$ 表示区制数，$j=1,\cdots,p$ 表示向量自回归的阶数；$I(\bullet)$ 为示性函数，$\boldsymbol{z}_t$ 为门限变量，d 表示滞后期，若门限值为 r，有：

$$I(z_{t-d})=\begin{cases}1, z_{t-d} > r \\ 0, z_{t-d} \leqslant r\end{cases} \tag{5.5.1}$$

那么，一个两区制的TVAR模型就可以表示为：

$$y_t=(c_1+\sum_{j=1}^{p}A_{1,j}y_{t-j})I(z_{t-d} \leqslant r)+(c_2+\sum_{j=1}^{p}A_{2,j}y_{t-j})I(z_{t-d} > r)+\varepsilon_t \tag{5.5.2}$$

其中，$\boldsymbol{\varepsilon}_t$ 是 $k \times 1$ 维扰动向量，均值为 $\mathbf{0}$，方差为 $\boldsymbol{\Sigma}$，当 $t \neq l$ 时，$\sum(\boldsymbol{\varepsilon}_t\boldsymbol{\varepsilon}_t')=\mathbf{0}$。还有一点要说明的是，门限变量 $\boldsymbol{z}_t$ 应为 $\boldsymbol{y}_t$ 中的一个分量，且满足平稳性要求。

5.5.2 门限向量自回归模型的非线性检验

Zo and Zivot (2001) 通过构造似然比统计量LR (likelihood ratio statistic) 来检验门限效应的存在性。

$$\mathrm{LR}_{ij}=T(\ln(\det\hat{\boldsymbol{\Sigma}}_i)-\ln(\hat{\boldsymbol{\Sigma}}_j))$$

其中 $\hat{\boldsymbol{\Sigma}}_i$ 表示变量间关系处于区制 i 时，模型协方差矩阵的估计值。

Zo and Zivot 提供了三种检验形式，分别为：

Test 1 vs 2 原假设：线性VAR；备选假设：1门限TVAR(即存在两种区制)。

Test 1 vs 3 原假设：线性VAR；备选假设：2门限TVAR(即存在三种区制)。

Test 2 vs 3 原假设：1门限TVAR；备选假设：2门限TVAR 。

如果模型中的全部非线性方程具有相同的门限参数值，解释变量可以根据这个值被分成两组，在变量平稳的前提下，可分别对不同区制下VAR模型逐一估计而得到有效估计值。若存在非平稳变量,则首先需要对各区制下变量间是否存在协整关系进行检验,在满足协整关系的条件下方可进一步求解。

5.5.3 实例

下面将通过一个具体的例子来展示门限向量自回归模型的应用。

基于非线性的门限向量自回归模型,在考虑国际资本流动冲击影响的基础上,从宏观审慎监管政策角度分析动态差别存款准备金率的政策效果。所有变量如下:资本流动(cap)、准备金率(RR)、超额准备金率(ERR)、信贷增长(loang)、外汇占款(forexg)、净投放量(netinp)。

在考虑资本流入的情况下,分析准备金率要求对信贷增长的影响,因而采用多元的门限向量自回归模型进行分析。

多元门限向量自回归模型的设定如下:

$$\boldsymbol{Y}_t = [\alpha_0 + \beta_0 Y_{t-1}]I(R_t \leqslant \gamma) + [\alpha_1 + \beta_1 Y_{t-1}]I(R_t > \gamma) + \varepsilon_t \tag{5.5.3}$$

其中,$\boldsymbol{Y}_t$ 是表示各内生变量的向量,其中包括资本流动、准备金率和信贷增长等变量。α_0 和 α_1 是常数项矩阵,$\boldsymbol{\beta}_0$ 和 $\boldsymbol{\beta}_1$ 是系数矩阵。$\boldsymbol{R}_t$ 是门限变量,γ 是门限变量的门限值。对于门限值的选择,根据使得误差最小的搜索法来决定。$\boldsymbol{\varepsilon}_t$ 是误差项。

从模型(5.5.3)可以看到,这是一个非线性的多元动态系统。根据门限变量的大小所有的变量都出现了非线性转换,所以这个动态系统不仅考虑了门限变量 $\boldsymbol{R}_t$ 的区制变化,而且考虑了 $\boldsymbol{Y}_t$ 受到影响的区制变化,即模型方程的区制变化。

对于门限转换变量的选择,主要考虑两个因素,一是从影响资本流入冲击效果的因素中选择,二是这个门限转换变量能体现货币政策操作,因为货币政策的调整会影响银行的信贷增长。为了进行比较,还选择央行公开市场操作的净投放量作为转换变量。央行对公开市场操作的调整,一方面是对资本流入或外汇占款带来的流动性的一个冲销调节,另一方面也会影响银行的信贷投放。这个净投放量相对于模型(5.5.3)而言是一个外生的转换变量。此外,考虑到外汇占款在资本流动过程中的传导作用,还将外汇占款作为一个外生转换变量,这一方面是考虑外汇占款一定程度上传递着资本流动等国外冲击,另一方面是考虑央行在调整法定存款准备金率的时候会参考外汇占款的变化。

(1) 非线性检验

为了考察上述六个变量(资本流动 cap,贷款增长率 loang、外汇占款增长率 forexg、净投放量 netinp、法定准备金率 RRR 和超额准备金率 ERR)的非线性,对各变量采用 BDS 检验,估计结果见表 5.5.1。可以看出,当嵌套维度是 2 或 3 的时候,BDS 检验都显著拒绝各变量独立同分布的原假设,因而,可以认为各变量是存在序列的非线性关系的。

表 5.5.1　变量 BDS 检验

变量	$m=2$		$m=3$	
	BDS 统计量	P 值	BDS 统计量	P 值
资本流动	0.043	0.000	0.096	0.000
贷款增长率	0.017	0.032	0.030	0.020
外汇占款增长率	0.052	0.000	0.085	0.000
净投放量	0.041	0.000	0.075	0.000
法定准备金率	0.196	0.000	0.329	0.000
超额准备金率	0.165	0.000	0.287	0.000

BDS 统计量是 Brock 等(1996) 基于相关积分概念构建出来的一种统计量。在实际应用中,该统计量可以对序列的非线性特征进行检验。

(2) 门限向量自回归

鉴于各变量存在非线性,基于模型(5.5.3) 可以分析资本流动、信贷增长与准备金率之间的非线性关系。为此,首先进行模型(5.5.3) 的非线性检验。对丁模型(5.5.3) 中滞后期数,先采用线性的 VAR 模型分析,后采用 AIC 和 BIC 最小的原则选择。估计结果表明合适的滞后期数为 2。

① 门限存在性检验

为了检验模型(5.5.3) 是否存在门限,根据 Lo 和 Zivot(2001) 的方法,使用似然比统计量来对门限值的存在进行序贯检验:首先判断是否存在门限,然后判断存在一个门限还是两个门限。估计得到的结果见表 5.5.2。可以看出,所有似然比统计量都显著,这说明:当采用超额准备金率作为转换变量时,似然比检验拒绝了线性假设,并标明存在 2 个门限值;当采用净投放量作为转换变量时,似然比检验也拒绝了线性假设,并标明存在 2 个门限值;当采用外汇占款作为转换变量时,似然比检验也拒绝了线性假设,并标明存在 2 个门限值。

表 5.5.2　模型非线性检验

转换变量	备择假设	似然比统计量	P 值
超额准备金率	1 个门限	41.365	0
	2 个门限	73.644	0
净投放量	1 个门限	58.986	0
	2 个门限	96.208	0
外汇占款	1 个门限	49.338	0
	2 个门限	94.781	0

② 门限回归估计

根据表 5.5.2 的估计结果,采用门限向量自回归模型(5.5.3) 分别进行估计。当采用内生的超额准备金率 ERR 作为转换变量时,估计结果见表 5.5.3。当以外生的净投放量

netinp 作为转换变量时，估计结果见表 5.5.4。

表 5.5.3 中，在区制 1 时，贷款增长率和超额准备金率的系数都不显著，说明这时候贷款增长和超额准备金率没受到其滞后变量以及资本流动的影响。在区制 2 时，贷款增长率受到超额准备金率显著负的影响，这与理论是不一致的，因为超额准备金率越高，银行进行放贷的空间越大。此时，超额准备金率不受资本流动和贷款增长的影响。在区制 3 时，贷款增长率受到超额准备金率滞后 1 期的显著正的影响，这与理论是一致的，但同时受到超额准备金率滞后 2 期的显著负的影响，说明随着时间的延长，超额准备金率成为抑制信贷增长的因素。此时，超额准备金率则受到贷款增长率滞后 1 期显著负的影响，说明贷款增长越快超额准备金率下降越多，这与理论是一致的，因为贷款增长快会增加法定准备金进而降低超额准备率。

对于资本流动，在区制 1 和区制 2 上，其滞后 1 期值和滞后 2 期值对贷款增长率和超额准备金率没有影响，在区制 3 上，2 期滞后的资本流动对贷款增长率有显著负的影响。

表 5.5.3　门限向量自回归：转换变量超额准备金率

方程		常数项	loang(−1)	ERR(−1)	cap(−1)	loang(−2)	ERR(−2)	cap(−2)
	loang	0.0016	0.1466	−0.0063	−0.0012	0.1563	0.1125	0.0003
区制 1	ERR	0.0035	−0.0093	0.1802	−0.0037	−0.0298	0.4953	0.0000
	cap	−1.558***	6.0764	127.84***	0.1451	−13.1428	−28.85**	0.2517***
	loang	0.016***	0.2828	−0.676***	0.0035	0.1165	0.1494	0.0012
区制 2	ERR	0.0038	−0.4828	0.8889	−0.0008	−0.2997	0.1756	−0.0017
	cap	0.808	27.337	−42.95**	−0.0143	25.963**	2.9256	0.011
	loang	0.0064***	0.337***	0.191***	−0.0031	0.1785**	−0.238***	−0.006
区制 3	ERR	0.0067***	−0.987***	0.321***	−0.0032	−0.1466	0.6455***	−0.0051
	cap	0.118	−2.4198	−3.404	−0.3127	7.2767	1.765	0.0030

从上面的分析可以看出，在不同的区制下贷款增长率受到超额准备金率的影响是不同的，超额准备金率受到的影响也是不同的。为了进一步解释这种差异，图 5.5.1 给出了转换变量超额准备率的三个区制划分。根据估计结果，超额准备金率的第一个门限值是 0.021，第二个门限值是 0.031，因而区制 1 对应的时期就是图 5.5.1 中。0.021 直线下面的部分，区制 2 对应的时期是 0.021 直线到 0.031 直线之间的部分，区制 3 对应的时期是 0.031 直线以上的部分。

从图 5.5.1 中的时间可以看到，区制 3 对应的时间段是 2001—2007 年。表 5.5.3 中的估计结果表明，区制 3 上滞后 1 期超额准备金率与信贷增长率是正相关的关系，滞后 1 期信贷增长与超额准备金率是负相关的关系。这些共同说明，在 2001—2007 年间，信贷增长会降低超额准备金进而降低未来的信贷增长，即采用上调准备金率来降低超额准备金率进而控制信贷增长的政策是有效果的，这与我国央行在这段时间进行法定准备金率调整的事实是一致的。此外，2008 年底到 2009 年也是区制 3，此时超额准备金率较前期明显上升，这与当时下调法定准备金率促进信贷增长是一致的。

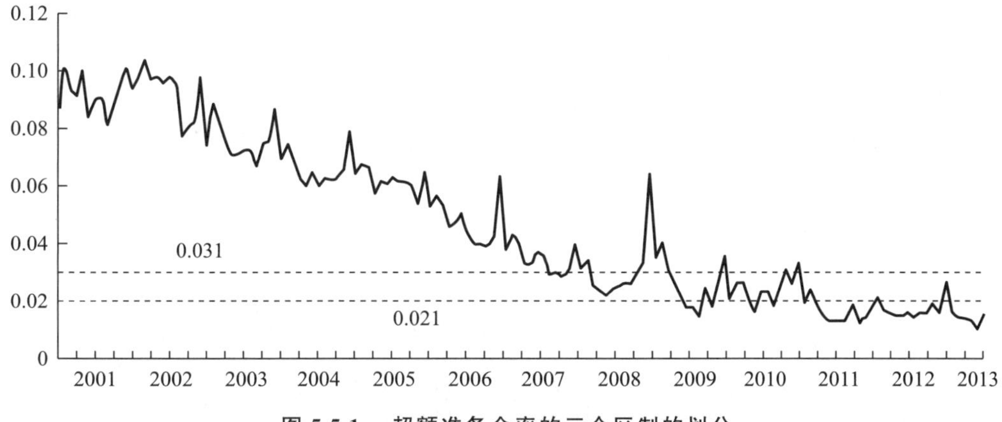

图 5.5.1　超额准备金率的三个区制的划分

图 5.5.1 中，区制 2 和区制 1 对应的时间有交叉的部分。大体上划分，2008 年上半年、2009 年初、2009 年底到 2010 年上半年、2010 年底到 2011 年初等时间段为区制 2 部分，这些时期的超额准备金率与区制 3 上的相比明显降低并且不断变化，而信贷增长率 loang 在这些时期依然不断增长，因此，表 5.5.3 中 1 期滞后的超额准备金率对信贷增长有负的影响。区制 1 对应的时间大体为 2009 年中、2010 年中和 2011—2013 年，这些时期超额准备金率进一步降低，实际上这些时期的信贷增长率较低、变化也相对较低，其与超额准备金率、资本流动的走势关联性不大，因而表 5.5.3 中估计结果表明，这些时期信贷增长和超额准备金率没有受到各变量的显著影响。综合区制 1 和区制 2 的情况，可以认为当超额准备金率较低时，法定准备金率政策调整的效果就比较差。

表 5.5.4 给出了以外生的净投放量作为转换变量时的估计结果。在区制 1 和区制 2 上，滞后 1 期的超额准备金率对信贷增长率有显著正的影响，滞后 2 期的超额准备金率则有显著负的影响。此时，超额准备金率受到滞后 1 期的贷款增长率显著负的影响。这些都与表 5.5.3 中区制 3 的情形类似。从系数的大小上看，相对而言，区制 1 上超额准备金率对信贷增长率的影响比区制 2 上更大。在区制 3 上，贷款增长率不再受到超额准备金率的影响，但滞后 1 期的信贷增长率依然对超额准备金率有显著负的影响。

表 5.5.4　门限向量自回归：转换变量净投放量

方程		常数项	loang(−1)	ERR(−1)	cap(−1)	loang(−2)	ERR(−2)	cap(−2)
	loang	0.0027**	0.506***	0.234***	0.0012	0.1981**	−0.248***	−0.0017
区制 1	ERR	0.0044**	−0.672***	0.428***	−0.0036	−0.1127	0.529***	−0.0007
	cap	−0.0064	−10.273	−7.4497	0.0035	17.828***	7.1026	0.1535
	loang	0.0061***	0.1569	0.1253**	0.0025	−0.1171	−0.139***	0.0014
区制 2	ERR	0.0079***	−0.699***	0.1838	−0.0024	−0.3964	0.7777***	0.0037
	cap	−0.023	19.13**	1.4379	−0.726**	9.957	−2.47	0.315**
	loang	0.0033**	−0.1207	0.0491	−0.0002	0.2369	0.0112	0.0003
区制 3	ERR	0.0051	−1.298***	0.674***	−0.0018	−0.003	0.498	−0.0008
	cap	−0.391***	15.775	25.82***	0.432***	1.6357	−11.725	−0.0903

从图 5.5.2 中可以看出，当采用净投放量作为转换变量时，估计得到两个门限值分别为 −0.23 和 1.21，以及净投放量的三个区制划分。区制 1 和区制 2、区制 3 之间在时间的分布上，经常出现变换，因而不能根据时间区间来区分。仅从净投放量的大小来区分，在区制 1 上，净投放量为负数，区制 2 上净投放量为相对较小的正数，区制 3 上净投放量明显较大。

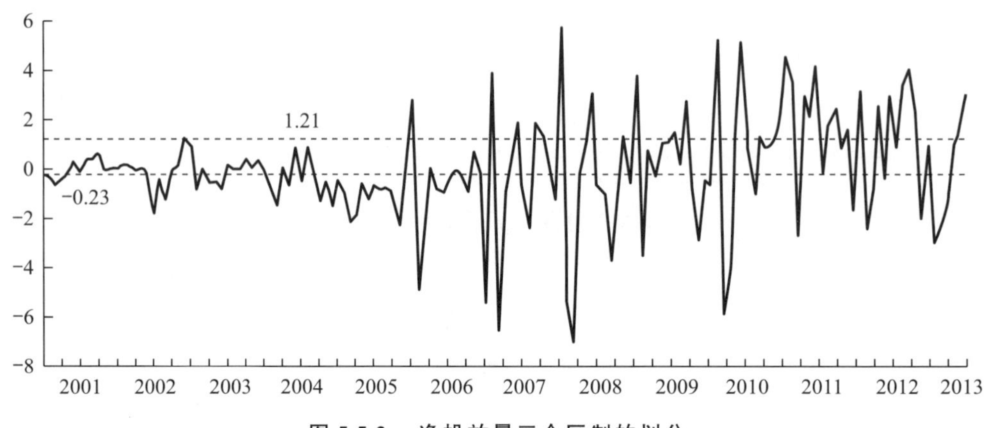

图 5.5.2　净投放量三个区制的划分

据此，表 5.5.4 的估计结果表明，当净投放量为负数或者为较小的正数时，即在区制 1 和区制 2 上，调整法定准备金率来改变超额准备金率进而对信贷增长进行控制是有效果的。但是，当净投放量较大时，信贷高速增长会降低超额准备金率，而超额准备金率对信贷没有影响，这可能与净投放量较大、准备金率约束效果降低有关。

当以外生的外汇占款增长率作为转换变量时，估计结果见表 5.5.5。可以看出，在区制 1 上，贷款增长率和超额准备金率没有受到其他因素的影响；在区制 2 上，贷款增长率没有受到超额准备金率的影响，但超额准备金率受到滞后 1 期贷款增长率显著负的影响，同时还受到滞后 1 期资本流动显著负的影响；在区制 3 上，滞后 1 期的超额准备金率对信贷增长率有显著正的影响；滞后 1 期的资本流动对信贷增长率也有显著正的影响，此时，滞后 1 期的信贷增长率对超额准备金率有显著负的影响。这些都和理论上是一致的，说明区制 3 上，资本流动对信贷增长有促进作用，调整法定准备金率来改变超额准备金率可以抑制信贷的快速增加。

表 5.5.5　门限向量自回归：转换变量外汇占款增长率

方程		常数项	loang(−1)	ERR(−1)	cap(−1)	loang(−2)	ERR(−2)	cap(−2)
区制 1	loang	0.0158***	−0.1055	0.3086	0.0021	−0.9483	−0.3472	0.0012
	ERR	0.0042	−0.4505	0.0276	−0.0041	0.7307	1.0383**	−0.0001
	cap	−0.3499	27457	69.43***	0.0489	−32.25	−64.33***	−0.0308
区制 2	loang	0.0033	0.1272	0.0925	−0.0039	0.4323**	−0.1185	−0.0028
	ERR	0.0131***	−0.677***	0.941***	−0.01**	−0.609**	0.0469	0.0036
	cap	0.3533***	−1.774	−12.438	0.601***	4.622	7.285	−0.3000**

续表

方程		常数项	loang(−1)	ERR(−1)	cap(−1)	loang(−2)	ERR(−2)	cap(−2)
区制 3	loang	0.0027***	0.362***	0.177***	0.0023**	0.0258	−0.171***	0.0021
	ERR	0.0051***	−0.673***	0.38***	−0.0015	−0.0967	0.581***	−0.0012
	cap	−0.0869	6.556	−2.6789	0.0239	7.0203	3.2214	0.3160***

当采用外汇占款增长率作为转换变量时，得到的两个门限值分别为0.0023和0.004。图 5.5.3 给出了外汇占款增长率的三个区制划分，可以看出，区制 1 和区制 2 上，外汇占款增长率相对比较低，在区制 3 上，外汇占款增长率比较高，此时表 5.5.5 的估计结果表明，不仅资本流动对信贷增长有作用，而且超额准备金率对信贷增长也有作用。

与表5.5.3和表2.1.4中资本流动的系数不显著不同，在表5.5.5的区制3上，资本流动对信贷增长有显著正的影响，同时，超额准备金率还有抑制作用。这说明资本流动只是在外汇占款增长较大时对信贷有影响，此时可以通过调整准备金率政策控制信贷。然而，需要注意的是，在图 5.5.3 中，外汇占款增长较大的区制 1 时期主要是 2001 年到 2011 年中，2011 年中到 2012 年中以及 2013 年等时期则是外汇占款增长率较低的时期，准备金率对信贷的影响不显著。

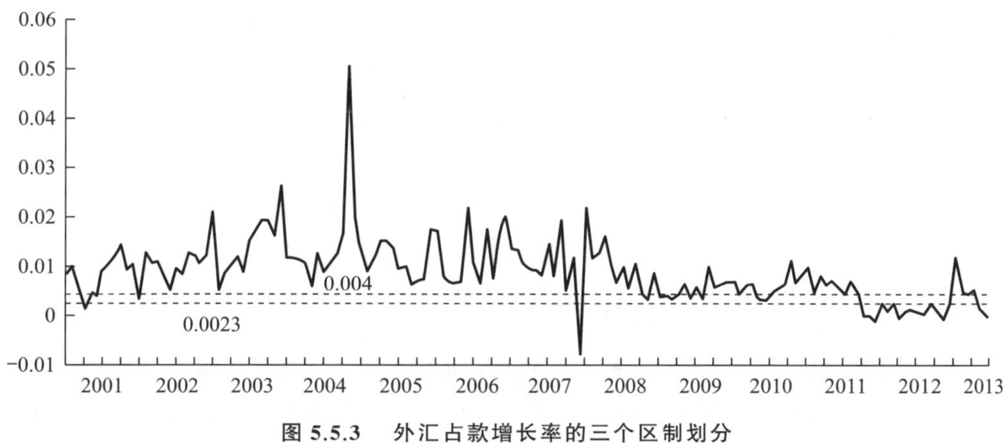

图 5.5.3　外汇占款增长率的三个区制划分

5.6　因素增广的向量自回归模型

5.6.1 模型概述

VAR 模型在应用上仍存在几项重要的缺陷，例如 Bernanke & Boivin(2003) 和 Bemanke etaL(2005) 指出，由于估计参数的自由度(degree of freedom) 限制，一般 VAR 模型往往仅能探讨少数几个货币当局有兴趣的经济变量。但是在真实的世界里，货币当局所拥有的决策信息远比模型所能包含的数量更为丰富，因此，若仅使用少数几个变量作为分析货币政策的代理变量，无法确切地反映出总体经济环境的复杂性，不能准确地衡量央行调整政策的效果。

为解决一般 VAR 模型的缺点，最近的研究试图考虑将大量的信息加入 VAR 模型。Bemanke & Boivin (2003) 和 Bemanke et al.(2005) 结合 VAR 模型和因子分析来衡量货币政策的作用，他们定义了一个数据丰富的模型。他们的贡献是提出因子扩充向量自回归模型(FAVARs)，他们在标准的 VAR 模型设定中加入了共同因子。Bemanke & Boivin(2003) 及 Bemanke et al.(2005) 的 FAVAR 模型主要是由 Stock&Watson(2002) 所发展的" 因子模型" 加以延伸而来，FAVAR 将标准 VAR 和因子分析结合在一起，开发了在研究货币政策中大量数据的设定。FAVAR 比 VAR 有很多优点，它允许更好地识别货币政策冲击；它可以避免用一个变量来代表理论建构；它能研究数以百计的变量的脉冲响应。Shibamoto(2007) 、Vargas-Silva(2008)、Gupta & Kabundi(2009) 及 Gupta et al.(2010) 采用 FAVAR 模型分别研究了日本、美国以及南非这几个国家的货币政策对房地产市场的影响，结果发现FAVAR模型的实证分析效果确实明显优越于VAR模型。而沈悦等(2011) 运用FAVAR模型，采用152个经济变量，从理论和实证角度对房价在货币政策传导区制中的有效性进行了研究，通过研究发现，我国存在货币政策的房价传导区制。近年 FAVAR 模型除了被用在分析货币政策效果之外，也被频繁应用于衡量景气同步化问题(business cycle synchronization)。例如 Kose et al. (2003) 、Kose et al. (2008) 及 Bagliano &Morana(2009) 皆以 FAVAR 模型探讨跨国景气同步化现象。

5.6.2 FAVAR 模型的设置

FAVAR 模型由 Bemanke, Boivin and Ellasz(2005) 在文中第一次明确提出，本节将主要遵循 Bemanke, Boivin and Ellasz(2005) 的理论脉络进行阐述。

按照 VAR 的标准表述形式，一个 VAR 模型如下：

$$\begin{pmatrix} \boldsymbol{F}_t \\ \boldsymbol{R}_t \end{pmatrix} = \boldsymbol{\Phi}(L) \begin{pmatrix} \boldsymbol{F}_{t-1} \\ \boldsymbol{R}_{t-1} \end{pmatrix} + \boldsymbol{v}_t \tag{5.6.1}$$

其中 $\boldsymbol{F}_t$ 表示未观测到的变量，$\boldsymbol{R}_t$ 表示利率，$\boldsymbol{\Phi}(L)$ 是一个有限阶的滞后多项式矩阵，$\boldsymbol{v}_t$ 均值为 0，但可以存在自相关。在形式上，这就是一个 VAR 模型。但 $\boldsymbol{F}_t$ 是从大量数据集中抽取的信息(或者说因子)，他能够捕捉未观测到的潜在产出或者反映一些理论概念如“经济活动”、“价格压力“等等，这些概念一般而言不是一两个代理变量能够说明并进入标准 VAR系统的。实质上，也正是该因子具备这些优点，所以它同时也是不可观测的，我们无法得到实际的数据并纳入该模型，故在对这个模型进行分析前，还需要一个如何得到数据的方程。一般而言，可书写如下：

$$\boldsymbol{X}_t = \boldsymbol{\Lambda}^f \boldsymbol{F}_t + \boldsymbol{\Lambda}^R \boldsymbol{R}_t + \boldsymbol{e}_t \tag{5.6.2}$$

其中 $\boldsymbol{X}_t$ 表示大数据集，维数为 $N \times 1$，N 往往大于100，即 $\boldsymbol{X}_t$ 往往包含上百个宏观经济数据，$\boldsymbol{\Lambda}^f$ 是 $N \times K$ 的矩阵，$\boldsymbol{\Lambda}^R$ 是 $N \times 1$ 维矩阵，$\boldsymbol{e}_t$ 是白噪声。熟悉因子分析的话，可以看到上式形式上类似于因子模型，只是多了 $\boldsymbol{\Lambda}^R \boldsymbol{R}_t$ 项。在这里，为便于理解，先忽略 $\boldsymbol{\Lambda}^R \boldsymbol{R}_t$ 项，那么就可以将上式看成因子模型，$\boldsymbol{\Lambda}^f$ 就是因子载荷矩阵，$\boldsymbol{F}_t$ 就是从 $\boldsymbol{X}_t$ 中抽取的因子(实践上，是通过提取主成分来做到)，一般而言其维数要大大小于 $\boldsymbol{X}_t$ 的维数。上述因子

模型要成立，即抽取的因子张成的空间是否完全覆盖了 $\boldsymbol{X}_t$ 空间，最好是 $\boldsymbol{X}_t$ 中指标的个数远远大于其时间的期数，同时，Stock and Watson(2002) 也指出，当 N 很大时，从 $\boldsymbol{X}_t$ 中抽取的主成分数目应该和因子的真实数目一样大，这些主成分张成的空间才能一致地恢复了 $\boldsymbol{X}_t$ 空间。另外要说明的是，$\boldsymbol{\Lambda}^R\boldsymbol{R}_t$ 实际上是从这些不可观测因子中分离出来的，如果不分离，那么上式就是一个因子模型。但为什么要分离它？因为后面的脉冲响应需要利率变化的政策冲击。

式(5.6.1) 和式(5.6.2) 就构成了 FAVAR 模型的基本设置。

5.6.3 对经典因子模型的一点附加说明

一个正交因子模型可以写成

$$\boldsymbol{X}_t = \boldsymbol{\Lambda}\boldsymbol{F}_t + \boldsymbol{e}_t \tag{5.6.3}$$

其中 $\boldsymbol{X}_t=(X_{1t},X_{2t},\cdots,X_{Nt})'$，$\boldsymbol{\Lambda}=(\lambda_1,\lambda_2,\cdots,\lambda_N)'$，$\boldsymbol{e}_t=(e_{1t},e_{2t},\cdots,e_{Nt})'$.$\boldsymbol{\Lambda}$ 是因子载荷阵。$E(\boldsymbol{F})=\boldsymbol{0}$，$\mathrm{Cov}(\boldsymbol{F})=\boldsymbol{I}$，$E(\boldsymbol{e})=\boldsymbol{0}$，$\mathrm{Cov}(\boldsymbol{e})=\boldsymbol{\Omega}$，$\boldsymbol{\Omega}$ 是对角阵。$\boldsymbol{F}$ 与 $\boldsymbol{e}$ 相互独立，故 $\mathrm{Cov}(\boldsymbol{F},\boldsymbol{e})=\boldsymbol{0}$。

式(5.6.3) 数据矩阵可以写成，

$$\underset{N\times T}{\boldsymbol{X}} = \underset{N\times r}{\boldsymbol{\Lambda}}\ \underset{r\times T}{\boldsymbol{F}} + \underset{N\times T}{\boldsymbol{e}} \tag{5.6.4}$$

其中，

$$\boldsymbol{X}=\begin{pmatrix} X_{11} & X_{12} & \cdots & X_{1T} \\ X_{21} & X_{22} & \cdots & X_{2T} \\ \vdots & \vdots & \vdots & \vdots \\ X_{N1} & X_{N2} & \cdots & X_{NT} \end{pmatrix},\quad \boldsymbol{F}=\begin{pmatrix} F_{11} & F_{12} & \cdots & F_{1T} \\ F_{21} & F_{22} & \cdots & F_{2T} \\ \vdots & \vdots & \ddots & \vdots \\ F_{r1} & F_{r2} & \cdots & F_{rT} \end{pmatrix},$$

$$\boldsymbol{e}=\begin{pmatrix} e_{11} & e_{12} & \cdots & e_{1T} \\ e_{21} & e_{22} & \cdots & e_{2T} \\ \vdots & \vdots & \ddots & \vdots \\ e_{N1} & e_{N2} & \cdots & e_{NT} \end{pmatrix},\quad \boldsymbol{\lambda}=\begin{pmatrix} \lambda_{11} & \lambda_{12} & \cdots & \lambda_{1r} \\ \lambda_{21} & \lambda_{22} & \cdots & \lambda_{2r} \\ \vdots & \vdots & \ddots & \vdots \\ \lambda_{N1} & \lambda_{N2} & \cdots & \lambda_{Nr} \end{pmatrix}$$

在 FAVAR 文献中经常会提到，有时 $\boldsymbol{\Lambda}$ 是因子载荷矩阵，$\boldsymbol{F}$ 通过最小二乘法获得，有时 $\boldsymbol{F}$ 是因子载荷矩阵，而 $\boldsymbol{\Lambda}$ 通过最小二乘法获得。为什么两者皆可呢？原因在于对 $\boldsymbol{X}$ 的数据结构的对待。

由因子分析主成分解的经典理论知，在 $\boldsymbol{\Lambda}'\boldsymbol{\Lambda}=\boldsymbol{I}$ 的约束下，因子载荷 $\boldsymbol{\Lambda}$ 是 $\boldsymbol{X}$ 的协方差矩阵前面 r 个最大特征值的开平方乘以其相应特征向量，但应注意的是该协方差矩阵的元素是由横向排列的这些元素组成的向量之间的方差和协方差。

如果我们对式(5.6.4) 转置可得，

$$\underset{T\times N}{\boldsymbol{X}} = \underset{T\times r}{\boldsymbol{F}}\ \underset{r\times N}{\boldsymbol{\Lambda}} + \underset{T\times N}{\boldsymbol{e}} \tag{5.6.5}$$

注意该方程的维数已经发生了变化。那么仅仅从数据而不是其实际含义去理解的话，此时 $\boldsymbol{F}$ 又可以看作是载荷矩阵，它也是 $\boldsymbol{X}$ 的协方差矩阵前面 r 个最大特征值的开平方乘以其相应特征向量，但是应该注意这个协方差矩阵的元素如果从式(5.6.4) 中 $\boldsymbol{X}$ 的数据排列方式来看，实际上它是竖向排列的向量间的方差和协方差。此时的约束是

$$F'F = I$$

在得到因子载荷后，就可用最小二乘法获得因子得分 $\boldsymbol{F}$ 或者 $\boldsymbol{\Lambda}$，究竟是以哪个为因子载荷，这取决于如何对待 $\boldsymbol{X}$ 数据矩阵的排列方式。

另外，在 FAVAR 分析中常常直接用前面几个主成分得分来代替因子得分，原因何在呢？从主成分分析来看，式(5.6.4) 如果没有扰动项，则可以写为：$\underset{N\times T}{\boldsymbol{X}} = \underset{T\times T}{\boldsymbol{\Lambda}}\underset{N\times T}{\boldsymbol{F}}$，此时 $\boldsymbol{\Lambda}$ 是方阵，是可逆的，左乘 $\boldsymbol{\Lambda}^{-1}$ 可得：$\underset{N\times T}{\boldsymbol{F}} = \underset{T\times T}{\boldsymbol{\Lambda}^{-1}}\underset{N\times T}{\boldsymbol{X}}$，如果熟悉主成分分析，那么从此式就立即知道，$\boldsymbol{F}$ 即为 $\boldsymbol{X}$ 的主成分。所以，粗略地说，因子得分和主成分得分不会相差太远。

5.6.4 从 $\boldsymbol{F}_t$ 中分离 $\boldsymbol{R}_t$ 成分的方式

可以理解，直接从 $\boldsymbol{X}_t$ 中提出的主成份 $\boldsymbol{F}_t$ 不可避免地含有 $\boldsymbol{R}_t$ 的成分，直接让这样的 $\boldsymbol{F}_t$ 和 $\boldsymbol{R}_t$ 进入 VAR 模型，会降低模型的有效性。Bemanke, Boivin and Ellasz(2005) 提出了一种从 $\boldsymbol{F}_t$ 中分离掉 $\boldsymbol{X}_t$ 成分的办法。

第一，将 $\boldsymbol{X}_t$ 中的数据集分为两大类，一类称之为慢动变量(slow variable)，一类称之为速动变量(fast variable)。前者定义为不能对未预期到的政策冲击产生同期反应，例如工资、消费。后者刚好相反，它可以对政策冲击产生同期反应。第二，他从慢动变量集中抽取因子，记为 $\hat{C}^*(\boldsymbol{F}_t)$。从所有变量集中抽取因子 $\hat{C}(\boldsymbol{F}_t,\boldsymbol{R}_t)$。第三，作回归，$\hat{C}(\boldsymbol{F}_t,\boldsymbol{R}_t)=b_C\hat{C}^*(\boldsymbol{F}_t)+b_R\boldsymbol{R}_t+u_t$。第四，用 $\hat{C}(\boldsymbol{F}_t,\boldsymbol{R}_t)-b_R\boldsymbol{R}_t$ 得到的就是可以进入式(5.6.1) 的 $\hat{\boldsymbol{F}}_t$。按照这种方式得到的 $\hat{\boldsymbol{F}}_t$ 与 $\boldsymbol{R}_t$ 是不相关的。这也是因子模型所要求的，即各因子是正交的。

实际上，对于从因子中分离出含有 $\boldsymbol{R}_t$ 成分的分离方式，Boivin, Giannoni and Mihov(2009) 提出了另外一种迭代办法，该方法避免了对慢动和速动变量的分类，毕竟这种分类存在一定的模糊性，其程序如下：

第一步，从 $\boldsymbol{X}_t$ 中抽取前面 K 个主成分，将其作为迭代的初值，记为 $\boldsymbol{F}_t^{(0)}$；

第二步，将 $\boldsymbol{X}_t$ 对 $\boldsymbol{F}_t^{(0)}$ 和 $\boldsymbol{R}_t$ 进行回归，从而获得 $\boldsymbol{R}_t$ 的回归系数，可以记之为 $\hat{\boldsymbol{\lambda}}_R^{(0)}$；

第三步，计算 $\widetilde{\boldsymbol{X}}_t^{(0)}=\boldsymbol{X}_t-\hat{\boldsymbol{\lambda}}_R^{(0)}\boldsymbol{R}_t$；

第四步，从 $\widetilde{\boldsymbol{X}}_t^{(0)}$ 中提取前面 K 个主成分 $\boldsymbol{F}_t^{(1)}$；

第五步，返回第二步。

至于要迭代多少次，取决于想要的精度是多少，可以任意设置。这样得到的因子 $\boldsymbol{F}_t$ 也是不再含有 $\boldsymbol{R}_t$ 成分的。

Hwang(2009) 对于消除 $\boldsymbol{R}_t$ 成分提出了一个一般性的方法，感兴趣者可以看其原文。

5.6.5 维数的确定

在实践中，还有一个问题没有解决，那就是从 $\boldsymbol{X}_t$ 中提取前面 K 个主成分作因子，这个 K 应该是多少呢？

因子个数的估计已有不少文献讨论过。Lewbel(1991) 和 Donald(1997) 使用某个矩阵的秩去检验因子的个数，但是这些理论要么假设 N 不变，要么假设 T 不变。Cragg and

Donald(1997) 认为当因子是可观测变量的函数时，可以使用信息准则，但是数据仍然要有固定的维数。对于大维度面板数据，Connor and Korajczyk(1993) 在资产收益的因子个数确定中提出了一个检验，但是他们的检验是在序列有限渐近（sequential limit asymptotics）下得到的，即固定 T，N 趋向无穷大，然后 T 再趋向无穷大。由于他们的检验是基于不同时期方差的比较，协方差稳定和同方差不仅仅是技术假设，而且对于他们检验的有效性是至关重要的。对于固定的 T，N 趋向无穷大，Fomiand Rdchlin(1998) 建议一个图示方法去识别因子个数，但是该方法没有合适的理论支撑。假设 N，T 趋向无穷大，且 $\sqrt{N}/T$ 趋向无穷大，Stock and Watson(1998) 提出一个修改了的 BIC 准则可用以确定最优因子个数来预测单变量序列。他们的准则是有局限的，不仅是因为其要求 N 远远大于 T，而且可能会存在一个因子，它对于单个数据序列是没有预测能力的。这样他们的方法在样本外预测就不太合适了。Fomi，Hallin，Lippi and Reichlin(2000) 提出了一个多变量的 AIC 准则，同样该方法的理论和实证性质均是未知的。

Bai and NG(2002) 提出的检验方式不依赖序列有限，也不对 N 和 T 施加任何约束，检验结果在时间和横截面维度存在异方差时，在弱序列相关和横截面相关时也保持成立。其仿真结果显示该检验有着良好的有限样本性质。

Bai and NG(2002) 针对式(5.6.4)，令误差项平方和为

$$V(k,\hat{F}^k)=\min_{\Lambda}\frac{1}{NT}\sum_{i=1}^{N}\sum_{t=1}^{T}(X_{it}-\lambda_i^{k'}\hat{F}_t^k)^2 \tag{5.6.6}$$

之所以在 λ 和 F 的右上角加上上标 k 是强调这个因子模型选择了 k 个因子来检验真实的因子个数 r 是多少。Bai and NG(2002) 定义损失函数为 $V(k,F^k)+kg(N,T)$，$g(N,T)$ 是对过度拟合的惩罚。Bai and NG(2002) 提出了两大类信息准则，一类是

$$\mathrm{PC}(k)=V(k,F^k)+kg(N,T)$$

一类是

$$\mathrm{IC}(k)=\ln(V(k,F^k))+kg(N,T)。$$

对于 PC(k) 类，Bai and NG(2002) 提出以下三个准则，

$$\mathrm{PC}_{p1}(k)=V(k,F^k)+k\hat{\sigma}^2\left(\frac{N+T}{NT}\right)\ln\left(\frac{NT}{N+T}\right)$$

$$\mathrm{PC}_{p2}(k)=V(k,F^k)+k\hat{\sigma}^2\left(\frac{N+T}{NT}\right)\ln C_{NT}^2$$

$$\mathrm{PC}_{p1}(k)=V(k,F^k)+k\hat{\sigma}^2\left(\frac{\ln(C_{NT}^2)}{C_{NT}^2}\right)$$

应用中，$\hat{\sigma}^2$ 可以用 $V(k_{\max},\hat{F}k_{\max})$ 替代，$k_{\max}$ 表示在准则应用中，所使用的最大因子数目，一般 $r<k_{\max}$，$C_{NT}^2=\min\{N,T\}$。一般情况下，上述三个统计量是渐近等价的，但在有限样本中却有着不同的性质。

对于 IC(k) 类，也有三个准则，

$$\mathrm{IC}_{p1}(k)=\ln(V(k,F^k))+k\left(\frac{N+T}{NT}\right)\ln\left(\frac{NT}{N+T}\right)$$

$$\mathrm{IC}_{p2}(k)=\ln(V(k,F^k))+k\left(\frac{N+T}{NT}\right)\ln C_{NT}^2$$

$$\mathrm{IC}_{p1}(k)=\ln(V(k,F^k))+k\left(\frac{\ln(C_{NT}^2)}{C_{NT}^2}\right)$$

IC(k) 类准则相对于 PC(k) 类准则唯一的好处在于它不再使用 $\hat{\sigma}^2$ 了，毕竟 $\hat{\sigma}^2$ 要用 $k_{\max}$ 来计算，而 $k_{\max}$ 还是存在一定任意性的。

Bai and NG(2002) 在较弱的条件下证明了上述准则对于正确的因子个数 r 的确定是有用的。上述六个准则在不同的有限样本中有着不一样的性质，Bai and NG(2002) 在蒙特卡罗模拟实验中做出了详细的表述，感兴趣者可参见其原文。

5.6.6 FAVAR 的结构识别

到这里，我们已经得到了 $\hat{F}_t$，那么式(5.6.29) 的估计是没有问题了，执行标准的 VAR 程序即可。

接下来要做的就是标准 VAR 程序所要求的脉冲响应和方差分解。实际上，一旦涉及到这两个问题，就涉及模型的识别问题。Bemanke, Boivin and Ellasz(2005) 使用了递归识别，也可以说是乔利斯基分解。他的递归顺序为将 $\boldsymbol{R}_t$ 放在最后，对式(5.6.1) 进行识别。实际上，Bemanke, Boivin and Ellasz(2005) 并未对其他因子的顺序进行说明，因为其他因子的顺序如何无关紧要，而我们想得到的只是未预期的政策冲击的脉冲响应，当使用乔利斯基分解时，只要将 R_t 放在最后，那么其他因子排序如何，并不影响 $\boldsymbol{R}_t$ 对所有其他变量的脉冲响应图，这也是文献中常常提到的块(blocks) 识别。当然，这个在数学上的证明也是十分简单的。

实际上这里还有一个问题，从式(5.6.1) 得到的脉冲响应只是 $\boldsymbol{R}_t$ 对各因子的脉冲响应，如何能够得到 $\boldsymbol{R}_t$ 对 $\boldsymbol{X}_t$ 中各实际变量的脉冲响应呢？答案应该是很直观的：首先通过式(5.6.1) 可以获得 $\boldsymbol{R}_t$ 对各个因子及本身的脉冲响应，然后将这些脉冲响应的大小代入式(5.6.2)，就可以得到任何一个实际变量的脉冲响应图。方差分解也可以通过类似的方法获得。

具体地，通过结构识别，我们可以获得式(5.6.1) 的结构移动平均形式如下，

$$\begin{pmatrix}\boldsymbol{F}_t\\ \boldsymbol{R}_t\end{pmatrix}=\begin{pmatrix}\boldsymbol{A}_{11}(L) & \boldsymbol{A}_{12}(L)\\ \boldsymbol{A}_{21}(L) & \boldsymbol{A}_{22}(L)\end{pmatrix}\begin{pmatrix}\boldsymbol{\varepsilon}_{1t}\\ \boldsymbol{\varepsilon}_{2t}\end{pmatrix} \tag{5.6.7}$$

其中 $A_{ij}(L)$ 是滞后多项式，ε_{it} 是结构冲击。通过上式可以得出，

$$\boldsymbol{F}_t=\boldsymbol{A}_{11}(L)\boldsymbol{\varepsilon}_{1t}+\boldsymbol{A}_{12}(L)\boldsymbol{\varepsilon}_{2t} \tag{5.6.8}$$

再将上式代入式(5.6.2)，可得

$$\boldsymbol{X}_t=\boldsymbol{\Lambda}^f\boldsymbol{A}_{11}(L)\boldsymbol{\varepsilon}_{1t}+\boldsymbol{\Lambda}^f\boldsymbol{A}_{12}(L)\boldsymbol{\varepsilon}_{2t}\boldsymbol{\Lambda}^R\boldsymbol{R}_t+\boldsymbol{e}_t \tag{5.6.9}$$

其中 $\boldsymbol{\varepsilon}_{2t}$ 前的系数 $\boldsymbol{\Lambda}^f\boldsymbol{A}(L)$ 就代表了 $\boldsymbol{X}_t$ 中各变量对 $\boldsymbol{R}_t$ 政策冲击的脉冲响应。方差分解相对于普通的 VAR 模型没有任何特别之处，一旦计算出了因子 $\boldsymbol{F}_t$，式(5.6.1) 的方差分解与普通的 VAR 方差分解并无不同，不过，此处我们只关心 $\boldsymbol{R}_t$ 在预测误差方差分解中所占的比例是多大而已。

上述是基于乔利斯基分解的识别，其他一些常用的识别譬如长期约束也能在 FAVAR 框架下进行，但毫无疑问，这需要提取的因子具备特别的经济概念。例如，如果需要货币政策冲击对产出缺口没有长期效应的长期约束，则应该要能提取到具备产出缺

口含义的因子。Belviso and Milani(2006)在贝叶斯估计框架下提供了一个结构 FAVAR 的估计办法。

5.6.7 实例

(1) 数据选取及因子提取

选取 2000 年 1 月至 2013 年 3 月货币供给量(m)、人民币兑美元汇率(h)、商品零售价格指数(CPI)、原材料燃料动力购进价格指数(RMPPI)、政府财政收入(INC)、固定资产投资(INV)、工业增加值(IND)、进出口总额(OUT)和社会消费品零售总额(GOD)作为代表中国宏观经济总体运行情况的变量,选取的货币政策变量与宏观经济变量数据均为月度数据。同时鉴于 SHIBOR 在货币市场利率体系中的重要作用,本例采用了 SHIBOR 3 个月的月平均数据代表我国平均利率进行分析,数据时间为 2006 年 10 月到 2013 年 3 月。

在对数据进行预处理中,首先采用 CensusX12 方法对数据进行季节调整。由于宏观经济变量中的量纲差异较大,本例将变量对数化后使用。

(2) 主成分分析

对居民消费价格指数到社会消费品零售总额八个宏观经济变量进行主成分分析如表 5.6.1 所示。

表 5.6.1　主成分分析结果

	主成分一	主成分二	主成分三	主成分四
特征值	2.7168	0.1138	0.0734	0.0292
贡献率	0.9211	0.0386	0.0249	0.0099
累计贡献率	0.9211	0.9597	0.9846	0.9945
	主成分五	主成分六	主成分七	主成分八
特征值	0.0136	0.0025	0.0002	0
贡献率	0.0046	0.0008	0.0001	0
累计贡献率	0.9991	0.9999	0.999995	1

由表 5.6.1 中可以发现,两个主成分累计贡献率达到 95.97%,所以本例中选择第一、第二两个主成分作为信息因子进入 TVP-FAVAR 模型,并分别命名为产出因子和价格因子。

(3)Granger 因果检验与协整检验

为了确定产出因子与货币供给量之间的双向联系,在建立 TVP-FAVAR 模型之前要对变量进行 Granger 因果检验,结果见表 5.6.2 和表 5.6.3。

表 5.6.2　产出因子与货币供给量的格兰杰因果检验

原假设	F 值	P 值
factor1 不是 m 的 Granger 原因	6.582	0.002 *
m 不是 factor1 的 Granger 原因	3.848	0.023 *

注:factor1 代表产出因子,m 代表货币供给量,* 代表拒绝原假设,通过检验

表 5.6.3　产出因子与货币供给量的 Johansen 协整检验

原假设	特征根	迹统计量	5% 临界值	P 值
无	0.095	22.330	15.494	0.004 *
最多有一组	0.044	6.996	3.841	0.008 *

注: * 代表拒绝原假设,通过检验

(4)TVP-FAVAR 模型的建立及脉冲响应分析

根据 AIC 准则,选择的滞后阶数为 1,对产出因子和货币供给量建立 TVP-FAVAR(1,1)

$$\begin{pmatrix} CPI_t \\ PPI_t \\ RMP_t \\ INC_t \\ INV_t \\ IND_t \\ OUT_t \\ GOD_t \end{pmatrix} = (\lambda_{1t}, \lambda_{2t}) \begin{pmatrix} factor1_t \\ factor2_t \end{pmatrix} + \begin{pmatrix} \mu_{1t} \\ \mu_{2t} \end{pmatrix} \tag{5.6.10}$$

$$\begin{pmatrix} factor1_t \\ m_t \end{pmatrix} = (b_{1t}, b_{2t}) \begin{pmatrix} factor1_{t-1} \\ m_{t-1} \end{pmatrix} + \begin{pmatrix} v_{1t} \\ v_{2t} \end{pmatrix} \tag{5.6.11}$$

模型 5.6.10 和 5.6.11 通过 MCMC 方法同时提取两个因子(产出因子和价格因子)并估计两式中的时变参数,最后进行脉冲响应分析。如下图 5.6.1 所示:

选择时间段为 2006 年 10 月的分析结果与 2004 年 10 月的分析结果大体趋势相同,但也有一定的差异。与 2004 年 10 月的分析结果相比,货币供给量的扰动对宏观经济产生的影响在滞后 4 期时达到最大并且最大值在 0.08 左右,说明货币政策在 2008 年对宏观经济的影响效果要小于 2004 年的效果,但是保持了更长的影响时间。与 2004 年、2006 年相比,2008 年 3 月与 2012 年 12 月两时段的脉冲响应分析结果有着显著的不同。2008 年 3 月与 2012 年 12 月的分析结果有相似的部分,在货币供给量产生正向扰动的初始阶段对产出因子产生负向的影响,在滞后 3 期才开始慢慢地正向变动。在 2012 年 12 月的脉冲响应分析图中可以看出,货币供给增加对宏观经济的影响已经非常微小了。

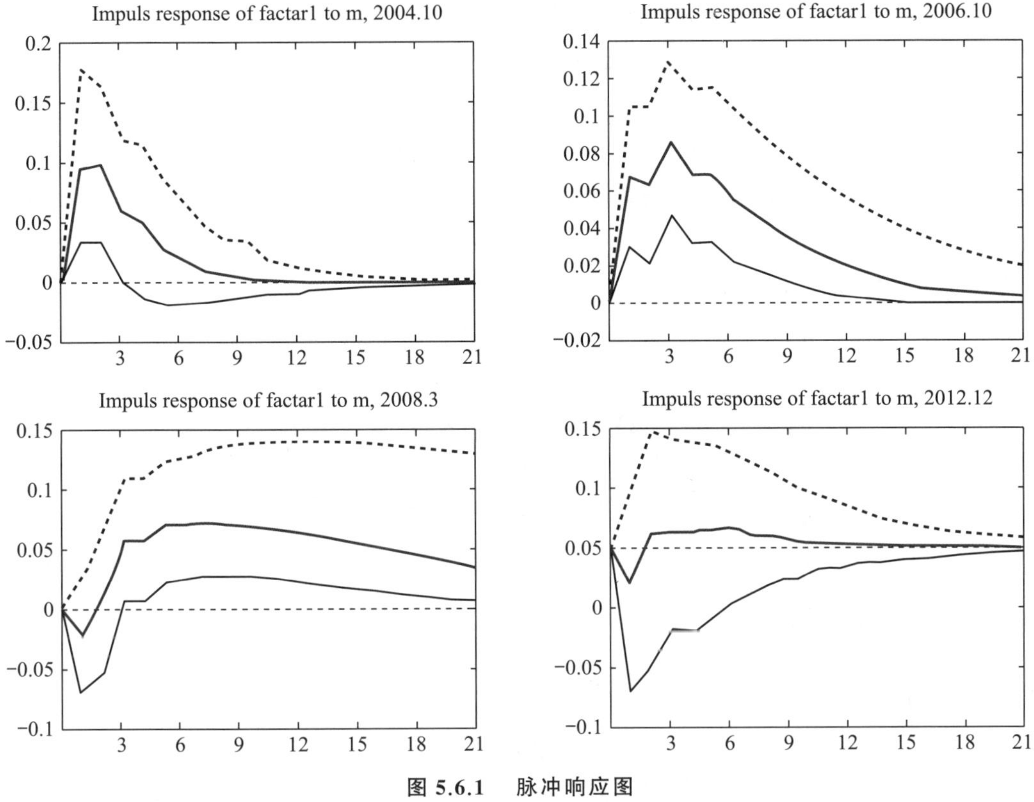

图 5.6.1　脉冲响应图

5.7　时变参数向量自回归模型

5.7.1 模型

传统的 VAR 模型假定 VAR 系数以及扰动项的方差都是不变的，这种假定显然难以刻画现实的情况。实际上随着时间的推移，经济体制、经济结构、政策偏好和技术等方面的因素不断发生变化，模型参数也会随之改变，传统的 VAR 模型显然不能刻画这种动态特征。以往能够描述非线性特征的状态空间模型由于是单向方程，无法展现多变量之间的相互作用，因而在使用上受到限制。早期的非线性动态 VAR (MSVAR，STVAR，TVAR) 也主要把研究重点放在非线性的过渡 — 转换区制上，缺少对全局的把握。对此，向非线性、变参数趋势发展的 VAR 模型应运而生，其代表性模型是时变参数向量自回归模型(time-vacying paramter vector autoregression，TVP-VAR)。

TVP-VAR 模型事实上是通过 SVAR 演变而来，因此可以将 TVP-VAR 模型写成如下形式：

$$\boldsymbol{y}_t = \boldsymbol{X}_t \boldsymbol{\beta}_t + \boldsymbol{A}_t^{-1} \sum\nolimits_t \boldsymbol{\varepsilon}_t, t = s+1, \cdots, n \tag{5.7.1}$$

其中，$\boldsymbol{y}_t$ 是 $k \times 1$ 维观测向量，$\boldsymbol{A}$ 为 $k \times k$ 维联立参数矩阵，$\boldsymbol{\varepsilon}_t \sim N(\boldsymbol{0}, \boldsymbol{I}_k)$。

$$\boldsymbol{\Sigma}_t = \begin{bmatrix} \sigma_{1t} & 0 & \cdots & 0 \\ 0 & \ddots & \ddots & \vdots \\ \vdots & \ddots & \ddots & 0 \\ 0 & \cdots & 0 & \sigma_{kt} \end{bmatrix}, \boldsymbol{A}_t = \begin{bmatrix} 1 & 0 & \cdots & 0 \\ a_{21} & \ddots & \ddots & \vdots \\ \vdots & \ddots & \ddots & 0 \\ a_{k1} & \cdots & a_{k,k-1} & 1 \end{bmatrix}$$

将 $\boldsymbol{A}_t$ 中非 0 和 1 的元素写成向量的形式，即 $\boldsymbol{a}_t=(a_{21},a_{31},a_{32},\cdots,a_{k,k-1})$。令 $\boldsymbol{h}_t=(h_{1t},\cdots,h_{kt})$，其中 $h_{it}=\log\sigma_{it}^2, i=1,\cdots,k, t=s+1,\cdots,n$，此外还假定方程(5.7.1)中的参数符合如下的随机游走过程：

$$\boldsymbol{\beta}_{t+1}=\boldsymbol{\beta}_t+\boldsymbol{\mu}_{\beta t}, \boldsymbol{a}_{t+1}=\boldsymbol{a}_t+\boldsymbol{\mu}_{at}, \boldsymbol{h}_{t+1}=\boldsymbol{h}_t+\boldsymbol{\mu}_{ht},$$

$$\begin{bmatrix} \boldsymbol{\varepsilon}_t \\ \boldsymbol{\mu}_{\beta t} \\ \boldsymbol{\mu}_{at} \\ \boldsymbol{\mu}_{ht} \end{bmatrix} \sim N\left[0, \begin{bmatrix} \boldsymbol{I} & \boldsymbol{O} & \boldsymbol{O} & \boldsymbol{O} \\ \boldsymbol{O} & \boldsymbol{\Sigma}_\beta & \boldsymbol{O} & \boldsymbol{O} \\ \boldsymbol{O} & \boldsymbol{O} & \boldsymbol{\Sigma}_a & \boldsymbol{O} \\ \boldsymbol{O} & \boldsymbol{O} & \boldsymbol{O} & \boldsymbol{\Sigma}_h \end{bmatrix}\right], t=s+1,\cdots,n$$

这里，$\beta_{s+1}\sim N(\mu_{\beta 0},\boldsymbol{\Sigma}_{\beta 0})$，$a_{s+1}\sim N(\mu_{a0},\boldsymbol{\Sigma}_{a0})$，$h_{s+1}\sim N(\mu_{h0},\boldsymbol{\Sigma}_{h0})$。

5.7.2 模型估计

(1) 先验值的选取

在选择先验值时，假设参数 $\boldsymbol{\beta}$、$\boldsymbol{\alpha}$ 和 $\boldsymbol{h}$ 的先验分布均服从于正态分布，其中均值为：$\boldsymbol{\mu}_{\boldsymbol{\beta}0}=\boldsymbol{\mu}_{\boldsymbol{\alpha}0}=\boldsymbol{\mu}_{\boldsymbol{h}0}=0$，协方差矩阵为：$\boldsymbol{\Sigma}_{\boldsymbol{\beta}0}=\boldsymbol{\Sigma}_{\boldsymbol{\alpha}0}=\boldsymbol{\Sigma}_{\boldsymbol{h}0}=10\times\boldsymbol{I}$。并且假定协方差矩阵的第 i 个对角线元素服从如下的先验分布：

$(\boldsymbol{\Sigma}_{\boldsymbol{\beta}})_i^{-2}\sim \text{Gamma}(40,0.02)$，$(\boldsymbol{\Sigma}_{\boldsymbol{\alpha}})_i^{-2}\sim \text{Gamma}(4,0.02)$，$(\boldsymbol{\Sigma}_{\boldsymbol{h}})_i^{-2}\sim \text{Gamma}(4,0.02)$。

(2) 贝叶斯估计

贝叶斯估计及其框架下的算法是TVP-VAR模型的基本算法，在特定的先验分布下，包括未观察到的潜在变量参数的高维后验分布是算法生成样本的一个来源。除此之外，我们需要基于剩余参数对 $\beta=\{\beta_t\}_{t=s+1}^n$（同理对 $\alpha=\{\alpha_t\}_{t=s+1}^n$ 和 $h=\{h_t\}_{t=s+1}^n$）进行联合抽样，这比一次性抽样的方法更为有效。由于时变系数和参数可以写成一个线性高斯状态空间模型，因此，我们采用模拟滤波器对其进行取样。

此时将基于随机波动 h 构建一个非线性和非高斯状态空间模型。由于这一模型对于TVP-VAR模型来说极其重要，因此，应该采用一个有效的抽样方法。在这里主要介绍两种可行的抽样方法，一种是如Shephard和Pitt(1997)、Watance和Omori(2004)所用的多次移动取样。另外一种是Kim(1998)提出的混合取样法。Kim(1998)和Omori等(2007)对这两种方法做了仔细的研究，表明这两种方法均涉及近似线性状态空间模型，近似误差很小并且能通过补偿步骤得到有效修正。此外，后面的样本取自准确的后验密度。无论是上述哪种方法，对于TVP-VAR模型波动部分的取样都是合情合理的，如果是从模型原始形式中直接获取样本可以使用第一种方法。

(3) 后验分布的蒙特卡洛模拟

令 $\boldsymbol{y}=\{y_t\}_{t=1}^{n}$ 和 $\boldsymbol{\omega}=(\sum_\beta,\sum_\alpha,\sum_h)$。令 $\boldsymbol{\omega}$ 的先验概率密度为 $\pi(\boldsymbol{\omega})$。给定数据 $\boldsymbol{y}$，样本来源于条件后验分布 $\pi(\boldsymbol{\beta},\boldsymbol{\alpha},\boldsymbol{h}\mid \boldsymbol{y})$ 算法见下表：

表 5.7.1　TVP-VAR 模型估计的后验分布模拟步骤

步骤	操　作
1	设初始值 $\boldsymbol{\beta},\boldsymbol{\alpha},\boldsymbol{h},\boldsymbol{\omega}$
2	取样 $\boldsymbol{\beta}\mid\boldsymbol{\alpha},\boldsymbol{h},\sum_\beta,\boldsymbol{y}$
3	取样 $\sum_\beta\mid\boldsymbol{\beta}$
4	取样 $\boldsymbol{\alpha}\mid\boldsymbol{\beta},\boldsymbol{h},\sum_\alpha,\boldsymbol{y}$
5	取样 $\sum_\alpha\mid\boldsymbol{\alpha}$
6	取样 $\boldsymbol{h}\mid\boldsymbol{\beta},\boldsymbol{\alpha},\sum_h,\boldsymbol{y}$
7	取样 $\sum_h\mid\boldsymbol{h}$
8	重复步骤 2

具体而言，步骤 2 和步骤 4 是借助于模拟滤波器来实现的；步骤 3、步骤 5、步骤 7 则是在共轭先验下的 Wishart 分布或者 Gamma 分布中生成样本，由于我们假定 $\sum_h$ 为对角矩阵，从而得到独立的条件后验分布 $\{h_{jt}\}_{t=s+1}^{n}$，$j=1,\cdots,k$；步骤 6 则需要对随机波动进行多次移动取样，具体如下：

① 取样 $\boldsymbol{\beta}$

为了从条件后验分布 $\pi(\boldsymbol{\beta}\mid\boldsymbol{\alpha},\boldsymbol{h},\sum_\beta,\boldsymbol{y})$ 中取样 $\boldsymbol{\beta}$，需要把模型写为状态空间的形式：

$$\boldsymbol{y}_t=\boldsymbol{X}_t\boldsymbol{\beta}_t+\boldsymbol{A}_t^{-1}\textstyle\sum_t\boldsymbol{\varepsilon}_t,\ t=s+1,\cdots,n$$

$$\boldsymbol{\beta}_{t+1}=\boldsymbol{\beta}_t+\boldsymbol{\mu}_{\beta_t},\ t=s,\cdots,n-1$$

其中 $\boldsymbol{\beta}_s=\boldsymbol{\mu}_{\beta_0}$ 且 $\boldsymbol{\mu}_{\beta_0}\sim N(\boldsymbol{0},\sum_{\beta_0})$。这样我们就可以对联合后验分布 $\pi(\boldsymbol{\beta}_{s+1},\cdots,\boldsymbol{\beta}_n\mid\boldsymbol{\alpha},\boldsymbol{h},\sum_\beta,\boldsymbol{y})$ 取样。接下来，我们对状态空间模型中的模拟滤波器算法给予一定的说明：

$$\boldsymbol{y}_t=\boldsymbol{Z}_t\boldsymbol{\alpha}_t+\boldsymbol{G}_t\boldsymbol{\mu}_t,\ t=s+1,\cdots,n$$

$$\boldsymbol{\alpha}_{t+1}=\boldsymbol{T}_t\boldsymbol{\alpha}_t+\boldsymbol{H}_t\boldsymbol{\mu}_t,\ t=s,\cdots,n-1$$

其中，$\boldsymbol{\mu}_t\sim N(\boldsymbol{0},\boldsymbol{I})$ 且 $\boldsymbol{G}_t\boldsymbol{H}_t'=\boldsymbol{O}$。模拟滤波器中取 $\boldsymbol{\eta}=(\eta_s,\cdots,\eta_{n-1})\sim\pi(\boldsymbol{\eta}\mid\boldsymbol{y},\boldsymbol{\theta})$，其中 $\boldsymbol{\eta}_t=\boldsymbol{H}_t\boldsymbol{\mu}_t$，$t=s,\cdots,n-1$，$\boldsymbol{\theta}$ 表示模型中的其他参数，运行 Kalman 滤波；对于 $t=s+1,\cdots,n$，其中 $\boldsymbol{\alpha}_{s+1}=\boldsymbol{T}_s\boldsymbol{\alpha}_s$ 且 $\boldsymbol{P}_{s+1}=\boldsymbol{H}_s\boldsymbol{H}'_s$，再运行模拟滤波器。

对于 $t=n,n-1,\cdots,s+1$，$r_n=U_n=0$，令 $\boldsymbol{\eta}_s=\boldsymbol{\Lambda}_s\boldsymbol{r}_s+\boldsymbol{\varepsilon}_s$，$\boldsymbol{\varepsilon}_s\sim N(\boldsymbol{0},\boldsymbol{C}_s)$，$\boldsymbol{C}_s=\boldsymbol{\Lambda}_s-\boldsymbol{\Lambda}_s\boldsymbol{U}_s\boldsymbol{\Lambda}_s$。然后构造样本数据 $\boldsymbol{\alpha}=\{\boldsymbol{\alpha}_t\}_{t=s+1}^{n}$，进而使用模拟滤波器得到序列 $\{\boldsymbol{\eta}_t\}_{t=s}^{n-1}$ 的状态方程，在此过程中，对参数做如下调整：

$$\boldsymbol{Z}_t=\boldsymbol{X}_t,\boldsymbol{T}_t=I,\boldsymbol{G}_t=(\boldsymbol{A}_t^{-1}\boldsymbol{\Sigma}_t,\boldsymbol{O}),\boldsymbol{H}_t=(\boldsymbol{O},\boldsymbol{\Sigma}_{\boldsymbol{\beta}}^{1/2})$$

当 $t=s=1,\cdots n,\boldsymbol{T}_s\boldsymbol{\alpha}_s=\boldsymbol{\mu}_{\boldsymbol{\beta}0},\boldsymbol{H}_s=(\boldsymbol{O},\boldsymbol{\Sigma}_{\boldsymbol{\beta}0}^{1/2})$。

② 取样 $\boldsymbol{\alpha}$

由于是从后验分布 $\pi(\boldsymbol{\alpha}\mid\boldsymbol{\beta},\boldsymbol{h},\boldsymbol{\Sigma}_\alpha,\boldsymbol{y})$ 中取样 $\boldsymbol{\alpha}$，我们将 $\boldsymbol{\alpha}$ 表示为状态空间的形式，即：

$$\hat{\boldsymbol{y}}_t=\hat{\boldsymbol{X}}_t\boldsymbol{\alpha}_t+\boldsymbol{\Sigma}_t\boldsymbol{\varepsilon}_t,t=s+1,\cdots,n$$

$$\boldsymbol{\alpha}_{t+1}=\boldsymbol{\alpha}_t+\boldsymbol{\mu}_{\boldsymbol{\alpha}_t},t=s,\cdots,n-1$$

其中 $\boldsymbol{\alpha}_s=\boldsymbol{\mu}_{\boldsymbol{\alpha}0},\boldsymbol{\mu}_{\boldsymbol{\alpha}s}\sim N(\boldsymbol{0},\boldsymbol{\Sigma}_{\boldsymbol{\alpha}0}),\hat{\boldsymbol{y}}_t=\boldsymbol{y}_t-\boldsymbol{X}_t\boldsymbol{\beta}_t$

$$\text{并且：}\hat{\boldsymbol{y}}_t=\begin{bmatrix}0 & \cdots & & & & 0\\ -\hat{y}_{1t} & 0 & 0 & \cdots & & \\ 0 & -\hat{y}_{1t} & -\hat{y}_{2t} & 0 & \cdots & \\ 0 & & & -\hat{y}_{1t} & \cdots & \\ \vdots & & & \ddots & \cdots & \\ 0 & \cdots & 0 & -\hat{y}_{1t} & \cdots & -\hat{y}_{k-1,t}\end{bmatrix},t=s+1,\cdots,n$$

和取样 $\boldsymbol{\beta}$ 类似，我们使用模拟滤波器，其中，

$$\boldsymbol{Z}_t=\boldsymbol{X}_t,\boldsymbol{T}_t=I,\boldsymbol{G}_t=\left(\boldsymbol{\Sigma}_t,\boldsymbol{O}\right),\boldsymbol{H}=\left(\boldsymbol{O},\boldsymbol{\Sigma}_{\beta0}^{1/2}\right),\ t=s=1,\cdots,n,\boldsymbol{T}_s\boldsymbol{\alpha}_s=\boldsymbol{\mu}_{\alpha0}$$

③ 取样 $\boldsymbol{h}$

所谓状态方程由系统的状态变量所构成的一阶微分方程组，现在仅提供 $\boldsymbol{h}$ 的状态空间方程仅是一个非线性的形式。由于我们设 $\boldsymbol{\Sigma}_h$ 和 $\boldsymbol{\Sigma}_{h0}$ 均为对角矩阵，故分别当 $j=1,\cdots,k$ 时来独立推断 $\{h_{jt}\}_{t=s+1}^{n}$。令 $\boldsymbol{y}_{it}^*$ 表示 $\boldsymbol{A}_t\hat{\boldsymbol{y}}_t$ 的第 i 个元素，然后可写为：

$$y_{it}^*=\exp(h_{it}/2)\varepsilon_t,t=s+1,\cdots,n$$

$$h_{i,t+1}=h_{it}+\eta_{it},t=s,\cdots,n-1$$

$$\begin{bmatrix}\varepsilon_{it}\\ \eta_{it}\end{bmatrix}\sim N\begin{bmatrix}0, & \begin{bmatrix}1 & 0\\ 0 & v_i^2\end{bmatrix}\end{bmatrix}$$

其中 $\eta_{is}\sim N(0,\boldsymbol{v}_{i0}^2)$，$\boldsymbol{v}_i^2$ 和 $\boldsymbol{v}_{i0}^2$ 分别为 $\boldsymbol{\Sigma}_h$ 和 $\boldsymbol{\Sigma}_{h0}$ 的第 i 个对角元素，并且 $\boldsymbol{\eta}_{it}$ 为 $\boldsymbol{\mu}_{ht}$ 的第 i 个对角元素。我们利用非线性高斯状态空间模型下的多次取样方法(Shephard and Pitt，1997；Watanabe and Omori，2004)，从其条件后验密度中取样 $i(h_{i,s+1},\cdots,h_{in})$。

④ 取样 $\boldsymbol{\omega}$

对于给定的 $\boldsymbol{\beta}$，可以得到 $\boldsymbol{\Sigma}_{\boldsymbol{\beta}}$ 的条件后验密度。令 $\boldsymbol{\sigma}_{\beta_i}$ 为 $\boldsymbol{\Sigma}_{\boldsymbol{\beta}}$ 的第 i 个对角元素。我们令 $\boldsymbol{\Sigma}_{\boldsymbol{\beta}}$ 为一个对角矩阵，当 $i=1,\cdots,k$ 时能对 $\boldsymbol{\sigma}_{\beta_i}$ 独立地取样。若指定先验 $\boldsymbol{\sigma}_{\beta_i}^{-2}\sim$ Gamma$(\boldsymbol{s}_{\beta0}/2,\boldsymbol{s}_{\beta0}/2)$ 就能得到条件后验分布 $\boldsymbol{\sigma}_{\beta_i}^{-2}\mid\boldsymbol{\beta}\sim$ Gamma$(\boldsymbol{s}_{\beta0}/2,\boldsymbol{s}_{\beta0}/2)$，其中：

$$\hat{\boldsymbol{s}}_{\beta_t}=\boldsymbol{s}_{\beta0}+n-s-1,\hat{\boldsymbol{S}}_{\beta1}=\boldsymbol{S}_{\beta0}+\sum_{t=s+1}^{n-1}(\boldsymbol{\beta}_{i,t+1}-\boldsymbol{\beta}_{it})^2$$

其中，β_{it} 是 $\boldsymbol{\beta}_t$ 的第 i 个元素。这里，Gamma 先验是共轭的，并且后验序列也较为简单。同理，我们可以对 $\boldsymbol{\Sigma}_{\boldsymbol{\alpha}}\mid\boldsymbol{\alpha}$ 和 $\boldsymbol{\Sigma}_h\mid\boldsymbol{h}$ 做同样的处理。

5.7.3 例子

例 5.7.1　下面应用TVP-VAR模型，对日本的宏观经济变量(1977Q1—2007Q4季度数据)，进行3变量的TVP-VAR模型进行了估计，从而检验了在样本周期30年期间宏观经济动态变化的性质。为了达到这个目的，我们检查了变量组：(p, x, i)，p 是通货膨胀率，x 是产出变化率，i 是短期利率。

在选择先验值时，假设参数 $\boldsymbol{\beta}$、$\boldsymbol{\alpha}$ 和 $\boldsymbol{h}$ 的先验分布均服从于正态分布，其中均值为：$\boldsymbol{\mu}_{\boldsymbol{\beta}_0}=\boldsymbol{\mu}_{\boldsymbol{\alpha}_0}=\boldsymbol{\mu}_{\boldsymbol{h}_0}=0$，协方差矩阵为：$\boldsymbol{\Sigma}_{\boldsymbol{\beta}_0}=\boldsymbol{\Sigma}_{\boldsymbol{\alpha}_0}=\boldsymbol{\Sigma}_{\boldsymbol{h}_0}=10\times\boldsymbol{I}$。并且假定协方差矩阵的第 i 个对角线元素服从如下的先验分布：

$(\boldsymbol{\Sigma}_\beta)_i^{-2}\sim\text{Gamma}(40,0.02)$，$(\boldsymbol{\Sigma}_\alpha)_i^{-2}\sim\text{Gamma}(4,0.02)$，$(\boldsymbol{\Sigma}_h)_i^{-2}\sim\text{Gamma}(4,0.02)$。

为了计算后验估计，在初始 1 000 个样本被丢弃后，我们绘制了 10 000 个样本值。

在运行程序前，将 TVP-VAR 工具包导入到 MATLAB 中，具体的步骤如下：

第一步：我们需要下载一个用于处理空间计量的"TVP-VAR"工具包，然后放置于安装盘符：matlab/toolbox 文件夹下，然后打开 matlab，点击上方的设置路径，然后找到工具箱，将文件夹及其子文件夹添加至 matlab 中，最后在当前文件夹中，打开 TVP VAR 文件夹，路径为 E:\Matlab\toolbox\tvp-var 才能够实现工具包的调用。具体操作如图 5.7.1 所示：

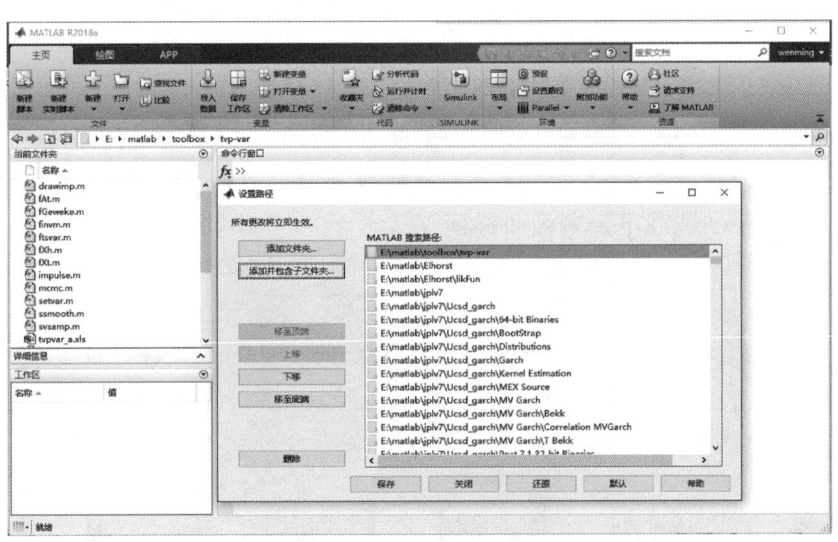

图 5.7.1　安装包调用指示图

第二步：下面就开始模型估计的工作，在 MATLAB 中输入以下程序：

```
load tvpvar_ex; % data (.mat) 导入数据文件
asvar = {'p'; 'x'; 'i'};              % 设置变量名
nlag = 2;                             % 设定模型滞后阶数
setvar('data', my, asvar, nlag);      % 设置回归的数据库
setvar('fastimp', 1);                 % 计算与时间序列随机波动平均值相等的脉冲
```

```
    mcmc(10000);                        % 后验分布的蒙特卡罗模拟
TVP - VAR model (Lag = 2)
    Iteration: 10000
    Sigma(b): Diagonal
```

表 5.7.2 报告了可变集(p,x,i)的 TVP-VAR 模型的选定参数的估计结果，结果表明，MCMC 算法有效地生成了后验，估计结果分别给出了后验、标准差、95% 置信区间的估计、Geweke(1992) 的收敛诊断(CD) 和无效率因素。在估计的结果中，基于 CD 统计量的 5% 显著性水平的参数的零假设没有被拒绝，而且无效率的因素都很少除了 h_1，这意味着抽样是有效的。即使是 h_1 的无效率的因素大约是 100，这意味着我们得到了 $M/100=100$ 个不相关的样本，对于后验的估计也足够了。此外，估计的后验均值接近于参数的真实值，这个真实值在表中列出的每个参数的 95% 置信区间内，表中 $\boldsymbol{\Sigma}_\beta$ 和 $\boldsymbol{\Sigma}_\alpha$ 需要乘以 100。

表 5.7.2 (p,x,i) 为变量集的 TVP-VAR 模型中选定的参数的估计结果

Parameter	Mean	Stdev	95%U	95%L	Geweke	Inef.
sb1	0.0023	0.0003	0.0018	0.0028	0.034	6.72
sb2	0.0023	0.0003	0.0018	0.0028	0.647	6.21
sa1	0.0056	0.0016	0.0034	0.0096	0.734	31.70
sa2	0.0055	0.0016	0.0034	0.0096	0.942	34.26
sh1	0.1573	0.0749	0.0531	0.3356	0.992	92.19
sh2	0.0058	0.0017	0.0034	0.0101	0.357	52.14

图 5.7.2 中，顶部为样本自相关图，中间为样本路径图，底部为后验分布密度图。下面我们来分析一下 TVP-VAT 模型回归的结果。

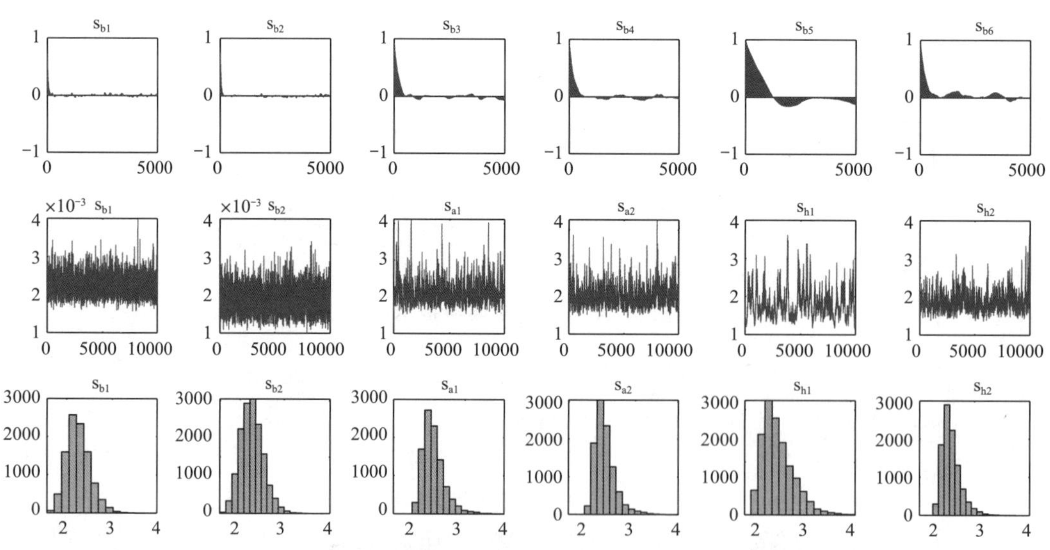

图 5.7.2 (p,x,i) 为变量集的 TVP-VAR 模型中选定的参数的估计结果

图 5.7.3 和图 5.7.4 分别绘制了后验分布的随机波动和变量间的相互效应。

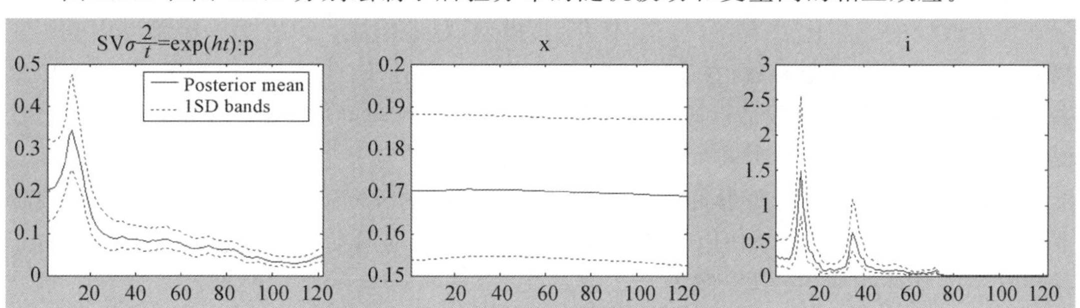

图 5.7.3 结构冲击的随机波动率图

从图 5.7.3 中,我们可以看到通胀的随机波动在 1980 年左右出现了峰值,这归因于第二次石油危机。在这之后一直持续下降,并保持较低水平,这与日本 21 世纪初期遭遇大萧条的情况基本符合。而产出率的随机波动却一直保持比较稳定的状态。短期利率的随机波动在 1980 年左右和 1990 年代中期出现了 2 个波峰,其后利率都接近于 0。这是因为,当日本央行将隔夜利率降至接近于零的水平时,上世纪 90 年代末,日本经济进一步下滑,在 1990 年代末至 2000 年代中期,日本央行实施零利率政策,2001 年至 2006 年期间实行零利率政策。由此可以看出模型回归的结果较为符合实际。

从图 5.7.4 第一幅图可以观察到通货膨胀率和产出变化率在样本期间一直有积极、正向的相互影响效应。与之相比,通货膨胀率和短期利率之间、产出变化率和短期利率之间的相互效应在样本期间逐渐减弱,产出变化率和短期利率在样本末期的相互作用变为负。

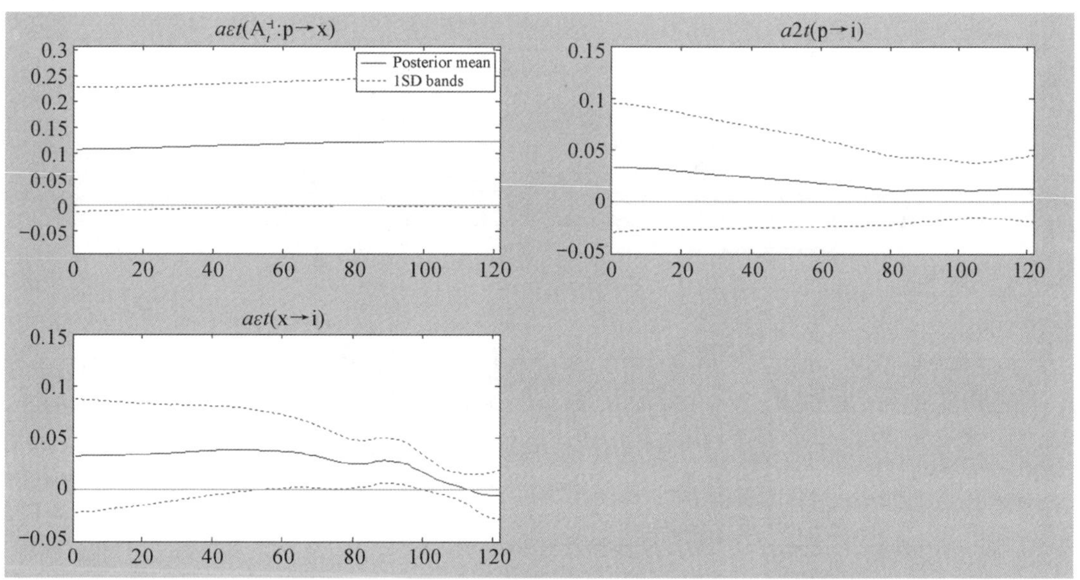

图 5.7.4 变量间的相互效应

接下来我们观看一下 TVP-VAR 模型的脉冲响应图。脉冲响应图可以观察到被估计的 VAR 系统呈现的宏观经济动态。对于一个标准的 VAR 模型,它的参数都是随时间变化不发生改变的。相比之下,对于 TVP-VAR 模型,脉冲响应可以在另一个维度中被绘制出来。使用估计的时变参数,在所有时间点对响应进行计算。在这种情况下,我们可以根据 TVP-VAR 模型的参数估计来模拟脉冲响应。考虑到时间的可比性,我们建议通过在样本周期内固定一个初始冲击大小与时间序列的随机波动平均值相等,并在每个时间点上使用相互效应关系来计算脉冲响应。为了计算变量的递归脉冲,回归的时变系数在样本期间将会一直被使用。为了方便起见,这些系数在样本周期末尾是固定不变的。对于存在时变的脉冲响应,可以绘制一个三维的图,甚至可以绘制给定时期产生的脉冲响应图,或者可以在图中展示选定范围的脉冲响应的时间序列。脉冲分别在样本第 30 期、第 60 期和第 90 期产生。在 MATLAB 中的命令如下。

drawimp([4 8 12],1); % draw impulse reponse(1) 绘制 TVP-VAR 脉冲响应图

drawimp([30 60 90],0); % draw impulse response(2) 绘制参数不变的 VAR 脉冲响应图,响应分别在样本第 30、60、90 期产生

图 5.7.5 绘制的是给定时期产生的 TVP-VAR 的脉冲响应图。脉冲分别在样本第 30 期、第 60 期和第 90 期产生。虚线对应第 30 期产生的脉冲响应,断线对应第 60 期产生的脉冲响应,实线对应第 90 期产生的脉冲响应,可以看到虽然脉冲响应产生的时期不同,但各变量对冲击的响应的趋势和程度基本一致。

图 5.7.6 的脉冲响应图是以时间序列形式绘制的,其显示了 4～12 期范围(也就是 1—3 年范围) 的脉冲响应随时间变化的趋势。不同变量之间的宏观经济动态变化的时变特性在该脉冲响应中可以表现出来。

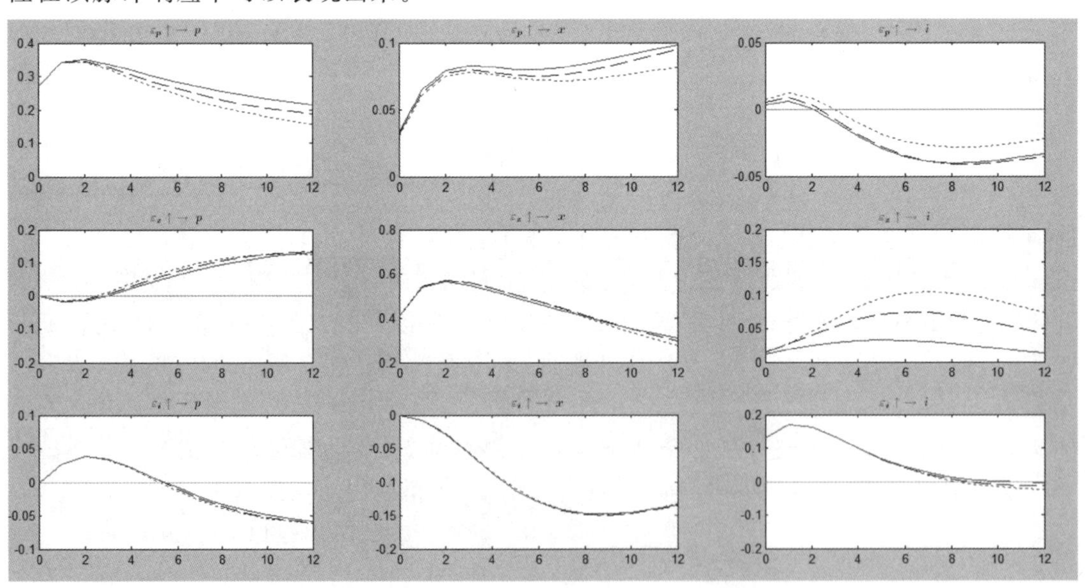

图 5.7.5　选定时期产生的 TVP-VAR 脉冲响应图

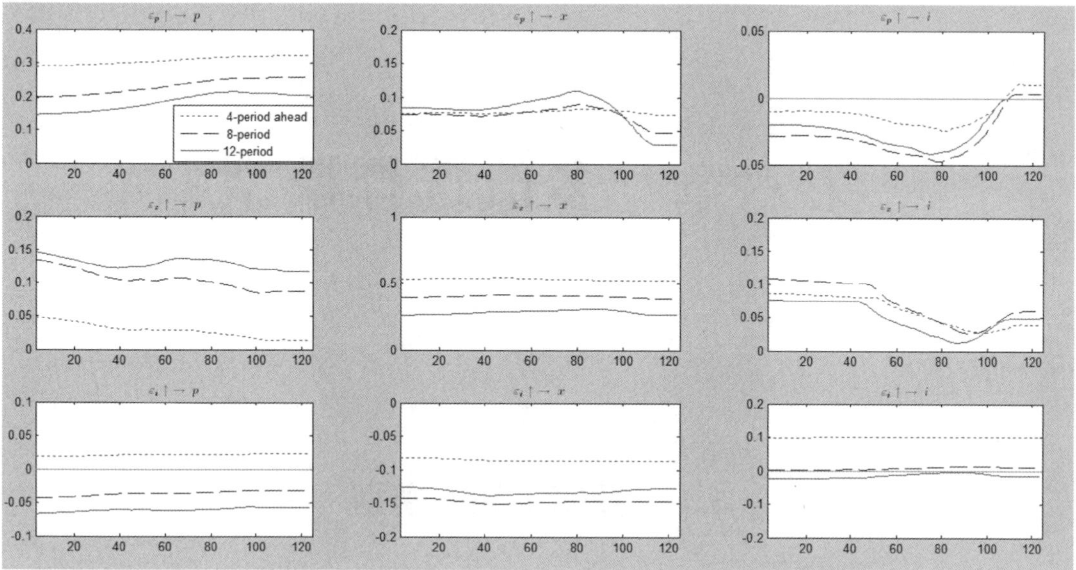

图 5.7.6　选定范围的 TVP-VAR 的脉冲响应的时间序列图

第六章　多值选择模型

6.1　多值 Logit 模型

6.1.1 多值 Logit 方法

当个体面临的选择不再是二值的，而是多值时(比如锻炼方式、交通方式、消费品牌的选择等)，我们要用到多值 Logit 模型，下面我们先介绍多项 Logit 模型。

假设个体有 $y=1,2,\cdots,J$ 种选择方式，其中 $J>2$，个体 i 选择方案 j 的随机效用如下：

$$U_{ij}=\boldsymbol{x}'_i\boldsymbol{\beta}_i+\varepsilon_{ij}(i=1,\cdots,n;j=1,\cdots,J) \tag{6.1.1}$$

上述式子解释变量 x_i 只随个体 i 变化，例如性别、年龄等个体属性特征。系数 $\boldsymbol{\beta}_j$ 表明，个体对效用的作用取决于方案。只有当个体选择方案 j 的效用高于其他方案时，个体的最佳选择才是 j，换句话说，选择 j 的概率最大。

$$P(y_i=j\mid\boldsymbol{x}_i)=P(U_{ij}\geqslant U_{ik},\forall k\neq j)=P(\varepsilon_{ik}-\varepsilon_{ij}\leqslant\boldsymbol{x}'_i\boldsymbol{\beta}_j-\boldsymbol{x}'_i\boldsymbol{\beta}_k,\forall k\neq j) \tag{6.1.2}$$

假如 $\boldsymbol{\varepsilon}_{ij}$ 独立，其服从 Ⅰ 型极值分布，则有：

$$P(y_i=j\mid\boldsymbol{x}_i)=\frac{\exp(\boldsymbol{x}'_i\boldsymbol{\beta}_j)}{\sum_{k=1}^{J}\exp(\boldsymbol{x}'_i\boldsymbol{\beta}_k)} \tag{6.1.3}$$

和二值模型一样，多值模型的各项方案的概率和为 1，为了能够识别所有的系数 $\boldsymbol{\beta}_k$，我们需要设定参照组方案，令参照组方案的系数为 0，由此，个体 i 选择 j 的概率为

$$P(y_i=j\mid\boldsymbol{x}_i)=\begin{cases}\dfrac{1}{1+\sum_{k=2}^{J}\exp(\boldsymbol{x}'_i\boldsymbol{\beta}_k)}(j=1)\\[2ex]\dfrac{\exp(\boldsymbol{x}'_i\boldsymbol{\beta}_j)}{1+\sum_{k=2}^{J}\exp(\boldsymbol{x}'_i\boldsymbol{\beta}_k)}(j=2,\cdots,J)\end{cases} \tag{6.1.4}$$

其中，$j=1$ 为参照组方案，上述模型即为多值 Logit 模型，用最大似然法进行估计，个体 i 的似然函数为 $L_i(\beta_1,\cdots,\beta_J)=\prod_{j=1}^{J}[p(y_i=j\mid x_i)]^{1(y_i=j)}$，$1(\cdot)$ 为示性函数，通过最大化似然函数就能够求解估计系数 $\hat{\beta}$。

6.1.2 实例

例 6.1.1　下面我们用多值 Logit 模型来研究北京市城乡居民体育活动参与方式的选择，因变量为参与方式 mode，包括独自参与，同家人一起，和朋友一起，社区活动，分别记为 1，2，3，4；自变量包括性别 gen（男性记为 1，女性记为 0）、教育水平 edu（学历由高到低分别表示为 1 ～ 6），以及年龄 age。数据来源于零点研究咨询集团调查的 2014 年北京市城乡居民体育活动参与和体育需求现状调查问卷，经过数据的筛选，最终样本个数为 2 621。运用 Stata13 进行分析，变量的描述性统计如表 6.1.1 所示。

表 6.1.1　变量描述性统计

Variable	Obs	Mean	Std. Dev.	Min	Max
mode	2 621	1.623 808	0.866 92	1	4
gen	2 621	0.480 351	0.499 71	0	1
age	2 621	45.958 79	15.014	16	70
edu	2 621	2.895 078	0.936 57	1	6

上表可以看出，调查样本的年龄段为 16 ～ 70 岁，平均年龄为 46，男女比例为 0.48，大部分被调查人群是通过独自参与体育锻炼的。

利用 STATA 软件进行多值 Logit 回归，在 Command 窗口输入命令：

```
import excel "6.1.1 数据.xls",sheet("6.1.1 数据") firstrow
mlogit mode age edu gen,nolog
```

多值 Logit 回归结果如图 6.1.1 所示。

```
. mlogit mode age edu gen,nolog

Multinomial logistic regression                 Number of obs   =       2621
                                                LR chi2(9)      =      76.43
                                                Prob > chi2     =     0.0000
Log likelihood = -2498.1579                     Pseudo R2       =     0.0151
```

mode	Coef.	Std. Err.	z	P>|z|	[95% Conf.	Interval]
1	(base outcome)					
2						
age	-.0099405	.0043919	-2.26	0.024	-.0185484	-.0013326
edu	-.0770739	.0717037	-1.07	0.282	-.2176106	.0634629
gen	-.3058981	.1142534	-2.68	0.007	-.5298307	-.0819655
_cons	-.6213157	.215688	-2.88	0.004	-1.044056	-.1985749
3						
age	-.0172899	.0037928	-4.56	0.000	-.0247236	-.0098563
edu	.1390974	.0608301	2.29	0.022	.0198726	.2583222
gen	-.3637829	.0986012	-3.69	0.000	-.5570378	-.1705281
_cons	-.4939976	.1856556	-2.66	0.008	-.8578759	-.1301193
4						
age	.0475877	.0165596	2.87	0.004	.0151314	.080044
edu	.0046181	.2011194	0.02	0.982	-.3895688	.3988049
gen	-1.617184	.4527149	-3.57	0.000	-2.504489	-.7298794
_cons	-5.782582	.8627217	-6.70	0.000	-7.473486	-4.091679

图 6.1.1　北京城乡居民锻炼方式选择多值 Logit 回归结果

图 6.1.1 选用了观测值最多的组(独自锻炼)为参照组。图 6.1.1 显示,给定其他条件不变,年龄越大,人们越不可能选择和家人以及朋友一起锻炼,而更可能通过社区活动;大体可以看出教育水平的高低对于锻炼的参加方式影响不显著;相对于其他锻炼方式,男性更不喜欢通过参与社区活动来锻炼。

6.2　条件 Logit 模型

6.2.1 模型

多值 Logit 模型的解释变量不随方案而变,只随个体而变。然而现实中有些解释变量会随着方案的变化而变化,或者随个体和方案一起变化。那么此时我们要用到的多值 Logit 模型称为条件 Logit 模型。

在条件 Logit 模型中,个体 i 选择方案 j 所带来的随机效用变为

$$U_{ij}=\boldsymbol{x}'_{ij}\boldsymbol{\beta}+\varepsilon_{ij}\,(i=1,\cdots,n;j=1,\cdots,J) \tag{6.2.1}$$

这里,解释变量 $\boldsymbol{x}_{ij}$ 既随个体而变,也随方案而变。系数 $\boldsymbol{\beta}$ 不随方案变化而变化。类似多值 Logit 模型,个体 i 选择方案 j 的概率为:

$$P(y_i=j\mid \boldsymbol{x}_i)=\frac{\exp(\boldsymbol{x}'_{ij}\boldsymbol{\beta})}{\sum_{k=1}^{J}\exp(\boldsymbol{x}'_{ik}\boldsymbol{\beta})} \tag{6.1.3}$$

该模型称为条件 Logit 模型，模型同样通过最大似然估计进行估计，同时因为 $\hat{\boldsymbol{\beta}}$ 不随方案变化而变化，因此，在条件 Logit 模型中无须设定参照组即可对系数进行估计。

6.2.2 实例

例 6.2.1　我们采用 Long 和 Feese(2006) 所运用的例子进行说明。数据共 152 个人群，每个人群有 3 种旅行方式可供选择，包括自驾行、大巴以及火车，随方案而变的解释变量包括时间 time 和成本 invc。利用 STATA 软件进行条件 Logit 回归，在 Command 窗口输入命令：

import excel " 6.2.1 数据.xls",sheet("Sheet1") firstrow clear

clogit choice train bus time invc,group(id)// 条件 Logit 回归

可以得到如图 6.2.1 的结果：

```
. clogit choice train bus time invc,group(id) nolog

Conditional (fixed-effects) logistic regression   Number of obs   =        456
                                                  LR chi2(4)      =     172.06
                                                  Prob > chi2     =     0.0000
Log likelihood = -80.961135                       Pseudo R2       =     0.5152
```

choice	Coef.	Std. Err.	z	P>|z|	[95% Conf.	Interval]
train	2.671238	.4531611	5.89	0.000	1.783058	3.559417
bus	1.472335	.4007152	3.67	0.000	.6869474	2.257722
time	-.0191453	.0024509	-7.81	0.000	-.0239489	-.0143417
invc	-.0481658	.0119516	-4.03	0.000	-.0715905	-.0247411

图 6.2.1　旅行方式选择的条件 Logit 估计结果

在其他解释变量不变的情况下，人们最有可能选择火车，其次是大巴；随着旅行时间以及成本的上升，选择该方案的概率也随之下降。上述结果也可以换成报告相应的风险比率，在 Command 窗口输入命令：

clogit choice train bus time invc,group(id) nolog or

结果如下：

```
. clogit choice train bus time invc,group(id) nolog or

Conditional (fixed-effects) logistic regression   Number of obs   =        456
                                                  LR chi2(4)      =     172.06
                                                  Prob > chi2     =     0.0000
Log likelihood = -80.961135                       Pseudo R2       =     0.5152
```

choice	Odds Ratio	Std. Err.	z	P>|z|	[95% Conf.	Interval]
train	14.45786	6.551738	5.89	0.000	5.94802	35.14272
bus	4.359401	1.746879	3.67	0.000	1.987639	9.561286
time	.9810368	.0024044	-7.81	0.000	.9763356	.9857607
invc	.9529758	.0113896	-4.03	0.000	.930912	.9755624

图 6.2.2　旅行方式选择的条件 Logit 估计结果(报告风险比率)

变量invc的风险比率是0.95，说明在给定其他条件不变的情况下，旅行成本每增加一单位，选择该方案的概率将乘以0.95，即下降5%，对变量time的解释也类似。另外，解释变量train的风险几率是14.46，表明，如果其他变量保持不变（时间和成本），人们选择火车的概率是选择自驾行的14.46倍，解释变量bus的风险几率也可以类似解释。

6.3 条件多值 Logit 模型

前面两节分别考虑了解释变量不随方案而变的多值Logit模型，以及解释变量随方案而变的条件Logit模型模型，当两种情况同时存在时，我们称之为条件多值Logit或者Mixed Logtit模型。

假设个体 n 面临从 I 个方案中选其一的决策，如果方案 i 的选择概率形式如下：

$$P_{ni}=\int L_{ni}(\boldsymbol{\gamma})f(\boldsymbol{\gamma})\,\mathrm{d}\boldsymbol{\gamma}$$

$$L_{ni}(\boldsymbol{\gamma})=\frac{\exp(\boldsymbol{\gamma}^T\boldsymbol{X}_{ni})}{\sum_{j=1}^{I}\exp(\boldsymbol{\gamma}^T X_{nj})} \tag{6.3.1}$$

模型假设参数 $\boldsymbol{\gamma}$ 服从某一特定分布 $f(\boldsymbol{\gamma})$，而选择概率是给定模型参数下Logit选择概率 $L_{ni}(\boldsymbol{\gamma})$ 对分布 $f(\boldsymbol{\gamma})$ 的积分。倘若模型参数 $\boldsymbol{\gamma}$ 的分量都是随机变量，则模型不能被有效识别。因此，假设模型参数由固定项 $\boldsymbol{\alpha}$ 和随机项 $\boldsymbol{\beta}$ 两部分组成，表示为 $\boldsymbol{\gamma}^T=(\boldsymbol{\alpha}^T,\boldsymbol{\beta}^T)^T$，个体 n 选择方案 i 的效用为：

$$U_{ni}=\boldsymbol{\alpha}^T\boldsymbol{Z}_{ni}+\boldsymbol{\beta}^T\boldsymbol{X}_{ni}+\varepsilon_{ni} \tag{6.3.2}$$

其中 ε_{ni} 服从独立同分布的Cumbel分布，Z_{ni} 和 X_{ni} 为选择方案和选择个体属性变量。式(6.3.1)中的 $L_{ni}(\boldsymbol{\gamma})$ 具有如下形式：

$$L_{ni}(\boldsymbol{\gamma})=\frac{\exp(\boldsymbol{\alpha}^T\boldsymbol{Z}_{ni}+\boldsymbol{\beta}^T\boldsymbol{X}_{ni})}{\sum_{j=1}^{I}\exp(\boldsymbol{\alpha}^T\boldsymbol{Z}_{nj}+\boldsymbol{\beta}^T\boldsymbol{X}_{nj})} \tag{6.3.3}$$

以上的三种模型，往往根据方案特征来选择具体使用哪一种模型，当方案数据缺乏且不考虑方案的差别时，使用多值Logit模型，当考虑方案间的差别时，使用另外两种模型。由于被解释变量为多值分布，使用的标准误为普通标准误。在识别条件多值Logit模型时，我们仍需选择一个参照方案，然后令该方案的 $\beta=0$，因此参数估计值 β 的解释是以参照方案为转移的。

以多值Logit模型为例，假设方案1必然发生，在此条件下，方案 j 发生的条件概率为：

$$P(y=j\mid y=1)=\frac{p(y=j)}{p(y=1)+p(y=j)}=\frac{\exp(\boldsymbol{x}_i'\boldsymbol{\beta}_j)}{1+\exp(\boldsymbol{x}_i'\boldsymbol{\beta}_j)} \tag{6.3.4}$$

几率比为：

$$\frac{p(y=j)}{p(y=1)}=\exp(\boldsymbol{x}_i'\boldsymbol{\beta}_j) \tag{6.3.5}$$

从上述条件概率表达式可以看出，条件概率并不依赖于其他任何方案，此假定为“无关方案的独立性”（记为 ⅡA），因此，其余两种模型也具有该特性，然而在实践中，ⅡA 假设并不一定能够得到满足。

6.4　分层 Logit 模型

在经济学、社会学、心理学等社会科学领域，很多研究对象在本质上是多层次的，即包含分层的嵌套总体。比如从中国的一些学校中抽样学生，这样的数据包括了学校这样一个总体和学校的学生这样一个总体，由于学生嵌套于学校，研究对象具有层次性；又比如对儿童标准化阅读能力的估计不仅要考虑儿童的个体特征（比如学习时间），亦应考虑儿童所处班级的集体特征（如班级规模），儿童特征可以是测量和模型化的第一层，而班级特征则是第二层内容。分层情况下，标准的线性回归方程是不合适的，因此分层模型应运而生，并在社会学领域得到广泛运用。在接下来两节中，我们主要简要介绍与 Logit 相关的两个分层模型：分层 Logit 模型和分层贝叶斯 Logit 模型，更加详细的信息，读者可以参考温福星著的《阶层线性模型的原理与运用》。

6.4.1 基本分层模型

为了介绍分层 Logit 模型，我们先了解下基本线性分层模型。以上面对儿童阅读能力考察为例子，使用分处第一层和第二层的两个自变量，该二层模型可以写成如下形式：

$$\begin{aligned} &\text{第一层}: Y_{ij} = \beta_{0j} + \beta_{1j} X_{ij} + r_{ij} \\ &\text{第二层}: \beta_{0j} = \gamma_{00} + \gamma_{01} W_j + \mu_{0j} \\ &\qquad\quad\ \ \beta_{1j} = \gamma_{10} + \gamma_{11} W_j + \mu_{1j} \end{aligned} \tag{6.4.1}$$

其中 Y_{ij} 为标准化阅读能力，X_{ij} 为儿童个体特征，W_j 为班级特征。模型的第一层变量的下标 j，表明其估计随着第二层特征（班级）的变化而变化。因此我们允许模型的截距和斜率随着班级的变化而不同，并将其作为第二层自变量的结果，这就是模型区别于普通回归模型（OLS 模型）之处。

将模型第二层的式子带入第一层式子，得到：

$$Y_{ij} = \underbrace{[\gamma_{00} + \gamma_{10} X_{ij} + \gamma_{01} W_j + \gamma_{11} W_j X_{ij}]}_{\text{固定效应}} + \underbrace{[\mu_{0j} + \mu_{1j} X_{ij} + r_{ij}]}_{\text{随机效应}} \tag{6.4.2}$$

上式为多层次模型的单个方程形式，也叫作“混合效应模型”。上式清晰地表明了模型的固定效应部分和随机效应部分，同时也表明，第一层的参数 β 并不被直接估计，而是通过对第二层参数 γ 的估计间接获取。通过对分层模型各个层次的不同设置，分层模型大致可以分为零模型、随机截距模型、随机截距模型和随机斜率模型，具体的我们在此不详细展开。

6.4.2 分层 Logit 模型

一般社会科学研究分析的因变量都是连续变量，这也是假设分层模型的因变量是正态分布和同方差的基础。然而,越来越多的数据包括调查数据往往是非连续变量,例如银行信用风险的有无违约、社会调查某个群体中个人有无得慢性病、通过课改学生成绩有无提高等等。这类因变量是非连续变量违反了基本假设条件,所以无法直接进行分层回归分析,因而需要通过关联函数进行转换,该类模型在很多时候也叫广义分层模型。Logit 函数是最常见的关联函数,该函数可以处理因变量为二分变量、类别变量、次序变量的分层模型,因此,在处理非连续因变量回归时,Logit 回归分析是最基本的分析方法,其具体形式如下:

$$\text{Logit}(p)=\ln\left(\frac{p}{1-p}\right) \tag{6.4.3}$$

从上面函数可以得知,尽管 p 是有界的,但是 p 的 Logit 转换却是无界的,Logit(p)的概率密度接近于正态分布。上述函数在广义线性分层模型中被称作"关联函数"。我们先把原始的因变量 Y 与新的转换变量 η 相关联,得到关联函数:

$$\eta=\text{Logit}(Y) \tag{6.4.4}$$

接下来,我们建立一个传统的第一层预测模型:

$$\eta=\beta_0+\beta_1 X_1+\cdots+\beta_k X_k \tag{6.4.5}$$

模型有 k 个解释变量,但此处没有误差项,对于二元变量,其方差由均值决定,无需单独估计。用于预测第一层模型中的 β 的二层模型只需如式(6.5.1)类似建立即可。其实现程序有 R 软件、winBUGS、HLM 等,我们在此不进行相关的例子演示,如有需要,自行下载相关的软件进行自学即可。

6.5 分层贝叶斯 Logit 模型

在前面 6.3 节中,我们介绍了条件多值 Logit 模型,该模型摒弃了 Logit 模型的局限性,通过模型参数的不同随机分布形式来模拟选择行为的个体差异性,能够更好地解释实际选择行为,模型的参数估计大多用最大似然估计来实现。而有研究发现,在有限样本的条件下,贝叶斯估计能够得到统计性能更加良好的参数估计。接下来,我们介绍基于马尔可夫-蒙特卡罗模拟仿真方法研究条件多值 Logit 模型的分层贝叶斯估计方法。

我们在 6.3 节基础上介绍分层贝叶斯算法。其基本思想为:视待估计参数 $\boldsymbol{\theta}$ 为服从一定分布的随机变量,在得到观测样本之前根据待估计参数积累的经验知识给出其先验分布信息 $k(\boldsymbol{\theta})$,然后将这些先验信息与观测样本信息 $Y=\{y_1,y_2,\cdots,y_N\}$ 相结合,得到参数后验分布信息 $k(\boldsymbol{\theta}\mid\boldsymbol{Y})$:

$$k(\boldsymbol{\theta}\mid\boldsymbol{Y})=\frac{L(\boldsymbol{Y}\mid\boldsymbol{\theta})k(\boldsymbol{\theta})}{L(\boldsymbol{Y})} \tag{6.5.1}$$

其中 $L(\boldsymbol{Y}\mid\boldsymbol{\theta})=\prod_{n=1}^{N}p(y_n\mid\boldsymbol{\theta})$ 为样本似然函数,$L(\boldsymbol{Y})=\int L(\boldsymbol{Y}\mid\boldsymbol{\theta})k(\boldsymbol{\theta})\mathrm{d}\boldsymbol{\theta}$,$L(\boldsymbol{Y})$ 与 $\boldsymbol{\theta}$ 无关,式(6.5.1)可以简化为:$K(\boldsymbol{\theta}\mid\boldsymbol{Y})\propto L(\boldsymbol{Y}\mid\boldsymbol{\theta})k(\boldsymbol{\theta})$。假设参数 $\boldsymbol{\beta}\sim N(\boldsymbol{b},\boldsymbol{W})$,而对参数 b 和 W 的先验信息有限,分别为方差无穷大的正态分布和自由度为 l,尺度矩阵为单位

矩阵的逆 Whishart 分布，观测样本 $\boldsymbol{Y}^T=(y_1,y_2,\cdots,y_N)$，研究通常关注模型参数 $\boldsymbol{b}$，$\boldsymbol{W}$ 和 $\boldsymbol{\alpha}$，同时将 $\boldsymbol{\beta}_n$ 视为待估参数。可以得到条件多项分布模型的 Gibbs 抽样过程：

$$\begin{aligned}&\boldsymbol{b}\mid\boldsymbol{W},\boldsymbol{\beta}_n\ \forall n\\&\boldsymbol{W}\mid\boldsymbol{b},\boldsymbol{\beta}_n\ \forall n\\&\boldsymbol{\beta}_n\ \forall n\mid\boldsymbol{\alpha},\boldsymbol{b},\boldsymbol{W},y_n\ \forall n\\&\boldsymbol{\alpha}\mid\boldsymbol{\beta}_n\ \forall n,y_n\ \forall n\end{aligned}\tag{6.5.2}$$

给定参数的初值后，经过第 r 步迭代过程，上式的各条件后验分布可抽取如下：

$K(\beta_n^r\mid\boldsymbol{\alpha}^{r-1},\boldsymbol{b}^{r-1},\boldsymbol{W}^{r-1},y_n)$。进而由贝叶斯定理得：

$$K(\beta_n^r\mid\boldsymbol{\alpha}^{r-1},\boldsymbol{b}^{r-1},\boldsymbol{W}^{r-1},y_n)\propto L(y_n\mid\boldsymbol{\alpha}^{r-1},\beta_n^{r-1})K(\beta\mid\boldsymbol{b}^{r-1},W^{r-1})$$

抽取 $K(\boldsymbol{b}^r\mid\boldsymbol{W}^{r-1},\beta_n^r\ \forall n)$，由贝叶斯定理和参数 $\boldsymbol{b}$ 的先验信息，得到其后验分布为正态分布 $N\left(\frac{1}{N}\boldsymbol{\Sigma}_n\boldsymbol{\beta}_n,\frac{1}{N}\boldsymbol{W}\right)$。接着抽取 $K(W\mid\boldsymbol{b},\boldsymbol{\beta}_n\ \forall n)$ 和 $K(\boldsymbol{\alpha}^r\mid\beta_n^r\ \forall n,y_n\ \forall n)$。当参数 $\boldsymbol{\alpha}$ 有扩散先验分布时，有 $K(\boldsymbol{\alpha}^r\mid\beta_n^r\ \forall n,y_n\ \forall n)\propto\prod_{n=1}^{N}L(y_n\mid\boldsymbol{\alpha}^{r-1},\beta_n^r)$

以上过程可以通过随机游走 Metropolis-Hastings 算法实现。由于抽取过程涉及两个层次：首先是模型参数的层次，$\boldsymbol{\beta}_n$ 是对决策者 n 的个体层面参数，而 $\boldsymbol{\beta}_n\ \forall n$ 是总体服从均值和方差分别为 $\boldsymbol{b}$ 和 $\boldsymbol{W}$ 的随机分布，它们是总体层面的参数。个体层面的参数 $\boldsymbol{\beta}_n$ 和总体层面的参数 $\boldsymbol{b}$ 和 W 有各自的先验分布信息。因此该方法也叫分层贝叶斯 Logit 模型，多次抽样滞后，抽样的序列会收敛于参数联合后验分布 $K(\boldsymbol{\alpha},\boldsymbol{b},\boldsymbol{W},\boldsymbol{\beta}_n\ \forall n\mid y_n\ \forall n)$，参数部分即可通过抽样序列进行估计。

关于该模型的应用，读者可以参考相关文献。

第七章　转换模型

7.1　面板平滑转换回归模型

随着计量技术的发展，产生了大量的允许回归系数随时间和个体变化的模型，这其中非常具有代表性一个的就是 Hansen（1999）提出的面板门限回归模型（panel threshold regression model，简称 PTR）。PTR 模型设立门限（阈值）将样本数据划分为具有不同回归系数的不同区制，很好地刻画了样本回归的非线性，但是不同类之间回归系数的变化是突变的、不平滑的。Gonzalez 等（2005）对面板门限回归模型和时间序列光滑转换自回归模型（smooth transition auto regressive model，简称 STAR）进行拓充提出面板平滑转换模型（panel smooth transition regression，简称 PSTR）。PSTR 模型在 PTR 基础上结合 STAR 模型的思想，引入一个转换函数来区分不同的样本区制，转换函数是某一外生变量的连续函数，从而使得不同区制下的回归系数平滑连续的转换，与经济事实更相符合。

7.1.1 PSTR 模型基本形式

面板数据在很大程度上可以解决时间序列不够长的问题，采用面板数据建立转换回归模型，有效扩大了样本容量。传统的固定效应或者随机效应模型一般很难有效地表达截面异质性。Hansen（1999）第一个提出了面板转换回归模型（Panel Transition Regression，PTR）：也就是说，如果转换变量的值小于阈值，模型将由一个函数决定；若转换变量的值大于阈值，区制发生转变，模型则由另一个函数决定。Hansen 将各个截面个体归入不同区制再分别估计，PTR 既克服了时间序列模型中数据不足的缺陷，和传统的固定效应或者随机效应面板模型相比较，又在捕捉界面单元的异质性方面更有优势。一般一个两区制 PTR 可以表示为：

$$Y_{i,t}=\begin{cases}a_i+a_1\boldsymbol{X}_{it}+\varepsilon_{it} & q_{it}\leqslant\lambda\\ a_i+a_2\boldsymbol{X}_{it}+\varepsilon_{it} & q_{it}>\lambda\end{cases}$$

其中，X 为解释变量向量，q_{it} 为转换变量，参数 λ 为发生转移的位置，即阈值。根据 $q_{it}\leqslant\lambda$ 还是 $q_{it}>\lambda$ 区分，面板转换回归模型在阈值两侧呈现出不同的线性关系，它的转换函数关系是不连续的,区制转换是跳跃且在瞬间完成的。但是这在理论上不切实际,不能很好地描绘实际经济现象。因为区制在阈值处的突然转换表示所有经济参与者必须在同一时间、瞬间采取共同的行动,在现实的经济生活中显然不可能发生。Gonzales, Terasvirta, Van Dijk(2004) 和 Fok, Van Dijk, Franses(2004) 放松了位于阈值两侧呈现线性关系的假设,构造了面板平滑转换回归模型。

面板平滑转移回归模型(PSTR) 是一个含外生解释变量的固定效应模型,通过引入转换函数克服了原有模型不同区制之间无法平滑转换的缺点,我们首先以式(7.1.1) 中两区制面板平滑转换模型为例,阐述 PSTR 模型的基本形式。

$$y_{it}=u_i+\boldsymbol{\beta}'_0\boldsymbol{x}_{it}+\boldsymbol{\beta}'_1\boldsymbol{x}_{it}g(q_{it};\gamma,c)+u_{it} \tag{7.1.1}$$

其中,$i=1,2,\cdots,N$,$t=1,2,\cdots,T$。y_{it} 是一个标量,x_{it} 表示由 k 个外生解释变量组成的组合,u_i 表示个体固定效应影响,u_{it} 是误差项。转换函数 $g(q_{it};\gamma,c)$ 是转换变量 q_{it} 的连续函数,并且 g 在区间$[0,1]$之间变化,因此式(7.1.1) 的回归系数在 β_1 和 $\beta_1+\beta_2$ 之间变化。通常转换函数有两种形式:逻辑函数和指数函数,用公式表示为:

$$g(q_{it};\gamma,\boldsymbol{c})=(1+\exp(-\gamma\prod_{j=1}^{m}q_{it}-c_j))^{-1} \tag{7.1.2}$$

$$g(q_{it};\gamma,\boldsymbol{c})=1-\mathrm{e}^{-\gamma(q_{it}-c)2} \tag{7.1.3}$$

其中 $\boldsymbol{c}=(c_1,\cdots,c_m)'$ 是位置参数(location parameters) 的 m 维向量,位置参数 $\boldsymbol{c}$ 决定转换发生的地方,经常是转换函数的拐点;γ 是平滑参数,刻画了转换函数的平滑性,决定转换函数从 0 到 1 的转换速度。学者的研究表明,对于 m 的取值问题,值 1 或值 2 足以使转换函数涵盖了变量常见的变化类型。当 $m=1$ 且 $\gamma\to\infty$ 时,q_{it} 的不断增大使得回归系数从 β_0 单调变换为 $\beta_0+\beta_1\cdot g(q_{it};\gamma,c)$,变化成一个示性函数,即当 $q_{it}>c_1$ 时,$g=1$,否则 $g=0$,此时的模型与两区制 PTR 无差异。当 $m=2$ 时,$g(q_{it};\gamma,c_1,c_2)$ 的函数值关于 $q_{it}=(c_1+c_2)/2$ 对称,且在 $q_{it}=(c_1+c_2)/2$ 时转换函数 g 取得最小值,对应中间区制;$\lim\limits_{q_{it}\to\infty}g(q_{it};\gamma,c_1,c_2)=1$ 与之对应的体制称为外区制。此时若 $\gamma\to\infty$,模型便与三区制的 PTR 模型无异。除此之外,当趋于 $\gamma\to 0$ 时,无论 m 取任何值,转换函数都会趋于常数,此时面板数据不再具有异质性,因此模型不再具有非线性,退化为一个普通的线性面板回归模型。

将两区制面板平滑门限模型进行拓展,得到如下的多区制面板平滑转换模型:

$$y_{it}=u_i+\boldsymbol{\beta}'_0\boldsymbol{x}_{it}+\sum\nolimits_{j=1}^{r}\boldsymbol{\beta}'_1\boldsymbol{x}_{it}g_j(q_{it}{}^{(j)};\gamma,c)+u_{it} \tag{7.1.4}$$

与两区制面板平滑转换模型类似,当 $\gamma\to\infty$ 时无论 j 如何取值,上述多区制面板平滑转换模型都将变成一个具有 $r+1$ 区制的 PTR 模型;当 $\gamma\to 0$ 时无论 j 如何取值,转换函数趋于常数,模型退化为普通的线性面板回归模型。

在经济、金融领域,非线性的关系才是实际经济生活最贴切的解释。线性模型、门限回归(threshold regression) 以及马尔可夫区制转换模型(markov regime switching)(假定行为转换是由外生不可观测的马尔可夫链决定的,并没有对区制转换的原因和发生时间做出解释,将在下一节谈到) 等非线性模型在对于经济金融问题进行分析时存在诸多问题。然而非线性的平滑转换模型(smooth transition regression) 是近几年全球相关领域学者们共同研究的热点领域，相比其他非线性模型更能刻画动态复杂经济现象的机理从而贴合实际的经济金融生活。面板平滑转换回归模型就是一种基于平滑转换（STR）模型发展出来的最新解决方案，它要求面板数据在不同时间截面具备异质性。

7.1.2 模型估计

（一）模型的同质性检验（线性检验）

PSTR 模型建立在样本数据具有异质性的前提基础之上，如果数据生成过程是线性模型，则没有采用 PSTR 模型建模的必要并且此时 PSTR 模型也是不可识别的。因此，在建模之前应对样本数据进行同质性检验，以确定研究的必要性和可行性。

对于同质性检验，原假设"$H_0:\gamma=0$（不含转换效应的线性模型）"；备择假设"$H_1:\gamma\neq 0$（至少有一个位置参数的两区制转换模型（$m\geqslant 1$））"。以式（7.1.4）中 $\gamma=1$ 为例，检验原假设 $H_0:\gamma=0$ 等同于检验 $H_0^{\beta 1}:\beta_1=0$。但是，由于在 H_0 下参数可以识别，在备择假设 H_1 下，γ，β 不可识别，从而使经典的检验统计量不服从标准分布，故不能直接进行检验。为了解决参数识别问题，参照 Luukkonen 等（1988）提出的方法，然后将式（7.1.2）的转换函数 $g(q_{it};\gamma,c)$ 在 $\gamma=0$ 处一阶泰勒展开，以泰勒展开式替代 PSTR 中的转换函数再进行参数化处理，得到如下辅助回归方程：

$$y_{it}=u_i+\beta_0'^{*}x_{it}+\beta_1'^{*}x_{it}q_{it}+\cdots+\beta_m'^{*}x_{it}q_{it}^m+u_{it}^{*} \tag{7.1.5}$$

其中，参数 β_1^*，…，β_m^* 是 γ 的倍数，$u_{it}^*=u_{it}+\boldsymbol{R}_m\boldsymbol{\beta}_1'\boldsymbol{x}_{it}$，因此，检验 $H_0:\gamma=0$ 等价于检验 $H_0^*:\beta_1^*=\cdots=\beta_m^*=0$。对于逻辑转换函数中阶数 m 的选择至关重要，选定了转换阶数才能根据式（7.1.5）进行接下来的模型非线性检验。在 Granger and Terasvirta（1993）和 Terasvirta（1994）文献中，认为 $m=3$ 的初始设定比较合适，对辅助模型式（7.1.5）进行序贯检验，确定 $m=1$ 或者 $m=2$，并排除 $m=3$ 的可能性，同时进行非线性检验，详细的过程参见如下阐述：

设定原假设

$$\begin{aligned}&H_0^*:\beta_1^*=\beta_2^*=\beta_3^*=0;\\&H_{03}^*:\beta_3^*=0;\\&H_{02}^*:\beta_2^*=0/\beta_3^*=0;\\&H_{01}^*:\beta_1^*=0/\beta_2^*=\beta_3^*=0;\end{aligned} \tag{7.1.6}$$

首先对原假设 H_0^* 进行检验，当 H_0^* 被拒绝时，表示 $\gamma\neq 0$，即验证了模型的非线性，说明模型存在区制转换效应；继续分别对 H_{03}^*，H_{02}^*，H_{01}^* 进行检验，如果对 H_{02}^* 的拒绝性最强（p 值最小），则取 $m=2$，否则取 $m=1$。可以用服从 χ^2 的 LM 检验统计量以及服从 F 分布的 LM_F 检验统计量来对上述假设进行检验。

检验过程如下：

首先，消除固定效应项；其次，对转换后的模型计算 LM 统计量，具体过程如下：

（1）变量 $\widetilde{y_{it}}=y_{it}-\sum_t y_{it}/T$ 对 $x_{it}=\widetilde{x_{it}}-\sum_t x_{it}/T$ 回归，计算残差平方和 SSR_0（受原假设约束的回归残差平方和）。

(2) $\widetilde{y_{it}}$ 对$\widetilde{x_{it}}$ 和$(\boldsymbol{x}'_{it}\boldsymbol{q}_{it}-\sum_{l}\boldsymbol{x}'_{il}\boldsymbol{q}_{il}/T,\cdots,\boldsymbol{x}'_{it}\boldsymbol{q}^{m}_{it}-\sum_{l}\boldsymbol{x}'_{il}\boldsymbol{q}^{m}_{il}/T)$ 回归，计算残差平方和 SSR_1(无原假设约束下的回归残差平方和)。

(3) 计算 χ^2 和 F 统计量

$$LM=TN(SSR_0-SSR_1)/SSR_0 \tag{7.1.7}$$

$$LM_F=\{(SSR_0-SSR_1)/mk\}/\{SSR_1/(TN-N-mk) \tag{7.1.8}$$

在零假设下统计量(7.1.7)近似服从 χ^2_{mk} 分布，统计量(7.1.8)近似服从 $F[mk,TN-N-mk]$ 分布。

此外，也可以通过比较模型的 AIC 和 BIC 值在 $m=1$ 和 $m=2$ 情况下的大小来确定 m 的最优取值。

(二) 转换参数的确定及其模型的参数估计

对线性问题和线性模型通常使用最小二乘法(OLS)进行估计，但是 OLS 方法无法处理该模型中存在的非线性，不适用于面板平滑转换模型，同时该模型中还存在需要识别的参数(nuisance parameter)。需要识别的参数先通过相应的方法事先确定，进而参数确定后非线性就转化为线性，这种模型为条件线性参数模型，针对这种模型可以使用固定效应模型组内回归和非线性最小二乘法(NLS)。首先改写模型(7.1.1)为如下形式：

$$\boldsymbol{y}_{it}=\boldsymbol{u}_i+\boldsymbol{\beta}'\boldsymbol{x}_{it}(\gamma,c)+\boldsymbol{u}_{it} \tag{7.1.9}$$

其中，$\boldsymbol{x}_{it}(\gamma,c)=(\boldsymbol{x}'_{it},\boldsymbol{x}'_{it}g(q_{it};\gamma,c))'$，$\boldsymbol{\beta}=(\boldsymbol{\beta}'_0,\boldsymbol{\beta}'_1)$。首先对个体效应 u_i 进行估计，减去个体均值后，式(7.1.9)转变为

$$\widetilde{\boldsymbol{y}_{it}}=\boldsymbol{\beta}'\widetilde{\boldsymbol{x}_{it}}(\gamma,c)+\widetilde{\boldsymbol{u}_{it}} \tag{7.1.10}$$

其中，$\widetilde{\boldsymbol{y}_{it}}=\boldsymbol{y}_{it}-\bar{\boldsymbol{y}}_i$，$\widetilde{\boldsymbol{x}_{it}}(\gamma\cdot c)=(\boldsymbol{x}'_{it}-\bar{\boldsymbol{x}}'_i,\boldsymbol{x}'_{it}g(q_{it};\gamma,c)-\bar{w}_i(\gamma,c))'$，$\widetilde{\boldsymbol{u}_{it}}=u_{it}-\bar{u}_i$，$\bar{y}_i,\bar{x}_i,\bar{w}_i,\bar{u}_i$ 都是个体均值，$\bar{w}_{it}(\gamma,c)=\boldsymbol{T}^{-1}\sum_{t=1}^{T}\boldsymbol{x}_{it}g(q_{it};r,c)$。转换向量$\widetilde{\boldsymbol{x}_{it}}(\gamma,c)$ 的取值取决于 γ,c 的值以及个体均值，$\widetilde{\boldsymbol{x}_{it}}(\gamma,c)$ 的值在非线性普通最小二乘法的每次迭代中需要重新计算。

由模型(7.1.10)可知，当 γ^j,c^j 一定时，面板平滑转换模型的参数 $\boldsymbol{\beta}$ 具有线性特征，所以可以使用最小二乘法进行估计：

$$\hat{\boldsymbol{\beta}}_j=\left(\sum_{i=1}^{N}\sum_{t=1}^{T}\widetilde{\boldsymbol{x}_{it}}(\gamma^j,c^j)\widetilde{\boldsymbol{x}_{it}}'(\gamma^j,c^j)\right)^{-1}\sum_{i=1}^{N}\sum_{t=1}^{T}\widetilde{\boldsymbol{x}_{it}}(\gamma^j,c^j)\boldsymbol{y}_{it} \tag{7.1.11}$$

最后，使用计算获得的 $\hat{\beta}_j$ 和非线性最小二乘法(NLS)对$(\hat{\gamma}^{j+1},\hat{c}^{j+1})$进行估计，式(7.1.10)中的残差平方和形式如式(7.1.12)，当满足残差平方和最小时的估计值最优：

$$(\hat{\gamma}^{j+1},\hat{c}^{j+1})=\arg_{(\gamma,c)}\min\sum_{i=1}^{N}\sum_{t=1}^{T}(\widetilde{\boldsymbol{y}_{it}}-\hat{\boldsymbol{\beta}}^j(\gamma,c)\widetilde{\boldsymbol{x}_{it}}(\gamma,c))^2 \tag{7.1.12}$$

需要识别的参数为 $\boldsymbol{\theta}=(\boldsymbol{\beta}'_0,\boldsymbol{\beta}'_1,\gamma,c)$，可使用网格搜索法对转换函数中 γ,c 的初值进行设定，该方法的主要原理表述如下：

网格搜索法属于穷举法的一种，先将可行域进行网格化的均等划分，然后进行寻优。使用目标函数值最小时对应的点作为迭代点。如果与该优化问题对应的极值点处于迭代

点的周围，就再次在该点周围小范围内进行划分，并以迭代点为划分中心。然后重复上述过程，选取迭代点，寻找极值，直到满足预先设定的精度才停止迭代计算。一维网格搜索法最为常用，Hansen(1999) 在其文献中给出了置信区间的构造方式，对条件参数进行估计。假设目标函数以残差平方和最小为准则，设 γ 为准则下所选中的参数估计值，对应的残差平方和为 $S(\hat{\gamma})$，$S(\gamma)$ 是在 $\hat{\gamma}$ 不同的取值下对应的残差平方和，似然比通过如下公式计算得到：

$$\mathrm{LR}(\gamma)=\frac{S(\hat{\gamma})-S(\gamma)}{\hat{\sigma}^2} \tag{7.1.13}$$

其中 $\hat{\sigma}^2$ 表示与条件参数估计值 $\hat{\gamma}$ 相对应的残差方差。

（三）参数恒定假设检验

在面板数据模型中参数的常数性检验没有受到像它在时间序列中所得到的关注，其中一个很重要的原因是在许多实际应用中变量的时间维度 T 相对较短，这样使得参数的常数性检验很难进行。但随着面板数据的时间维度 T 的延长，尤其当 T 达到一个较大的值时，参数常数性检验不仅可行而且很重要。模型(7.1.1) 的参数常数性检验的备择假设是(7.1.1) 中的参数从一个区制平滑地转换到另外一个区制，通常称此时的备择假设模型为时变的面板平滑转换回归模型(TV-PSTR)，可以记作：

$$\boldsymbol{y}_{it}=u_i+(\boldsymbol{\beta}_0'\boldsymbol{x}_{it}+\boldsymbol{\beta}_1'\boldsymbol{x}_{it}g(q_{it};\gamma_1,c_1))+f(t;\gamma_2,c_2)(\boldsymbol{\beta}_{20}'\boldsymbol{x}_{it}+\boldsymbol{\beta}_{21}'\boldsymbol{x}_{it}g(q_{it};\gamma_1,c_1))+u_{it} \tag{7.1.14}$$

其中，f 和 g 都是转换函数。

对式(7.1.14) 进行改写：

$$\boldsymbol{y}_{it}=u_i+(\boldsymbol{\beta}_{10}+\boldsymbol{\beta}_{20}f(t;\gamma_2,c_2))'\boldsymbol{x}_{it}+(\boldsymbol{\beta}_{11}+\boldsymbol{\beta}_{21}f(t;\gamma_2,c_2))'\boldsymbol{x}_{it}g(q_{it};\gamma_1,c_1)+u_{it} \tag{7.1.15}$$

因此随着时间的变化，变量 $\boldsymbol{x}_{it}$ 前的系数从 $\boldsymbol{\beta}_{10}$ 变到 $\boldsymbol{\beta}_{10}+\boldsymbol{\beta}_{20}$，变量 $\boldsymbol{x}_{it}g$ 前的系数从 $\boldsymbol{\beta}_{11}$ 变到 $\boldsymbol{\beta}_{11}+\boldsymbol{\beta}_{21}$。其中，$f(t;\gamma_2,c_2)$ 的函数一般形式为：

$$f(t;\gamma_2,c_2)=(1+\exp(-\gamma_2\prod_{i=2}^{h}(t-c_{2j})))^{-1} \tag{7.1.16}$$

$\boldsymbol{c}_2=(c_{21},\cdots,c_{2h})'$ 是对参数进行测评的 h 维向量，$c_{21}\leqslant c_{22}\leqslant\cdots\leqslant c_{2h}$，$\gamma_2>0$ 为平滑参数。若 $q_{it}=t$，那么 $f(t;\gamma_2,c_2)$ 与 $g(q_{it};\gamma,c)$ 是一致的。当 $h=1$ 时，TV-PSTR 模型是单调变换的；当 $h=2$ 时，TV-PSTR 模型是围绕 $(c_{21}+c_{22})/2$ 对称变换的。γ_2 决定了这种变换的平滑程度，当 $\gamma_2\to\infty$ 时，$f(t;\gamma_2,c_2)$ 为指示函数，可描述瞬间结构断裂；当 $\gamma_2\to 0$ 时，$f(t;\gamma_2,c_2)=1/2$，TV-PSTR 模型为常参数模型。

因此，对参数时变性检验的原假设为：$\mathrm{H}_0:\gamma_2=0$。若原假设 H_0 成立，式(7.1.16) 中的 $\boldsymbol{\beta}_{20}$，$\boldsymbol{\beta}_{21}$，c_2 不能识别，处理方法也是对 f 关于 γ_2 在 $\gamma_2=0$ 处一阶泰勒展开，得到下面的辅助回归：

$$\begin{aligned}\boldsymbol{y}_{it}=&u_i+\boldsymbol{\beta}_{10}'^{*}\boldsymbol{x}_{it}+\boldsymbol{\beta}_1'^{*}\boldsymbol{x}_{it}(t/T)+\cdots+\boldsymbol{\beta}_h'^{*}\boldsymbol{x}_{it}(t/T)h+\\&(\boldsymbol{\beta}_{20}'^{*}\boldsymbol{x}_{it}+\boldsymbol{\beta}_{h+1}'^{*}\boldsymbol{x}_{it}(t/T)+\cdots+\boldsymbol{\beta}_{2h}'^{*}\boldsymbol{x}_{it}(t/T)h)g(q_{it};\gamma.c)+u_{it}^{*}\end{aligned} \tag{7.1.17}$$

其中，$u_{it}^{*}=u_{it}+R(t/T;\gamma_2,c_2)$，$R(t/T;\gamma_2,c_2)$ 是泰勒展开的渐近误差项。模型

(7.1.17) 中 $\boldsymbol{\beta}_j^* = \gamma_2 \boldsymbol{\beta}_j$，因此检验 $H_0: \gamma_2 = 0$ 等价于检验辅助回归：

$$H_0': \beta_1^* = \cdots = \beta_h^* = \beta_{h+1}^* = \cdots \beta_{2h}^* = 0 \tag{7.1.18}$$

具体的检验过程如下：

为了叙述方便，定义以下变量：

$$\widetilde{\boldsymbol{\psi}_{it}} = x_{it} g(q_{it}; \gamma_1, c_1) - 1/T \sum_{i=1}^{T} \boldsymbol{x}_{it} g(q_{it}; \gamma_1, c_1)$$

$$\widetilde{\boldsymbol{w}_{it}} = x_{it}(t/T)j - 1/T \sum_{i=1}^{T} x_{it}\ (t/T)^j, j = 1, 2, \cdots, h$$

$$\widetilde{\boldsymbol{z}_{it}} = x_{it} g(q_{it}; \gamma_1, c_1)({}^t/T)j - 1/T \sum_{i=1}^{T} x_{it} g(q_{it}; \gamma_1, c_1)\ (t/T)^j, j = 1, 2, \cdots, k$$

$$\hat{\boldsymbol{v}}_{it} = (\widetilde{w'_{it}}, \widetilde{z'_{it}}, (\partial\ \widetilde{z_{it}}/\partial\gamma_1)'\hat{\beta}_{12}, (\partial\ \widetilde{z_{it}}/\partial c_{11})'\hat{\beta}_{12}, \cdots, (\partial\ \widetilde{z_{it}}/\partial c_{1m})'\hat{\beta}_{12})'$$

$$\hat{\boldsymbol{\xi}}_{it} = (\widetilde{x'_{it}}, \widetilde{\psi'_{it}}, (\partial\ \widetilde{\psi_{it}}/\partial\gamma_1)', (\partial\ \widetilde{\psi_{it}}/\partial c_{11})', \cdots, (\partial\ \widetilde{\psi_{it}}/\partial c_{1m})')' \tag{7.1.19}$$

(1) 估计模型(7.1.1)，计算残差平方和 SSR_0。

(2) $\widetilde{y_{it}}$ 对 $\hat{v}_{it}$ 和 $\hat{\xi}_{it}$ 回归，计算残差平方和 SSR_1。

(3) 计算 χ^2 和 F 统计量：

$$LM = TN(SSR_0 - SSR_1)/SSR_0 \tag{7.1.20}$$

$$LM_F = \{(SSR_0 - SSR_1)/2hk\}/\{SSR_1/(TN - N - 2hk)\} \tag{7.1.21}$$

在零假设下统计量(7.1.20) 近似服从 χ^2_{2hk} 分布，统计量(7.1.21) 近似服从 $F[2hk, TN - N - 2hk]$ 分布。

(四) 残余的非线性检验

通常情况下只有一个转换函数的 PSTR 模型如模型(7.1.1) 是应用最广泛的，但被估计的模型是否充分，还需要对模型进行残余的非线性检验。接受原假设则认为模型的设定是恰当的，拒绝原假设则意味着模型的设定是不令人满意的，进而需要考虑一个有多个转换函数的 PSTR 模型。

一个最一般的 PSTR 模型：

$$\boldsymbol{y}_{it} = u_i + \boldsymbol{\beta}'_0 \boldsymbol{x}_{it} + \sum_{j=1}^{r} \boldsymbol{\beta}'_j \boldsymbol{x}_{it} g(q_{it}^{(j)}; \gamma_j, c_j) + u_{it} \tag{7.1.22}$$

其中 r 代表转换函数的个数，事实上只要经过简单变形，该模型和 Hansen(1999) 提出的多区制门限模型相类似。例如，当 $r = 2, q_{it}^{(1)} = q_{it}^{(2)} = q_{it}$ 时，模型(7.1.22) 可写为：

$$\boldsymbol{y}_{it} = u_i + (1 - g_1 - g_2)\boldsymbol{\beta}'_0 \boldsymbol{x}_{it} + g_1(\boldsymbol{\beta}_0 + \boldsymbol{\beta}_1)' \boldsymbol{x}_{it} + g_2(\boldsymbol{\beta}_0 + \boldsymbol{\beta}_1)' \boldsymbol{x}_{it} + u_{it} \tag{7.1.23}$$

当 $\gamma_j \to \infty, j = 1, 2$ 时，模型(7.1.23) 将收敛于三区制的 PTR 模型，$g_1 = g_2 = 0$ 为一种区制，$g_1 = g_2 = 1$ 为区制，$g_1 = 0, g_2 = 1$ 或 $g_1 = 1, g_2 = 0$ 为另一种区制。

这里以 $r = 1$ 的 PSTR 模型(7.1.1) 为例，假设模型已经被估计，并且选择 $r = 2$ 为备择假设来检验是否含有残余的非线性。备择假设模型可写为：

$$\boldsymbol{y}_{it}=u_i+\boldsymbol{\beta}_0'\boldsymbol{x}_{it}+\boldsymbol{\beta}_1'\boldsymbol{x}_{it}g_1(q_{it};\gamma_1,c_1)+\boldsymbol{\beta}_2'\boldsymbol{x}_{it}g_2(q_{it};\gamma_2,c_2)+u_{it} \quad (7.1.24)$$

原假设为 $\gamma_2=0$,和之前的检验类似,当满足原假设时,存在$(\boldsymbol{\beta}_2,c_2)'$不可识别。因此,将 g_2 关于 γ_2 在 $\gamma_2=0$ 处一阶泰勒展开,得到下面的辅助回归:

$$y_{it}=u_i+\beta_0'x_{it}+\beta_1'x_{it}g_1(q_{it};\hat{\gamma}_1,\hat{c}_1)+\beta_{21}^{*\prime}x_{it}q_{it}+\cdots+\beta_{2m}^{*\prime}x_{it}q_{it}^m+e_{it}^* \quad (7.1.25)$$

其中,$(\hat{\gamma}_1,\hat{c}_1)$ 是在原假设下的估计值。原假设的检验等价于检验 $H_0':\beta_{31}^*=\cdots=\beta_{3m}^*=0$,为了叙述方便,定义以下变量:

$$\begin{aligned}\widetilde{w_{it}}&=x_{it}g(q_{it};\hat{\gamma}_1,\hat{c}_1)-1/T\sum_{i=1}^{T}x_{it}g(q_{it};\hat{\gamma}_1,\hat{c}_1)\\ \widetilde{x_{it}q_{it}^j}&=x_{it}q_{it}^j-1/T\sum_{i=1}^{T}x_{it}q_{it}^j,j=1,2,\cdots,m\end{aligned} \quad (7.1.26)$$

具体检验过程如下:

(1) 估计模型(7.1.1),计算残差平方和 SSR_0。

(2) $\widetilde{y_{it}}$ 对 $\hat{x}_{it},\hat{w}_{it},\widetilde{x_{it}q_{it}^1},\cdots,\widetilde{x_{it}q_{it}^m}$ 回归,计算残差平方和 SSR_1。

(3) 计算 χ^2 和 F 统计量:

$$LM=TN(SSR_0-SSR_1)/SSR_0 \quad (7.1.27)$$

$$LM_F=\{(SSR_0-SSR_1)/mk\}/\{SSR_1/(TN-N-mk)\} \quad (7.1.28)$$

在零假设下统计量(7.1.27)近似服从 φ_{mk}^2 分布,统计量(7.1.28)近似服从 $F[mk,TN-N-2-(m+2)k]$ 分布。

转换函数个数的识别需要用到一些列嵌套假设。假设转换函数个数为 r^* 的 PSTR 模型已经被估计,则首先检验 $H_0:r=r^*$ 对备择假设 $H_1:r=r^*+1$,如果原假设不被拒绝则认为采用 r^* 个转换函数的 PSTR 模型是恰当的。否则,继续检验 $H_0:r=r^*+1$ 对备择假设 $H_1:r=r^*+2,\cdots$ 直到接受原假设为止。

因此,一个一般的 PSTR 模型的建模过程可以采用下面的步骤:

(1) 估计线性模型,并在显著水平 α 下进行模型的线性检验。

(2) 如果拒绝线性性,则接下来估计只含一个转换函数的 PSTR 模型。

(3) 在显著水平 $\tau\alpha(0<\tau<1)$ 下对上面的模型进行残余的非线性检验,如果接受原假设则认为采用一个转换函数的 PSTR 模型是合适的,否则,采用有两个转换函数 PSTR 模型估计。

(4) 继续对上面的模型进行残余的非线性检验,直到接受原假设为止。

7.1.3 实例

例 7.1.1　由于传统的面板数据固定效应模型和随机效应模型难以彻底地捕捉到截面异质性,本例采用面板平滑转换模型,根据 FH 系数检验我国地区间资本流动能力。样本区间为 1996—2015 年,由于西藏部分年度数据缺失,没有将其包含在样本中。考虑经济规模对 FH 系数的影响,构建模型:

$$I_{it}=u_i+b_0'S_{it}+\sum_{j=1}^{r}b_j'S_{it}\cdot g_j(\text{size}^{(j)};\gamma_j,c_j)+\varepsilon_{it}$$

其中，I_{it} 为投资率，S_{it} 为储蓄率，size 为经济规模。

当建模所用的观测数据具有非线性特征时，我们能够建立非线性模型，从中寻找区制转换的规律，由此确定位置参数和转换的速率。因此，首先应进行异质性检验（非线性检验）。

在 MATLAB 中将 STAR 模型包设置为路径，并对相关参数进行设定，见图 7.1.1，其中：在 xlsredad 中设置读取数据的文件名；N 表示截面数据样本个数；m 表示转换函数的选择，可选择类型从 1 至 5，5 种转换函数；rmax 为最大最优确定区制数设定。

```
clear all, clc, close all

%----------------------------------
%--- Data and Transformations ---
%----------------------------------

data=xlsread('7.1.xls');

N=30;

m=1;

rmax=3;

Y=data(:,1);

Q=data(:,2);

X=data(:,3:end);

% Estimation PSTR with m=1

res1=STAR_Panel(Y,Q,X,N,m,rmax);
```

图 7.1.1　STAR 模型参数设置

（1）非线性检验

首先检验面板数据的截面异质性，即检验假设 H_0：不含有异质性的线性模型（$r=0$）；H_1：至少拥有一个位置参数的 PSTR 模型（$r\geqslant1$）。根据 MATLAB 得到的结果如图 7.1.2 所示：

```
命令行窗口
*** LINEARITY Tests ***
***********************

HO: Linear Model H1: PSTR model with at least one Threshold Variable (r=1)

    Wald Tests (LM):          W = 164.438     pvalue = 0.000

    Fisher Tests (LMF):       F = 214.814     pvalue = 0.000

    LRT Tests (LRT):          LRT = 192.175     pvalue = 0.000
```

图 7.1.2 非线性检验

由图 7.1.2 可得,在 0.05 的显著性水平下拒绝原假设,认为至少拥有一个位置参数($r>1$),即我国各省的 FH 系数具有明显的异质性,***I*** 和 ***S*** 具有显著的非线性关系,这表明各省的资本流动性存在较大的差异,应该建立面板平滑转换模型,从而采用线性固定效应模型进行估计是不合适的。

(2) 确定区制数

检验原假设 $H_0:r=1$,备择假设 $H_1:r\geqslant 2$。同样地,根据 MATLAB 得到的结果如图 7.1.3 所示:

```
***************************************************************************
*** TESTING THE NUMBER OF REGIMES: TESTS OF NO REMAINING NON-LINEARITY ***
***************************************************************************

 Initial Conditions : Assumed Number of Thresholds r = 1    Number of Regressions = 270
Initial Conditions on (c,gamma)
           5        0.353

 Estimation of the Model with r = 1 and m = 1 : Convergence = 1    RSS = 5.764

WARNING: At least one estimated Location Parameter is outside the trimming for a PIR model

The location Parameter should range from  0.3530  to  0.5800 in a PIR model

 RSS under H1 = 5.764

H0: PSTR with r = 1   against  H1: PSTR with at least r = 2

    Wald Tests (LM):          W = 0.050     pvalue = 0.823

    Fisher Tests (LMF):       F = 0.047     pvalue = 0.828

    LRT Tests (LRT):          LRT = 0.050     pvalue = 0.823

Given the choices of rmax = 3 and m = 1, the OPTIMAL (LMF criterion) NUMBER OF THRESHOLD FUNCTIONS is r = 1
```

图 7.1.3 确定区制数

不能拒绝原假设,所以最优的区制数为 1。

(3) 采用含有单个转换函数的 PSTR 模型,NLS 估计中的数值优化采用网格搜索算法,估计的结果图 7.1.4 所示:

```
**************************************
*** FINAL ESTIMATION OF PSTR MODEL ***
**************************************

  Final Estimation of the Model with r = 1 and m = 1 by NLS ***

  Initial Conditions on (gamma, c) :
       7.045      0.23544


WARNING FINAL ESTIMATION: At least one estimated Location Parameter is outside the trimming for a PTR model

The location Parameter must range from  0.3530  to  0.5800 for a PTR model

 RSS = 5.764      Convergence = 1

 AIC = -4.624      BIC = -4.594

Estimated slope parameter of the transition function (one for for each transition function)
       7.045

Estimated location parameters (per column for each transition function)
     0.23544

Estimated slope parameters (per column for each transition function)
     -35.092        38.449

Standard Errors of estimated slope parameters corrected fo heteroskedasticity (per column for each transition function)
         2.3        1.9504

t-statistics based on corrected standard errors (per column for each transition function)
     -15.257        19.714
```

图 7.1.4 PSTR 模型估计结果

经济规模为转换变量的模型发生区制转换的位置参数为 0.23544，其转换函数斜率参数 $\gamma > 0$，所以地区经济规模越大，FH 系数越低，表明经济发达地区资本流动性更大。

此外，影响 FH 系数的因素主要集中于经济增长率、开放度、国家规模、人口结构、经常账户和交易成本等，本例只讨论了经济规模的非线性影响，其他影响因素可以类似地进行分析，并根据模型的 AIC、BIC 来选择最合适的模型。

7.2 贝叶斯区制转换模型

在经济系统中，马尔可夫区制转换(MSR) 模型常用于描述由于经济政策的调整变化，经济系统从一种区制服从马尔可夫转换链转换为另一种区制的过程。与 TAR 模型和 STAR 模型相比，其最大的特点在于不同政策之间发生转换的随机过程是由不可观察的政策变量所控制，且该政策变量服从一条马尔可夫链运动。总的来说，马尔可夫区制转换模型中这种将区制转换作为一个随机的内生变量，并且用统一的模型来拟合估计的特点，不仅更加符合现实情况，而且更加有利于利用该模型进行预测。

对于宏观经济和商业金融类数据分析的模型构建，VAR 模型的运用往往更加简明适合解释分析。然而 VAR 模型的主要缺点就是参数太多，传统的计量方法一般都将降低样本的拟合程度,降低模型估计的精确度,导致模型结构与经济理论相矛盾。而贝叶斯方法的引进可以为以上问题提供一种便利的分析框架。同时,普通的回归分析或相关分析对具有周期性变动或异常值的序列研究表现出不稳定,而参数状态不断转换的模型是一个很好的选择。2009 年 Patrick T.Brandt 利用贝叶斯马尔可夫转换 VAR 模型具体描述了国际冲突的马尔可夫过程,并对未来的发展趋势做出预测,从而更准确地描述分析经济变量间的非线性动态关系。

7.2.1 马尔可夫链模拟

假设有一个随机过程$\{X_t\}$,并且每个 X_t 都在空间 $\boldsymbol{\Phi}$ 上取值,若给定 X_t 的值,X_h 的值不依赖于 X_s 的取值,其中 $s < t < h$,则称$\{X_t\}$是一个马尔可夫过程。通俗来说,如果一个随机过程在 t_1 时刻所处的状态与 $t_0(t_0 < t_1)$ 之前的状态都不相关,就可以认为这个随机过程具有马尔可夫特性。如果$\{X_t\}$是一个连续时间的随机过程,那么它的条件分布函数满足:

$$P(X_h \mid X_s, s \leqslant t) = P(X_h \mid X_t), \quad h > t \tag{7.2.1}$$

如果$\{X_t\}$是一个离散时间的随机过程,那么它的条件分布函数满足:

$$P(X_h \mid X_t, X_{t-1}, \cdots) = P(X_h \mid X_t), \quad h > t \tag{7.2.2}$$

时间和状态都是离散的马尔可夫过程称为马尔可夫链。一个好的马尔可夫链应该是经过一段时间的演变后,该链的状态取值 X_t 变得几乎与其初始状态 X_0 无关。

令 B 是 $\boldsymbol{\Phi}$ 的子集,则概率函数

$$P_t(\varphi, h, B) = P(X_h \in B \mid X_t \in \varphi), \quad h > t \tag{7.2.3}$$

为马尔可夫过程的转移概率函数,如果转移概率依赖于 $h-t$ 而不依赖于 t,则该过程有一个平稳的转移分布。

在离散状态空间中的马尔可夫链,如果状态空间是有限的,那么转移概率分布可以表示为具有(i,j)元素的矩阵,称为转移矩阵,即:

$$P_{ij} = P(X_{t+1} = i \mid X_t = j) \tag{7.2.4}$$

为了解决参数向量 $\boldsymbol{\varphi}(\boldsymbol{\varphi} \in \Phi)$ 和数据 X 的推断问题,需要知道分布 $P(\boldsymbol{\varphi} \mid X)$,马尔可夫链模拟的实质就是在 $\boldsymbol{\Phi}$ 上模拟一个马尔可夫过程,且它收敛于平稳转移分布$P(\varphi \mid X)$。

马尔可夫链模拟的重点是构建一个马尔可夫过程使得其具有指定的平稳转移分布 $P(\boldsymbol{\varphi} \mid X)$,通过充分地运行这个模拟,使得当前值的分布足够接近平稳转移分布。可以证明对于给定的$P(\boldsymbol{\varphi} \mid X)$可以构造出很多具有所需性质的马尔可夫链,其中通过使用马尔可夫链模拟方法而得到的 $P(\boldsymbol{\varphi} \mid X)$ 的过程可以定义为 MCMC 方法。

7.2.2 MS-VAR 模型的构建

Hamilton在1989年最早将马尔可夫区制转换思想引入对经济周期的研究,随后出现了对其模型的大量延伸和改进。传统的 Hamilton 马尔可夫区制转换时间序列模型(MS-AR 模型)。但是,Hamilton 的模型仅仅研究的是单变量,而且由于仅研究两区制,转换概率也是恒定的,这在研究复杂的经济问题时显然是有缺陷的,缺乏说服力。鉴于

此，1997 年美国经济学家 Krolzig 首先对这一模型进行了扩展，延伸为马尔可夫转换向量自回归(MS-VAR) 模型。在马尔可夫区制转换模型中，不同状态对应时间序列变化的不同均值和方差，同时马尔可夫区制转换原理认为区制的转换依赖于前一段时间的状态区制，据此 MS-VAR 模型可以表示如下：

$$\boldsymbol{Y}_t=\boldsymbol{U}_{s_t}+\sum_{i=1}^{h}\boldsymbol{\alpha}_{i,s_t}\boldsymbol{Y}_{t-i}+\boldsymbol{\varepsilon}_{s_t},\boldsymbol{\varepsilon}_{s_t}\sim N(\boldsymbol{0},\boldsymbol{\Sigma}_{s_t}) \tag{7.2.5}$$

其中，$\boldsymbol{Y}_t$ 表示观察值为 $m\times 1$ 的向量，$\boldsymbol{Y}_t=(y_{1t},y_{2t},\cdots,y_{mt})'$；$\boldsymbol{U}_{s_t}$ 表示 s_t 状态下的均值向量；状态变量 s_t 是随机变量，$s_t=1,2,\cdots,k(k\geqslant 2)$ 与 $\boldsymbol{\varepsilon}_{s_t}$ 独立。$\boldsymbol{\alpha}_{i,s_t}$ 是一个矩阵，表示在 s_t 状态下各个变量的滞后值的系数；Σ_{s_t} 表示 s_t 状态下的残差的方差。状态变量 s_t 满足离散取值序列构成一条一阶 Markov 链，则状态变量 s_t 取决于前一段时刻所处的状态：

$$P(s_t=j\mid s_{t-1}=i,s_{t-2}=l,\cdots,Y_{t-1},Y_{t-2},\cdots)=P(s_t=j\mid s_{t-1}=i)=P_{ij} \tag{7.2.6}$$

因此，$\sum_{j=1}^{k}P_{ij}=1$。

根据以上假设，可知 $\boldsymbol{Y}_t\sim N_{m\times 1}(\boldsymbol{U}_{s_t}+\sum_{i=1}^{h}\boldsymbol{\alpha}_{i,s_t}\boldsymbol{Y}_{t-i};\boldsymbol{\Sigma}_{s_t})$，则向量 $\boldsymbol{Y}_t$ 的条件概率密度分布函数为

$$f(\boldsymbol{Y}_t\mid s_t=i,\boldsymbol{S}_{t-1},\boldsymbol{\Phi}_{t-1})\propto\prod_{i=1}^{T}|\boldsymbol{\Sigma}_{s_t}|^{-1/2}\cdot\exp\left\{-\frac{1}{2}(\boldsymbol{Y}_t-\boldsymbol{U}_{s_t}-\sum_{i=1}^{h}\boldsymbol{\alpha}_{i,s_t}\boldsymbol{Y}_{t-i})'\right.$$
$$\left.\sum\nolimits_{s_t}^{-1}(\boldsymbol{Y}_t-\boldsymbol{U}_{s_t}-\sum_{i=1}^{h}\boldsymbol{\alpha}_{i,s_t}\boldsymbol{Y}_{t-i})\right\} \tag{7.2.7}$$

其中，$S_{t-1}=\{s_{t-1},s_{t-2},\cdots,s_1\}$，$\Phi_t$ 表示 t 时间点的已知信息，得到模型的似然函数：

$$\begin{aligned}f(\boldsymbol{Y}_t\mid\boldsymbol{\Phi}_{t-1})&=\sum_{s_t=1}^{k}\sum_{s_{t-1}=1}^{k}f(\boldsymbol{Y}_t,s_t,\boldsymbol{S}_{t-1}\mid\boldsymbol{\Phi}_{t-1})\\&=\sum_{s_t=1}^{k}\sum_{s_{t-1}=1}^{k}f(\boldsymbol{Y}_t\mid s_t,\boldsymbol{S}_{t-1},\boldsymbol{\Phi}_{t-1})\cdot P(s_t,\boldsymbol{S}_{t-1}\mid\boldsymbol{\Phi}_{t-1})\end{aligned} \tag{7.2.8}$$

这里 $P(s_t,\boldsymbol{S}_{t-1}\mid\boldsymbol{\Phi}_{t-1})=P(s_t,s_{t-1},\cdots,s_{t-m}\mid\boldsymbol{\Phi}_{t-1})$。若给定初始值，$P(s_t,s_{t-1},\cdots,s_{t-m}\mid\boldsymbol{\Phi}_{t-1})$ 可通过以下两方程迭代计算得到结果：

$$\begin{aligned}P(s_t,s_{t-1},\cdots,s_{t-m}\mid\boldsymbol{\Phi}_{t-1})&=\sum_{s_{t-m-1}=1}^{k}P(s_t\mid s_{t-1},\cdots,s_{t-m-1},\boldsymbol{\Phi}_{t-1})\cdot P(s_{t-1},\cdots,s_{t-m-1}\mid\boldsymbol{\Phi}_{t-1})\\&=\sum_{s_{t-m-1}=1}^{k}P_{s_{t-1},s_t}\cdot P(s_{t-1},\cdots,s_{t-m-1}\mid\boldsymbol{\Phi}_{t-1})\end{aligned} \tag{7.2.9}$$

$$P(s_t,s_{t-1},\cdots,s_{t-m}\mid\boldsymbol{\Phi}_t)=\frac{f(\boldsymbol{Y}_t\mid s_t,s_{t-1},\cdots,s_{t-m}\mid\boldsymbol{\Phi}_{t-1})\cdot P(s_t,s_{t-1},\cdots,s_{t-m}\mid\boldsymbol{\Phi}_{t-1})}{\sum_{s_t=1}^{k}\sum_{s_{t-1}=1}^{k}f(\boldsymbol{Y}_t\mid s_t,\boldsymbol{S}_{t-1}\mid\boldsymbol{\Phi}_{t-1})\cdot P(s_t,s_{t-1},\cdots,s_{t-m}\mid\boldsymbol{\Phi}_{t-1})} \tag{7.2.10}$$

综上，可以求得模型(7.2.5) 的似然函数。我们将在下一小节根据贝叶斯定理，利用似然函数进一步对 Markov 转换模型进行贝叶斯统计分析，完成对模型的估计过程。

7.2.3 马尔可夫转换模型的贝叶斯分析

根据贝叶斯原理知，参数后验分布密度函数与似然函数和先验分布密度函数的乘积成正比，同时利用样本信息和先验信息得到参数的贝叶斯估计往往具有更小的方差或平方误差，得到更精确的预测结果。

因此，含 k 个变量 MS-VAR 模型的贝叶斯分析的具体步骤如下：

(1) 假设 $\boldsymbol{\Omega}$ 是待估参数向量，$\boldsymbol{\Omega}=(\boldsymbol{\Omega}_1,\boldsymbol{\Omega}_2,\cdots,\boldsymbol{\Omega}_k)$，其中 $\boldsymbol{\Omega}_i=(u_i,\alpha_{1i},\cdots,\alpha_{hi})$，对于 $i=1,2,\cdots,k$。$\boldsymbol{Q}$ 是刻画区制转换概率值的转换矩阵，S_t 是状态变量，为随机变量，那么模型的联合先验密度函数为：

$$P(\boldsymbol{\Omega},\boldsymbol{Q},S_T)\propto P(\boldsymbol{\Omega})P(\boldsymbol{Q})P(s_0\mid\boldsymbol{\Omega},\boldsymbol{Q})\prod_{t=1}^{T}P(s_t\mid\boldsymbol{\Omega},\boldsymbol{Q},S_{t-1})\qquad(7.2.13)$$

(2) 根据贝叶斯理论的观点，后验分布密度函数与模型的似然函数、联合先验密度函数二者乘积成正比，即

$$P(\boldsymbol{\Omega},\boldsymbol{Q}\mid\boldsymbol{Y}_t)\propto P(\boldsymbol{Y}_t\mid\boldsymbol{\Omega},\boldsymbol{Q})P(\boldsymbol{\Omega},\boldsymbol{Q})\propto P(\boldsymbol{Y}_t\mid\boldsymbol{\Omega},\boldsymbol{Q})\sum_{t=1}^{T}P(\boldsymbol{\Omega},\boldsymbol{Q},S_t)\qquad(7.2.14)$$

但是，参数 $S_T,\boldsymbol{Q},\boldsymbol{\Omega}$ 与 $\boldsymbol{Y}_t$ 对应的完全条件后验分布密度函数依次为 $P(S_T\mid\boldsymbol{Y}_T,\boldsymbol{\Omega},\boldsymbol{Q})$、$P(\boldsymbol{Q}\mid\boldsymbol{Y}_T,\boldsymbol{\Omega},S_T)$ 和 $P(\boldsymbol{\Omega}\mid\boldsymbol{Y}_T,S_T,\boldsymbol{Q})$ 不能直接获得。

下面将讨论模型参数的后验分布以及贝叶斯估计问题，之后再基于其后验分布进行迭代抽样估计。

① 假设 $P(s_t\mid S_t)$ 已知，数据扩充得到各参数对应的条件后验分布：

$$\begin{aligned}P(S_T\mid\boldsymbol{Y}_T,\boldsymbol{\Omega},\boldsymbol{Q})&=P(s_T\mid\boldsymbol{Y}_T,\boldsymbol{\Omega},\boldsymbol{Q})\cdot P(S_{T-1}\mid\boldsymbol{Y}_T,\boldsymbol{\Omega},\boldsymbol{Q},S_T^T)\\&=P(s_T\mid\boldsymbol{Y}_T,\boldsymbol{\Omega},\boldsymbol{Q})\cdot\prod_{t=0}^{T-1}P(s_t\mid\boldsymbol{Y}_T,\boldsymbol{\Omega},\boldsymbol{Q},S_{t+1}^T)\end{aligned}\qquad(7.2.15)$$

此处，$S_{t+1}^T=\{s_{t+1},\cdots,s_T\}$，通过 $P(s_t\mid\boldsymbol{Y}_t,\boldsymbol{\Omega},\boldsymbol{Q})$ 与 $P(s_{t+1}\mid\boldsymbol{Y}_t,\boldsymbol{\Omega},\boldsymbol{Q})$ 这些后验密度函数迭代抽样得到后验密度函数 $P(s_T\mid\boldsymbol{Y}_T,\boldsymbol{\Omega},\boldsymbol{Q})$。又

$$\begin{aligned}P(s_t\mid\boldsymbol{Y}_T,\boldsymbol{\Omega},\boldsymbol{Q},S_{t+1}^T)=P(s_t\mid\boldsymbol{Y}_t,\boldsymbol{\Omega},\boldsymbol{Q},s_{t+1})&=\frac{P(s_t,s_{t+1}\mid\boldsymbol{Y}_t,\boldsymbol{\Omega},\boldsymbol{Q})}{P(s_{t+1}\mid\boldsymbol{Y}_t,\boldsymbol{\Omega},\boldsymbol{Q})}\\&=\frac{P(s_{t+1}\mid\boldsymbol{Y}_t,\boldsymbol{\Omega},\boldsymbol{Q},s_t)P(s_t\mid\boldsymbol{Y}_t,\boldsymbol{\Omega},\boldsymbol{Q})}{P(s_{t+1}\mid\boldsymbol{Y}_t,\boldsymbol{\Omega},\boldsymbol{Q})}\\&=\frac{P_{s_ts_{t+1}}P(s_t\mid\boldsymbol{Y}_t,\boldsymbol{\Omega},\boldsymbol{Q})}{P(s_{t+1}\mid\boldsymbol{Y}_t,\boldsymbol{\Omega},\boldsymbol{Q})}\end{aligned}\qquad(7.2.16)$$

综上推算，得到参数 S_T 的条件后验分布密度函数，并据此可以进行 MCMC 迭代抽样，估计出参数 S_T。

②$\boldsymbol{Q}$ 是转移矩阵，可将其先验设置为 Dirichlet 分布，则有

$p_{ij}\sim D(\beta_{i,j}),i=1,2,\cdots,k,i=1,2,\cdots,k$。同时，根据 Sims，Wanggoner 和 Zha(2008) 的观点得到：

$$P(\boldsymbol{Q}\mid\boldsymbol{Y}_T,\boldsymbol{\Omega},S_T)\propto\prod_{i=1}^{k}p_{ij}^{n_{ij}+\beta_{ij}}\qquad(7.2.17)$$

其中，n_{ij} 为从状态 i 跳到状态 j 的总次数和，β_i 为在相同区制中 Dirichlet 先验分布阵的元素。

③ 令 $\underset{(mp+1)\times 1}{\boldsymbol{X}_t}=(Y_{t-1},Y_{t-2},\cdots,Y_{t-p},1)'$，在区制 j 中 VAR 的多元正态分布的叉积矩阵：

$$\boldsymbol{\Sigma}_{YY,j}=\sum_{t\in S_t=j}\boldsymbol{Y}_t\boldsymbol{Y}_t' \quad \boldsymbol{\Sigma}_{XY,j}=\sum_{t\in S_t=j}\boldsymbol{X}_t\boldsymbol{Y}_t' \quad \boldsymbol{\Sigma}_{XX,j}=\sum_{t\in S_t=j}\boldsymbol{X}_t\boldsymbol{X}_t' \tag{7.2.18}$$

则 VAR 回归系数在区制 j 的条件后验分布如下：

$$A_j=(\boldsymbol{\Sigma}_{XX,j}+\boldsymbol{H}_0)^{-1}(\boldsymbol{\Sigma}_{XY,j}+\boldsymbol{H}_1),\quad \boldsymbol{\Sigma}_j=(\boldsymbol{S}_0+\boldsymbol{\varepsilon}'_{(s_t=j)}\boldsymbol{\varepsilon}_{(s_t=j)})/\boldsymbol{T}_j \tag{7.2.19}$$

其中，$\boldsymbol{H}_0$ 是 $\boldsymbol{S}_{xx}$ 矩阵的 Sims-Zha 先验部分，$\boldsymbol{H}_1$ 是 $\boldsymbol{\Sigma}_{XY}$ 的 Sims-Zha 先验部分，S_0 是误差协方差的先验，$\boldsymbol{\varepsilon}_{(s_t=j)}$ 是残差的 $1\times m$ 向量，T_j 为区制 j 时观测值的数量，其中 A_j 表示了 $\widetilde{\boldsymbol{\Omega}}$，有：

$$P(\boldsymbol{\Omega}\mid \boldsymbol{Y}_T,S_T,\boldsymbol{Q})\propto N(\widetilde{\boldsymbol{\Omega}},\widetilde{\boldsymbol{\Sigma}}) \tag{7.2.20}$$

综上，可得出模型中各参数的后验分布，再基于其利用 MCMC 抽样方法得出各参数的贝叶斯估计值。

7.2.4 模型参数的 MCMC 抽样算法

最大似然法和 EM 算法都是广泛运用的估计方法。但是最大似然估计方法的收敛速度较慢，同时由于求最大似然估计量时，往往要求解一个似然方程或者方程组，因此并不是所有的待估计参数都能求出似然估计量。而 EM 算法最大缺点就是越往后迭代收敛速度越慢，另一缺点是容易受限在本解的附近，这将导致 EM 算法的收敛对于初始值和收敛条件十分敏感。因此，为了避免以上的问题，引入 MCMC 抽样算法更好对模型进行抽样估计。

近年，在经常需要复杂的高维积分运算的贝叶斯分析领域，MCMC 算法是常用的一种工具，它是利用已知数据，在联合后验分布下抽取状态参数的样本，利用 Gibbs 抽样或 Metropolis-Hastings 算法，不断迭代抽样。

(1)Metropolis-Hasting 方法

Metropolis(1953) 提出了一种转移核的方法，认为该方法可以从任意不管多复杂形式的目标分布中产生随机样本，但是其产生的随机样本往往具有高相关性，导致估计具有较大的方差。随后 Hastings(1970) 在其基础上，通过两种方式推广了 Metroplis 算法。首先，跳跃分布没有必要一定对称；其次，跳跃准则进行修正，这个修正的算法就是目前广泛应用的 Metropolis-Hastings 方法。

假设目标分布为 $f(\theta)$，且 $\theta^{(i)}$ 表示第 $i(i=1,2,\cdots,N)$ 次的迭代值，样本容量为 N，具体的 Metropolis-Hastings 的迭代步骤如下：

① 给定初始值 $x^{(0)}$，同时令 $\theta=\theta^{(i-1)}$；

② 从建议分布 $q(\theta'\mid\theta)$ 中生成候选值 θ^*，计算接受概率为

$$\rho=\min\{1,\frac{f(\theta^*)q(\theta\mid\theta^*)}{f(\theta)q(\theta^*\mid\theta)}\} \tag{7.2.22}$$

③ 从均匀分布 $U(0,1)$ 生成随机数 u，若 $\rho\geqslant u$，则令 $\theta^{(i)}=\theta^*$，否则令 $\theta^{(i)}=\theta^{(i-1)}$。

一般地，选择任意分布都能使 Metropolis-Hastings 方法收敛至目标分布。但是，恰当的选取分布能提高运行效率，减少达到收敛的时间。

(2)Gibbs 抽样方法

Gibbs 抽样方法是一种特殊的 MCMC 方法，它的成功在于它利用满条件分布将多个相关参数的复杂问题降低为每次只需处理一个参数的较为简单的问题，最显著的特点是通过沿一系列互补的方向来构建条件分布序列的方式构造此算法的马尔可夫链，它提供了从待估参数的后验分布抽样的估计，从而使我们获得对待估参数或其函数估计值及其分布的估计。

Gibbs 抽样也可以看作接受概率为 $P=1$ 的 Metropolis-Hasting 抽样算法。其最大优势是每次迭代都可以产生一个新值，而无须对建议分布进行设定。

假设有 d 个参数 $(\theta_1,\theta_2,\cdots,\theta_d)$，其完全条件后验分布函数分别为 $f(\theta_1 \mid \theta_2,\cdots,\theta_d,Y)$，

$f(\theta_2 \mid \theta_1,\cdots,\theta_d,Y),\cdots,f(\theta_d \mid \theta_1,\cdots,\theta_{d-},Y)$。那么 Gibbs 抽样算法的步骤如下：

① 给定参数的初始值为 $(\theta_1^{(0)},\theta_2^{(0)},\cdots,\theta_d^{(0)})$；

② 已知第 i 次的迭代值为 $(\theta_1^{(i)},\theta_2^{(i)},\cdots,\theta_d^{(i)})$，依次从条件后验分布函数中抽取参数的估计值的过程为：

从 $f(\theta_1 \mid \theta_2^{(0)},\theta_3^{(0)},\cdots,\theta_d^{(0)},Y)$ 中随机抽取 $\theta_1^{(1)}$；

从 $f(\theta_2 \mid \theta_1^{(1)},\theta_3^{(0)},\cdots,\theta_d^{(0)},Y)$ 中随机抽取 $\theta_2^{(1)}$；

……

$f(\theta_j \mid \theta_1^{(1)},\theta_2^{(1)},\cdots,\theta_{j-1}^{(1)},\theta_{j+1}^{(0)},\cdots,\theta_d^{(0)},Y)$ 中随机抽取 $\theta_j^{(1)}$；

……

$f(\theta_d \mid \theta_1^{(1)},\theta_2^{(1)},\cdots,\theta_{d-1}^{(1)},Y)$ 中随机抽取 $\theta_d^{(1)}$。

③ 重复步骤 ② 直到估计值收敛。

其中，后验分布都必须满足标准形式的分布，如果完全条件分布 $f(\theta_j \mid \theta_1,\theta_2,\cdots,\theta_{j-1},\theta_{j+1},\cdots,\theta_d,Y)$ 的函数形式非常复杂，那么参数空间可能也很复杂以至于 Gibbs 抽样失效；同时，当参数高度相关时，Gibbs 分布也失效，但可以对高度相关的分量进行分块抽样以解决以上问题，提高抽样效率。

由式(7.2.16)、(7.2.17)、(7.2.20) 的马尔可夫转换模型中完全条件分布的形式知可利用 Gibbs 抽样方法对模型进行估计分析。具体地，首先应给定参数的初始值 $(\boldsymbol{\Omega}^0,S_T^0,\boldsymbol{Q}^0)$，然后再分三步骤对模型的参数进行估计。

① 根据 $P(S_T \mid \boldsymbol{Y}_T,\boldsymbol{\Omega},\boldsymbol{Q}) \propto P(s_t \mid \boldsymbol{\Phi}_t,S_T)$ 抽取 s_t，采用“向前滤波，向后抽样”的多步移动算法，从 $P(s_t^i \mid \boldsymbol{\Phi}_{t-1})$ 中按 $t=1,2,\cdots,T$ 抽样，然后从 $P(s_t^i \mid \Phi_t,S_T^i)$ 中按 $t=T,T-1,\cdots,2,1$ 抽样，从而抽取 S_T；

② 根据 $P(\boldsymbol{Q} \mid \boldsymbol{Y}_T,\boldsymbol{\Omega},S_T) \propto \prod_{i=1}^{k} p_{ij}^{n_{ij}+\beta_{ij}}$ 抽取 $\boldsymbol{Q}^i$；

③ 参照(1)，根据 $P(\boldsymbol{\Omega} \mid \boldsymbol{Y}_T,S_T,\boldsymbol{Q}) \propto N(\widetilde{\boldsymbol{\Omega}},\widetilde{\boldsymbol{\Sigma}})$ 抽取 $\widetilde{\boldsymbol{\Omega}}_j^i,\widetilde{\boldsymbol{\Sigma}}_j^i$；

由上完成一次 Gibbs 迭代过程，依次重复 ①②③ 迭代抽样步骤，直到各参数的边际分布为平稳分布(假设经过 M 次迭代后各参数收敛)。在抽样迭代的初始阶段，因为参数初

始值设定的影响，所以对模型参数进行估计和检验时，通常要舍弃掉最初的 M 个样本，这个阶段称为“退火期”，退火期生成的随机数一般都是非平稳的。然后，再次进行 N 次迭代抽样，利用剩余的 N 个抽样数据进行分析，得到样本量为 N 的马尔可夫链：

$$(\boldsymbol{S}^{(1)},\boldsymbol{Q}^{(1)},\boldsymbol{\Omega}^{(1)},\boldsymbol{\Sigma}^{(1)}),(\boldsymbol{S}^{(2)},\boldsymbol{Q}^{(2)},\boldsymbol{\Omega}^{(2)},\boldsymbol{\Sigma}^{(2)}),\cdots,(\boldsymbol{S}^{(N)},\boldsymbol{Q}^{(N)},\boldsymbol{\Omega}^{(N)},\boldsymbol{\Sigma}^{(N)}) \tag{7.2.23}$$

当样本量 N 取比较大的值时，参数的平稳分布将趋近于模型的后验分布，遍历平均将趋近于参数的数学期望，则

$$\hat{\boldsymbol{S}}=\frac{1}{N}\sum_{n=1}^{N}\boldsymbol{S}^{(n)},\hat{\boldsymbol{Q}}=\frac{1}{N}\sum_{n=1}^{N}\boldsymbol{Q}^{(n)},\hat{\boldsymbol{\Omega}}=\frac{1}{N}\sum_{n=1}^{N}\boldsymbol{\Omega}^{(n)},\hat{\boldsymbol{\Sigma}}=\frac{1}{N}\sum_{n=1}^{N}\boldsymbol{\Sigma}^{(n)} \tag{7.2.24}$$

因此，参数的后验估计值可由上述 Gibbs 迭代抽样算法的数学期望表示。

7.2.5 参数估计的收敛性分析

为了判断马尔可夫 - 蒙特卡罗算法的有效性，通常采用的检验统计量有 MC 误差量，Geweke 统计量和 Gelman-Rubin 统计量。

(1)MC 误差

因为在抽样迭代的初始阶段，抽样结果会受到参数初始值设定较大的影响，所以在对模型参数进行估计时，通常应该去掉最初的 M 个样本，因为最初的这个过程中生成的随机数通常是非平稳的，所以也把这个过程称为“退火期”。然后，再利用剩下的 N 个抽样数据进行研究分析。其中需要说明的是，针对剩余链条的分析，通常会从每 l(l 为正整数）个随机数抽取一个，以减少抽样所得链条的自相关性。也就是说，马尔可夫链实际分析的样本量为 N/l。设 $N/l=W$，那么有样本量为 W 的马尔可夫链为：

$$(\boldsymbol{S}^{(1)},\boldsymbol{Q}^{(1)},\boldsymbol{\Omega}^{(1)},\boldsymbol{\Sigma}^{(1)}),(\boldsymbol{S}^{(2)},\boldsymbol{Q}^{(2)},\boldsymbol{\Omega}^{(2)},\boldsymbol{\Sigma}^{(2)}),\cdots,(\boldsymbol{S}^{(W)},\boldsymbol{Q}^{(W)},\boldsymbol{\Omega}^{(W)},\boldsymbol{\Sigma}^{(W)}) \tag{7.2.25}$$

则模型的 MC 估计为：

$$\hat{\boldsymbol{S}}=\frac{1}{W}\sum_{n=1}^{W}\boldsymbol{S}^{(n)},\hat{\boldsymbol{Q}}=\frac{1}{W}\sum_{n=1}^{W}\boldsymbol{Q}^{(n)},\hat{\boldsymbol{\Omega}}=\frac{1}{W}\sum_{n=1}^{W}\boldsymbol{\Omega}^{(n)},\hat{\boldsymbol{\Sigma}}=\frac{1}{W}\sum_{n=1}^{W}\boldsymbol{\Sigma}^{(n)} \tag{7.2.26}$$

当我们进行单链条的收敛性诊断分析时，MC 误差是一个重要的分析指标。Flegal, J.M.等(2008) 利用组均值法得出链条的 MC 误差。对于参数 λ，将参数样本分为 V 组，每组参数样本量为 $B=W/V$，那么组均值为

$$\bar{\lambda}_v=\frac{1}{B}\sum_{w=(v-1)B+1}^{vB}\lambda^{(w)},v=1,2,\cdots,V \tag{7.2.27}$$

则 MC 误差估计为

$$\mathrm{MCE}(\lambda)=\sqrt{\frac{1}{V(V-1)}\sum_{v=1}^{V}(\bar{\lambda}_v-\hat{\lambda})^2} \tag{7.2.28}$$

通过计算得到的 MC 误差值较低时才能保证参数计算精度的水平。

(2)Geweke 统计量和 Gelman-Rubin 统计量

Geweke谱密度收敛性诊断法是把每一参数所形成的子链条作为时间序列，然后通过利用整条链迭代的初始 10% 和最后的 50% 的均值进行比较，再采用谱密度方法估计两

个子样本的渐近方差，从而构造 z 统计量进行收敛性检验，其中对参数 θ 有

$$Z(\theta)=\frac{\bar{\theta}^{B}-\bar{\theta}^{E}}{\sqrt{S_{\theta}^{B}(0)/K_{B}+S_{\theta}^{E}(0)/K_{E}}} \tag{7.2.29}$$

其中，K_B 为 $(\theta^1,\theta^2,\cdots,\theta^w)$ 中迭代初始 10% 的样本量，K_E 为 $(\theta^1,\theta^2,\cdots,\theta^w)$ 中迭代最后 50% 的样本量；$\bar{\theta}^B,\bar{\theta}^E$ 是两条分链的样本均值，$S_{\theta}^{B}(\omega),S_{\theta}^{E}(\omega)$ 分别为利用 K_B,K_E 计算而得到的谱密度，$S_{\theta}^{B}(\omega)/N_B,S_{\theta}^{E}(\omega)/N_E$ 分别为样本均值 $\bar{\theta}^B,\bar{\theta}^E$ 的渐近方差。因为 Z 值服从渐近标准正态分布，所以可以判断两条分链是否为同一稳态分布，从而进一步判断整条链是否收敛。若 $|Z|\leqslant 1.96$，表示初始迭代值和最后迭代值差异不明显，两条分链可视为来自同一稳态分布，链条收敛；若 $|Z|>1.96$，则表示初始迭代值和最后迭代值有显著的差异，链条不收敛。

(3) Gelman-Rubin 统计量

Gelman-Rubin 检验统计量的实质与方差分析类似，检验始于不同初始值的两条或多条链条来检验 Markov 链的收敛性。给定 θ 的 $k>1$ 个初始值，生成 k 个长度为 $K=N/l$ 的平稳 Markov 链：

$$\begin{array}{l}\theta^{(1,M+h)},\theta^{(1M+h+l)},\cdots,\theta^{(1,M+h+kl)},\cdots,\theta^{(1,K)}\\ \theta^{(2,M+h)},\theta^{(2M+h+l)},\cdots,\theta^{(2,M+h+kl)},\cdots,\theta^{(2,K)}\\ \vdots\\ \theta^{(k,M+h)},\theta^{(k,M+h+l)},\cdots,\theta^{(k,M+h+kl)},\cdots,\theta^{(k,K)}\end{array} \tag{7.2.30}$$

记第 j 条链的均值为 $\bar{\theta}^{(j)}$，方差为 S_j^2，W 表示 k 条链的方差的平均，即

$$\bar{\theta}^{(j)}=\frac{1}{K}\sum_{k=0}^{K}\theta^{(j,M+h+kl)},S_j^2=\frac{1}{K-1}\sum_{k=0}^{K}(\theta^{(j,M+h+kl)}-\bar{\theta}^{(j)})^2,W=\frac{1}{k}\sum_{j=0}^{k}S_j^2 \tag{7.2.31}$$

若 Markov 链没有完全遍历平稳分布，W 就会低估平稳分布的方差。$\bar{\bar{\theta}}$ 和 B 分别表示混合样本的平均和链条间的方差，即

$$\bar{\bar{\theta}}=\frac{1}{k}\sum_{j=1}^{k}\bar{\theta}^{(j)};B=\frac{K}{k-1}\sum_{j=1}^{k}(\bar{\theta}^{(j)}-\bar{\bar{\theta}})^2 \tag{7.2.32}$$

那么，平稳分布的方差为 W 与 B 的加权平均，即

$$\widehat{\mathrm{Var}}(\theta)=\left(1-\frac{1}{K}\right)W+\frac{1}{K}B \tag{7.2.33}$$

若链条是收敛的，则 $\widehat{\mathrm{Var}}(\theta)$ 是无偏的。否则，将因为初始值选择过于分散而导致 $\widehat{\mathrm{Var}}(\theta)$ 被高估。W 和 $\widehat{\mathrm{Var}}(\theta)$ 均为 θ 的平稳分布的估计值，构造统计量

$$\hat{R}=\sqrt{\frac{\widehat{\mathrm{Var}}(\theta)}{W}} \tag{7.2.34}$$

若 $\hat{R}$ 的取值为 1.0 到 1.2 之间，则认为链条是收敛的。若 $\hat{R}$ 过大，则需要设置更大的迭代次数。

7.2.6 实例

例 7.2.1　参考 Patrick T. Brandt(2009) 的论文：Empirical, Regime-Specific Models of International, Inter-group Conflict, and Politics，研究1979—2003年以色列与巴勒斯坦之间的言语与物质上的合作与冲突。数据是从1979年4月15日开始的每周数据。根据Goldstein的评分捕捉随时间的冲突的程度，正值表明合作，负值表示侵略。i2p，p2i分别表示以色列对巴勒斯坦、巴勒斯坦对以色列的言语与物质上的冲突与合作。

下面给出1979—2003年i2p、p2i的时间路径。横轴为时间轴，纵轴为变量。

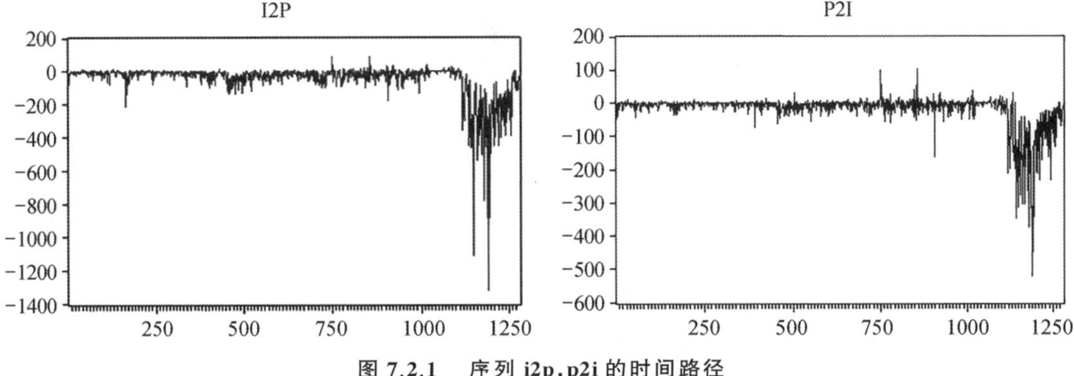

图 7.2.1 序列 i2p，p2i 的时间路径

由图7.2.1可以直观地看出2个变量在观测时间段内存在着明显的高低区制的划分，可划分为严重冲突、轻微冲突。但这只是从直观的角度分析，具体地需要通过模型给出具体说明。通过ADF检验，序列i2p、p2i都是原阶平稳序列，进而参照Patrick T. Brandt，假设区制数 $m=2$，建立MS(2)-BVAR(3)模型，当区制为 s_t 时，有

$$\begin{pmatrix} \mathrm{i2p}_{t,s_t} \\ \mathrm{p2i}_{t,s_t} \end{pmatrix} = \begin{pmatrix} \alpha_{11.s_t}^{1} & \alpha_{12.s_t}^{1} \\ \alpha_{21.s_t}^{1} & \alpha_{22.s_t}^{1} \end{pmatrix} \begin{pmatrix} \mathrm{i2p}_{t-1,s_t} \\ \mathrm{p2i}_{t-1,s_t} \end{pmatrix} + \begin{pmatrix} \alpha_{11.s_t}^{2} & \alpha_{12.s_t}^{2} \\ \alpha_{21.s_t}^{2} & \alpha_{22.s_t}^{2} \end{pmatrix} \begin{pmatrix} \mathrm{i2p}_{t-2,s_t} \\ \mathrm{p2i}_{t-2,s_t} \end{pmatrix}$$
$$+ \begin{pmatrix} \alpha_{11.s_t}^{3} & \alpha_{12.s_t}^{3} \\ \alpha_{21.s_t}^{3} & \alpha_{22.s_t}^{3} \end{pmatrix} \begin{pmatrix} \mathrm{i2p}_{t-3,s_t} \\ \mathrm{p2i}_{t-3,s_t} \end{pmatrix} + \begin{pmatrix} u_{1,s_t} \\ u_{2,s_t} \end{pmatrix} + \begin{pmatrix} \varepsilon_{1,s_t} \\ \varepsilon_{2,s_t} \end{pmatrix}$$

(1)MSBVAR模型的建立与估计

根据R软件画出截距项配对散点图，图7.2.2显示的是2个截距项在两个区制之间的配对散点图，根据其所属不同区制给定的不同颜色深度。根据i2p截距分区制重新进行的Gibbs抽样，舍弃前1 000次的抽样数据，再进行2 000次迭代，可以得到模型参数估计的结果。如下图7.2.3为参数转移概率 q_{ij} 的后验密度函数图，可以看出密度函数具有明显的单峰对称特征，同时曲线形状平滑，说明利用Gibbs迭代抽样算法形成的数据迭代过程能够收敛于参数转移概率 q_{ij} 的后验分布，有效地模拟模型中参数的边缘后验分布。从而可以根据抽样结果，对参数转移概率 q_{ij} 进行估计。

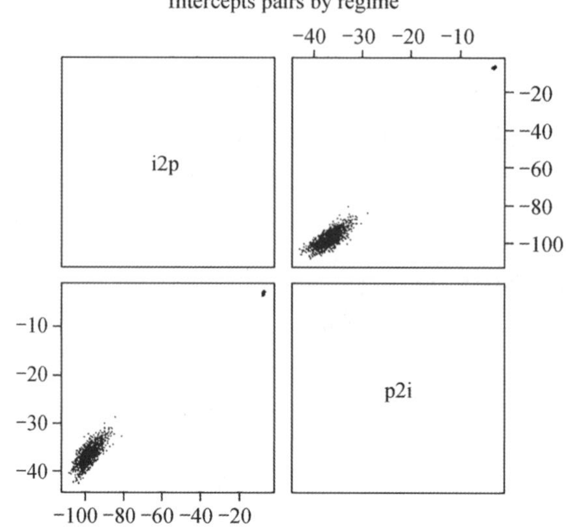

图 7.2.2　截距项配对散点图

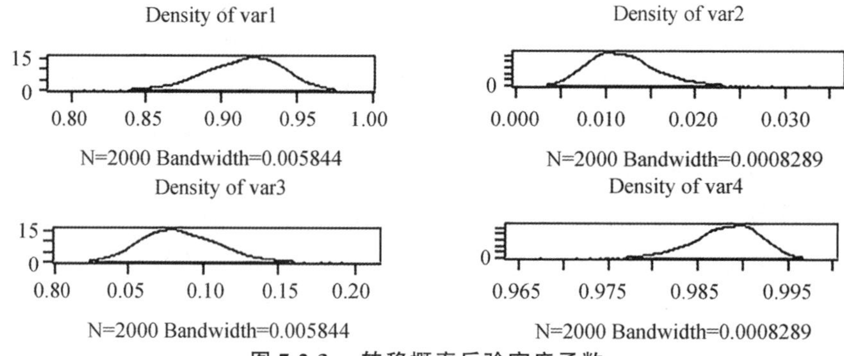

图 7.2.3　转移概率后验密度函数

根据以上 Gibbs 算法抽样结果，可以得到转移概率项参数 Q 的估计值，即取其后验抽样的期望值作为其估计值，如表 7.2.1 参数转移概率的后验估计结果。

表 7.2.1　参数 q_{ij} 的后验估计

参数	q_{11}	q_{21}	q_{12}	q_{22}
估计值	0.91505	0.01193	0.08495	0.98807
标准差	0.025212	0.003747	0.025212	0.003747
标准误	0.000789	0.0001171	0.000789	0.0001171
2.5% 分位	0.860159	0.005815	0.040476	0.979629
25% 分位	0.898663	0.009292	0.066747	0.985917
50% 分位	0.9171	0.01153	0.0829	0.98847
75% 分位	0.93325	0.01408	0.10134	0.99071
97.5% 分位	0.95952	0.02037	0.13984	0.99419

其中，标准平均误差值较小，说明抽样结果与总体效应的误差较小；各区制状态的转移概率随着区制状态不同而异，区制 2 的维持概率最高，说明大多数情况下双方的冲突都比较低。

根据 R 软件中 Gibbs 抽样结果，可以进一步得到贝叶斯马尔可夫转换模型其他各参数的估计值，即取各参数后验抽样的期望值作为各参数估计值，表 7.2.2 和 7.2.3 给出了各个模型对应的参数的后验均值。

表 7.2.2 状态 1 中各参数对应的后验估计均值

模型 1	参数值	模型 2	参数值
$\alpha_{11,1}^{1}$	0.40023	$\alpha_{21,1}^{1}$	0.06377
$\alpha_{12,1}^{1}$	0.11840	$\alpha_{22,1}^{1}$	0.28655
$\alpha_{11,1}^{2}$	−0.16851	$\alpha_{21,1}^{2}$	−0.06398
$\alpha_{12,1}^{2}$	0.41230	$\alpha_{22,1}^{2}$	0.23549
$\alpha_{11,1}^{3}$	−0.05012	$\alpha_{21,1}^{3}$	0.02370
$\alpha_{12,1}^{3}$	0.44195	$\alpha_{22,1}^{3}$	0.14285
$u_{1,1}$	−98.38891	$u_{2,1}$	−36.97677

表 7.2.3 状态 2 中各参数对应的后验估计均值

模型 1	参数值	模型 2	参数值
$\alpha_{11,2}^{1}$	0.53910	$\alpha_{21,2}^{1}$	0.02923
$\alpha_{12,2}^{1}$	−0.08682	$\alpha_{22,2}^{1}$	0.34873
$\alpha_{11,2}^{2}$	0.04396	$\alpha_{21,2}^{2}$	0.01445
$\alpha_{12,2}^{2}$	−0.00173	$\alpha_{22,2}^{2}$	−0.00525
$\alpha_{11,2}^{3}$	0.03426	$\alpha_{21,2}^{3}$	0.02426
$\alpha_{12,2}^{3}$	0.05710	$\alpha_{22,2}^{3}$	0.02155
$u_{1,2}$	−7.49273	$u_{2,2}$	−2.95101

(2) 收敛性分析

本例采用图像法来对后验抽样中所得的马尔可夫链条所进行收敛性分析。利用贝叶斯推断并结合两次 Gibbs 抽样方法估计马尔可夫转换模型中的各个参数，第二次 Gibbs 抽样总共进行了 3 000 次抽样迭代，为了消除随机设置的参数初始值对抽样结果的影响，舍弃了前 1 000 次的抽样数据，然后利用第 1 001 次到 3 000 次的抽样数据估计模型参数，根据第二次 Gibbs 抽样后得到各个参数后验分布对应的轨迹图及密度函数图如图 7.2.4(这里只列举了部分参数)：

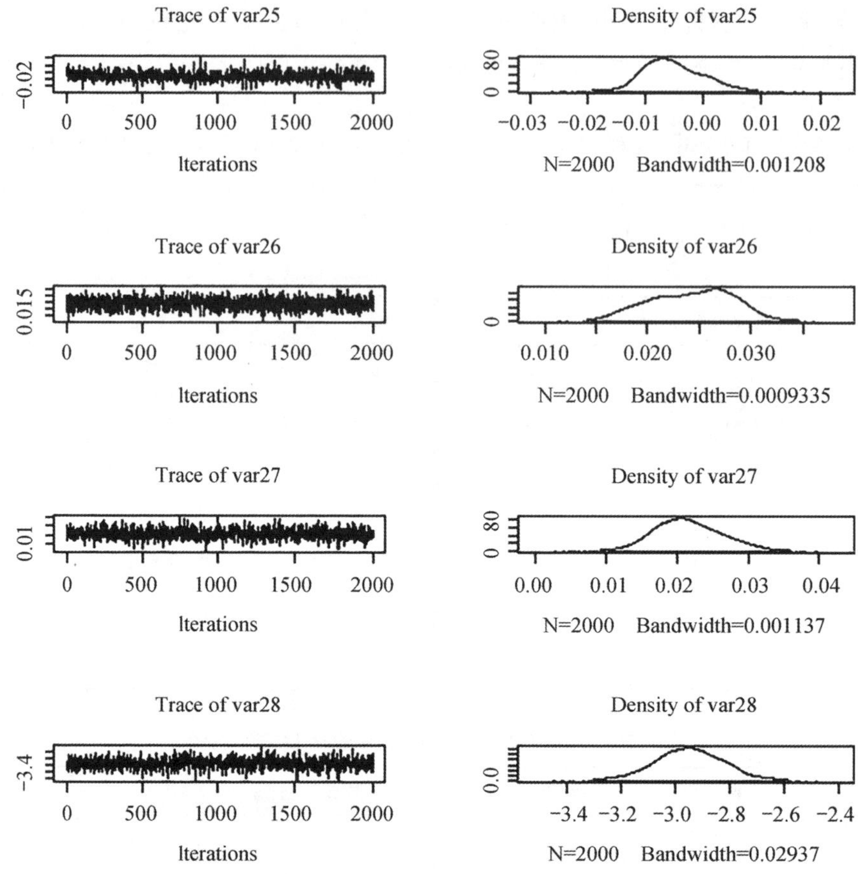

图 7.2.4　部分参数的参数后验分布对应的轨迹图及密度函数图

图 7.2.4 给出了各个参数的动态迭代轨迹，横坐标为抽样迭代次数，纵坐标为模型中参数的模拟值，由上图可看出参数的后验 Gibbs 抽样轨迹图分别以靠近某个数值进行迭代抽样，由此可以推出模型中各参数的迭代过程已经收敛，同时，说明基于 MCMC 抽样算法模拟过程的平稳性较好。同时可通过模型中各参数的后验密度函数图，进一步证明抽样迭代的收敛性。

(3) 脉冲响应函数

从图 7.2.5 中的脉冲图可以看出如果双方当期采取的是合作，那么将对自己下一期采取的决策有正向影响并且最终趋于 0；但是，给定巴勒斯坦对以色列态度一个单位的正向冲击，对以色列对巴勒斯坦的态度没有太大影响。给定以色列对巴勒斯坦的态度一个正向的冲击，巴勒斯坦将在 6 期内产生正向影响，采取合作的决策。因此，可以看出以色列对巴勒斯坦持有更加敌对的态度。

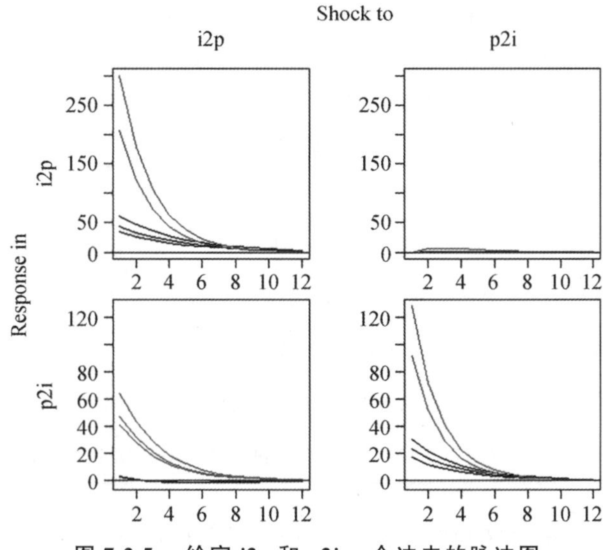

图 7.2.5　给定 i2p 和 p2i 一个冲击的脉冲图

7.3　马尔可夫区制转换向量误差修正模型

7.3.1 马尔可夫区制转换模型基本结构

MS-VAR 模型被认为是带有一般区制转移的模型框架。这类模型背后的一般意义是可观测时间序列向量 $\boldsymbol{y}_t=(y_{1t},\cdots,y_{kt})'$，$t=1,2,\cdots,T$ 的潜在数据生成过程的参数依赖于不可观测的区制变量 s_t，考虑加入 M 个状态的区制变量 $s_t=\{1,2,\cdots,M\}$，一般化 p 阶 VAR 模型的均值调整形式如式(7.3.1) 所示：

$$\boldsymbol{Y}_t-\boldsymbol{U}_{s_t}=\sum_{i=1}^{h}\boldsymbol{\alpha}_{i,s_t}(\boldsymbol{Y}_{t-i}-\boldsymbol{U}_{s_{t-i}})+\boldsymbol{\varepsilon}_{s_t},\boldsymbol{\varepsilon}_{s_t}\sim N(\boldsymbol{0},\boldsymbol{\Sigma}_{s_t}) \tag{7.3.1}$$

其中，$\boldsymbol{U}_{s_t}$，$\boldsymbol{\alpha}_{i,s_t}$，$\boldsymbol{\Sigma}_{s_t}$ 是依赖于状态转变的参数。当系统从一个区制转变到另一个区制时，依赖于区制转变的均值项可能会有一个迅速的一次跳跃，但是均值项平滑地达到另一个新的水平更为可信，因此 Krolzig 认为加入带有区制转移的截距项更适合：

$$\boldsymbol{Y}_t=\boldsymbol{U}_{s_t}+\sum_{i=1}^{h}\boldsymbol{\alpha}_{i,s_t}\boldsymbol{Y}_{t-i}+\boldsymbol{\varepsilon}_{s_t},\boldsymbol{\varepsilon}_{s_t}\sim N(\boldsymbol{0},\boldsymbol{\Sigma}_{s_t}) \tag{7.3.2}$$

对于线性 VAR(p) 模型，截距形式(7.3.2) 和均值调整形式(7.3.1) 是等同的，但 MS(M)-VAR(p) 模型的截距形式(7.3.2) 和均值调整形式(7.3.1) 是不等同的。

MS-VAR 模型可以有多种表现形式，最一般的情形就是所有参数均依赖于状态改变，但这在实证应用中是不方便的，仅假设某一些参数依赖于马尔可夫链状态的模型是有帮助的。第二种情形是为每一个参数引进各自的区制，不同参数所依赖的区制定义是不同的，但是随着不可观测区制数量的增加，马尔可夫链的参数数量成倍地增加，这样就导致估计参数的可用观测值相对减少，使得在实际应用中不可行。由于以上原因，使用由特殊到一般的方法，针对第一种情形我们可以限制依赖区制的参数数量，对于第二种情形假定部分参数依赖同样的区制生成过程。在进行实证研究中，仅假设部分参数向量是依赖区制转移的，Krolzig 将其分为多种模型形式，详细分类见表 7.3.1：

表 7.3.1　MS-VAR 模型的设定形式

		MSM		MSI	
		$\boldsymbol{u}$ 可变	$\boldsymbol{u}$ 不变	$\boldsymbol{u}$ 可变	$\boldsymbol{u}$ 不变
$\boldsymbol{\alpha}_i$ 不变	$\boldsymbol{\Sigma}$ 不变	MSM-VAR	线性 MVAR	MSI-VAR	线性 VAR
	$\boldsymbol{\Sigma}$ 可变	MSMH-VAR	MSH-MVAR	MSIH-VAR	MSH-VAR
$\boldsymbol{\alpha}_i$ 可变	$\boldsymbol{\Sigma}$ 不变	MSMA-VAR	MSA-MVAR	MSIA-VAR	MSA-VAR
	$\boldsymbol{\Sigma}$ 可变	MSMAH-VAR	MSAH-MVAR	MSIAH-VAR	MSAH-VAR

这些不同的形式意味着区制转换后可观测变量不同的动态调整过程，许多情形下，为了进行实证研究，带截距项的模型 MSI(M)-VAR(p) 与均值调整形式模型 MSM(M)-VAR(p) 已足够。

7.3.2 向量误差修正模型基本结构

前面讨论的模型，考虑的都是可观测时间序列是平稳的情形。但是大部分经济时间序列都是非平稳的，对非平稳的时间序列运用平稳时间序列模型分析，得到的结果不一定能够说明序列间存在真正显著关系，很可能是“伪回归”。在金融经济市场中的很多时间序列数据虽是非平稳的，但它们的某些线性组合却往往是平稳的，我们将非平稳时间序列间的这种关系称为协整关系。

相关经济变量间的长期均衡关系可以通过协整来刻画，这种均衡关系说明经济系统不会自发破坏长期的均衡，即使变量在某时期受到外部干扰使其偏离均衡点，但长期均衡区制经过调整会使其在下一期重新返回均衡点。如果协整变量短期内出现了偏离这种长期均衡关系的非均衡状态，就会导致“均衡误差”的产生，到了下个时期变量肯定会进行动态调整和修正，最终使其返回到均衡状态，这就是所谓的误差修正过程，对应的数学模型称为误差修正模型。p 阶向量误差修正模型(VECM(p)) 的一般形式为

$$\Delta \boldsymbol{y}_t = \boldsymbol{\alpha}\boldsymbol{\beta}'\boldsymbol{y}_{t-1} + \sum_{i=1}^{p-1}\boldsymbol{\Gamma}_i\Delta \boldsymbol{y}_{t-i} + \boldsymbol{\varepsilon}_t \tag{7.3.3}$$

矩阵 $\boldsymbol{\beta}$ 是协整向量矩阵，矩阵 $\boldsymbol{\alpha}$ 是调整参数矩阵，反映了将偏离均衡状态的变量调整到均衡状态的调整速度。$\boldsymbol{\beta}'\boldsymbol{y}_{t-1}$ 是误差修正项，反映变量之间的长期均衡关系。

7.3.3 具有马尔可夫转移的向量误差修正模型基本结构

Krolzig 扩展了 MS-VAR 模型，将不可观测区制变量加入向量误差修正模型，提出了 MS-VECM 模型，其基本形式为：

$$\Delta \boldsymbol{y}_t = \boldsymbol{\alpha}(s_t)\boldsymbol{\beta}'\boldsymbol{y}_{t-1} + \sum_{i=1}^{p-1}\boldsymbol{\Gamma}_i\Delta \boldsymbol{y}_{t-i} + \boldsymbol{\varepsilon}_t \tag{7.3.4}$$

一般形式为

$$\Delta \boldsymbol{y}_t = \boldsymbol{\alpha}(s_t)\boldsymbol{\beta}'\boldsymbol{y}_{t-1} + \sum_{i=1}^{p-1}\boldsymbol{\Gamma}_i(s_t)\Delta \boldsymbol{y}_{t-i} + \boldsymbol{\varepsilon}_t, \boldsymbol{\varepsilon}_t \sim N(0, \boldsymbol{\Sigma}_{s_t}) \tag{7.3.5}$$

调整参数矩阵 $\boldsymbol{\alpha}(s_t)$ 依赖于马尔可夫转移区制，类似于 MS-VAR 模型，MS-VECM 模型也有多种形式，最常用的也是均值调整形式和带有截距的形式。带有均值调整形式的 MS-VECM 模型表达式为

$$\Delta \boldsymbol{y}_t - \boldsymbol{u}(s_t) = \boldsymbol{\alpha}(s_t)\boldsymbol{\beta}'\boldsymbol{y}_{t-1} + \sum_{i=1}^{p-1}\boldsymbol{\Gamma}_i(\Delta \boldsymbol{y}_{t-i} - \boldsymbol{u}(s_{t-i})) + \boldsymbol{\varepsilon}_t \tag{7.3.6}$$

模型(7.3.6) 可记为 MSM-VECM，均值项 $u(s_t)$ 表示各个不同状态下序列的平均水平，只有短期部分的变化受区制 s_t 约束，而长期部分的变化均值为常数，即变量之间的长期均衡关系不随区制的变化而变化。

带有截距项的 MS-VECM 模型表达式为

$$\Delta \boldsymbol{y}_t = \boldsymbol{v}(s_t) + \boldsymbol{\alpha}(s_t)\boldsymbol{\beta}'\boldsymbol{y}_{t-1} + \sum_{i=1}^{p-1}\boldsymbol{\Gamma}_i\Delta \boldsymbol{y}_{t-i} + \boldsymbol{\varepsilon}_t \tag{7.3.7}$$

模型(7.3.7) 可记为 MSI-VECM，截距项 $v(s_t)$ 依赖于不可观测区制变量 s_t。

7.3.4 马尔可夫区制转换向量误差修正模型的估计

(1) 最大似然估计

最大似然法和 EM 算法都是 MS-VAR 模型广泛运用的估计方法。同样地，MS-VECM 模型也可以用最大似然法来估计。

首先构建一个新的状态变量 $s_t^* = (s_t, s_{t-1}, \cdots, s_{t-p})$ 来说明状态 s_t 的变化过程，假设 $s_t = \{1,2\}$，那么定义 s_t^* 为

$$s_t^* = \begin{cases} 1, \text{ if } s_t = 1, s_{t-1} = 1 \\ 2, \text{ if } s_t = 1, s_{t-1} = 2 \\ 3, \text{ if } s_t = 2, s_{t-1} = 1 \\ 4, \text{ if } s_t = 2, s_{t-1} = 2 \end{cases} \tag{7.3.8}$$

类似的，当原状态 s_t 有 k 个状态的情形下，新状态变量 s_t^* 有 k^{p+1} 个状态，定义 $i = k^{p+1}$，则与新状态变量 s_t^* 相应的转移概率矩阵为：

$$\boldsymbol{P}_{i\times i}^* = \begin{bmatrix} p_{11}^* & p_{12}^* & \cdots & p_{1i}^* \\ p_{21}^* & p_{22}^* & \cdots & p_{2i}^* \\ \vdots & \vdots & \ddots & \vdots \\ p_{i1}^* & p_{i2}^* & \cdots & p_{ii}^* \end{bmatrix} \tag{7.3.9}$$

对于转移概率矩阵 $\boldsymbol{P}_{i\times i}^*$ 中的任意元素 p_{xy}^*，根据马尔可夫一阶过程的性质，有

$$\begin{aligned} p_{xy}^* &= P(s_{t+1}^* = y \mid s_t^* = x) \\ &= p[(s_{t+1}^y, s_t^y, \cdots, s_{t-p+1}^y) \mid (s_t^x, s_{t-1}^x, \cdots, s_{t-p}^x)] \\ &= \begin{cases} p_{s_{t+1}^x, s_{t-p+1}^y}, \text{if}(s_t^x, s_{t-1}^x, \cdots, s_{t-p-1}^x) = (s_t^y, s_{t-1}^y, \cdots, s_{t-p+1}^y) \\ 0, \text{ if}(s_t^x, s_{t-1}^x, \cdots, s_{t-p-1}^x) \neq (s_t^y, s_{t-1}^y, \cdots, s_{t-p+1}^y) \end{cases} \end{aligned} \tag{7.3.10}$$

由于 s_t^x, s_t^y 是原状态变量取值的两个特定组合，其转移概率一定服从原区制转移概

率矩阵所服从的马尔可夫过程，因此(7.3.8)中的任一元素都可以用原转移概率矩阵中的某一元素或零值来表示。

在 t 时期，已知观测值 $(y_{t-1},y_{t-2},\cdots,y_0)$、状态值 s_t^* 和外生参数 α 的条件下，序列 y_t 的条件概率密度为

$$\boldsymbol{\eta}_t=\begin{bmatrix}f(y_t\mid y_{t-1},y_{t-2},\cdots,y_0,s_t^*=1;\alpha)\\ f(y_t\mid y_{t-1},y_{t-2},\cdots,y_0,s_t^*=2;\alpha)\\ \vdots\\ f(y_t\mid y_{t-1},y_{t-2},\cdots,y_0,s_t^*=i;\alpha)\end{bmatrix}=\begin{bmatrix}f(y_t\mid \Psi_{t-1},s_t^*=1;\alpha)\\ f(y_t\mid \Psi_{t-1},s_t^*=2;\alpha)\\ \vdots\\ f(y_t\mid \Psi_{t-1},s_t^*=i;\alpha)\end{bmatrix}\tag{7.3.11}$$

$$\eta_t=f(y_t\mid y_{t-1},y_{t-2},\cdots,y_0,s_t^*=x;\alpha)=f(y_t\mid \Psi_{t-1},s_t^*=x;\alpha),x=1,2\cdots i=k^{p+1}$$

其中，Ψ_{t-1} 表示初始时刻到 $(t-1)$ 期的所有可观测变量的信息集，α 表示所有待估的外生参数。因此，对于任意一个确定状态 $s_t^*=x\in\{1,2,\cdots,k\}$，条件概率密度

$$f(y_t\mid \Psi_{t-1},s_t^*=x;\alpha)=\frac{1}{\sqrt{2\pi\sigma^2}}\exp\left[-\frac{\left(y_t-v_{s_t^x}-\sum_{j=1}^{p}\alpha_{s_t^x}\cdot y_{t-j}\right)^2}{2\sigma^2}\right]\tag{7.3.12}$$

此外，状态变量 s_t^* 以可观测信息集 Ψ_{t-1} 以及外生参数 α 为条件的条件概率为

$$\hat{\boldsymbol{\xi}}_{t|t-1}=\begin{bmatrix}p(s_t^*=1\mid \Psi_{t-1};\alpha)\\ p(s_t^*=2\mid \Psi_{t-1};\alpha)\\ \vdots\\ p(s_t^*=i\mid \Psi_{t-1};\alpha)\end{bmatrix}\tag{7.3.13}$$

又由贝叶斯公式有

$$p(y_t,s_t^*=x\mid \Psi_{t-1};\alpha)=f(y_t\mid \Psi_{t-1},s_t^*=x;\alpha)\cdot p(s_t^*=x\mid \Psi_{t-1};\alpha)\tag{7.3.14}$$

因此，y_t 的条件概率密度函数为

$$\begin{aligned}f(y_t\mid \Psi_{t-1};\alpha)&=\sum_{x=1}^{i}p(y_t,s_t^*=x\mid \Psi_{t-1};\alpha)\\&=\sum_{x=1}^{i}f(y_t\mid \Psi_{t-1},s_t^*=x;\alpha)\cdot p(s_t^*=x\mid \Psi_{t-1};\alpha)\\&=\mathbf{1}'(\hat{\boldsymbol{\xi}}_{t|t-1}\cdot\boldsymbol{\eta}_t)\end{aligned}\tag{7.3.15}$$

其中“•”表示两个向量对应分量相乘，式(7.3.15)是构建最大似然函数的关键方程，但是由于没有定义 $\hat{\boldsymbol{\xi}}_{t|t-1}$ 的具体取值，使得式(7.3.15)不能完全用可观测信息集 Ψ_{t-1} 和外生参数 α 表示。

为确定 $\hat{\boldsymbol{\xi}}_{t|t-1}$ 的取值问题，根据式(7.3.14)和(7.3.15)，由贝叶斯定理可得

$$\hat{\boldsymbol{\xi}}_{t|t}=\begin{bmatrix}p(s_t^*=1\mid\Psi_t;\alpha)\\p(s_t^*=2\mid\Psi_t;\alpha)\\\vdots\\p(s_t^*=i\mid\Psi_t;\alpha)\end{bmatrix}=\begin{bmatrix}\dfrac{p(y_t,s_t^*=1\mid\Psi_{t-1};\alpha)}{f(y_t\mid\Psi_{t-1};\alpha)}\\\dfrac{p(y_t,s_t^*=2\mid\Psi_{t-1};\alpha)}{f(y_t\mid\Psi_{t-1};\alpha)}\\\vdots\\\dfrac{p(y_t,s_t^*=i\mid\Psi_{t-1};\alpha)}{f(y_t\mid\Psi_{t-1};\alpha)}\end{bmatrix}=\frac{\hat{\boldsymbol{\xi}}_{t|t-1}\cdot\boldsymbol{\eta}_t}{\mathbf{1}'(\hat{\boldsymbol{\xi}}_{t|t-1}\cdot\boldsymbol{\eta}_t)}\tag{7.3.16}$$

而且由式(7.3.9) 和(7.3.13) 得

$$\hat{\boldsymbol{\xi}}_{t+1|t}=\boldsymbol{P}^*\cdot\hat{\boldsymbol{\xi}}_{t|t-1}\tag{7.3.17}$$

在给定初始值$\hat{\xi}_{t|0}$的值后，通过式(7.3.16) 和(7.3.17) 进行反复迭代可以求出所有$\hat{\boldsymbol{\xi}}_{t|t-1}$和$\hat{\boldsymbol{\xi}}_{t|t}$，用至$t-1$期的可观测信息集$\Psi_{t-1}$、待估外生参数$\boldsymbol{\alpha}$和转移概率矩阵$\boldsymbol{P}$中的元素来表示$\hat{\boldsymbol{\xi}}_{t|t-1}$，即$\hat{\boldsymbol{\xi}}_{t|t-1}=\hat{\boldsymbol{\xi}}_{t|t-1}(\Psi_{t-1};\boldsymbol{\alpha},\boldsymbol{P})$。

综上，带有k个不可观测状态的马尔可夫区制p阶滞后自回归模型的对数最大似然函数为

$$L(\theta)=\sum_{t=1}^{T}\log f(y_t\mid\Psi_{t-1};\theta)=\sum_{t=1}^{T}\log(\mathbf{1}'(\hat{\boldsymbol{\xi}}_{t|t-1}\cdot\boldsymbol{\eta}_t))\tag{7.3.18}$$

通过最优化式(7.3.18) 可以获得外生参数$\boldsymbol{\alpha}$和转移概率矩阵$\boldsymbol{P}$的一致估计。

关于每个时刻下状态变量所需的初始向量$\hat{\xi}_{t|0}$的推算，一般有两种常用的方法，一种是假定$\hat{\xi}_{t|0}$的各分量为相同的常数且和为1，这种方法相对简单；另一种是取转移概率矩阵的特征向量，根据遍历性马尔可夫链的性质，推导出用转移概率矩阵的特征向量来表示状态变量取不同值得无条件概率，这种方法较常用。

上述状态变量s_t^*的取值概率是基于t期以前的信息所得，即是对s_t^*取值概率的向后预测，而在应用中我们需要得到状态变量s_t^*基于全部样本信息的取值概率，这一概率称为平滑概率，实证研究中一般采用 Kim(1994) 提出的方法来推断状态变量的平滑概率：

$$\hat{\boldsymbol{\xi}}_{t|T}=\hat{\boldsymbol{\xi}}_{t|t}\cdot\{(\boldsymbol{P}^*)'[\hat{\boldsymbol{\xi}}_{t+1|T}(\div)\hat{\boldsymbol{\xi}}_{t+1|t}]\}\tag{7.3.19}$$

其中(÷) 表示向量分量相除。利用式(7.3.19) 进行迭代计算即可求出各个时刻状态变量基于全部信息的取值概率。计算平滑概率的迭代起点是$\hat{\boldsymbol{\xi}}_{T|T}$，可通过式(7.3.16) 和(7.3.17) 迭代计算得到。

至此，上述计算所得的均为新状态变量$\boldsymbol{s}_t^*$取值的概率，而我们关注的是模型所处状态s_t的取值概率。由$\boldsymbol{s}_t^*$的构造可知，加总同样s_t所对应的$\boldsymbol{s}_t^*=(s_t,s_{t-1},\cdots,s_{t-p})$值下$\hat{\xi}_{t|T}$的相应分量，即可求得原状态变量的平滑概率$P(s_t=m\mid\Psi_t;\alpha,P)$，其中$s_t=m\in\{1,2,\cdots,k\}$。

(2)Gibbs 抽样估计

Gibbs 抽样是应用较广泛的特殊 MCMC 方法，我们知道实现 Gibbs 抽样的关键是求出未知参数的后验分布，具体如何基于 Gibbs 抽样的贝叶斯方法估计马尔可夫转换向量误差修正模型的参数可参照 7.2 节中 MSBVAR 模型的参数估计。

7.3.5 实例

例 7.3.1　为讨论就业变动与经济周期波动之间的相关性关系，选取 1992 年到 2012 年第二季度的季度数据的国内生产总值季度同比增长率(记为 GDPGR) 和就业人员季度同比增长率(记为 EMPGR) 构建马尔可夫区制转移向量误差修正模型。

(1) 平稳性检验

通过检验可以发现(见表 7.4.1)、在 1%，5% 显著性水平下，两个变量都是一阶差分平稳的，故而对二者进行协整关系检验。

表 7.4.1　ADF 单位根检验

变量	水平值检验			一阶差分检验		
	ADF 统计量	1% 显著性临界值	5% 显著性临界值	ADF 统计量	1% 显著性临界值	5% 显著性临界值
EMPGR	−1.393	−4.086	−3.469	−7.218	−4.083	−3.470
GDPGR	−2.827	−4.082	−3.469	−8.999	−4.083	−3.470

(2) 协整检验

检验变量间的协整关系采用 Johansen 协整检验方法，Johansen 协整检验方法有两种，特征值迹检验(trace 检验) 以及最大特征根检验。检验结果由表 7.4.2 给出：

表 7.4.2　Johansen 协整检验结果

原假设	特征根	迹统计量(p 值)	λ-max 统计量(p 值)
0 个协整向量	0.181	16.919(0.03)	14.339(0.04)
至少 1 个协整向量	0.035	2.579(0.11)	2.579(0.11)

从上表检验结果可以看出，就业增长率与产出增长率之间存在一阶协整关系。这表明两个变量之间存在一个协整关系，意味着从长期来看，就业增长率与产出增长率之间存在一个显著的长期稳定关系，且协整向量为 $n_t = 1.062y_t - 0.181\text{ecm}_t$，$\text{ecm}_t$ 为误差修正模型的误差修正项。

(3)MS-VECM 模型的构建

就业变动与经济周期波动的关系可能受不同区制变化影响，为此将受制于马尔可夫链的不可观测区制变量加入到 VECM 模型中，来描述两变量在不同区制下的波动相关性。带截距项形式的 MS-VECM 模型如下：

$$\Delta x_t = v(s_t) + \alpha(s_t)\text{ecm}_{t-1} + \sum_{i=1}^{p}\Gamma_i(s_t)\Delta x_{t-i} + \varepsilon_t$$

该模型为带有截距项且系数依赖于区制变动的马尔可夫转换模型，简记为 MSIA(m)-VECM(p)，m 代表区制个数，p 表示自回归滞后阶数。

这里把经济增长划分为三区制(即 $m=3$)，将我国经济增长过程划分为低速增长状态、适速增长状态和高速增长状态。其次，要确定模型的滞后阶数，为防止因滞后阶数过多导致参数过多，并结合 Johansen 检验时差分项滞后阶数为 3 阶（即 $p=3$），根据 AIC 准则和 SC 准则确定最优的滞后阶数，表 7.4.4 给出了不同滞后阶数下的 AIC 值及 SC 值：

表 7.4.4　滞后阶数检验结果

滞后阶数	AIC	SC
1	−13.179	−12.367
2	−13.052	−11.672
3	−13.206	−12.445
4	−12.861	−10.713

综上，我们构建 MSIA(3)-VECM(3)：

$$\Delta x_t = v(s_t) + \alpha(s_t)\mathrm{ecm}_{t-1} + \sum_{i=1}^{3}\Gamma_i(s_t)\Delta x_{t-i} + \varepsilon_t$$

其中 $s_t=\{1,2,3\}$。

对模型估计之前，首先检验了变量间是否存在非线性的马尔可夫转换关系，原假设 H_0：VECM 为线性模型；备择假设 H_1：VECM 模型为非线性模型。似然比检验结果为：

$$\mathrm{LR}=16.9101, \chi^2(4)=0.0004, \chi^2(10)=0.0020$$

由此我们拒绝 VECM 模型为线性的原假设。

进而，根据 OX-MSVAR 可以得到三个区制的转移概率矩阵：

$$P=\begin{bmatrix} 0.9080 & 0.09198 & 1.166\mathrm{e}-006 \\ 0.06544 & 0.8445 & 0.09007 \\ 4.240\mathrm{e}-012 & 0.2176 & 0.7824 \end{bmatrix}$$

我国经济在不同区制下的持续时间和概率：

表 7.4.5　不同区制下的持续时间和概率

区制	概率	持续时间
区制 1	0.3347	10.87
区制 2	0.4705	6.43
区制 3	0.1047	4.59

表 7.4.5 给出的是经济处于各个区制的持续时间以及该区制在整个区间存在的概率。由转移概率矩阵可以得出，如果没有外生冲击，经济从一个区制进入另一区制发生的可能性很小。区制 1 的自我维持概率为 0.9080，其平均持续时间接近 11 个季度；区制 2 的自我维持概率为 0.8445，其平均持续期为 6 个季度；区制 3 的自我维持概率为0.7824，其平均持续期为 5 个季度。三个区制相比较，能够看出区制 1 的平均持续时间最长，是最稳定的，而区制 3 是最不稳定的，但是从每个区制存在的概率来看，经济处于区制 2 的概率是最大的，为 0.47。这也就是说我国经济处于适速增长阶段的期数最多，但是在低速增长阶段有较强的自我维持性。

第八章　非线性回归模型

大多数现代经济理论都潜在地把经济系统的分析对象看作是线性的，线性假设基础上构建起的线性范式经济理论能够帮助理解分析局部均衡和一般均衡，能够清晰地阐述变量之间的相互关系，等等。然而，20 世纪 70 年代以来，系统科学和非线性经济理论的快速发展，却让人们意识到，线性假设下的经济分析和预测可能导致严重的偏差甚至失效。正如 Granger(1988)曾指出，“世界几乎肯定是由非线性关系构成的”。由此，非线性计量经济学孕育而生，如主流的非参数和半参数计量经济学，而在本章，我们主要介绍当前运用就多的几个模型，非参数和半参数部分放在后面的章节。

8.1 非线性格兰杰因果检验

8.1.1 线性和非线性格兰杰因果检验的对比

格兰杰因果检验，检验的是时间序列变量间的线性关系。假设有两个时间序列的经济变量 X 和 Y，若 X 的过去的信息有助于解释变量 Y 的变化，则认为变量 X 是变量 Y 的格兰杰原因。在某种程度上可以用数学语言表述为：

$$f(Y_t \mid Y_{t-1},\cdots,X_{t-1},\cdots)=f(Y_t \mid Y_{t-1},\cdots) \tag{8.1.1}$$

而非线性格兰杰因果检验，检验的是变量间的非线性关系。最早是由 Hiemstra & Jones(1994) 在 Beak & Brock(1992) 的基础上，基于关联积分提出的用于检验时间序列可能存在的非线性因果关系的非参数统计方法，其构造的统计量为：TVAL 统计量。后来，Diks & Panchenko(2006) 为了克服 TVAL 方法可能导致“过度拒绝”问题，而构造了 T_n 统计量进行检验。

8.1.2 非线性格兰杰因果检验

考虑两个严平稳且弱相关的时间序列 X_t 和 Y_t，定义 X_t 的 m 维向前向量为 $\boldsymbol{X}_t^m$，X_t 的 L_x 期滞后向量和 Y_t 的 L_y 期滞后向量分别为：$\boldsymbol{X}_{t-L_x}^{L_x}$ 和 $\boldsymbol{Y}_{t-L_y}^{L_y}$，即：

$$\boldsymbol{X}_t^m=(X_t,X_{t+1},\cdots,X_{t+m}),m=1,2,\cdots;t=1,2,\cdots \tag{8.1.2}$$

$$\boldsymbol{X}_{t-L_x}^{L_x}=(X_{t-L_x},X_{t-L_x+1},\cdots,X_{t-1}),L_x=1,2,\cdots;t=L_x+1,L_x+2,\cdots \tag{8.1.3}$$

$$\boldsymbol{Y}_{t-L_y}^{L_y}=(Y_{t-L_y},Y_{t-L_y+1},\cdots,Y_{t-1}),L_y=1,2,\cdots;t=L_y+1,L_y+2,\cdots \tag{8.1.4}$$

对于给定的 m、L_x、L_y 以及 $e>0$，如果

$$\begin{aligned}&\Pr(\|\boldsymbol{X}_t^m-\boldsymbol{X}_s^m\|<e\mid\|\boldsymbol{X}_{t-L_x}^{L_x}-\boldsymbol{X}_{s-L_x}^{L_x}\|<e,\|\boldsymbol{Y}_{t-L_y}^{L_y}-\boldsymbol{Y}_{s-L_y}^{L_y}\|<e)\\&=\Pr(\|\boldsymbol{X}_t^m-\boldsymbol{X}_s^m\|<e\mid\|\boldsymbol{X}_{t-L_x}^{L_x}-\boldsymbol{X}_{s-L_x}^{L_x}\|<e)\end{aligned} \tag{8.1.5}$$

成立，则表示时间序列 Y_t 对 X_t 的条件概率不产生影响，即 Y_t 不是 X_t 的格兰杰原因。式中 $\|\ \|$ 表示最大范数(maximum norm)。上式采用联合概率的方式表述：

$$\frac{C_1(m+L_x,L_y,e)}{C_2(L_x,L_y,e)}=\frac{C_3(m+L_x,e)}{C_4(L_x,e)} \tag{8.1.6}$$

这里的 $C_i()(i=1,2,3,4)$ 为联合概率积分量，其中

$$\begin{aligned}&C_1(m+L_x,L_y,e)=\Pr(\|\boldsymbol{X}_{t-L_x}^{m+L_x}-\boldsymbol{X}_{s-L_x}^{m+L_x}\|<e,\|\boldsymbol{Y}_{t-L_y}^{L_y}-\boldsymbol{Y}_{s-L_y}^{L_y}\|<e)\\&C_2(L_x,L_y,e)=\Pr(\|\boldsymbol{X}_{t-L_x}^{L_x}-\boldsymbol{X}_{s-L_x}^{L_x}\|<e,\|\boldsymbol{Y}_{t-L_y}^{L_y}-\boldsymbol{Y}_{s-L_y}^{L_y}\|<e)\\&C_3(m+L_x,e)=\Pr(\|\boldsymbol{X}_{t-L_x}^{m+L_x}-\boldsymbol{X}_{s-L_x}^{m+L_x}\|<e)\\&C_4(L_x,e)=\Pr(\|\boldsymbol{X}_{t-L_x}^{L_x}-\boldsymbol{X}_{s-L_x}^{L_x}\|<e)\end{aligned} \tag{8.1.7}$$

设 Kernel 函数 $K(Z_1,Z_2,e)$ 为当 Z_1 和 Z_2 这两个变量之间的最大范数距离落在 e 内赋予权重为1，落在 e 之外为0。在 X_t 和 Y_t 严平稳且弱相关的条件下，检验式(8.1.6)可以进一步转化为检验式(8.1.8)是否成立：

$$\sqrt{n}\left(\frac{C_1(m+L_x,L_y,e)}{C_2(L_x,L_y,e)}-\frac{C_3(m+L_x,e)}{C_4(L_x,e)}\right)^{a}\sim N(0,\sigma^2(m,L_x,L_y,e)) \tag{8.1.8}$$

式(8.1.8)中对应的统计量也称为 TVAL 统计量，该检验方法也称为 HJ 检验。然而 HJ 检验可能产生“过度拒绝”问题，进而在后续研究中提出了改进的非参数 T_n 统计量。

令 $m=L_x=L_y=1$，式(8.1.6)可重新表述为(X_t,Y_t,X_{t+1})的联合分布：

$$\frac{f_{x_t,y_t,x_{t+1}}(X_t,Y_t,X_{t+1})}{f_{x_t},y_t(X_t,Y_t)}=\frac{f_{x_t},x_{t+1}(X_t,X_{t+1})}{f_{x_t}(X_t)} \tag{8.1.9}$$

于是，将“X_t 和 Y_t 不存在 Granger 因果关系”的原假设表示为：

$$E\left[\left(\frac{f_{x_t,y_t,x_{t+1}}(X_t,Y_t,X_{t+1})}{f_{x_t},y_t(X_t,Y_t)}-\frac{f_{x_t},x_{t+1}(X_t,X_{t+1})}{f_{x_t}(X_t)}\right)\times g(X_t,Y_t,X_{t+1})\right]=0 \tag{8.1.10}$$

其中 $g(\cdot)$ 为恒正的权重函数。式(8.1.10)意味如下关系式成立：

$$q\equiv E[f_{x_t,y_t},x_{t+1}(\cdot)f_{x_t}(\cdot)-f_{x_t}(\cdot)f_{x_t,x_{t+1}}(\cdot)]=0 \tag{8.1.11}$$

因此，构建的 T_n 统计量如下：

$$\begin{aligned}T_n(e_n)=\frac{n-1}{n(n-2)}\sum_i^n(&\hat{f}_{x_t,y_t},x_{t+1}(x_{it},y_{it},x_{it+1})\hat{f}_{x_t}(x_{it})-\\&\hat{f}_{x_t,y_t}(x_{it},y_{it})\hat{f}_{x_t,x_{t+1}}(x_{it},x_{it+1}))\end{aligned} \tag{8.1.12}$$

其中，$\hat{f}_z(z_i)$ 为随机向量局部密度估计，Diks & Panchenko 证明了 T_n 统计量收敛于正态分布，即：

$$\sqrt{n}\ \frac{(T_n(e_n)-q)}{S_n} \sim N(0,1) \tag{8.1.13}$$

其中 S_n 为 $T_n(e_n)$ 渐近方差的估计值。

8.1.3 例子

首先，非线性格兰杰因果检验适用于严平稳的时间序列数据，但严平稳数据存在线性关系时，可通过 VAR/VEC 剔除数据中的线性部分，提取残差，进行 BDS 检验或 RESET 检验，确定其中是否存在非线性关系，之后进行非线性格兰杰因果检验。我们以一个简单的例子来对此进行说明。

例 8.1.1　大部分研究表明 CPI 与 PPI 之间存在格兰杰因果关系，因此我们通过计算 2002 年 1 月至 2017 年 3 月的 CPI 和 PPI 环比月度定基(2002 年 1 月为 100)数据作为样本，CPI 和 PPI 均取对数，取对数后的 CPI 和 PPI 均为单位根 I(1) 过程。因此通过 EViews8.0 建立 VEC 模型(为了分析的简化，我们假定模型为一阶向量误差修正，并且协整方程和 VAR 方程中有线性趋势、截距项但无趋势项，而实际运用中我们还要具体考虑)，提取两个残差序列，进行 BDS 检验。检验结果显示，CPI、PPI 方程残差均在 10% 的显著性水平下拒绝服从独立同分布的原假设，意味着 CPI、PPI 的残差信息存在 VEC 模型所未能解释的残差信息，接着进行非线性格兰杰因果检验。

本例选取拥有着非常丰富工具包的 MATLAB 进行操作。首先建立两个空矩阵，将两个残差序列分别复制到 MATLAB，如图 8.1.1。

```
>> X=[];Y=[];% 建立两个空矩阵，用于存储残差序列
```

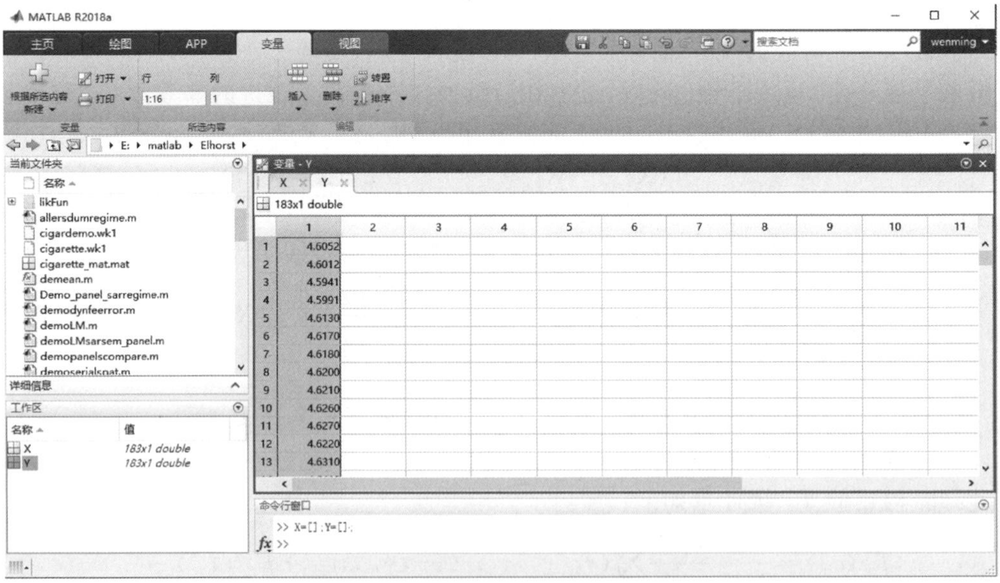

图 8.1.1　数据导入

然后将两个残差序列分别命名为 X 和 Y 数据文件，在命令窗口输入以下命令，将数据保存为 dat 格式，结果如图 8.1.2 所示。

```
>> save('x.dat','X')
>> save('y.dat','Y')
```

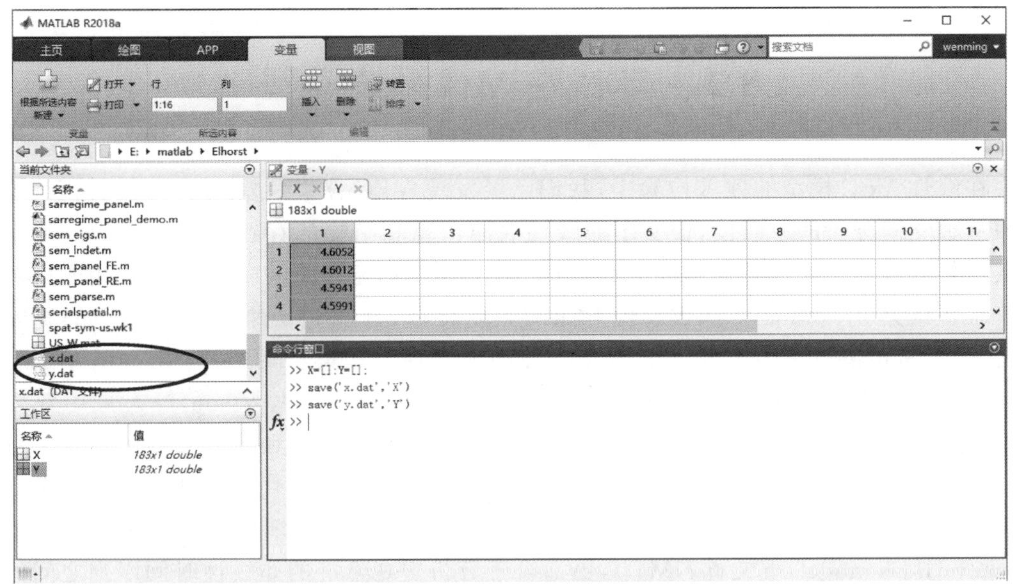

图 8.1.2 数据生成

然后将 x.dat 和 y.dat 文件放到 hjt2_tval 所在的文件中，运行 hjt2_tval.exe 文件，在跳出的窗口文件中输入 x.dat，按 Enter 键，输入 y.dat，按 Enter 键，运行得到 x_y.out 文件，将该文件在 MATLAB 中打开。

以上两种非线性格兰杰因果检验方法检验结果如下表 8.1.1：

表 8.1.1 CPI 和 PPI 的两种非线性格兰杰检验结果

原假设	CPI ≠→ PPI				PPI ≠→ CPI			
Lx = Ly	TVAL		T_n		TVAL		T_n	
	统计量值	p 值	统计量值	p 值	统计量值	p 值	统计量值	p 值
1	1.3885	0.0825	1.3160	0.0941	−0.3159	0.6240	−0.3659	0.6428
2	0.9750	0.1648	0.7604	0.2235	1.1378	0.1276	0.9254	0.1774
3	1.1581	0.1234	0.6936	0.2440	1.8827	0.0299	1.0818	0.1397
4	2.2279	0.0129	1.6410	0.0504	1.1583	0.1234	0.2806	0.3895
5	2.3120	0.0104	1.6213	0.0525	0.8084	0.2094	0.2811	0.3893
6	1.7925	0.0365	1.3804	0.0837	0.8977	0.1847	0.3867	0.3495
7	1.3580	0.0872	1.2371	0.1080	1.9927	0.0231	1.0446	0.1481
8	1.3147	0.0943	1.2611	0.1036	0.6509	0.2576	0.1040	0.4586

首先，对比 TVAL 统计量和 T_n 统计量，我们发现，TVAL 确实可能存在过度拒绝的可能。其次，根据 T_n 统计量，PPI 不是 CPI 的非线性格兰杰原因，而当残差滞后 1、4、5、6

阶时,CPI 是 PPI 的非线性格兰杰原因,也就是说 CPI 的残差序列中存在对 PPI 的非线性影响。

8.2 非线性 MG 系统模型

在线性 VEC 模型的残差检验中,我们已经发现 VEC 方程残差的 BDS 检验拒绝了残差服从独立同分布的原假设,证实了非线性混沌信息和结构的存在。非线性的混沌系统其实很早就被用于经济学问题的分析,例如陈平等人研究货币供应量 M2,从相图以及正的李雅普诺夫(Lyapunov) 指数发现混沌的主要特征,并找到低维奇怪吸引子的经验证据,论证了货币供给是内生的复杂的非线性动力学现象。典型的时滞 Mackey Glass 混沌系统最近被成功用于宏观经济非线性时间序列的分析中。Kyrtsou 等人采用双变量 Mackey Glass 系统(MG 模型) 分析 PPI 和 CPI 的双向的传导和反馈关系。在这个系统中,传统的 MG 系统被加入了宏观系统计量分析的扰动项,用以代表其他未能显性考虑在模型中的其他变量。此时,确定性的 MG 混沌结构表现为带扰动项的系统 (noisy Mackey-Glass model,下文称 NMG),更适合于分析宏观经济的非线性时间序列之间的关系。模型的基本形式如下,

$$
\begin{aligned}
Y_t &= \alpha_{11}\frac{Y_{t-\tau_1}}{1+Y_{t-\tau_1}^{c1}} - \delta_{11}Y_{t-1} + \alpha_{12}\frac{X_{t-\tau_2}}{1+X_{t-\tau_2}^{c2}} - \delta_{12}X_{t-1} + \varepsilon_t \\
X_t &= \alpha_{21}\frac{Y_{t-\tau_1}}{1+Y_{t-\tau_1}^{c1}} - \delta_{21}Y_{t-1} + \alpha_{22}\frac{X_{t-\tau_2}}{1+X_{t-\tau_2}^{c2}} - \delta_{22}X_{t-1} + \varepsilon_t \\
&\varepsilon_t \sim N(0,1),\mu_t \sim N(0,1)
\end{aligned}
\tag{8.2.1}
$$

模型中,α,δ 为待估计的参数,τ,c 为预设的常数。尽管 Kyrtsou 的模型假设非常严格并且较为简化,但在美国物价指数的样本中,表现出比线性系统更好的解释力。考虑到 NMG 模型(8.2.1) 过于严格和简化,我们进行拓展,以使其更适应 PPI 和 CPI 之间的传导区制分析。首先,拓展双变量的 NMG 为包括货币供应 M2 在内的多变量 NMG 模型 (multiple noisy Mackey-Glass model,下文称 MNMG)。在缺失货币供应代理变量的系统分析 PPI 和 CPI 的传导区制容易产生较大偏差。在前文线性系统的检验中,我们也发现了 M2 和 PPI、CPI 之间的非线性关系。因此,PPI、CPI 和 M2 三者的多变量噪音 MG 系统将更为合理。拓展后的模型如下:

$$
Y_t = \alpha_{11}\frac{Y_{t-\tau_1}}{1+Y_{t-\tau_1}^{c1}} + \sum_i^p \alpha_{2i}Y_{t-i} + \alpha_{3i}\frac{X_{t-\tau_2}}{1+X_{t-\tau_2}^{c2}} + \sum_i^p \alpha_{4i}X_{t-i} + \alpha_{5i}\frac{Z_{t-\tau_3}}{1+Z_{t-\tau_3}^{c3}} + \varepsilon_t
$$

$$
X_t = \beta_{11}\frac{Y_{t-\tau_1}}{1+Y_{t-\tau_1}^{c1}} + \sum_i^p \beta_{2i}Y_{t-i} + \beta_{3i}\frac{X_{t-\tau_2}}{1+X_{t-\tau_2}^{c2}} + \sum_i^p \beta_{4i}X_{t-i} + \beta_{5i}\frac{Z_{t-\tau_3}}{1+Z_{t-\tau_3}^{c3}} + \sum_i^p \beta_{6i}Z_{t-i} + \mu_t
$$

$$
Z_t = \delta_{11}\frac{Y_{t-\tau_1}}{1+Y_{t-\tau_1}^{c1}} + \sum_i^p \delta_{2i}Y_{t-i} + \delta_{3i}\frac{X_{t-\tau_2}}{1+X_{t-\tau_2}^{c2}} + \sum_i^q \delta_{4i}X_{t-i} + \delta_{5i}\frac{Z_{t-\tau_3}}{1+Z_{t-\tau_3}^{c3}} +
$$

$$\sum_{i}^{r}\delta_{6i}Z_{t-i}+h_t$$

$$\varepsilon_t \sim N(0,\sigma_\varepsilon^2),\mu_t \sim N(0,\sigma_\mu^2),h_t \sim N(0,\sigma_h^2)$$

模型中，X，Y，Z 分别表示 CPI、PPI 和 M2，α，β，δ 为待估计的参数，τ，c，p，q 为待确定的常数。具体地，τ_1，τ_2，τ_3 为非线性项滞后阶数，c_1，c_2，c_3 为常数，p，q 和 r 为线性项最优滞后期。

其次，放宽线性影响的时滞长度。在传统的 MG 模型中，考虑变量 X，Y，Z 的时滞为 1 阶的线性影响，这可以理解为自回归的惯性作用。但对于宏观经济变量，惯性或者持续性(persistent) 的效应往往更长。因此，在 MNMG 中，惯性的时滞放宽分别为 p，q，r 阶，阶数的确定根据模型估计的 AIC 和 SC 准则确定。后文的实证将发现，时滞的阶数超过 1 阶，不同的宏观经济变量，持续性效应的时滞阶数不同。

再次，放宽非线性影响的时滞长度和非线性幂次，根据模型估计的 AIC 和 SC 准则确定。对于数据驱动的分析方法，非线性项的时滞长度和幂次由根据历史数据估计过程的信息准则进行确定，将比主观任意的预设更为合理。

最后，MNMG 噪音扰动项的分布假设为更一般的正态分布 $N(0,\sigma^2)$，这个假设得益于由统计的大数定理。如果假设为标准正态分布 $N(0,1)$，需要对原始数据进行标准化(normalize) 处理，但这个处理过程往往容易导致信息的丢失。

上述构建的 MNMG 模型保留了线性系统 VAR 的结构，并且考虑到了非线性的影响。根据格兰杰因果检验的基本思路，如果 X 的历史信息对 Y 的预测有显著的作用，则认为 X 到 Y 存在传导关系。具体而言，对于 CPI 方程(变量为 X)，如果原假设 $\beta_{11}=0$ 被拒绝，则认为 PPI 对 CPI 存在非线性预测能力，说明 PPI 是 CPI 的非线性格兰杰原因。如果原假设 $\beta_{21}=\beta_{22}=\cdots\beta_{2p}=0$ 被拒绝，则认为 PPI 对 CPI 具有线性预测能力，说明 PPI 是 CPI 的线性格兰杰原因。

8.3 非线性平滑转换误差修正模型

近年来，非线性模型应用越来越广泛，平滑转换回归模型(smooth transition regression model，简称 STR 模型) 是比较活跃的模型之一，它描述了被解释变量从一条回归线平滑转换到另一条回归线的状态。平滑转换误差修正模型(smooth transition error correction model，ST-ECM) 是 STR 模型和误差修正模型(ECM) 的结合，它描述了偏离向长期均衡调整的非线性状态。较常规的线性 ECM 模型而言，由于 ST-ECM 能够刻画一些常规的线性 ECM 模型不能描述的经济现象，因此，备受人们关注。最初，人们对 ST-ECM 模型的研究主要集中在非线性协整关系的检验上，并由此展开了各种讨论，例如 Dijk 等(1997)、Kapetanios 等(2006)、Kilic (2011)。ST-ECM 模型最为常见的转换函数形式是 Logistic 函数和指数(exponential) 函数，实证研究中转换函数选取至关重要，转换函数选取错误会导致模型设定误差，如 Ramsey(1969) 指出模型设定误差常常会带来严重的后果。

8.3.1 ST-ECM 模型

在本节中,ST-ECM 模型中变量的假定同 Kapetanios 等(2006) 的研究。模型参数约束方面,一方面继续如 Kapetanios 等(2006) 所述的众多经济金融学先验应用理论表明在 ST-ECM 模型中阈值参数 c 的取值为零的约束;另一方面,继续采用 Kapetanios 等(2003) $a=0$ 假定,即模型是中间单位根,两端平稳的随机过程。这样,对模型施加上述两个约束后变为:

$$\Delta y_t=\gamma u_{t-1}g(u_{t-1})+\boldsymbol{\omega}'\Delta \boldsymbol{x}_t+\sum_{i=1}^{p}\boldsymbol{\psi}'_i\boldsymbol{\Delta} z_{t-i}+\varepsilon_t \tag{8.3.1}$$

其中,u_{t-1} 为长期协整关系中的残差,如式(8.3.1) 所示。$g(u_{t-1})$ 为转移函数,转移函数可取指数函数和 Logistic 函数,选取指数函数时模型如式(8.3.2) 所示,选取 Logistic 函数时模型如式(8.3.3) 所示。

$$\Delta y_t=\gamma u_{t-1}\left[1-\mathrm{e}^{-\theta u_{t-1}^2}\right]+\boldsymbol{\omega}'\Delta \boldsymbol{x}_t+\sum_{i=1}^{p}\boldsymbol{\psi}'_i\Delta \boldsymbol{z}_{t-i}+\varepsilon_t \tag{8.3.2}$$

$$\Delta y_t=\gamma u_{t-1}\{\left[1+\mathrm{e}^{-\theta u_{t-1}^2}\right]^{-1}-0.5\}+\boldsymbol{\omega}'\Delta \boldsymbol{x}_t+\sum_{i=1}^{p}\boldsymbol{\psi}'_i\Delta \boldsymbol{z}_{t-i}+\varepsilon_t \tag{8.3.3}$$

转换函数中 θ 为转换参数,其数值大小代表了区制转换的速度。为很好地说明模型取不同转换函数时的性质,我们绘制了不同转换参数下指数函数和 Logistic 函数的图形,如图 8.3.1 和图 8.3.2 所示。从图 8.3.1 和图 8.3.2 可以看出,EST-ECM 模型意味着当误差偏离均衡水平时,尽管大小不同的误差向均衡水平的调整是非线性的,但正负相反绝对值相同的误差偏离向均衡水平的调整力度是相同的;LST-ECM 模型意味着当误差偏离均衡水平时,不仅大小不同的误差向均衡水平的调整是非线性的,正负相反绝对值相同的误差偏离向均衡水平的调整力度也是不相同的,因此 EST-ECM 模型和 LST-ECM 模型适合描述的经济现象是不同的,二者是互补的,两者的结合使用能够解释绝大部分非线性误差调整的经济现象。

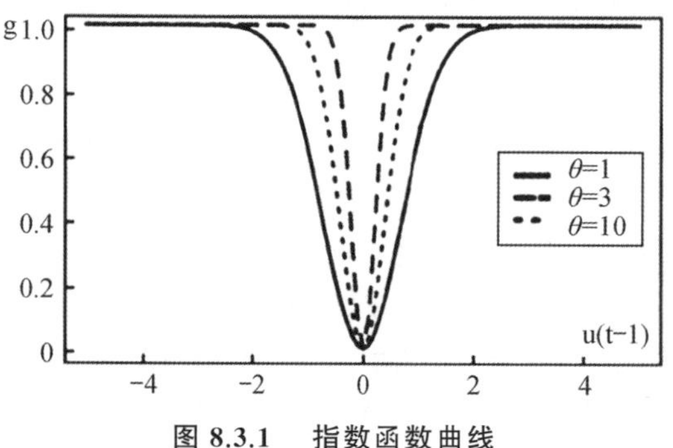

图 8.3.1 指数函数曲线

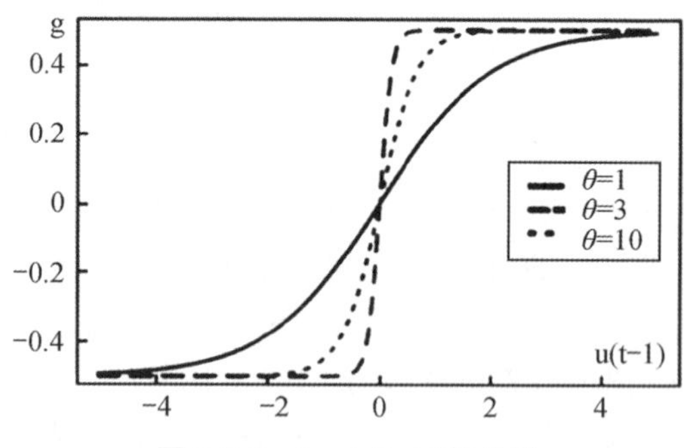

图 8.3.2 Logistic 函数曲线

检验模型(8.3.2) 和模型(8.3.3) 是否存在非线性误差修正关系的假设为:

$$\mathrm{H}_0:\theta=0 \qquad \mathrm{H}_1:\theta>0$$

然而,在模型(8.3.2) 和模型(8.3.3) 均存在 Davies (1987) 提到的"戴维问题", 即参数 θ 是不可识别的,为消除参数 θ 的不可识别问题,我们借鉴 Luukkonen 等(1988) 的做法，将式(8.3.2) 和 (8.3.3) 中的转换函数用其一阶泰勒展开可得式(8.3.4) 和(8.3.5)：

$$\Delta y_t = \delta_1 \hat{u}_{t-1}^3 + \boldsymbol{\omega}' \Delta \boldsymbol{x}_t + \sum_{i=1}^{p} \boldsymbol{\psi}'_i \Delta \boldsymbol{z}_{t-i} + \varepsilon_t \tag{8.3.4}$$

$$\Delta y_t = \delta_1 \hat{u}_{t-1}^2 + \boldsymbol{\omega}' \Delta \boldsymbol{x}_t + \sum_{i=1}^{p} \boldsymbol{\psi}'_i \Delta \boldsymbol{z}_{t-i} + \varepsilon_t \tag{8.3.5}$$

这样，假设式((8.3.3) 即可等价地表示为假设式(8.3.6) 和假设式(8.3.7)：

$$\mathrm{H}_0 : \delta_1 = 0 \quad \mathrm{H}_1 : \delta_1 < 0 \tag{8.3.6}$$

$$\mathrm{H}_0 : \delta_2 = 0 \quad \mathrm{H}_1 : \delta_2 < 0 \tag{8.3.7}$$

8.3.2 转移函数选取步骤及检验统计量的提出

对于一个经济现象而言，在本节的研究框架下数据的生成过程不外乎以下三种：一是数据的生成过程不存在非线性平滑转换协整；二是数据的生成过程存在非线性平滑转换协整，平滑转换区制为 EST-ECM；三是数据的生成过程存在非线性平滑转换协整，平滑转换区制为 LST-ECM。然而，我们事先并不知道经济现象的数据生成过程是上述三种中的哪一种，传统的研究方法是分别对数据进行假设式(8.3.5) 和模型(8.3.7) 的检验，然后根据检验结果确定数据的生成过程。但是，传统的检验方法会得到以下二种检验结果：一是两检验均不能拒绝原假设，则容易得到数据的生成过程不存在非线性平滑转换协整的结论；二是两检验中一检验不能拒绝原假设，另一检验拒绝原假设，则可得到数据的生成过程是 EST-ECM 或 LST-ECM；三是两个检验均拒绝原假设，则无法得出合适结论。上述三种结果中，出现前两种结果的情况下检验结论不会出现问题，但是结果三的出现会阻止我们得出结论，因为对于一经济现象而言，数据的生成过程是唯一的。此外，传统检验方法对假设式(8.3.6) 和假设式(8.3.7) 进行检验时需要同时对模型式(8.3.4) 和模型式(8.3.5) 进行检验且无顺序，逻辑思路不够清晰。鉴于传统检验方法存在的问题，本节提出以下转换函数选取的检验步骤。

首先，构造一个存在非线性平滑转换协整对不存在非线性平滑转换协整的检验，即如果存在非线性平滑转换协整，不论转换区制是 EST-ECM 还是 LST-ECM 该检验均能适用。在该思想下，我们可将模型式(8.3.4) 和模型式(8.3.5) 合并在一起得到模型式(8.3.8)：

$$\Delta y_t = \delta_1 \hat{u}_{t-1}^3 + \delta_1 \hat{u}_{t-1}^2 + \boldsymbol{\omega}' \Delta \boldsymbol{x}_t + \sum_{i=1}^{p} \boldsymbol{\psi}'_i \Delta \boldsymbol{z}_{t-i} + \varepsilon_t \tag{8.3.8}$$

这样检验是否存在非线性平滑转换协整可提出如下假设：

$$\mathrm{H}_0 : \delta_1 = \delta_2 = 0 \quad \mathrm{H}_1 : \delta_1, \delta_2 \text{ 至少一个不为 } 0 \tag{8.3.9}$$

对此我们提出基于有约束的和没有约束的模型(8.3.8) 的剩余平方和建立 F_{NST} 统计量进行检验，统计量表达式如下：

$$F_{\mathrm{NST}} = \frac{(\mathrm{SSR}_0 - \mathrm{SSR}_1)/2}{\mathrm{SSR}_1/(T - 3 - P)} \tag{8.3.10}$$

其中，SSR_0 为模型式(8.3.8) 施加约束 $\delta_1 = \delta_2 = 0$ 的剩余平方和，SSR_1 为模型式(8.3.8) 未施加约束的剩余平方和。

其次，计算 F_{NST} 统计量的值并与临界值比较。如果接受原假设，说明不存在非线性平滑转换协整，结束检验；反之，拒绝原假设，说明存在非线性平滑转换协整，继续下一步检验。

再次，本节提出用 t_{NST} 和 t_{LST} 统计量对假设式(8.3.6)、假设式(8.3.7)进行检验，由于 t_{NST} 和 t_{LST} 统计量表达式相似，为表述方便我们只写出 t_{NST} 的表达式如式(8.3.11)：

$$t_{\mathrm{EST}}=\hat{\delta}_1/\mathrm{se}(\hat{\delta}_1) \tag{8.3.11}$$

其中，$\hat{\delta}_1$ 是在数据生成过程是 EST-ECM 时，使用 OLS 对式(8.3.4)的估计值，$\mathrm{se}(\hat{\delta}_1)$ 为 $\hat{\delta}_1$ 的标准差。分别用统计量 t_{NST} 和 t_{LST} 进行式(8.3.6)和式(8.3.7)检验，计算得到两个检验拒绝原假设的概率为 p_{est} 和 p_{lst}。

最后，比较两个检验拒绝原假设的概率值 p_{est} 和 p_{lst}，得出结论。如果 $p_{\mathrm{est}}<p_{\mathrm{lst}}$，且 $p_{\mathrm{est}}<0.05$，则说明数据的生成过程是 EST-ECM；反之，如果 $p_{\mathrm{lst}}<p_{\mathrm{est}}$，且 $p_{\mathrm{lst}}<0.05$，则说明数据的生成过程是 LST-ECM。

考虑到在同样的 5% 的显著性水平下，很可能会出现在第一步 F_{NST} 统计量检验中接受原假设但在第二步 t_{EST} 和 t_{LST} 统计量检验中拒绝原假设的现象，故我们将第一步 F_{NST} 统计量检验中的显著性水平放大至 10%。

简要总结上述检验步骤如下：

第一，利用式(8.3.8)计算检验非线性平滑转换协整统计量 F_{NST}。

第二，将统计量 F_{NST} 的值与临界值比较。如果接受原假设说明不存在非线性平滑转换协整关系，检验结束；如果拒绝原假设，继续进行下一步检验。

第三，估计式(8.3.6)和式(8.3.7)，计算 t_{EST} 和 t_{LST} 及相依概率 p_{est} 和 p_{lst}。

第四，比较 p_{est} 和 p_{lst} 大小并与显著性水平 0.05 比较，得出结论。

从上面论述可以看出，本节提出的转换函数选取步骤逻辑思路清晰，一方面该转换函数选取步骤都是基于统计量进行的，可以推导统计量的极限分布，进而得出临界值并验证其统计性质；另一方面该转换函数选取步骤避免了上述提到的传统检验出现结果三的情况。

8.4 分时段 Tobit 模型

8.4.1 Tobit 模型的建立

Tobin 首次提出的 Tobit 模型适用于在正值上大致连续分布但包含一部分以正概率取值为零的结果变量。比如，在任一给定年份，有相当数量的家庭的医疗保险费用支出为零，因此，虽然年度家庭医疗保险费用支出的总体分布散布于一个很大的正数范围内，但在数字零上却相当集中。Tobit 模型最容易定义为一个潜变量模型：

$$y^*=\boldsymbol{\beta}'\boldsymbol{x}+u \tag{8.4.1}$$

$$y=\max(0,y^*) \tag{8.4.2}$$

该方程意味着当 $y^* > 0$ 时，所观测到的变量 $y = y^*$，当 $y^* \leqslant 0$ 时，则 $y = 0$。以上是将截取点设为零，这并不使得该模型失去一般性，事实上截取临界点可以为 c_i，c_i 可以对所有的 i 都是一样的，但在多数情况下随着 i 的特征而变化，并且 c_i 既可以从上截取也可以从下截取，还可以两边同时截取。

当 c_i 为从上截取或右端截取时，截取回归模型为：

$$y^* = \boldsymbol{\beta}'\boldsymbol{x} + u \tag{8.4.3}$$

$$y = \min(0, c_i) \tag{8.4.4}$$

当 c_i 为从下截取或左端截取的问题的模型为：

$$y^* = \boldsymbol{\beta}'\boldsymbol{x} + u \tag{8.4.5}$$

$$y = \max(0, c_i) \tag{8.4.6}$$

Tobit 模型事实上是截取回归模型在左端截取点为 0 时的特殊情况。

两边截取的 Tobit 模型为：

先定义一个潜变量模型 $y_i^* = \boldsymbol{\beta}'\boldsymbol{x}_i + u$，$y_i$ 是可观测到的变量则

$$y_i = L_{1i}，\text{如果 } y_i \leqslant L_{1i} \tag{8.4.7}$$

$$y_i = y_i^*，\text{如果 } L_{1i} \leqslant y_i^* \leqslant L_{2i} \tag{8.4.8}$$

$$y_i = L_{2i}，\text{如果 } L_{2i} \leqslant y_i^* \tag{8.4.9}$$

同时上面的模型也可以转化为标准 Tobit 模型。如当模型为

$$y^* = \boldsymbol{\beta}'\boldsymbol{x} + u，\text{如果 } y_i > c_i \tag{8.4.10}$$

$$y_i = c_i，\text{如果 } y_i \leqslant c_i \tag{8.4.11}$$

可以作如下定义

$$y_i^* = y_i - c_i \quad \boldsymbol{x}_i^* = \begin{bmatrix} \boldsymbol{x}_i \\ c_i \end{bmatrix} \quad \boldsymbol{\beta}^* = \begin{bmatrix} \boldsymbol{\beta} \\ -1 \end{bmatrix} \tag{8.4.12}$$

然后我们用 y^*，$\boldsymbol{x}^*$，$\boldsymbol{\beta}^*$ 替代原 Tobit 模型中的 y，$\boldsymbol{x}$，$\boldsymbol{\beta}$ 就可以得到标准 Tobit 模型形式。

8.4.2 断尾回归模型简介

在受限因变量模型中，需要具体区别两种相似但不完全相同的受限因变量模型。一种是断尾回归模型(truncated regression model)，另一种就是本次研究的截取回归模型。一般地，将能得到全部自变量和部分因变量的情形作为截取回归模型的分析对象，即将因变量的处于某一范围的样本观测值都用一个相同的值代替。而将只能得到分析对象在特定区间以内的因变量和自变量观测值的情形作为断尾回归模型的分析对象，即不能从全部个体，而只能从一部分个体中随机抽取因变量和自变量的样本观测值，而这部分个体的因变量观测值都大于或者小于某个确定值。即在断尾回归模型中，来自 $y^* = \boldsymbol{\beta}'\boldsymbol{x} + u$ 的样本点(y^*，$\boldsymbol{x}$)只有当 $y^* > 0$ 时才可以被观测到，当 $y^* \leqslant 0$ 时没有该样本点的任何信息。断尾点可以不必是零，且允许是可变的但可以观测到。上面是左端断尾的情况，当然也可以右端断尾。

8.4.3 Tobit 模型的最大似然估计

Tobit 模型的最大似然估计(MLE) 依赖于其背后潜变量模型中的正态性和方差齐

性，即公式8.4.1中，$u \mid \boldsymbol{x} \sim N(0,\sigma^2)$，潜变量 y^* 满足经典线性模型假定，具体而言，它服从具有线性条件均值的正态同方差分布。在该假设条件下，Tobit 模型中对于正值即 $y>0$，给定 $\boldsymbol{x}$ 下 Y 的密度与给定 $\boldsymbol{x}$ 下 y^* 的密度一样；对于 $y=0$ 的观测值，由于 u/σ 服从标准正态分布并独立于 $\boldsymbol{x}$，则

$$p(y=0 \mid \boldsymbol{x}) = p(y^* < 0 \mid \boldsymbol{x}) = p(u/\sigma < -\boldsymbol{x\beta}/\boldsymbol{\sigma}) = 1-\Phi(\boldsymbol{x\beta}/\boldsymbol{\sigma}) \tag{8.4.13}$$

因此如果 $(\boldsymbol{x}_i, y_i)$ 是得自总体的一次随机抽取，则在给定 $\boldsymbol{x}_i$ 下 y^* 的密度为：

$$(2\pi\sigma^2)^{-\frac{1}{2}}\exp\left[-\frac{(y-\boldsymbol{x}_i\boldsymbol{\beta})^2}{(2\sigma^2)}\right] = \frac{1}{\sigma}\varphi\left[\frac{y-\boldsymbol{x}_i\boldsymbol{\beta}}{\sigma}\right], y>0 \tag{8.4.14}$$

$$p(y_i=0 \mid \boldsymbol{x}_i) = 1-\Phi\left(\frac{\boldsymbol{x}_i\boldsymbol{\beta}}{\sigma}\right) \qquad y=0 \tag{8.4.15}$$

式中，φ 是标准正态密度函数。我们可以从上面的式中得到每个观测 i 的对数似然函数：

$$l_i(\beta,\sigma) = l(y_i=0)\log\left[1-\Phi\left(\frac{\boldsymbol{x}_i\boldsymbol{\beta}}{\sigma}\right)\right] + l(y_i>0)\log\left\{\frac{y_i-\boldsymbol{x}_i\boldsymbol{\beta}}{\sigma}\right\} \tag{8.4.16}$$

通过将上式对 i 求和，就可以得到容量为 n 的一个随机样本的对数似然函数，

$$l = \sum_{y_i \mid y_l=0}\ln\left[1-\Phi\left(\frac{\boldsymbol{x}_i\boldsymbol{\beta}}{\sigma}\right)\right] + \sum_{y_i \mid y_l>0}\left[\ln\frac{1}{\sqrt{2\pi\sigma^2}} - \frac{1}{2}\frac{(y_i-\boldsymbol{x}_i\boldsymbol{\beta})^2}{\sigma^2}\right] \tag{8.4.17}$$

该式由两部分组成，一部分对应于没有限制的观测值，是经典回归模型部分；一部分对应于受到限制的观测值。这是一个非标准的似然函数，它实际上是离散分布与连续分布的混合。通过对上式极大化，就可以得到 $\boldsymbol{\beta}$ 和 σ 的最大似然估计值。该对数似然函数的求解比较棘手，因为 Tobit 模型的对数似然函数对原参数 $\boldsymbol{\beta}$ 和 σ 不是全局凹的(global concavity)。对该似然函数进行再参数化，可使得估计过程更为简单，并且再参数化后的对数似然函数是全局凹的。令 $\boldsymbol{\gamma}=\boldsymbol{\beta}/\sigma$ 和 $\theta=1/\sigma$ 对数似然函数变为

$$\ln L = \sum_{y_i>0} -\frac{1}{2}\left[\ln(2\pi) - \ln\theta^2 + (\theta y_i - \boldsymbol{x}_i'\boldsymbol{\gamma})^2\right] + \sum_{y_i=0}\ln[1-\Phi(\boldsymbol{x}_i'\boldsymbol{\gamma})] \tag{8.4.18}$$

对上式极大化，由于 Hessian 矩阵始终是负正定的，所以不管初始值是什么，只要迭代过程有一个解，则这个解就是似然函数的全局最大化解。应用牛顿法求解时较为简单，且收敛速度快，得到 $\boldsymbol{\gamma}$ 和 θ 的估计量后，再利用 $\sigma=1/\theta$ 和 $\boldsymbol{\beta}=\boldsymbol{\gamma}/\theta$ 求得原参数估计量。这些估计量的渐近协方差矩阵可以从估计量 $[\boldsymbol{\gamma},\theta]$ 中得到，即

$$\mathrm{Var}[\boldsymbol{\beta}',\hat{\sigma}] = \hat{\boldsymbol{J}}\,\mathrm{Asy.Var}[\hat{\boldsymbol{\gamma}},\hat{\theta}]\hat{\boldsymbol{J}}' \tag{8.4.19}$$

其中

$$J = \begin{bmatrix} \partial\boldsymbol{\beta}/\partial\boldsymbol{\gamma}' & \partial\boldsymbol{\beta}/\partial\theta \\ \partial\sigma/\partial\boldsymbol{\gamma}' & \partial\sigma/\partial\theta \end{bmatrix} = \begin{bmatrix} (1/\theta)\boldsymbol{I} & (-1/\theta^2)\boldsymbol{\gamma} \\ \boldsymbol{0}' & (-1/\theta^2) \end{bmatrix} \tag{8.4.20}$$

Tobit 模型的最大似然估计表现出了很强的一致性和渐近正态性，其近似方差和协方差矩阵为

$$-(\partial\log L^2/\partial\boldsymbol{\theta}\partial\boldsymbol{\theta}')^{-1} \tag{8.4.21}$$

其中 $\boldsymbol{\theta}=(\boldsymbol{\beta}',\sigma^2)'$。

8.4.4 Tobit 模型的最小二乘估计

首先考虑对 y_i 的观测值只取正值的情况下进行最小二乘估计(OLS)，我们可以得到

$$E(y \mid y>0, \boldsymbol{x}) = \boldsymbol{x\beta} + \sigma\lambda(\boldsymbol{x\beta}/\sigma) \tag{8.4.22}$$

其中 $\lambda(c)=\varphi(c)/\Phi(c)$ 是逆米尔斯比率。

上式清楚地表明只用 $y_i>0$ 的观测值用最小二乘法估计 β 是有偏的和不一致的，但是偏差或不一致的方向和大小如果没有进一步的假设条件就不得而知。Goldberger 估计了只用 $y_i>0$ 的观测值用最小二乘法估计时的近似偏差(概率极限减去真值)。他假定 $\boldsymbol{x}_i$ 中除了第一个元素是恒量外，其他元素都是正态分布的，具体来说，Goldberger 重新写潜变量方程为：

$$y_i^* = \beta_0 + \bar{\boldsymbol{x}}_i'\boldsymbol{\beta}_1 + u_i \tag{8.4.23}$$

假定 $\bar{\boldsymbol{x}}_i' \sim N(\boldsymbol{0}, \boldsymbol{\Sigma})$，并且分布独立于 u_i(这里，0 均值的假定并没有失去一般性，因为非零均值可以被吸收到 β_0)。在这种假定下，Goldberger 得到了

$$p\lim\hat{\boldsymbol{\beta}}_1 = \left[\frac{(1-\gamma)}{(1-\rho^2\gamma)}\right]\boldsymbol{\beta}_1 \tag{8.4.24}$$

其中 $\gamma=\sigma_y^{-1}\lambda\left(\frac{\beta_0}{\sigma_y}\right)\left[\beta_0+\sigma_y\lambda\left(\frac{\beta_0}{\sigma_y}\right)\right]$ 和 $\rho^2=\sigma_y^{-2}\boldsymbol{\beta}_1'\boldsymbol{\Sigma\beta}_1$；$\sigma_y^2=\sigma^2+\boldsymbol{\beta}_1'\boldsymbol{\Sigma\beta}_1$。

很明显 $0<\gamma<1$ 并且 $0<\rho^2<1$。所以可以看出 $\hat{\boldsymbol{\beta}}_1$ 相对于 $\boldsymbol{\beta}_1$ 来说向零收缩。收缩的程度对 β_1 中的所有元素是一样的。但如果 $\bar{\boldsymbol{x}}_i'$ 不是正态分布时，这个结果就不再适用了。Goldberger 也给了一个不是正态分布的例子，即 $\boldsymbol{\beta}_1=(1,1)'$ 而 $p\lim\hat{\boldsymbol{\beta}}_1=(1.111, 0.887)'$。

其次考虑对 y_t 的所有观测值包括正值和零值进行最小二乘估计，可得到

$$E(y \mid \boldsymbol{x}) = \Phi(\boldsymbol{x\beta}/\sigma)\boldsymbol{x\beta} + \sigma\varphi(\boldsymbol{x\beta}/\sigma) \tag{8.4.25}$$

用和 Goldberger 同样的假定，Greene 得到：$p\lim\hat{\boldsymbol{\beta}}_1=\Phi(\beta_0/\sigma_y)\boldsymbol{\beta}_1$　　(8.4.26)

其中 $\hat{\boldsymbol{\beta}}_1$ 是 $\boldsymbol{\beta}_1$ 的用全部观测值的最小二乘估计。

这个结果意味着：$\left(\frac{n}{n_1}\right)$ 是 β_1 的一致估计，其中 n_1 是 y_t 中正值的个数。β_0 的一致估计可以类似地得到。然而，当 $\bar{\boldsymbol{x}}_t$ 的真实分布不是正态分布时，我们不知道这个估计量的性质，所以不能很自信地应用这个估计量。Chung 和 Goldberger 一般化了 Goldberger 和 Greene 的结论，其中 y^* 和 $\bar{\boldsymbol{x}}$ 没有必要是联合正态分布的，但 $E(\bar{\boldsymbol{x}} \mid y^*)$ 对 y^* 是线性的。

综上，很显然，$\frac{\partial E(y^* \mid \boldsymbol{x})}{\partial \boldsymbol{x}}=\beta$ 和 $E(y \mid y>0, \boldsymbol{x})$ 都是 $\boldsymbol{x}$ 的非线性函数，用最小二乘估计含有截取数据的方程会产生偏差，并且是不一致的。

8.4.5 Tobit 模型中的条件期望和边际效应

Tobit 模型中有三个重要的条件期望(conditional expectation)：$E(y^* \mid \boldsymbol{x})$，$E(y \mid \boldsymbol{x})$，$E(y \mid \boldsymbol{x}, y>0)$，具体哪个是我们最感兴趣的取决于实际应用的目的，将这些条件期望对协变量进行求导后就是我们想要得到的边际效应(marginal effects)。

$E(y^* \mid \boldsymbol{x})$ 是潜变量 y^* 的条件期望，尽管数据有截取但我们仍对潜在总体的条件均

值函数感兴趣时可以求得 $E(y^* \mid \boldsymbol{x})$。其相应的边际效应为：

$$\frac{\partial E(y^* \mid \boldsymbol{x})}{\partial \boldsymbol{x}} = \boldsymbol{\beta} \tag{8.4.27}$$

这个边际效应不适用于因变量截取值为零的情况。但在其他形式的截取回归模型中可能有意义。

期望值 $E(y \mid \boldsymbol{x}, y > 0)$ 是对于给定的 $\boldsymbol{x}$ 值，y 是在 y 为正值的子总体中的期望值。例如，如果我们想研究在医疗保险上有投资的这个亚总体中，医疗保险的平均费用支出受哪些因素影响，这时 $E(y \mid \boldsymbol{x}, y > 0)$ 就是我们感兴趣的期望。为得到 $E(y \mid \boldsymbol{x}, y > 0)$，利用正态分布随机变量的一个性质即：若 $z \sim N(0,1)$，则 $E(z \mid z > c) = \varphi(c)/[1-\Phi(c)]$ 对任意常数 c 都成立。由于 $\varphi(-c)=\varphi(c)$，$1-\Phi(-c)=\Phi(c)$ 且 u/σ 服从独立于 $\boldsymbol{x}$ 的标准正态分布，所以

$$E(y \mid y > 0, \boldsymbol{x}) = \boldsymbol{x\beta} + E(u \mid u > -\boldsymbol{x\beta}) = \boldsymbol{x\beta} + \sigma E[(u/\sigma) \mid (u/\sigma) > -\boldsymbol{x\beta}/\sigma] \tag{8.4.28}$$

上式可简写为

$$E(y \mid y > 0, \boldsymbol{x}) = \boldsymbol{x\beta} + \sigma\lambda(\boldsymbol{x\beta}/\sigma) \tag{8.4.29}$$

其中 $\lambda(c) = \varphi(c)/\Phi(c)$，被称为逆米尔斯比率，它是标准正态概率密度函数和标准正态累积分布函数在 c 处的值之比。上式表明 y 以 $y > 0$ 为条件的期望值等于 $\boldsymbol{x\beta}$ 与一个严格为正的项之和，这个正项等于 σ 乘以逆米尔斯比率在 $\boldsymbol{x\beta}/\sigma$ 处的值。这个方程还表明为什么只对 $y_t > 0$ 的观测值用 OLS 不能一致地估计 $\boldsymbol{\beta}$，实质上逆米尔斯比率是被漏掉的一个变量，并一般与 $\boldsymbol{x}$ 有关。x_j 对 $E(y \mid y > 0, \boldsymbol{x})$ 的边际效应为：

$$\partial E(y \mid y > 0, \boldsymbol{x})/\partial x_j = \beta_j \{1 - \lambda(\boldsymbol{x\beta}/\sigma)[\boldsymbol{x\beta}/\sigma + \lambda(\boldsymbol{x\beta}/\sigma)]\} \tag{8.4.30}$$

该方程表明 x_j 对 $E(y \mid y > 0, \boldsymbol{x})$ 的边际效应并非仅由 β_j 决定。大括号中是调整因子，这个调整因子取决于 $\boldsymbol{x}$ 的一个非线性函数

$$\boldsymbol{x\beta}/\sigma = (\beta_0 + \beta_1 x_1 + \cdots + \beta_k x_k)/\sigma$$

可以证明这个调整因子严格介于 $0 \sim 1$ 之间。实践中我们可以通过代入 β_j 和 σ 的 MLE 估计值来估计偏效应，代入 x_j 的值通常是它的均值或其他有意义的值。若 x_j 是一个二值变量，则 $E(y \mid y > 0, \boldsymbol{x})$ 在 $x_j = 1$ 与 $x_j = 0$ 时的差就给出了要求的影响，其他离散变量也可以类似处理。

$E(y \mid \boldsymbol{x})$ 是可观测到的变量 y 的条件期望。例如，当我们研究总体人群中在医疗保险上的平均支出以及这个平均支出随着协变量是如何变化的，这时我们需要的期望就是 $E(y \mid \boldsymbol{x})$。利用式(8.4.29)，就能得到：

$$E(y \mid \boldsymbol{x}) = \Phi(\boldsymbol{x\beta}/\sigma)[\boldsymbol{x\beta} + \sigma\lambda(\boldsymbol{x\beta}/\sigma)] = \Phi(\boldsymbol{x\beta}/\sigma)\boldsymbol{x\beta} + \sigma\varphi(\boldsymbol{x\beta}/\sigma) \tag{8.4.31}$$

现在可以求 $E(y \mid \boldsymbol{x})$ 对连续的 x_j 的偏效应，这个导数解释了在 $y = 0$ 开始的人为什么在 x_j 变化时可能选择 $y > 0$，即

$$\frac{\partial E(y \mid \boldsymbol{x})}{\partial x_j} = \beta_j \Phi(\boldsymbol{x\beta}/\sigma) \tag{8.4.32}$$

一般来说，在 Tobit 模型中用最小二乘法估计的系数可以与最大似然法估计系数乘

以非限制的观测值在样本中的比例进行比较。从以上方程我们能大致比较 OLS 和 Tobit 估计值，OLS 系数是对 $\partial E(y \mid \boldsymbol{x})/\partial x_j$ 的直接估计。为了使 Tobit 估计值 $\hat{\beta}_j$ 具有可比性，将它们乘以调整因子在 x_j 的均值处的大小 $\Phi(\bar{\boldsymbol{x}}\hat{\boldsymbol{\beta}}/\hat{\sigma})$，$\Phi(\bar{\boldsymbol{x}}\hat{\boldsymbol{\beta}}/\hat{\sigma})$ 是标准正态累积分布函数上的一个值，所以它总是介于 $0\sim1$ 之间的。由于 $\Phi(\boldsymbol{x\beta}/\sigma)=P(y>0 \mid \boldsymbol{x})$，所以调整因子随着 $P(y>0 \mid \boldsymbol{x})$ 趋近于 1。在对所有 i 都有 $y_i>0$ 的极端情形中，Tobit 模型与 OLS 得到相同的估计值。McDonald 和 Mofitt 对 $\partial E[y_i \mid x_i]$ 进行了有用的分解，我们可以将其写成：

$$\frac{\partial E(y \mid \boldsymbol{x})}{\partial x_i}=\beta \times \{\Phi_i[1-\lambda_i(\alpha_i+\lambda_i)]+\varphi_i(\alpha_i+\lambda_i)\} \tag{8.4.33}$$

其中 $\alpha_i=\boldsymbol{x}'_i\boldsymbol{\beta}$，$\Phi_i=\Phi(\alpha_i)$，$\lambda_i=\varphi_i/\Phi_i$。这样就将分解为两部分：

$$\frac{\partial E(y_i \mid \boldsymbol{x}_i)}{\partial \boldsymbol{x}_i}=\text{Prob}[y_i>0]\frac{\partial E(y_i \mid \boldsymbol{x}_i, y_i>0)}{\partial \boldsymbol{x}_i}+E(y_i \mid \boldsymbol{x}_i, y_i>0)\frac{\partial \text{Prob}[y_i>0]}{\partial \boldsymbol{x}_i} \tag{8.4.34}$$

这样看来 y 对 $\boldsymbol{x}$ 改变有两部分的影响，既与 y_i^* 在正值范围内分布的条件均值有关，也与正值的概率有关。其意义是一个效应通过改变 y 的条件均值而起作用，另一个效应通过改变观测值为正值的概率而起作用。

截取回归模型中，当误差项是正态分布时求出的偏效应可以一般地推广应用到误差项只要是连续分布即可的情况。这个结论是在两个关键的假设条件下导出的，第一个条件是误差项假定和自变量是独立的至少要不相关；第二个条件是误差项是方差齐的。

8.4.6 Tobit 模型的假设检验

在 Tobit 模型中可以用似然比检验检验回归系数，既适合单个自变量的假设检验又适合多个自变量的同时检验。

检验假设为

$$\text{H}_0: \beta_1=\beta_2=\cdots=\beta_m=0 \quad \text{H}_1:\text{各 } \beta_j(j=1,2,\cdots,m)\text{ 不全为零。}$$

或只对一个回归系数检验时，

$$\text{H}_0: \beta_j=0 \quad \text{H}_1: \beta_j \neq 0$$

似然比检验基于不受约束模型和受约束模型的对数似然函数之差。其思想是，由于似然估计最大化了对数似然函数，所以去掉变量一般会导致一个较小的对数似然函数值。同时要判断对数似然函数值的下降程度是否大到足以断定去掉的变量是重要的。似然比统计量是对数似然值之差的 2 倍，即

$$\text{LR}=2(L_{\text{ur}}-L_r)$$

其中 L_{ur} 为不受约束模型即含有待检因素的 Tobit 模型的对数似然值，L_r 为受约束模型即不包含待检因素的 Tobit 模型的对数似然值。似然比统计量在 H_0 下服从渐近 χ^2 分布，自由度为排除性约束的个数 q。

第九章　分位数回归模型

目前，分位数回归是一个研究较为活跃的前沿领域，越来越多的学者尝试把分位数回归与各种类型的数据相结合，从而发展出新的模型，如面板分位数回归模型、工具变量分位数回归模型、时变系数分位数回归模型、门限分位数自回归模型等等。在本章，我们将介绍其中几种分位数回归模型。

9.1　面板分位数回归模型

9.1.1 面板分位数回归的基本理论

随着面板数据模型方法的逐步完善和广泛使用，一些学者开始尝试将分位数回归的思想与面板数据相结合。最具代表性的是 Koenker(2004)将分位数回归的思想引入到面板数据的处理中，讨论了将固定效应作为惩罚项的分位检验函数最小化估计方法，之后 Abrevaya(2008)又发展了随机效应面板分位数回归模型。下面我们介绍固定效应面板分位数模型。

经典的固定效应面板数据模型表述为：

$$y_{it}=\boldsymbol{x}'_{it}\boldsymbol{\beta}+\alpha_i+\mu_{it},i=1,2,\cdots,N,t=1,2,\cdots,T \tag{9.1.1}$$

其中，α_i 代表不可观测的不随时间变化的影响效应，上式也可以写成 $y=\boldsymbol{X\beta}+\boldsymbol{Z\alpha}+\boldsymbol{\mu}$，其中 $\boldsymbol{Z}$ 是虚拟变量构成的相关矩阵。假定 $\boldsymbol{\mu}$ 和 $\boldsymbol{\alpha}$ 是相互独立的 Gaussian 向量，那么向量 $\boldsymbol{v}=\boldsymbol{Z\alpha}+\boldsymbol{\mu}$ 的协方差矩阵可以表示为 $E(\boldsymbol{vv}')=(\boldsymbol{ZWZ}'+\boldsymbol{R})=\boldsymbol{V}$. 根据惩罚最小二乘法(PLS)

$$\min_{(\alpha,\beta)}\|\boldsymbol{y}-\boldsymbol{X\beta}-\boldsymbol{Z\alpha}\|^2_{\boldsymbol{R}^{-1}}+\|\boldsymbol{\alpha}\|^2_{\boldsymbol{W}^{-1}} \tag{9.1.2}$$

可得最佳线性无偏估计量 $\hat{\boldsymbol{\beta}}=(\boldsymbol{X}'\boldsymbol{V}^{-1}\boldsymbol{X})^{-1}(\boldsymbol{X}'\boldsymbol{V}^{-1}\boldsymbol{y})$，在经典方差假设下，式(9.1.2)还可以简写成 $\min_{(\boldsymbol{\alpha},\boldsymbol{\beta})}\|\boldsymbol{y}-\boldsymbol{X\beta}-\boldsymbol{Z\alpha}\|^2+\lambda\|\boldsymbol{\alpha}\|^2$，惩罚项 $\lambda\|\boldsymbol{\alpha}\|^2$ 使得个体效应趋于 0，从而获得对参数 $\boldsymbol{\beta}$ 有更好的估计效果，参数 $\lambda=\sigma^2_u/\sigma^2_\alpha$ 可控制收敛速度。

Koenker(2004) 把固定效应惩罚最小二乘法运用到了面板分位数模型中，

$$Q_{y_{it}}(\tau_j\mid x_{it},\alpha_i)=\boldsymbol{x}'_{it}\boldsymbol{\beta}(\tau_j)+\alpha_i \tag{9.1.3}$$

可以利用下面式子得到各分位点的系数：

$$\left\{ \{\hat{\beta}(\tau_j,\lambda)\}_{j=1}^{J}, \{\hat{\alpha}_i(\lambda)\}_{i=1}^{N} \right\} = \arg\min_{\beta,\alpha} \sum_{j=1}^{J} \sum_{t=1}^{T} \sum_{i=1}^{N} \omega_j \rho_{\tau j}(y_{it} - \boldsymbol{x}'_{it}\boldsymbol{\beta}(\tau_j) - \alpha_i) + \lambda \sum_{i=1}^{N} |\alpha_i| \tag{9.1.4}$$

其中，$\lambda > 0$ 时为惩罚分位数回归估计量，$\lambda = 0$ 时为固定效应分位数估计量，ω_j 为第 j 分位数的权重，用来控制个体效应的影响。参数估计时，要求分位点及其对应的权数具有对称性，离中心点越近，其权数要越大，各分位点的权重为 $\omega_j = \dfrac{\tau_j(1-\tau_j)}{\sum \tau_j(1-\tau_j)}$。Koenker 对面板分位数的估计量的渐近性质进行了讨论，证明了其参数估计量满足一致性和渐近正态性，对于所有 $\lambda > 0$，其参数估计量都是无偏的。

9.1.2 固定效应面板分位数回归分析的一个例子

例 9.1.1　我们以 Stata 中内置的数据集为例，对面板分位数回归参数的估计做一个简单的操作演示。通过选取数据集"9.1.1.dta"，研究任职的职位、工会组织对工资水平的影响。我们采用 Stata16 对上面数据进行固定效应面板分位数回归，具体的操作步骤如下：

```
use"D:\stata16\shuju\chap09\9.1.1.dta"
xtset idcode year
*ssc install qregpd /* 安装 qregpd 程序 /
qregpd ln_wage tenure union,quantile(.1) id(idcode) fix(year)
//* quantile(#):设置分位数,取值范围 0 ~ 1。默认为 0.5,中位数。
identifier(varlist):设置个体变量名。fix(varlist) :设置时点固定效应。
optimize(string):在估计 qregpd 时,有 3 种优化算法供选择:Nelder-Mead 算法(默认)、自适应 MCMC 算法 和 Grid-search(网格搜索) 算法。*//
```

由于 Stata 对于面板分位数回归的命令是从 2017 年开始内置，该命令不太成熟，存在许多改进地方，譬如分位点不能够像截面分位数回归那样同时对多个分位点进行回归，只能针对某一分位点回归；另一个就是回归的结果仅仅针对变量参数进行回归，而没有截距项的回归。根据上述命令手动对 0.1、0.25、0.5、0.75 和 0.9 五个分位点进行面板分位数回归，参数估计的结果整理如下表 9.1.1。

表 9.1.1　任职的职位、工会组织对工资水平的影响

tau	ln_wage	Coef.	Std.Err.	z	P>|z|	[95% Conf. Interval]	
0.1	tenure	0.0152	0.0024	6.3000	0.0000	0.0105	0.0199
	union	0.0824	0.0135	6.1200	0.0000	0.0560	0.1088
0.25	tenure	0.0219	0.0015	14.2200	0.0000	0.0189	0.0249
	union	0.1242	0.0122	10.1500	0.0000	0.1002	0.1482
0.5	tenure	0.0207	0.0018	11.4000	0.0000	0.0171	0.0243

续表

tau	ln_wage	Coef.	Std.Err.	z	P >| z |	[95% Conf. Interval]	
	union	0.0923	0.0123	7.5100	0.0000	0.0682	0.1164
0.75	tenure	0.0138	0.0019	7.3500	0.0000	0.0101	0.0174
	union	0.0753	0.0147	5.1200	0.0000	0.0465	0.1041
0.9	tenure	0.0077	0.0029	2.6400	0.0080	0.0020	0.0134
	union	0.0272	0.0191	1.4200	0.1560	−0.0103	0.0647

从表 9.1.1 可以看出，在不同的分位点回归结果的系数均为正数，所以任职的职位、工会组织力量对工资水平的影响具有正相关的作用，且作用显著。另外，在 0.5 分位点之前，二者对工资水平影响都较大，在 0.5 分位点之后，二者对工资水平影响就不是太大，这说明员工在工资较低时，可能工会力量对其有一定的保障作用，很好地解释了宏观经济中工会力量罪域最低工资水平的影响。

9.2 门限分位数自回归模型

9.2.1 门限分位数自回归模型

Kienker 和 Xiao(2006) 提出了一种特殊的 QAR 模型(分位数自回归模型)，它同基于分位数回归技术构建 AR 模型的思路不一样，其系数依赖于同一随机变量 τ 且具有函数依赖关系，其中 $\tau \in (0,1)$。分位数自回归模型可以表达为：

$$Q_{y_t}(\tau \mid y_{t-1},\cdots,y_{t-p})=\theta_0(\tau)+\theta_1(\tau)y_{y-1}+\cdots+\theta_p(\tau)y_{t-p} \tag{9.2.1}$$

其中，$Q_i(\tau),i=1,2,\cdots,p$ 为回归系数，这个随机过程称为 $\{y_t\}$ 的 p 阶分位数自回归过程，用 QAR(p) 表示。

如果加入一维门限变量 $\{q_t\}$，γ 值表示门限值。可建立如下门限分位数自回归模型(TQAR)：

$$\begin{aligned} Q_{y_t}(\tau \mid \xi_{t-1}) &= \boldsymbol{x}_t^T(\gamma(\tau))\boldsymbol{\theta}(\tau)=\boldsymbol{x}_t^T I_{(q_t\leqslant \gamma_t(\tau))}\boldsymbol{\theta}^1(\tau)+\boldsymbol{x}_t^T I_{(q_t>\gamma_t(\tau))}\boldsymbol{\theta}^2(\tau) \\ &= \begin{cases} \theta^{10}(\tau)+\theta^{11}(\tau)y_{t-1}+\cdots+\theta^{1p}(\tau)y_{t-p}, q_t\leqslant \gamma(\tau) \\ \theta^{20}(\tau)+\theta^{21}(\tau)y_{y-1}+\cdots+\theta^{2p}(\tau)y_{t-p}, q_t>\gamma(\tau) \end{cases} \end{aligned} \tag{9.2.2}$$

其中，ξ_{t-1} 为直到 $t-1$ 时刻的信息集；$\boldsymbol{x}_t^T(\gamma(\tau))=\boldsymbol{x}_t^T\otimes(I_{(q_t\leqslant\gamma_t(\tau))},I_{(q_t>\gamma_t(\tau))})$，$\otimes$ 表示克罗内克积；$I(\cdot)$ 为示性函数。定义 $2(p+1)$ 维门限回归系数向量 $\boldsymbol{\theta}=(\theta^{10},\theta^{11},\cdots,\theta^{1p},\theta^{20},\theta^{21},\cdots,\theta^{2p})$，第一部分的系数 $\boldsymbol{\theta}^1=(\theta^{10},\theta^{11},\cdots,\theta^{1p})$，第二部分的系数为 $\boldsymbol{\theta}^2=(\theta^{20},\theta^{21},\cdots,\theta^{2p})$，系数向量分位点 τ 处的取值分别为：$\boldsymbol{\gamma}(\tau),\boldsymbol{\theta}(\tau),\boldsymbol{\theta}^1(\tau),\boldsymbol{\theta}^2(\tau)$。

TQAR 模型与门限向量自回归模型相比有如下优势：首先，能够刻画更加全面的信息，门限自回归只能刻画因变量均值处的数量关系，而门限分位数自回归能够刻画因变量不同分位点处的变量关系；其次，在误差项分布方面，门限回归误差项服从特定分布，而TQAR允许误差服从非对称分布。

9.2.2 TQAR的系数估计

在TQAR模型中，对系数参数的估计可转化为优化如下目标函数：

$$(\hat{\boldsymbol{\theta}}(\tau),\hat{\gamma}(\tau))=\arg\min_{\theta,\gamma}S_t(\boldsymbol{\theta}(\tau),\gamma(\tau))=\arg\min_{\theta,\gamma}\sum_{t=p+1}^{T}\rho_\tau[y_t-\boldsymbol{x}_t^T(\gamma(\tau))\boldsymbol{\theta}(\tau)] \tag{9.2.3}$$

T 为样本量，p 为滞后期，$\rho_t(\mu)$ 为非对称损失函数，满足

$$\rho_t(\mu)=\begin{cases}\tau\mu & \mu>0\\(1-\tau)\mu, & \mu\leqslant 0\end{cases} \tag{9.2.4}$$

模型的参数估计可以通过以下两步来实现：

第一步，使用网格搜索来估计门限值 $\gamma(\tau)$，令 $\gamma(\tau)\in\Gamma\cap\{q_1,q_2,\cdots,q_T\}=\bar{\Gamma}$，$\Gamma$ 为紧集，得到最优门限估计

$$\hat{\gamma}(\tau)=\underset{\gamma\in\bar{\Gamma}}{\operatorname{argmin}}S_t(\boldsymbol{\theta}(\tau),\gamma)=\underset{\gamma\in\bar{\Gamma}}{\operatorname{argmin}}\sum_{t=p+1}^{T}\rho_t[y_t-\boldsymbol{x}_t^T(\gamma)\boldsymbol{\theta}(\tau)] \tag{9.2.5}$$

第二步，估计门限回归系数向量 $\hat{\boldsymbol{\theta}}(\tau)$，将门限值估计带入式(9.2.2)，再次优化下面目标函数：

$$\hat{\boldsymbol{\theta}}(\tau)=\underset{\theta}{\operatorname{argmin}}S_t(\boldsymbol{\theta}(\tau),\hat{\gamma}(\tau))=\underset{\theta}{\operatorname{argmin}}\sum_{t=p+1}^{T}\rho_\tau[y_t-\boldsymbol{x}_t^T(\hat{\gamma}(\tau))\boldsymbol{\theta}(\tau)] \tag{9.2.6}$$

Calvao 等(2011)证明了TQAR中，回归系数 $\hat{\theta}(\tau)$ 具有渐近正态性。

9.2.3 模型滞后阶数确定

对于门限分位数自回归模型，最优的滞后阶数可以通过AIC准则来实现，具体如下：

$$\text{AIC}(p)=\ln\left(\frac{1}{T-(p+1)}S(\theta(\tau),\gamma(\tau))\right)+\frac{2(p+1)+1}{T-(p+1)} \tag{9.2.7}$$

AIC由两部分组成，前面一部分为拟合程度，由 $\ln\left(\frac{1}{T-(p+1)}S(\boldsymbol{\theta}(\tau),\gamma(\tau))\right)$ 表示，后面一部分为复杂程度，由 $\frac{2(p+1)+1}{T-(p+1)}$ 来表示。为此，最优的滞后阶数 p^* 选择标准为：

$$p^*=\operatorname{argmin}\text{AIC}(p) \tag{9.2.8}$$

有关该模型的应用可参考康宁，荆科(2016)在《数量经济技术经济研究》上发表的论文“门限分位数自回归模型的预测方法及应用”及其他相关论文。

9.3 时变系数分位数回归模型

9.3.1 时变系数分位数回归模型

传统线性回归模型认为解释变量对被解释变量期望均值影响是同质的，揭示了被解释变量条件均值变动的同质影响效应，其中最小二乘法是估计回归系数的最基本方法。但当整体数据表现出厚尾尖峰的特征、随机误差项存在异方差、非正态分布时，经典的最小二乘法估计就是有偏的。1978 年 Koenker 提出的分位数回归模型，不但能够揭示解释变量对被解释变量在不同分位点的差异化影响特征，还能准确刻画解释变量对被解释变量分布的位置、散布和形态的影响规律，同样的，在样本数据具有尖峰或厚尾（尖峰厚尾或者非对称分布），存在显著异方差、不满足正态等情况下，其使用的估计方法比最小二乘法得出的结果更稳健。

迄今为止，大部分的分位数回归模型的参数仅仅依赖分位点，不随时间变化，当考虑到参数的时变动态效果，结合时变回归系数特点将静态分位数回归推广成时变系数分位数回归（time-varying quantile regression）TVQR 模型：

$$y_t = \boldsymbol{x}'_t \boldsymbol{\beta}_t(\tau) + \varepsilon_t(\tau) \tag{9.3.1}$$

则在给定 X 下，条件分位数值为：

$$Q_{y_t}(\tau \mid x_t) = \boldsymbol{x}'_t \boldsymbol{\beta}_t(\tau) + F_\tau^{-1}\sigma(x) \tag{9.3.2}$$

其中 $\boldsymbol{\beta}_t(\tau) = (\beta_{1,t}(\tau), \beta_{2,t}(\tau), \cdots, \beta_{N,t}(\tau))'$ 为回归系数向量，同时依赖分位点 τ 和 t，$\varepsilon_t(\tau)$ 为 τ 分位点的随机误差项，F_τ^{-1} 为随机误差项在给定分位点的分位数。一个优良品质的时变系数分位数回归模型应该满足下述假设：

（1）测量假设：测量值与实际值接近

$$y_t - \boldsymbol{x}'_t \boldsymbol{\beta}_t(\tau) \approx 0 \tag{9.3.3}$$

（2）动态稳定性假设：回归系数时变的稳定性特征

$$\boldsymbol{\beta}_{t+1}(\tau) - \boldsymbol{\beta}_t(\tau) \approx \boldsymbol{0} \tag{9.3.4}$$

当实际观测值和理论值存在差异时，参数估计过程中即存在测量误差；当回归系数 $\boldsymbol{\beta}_{t+1}(\tau)$ 和 $\boldsymbol{\beta}_t(\tau)$ 不满足动态稳定性假设，则存在动态误差。这里将测量误差和动态误差定义为：

$$\mathrm{err}_M = \sum_{t=1}^{T} \rho_t(y_t - \boldsymbol{x}'_t \boldsymbol{\beta}_t(\tau)) \tag{9.3.5}$$

$$\mathrm{err}_D = \sum_{t=1}^{T-1} (\boldsymbol{\beta}_{t+1}(\tau) - \boldsymbol{\beta}_t(\tau))'(\boldsymbol{\beta}_{t+1}(\tau) - \boldsymbol{\beta}_t(\tau)) \tag{9.3.6}$$

其中 $\rho_t(u) = u(\tau - I(u < 0))$ 为非对称线性分段函数，I 为示性函数，时变系数分位数回归模型的参数既依赖时间也依赖分位点，故在估计过程中会存在测量误差和动态误差，因此，新的损失函数兼顾了这两种误差，如下所示：

$$C(\boldsymbol{\beta}_1(\tau), \boldsymbol{\beta}_2(\tau), \cdots, \boldsymbol{\beta}_T(\tau)) = \mathrm{err}_M + \mu \cdot \mathrm{err}_D \tag{9.3.7}$$

其中 μ 是有待确定的平滑参数，当 μ 接近于 0 时，则损失函数中测量误差比重极高，为了最小化损失函数，须更多降低测量误差；当 μ 足够大，为了使损失函数最小，需要降低模型的动态误差，驱使参数接近回归系数，回归常态分位数回归模型。

9.3.2 TVQR 的系数估计方法 —— 可行性分位数回归法

Kalaba 于 1989 提出的可行性最小二乘法(FLS)依赖时变系数的均值回归分析，假设均值回归系数在观测期内是缓慢变化的，不要求残差服从正态分布，也无需知道残差的先验分布，对时变系数模型参数能进行有效估计；Darvas(2014) 指出当参数变动时，可行性最小二乘法的估计结果优于普通最小二乘法。于是，国内学者蒋翠侠等结合可行性最小二乘法的时变系数特征和分位数回归模型结构的特点提出了可行性分位数回归法(FQR)，通过构造近似损失函数代替原损失函数，在优化损失函数过程中得到时变系数的估计值。时变系数分位数回归模型中损失函数的测量误差即为普通分位数模型的损失函数，一般采用单纯形算法、内点算法、平滑算法，属于静态回归方法。可行性分位数回归法利用广义 Huber 函数构造可以替代 err_M 新的平滑函数 err_H，具体过程如下：

Chen(2007) 的广义 Huber 函数为：

$$H_{\gamma,\tau}(\varepsilon_t(\tau))=\begin{cases}\varepsilon_t(\tau)(\tau-1)-\dfrac{1}{2}(\tau-1)^2\gamma & \varepsilon_t(\tau)\leqslant(\tau-1)\gamma\\ \dfrac{\varepsilon_t(\tau)^2}{2\gamma} & (\tau-1)\gamma\leqslant\varepsilon_t(\tau)\leqslant\tau\gamma\\ \varepsilon_t(\tau)\tau-\dfrac{1}{2}\tau^2\gamma & \varepsilon_t(\tau)\geqslant\tau\gamma\end{cases}\tag{9.3.8}$$

为简化 Huber 函数，定义向量 $\boldsymbol{s}_{\gamma,\tau}=(s_1,s_2,\cdots,s_T)'$，$\boldsymbol{w}_{\gamma,\tau}=(w_1,w_2,\cdots,w_T)'$，其中 s，w 的表达式如下：

$$s_t(\tau)=\begin{cases}-1 & \varepsilon_t(\tau)\leqslant(\tau-1)\gamma\\ 0 & (\tau-1)\gamma\leqslant\varepsilon_t(\tau)\leqslant\tau\gamma\\ 1 & \varepsilon_t(\tau)\geqslant\tau\gamma\end{cases}\tag{9.3.9}$$

$$w_t(\tau)=1-s_t^2(\tau)\tag{9.3.10}$$

将广义 Huber 函数简化为：

$$H_{\gamma,\tau}(\varepsilon_t(\tau))=\frac{1}{2}w_t(\tau)\varepsilon_t^2(\tau)+s_t(\tau)$$

$$\left[\frac{1}{2}\varepsilon_t(\tau)+\frac{1}{4}(1-2\tau)\gamma+s_t(\tau)\varepsilon_t(\tau)(\tau-\frac{1}{2})-\frac{1}{4}(1-2\tau+2\tau^2)\gamma\right]\tag{9.3.11}$$

当门限值 γ 足够小，则测量误差 err_M 可由新的平滑函数近似代替

$$\text{err}_M=\sum_t^T H_{\gamma,\tau}\left[\varepsilon_t(\tau)\right]\tag{9.3.12}$$

使用广义 Huber 分段函数优化损失函数，使得新的平滑函数 err_H 逼近 err_M，则新的损失函数：

$$C(\boldsymbol{\beta}_1(\tau),\boldsymbol{\beta}_2(\tau),\cdots,\boldsymbol{\beta}_T(\tau))=\text{err}_M+\mu\cdot\text{err}_D$$

$$= \sum_{t}^{T} H_{\gamma,\tau}\left[\varepsilon_t(\tau)\right] + \sum_{t=1}^{T-1}(\boldsymbol{\beta}_{t+1}(\tau) - \boldsymbol{\beta}_t(\tau)),(\boldsymbol{\beta}_{t+1}(\tau) - \boldsymbol{\beta}_t(\tau)) \tag{9.3.13}$$

对该损失函数进行优化就可以得到时变系数分位数回归模型参数的估计结果。

蒋翠侠使用迭代法确定误差项 $\varepsilon_t(\tau)$，从而得到 $\boldsymbol{s}_{\gamma,\tau}$，$\boldsymbol{w}_{\gamma,\tau}$ 和系数的估计结果，基本流程如下：

(1) 给定分位点 τ，设定平滑函数 μ 和门限值 γ 的 n 种取值集合(μ_i，γ_i)；

(2)μ 和 γ 取第一种组合(μ_1，γ_1)；

(3) 用 FLS 方法进行回归分析，得到初始残差 $\varepsilon^{(0)}(\tau)$；根据 $\varepsilon^{(0)}(\tau)$ 计算 $\boldsymbol{s}_{\gamma,\tau}^{(0)}$，$\boldsymbol{w}_{\gamma,\tau}^{(0)}$

(4) 根据 $\boldsymbol{s}_{\gamma,\tau}^{(0)}$，$\boldsymbol{w}_{\gamma,\tau}^{(0)}$ 运用 FQR 方法求解 τ 分位点处时变回归系数 $\boldsymbol{\beta}^{(0)}(\tau)$ 和总损失 $C^{(0)}(\boldsymbol{\beta}_1(\tau),\boldsymbol{\beta}_2(\tau),\cdots,\boldsymbol{\beta}_T(\tau))$；

(5) 将 $\boldsymbol{\beta}^{(0)}(\tau)$ 代入式子 $\varepsilon_t(\tau) = y_t - \boldsymbol{x}'_t\boldsymbol{\beta}_t(\tau)$ 计算新的残差 $\varepsilon^{(1)}(\tau)$，计算出 $\boldsymbol{s}_{\gamma,\tau}^{(1)}$，$\boldsymbol{w}_{\gamma,\tau}^{(1)}$；

(6) 根据 $\boldsymbol{s}_{\gamma,\tau}^{(1)}$，$w_{\gamma,\tau}^{(1)}$ 计算时变回归系数 $\boldsymbol{\beta}^{(1)}(\tau)$、$C^{(1)}(\boldsymbol{\beta}_1(\tau),\boldsymbol{\beta}_2(\tau),\cdots,\boldsymbol{\beta}_T(\tau))$；

(7) 重复步骤(4)－(6)，直至总损失函数 $C(\boldsymbol{\beta}_1(\tau),\boldsymbol{\beta}_2(\tau),\cdots,\boldsymbol{\beta}_T(\tau))$ 满足

$C^{(t+1)}(\boldsymbol{\beta}_1(\tau),\boldsymbol{\beta}_2(\tau),\cdots,\boldsymbol{\beta}_T(\tau)) - C^{(t)}(\boldsymbol{\beta}_1(\tau),\boldsymbol{\beta}_2(\tau),\cdots,\boldsymbol{\beta}_T(\tau)) \leqslant \delta$($\delta$ 取值 10^{-4})停止迭代，输出此时的 $\boldsymbol{s}_{\gamma,\tau}^{*}$、$\boldsymbol{w}_{\gamma,\tau}^{*}$、$\boldsymbol{\beta}^{*}(\tau)$、$C^{*}(\boldsymbol{\beta}_1(\tau),\boldsymbol{\beta}_2(\tau),\cdots,\boldsymbol{\beta}_T(\tau))$，则为($\mu_1$，$\gamma_1$)组合下时变系数的最终结果；

(8) 从(μ_i，γ_i)中选取门限值和平滑值的组合，重复上述步骤，计算出损失函数和系数估计值，从中选取损失函数最小值 $C^{*}(\boldsymbol{\beta}_1(\tau),\boldsymbol{\beta}_2(\tau),\cdots,\boldsymbol{\beta}_T(\tau))$，其对应的系数估计值 $\boldsymbol{\beta}^{*}(\tau)$ 即为给定分位点 τ 下的最优估计结果。

关于该模型的应用请参考相关文献。

第十章　倾向得分匹配模型与风险分析

随机化是指试验分组时，每个研究对象被分配到干预组或者对照组均有相同的概率，随机化是在存在已知及未知因素的影响因素下，保证组间均衡性的最可靠的一种统计学方法。尽管随机对照试验是研究试验评价干预措施的金标准，但是在研究实践中，随机对照试验的应用却遭到很多因素的制约，如研究费用高、实际操作困难、伦理学因素以及不适用于长周期的研究等。另外，参加随机对照试验研究的研究对象需要经过严格的入选、排除标准的筛选，导致推导结论受到一定程度的影响。非随机化研究的局限性在于预后因素在组间分布的不均衡性以及各种偏倚的存在，如果忽视偏倚的存在，可能只能获得处理效应的有偏估计，甚至是不正确的结论。传统上常使用多元分析模型、匹配法、分层法等统计分析方法来控制偏倚，但这些方法也有一定的局限性，如传统的多元分析模型不适用于混杂因素很多，而结局发生率很低的情况；配对法只适用于存在某个或某几个混杂因素的情况进行配对；分层法只适合于混杂因素较少、样本含量大的研究。近些年来，国外研究者开始提出了用于非随机化研究的新方法，其中引起广泛关注的有工具变量(instrumental variable，IV)和倾向得分(propensity score，PS)。

倾向得分是非随机化研究中控制偏倚的一种新方法。近年来，倾向得分方法以其研究步骤标准化程度高、易于理解等优点而备受研究者的关注，并广泛地应用于各领域的非随机化研究中。倾向得分的概念是由 Rubin 和 Rosenbaum 在 1983 年首次提出的，其概念是在给定一组协变量前提下，将任意一个研究对象分配到干预组或者对照组的条件概率。倾向得分法的优点是可以将多个协变量共同作用的结果表示出来，倾向得分达到控制选择性偏倚的目的是通过调整干预组和对照组之间的协变量均衡性来达到的。当前，倾向得分法主要应用于两分组资料的研究，对于多分组资料领域还未普及，其原因是多分组资料的应用中还有一些关键问题尚待解决，比如匹配法中卡钳值的选择问题、如何检验灵敏度以及评价均衡性的方法等。

10.1 倾向得分匹配的基本思想

Rosebaum 和 Rubin 首次提出倾向得分法是在 1983 年，并定义倾向得分为："个体在其特定的属性下接受某种干预的可能性。"倾向得分法制造了一个"准随机"试验，在试验中，只需有两个倾向得分相同的试验对象，其中一个在干预组，而另一个在对照组，我们就可以认为处理可能性相同的两个试验对象被随机地分到了干预组与对照组。倾向得分是所有协变量的一个函数。它将多个协变量变成一个变量，实质就是"降维"。倾向得分的主要用途是来均衡干预组与对照组之间的协变量分布，对非随机化研究中的混杂因素进行类似随机化的均衡处理，其目的是减少选择性偏倚。它的基本思想是找到一群与干预组在所有相关的预处理特征方面类似的对照组，足够的与干预组比较的对照组产生的不同结果就可以归因于该项目。

倾向得分的概念：给定一组可观察到的协变量(x_i)，将任意一个研究对象随机分配到对照组或者干预组的条件概率。研究对象被分配到干预组而非对照组的概率可以表示为：

$$E(x_i)=P_r(Z_i=1/X_i=x_i) \tag{10.1.1}$$

假设分组变量 Z_i 和观测的协变量(x_i)相互独立，则对任意一个协变量(x_i)：

$$P(Z_1,\cdots,Z_n/X_1,\cdots,X_n)=\Pi_{i=1}^{N}E\ (x_i)^{Z_i}\{1-E(x_i)\}^{1-Z_i} \tag{10.1.2}$$

Rubin 和 Rosenbaum 的研究表明，假如分组变量是强可忽略的，那么通过倾向得分调整得到的平均处理效应的估计是无偏的。强可忽略的两个条件如下：

(1)在观测到的协变量条件下，结果变量与分组变量是独立的；

(2)对于每个观测到的协变量，接受各种处理的概率均大于 0。

倾向得分的理论认为，在非随机化对照试验中，干预组与对照组的试验对象如果具有相近或相同的倾向得分，则可认为，这两组试验对象的协变量特征具有相同的分布，他们有相同的概率被分配到干预组和对照组，因此可认为组间协变量是均衡的，处理效应的估计是无偏估计。

倾向得分的研究方法认为，假如某个受试对象被分配到干预组的倾向得分 $E(x_i)=0.3$，此时恰好有另外一个研究对象，虽然两个研究对象具有的某个或某些协变量是不同的，但如果其被分配到干预组的倾向得分也是 $E(x_i)=0.3$，就认为两个研究对象拥有的多个协变量整体上分布是相同的。如果将倾向得分相同或相近的研究对象在干预组和对照组间进行匹配，则在总体上组间研究对象的全部协变量的分布可能是均衡的，换言之，抵消了对照组与干预组之间协变量的不均衡性对处理效应估计的干扰。倾向得分主要适用于非随机化研究组间混杂因素的事后均衡，通过倾向得分调整后，在大样本前提下，组间研究对象除了结果变量和处理因素分布不同外，其他协变量的均衡性应当是良好的，等同于"事后随机化"，让非随机化数据获得"类似随机化数据"的效果。

10.2 倾向得分匹配应用

20 世纪 90 年代，倾向得分法已经成为一种流行的方法来估计因果的处理效果，倾向得分法被广泛用于统计分析，特别是在应用医学领域。因为随机实验的花费上涨，更多的研究者转向了做花费较少的观察性研究。通过匹配法或分层法并入倾向得分的阶段是在研究的设计阶段，这能够避免选择不适应特殊研究的个体进入到实验中，从而使倾向得分理论产生的效益最大，即在节约时间和金钱的同时能提供更精确的真实处理效应的估计。我们主张不是在观察性研究中只采用倾向得分，而是希望研究者在选择除传统的分析方法外能够运用倾向得分法。倾向得分应被当作研究者在研究中估计处理效应时的一种可用的额外工具。

国际上许多领域的观察性研究中早已开始使用倾向得分法来降低选择性偏倚。在统计杂志或医学杂志的文献上，都已经有很好的例子来讨论倾向得分法。这些文章讨论的话题涵盖了流行病学、卫生服务研究和经济学等领域。倾向得分法已被运用到评估劳动力市场的政策，如 Dehejia 等(1999)。Perkins 等(2000)研究了将匹配的药物进行流行病学的分析；Frei(2002)分析了网上银行客户的盈利能力；Bryson(2002)分析了员工如果成为工会成员对其薪酬是否有影响；Kim 和 Davies(2003)比较被美国的一家交易所列出的加拿大公司的买卖差价百分比；Ham 等(2004)研究的跳槽对年轻男子工资增长的影响；Halaby 和 Brand (2006)分析了影响职业的精英大学入学率的结果。每一个微型计量经济学的评估研究必须克服根本评价问题和处理可能出现的选择性偏倚。

虽然在国外倾向得分法的应用已非常广泛，被应用到各个领域的研究中，但倾向得分法在国内还处于刚起步阶段，关于倾向得分法的研究成果目前还比较少。赵守军(2003)等采用倾向得分法来比较平衡两组间差异的变化情况，评价放弃心肺复苏急救与充血性心力衰竭患者院内死亡的联系，并认为倾向得分法能有效地均衡组间差异，起到匹配和平衡各个特征变量的作用，并适合用于分析各种观察性研究；汪涛(2004)等将倾向得分法应用于一项评价某降血脂新药效果的 4 期临床试验数据后认为对于非随机化医学的研究，结合倾向指数进行非参数生存分析是一种可选择的比较新的统计方法；高建民和陈钢(2007)采用陕西省 2005 年度的 2 个试点乡镇随访家庭入户调查资料，运用倾向得分匹配法对互助医疗改善卫生服务实现的可及性进行效果评价；陈玉萍等(2010)运用倾向得分匹配法分析了滇西南农户采用改良的陆稻技术对农户收入的影响。

10.2.1 倾向得分法的应用主要步骤

倾向得分法的应用主要有以下 7 个步骤：

(1)准备数据。对数据进行质量审核，鉴别数据类型，考察数据的完整性及逻辑性，根据数据类型和大小来选择相应的分析方法。

(2)选择协变量。针对试验目的,根据研究者的经验及倾向得分法变量的选择要求,选择合适的混杂因素。然后将混杂因素作为自变量,处理因素作为因变量进行模型的构建。从模型中获得倾向得分的估计值,这里可选的模型包括判别分析,Logistic 回归和 Probit 回归,本节之后应用的是 Probit 回归。Probit 回归模型和 Logistic 回归模型相同,是定性回归模型的一种,都可用来处理二分变量的回归问题。Probit 回归模型的分布函数形式:

$$p = F(y) = \int_{-\infty}^{y} \frac{1}{\sqrt{2\pi}} \mathrm{e}^{\frac{x^2}{2}\mathrm{d}x} \tag{10.2.1}$$

(3) 计算倾向得分。根据选定的模型计算每一个试验对象的倾向得分,值在 0 至 1 之间,表示试验对象被分配到试验组或对照组的概率。

(4) 选择应用方法。根据计算出来的倾向得分,选择合适的倾向得分应用方法。常用的倾向得分法有:倾向得分匹配法(propensity score matching)、倾向得分加权法(propensity score weighting)、倾向得分分层法(propensity score stratification)和倾向得分协变量调整法(propensity score covariate adjustment)。

(5) 评价均衡性。应用倾向得分法前后需评价组间的均衡性好坏,协变量的均衡性好坏是衡量倾向得分法的关键。一般用来评价均衡性的好坏的方法是假设检验,标准化差异是 Flury 和 Reudwyl (1986) 提出的一种全新的评价均衡性的方法。

(6) 估计处理效应。对匹配后的数据集选择恰当的分析方法来估计处理效应。因匹配后的干预组和对照组之间的协变量已达到均衡,此时数据可被当作近似随机化的,假如选择的统计分析方法是合适的就可得到真实可靠的处理效应。

(7) 分析敏感性。在一次试验中,好的匹配方法产生不完整的匹配集是无法避免的,这种匹配的不精确性是很难消除的。所以,如何在匹配精度与完整度之间进行选择还有待探讨。比较数据集在匹配前后的精确度,完整度是评价不同的匹配算法的优势是十分重要的。

估计倾向得分的方法有许多种,其目的是用一个倾向得分来表示试验对象可观测到的、影响处理因素的众多协变量,然后调整试验个体倾向得分来估计处理效应。下面介绍几种常见的估计倾向得分方法。

10.2.2 广义线性模型

广义线性模型的思想:假如对应变量作适当的变量变换可满足或近似满足线性模型分析的要求,则能够借助线性模型的分析思路解决模型构造、参数估计和模型评价等一系列问题。广义线性模型包括 logistic 回归模型、非参数回归、Probit 模型、广义可加模型等,均可被用来估计倾向得分。其中 logistic 回归模型是最常用也是最简单的模型,在已发表的倾向得分相关文献中,多数采用 logistic 回归模型来估计倾向得分,因为它要求因变量服从正态分布,对自变量的类型也无要求。但在计量经济学中,更多使用依赖于正态理论的 Probit 模型。

10.2.3 判别分析

判别分析，是在已经明确分类的前提下，根据某一研究对象的各种特征值来判别其应归属于哪一类的一种多变量统计分析方法，其基本原理是按照判别准则，通过建立一个或多个判别函数，使用研究对象的大量资料从而确定判别函数中需待定的系数，并计算判别指标。据此即可确定某一样本属于何类。常用的判别分析有逐步判别分析、距离判别分析、Bayes判别分析、Fisher判别分析等。在非随机化研究倾向得分计算中，判别分析也比较常用，但是它要求观察到的协变量须服从多元正态分布，这样分配出来的试验组和对照组在某种意义上来说，均衡了组间的协变量，可以获得平均处理效应的无偏估计。

10.2.4 Cox 比例风险模型

COX 比例风险模型是建立风险函数与观察协变量之间的一种回归关系，主要应用在生存资料的统计分析研究中，它是把风险函数构造成观察到的协变量的对数线性函数。COX 比例风险模型能估计试验对象生存状态的风险率。如果将这种表示试验对象生存状态风险率作为倾向得分，则可以根据倾向得分的研究方法对试验进行匹配处理，然后通过统计分析获得处理效应的估计。如果一个试验满足以下两个基本特征，则可以采用COX 比例风险模型来估计倾向得分：(1) 该试验数据为生存分析数据；(2) 影响死亡风险的协变量是可观察的。如果生存数据中存在时间依赖的结果变量或者协变量，此时，采用倾向得分的方法要特别小心。

10.2.5 神经网络技术

神经网络技术是一种比较新的方法，它是一种模仿动物神经网络行为特征，进行分布式并行信息处理的算法数学模型。神经网络由输入层、中间层和输出层组成；每一层都包含一组节点，这些节点与下一层的各个节点进行直接关联。作为一种估计倾向得分的工具神经网络技术已经被认可，并与 logistic 回归模型进行比较，显示出其具有实用性。与 logistic 回归模型相比，其明显的两个优势是：其一，它能处理高维度的数据，虽然每一组数据仅有可能对分类结果产生微小影响，据此进行微小的调整就能得到更精确的分组；其二，不论多项式有多么的复杂，亦能够找到足够复杂的用来拟合的神经网络来。而采用回归模型估计倾向得分时，研究者需事先考虑到模型中包含哪些高次项和交互作用效应。

10.2.6 倾向得分法应用的条件及注意事项

(一) 倾向得分法应用的条件

虽然倾向得分法可以适用的情况比较广泛，但不是所有的非随机化数据都适合采用倾向得分法。例如在一些特殊情况下，使用倾向得分法将会得出不正确的或者无意义的结果。倾向得分法应用的条件如下：

(1) 协变量的可观察性。根据倾向得分的定义，试验对象的倾向得分是依赖估计可观察到的协变量得到的，所以对有些重要的混杂因素或者某些对结果变量影响很大的协变量要被考虑到并要纳入模型中，这样使用倾向得分法才会得出无偏的估计结果。因此，要求协变量都是可被观察到的。

(2) 协变量的缺失值。在估计试验对象倾向得分时，最常用的方法是 logistic 回归模型，但假如模型中存在缺失值的协变量，则这个试验对象的倾向得分将不能被估计出来。因此，在使用倾向得分法之前，首先要对缺失数据进行处理，保证数据的完整性，进而保证得到试验对象的倾向得分估计值。

(3) 试验数据的关联性。用倾向得分法对非随机化数据进行处理，并不是任意两个数据集通过倾向得分匹配就可以像随机化数据那样来估计平均处理效应。如果对两个关联性不强的试验数据进行了倾向得分匹配，尽管得出了处理效应的估计值，但是这个结果将是无任何实际意义的。因此，要求试验数据具有较强的关联性。

(二) 倾向得分法应用中的注意事项

倾向得分方法在应用时需要注意：

(1) 模型的选择。倾向得分研究中，选择合适的模型至关重要，它直接影响到倾向得分方法的可靠性与准确性。估计倾向得分的方法有很多种，比较常用的模型有前面提到的广义线性模型、判别分析、COX 回归和神经网络技术等。无论采用哪种方法哪种模型来估计倾向得分，对于结果的估计起到关键作用的都是数据质量。当试验对象的数据类型是非二分类时，选择估计倾向得分的模型变得更为重要，此时可考虑一些多元二分类模型进行倾向得分的估计。

(2) 协变量的选择。在倾向得分研究中，另外一个重要步骤就是选择协变量。协变量的选择要考虑许多因素，不能仅仅依据显著性差异来判定，更重要的是要结合专业方面的理论来确定。与研究相关的哪些协变量应该包含在模型中，需要在文献复习的基础上，了解试验中协变量、结局变量和处理因素之间的相关关系。构建模型时必然要涉及变量的选择，倾向得分模型变量的选择问题存在争议性。随着倾向得分方法应用日益广泛，研究者对倾向得分模型变量的选择问题进行了一些研究，Rubin 建议倾向得分模型纳入所有与结局有关的变量，而不考虑变量与处理因素之间的关系，还有研究者提出模型中只纳入混杂因素，即与结局和处理因素都有关的变量。根据变量与结局变量和变量与处理因素的关系，可以把变量分为以下四类：

① 只与处理因素有关的变量；

② 只与结局有关的变量；

③ 与结局和处理因素都有关的变量，即混杂因素；

④ 与处理因素和结局都无关的变量。

Brookhart 通过数据模拟研究比较不同模型估计处理效应的精度和偏倚，评价协变量的选择对估计处理效应的影响，提出了一些建议：① 与处理变量和结局变量相关的协变量都应该被考虑纳入模型中；② 与处理变量无关但与结局变量有关的协变量，如果被纳入模型，没增加处理效应估计的偏倚，反而降低估计效应的方差，则也应该被纳入模型中。

倾向得分模型构建中，会因为遗漏某个重要混杂因素而导致该变量在干预组和对照组间的不均衡，造成处理效应的估计是有偏的，因此，在重要混杂因素无法获取或者未知时倾向得分法的应用受到限制。为了避免遗漏重要混杂因素，有研究者建议在构建倾向得分模型时，将尽可能多的已知变量纳入模型中，然后由 logistic 逐步回归对这些变量进行筛选。此方法是不恰当的，因 logistic 逐步回归会把与处理因素弱相关，而与结果强相关的变量筛选掉，但这类变量是混杂因素，应当被纳入到模型中。国外对于倾向得分法的研究，模型变量的选择标准应该是纳入将与结局变量有关的所有变量，具体操作需要结合研究者的经验进行选择。

Austin 的研究得到了一些对倾向得分法的实际应用有指导意义的结论：① 如果构建的模型是合理的，匹配数据集的样本量可能会增加 20% 以上，而构建的模型不合理则会减小匹配数据集，导致处理效应估计的精度降低；② 即使建模合理，倾向得分分层法也不可能得到平均处理效应的无偏估计；③ROC 曲线面积与倾向得分模型对于协变量的均衡能力之间没有联系，如果纳入一个与处理因素有关而与结果无关的变量，会增加 ROC 曲线面积，而这个变量实际上对倾向得分模型是没有贡献的，所以用 ROC 曲线面积评价倾向得分模型是不恰当的。

(3) 匹配数据集的大小。在一个大样本的随机对照试验中，观察到的协变量的分布情况在组间是趋于均衡的，随着样本量增大，组间协变量在理论上应该是趋于相等。在一个小样本的试验研究中，我们可能已经选择了最合适的倾向得分估计方法进行最适合的匹配，但是某些协变量还是会出现不均衡性。有研究者发现，只有当在样本量大于1 000时，倾向得分法才能发挥出它的明显优势。在倾向得分法的研究中，样本量越大，估计处理效应的结果越好。

我们知道，更多的干预组试验对象应该保留在研究数据中，但这样会导致与对照组匹配的不精确而产生选择性偏倚。实际中，干预组中试验对象的数量应该达到一定的样本量，这样匹配出来的数据集才会更加有说服力。因此，为了增大找到一个好的匹配对象的概率，研究者趋向于尽可能用最大的对照组数据集样本量。如果这样，不可避免地会出现一些不好的数据质量或者极少发生的事件，这将会导致试验对象的倾向得分被偏低估计。对于样本量，有研究者推荐，对照组研究个体不低于干预组研究个体的 40%。在倾向得分法研究中，匹配数据集的大小至关重要，倾向得分法的应用是以大样本为基础的，在小样本情况下，即使通过倾向得分方法进行了校正，某些协变量也会存在不均衡的情况。较大的样本量会得到真实可靠的处理效应的估计值，若样本量较低，则会得出不可靠甚至错误的估计结果。

(4) 均衡性的评价方法。均衡就是要求同一个试验因素各水平组之间除了所考察的因素取不同水平外，在一切非处理因素方面都应达到均衡一致。在选择模型和协变量后和进行匹配前，以及匹配完成后，检验组间协变量的均衡性尤为重要。只有当试验达到均衡，处理对观测结果的效应才能够真实的显露出来。研究者建议检验具有相同或相近倾向得分的观察个体的分布是否一致，这些协变量是否独立于处理分配是非常重要的。简言之，检验倾向得分研究方法能否把非随机对照试验中的偏倚性消除是很有必要的，进而得到和随机试验相似的真实结果。

非随机化研究与RCT研究不同，不能保证干预组与对照组间协变量的可比性，组间协变量分布不均衡的可能性非常大。组间协变量均衡性的好坏是衡量倾向得分方法应用成功与否的关键，如果组间协变量的分布均衡效果较好，组间混杂因素对处理效应的干扰就被相应地抵消了。以往的很多倾向得分相关研究都是用假设检验来评价组间协变量的均衡性。其他的协变量均衡性检验方法还有：假设检验法、F检验、DW检验法、图示法、标准化差异和方差比等。图示法包括箱式图、Q-Q图等，差比法主要是针对连续型变量，优点是表达简洁、直观，缺点是不能够量化。通过比较组间协变量的方差来评价均衡性的好坏。标准化差异在近年的倾向得分研究中应用较多，其概念由Flury和Reidwyl在1986年首次提出。标准化差异的优点还在于其可以结合示意图直观地比较匹配前后协变量的均衡性。但是不管选择哪种检验方法来评价均衡性，都不可缺少基本的描述性统计分析。

调整不均衡主要方法有根据协变量的值进行匹配、分层和协方差调整。但是当有个数较多的协变量时，这些方法的应用会十分困难。虽然找寻匹配的想法看起来很直接，但是就算只有很少的感兴趣的协变量的时候，我们也经常很难找到全部重要的协变量都类似的个体。倾向性评分经过一个单标变量的匹配来使研究者能够同时控制多个背景协变量，从而解决了这个问题。在倾向性评分之前，我们经常采用一种的匹配方法是马氏距离匹配，它能够同时容纳几个背景协变量。这种方法的缺点之一是当模型中包含许多协变量的时候，很难找到相近的匹配。由于随着变量增加，马氏距离也增加，由此观察个体之间的平均距离也增加。倾向性评分是通过很多的协变量计算出来的，但它仍是个单值变量，所以匹配法一般比较容易。分层和匹配法一样是用于观察性研究中对照组和干预组间的系统性差异的一种常用的方法。这种方法是通过背景协变量分层决定的。一旦分层确定，在同一层内的对照组和干预组就可以直接比较。但是当协变量数量增加的时候，分层也出现了很多相似匹配出现的问题。

(5) 处理效应的估计。应用倾向得分法最终目的是估计处理效应，减少偏倚，因此选择何种方法来估计处理效应至关重要。倾向得分模拟研究中，常也是通过比较处理效应估计的精度和偏性，来评价模型构建的合适程度。通过倾向得分方法控制了混杂因素的分布，除去了偏倚，那么如何来估计平均处理效应则显得尤为重要。估计处理效应的精度和准确度也是评价倾向得分法成功与否的一个评价标准。非随机化研究中，干预组和对照组间协变量分布一般是不均衡的，应用倾向得分法后，根据Rubin和Rosenbaum提出的假设：凡是经过倾向得分研究方法处理后的数据，处理因素与倾向得分所综合的各个协变量之间是相互独立的，组间各协变量的分布应当是均衡可比的。在对经过倾向得分匹配后的数据集进行统计分析时，应该考虑到研究个体之间有配对的特征，干预组与对照组不再是两个独立的样本，故在估计平均处理效应时，应当考虑到样本的这个特征，采用适用于配对样本的统计分析方法。对于连续型数据，根据数据分布类型的不同选择相应的统计分析方法进行相应处理。

两组倾向得分重叠区范围常称为共同支持域。共同支持域的大小是影响具体匹配方法估计效果的一个重要因素。如果两组不存在共同支持域，说明两组是没有可比性的，进行倾向得分分析变得没有意义。当共同支持域过大时，具体匹配方法在倾向得分匹配方法的选择中是不敏感的；但当共同支持域较小时，对具体匹配方法的选择将变得敏感。倾向得分配比过程中，部分干预组个体可能配比不成功，主要原因是：用于计算倾向得分的主要协变量有缺失。一个观察单位中无论哪个协变量数据缺失，都无法估算它的倾向得分值，配比也无法进行；干预组中其中一部分的研究对象倾向得分太大或太小，落在共同支持域之外比较远，因此没有可以与之匹配的对照组研究对象供其选择；配比精度过高，当样本量固定时，如果要提高匹配的精确度，必会使匹配成功的例数减少；相反，如果要尽可能多保留能够匹配成功的对象，则匹配精度肯定会降低。这需要研究者结合资料的具体情况、专业知识来决定匹配的精度和样本量。倾向得分配比前后干预组与对照组的协变量分布的平衡性的评价不能仅仅依靠各个变量在配比前后分布差异的显著性来评价。这是因为，倾向得分配比后对照组只选择了与干预组可以匹配的部分个体作为研究对象，因此样本量较原来的人群要小。随着样本量的变化，将会造成匹配前后用于两组比较的显著性检验统计量减小，同时造成 p 值增大。

(6) 灵敏度的检验。在试验中，已采用最合适的匹配方法，但得不到完整的匹配数据集是无法避免的情况。在实践中，由于匹配数据的不完整造成严重的偏倚大大高于由于精度不够造成的偏倚，所以选择一种合适的匹配算法是非常重要的，因为它影响到处理效应的估计。RCT 研究能均衡所有已知和未知的混杂因素，但在非随机化研究中，无法控制未知混杂因素的影响。通过调整倾向得分，均衡了组间可观测协变量的分布，排除了已知混杂因素有可能引起的选择性偏倚，但是不排除还存在未知的混杂因素引起的选择性偏倚，因此，需要用灵敏度检验对隐藏偏倚进行量化。采用倾向得分研究方法对非随机化数据处理后，组间已知的协变量得到了均衡，移除了混杂因素产生的偏倚，但是却不能消除未知的混杂因素产生的偏倚，这时，就需要用灵敏度检验来衡量未知因素对结果产生的影响大小。虽然灵敏度检验不能直接显示有哪些未知的混杂因素，但是可以对未知混杂因素产生的偏倚对处理效应影响的大小进行估计。Wilcoxon 符号秩检验常被用来作为倾向得分灵敏度检验方法，但目前只适用于倾向得分匹配法的研究。

(7) 缺失数据的填补。某些观察性研究数据中，会遇到一些观察单位的协变量数据至少缺失一个。利用倾向得分法进行数据分析时，这些含有缺失值的研究个体将无法估计出倾向得分。如果直接剔除这些存在缺失的数据，则会导致大量的观察数据流失，丢失大量信息，进而影响结果的估计。如果在进行倾向得分方法之前对数据中缺失的数据根据其缺失程度和缺失类型进行合理的处理，那么会大大增强倾向得分方法校正后对平均处理效应的估计。不同缺失类型的数据有不同的处理方法。Rubin 和 Little 将数据缺失分为随机缺失、非随机缺失和完全随机缺失三类。对不同数据缺失类型，采用的方法也不尽相同,根据具体情况再决定采用何种数据处理办法。在实际应用中,要满足完全随机缺失情况的假设是很难的,所以多数方法是基于随机缺失假设的条件下处理缺失值资料,对于非随机缺失条件下的缺失数据尚有待于进一步探索研究。常用的处理缺失数据的方法有删除法、指示变量法、单一填补法和多重填补法等。随着新的统计方法和理论的不断提出,加上计算能力的不断提高,不断涌现一些新的填补方法。如果在一次试验中,缺失数据很多时,则不管采用何种处理缺失数据的方法,结果都可能不理想。数据缺失值的处理方法有很多,不同的方法有不同的理论基础,适用的环境也有很大不同。在实际运用中,要满足所有随机缺失情况的假设一般是很困难的,所以大多数方法是基于随机缺失假设条件下处理缺失值的资料,但在非随机缺失条件下缺失值的处理尚有待于进一步研究。

删除:最简单的方法就是删去不完整的个体,也是许多统计软件默认的缺失值处理方法。适用于被调查对象出现多个变量的缺失,而且被删除的含缺失数据量占据整个数据集中的数据量比例非常小的情况下。如果缺失数据所占的比例较大,特别是当缺失数据非随机分布的时候,这种方法将可能导致数据发生偏离,从而得出错误结论。

指示变量法:对于每个有缺失值的变量建立一个缺失值指示变量,并且伴随该变量一起纳入模型进行倾向评分的计算。

单一填补法:单一填补法是一次性填补研究对象缺失值。单一填补法很多,相对简单易行。由于填补的数据都是唯一的,所以经过填补后,可能会造成较大的偏差,因为原有数据集的不确定性不能通过数据集表现出来。

均值填补法:指的是用研究变量非缺失对象的样本均值作为缺失值的填补值,分为分层均值填补和总均值填补。总均值填补就是将所有非缺失对象的均值作为填补值,分层均值填补是根据样本用某些算法从含缺失的数据估计出协方差/相关系数矩阵、均值向量。如果观测数据不存在缺失值,某变量平均数的最大似然估计是该变量值总和与样本量之比。如果该变量的某些值缺失,该变量值有未知的总和,就不能估计该变量平均数。当变量不是线性相关或预测变量高度相关时会导致有偏差的估计。

期望最大化法:期望最大化法是一种利用 EM 算法进行的最大似然的参数估计方法,所有的缺失值以最大似然值填补。应用条件是数据为多元正态分布和数据缺失的区制是可以忽略的。此方法用期望最大化两次计算的结果达到规定的收敛标准。相对于以上几种方法,期望最大化法主要的优点是根据观测数据分布对缺失值进行填充,其结果估计比较精确。由于仍然属于单一填补,可以忽略不同填补的可能差异。

HotDeck 填补法:也称热平台填补或热卡填补。指数据集在已知观测中,采用与有缺失的观测最“相似”的那条观测的相应变量值作为其填补值。一般认为,HotDeck 是单一填补法之中效果较为理想的一种方法。缺点在于其中的“相似”很难界定,并且在大型数据集中,使用此方法就显得过于繁琐,并且在模拟数据的分布特征的时候也可能缺乏准确性。

多重填补法:多重填补法由 Rubin 在 20 世纪 80 年代提出,由于处理过程比较复杂,多重填补法起初并没有得到广泛的应用。直至 20 世纪 90 年代,随着统计软件的广泛应用，多重填补法逐渐成为处理缺失数据的主要工具。多重填补法要求数据缺失为可忽略区制，并且数据满足多元正态分布。基本思想是在有数据随机缺失时，用已有的观察值通过填补模型对每一个缺失数据填补多次，产生多个数据库，这些数据库均用于总体参数的估计。填补时首先选择填补模型，以便用观察值预测缺失值的分布。

常用的填补模型有参数回归法、近似贝叶斯自举法、倾向评分法及马尔可夫链蒙特卡罗法。然后选择加入模型的变量进行多次填补，每一次填补就产生一个完整数据库。最后对多次替换后产生的数据库用常规的统计分析方法进行分析，把来自不同数据集的统计结果进行综合，得到总体参数的估计值。一般填补 5 次便可得到较为理想的效果。

（三）倾向得分法的总结与评论

由于现实研究中观察数据的不可控性，使得传统统计方法很难深入探讨行为现象间的某些因果关系，而近年来倾向得分法在相当大的程度上弥补了这一问题的缺陷，倾向得分法是观察研究中进行因果推断的重要工具，在各个领域研究中受重视程度可见一斑。在观察性研究中被观察的对象可能在很多方面都有区别，混杂因素的存在使得虚拟事实模型中不同处理效应之间不能相互替代，忽略混杂因素将会导致因果推断的偏倚，进而产生了自选择问题或内生性问题。研究者开始使用随机实验和倾向得分法来控制和消除这些问题。总结文献，可得到在因果推断中使用倾向得分法的一些特点：

（1）倾向得分法可以降维和减少共线性偏差。对于非随机化的观察研究，与结果变量和分组变量有关的协变量在干预组和对照组之间的分布往往是不均衡的，这种不均衡通常是造成选择性偏差的重要原因。现阶段，主要有两种方法用来调整这种不均衡。一是根据协变量的值来匹配或分层，但当存在较多的协变量时，由于维度的问题这种方法的应用将变得非常复杂，但利用倾向得分法就能很好地解决这个问题，对于各种不同维度的协变量，都可以通过一个简单的倾向得分来表示，这实际上就是起到降维的作用。二是基于回归模型分析，回归模型需要假定一些模型的形式和适用条件，当假定不完全成立时，有可能得到不可靠的结果。在回归模型中，协变量之间的相关或共线性关系，是产生有偏估计的重要原因。倾向得分能综合全部的混杂因素的共同作用，并将多协变量化为一个变量，使得估计因果联系的模型更简单，亦能最大限度地减少共线性所导致的偏倚。

（2）倾向得分法有更高的稳健性。要正确估计一种处理效果，相对于随机化研究，在非随机化研究中除了要考虑比较两组间协变量分布产生的不均衡影响之外，还需考虑是否存在未被观察到的协变量。如果存在未被观察到的协变量，相比较于传统的统计模型，结合倾向得分法能达到更高的稳健性，这是结合倾向得分法的其中一个优点。

（3）在实际运用中倾向得分法须结合研究目的和数据质量进行分析：首先，倾向得分法与一般研究设计一样，也要求模型中所包含的协变量应尽可能全面，否则结果就可能产生偏差，因此在实际应用中需要对特征变量进行敏感性分析，尽可能减少偏倚；第二，倾向得分的估计值是连续型数据，通过对倾向得分匹配、分层的方法不可能使比较两组间协变量的分布达到完全一致，这使得结合倾向指数的方法在估计处理效应的时候会有一些偏倚，虽然在样本量较大的时候可以忽略不计，但在样本量比较小的情况下产生的偏倚将非常大；第三，对倾向得分法的强可忽略性假设进行判断时需要依据现有的知识与经验，采取不同措施尽量保证该假设的成立。总之，鉴于现代统计技术的不断进步，即使在可忽略性假设的条件下，倾向得分法对观察研究中的因果推断研究的贡献仍十分重要，因此它的研究和应用已不断从统计学领域向医学、法律、经济学等领域拓展。

10.2.7 实例

该实例参考《高级计量经济学及 STATA 应用(第二版)》。以数据集 ldw_exper.dta 为例。该数据集包含以下变量：re78(1978 年实际收入)，t(是否参加就业培训)，age(年龄)，educ(教育年限)，black(是否为黑人)，hisp(是否为拉丁裔)，married(是否已婚)，re74(1974 年实际收入)，re75(1975 年实际收入)，u74(1974 年是否失业)，u75(1975 年是否失业)。

打开 ldw_exper.dta 数据集

输入“findit psmatch2”，点击“psmatch2 from http://fmwww.bc.edu/RePEc/bocode/p，点击“click here to install” 即可下载)\\ 下载 psmatch2 工具包

reg re78 t age educ black hisp married re74 re75 u74 u75，r\\ 引入协变量进行多元回归

表 10.2.1 显示，平均处理效应为 1.672，且显著性水平接近 1%。在协变量中，除了 educ、black 在 5% 的水平上显著外，其余协变量均不显著。

set seed 10101

gen ranorder = runiform()

sort ranorder\\ 将数据随机排序

psmatch2 t age educ black hisp married re74 re75 u74 u75，outcome(re78) n(1) common logit ties ate\\ 进行一对一匹配

表 10.2.1　多元回归结果

```
Linear regression                               Number of obs     =        445
                                                F(10, 434)        =       2.53
                                                Prob > F          =     0.0057
                                                R-squared         =     0.0582
                                                Root MSE          =     6.5093
```

re78	Coef.	Robust Std. Err.	t	P>|t|	[95% Conf.	Interval]
t	1.672042	.6617972	2.53	0.012	.3713161	2.972768
age	.0536677	.040388	1.33	0.185	-.0257127	.133048
educ	.4029471	.1610925	2.50	0.013	.0863287	.7195655
black	-2.039466	1.038581	-1.96	0.050	-4.080739	.0018068
hisp	.4246486	1.427471	0.30	0.766	-2.380968	3.230265
married	-.1466618	.8640396	-0.17	0.865	-1.844884	1.551561
re74	.1235727	.127147	0.97	0.332	-.1263278	.3734731
re75	.0194585	.14063	0.14	0.890	-.2569421	.2958591
u74	1.380999	1.554643	0.89	0.375	-1.674566	4.436564
u75	-1.071817	1.408301	-0.76	0.447	-3.839755	1.696121
_cons	.2214288	2.824293	0.08	0.938	-5.329565	5.772422

表 10.2.2 上部显示 logit 回归的结果。ATT 估计值为 1.411，对应 t 值为 1.68，小于临界值，不显著。ATE 与 ATU 的估计值与 ATT 类似。下部汇报观测值是否在共同取值范围内，在总共 445 个观测值中，对照组共有 11 个不在共同取值范围内，干预组共有 2 个不在共同取值范围内，其余 432 个观测值均在共同取值范围中。

quietly psmatch2 t age educ black hisp married re74 re75 u74 u75,outcome(re78) n(1) common logit ties ate

pstest age educ black hisp married re74 re75 u74 u75,both graph\\ 考察匹配结果是不是较好地平衡了数据

表 10.2.2　Logit 回归结果

```
Logistic regression                             Number of obs     =        445
                                                LR chi2(9)        =      11.70
                                                Prob > chi2       =     0.2308
Log likelihood = -296.25026                     Pseudo R2         =     0.0194
```

t	Coef.	Std. Err.	z	P>|z|	[95% Conf.	Interval]
age	.0142619	.0142116	1.00	0.316	-.0135923	.0421162
educ	.0499776	.0564116	0.89	0.376	-.060587	.1605423
black	-.347664	.3606532	-0.96	0.335	-1.054531	.3592032
hisp	-.928485	.50661	-1.83	0.067	-1.921422	.0644523
married	.1760431	.2748817	0.64	0.522	-.3627151	.7148012
re74	-.0339278	.0292559	-1.16	0.246	-.0912683	.0234127
re75	.01221	.0471351	0.26	0.796	-.0801731	.1045932
u74	-.1516037	.3716369	-0.41	0.683	-.8799987	.5767913
u75	-.3719486	.317728	-1.17	0.242	-.9946841	.2507869
_cons	-.4736308	.8244205	-0.57	0.566	-2.089465	1.142204

Variable	Sample	Treated	Controls	Difference	S.E.	T-stat
re78	Unmatched	6.34914538	4.55480228	1.79434311	.632853552	2.84
	ATT	6.40495818	4.99436488	1.4105933	.839875971	1.68
	ATU	4.52683013	6.15618973	1.6293596	.	.
	ATE			1.53668776	.	.

psmatch2: Treatment assignment	psmatch2: Common support Off suppo	On suppor	Total
Untreated	11	249	260
Treated	2	183	185
Total	13	432	445

表 10.2.3 显示，匹配后大多数变量的标准化偏差小于 10%，且 t 检验的结果均不拒绝干预组与对照组无系统差异的原假设，大多数变量的标准化偏差均大幅度缩小。

psgraph\\ 画条形图显示倾向得分的共同取值范围

表 10.2.3　匹配前后样本性质差异

Variable	Unmatched Matched	Mean Treated	Mean Control	%bias	%reduct |bias|	t-test t	t-test p>|t|
age	U	25.816	25.054	10.7		1.12	0.265
	M	25.781	25.383	5.6	47.7	0.52	0.604
educ	U	10.346	10.088	14.1		1.50	0.135
	M	10.322	10.415	-5.1	63.9	-0.49	0.627
black	U	.84324	.82692	4.4		0.45	0.649
	M	.85246	.86339	-2.9	33.0	-0.30	0.765
hisp	U	.05946	.10769	-17.5		-1.78	0.076
	M	.06011	.04372	5.9	66.0	0.71	0.481
married	U	.18919	.15385	9.4		0.98	0.327
	M	.18579	.19126	-1.4	84.5	-0.13	0.894
re74	U	2.0956	2.107	-0.2		-0.02	0.982
	M	2.0672	1.9222	2.7	-1166.6	0.27	0.784
re75	U	1.5321	1.2669	8.4		0.87	0.382
	M	1.5299	1.6446	-3.6	56.7	-0.32	0.748
u74	U	.70811	.75	-9.4		-0.98	0.326
	M	.71038	.75956	-11.1	-17.4	-1.06	0.288
u75	U	.6	.68462	-17.7		-1.85	0.065
	M	.60656	.63388	-5.7	67.7	-0.54	0.591

由图 10.2.1 知，大部分观测值均在共同取值范围内，故在进行倾向得分匹配时只会损失少量样本。

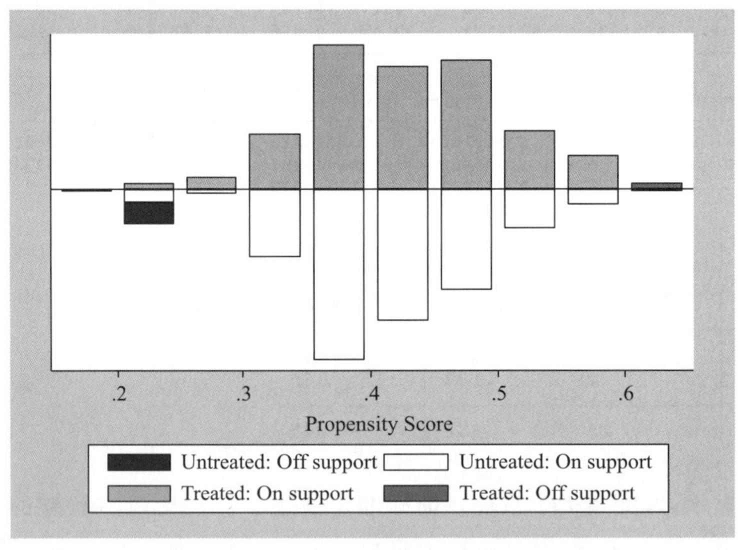

图 10.2.1　倾向得分的共同取值范围

10.3 倍差法与倾向得分匹配

随机化是可靠对照组间均衡并降低混杂因素的影响的十分重要的统计学方法，它是指在试验分组时，每个研究对象都有相同的概率被分至干预组或对照组。对涉及范围较广的公共政策或干预措施效果进行评估时，如要设计完全随机化试验比较评价干预组与对照组的结果变量，通常很难在大范围内保证干预组与对照组研究对象特征变量的均衡性，同时还会造成大量财力物力花费。因此，对于这种涉及范围较广的政策或措施的效果评价，所用设计多为非随机对照研究，即干预组与对照组的研究对象并非随机分配。然而，非随机化的研究将会导致预后因素在组间分布的不均衡性，此时将不可避免出现由混杂因素导致的系统性偏倚问题，如果忽视偏倚的存在，可能只能获得处理效应的有偏估计，甚至是不正确的结论。为解决上述问题，传统上常使用多元分析模型、配对法、分层法等统计分析方法来控制偏倚，但这些方法均不适用于混杂因素很多，而结局发生率很低的情况。针对此种类型研究，学者们提出了处理非随机化设计的研究方法，其中以倾向得分法(propensity score，PS)与倍差法(difference in differencc，DID)较为常用。

10.3.1 倍差法

倍差法又名双重差分法，最初主要用于社会与经济领域的政策或项目评估。与倾向得分法只处理横截面数据不同，倍差法所适用的数据兼有横截面和时间序列两个方面，可以分为两种数据类型：独立混合横截面数据(independently pooled cross section data)与纵列数据(longitudinal data)。

倍差法的分析思路是将人群分为干预组与对照组两类，分别计算干预组与对照组在处理或干预实施前后的变化量，再计算干预组与对照组之间变化量的差值，共有两次差分计算。然后构建倍差法的回归模型，在控制了时间等因素的前提下，估计处理效应。具体分析流程如下：

设时间变量为 T，干预前为 $T=0$，干预后为 $T=1$，Y_t 为干预组结局变量，Y_c 为对照组结局变量。则有：前后差分：干预组：$\Delta Y_t = Y_t(T=1) - Y_t(T=0)$，对照组：$\Delta Y_c = Y_c(T=1) - Y_c(T=0)$

组间差分：$\Delta Y = \Delta Y_t - \Delta Y_c$

双重差分后，再设 G 为分组变量，构建回归模型，估计干预措施对 Y 的影响，一般模型如下：

$$Y_{it} = \beta_0 + \beta_1 G_{it} + \beta_2 T_{it} + \beta_3 G_{it} T_{it} + \beta_4 X_i + \varepsilon_{it}$$

其中，Y_{it}、G_{it}、T_{it} 与 ε_{it} 分别表示结局变量、分组变量、时间变量以及残差变量的二元虚拟变量。当 $i=0$ 时表示对照组，$i=1$ 时表示干预组；当 $t=0$ 时表示干预前，$t=1$ 时表示干预后。$G_{it}T_{it}$ 表示分组变量与时间变量的交互项。X_i 表示与分组变量相关的不随时间变化的变量。β 为各变量的估计系数。其中 $\Delta Y = \Delta Y_t - \Delta Y_c = \beta_3 G_{it} T_{it}$，系数 β_3 为在控制了时间等协变量后处理效应的估计值。根据因变量或结局变量数据类型以及分析目的,对于倍差法模型的估计可以采用普通最小二乘法(OLS) probit 回归以及 logistic 回归模型等方法。

10.3.2 应用案例分析

倾向得分法的主要目的是将非随机化研究进行“事后随机化”,使干预组与对照组间的协变量分布均衡具有可比性。2008 年,钱军程等使用抽样调查的方法抽取中国 27 个新农合国家试点县及 5 个未实施新农合的县,评估新农合政策对农民卫生服务利用的影响,属于非实验设计的现状调查研究。研究发现,参合农民与未参合农民在年龄及自感健康状况等方面差异性有统计学意义,表明干预组与对照组的比较具有一定的样本选择性。在不处理样本选择偏倚的情况下,参合农民的卫生服务利用率低于未参合农民。为控制样本选择偏倚,钱军程等以是否参合作为因变量,将自评健康状况作为自变量,构建 PSM 模型,得到倾向得分,将倾向得分接近的参合农民与未参合农民匹配,最后结果显示参合农民卫生服务利用率高于未参合农民,如参合农民住院率高于未参合农民。倾向得分相同的两组研究对象,可认为其参合可能性相同,将非实验设计的现状调查转换为类似于随机对照研究的实验,结果更接近可信。然而,参合农民与未参合农民存在较大的“事前差异”,只选择自评健康状况作为分组的唯一混杂因素并不能完全消除混杂偏倚,一些无法观测的潜在变量仍然可能影响最终的结果。如钱军程的研究显示参合农民住院率高于未参合农民,然而因病未住院的比例与未参合农民相比差异仍无统计学意义,探究后发现其原因为参合农民在就诊时被医生建议住院的比率比未参合农民高 27.32%,从而应住院而未住院的比率也相应增加。

倍差法则可以控制研究对象间的事前差异,并通过其差分计算控制不随时间改变的不可观测的变量对处理效应的影响,从而比较精确地比较干预组与对照组之间因处理因素不同而带来的结果差异,以评价某项政策或者措施是否有效。2012 年,李凯等使用倍差法对山东省基本药物制度(下称“基药”) 对乡镇卫生院服务量及患者费用的影响进行了研究。其以县为单位收集了山东省实施基药的 47 个试点县(以下称为干预组) 及未实施基药的 88 个县(以下称为对照组)2009 年及 2010 年两年乡镇卫生院平均服务量及患者费用情况,并将干预组与对照组的数据均分为两部分:干预前(即 2009 年) 与干预后(即 2010 年),该数据成为既包含横断面数据也包含时间序列数据的面板数据集。分别计算干预组与对照组干预前后服务量与患者费用的差值,再计算干预组差值与对照组差值的差值,以经过两次差分的差值作为因变量,以意向变量作为自变量,构建回归模型估计效应值。倍差法的使用消除了干预组与对照组事前差异以及不随时间变化的不可观察因素对结果的影响,无法确保干预组与对照组之间的可比性,即两组乡镇卫生院社会经济水平与人口学特征的差异会影响结果的可信度。

由上可见,倾向得分法多运用于大规模非随机化试验研究,且主要应用于横断面数据的分析,但不适用于分析面板数据(既包含横断面数据也包含时间序列数据的数据集)。倍差法可以利用由“自然试验” 产生的面板数据对政策或干预措施进行评价,但倍差法要求研究个体是否接受政策或干预措施的影响是随机的。两种方法各有其优势与劣势,Blundell 和 Dias 与 Caliendo 提出可以将倾向得分法与倍差法相结合则既能消除不随时间改变的不可观测变量对处理效应的影响，也可以将非随机化试验进行“事后随机化”和解决“内生性”问题，从而可以更加准确地评价政策或干预措施的效果。

Wang 等，2009 年对新农合实施对农民自评健康影响的研究，便结合使用了倾向得分法与倍差法。其选择了中国西部一个新农合试点县与未实施新农合的对照县，分别于 2002 年及 2005 年对研究对象进行了健康评估。为控制干预组与对照组研究对象间的样本选择偏倚，作者先利用是否参与新农合作为因变量，构建倾向得分模型，通过倾向得分将干预组与对照组进行配对，之后使用自评健康量表得分作为因变量，采用倍差法计算自评健康状况的净改善值与影响因素之间的联系，控制自评健康状况在干预组与对照组之间的事前差异，同时控制了不可观测变量对农民健康状况的影响。

倾向得分法与倍差法结合用于分析非随机对照设计的面板数据具有一定优势，目前已逐步被较为广泛地用于卫生政策评估，在具体应用时需注意两种方法的适用前提条件：

(1) 倾向得分法只能均衡组间已知协变量，无法控制未观察到的混杂因素所带来的偏倚。同时，倾向得分法的应用还受到样本量的影响，当样本量较小时，配对后的干预组与对照组间的均衡性很难达到较好的效果。此外，如果配对后样本损失较多，或者计算倾向得分后发现干预组与对照组之间倾向得分重叠很小或者没有时，并不适合采用倾向得分法。

(2) 倍差法模型在应用前，需注意核实研究是否满足以下三个假设条件：① 干预组政策或项目的实施不会对对照组的相关变量产生影响，政策或项目的实施仅会对干预组对象产生影响；② 干预期间，周围除干预以外的其他因素对干预组与对照组的影响是相同的；③ 干预期间，干预组与对照组的某些重要特征不会随时间变化而变化。

10.4　Cox 比例风险回归模型

10.4.1 Cox 比例风险回归模型回顾

随着世界经济的增长，卫生保健事业的发展，疾病谱的变化和平均寿命的提高，有关肿瘤、慢性病、老年性疾病的临床试验和流行病学方面的随访研究越来越重要，越来越多，这些临床试验和随访研究的资料都可整理为生存资料。目前对生存资料的多因素分析最常用的方法仍然是 Cox 比例风险回归模型（proportional hazards regression model，简称“Cox 模型”）。该模型是一种多因素的生存分析方法，可以分析带有截尾生存时间的资料，同时分析众多因素对生存期的影响，且不要求估计资料的生存函数的分布类型。由于上述优良性质，该模型自 D. R. Cox 于 1972 年提出以来，在医学随访研究中得到非常广泛的应用。据 Science Citation Index 统计，至 1993 年底，7 000 多篇文献引用了该文章，其中 95% 以上为应用研究，主要用于预后因素的筛选及预测。在此以后的每年仍以相当高的频率被引用，是当前被引用频率最高的科学文献之一。当今国际通用统计软件包如 SAS，SPSS 等的广泛应用使 Cox 模型分析更方便、快速。

假定有 n 个观测，对每个观测 i 得到(t_i，δ_i，X_i)，其中 t_i 为生存时间，δ_i 为截尾指示

变量，对非截尾观测，$\delta_i=1$，否则 $\delta_i=0$。$\boldsymbol{X}_i=(x_{i1},x_{i2},\cdots,x_{ip})$ 是 P 维行向量，表示第 i 个观测的 P 个协变量。Cox 比例风险回归模型的一般形式为

$$h(t;\boldsymbol{X})=h_0(t)\exp(\boldsymbol{\beta}'\boldsymbol{X}) \tag{10.4.1}$$

式中 $h(t;\boldsymbol{X})$ 是具有协变量 $\boldsymbol{X}$ 的个体在 t 时刻的风险函数，$h_0(t)$ 为 $\boldsymbol{X}=\boldsymbol{0}$ 时的基准风险函数，回归系数向量 $\boldsymbol{\beta}=(\beta_1,\cdots,\beta_p)$ 的估计需借助偏似然函数

$$L(\beta)=\prod_{i=1}^{n}\left\{\frac{\exp(\boldsymbol{\beta}'\boldsymbol{X}_i)}{\sum\limits_{j\in R_i}\exp(\boldsymbol{\beta}'\boldsymbol{X}_j)}\right\}^{\delta_t} \tag{10.4.2}$$

式中 R_i 为 t_i 时刻的风险集，即$\{j:t_j\geqslant t_i\}$。

生存函数为

$$S(t;X)=S_0(t)\exp(\boldsymbol{\beta}'\boldsymbol{X}) \tag{10.4.3}$$

式中 $S_0(t)$ 是 r 时刻的基准生存函数

$$\hat{S}_0(t)=\exp\left[-\sum_{t_i\leqslant t}\delta_i\left(\sum_{j\in R_i}e^{\hat{\boldsymbol{\beta}}'\boldsymbol{X}_i}\right)^{-1}\right] \tag{10.4.4}$$

有关该模型的基本理论包括参数估计和假设检验不再赘述。在得到该模型产生的统计推断和预测前，必须确定生存资料是否满足 Cox 模型的两个基本假定。

(1) 比例风险假定：任两个个体风险函数之比不随时间改变。

$$\frac{h_i(t)}{h_j(t)}=\exp\{\boldsymbol{\beta}'(\boldsymbol{X}_i-\boldsymbol{X}_j)\},i,j=1,\cdots,n \tag{10.4.5}$$

即 PH(proportional hazards) 假定。简单地，对 0-1 变量 Cox 模型，0 组的风险函数为

$$h(t;\ x=0)=h_0(t)\text{（即基准风险）}$$

1 组的风险为

$$h(t;\ x=1)=h_1(t)=h_0(t)\exp(\beta)$$

$$\frac{h_1(t)}{h_0(t)}=\exp(\beta) \tag{10.4.6}$$

即两组风险函数之比在时间上是常数，或两组风险函数成比例。

(2) 对数线性假定：对模型中的连续变量，任一个体 i 的对数风险与协变量呈线性关系。

$$\log h_1(t)-\log h_0(t)=\boldsymbol{\beta X}_1,i=1,\cdots,n \tag{10.4.7}$$

10.4.2 Cox 比例风险模型的可行性

由于建模过程的复杂性，不可能将一个模型的可靠性评价归纳为一个标准策略，而只能给建模者提供一些帮助性的指导。通常首先我们从与资料有关的一个特定模型族中选择模型，之后：

(1) 考察模型假定：检查资料是否满足或近似满足所选择的模型假定。

(2) 确定变量筛选方法：如果解释变量很多，确定一个选择线性预测值中包含变量的基本计划。

(3) 评价模型的拟合优度，即模型描述结果变量的恰当性。

由于Cox模型适用范围广，实际应用中分析者常忽视了它的应用条件，如比例风险假

定和对数风险与协变量间的线性假定等，造成模型拟合结果与观察结果相背离的不良后果。同时，当资料中存在异常数据时，可能会对模型参数估计及预测产生影响，直接影响到该模型的稳定性，这种异常点称为强影响点，所以异常点及强影响点的识别应是Cox模型分析中的一个重要组成部分。另外，当生存分析的主要目的是进行预测时，如何评价所建立Cox模型对生存时间变异的解释能力，如何改善预测，也是有关Cox模型预测应用方面的主要问题。因此，建立稳健、可靠、有效的Cox模型是一项既具有理论意义，又具有实用价值的研究课题，这方面的研究也是有关Cox模型及应用研究中的一大热点。

10.4.3 Cox 比例风险回归假定的考察

Cox 模型属比例风险模型族，其基本形式为：

$$h(t;\boldsymbol{X})=h_0(t)\exp(\boldsymbol{\beta}'\boldsymbol{X}) \tag{10.4.8}$$

一个比例风险模型具有不同个体有成比例的风险函数的性质，简称 PH 假定，即模型中协变量的效应不随时间改变。如肿瘤学研究中，感兴趣的是肿瘤分期的预后相关性是否可用于整个观察期，一个预后因子是短期预后因子还是长期预后因子。如不满足 PH 假定，Cox 模型是无效的，需要更复杂的分析方法，而应用中不能确保资料产生过程服从式(10.4.8)。一个错误确定的模型会导致不一致的参数估计或不正确的推断。偏离 PH 假定时，一方面，对不满足 PH 假定的变量，其相应的检验效能会降低，对模型内其他满足 PH 假定的变量，由于模型失拟，检验效能也降低。另一方面，对风险比例随时间增加的协变量，其相对危险度(RR)会高估，而对常见的交叉风险情形，RR 会低估。Cox 回归模型的广泛应用使模型检查尤为重要。

一般 Cox 模型的拟合优度检验方法基于时间轴的人为分割或难以计算。这样一来，尽管人们越来越多地意识到模型错误对统计推断的副效应，Cox 回归模型的用户很少去作拟合优度分析，即使直接影响到该模型的实际解释，分析者很少检查 PH 假定是否满足。有多种方法评价 PH 回归模型的拟合优度，包括数值拟合优度统计量、评价时间协变量交互作用项、残差分析及其他各式图法。这些方法中，有些可用于评价 PH 假定，但对现有不同方法作全面比较研究的还很少。

本节将有关 PH 假定的检查方法大致分为图法和正规的检验方法。图法即通过观察散点图中散点的分布或趋势是否满足既定模型基本假定下的形状来判定资料是否满足或近似满足模型假定；检验法则是通过构造满足既定模型基本假定下服从某一已知分布的统计量，利用正规假设检验的 P 值来判断资料是否满足或近似满足模型假定。

第十一章　半参数与非参数计量经济学模型

11.1　非参数计量经济学模型简介

非参数计量经济学模型包括完全非参数计量经济学模型与半参数计量经济学模型。非参数计量经济学的提出是为了解决实际经济研究中，经济变量之间存在的非线性问题。传统的线性模型往往有许多看起来并不那么合理(或者说是太过于严格)的前提假设，导致线性模型在实际应用中的合理性可能受到质疑，由此，非参数计量经济学是比线性计量模型更加符合实际的计量模型。

如何使用非参数计量模型进行回归分析呢？一般来讲，将 Y 对 X 作回归，即估计 $E(Y|X)$。一种非常简单的方法是，找到某一个 X 值附近的样本点，将这些样本点进行加权平均即可(这个权可以是处处相等的，也可以有其他的定义方式)。可以证明，这样的估计量是有效且渐近无偏的(但不再具有无偏性)。

在这种方法的指导下，非参数计量经济学发展出了自己的估计和检验方法，其最大的好处在于，除了符合一般通常的假设以外，非参数模型没有事先对数据的分布做任何假设，因此，非参数模型分析是更加接近实际的，非参数模型一定程度上避免了人为设定可能产生的回归分析的偏误。在经典单方程计量模型中，对随机项的假设是非常强的，这样的假设近乎天真，非参数方法就避免了这个问题。非参数模型巧妙而简洁，但是它有一个不可避免的缺陷。非参数估计方法要求的数据量非常大，由于维数诅咒(curse of dimensionality)问题，在实际应用过程中，我们往往很难收集到足够的研究数据，这正是限制非参数方法被广泛应用的最大瓶颈。

鉴于非参数计量经济学模型存在的维数诅咒问题，半参数计量经济学模型被提出。半参数计量经济学模型是以部分线性与部分非参数结合的产物，它部分的参数设定极大地降低了对数据的要求，同时又拥有非参数那样没有过于严格的前提假设，因此，在实际应用中，半参数计量经济学模型更加常用。故而，本章先介绍非参数部分的核密度估计、回归模型的核估计以及回归模型的局部线性估计，随后介绍非参数与其他常见模型的结合，即半参数分位数回归模型、半参数趋势面板数据模型和半参数趋势阈值面板数据模型。

11.2　非参数模型估计方法

11.2.1 密度函数的非参数核估计

（一）一元密度函数的估计

在现实中，随机变量的密度函数的形式往往是未知的，这时我们就需要非参数的估计方法。因此，本节讨论的是在密度函数没有任何已知信息的情况下，密度函数的核估计。

以一元密度函数的核估计为例，假设 $X_1,\cdots,X_n$ 同分布，密度函数 $f(x)$ 的形式未知。假设 $X_1,\cdots,X_n$ 服从经验分布，即分布函数为：

$$F_n(x)=P(X\leqslant x)=\frac{1}{n} \tag{11.2.1}$$

设核函数为均匀核，即核函数具有如下形式：

$$K_0(x)=\begin{cases}\frac{1}{2}, & -1\leqslant x<1\\ 0, & \text{else}\end{cases} \tag{11.2.2}$$

那么，由(11.2.1)与(11.2.2)，密度函数的估计为：

$$\begin{aligned}\hat{f}_n(x)&=[F_n(x+h_n)-F_n(x-h_n)]/2h_n\\&=\frac{1}{2h_n}\int_{x-h_n}^{x+h_n}\mathrm{d}F_n(t)=\int_{x-h_n}^{x+h_n}\frac{1}{h_n}K_0\left(\frac{t-x}{h_n}\right)\mathrm{d}F_n(t)\\&=\frac{1}{nh_n}\sum_{i=0}^{n}K_0\left(\frac{X_i-x}{h_n}\right)\end{aligned}$$

以下是其他核函数：高斯核 $K_1(u)=(2\pi)^{-1/2}\exp(-u^2/2)$，Epanechnikov 核 $K_2(u)=0.75(1-u^2)_+$，三角形核 $K_3(u)=(1-|u|)_+$，四次方核 $K_4(u)=\frac{15}{16}((1-|u|^2)_+)^2$，六次方核 $K_6(u)=\frac{70}{81}((1-|u|^3)_+)^3$。

（二）核估计的性质

记 $\mathrm{supp}(f)=\{x:f(x)>0\}$，设 $x\in\mathrm{supp}(f)\subset R^d$ 为 $\mathrm{supp}(f)$ 的内点，假设当 $n\to+\infty$ 时，$nh_n\to+\infty$，则核估计的性质如下：

(1) $\mathrm{Bias}(\hat{f}_n(x))=\frac{h_n^2}{2}\mu_2(K)f^{(2)}(x)+o(h_n^2)$

(2) $\mathrm{Var}(\hat{f}_n(x))=(nh_n)^{-1}f(x)R(K)+o((nh_n)^{-1})+o(n^{-1})$

(3) $\hat{f}_n(x)\xrightarrow{p}f(x)$

(4) $(nh_n)^{1/2}(\hat{f}_n(x)-E\hat{f}_n(x))\xrightarrow{d}N(0,f(x)R(K))$

(5) 若 $(nh_n)^{1/2}h_n^2\to 0$，那么，$(nh_n)^{1/2}(\hat{f}_n(x)-f(x))\xrightarrow{d}N(0,f(0,f(x)R(K))$

(三) 窗宽与核函数的选择

由上式可知，窗宽 h_n 的选择对模型估计的结果影响很大，最佳窗宽的选择应该在核估计的偏差 $\mathrm{Bias}(\hat{f}_n(x))$ 和方差 $\mathrm{Var}(\hat{f}_n(x))$ 之间做一个选择，使得下式达到最小：

$$\mathrm{AMISE}=\int[Bias\ (\hat{f})^2+\mathrm{Var}(\hat{f})]\mathrm{d}x \tag{11.2.3}$$

根据(11.2.3)，最佳窗宽的选择为：$h_n=cn^{-1/5}$(其中 c 为常数，应不断地调整 c，从而得到满意的估计) 置信水平为 95% 的 $f(x)$ 的一个置信区间为：

$$\hat{f}\pm 1.96\ (nh_n)^{-1/2}\ [R(K)\hat{f}]^{1/2} \tag{11.2.4}$$

(四) 多元密度函数的核估计

推广到多元密度函数的核估计，设 p 维随机向量 $\boldsymbol{X}$ 的密度函数 $f(\boldsymbol{x})=f(x_1,\cdots,x_p)$ 的具体形式未知，$\boldsymbol{X}_1,\cdots,\boldsymbol{X}_n$ 是它的一个独立同分布的样本，那么，$f(\boldsymbol{x})$ 的核估计为：

$$\hat{f}_n(\boldsymbol{x})=\frac{1}{nh_n^p}\sum_{i=1}^{n}K\left(\frac{\boldsymbol{X}_i-\boldsymbol{x}}{h_n}\right) \tag{11.2.5}$$

(11.2.4) 中多元核函数满足以下条件：

$$K(\boldsymbol{u})\geqslant 0,\int K(\boldsymbol{u})\mathrm{d}\boldsymbol{u}=1,\int K(\boldsymbol{u})\boldsymbol{u}\,\mathrm{d}\boldsymbol{u}=0,\int K(\boldsymbol{u})\boldsymbol{u}\boldsymbol{u}'\mathrm{d}\boldsymbol{u}=\mu_2(K)\boldsymbol{I} \tag{11.2.6}$$

一个常用核函数为：

$$K(\boldsymbol{u})=\frac{d(d+2)}{2S_d}(1-u_1^2-\cdots-u_d^2) \tag{11.2.7}$$

其中，$S_d=2\pi^{d/2}/\Gamma(d/2)$。

例 11.2.1　设 $(\boldsymbol{X}_i,Y_i)$，$i=1,\cdots,n$ 独立同分布，其联合概率密度为 $f(\boldsymbol{x})=(2\pi\mid\boldsymbol{\Omega}\mid)^{-1/2}\exp(-\boldsymbol{x}'\boldsymbol{\Omega}^{-1}\boldsymbol{x}/2)$，其中 $\boldsymbol{\Omega}=\begin{pmatrix}1 & 1.5\\1.5 & 3\end{pmatrix}$。操作如下：MATLAB运行 11.2.1 相应代码，结果如图 11.2.1 所示：

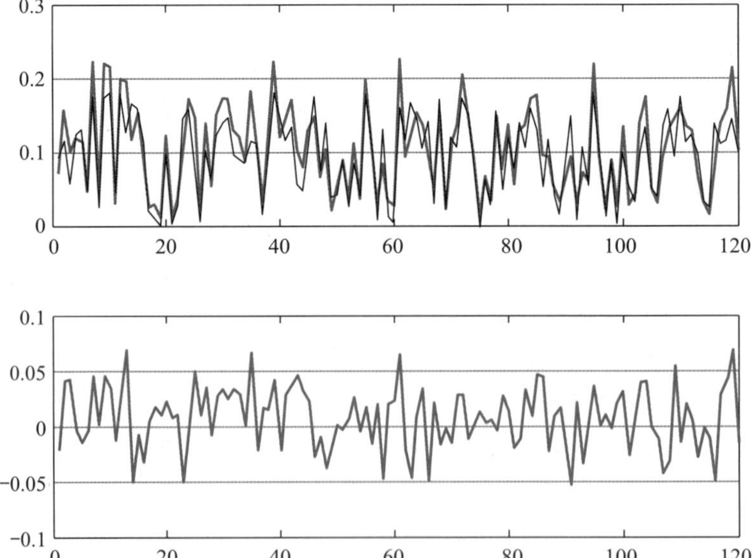

图 11.2.1　拟合图与残差图

由图 11.2.1 可以看出，拟合效果很好，残差图与 0 轴十分接近。

11.2.2 非参数回归模型核估计

（一）非参数回归模型

对于以下模型：

$$Y_i = m(X_i) + \mu_i, i = 1, \cdots, n \tag{11.2.8}$$

其中，Y 为被解释变量，且(Y_i, X_i)独立同分布。X 为解释变量，$m(.)$为未知的函数，μ_i 为随机误差项。当 X 为随机变量时，假定随机误差项的条件期望为零。此时被解释变量的条件数学期望 $E(Y_i \mid X_i) = m(X_i)$。

（二）一元非参数回归模型核估计

对于模型(11.2.8)的估计方法有许多种，Nadaraya 和 Watson(1964)提出著名的 Nadaraya-Watson 核估计。

主要思想为：定义条件期望如下：

$$E(Y \mid X - x) = \frac{\int y f(y, x) \mathrm{d}y}{f(x)} \tag{11.2.9}$$

根据 Nadaraya(1956) 和 Watson(1964)，利用非参数核估计量 $\hat{f}(x, y)$ 和 $\hat{f}(x)$ 来估计 $E(Y \mid X = x)$，h_y，h 分别为 $\hat{f}(x, y)$ 和 $\hat{f}(x)$ 的最佳窗宽，那么 $\hat{f}(x, y)$ 和 $\hat{f}(x)$ 的核估计如下：

$$\hat{f}(y, x) = \frac{1}{n} \sum_{i=1}^{n} K_h(X_i - x) k_{h_y}(Y_i - y) \tag{11.2.10}$$

$$\hat{f}(x) = \frac{1}{n} \sum_{i=1}^{n} K_h(X_i - x) \tag{11.2.11}$$

因此，$E(Y \mid X = x)$ 的估计量为：

$$\hat{E}(Y \mid X = x) = \frac{\int y \hat{f}(y, x) \mathrm{d}y}{\hat{f}(x)} \tag{11.2.12}$$

其中，$\int y \hat{f}(y, x) \mathrm{d}y = \frac{1}{n} \sum_{i=1}^{n} K_h(X_i - x) Y_i$，故(11.2.11)可以写成如下：

$$\hat{E}(Y \mid X = x) = \frac{\sum_{i=1}^{n} K_h(X_i - x) Y_i}{\sum_{i=1}^{n} K_h(X_i - x)} \tag{11.2.13}$$

定义核权函数如下：

$$W_{ni}(x) = \frac{K_{h_n}(X_i - x)}{\sum_{j=1}^{n} K_{h_n}(X_i - x)} \tag{11.2.14}$$

其中，$h_n > 0$ 为窗宽，$K_{h_n}(u) = h^{-1} K(u h_n^{-1})$ 为核函数，由(11.2.14)式得 Nadaraya-Watson 核估计为：

$$\hat{m}_n(x)=\sum_{i=1}^{n}W_{ni}(x)Y_i \tag{11.2.15}$$

实际上(11.2.15)还是下式的解：

$$\min_c\sum_{i=1}^{n}W_{ni}(x)(Y_i-c)^2 \tag{11.2.16}$$

即局部常数核估计等价于局部加权最小二乘估计。以下为几种常用的核函数：均匀核 $K_0(u)=0.5I(|u|\leqslant 1)$；高斯核 $K_1(u)=\frac{1}{\sqrt{2\pi}}\exp\left(-\frac{1}{2}u^2\right)$ 和 Epanechnikov 核 $K_2(u)=0.75(1-u^2)_+$。

(三) 最佳窗宽的选择

当 $K(.)$ 为在区间[−1,1]上对称的单峰概率密度函数时，$\hat{m}_n(x)$ 本质上是样本 X 在 x 领域内的一个加权平均，这个领域的宽度即为窗宽 h_n，因此窗宽 h_n 的选择会影响估计的精度和偏差。如何选择窗宽 h_n 对估计效果至关重要。

回归函数 $\hat{m}_n(x)$ 的渐近方差随窗宽 h_n 的减小而增大，渐近偏随着窗宽 h_n 的减小而减小。因此必须选择窗宽 h_n，使得均方误差 MSE 达到最小：：

$$\mathrm{MSE}=E(\hat{m}_n(x)-m(x))^2=E(\hat{m}_n(x)-E\hat{m}_n(x))^2+(E\hat{m}_n(x)-m(x))^2 \tag{11.2.17}$$

由(11.2.17)可得最佳窗宽的形式为：$h_n=cn^{-1/5}$，在实际应用中，最佳窗宽的选择就是不断地调整 c，以达到满意的估计结果。此外，还可以根据经验选择窗宽，观察数据的散点图选择窗宽，使得拟合精度和光滑性都达到要求。

(四) 核函数的选择

核函数在估计中起到提高拟合的光滑程度的作用，根据均方误差：

$$\mathrm{MSE}=C_VR(K)n^{-1}h^{-1}+C_B^2\mu_2^2(K)h^4 \tag{11.2.18}$$

其中 C_V 和 C_B 与核函数无关。由(11.2.18)可知，最佳窗宽为：

$$h_0=\left(\frac{C_V}{4C_B^2}\right)^{1/5}\left(\frac{R(K)}{\mu_2^2(K)}\right)^{1/5}n^{-1/5} \tag{11.2.19}$$

将(11.2.19)式带入(11.2.18)得 MSE 为：

$$\mathrm{MSE}=n^{-4/5}(C_V)^{4/5}(C_B)^{2/5}(4^{1/5}+4^{-4/5})R^{4/5}(K)\mu_2^{2/5}(K) \tag{11.2.20}$$

因此，最优的核函数是使下式：

$$R^2(K)\mu_2(K)=\left(\int K^2(u)\mathrm{d}u\right)^2\int u^2K(u)\mathrm{d}u \tag{11.2.21}$$

取得最小时的核函数 $K(u)=0.75(1-u^2)_+$。

(五) 置信区间

若随机扰动项服从同方差假定，即 $\mathrm{Var}(\mu_i\mid X_i=x)=\sigma^2$，那么，在适当的条件下有如下命题成立：

$$(nh_n)^{1/2}(\hat{m}_n-E(\hat{m}_n\mid X_1,\cdots,X_n))\sim N\left(0,f(x)^{-1}\sigma^2\int K(u)^2\mathrm{d}u\right) \tag{11.2.22}$$

$$(nh_n)^{1/2}(E(\hat{m}_n \mid X_1, \cdots, X_n) - m) \to 0 \tag{11.2.23}$$

$$\hat{\sigma}_n^2 = \frac{1}{n}\sum_{i=1}^{n}(Y_i - \hat{m}_n(X_i))^2 \text{ 是 } \sigma^2 \tag{11.2.24}$$

由以上三式可知，$m(x)$ 的一个 95% 置信水平的区间估计为：

$$\hat{m}_n(x) \pm 1.96\hat{\sigma}_n\left(\int K(u)^2 \mathrm{d}u\right)^{1/2} / (nh_n\hat{f}(x))^{1/2} \tag{11.2.25}$$

例 11.2.2 设解释变量为确定性变量，随机误差项独立同分布，$X_i \in [0,1]$，模拟数据生成如下：$X_i = i/120, \mu_i \sim N(0, 0.25), i = 1, \cdots, 120$，模拟的模型为：$Y_i = \sin(2\exp(X_i + 1)) + \mu_i$。其中窗宽选择为 0.03588528，核函数选择为：Epanechnikov 核 $K(u) = 0.75(1 - u^2)_+$。操作如下：将数据导入 MATLAB 软件，运行 11.2.2 相应代码，结果如图 11.2.2 所示：

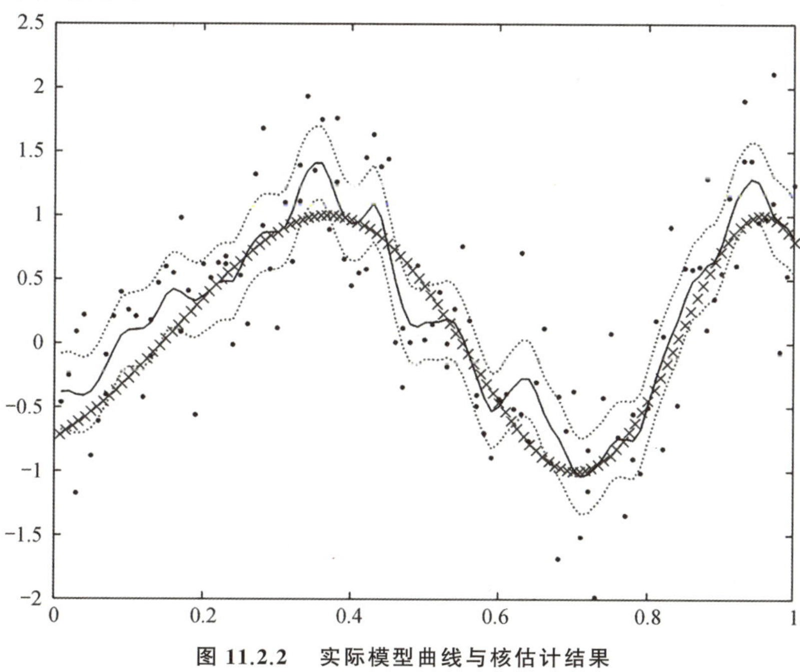

图 11.2.2 实际模型曲线与核估计结果

图 11.2.2 中虚线为 95% 显著性水平下的置信区间，实线为估计结果，打叉号的曲线为实际模型的结果，对比估计结果与实际模型曲线，可知估计出了一个较为不错的结果。残差平方和为 0.1950。

11.2.3 非参数模型的局部线性估计

（一）局部线性估计模型

11.2.2 节中我们已经介绍了非参数回归模型核估计，但是核估计的方法存在缺陷。因为核估计的边界估计有较大的偏差，其边界的收敛速度比内点的收敛速度慢。而本节介绍的局部线性估计在边界处的收敛速度与内点的收敛速度一致，即不存在边界处的估计偏差比内点的偏差大的问题。由 11.2.2 节我们知道，核估计实际上等价于局部常数加权最小二乘法。本节可以看成是局部常数加权最小二乘法的一个拓展。局部线性估计实际为最小化如下函数：

$$\sum_{i=1}^{n}\{Y_i - m(x) - m'(x)(X_i - x)\}^2 K_{h_n}(X_i - x) \tag{11.2.26}$$

其中，$h_n > 0$ 为窗宽，$K_{h_n}(u) = h^{-1}K(uh_n^{-1})$ 为核函数，$K(\cdot)$ 为概率密度。假设 $K(\cdot)$ 是$[-1,1]$上的均匀概率密度函数，那么，$m(x)$ 的局部线性估计就是落在邻域$[x - h_n, x + h_n]$ 的 X_i 与对应的 Y_i 的局部线性估计。即等价于如下局部模型的最小二乘估计：

$$Y_i = m(x) + m'(x)(X_i - x) + \mu_i \tag{11.2.27}$$

由此可知，$m(x)$ 的局部线性估计为：

$$\hat{m}_n(x, h_n) = \boldsymbol{e}'(\boldsymbol{X}_x'\boldsymbol{W}_x\boldsymbol{X}_x)^{-1}\boldsymbol{X}_x'\boldsymbol{W}_x\boldsymbol{Y} \tag{11.2.28}$$

其中：

$$\boldsymbol{e}' = (1,0)', \boldsymbol{X}_x = (X_{x,1}, \cdots, X_{x,n})', \boldsymbol{X}_{x,i} = (1, (X_i - x))'$$

$$\boldsymbol{Y} = (Y_1, \cdots, Y_n)', \boldsymbol{W}_x = \mathrm{diag}\{K_{h_n}(X_1 - x), \cdots, K_{h_n}(X_n - x)\},。$$

（二）窗宽的选择

当 X_i 为随机变量时，(11.2.28) 局部估计在内点的渐近偏和方差如下：

$$h_n^2\mu_2(K)\frac{m''(x)}{2} \tag{11.2.29}$$

$$\frac{\sigma^2(x)}{nh_nf(x)}R(K) \tag{11.2.30}$$

因此，同理，使得均方误差达到最小的最佳窗宽为 $h_n = cn^{-1/5}$，最优核函数为 $K(u) = 0.75(1-u^2)_+$

（三）局部线性估计的性质

当随机误差项为异方差时 $\boldsymbol{e}_1'(\boldsymbol{X}_x'\boldsymbol{W}_x\boldsymbol{X}_x)^{-1}\boldsymbol{X}_x'\boldsymbol{W}_x\boldsymbol{V}\boldsymbol{W}_x\boldsymbol{X}_x(\boldsymbol{X}_x'\boldsymbol{W}_x\boldsymbol{X}_x)^{-1}\boldsymbol{e}_1 \rightarrow 0$，则对任意 $a_1, \cdots, a_n, V = \mathrm{diag}\{\sigma^2(X_1), \cdots, \sigma^2(X_n)\}$，有 $\boldsymbol{e}_1'(\boldsymbol{X}_x'\boldsymbol{W}_x\boldsymbol{X}_x)^{-1}\boldsymbol{X}_x'\boldsymbol{W}_x\boldsymbol{Q} \rightarrow 0$，其中，$\boldsymbol{Q} = \{a_1(X_1 - x)^2, \cdots, a_n(X_n - x)^2\}'$，则局部线性估计的性质如下：

(1) $E(\hat{m}_n(x, h_n)) - m(x) = o(1)$；

(2) $\mathrm{Var}(\hat{m}_n(x, h_n)) = \boldsymbol{e}_1'(\boldsymbol{X}_x'\boldsymbol{W}_x\boldsymbol{X}_x)^{-1}\boldsymbol{X}_x'\boldsymbol{W}_x\boldsymbol{V}\boldsymbol{W}_x\boldsymbol{X}_x(\boldsymbol{X}_x'\boldsymbol{W}_x\boldsymbol{X}_x)^{-1}\boldsymbol{e}_1 = o(1)$；

(3) $E\left[\frac{(\boldsymbol{Y} - \hat{\boldsymbol{M}})'\boldsymbol{W}_x(\boldsymbol{Y} - \hat{\boldsymbol{M}})}{\boldsymbol{i}'\boldsymbol{W}_x\boldsymbol{i}}\right] = \sigma^2(x) + o(1)), \hat{\boldsymbol{M}} = \{\hat{m}_n(X_1, h_n), \cdots, \hat{m}_n(X_n, h_n)\}'$，其中，$\boldsymbol{i}$ 为元素全为 1 的列向量；

(4) 当 $\sigma^2(x) = \sigma_\mu^2 \Rightarrow E(n^{-1}(\boldsymbol{Y} - \hat{\boldsymbol{M}})'(\boldsymbol{Y} - \hat{\boldsymbol{M}})) = \sigma^2 + o(1)$；

(5) 若 $\varepsilon_i (i = 1, \cdots, n)$ 为服从正态分布的随机变量，则 $\frac{\hat{m}_n(x, h_n) - E(\hat{m}_n(x, h_n))}{(\mathrm{Var}(\hat{m}_n(x, h_n)))^{1/2}} \sim N(0,1)$。

（四）置信区间

由局部线性估计的性质可知，$\hat{m}_n(x, h_n)$ 的 95% 的置信区间如下：

$$\hat{m}_n(x, h_n) \pm 1.96(\boldsymbol{e}_1'(\boldsymbol{X}_x'\boldsymbol{W}_x\boldsymbol{X}_x)^{-1}\boldsymbol{X}_x'\boldsymbol{W}_x\boldsymbol{V}\boldsymbol{W}_x\boldsymbol{X}_x(\boldsymbol{X}_x'\boldsymbol{W}_x\boldsymbol{X}_x)^{-1}\boldsymbol{e}_1)^{1/2}$$

例 11.2.3　继续例 11.2.2 的分析，在例 11.2.2 中，我们利用非参数回归模型的核估计，得到了估计的拟合曲线和残差平方和(0.1950)，但是由于核估计的结果在边界有较大的偏差，因此，本例利用局部线性估计分析两个估计在边界处的差异，试图说明局部线性估计有更好的拟合效果。（为了便于比较核估计与局部线性估计的结果，同时避免重复编程的麻烦，请在运行 11.2.2 核估计代码得到 m 的核估计后再运行本例的代码，否则将报错）

如图 11.2.3，打叉号的曲线为核估计的结果，平滑的曲线为真实拟合模型的曲线，散点为样本值，实线曲线为局部线性估计结果。可知，在区间的内点，局部线性估计与核估计结果几乎一致，但是在边界处，两者有较大差异，局部线性估计更接近真实的模型，且局部线性估计残差平方为 0.1932，说明局部线性估计的结果比核估计有更好的拟合效果。

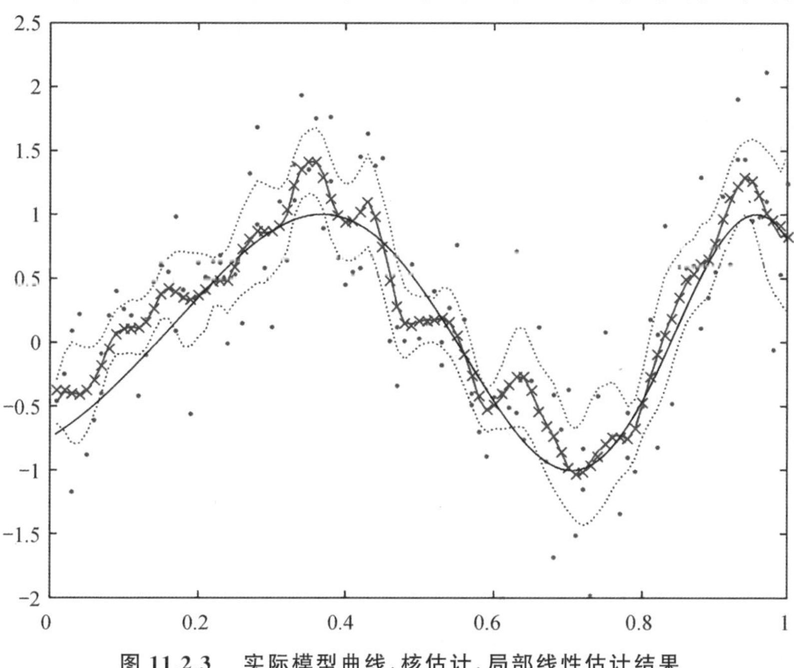

图 11.2.3　实际模型曲线、核估计、局部线性估计结果

11.3　半参数计量经济学模型

11.3.1 半参数分位数回归模型

(一) 模型的估计

Samanta 最早于 1989 年开始使用非参数的核估计方法来估计分位数回归。Frolich 还指出半参数分位数回归可以忽略参数分位数回归估计中内生性控制变量的存在。对于现实中存在的数据尖峰、厚尾或异方差等问题，分位数回归模型却可以对之进行全面有效的估计且回归结果稳健性较强。因此，将半参数回归模型与分位数回归模型结合既可以发挥分位数回归的优点，又可以实现对于某些非线性关系的估计。半参数回归模型与分位数回归模型结合可构造的半分位数回归模型如下：

$$Q_{Y_i|x_i,z_i}(\tau \mid x_i, z_i) = \boldsymbol{x}'_i\boldsymbol{\beta}_\tau + \sum_{d=1}^{D} g_d(z_{id}) \tag{11.3.1}$$

其中，τ 为分位数，Q 为被解释变量 Y 的第 τ 分位数，g_i 为单维函数，用向量形式可表示为：$\boldsymbol{g}=(g_1,\cdots,g_D)$。对参数 β_τ 的估计如下：

$$\min_{(\beta_\tau, g)} \sum \rho_\tau \left(y_i - \boldsymbol{x}'_i\boldsymbol{\beta}_\tau - \sum_{d=1}^{D} g_d(z_{id})\right) + \lambda_0 \parallel \beta_\tau \parallel_1 + \sum_{d=1}^{D} \lambda_d \vee (\nabla g_d) \tag{11.3.2}$$

即选择 $\boldsymbol{g}=(g_1,\cdots,g_D)$ 与 β_τ 以最小化式(11.3.2)。其中 $\rho_\tau(u)=u(\tau - I(u<0))$ 是通常意义的分位数目标函数，λ 为光滑参数(惩罚参数)，决定非参数项拟合的光滑程度的重要参数，$\parallel \beta_\tau \parallel_1 = \sum_{k=1}^{K} |\beta_{\tau k}|$，$\vee(\nabla g_d)$ 为函数 $\boldsymbol{g}$ 向量的导数，若存在连续导数，则：

$$\vee(\boldsymbol{g}'(z)) = \int |\boldsymbol{g}''(z)| \, dz \tag{11.3.3}$$

若 $\boldsymbol{g}$ 具有连续的梯度向量，则有：

$$\vee(\nabla \boldsymbol{g}) = \int \parallel \nabla^2 \boldsymbol{g}(z) \parallel dz \tag{11.3.4}$$

其中 $\nabla^2 \boldsymbol{g}(z)$ 为向量 $\boldsymbol{g}$ 的海塞矩阵，$\parallel \cdot \parallel$ 表示矩阵的范数。

(二) 模型的优点

(1) 半参数分位数回归包含了线性与非线性两个部分，因此该模型既可以捕捉到线性的回归信息，也可以观察到非线性的变动情况；

(2) 非参数回归需要大量的样本作为数据支撑，而半参数模型的设定可以在一定程度上避免数据不足的问题；

(3) 参数模型往往有太过严格的假设作为前提，而当数据呈现为非正态性或者异常值影响较大时，仍然使用参数模型显然是欠妥的，因此，半参数分位数回归模型具有更符合实际的应用价值；

(4) 就参数部分而言，分位数回归模型与一般的最小二乘法相比，最小二乘法仅对因变量的条件均值做出估计，分位数回归模型则可以在不同的分位点对因变量做出估计，从而得到比较全面的分析结果，因此将分位数与半参数进行结合可以发挥其各自的优势。

例 11.3.1　为研究城镇家庭不同收入层次的情况，根据经验判断及数据的可获得性，本例从中国健康及营养调查 2008 年的数据中整理匹配出了 548 个家庭的收入、家庭户主健康状况(健康取 1，否则取 0)、家庭人口规模、家庭人均教育年限和户主年龄。其中，家庭收入为被解释变量(取对数后作为解释变量，记为 inc)，家庭户主健康状况(记为 health)、家庭人口规模(记为 home)、家庭人均教育年限(记为 edu)为参数部分的解释变量，同时考虑到户主年龄(记为 age)对家庭收入的非线性影响，将户主年龄设置为非参数项。取不同的分位点，R 软件具体操作如下：

```
install.packages("SparseM")
install.packages("quantreg") # R 软件下载 SparseM、quantreg 两个程序包
library(SparseM)
library(quantreg)
```

rqss ＃Rqss 是 quantreg 包内的函数

dd<－read.table("clipboard",header＝TRUE,sep＝'\t')＃将数据复制到剪贴板后运行如下代码，将数据输入到软件中并命名为 dd

attach(dd)＃打开 dd 数据集，直接运行其中的列名，就可以调用相应列

fit<－rqss(inc～qss(age,lambda＝0.1)＋health＋home＋edu,tau＝0.2)＃关键拟合，以 0.2 分位为例

plot(fit)＃非参数效应

summary(fit)＃参数部分的回归结果

下面附上以 0.2 分位为例的软件运行结果，其余分位点操作相同，见图 11.3.1 和表11.3.1。

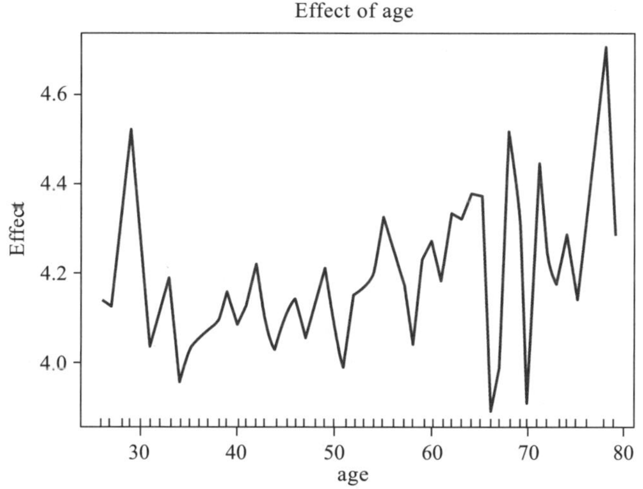

图 11.3.1　户主年龄的非参数效应(tau = 0.2)

表 11.3.1　参数部分的回归结果(tau = 0.2)

```
Formula:
inc ~ qss(age, lambda = 0.1) + health + home + edu

Parametric coefficients:
              Estimate Std. Error t value Pr(>|t|)
(Intercept)   4.140192   0.259025  15.984  < 2e-16 ***
health        0.154164   0.086759   1.777 0.076189 .
home         -0.001615   0.051914  -0.031 0.975195
edu           0.027477   0.007066   3.888 0.000115 ***
---
Signif. codes:  0 '***' 0.001 '**' 0.01 '*' 0.05 '.' 0.1 ' ' 1

Approximate significance of qss terms:
    EDF Lambda Penalty F value    Pr(>F)
age  48    0.1   10.71   2.059 7.63e-05 ***
---
Signif. codes:  0 '***' 0.001 '**' 0.01 '*' 0.05 '.' 0.1 ' ' 1

  Quantile Fidelity at tau = 0.2  is        34.125
  Effective Degrees of Freedom = 49         Sample Size = 548
```

参数部分回归结果如表 11.3.2：

表 11.3.2　半参数分位数分位数回归模型参数部分的估计及其检验

tau	parametric	estimate	Std.Error	t-value	Pr(>| t |)
0.2	Intercept	4.1402	0.259	15.984	< 2e − 16***
	health	0.1542	0.0868	1.777	0.076189˙
	home	− 0.0016	0.0519	− 0.031	0.9752
	edu	0.0275	0.0071	3.888	0.000115***
0.5	Intercept	4.0129	0.2659	15.093	< 2e − 16***
	health	0.1869	0.0884	2.114	0.035*
	home	− 0.0095	0.0519	− 0.182	0.856
	edu	0.0337	0.0067	5.041	6.5e − 07***
0.8	Intercept	4.1768	0.2729	15.304	< 2e − 16***
	health	0.0891	0.1529	0.583	0.56
	home	− 0.0254	0.048	− 0.529	0.597
	edu	0.0327	0.0073	4.492	8.77e − 06***

注：*** 表示 $P < 0.0001$；** 表示 $0.0001 < P < 0.001$；* 表示 $0.001 < P < 0.01$；˙ 表示 $0.01 < P < 0.05$；无表示 $0.05 < P < 0.1$。下同。

由表 11.3.2 可知，在中低收入水平比较集中的 0.2 与 0.5 分位点的回归结果中，家庭户主的健康状况在 5% 显著性水平下都是显著的，这表明在中低收入水平的家庭中，户主的健康状况对家庭收入具有显著影响，在 0.2 分位点下，户主健康的家庭收入比户主不健康的家庭收入高 15.42%，在 0.5 分位点下，户主健康的家庭收入比户主不健康的家庭收入高 18.69%，而高收入家庭比较聚集的 0.8 分位点下，户主健康状况对家庭收入的影响不大（仅为 8.91%）并且不显著。其中可能的解释是，高收入家庭中，户主一般不从事体力劳动，且社会地位和收入不会随着健康状况有较大的变动。此外，由表 11.3.2 可知，家庭规模在各个分位点的回归结果都不显著，这可能是由于自计划生育以来，家庭人口一般都是 3 ～ 4 个，基本上无论高收入还是低收入，每个家庭的人口差异不大而且人口不多，因此家庭收入就目前来讲受家庭人口规模的影响并不显著。教育对所有收入层次的家庭的收入都是高度显著的，对于低收入家庭，家庭平均受教育年限每提高一个单位，家庭收入平均提高 2.75%；对于中等收入家庭，家庭平均受教育年限每提高一个单位，家庭收入平均提高 3.37%；对于高收入家庭，家庭平均受教育年限每提高一个单位，家庭收入平均提高 3.27%。

年龄因素的非参数效应如下图 11.3.2。

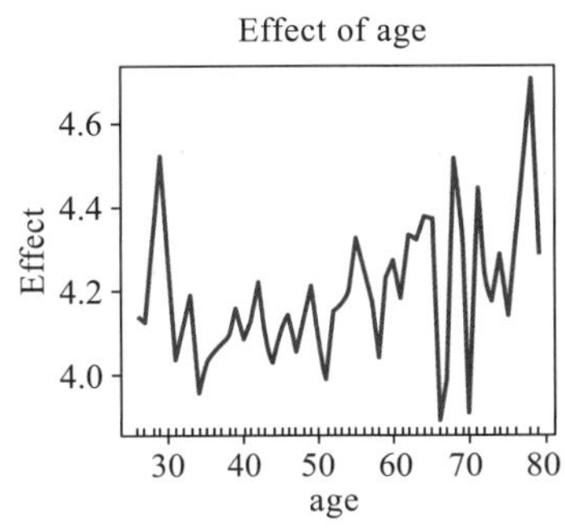

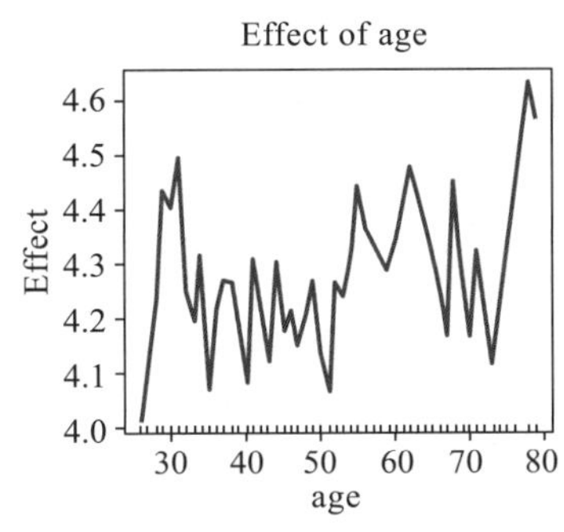

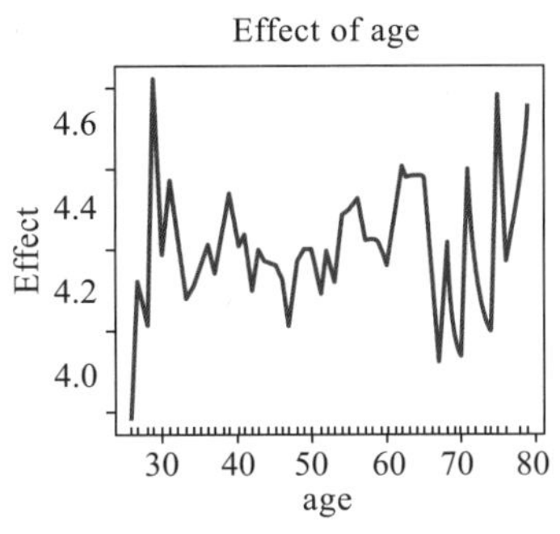

图 11.3.2　户主年龄的非参数效应(tau = 0.2,0.5,0.8)

由图 11.3.2 可知,在低收入家庭较为集中的 0.2 分位点,家庭户主的年龄效应总体比中高收入家庭的效应低。而对于所有分位点,30 岁之前的效应都有明显的较高的加速。在 30 ~ 65 岁之间,则较为平缓。同时,在 65 岁之后,中低收入家庭的年龄效应开始出现下降,高收入家庭却并没有明显的下降,这可能是由于在高收入家庭中,这部分家庭的户主可能是企业主,他们退休之后,家庭的收入不会有大的变化,对于中等收入的家庭,虽然有下滑,但是下滑的程度比低收入家庭更低,这部分人可能在退休前已经取得了行业中比较中等的经济地位,退休后仍然能够获得与退休前差不多的退休金,从而下滑的没有那么明显。

对于家庭户主年龄的非参数效应,其平滑参数估计及其检验如表 11.3.3。

表 11.3.3　非参数部分的平滑参数估计及其检验

Tau	qss	EDF	lambda	penalty	F-value	Pr(>|t|)
0.2	age	48	0.1	10.71	2.059	7.63e-05***
0.5	age	45	0.1	7.232	1.628	0.00759**
0.8	age	49	0.1	12.31	1.814	0.000949***

注:Signif.codes: 0'***'0.001'**'0.01'*'0.05'.'0.1' '

11.3.2 半参数趋势面板数据模型

Chen 和 Gao(2012) 提出半参数趋势面板模型,考虑了面板数据时间的非线性趋势,允许解释变量和残差的截面相关性,具体形式如下:

$$Y_{it}=X_{it}\beta+f_t+\alpha_i+e_{it} \tag{11.3.5}$$

$$X_{it}=g_t+x_i+v_{it},i=1,\cdots,N,T=1,\cdots,T \tag{11.3.6}$$

其中,Y_{it} 为被解释变量,X_{it} 为解释变量,β 为待估参数,$f_t=f\left(\frac{t}{T}\right)$,$g_t=g\left(\frac{t}{T}\right)$ 为时间趋势函数。α_i,x_i 为个体效应。e_{it},v_{it} 为平稳序列。假定 $\sum_{i=1}^{N}\alpha_i=0$,$\sum_{i=1}^{N}x_i=0_d$,其中 0_d 表示 d 维零向量。当 $\beta=0$ 时,模型(11.3.5) 为非参数时间趋势面板模型,当 $N=0$ 时,模型(11.3.5) 为半参数时间序列模型,对于任意 i,若 $f(\cdot)$ 都为常数,那么模型(11.3.5) 即为固定效应面板模型。观察模型(11.3.6) 可知,在此模型设定下,解释变量允许由于时间趋势

而导致不平稳,使得面板数据模型更加切合实际。

本节介绍 PPLE(profile likelihood estimation) 估计方法,Chen 和 Gao(2012) 已经验证了该方法的有效性,首先介绍变量的表达式:

$$\widetilde{\boldsymbol{Y}}=(Y_{11},\cdots,Y_{1T},Y_{21},\cdots,Y_{2T},\cdots,Y_{N1},\cdots,Y_{NT})' \tag{11.3.7}$$

$$\widetilde{\boldsymbol{X}}=(X_{11},\cdots,X_{1T},X_{21},\cdots,X_{2T},\cdots,X_{N1},\cdots,X_{NT})' \tag{11.3.8}$$

$$\boldsymbol{\alpha}=(\alpha_1,\cdots,\alpha_N)',\boldsymbol{D}=(-i_{N-1},I_{N-1})'\otimes \boldsymbol{i}_T \tag{11.3.9}$$

$$\widetilde{\boldsymbol{f}}=\boldsymbol{i}_N\otimes(f_1,\cdots,f_T)',\boldsymbol{e}=(e_{11},\cdots,e_{1T},e_{21},\cdots,e_{2T},\cdots,e_{N1},\cdots,e_{NT})' \tag{11.3.10}$$

其中,$\otimes$ 表示内罗克积,$\boldsymbol{i}_k$ 表示 $k\times 1$ 维向量,$\boldsymbol{I}_k$ 表示 $k\times k$ 维单位矩阵,由于 $\sum_{i=1}^{N}\alpha_i=0$,故模型(11.3.5) 可化为:

$$\widetilde{\boldsymbol{Y}}=\widetilde{\boldsymbol{X}}\boldsymbol{\beta}+\widetilde{\boldsymbol{f}}+\boldsymbol{D\alpha}+\widetilde{\boldsymbol{Z}}(\tau) \tag{11.3.11}$$

定义 $\boldsymbol{Z}(\tau)=\begin{pmatrix}1 & \frac{1-\tau T}{Th}\\ \cdots & \cdots \\ 1 & \frac{T-\tau T}{Th}\end{pmatrix}$;$\widetilde{\boldsymbol{Z}}(\tau)=\boldsymbol{i}_N\widetilde{\boldsymbol{Z}}(\tau)$,则 $\widetilde{\boldsymbol{f}}=\widetilde{\boldsymbol{Z}}(\tau)\begin{pmatrix}f(\tau)\\ hf'(\tau)\end{pmatrix}$,其中 $K(\cdot)$ 表示核函数,h 表示窗宽,定义权重为:

$$\boldsymbol{W}(\tau)=\mathrm{diag}\left(K\left(\frac{1-\tau T}{Th}\right),\cdots,K\left(\frac{T-\tau T}{Th}\right)\right),\widetilde{\boldsymbol{W}}(\tau)=\boldsymbol{I}_N\otimes\boldsymbol{W}(\tau) \tag{11.3.12}$$

则损失函数为:

$$L(a,b)=[\widetilde{\boldsymbol{Y}}-\widetilde{\boldsymbol{X}}\boldsymbol{\beta}-\boldsymbol{D\alpha}-\widetilde{\boldsymbol{Z}}(\tau)(a,b)']'\widetilde{\boldsymbol{W}}(\tau)[\widetilde{\boldsymbol{Y}}-\widetilde{\boldsymbol{X}}\boldsymbol{\beta}-\boldsymbol{D\alpha}-\widetilde{\boldsymbol{Z}}(\tau)(a,b)'] \tag{11.3.13}$$

其中,$(a,b)=(f(\tau),hf'(\tau))$,假设 α,β 已知,利用(11.3.13) 的一阶条件,可以估计得

$$\hat{f}_{\alpha,\beta}=(1,0)\boldsymbol{S}(\tau)(\widetilde{\boldsymbol{Y}}-\widetilde{\boldsymbol{X}}\boldsymbol{\beta}-\boldsymbol{D\alpha})=\boldsymbol{s}(\tau)(\widetilde{\boldsymbol{Y}}-\widetilde{\boldsymbol{X}}\boldsymbol{\beta}-\boldsymbol{D\alpha}) \tag{11.3.14}$$

其中,$\boldsymbol{S}(\tau)=[\widetilde{\boldsymbol{Z}}(\tau)\boldsymbol{W}(\tau)\widetilde{\boldsymbol{Z}}(\tau)]^{-1}\widetilde{\boldsymbol{Z}}'(\tau)\boldsymbol{W}(\tau),\boldsymbol{s}(\tau)=(1,0)\boldsymbol{S}(\tau)$。定义:

$$\widetilde{f}_{\alpha,\beta}=\boldsymbol{i}_N\otimes\left(\widetilde{f}_{\alpha,\beta}\left(\frac{1}{T}\right),\cdots,\hat{f}_{\alpha,\beta}\left(\frac{T}{T}\right)\right)'=\widetilde{\boldsymbol{S}}(\widetilde{\boldsymbol{Y}}-\widetilde{\boldsymbol{X}}\boldsymbol{\beta}-\boldsymbol{D\alpha}) \tag{11.3.15}$$

其中,$\widetilde{\boldsymbol{S}}=\boldsymbol{i}_N\otimes\left(s'\left(\frac{1}{T}\right),\cdots,s'\left(\frac{T}{T}\right)\right)'$,将式(11.3.15) 带入式(11.3.13) 得到参数的估计量和固定效应估计量:

$$\hat{\boldsymbol{\beta}}=(\widetilde{\boldsymbol{X}}^{*\prime}\boldsymbol{M}^*\widetilde{\boldsymbol{X}}^{*\prime})^{-1}\widetilde{\boldsymbol{X}}^{*\prime}\boldsymbol{M}^*\widetilde{\boldsymbol{Y}}^* \tag{11.3.16}$$

$$\hat{\boldsymbol{\alpha}}=(\boldsymbol{D}^{*\prime}\boldsymbol{D}^*)^{-1}\boldsymbol{D}^{*\prime}(\widetilde{\boldsymbol{Y}}^*-\widetilde{\boldsymbol{X}}^*\hat{\boldsymbol{\beta}}) \tag{11.3.17}$$

其中,$\widetilde{\boldsymbol{Y}}^*=(\boldsymbol{I}_{NT}-\widetilde{\boldsymbol{S}})\widetilde{\boldsymbol{Y}},\widetilde{\boldsymbol{X}}^*=(\boldsymbol{I}_{NT}-\widetilde{\boldsymbol{S}})\widetilde{\boldsymbol{X}},\widetilde{\boldsymbol{D}}^*=(\boldsymbol{I}_{NT}-\widetilde{\boldsymbol{S}})\boldsymbol{D},\boldsymbol{M}^*=\boldsymbol{I}_{NT}-\boldsymbol{D}^*(\boldsymbol{D}^{*\prime}\boldsymbol{D}^*)^{-1}\boldsymbol{D}^{*\prime}$

将式(11.3.16) 和式(11.3.17) 带入式(11.3.15) 得到时间趋势估计量为:

$$\hat{\boldsymbol{f}}(\tau)=\boldsymbol{s}(\tau)(\widetilde{\boldsymbol{Y}}-\widetilde{\boldsymbol{X}}\hat{\boldsymbol{\beta}}-\boldsymbol{D}\hat{\boldsymbol{\alpha}}) \tag{11.3.18}$$

11.3.3 半参数趋势阈值面板模型

在面板模型中考虑含有确定性时间趋势的非平稳变量时，可以通过上节的方法对其进行估计。但是当经济结构突变，模型参数随着时间发生了改变，那么上节的半参数趋势面板模型就无法用于估计参数的变化。为了解决这一问题，本节介绍基于结构突变理论和截面相关下半参数趋势面板模型，建立截面相关下含有结构突变的半参数趋势阈值面板模型及其有效估计量。

（一）半参数趋势阈值面板模型

半参数趋势阈值面板模型可以表述为：

$$\boldsymbol{Y}_{it}=I(t\leqslant t_1)\boldsymbol{X}_{it}\boldsymbol{\beta}+I(t>t_1)\boldsymbol{X}_{it}\boldsymbol{\varphi}+\boldsymbol{f}_t+\boldsymbol{\alpha}_i+\boldsymbol{e}_{it} \tag{11.3.19}$$

$$\boldsymbol{X}_{it}=\boldsymbol{g}_t+\boldsymbol{x}_i+\boldsymbol{v}_{it},i=1,\cdots,N,T=1,\cdots,T \tag{11.3.20}$$

其中，$\boldsymbol{Y}_{it}$ 为解释变量，$\boldsymbol{X}_{it}$ 为被解释变量，$f_t=f\left(\frac{t}{T}\right)$，$g_t=g\left(\frac{t}{T}\right)$ 为时间趋势函数。$\boldsymbol{\alpha}_i$，$\boldsymbol{x}_i$ 为个体效应。$\boldsymbol{e}_{it}$，$\boldsymbol{v}_{it}$ 为平稳序列。假定 $\sum_{i=1}^{N}\alpha_i=\mathbf{0}$，$\sum_{i=1}^{N}x_i=\mathbf{0}_d$，其中 $\mathbf{0}_d$ 表示 d 维零向量。考虑由于政策变化引起结构突变，因此以时间变量 t 作为阈值变量，t_1 表示阈值，若 t_1 已知，表明经济结构突变的位置已知；若 t_1 未知，则利用核估计方法，确定其取值范围，随后估计 t_1 和参数。$I(\cdot)$ 为指示函数，β，φ 分别为 $t\leqslant t_1$ 和 $t>t_1$ 的待估参数向量。

（二）半参数趋势阈值面板模型的估计方法

当 $t=t_1$ 模型不存在阈值，等价于上节介绍的半残趋势面板数据模型，因此本节主要讨论 $t\leqslant t_1$ 和 $t>t_1$ 的情况，首先介绍变量的表达式：

$$\widetilde{\boldsymbol{Y}}=(Y_{11},\cdots,Y_{1T},Y_{21},\cdots,Y_{2T},\cdots,Y_{N1},\cdots,Y_{NT})' \tag{11.3.21}$$

$$\widetilde{\boldsymbol{X}}=(X_{11},\cdots,X_{1T},X_{21},\cdots,X_{2T},\cdots,X_{N1},\cdots,X_{NT})' \tag{11.3.22}$$

$$\boldsymbol{\alpha}=(\alpha_1,\cdots,\alpha_N)',\boldsymbol{D}=(-\boldsymbol{i}_{N-1},\boldsymbol{I}_{N-1})'\otimes\boldsymbol{i}_T \tag{11.3.23}$$

$$\widetilde{f}=\boldsymbol{i}_N\otimes(f_1,\cdots,f_T)',\bar{e}=(e_{11},\cdots,e_{1t_1},\cdots,e_{1T},\cdots,e_{N1},\cdots,e_{Nt_1},\cdots,e_{NT})' \tag{11.3.24}$$

$$\bar{\boldsymbol{e}}_1=(e_{11},\cdots,e_{1t_1},\cdots,e_{N1},\cdots,e_{Nt_1})',\bar{e}_2=(e_{1t_1+1},\cdots,e_{1T},\cdots,e_{Nt_1+1},\cdots,e_{NT})' \tag{11.3.25}$$

其中，$\otimes$ 表示内罗克积，$\boldsymbol{i}_k$ 表示 $k\times1$ 维向量，$\boldsymbol{I}_k$ 表示 $k\times k$ 维单位矩阵，由于 $\sum_{i=1}^{N}\alpha_i=0$，故模型(11.3.5)可化为：

$$\widetilde{\boldsymbol{Y}}=I(t\leqslant t_1)\widetilde{\boldsymbol{X}}\boldsymbol{\beta}+I(t>t_1)\widetilde{\boldsymbol{X}}\boldsymbol{\varphi}+\widetilde{\boldsymbol{f}}+\boldsymbol{D\alpha}+\widetilde{e} \tag{11.3.26}$$

为方便表示，假定 t_1 已知，定义：

$$\boldsymbol{Z}_1(\tau)=\begin{pmatrix}1 & \dfrac{1-\tau t_1}{t_1h}\\ \cdots & \cdots\\ 1 & \dfrac{t_1-\tau t_1}{t_1h}\end{pmatrix};\widetilde{\boldsymbol{Z}}_1(\tau)=\boldsymbol{i}_N\boldsymbol{Z}_1(\tau) \tag{11.3.27}$$

$$\boldsymbol{Z}_2(\tau)=\begin{pmatrix}1 & \frac{1-\tau(T-t_1)}{(T-t_1)h}\\ \cdots & \cdots\\ 1 & \frac{(T-t_1)-\tau(T-t_1)}{(T-t_1)h}\end{pmatrix};\ \widetilde{\boldsymbol{Z}}_2(\tau)=\boldsymbol{i}_N\boldsymbol{Z}_2(\tau) \tag{11.3.28}$$

则 $\widetilde{\boldsymbol{f}}=\widetilde{\boldsymbol{Z}}(\tau)\begin{pmatrix}f(\tau)\\ hf'(\tau)\end{pmatrix}$，其中，$\widetilde{\boldsymbol{Z}}(\tau)=\begin{cases}\widetilde{\boldsymbol{Z}}_1(\tau), & t\leqslant t_1\\ \widetilde{\boldsymbol{Z}}_2(\tau), & t>t_1\end{cases}$，$K(\cdot)$ 表示核函数，h 表示窗宽，定义权重为：$\boldsymbol{W}_1(\tau)=\operatorname{diag}\left(K\left(\frac{1-\tau t_1}{t_1h}\right),\cdots,K\left(\frac{t_1-\tau t_1}{t_1h}\right)\right)$，$\widetilde{W}_1(\tau)=I_N\otimes W_1(\tau)$

$$\boldsymbol{W}_2(\tau)=\operatorname{diag}\left(K\left(\frac{1-\tau(T-t_1)}{(T-t_1)h}\right),\cdots,K\left(\frac{(T-t_1)-\tau(T-t_1)}{(T-t_1)h}\right)\right),$$

$$\widetilde{\boldsymbol{W}}_2(\tau)=\boldsymbol{I}_N\otimes\boldsymbol{W}_2(\tau)$$

其中，$\widetilde{\boldsymbol{W}}(\tau)=\begin{cases}\widetilde{\boldsymbol{W}}_1(\tau), & t\leqslant t_1\\ \widetilde{\boldsymbol{W}}_2(\tau), & t>t_1\end{cases}$，则损失函数为：

$$L(a,b)=[\widetilde{\boldsymbol{Y}}-I(t\leqslant t_1)\widetilde{\boldsymbol{X}}\boldsymbol{\beta}-I(t>t_1)\widetilde{\boldsymbol{X}}\boldsymbol{\varphi}-\boldsymbol{D\alpha}-\widetilde{\boldsymbol{Z}}(\tau)(a,b)']'$$
$$\widetilde{\boldsymbol{W}}(\tau)[\widetilde{\boldsymbol{Y}}-I(t\leqslant t_1)\widetilde{\boldsymbol{X}}\boldsymbol{\beta}-I(t>t_1)\widetilde{\boldsymbol{X}}\boldsymbol{\varphi}-\boldsymbol{D\alpha}-\widetilde{\boldsymbol{Z}}(\tau)(a,b)'] \tag{11.3.29}$$

其中，$(a,b)=(f(\tau),hf'(\tau))$，假设 α,β,φ 已知，利用式(11.3.29)的一阶条件，可以估计得：

$$\begin{aligned}\hat{f}_{\alpha,\beta,\varphi}&=(1,0)\boldsymbol{S}(\tau)(\widetilde{\boldsymbol{Y}}-I(t\leqslant t_1)\widetilde{\boldsymbol{X}}\boldsymbol{\beta}-I(t>t_1)\widetilde{\boldsymbol{X}}\boldsymbol{\varphi}-\boldsymbol{D\alpha})\\&=s(\tau)(\widetilde{\boldsymbol{Y}}-I(t\leqslant t_1)\widetilde{\boldsymbol{X}}\boldsymbol{\beta}-I(t>t_1)\widetilde{\boldsymbol{X}}\boldsymbol{\varphi}-\boldsymbol{D\alpha})\end{aligned} \tag{11.3.30}$$

其中，$\boldsymbol{S}(\tau)=[\widetilde{\boldsymbol{Z}}(\tau)\boldsymbol{W}(\tau)\widetilde{\boldsymbol{Z}}(\tau)]^{-1}\widetilde{\boldsymbol{Z}}'(\tau)\boldsymbol{W}(\tau)$，$\boldsymbol{s}(\tau)=(1,0)\boldsymbol{S}(\tau)$。定义：

$$\begin{aligned}\widetilde{\boldsymbol{f}}_{\alpha,\beta,\varphi}&=\boldsymbol{i}_N\otimes\left(\hat{f}_{\alpha,\beta,\varphi}\left(\frac{1}{t_1}\right),\cdots,\hat{f}_{\alpha,\beta,\varphi}\left(\frac{t_1}{t_1}\right),\hat{f}_{\alpha,\beta,\varphi}\left(\frac{1}{T-t_1}\right),\cdots,\hat{f}_{\alpha,\beta,\varphi}\left(\frac{T-t_1}{T-t_1}\right)\right)'\\&=\widetilde{\boldsymbol{S}}(\widetilde{\boldsymbol{Y}}-\widetilde{\boldsymbol{X}}\boldsymbol{\beta}-\boldsymbol{D\alpha})\end{aligned} \tag{11.3.31}$$

其中，$\widetilde{\boldsymbol{S}}=\boldsymbol{i}_N\otimes(\boldsymbol{s}'(\tau))'$，令：

$$\widetilde{\boldsymbol{Y}}_1=(Y_{11},\cdots,Y_{1t},\cdots,Y_{N1},\cdots,Y_{Nt_1})^T,\widetilde{\boldsymbol{Y}}_2=(Y_{1t_1+1},\cdots,Y_{1T},\cdots,Y_{Nt_1+1},\cdots,Y_{NT})^T$$

$$\widetilde{\boldsymbol{X}}_1=(X_{11},\cdots,X_{1t},\cdots,X_{N1},\cdots,X_{Nt_1})^T,\widetilde{\boldsymbol{X}}_2=(X_{1t_1+1},\cdots,X_{1T},\cdots,X_{Nt_1+1},\cdots,X_{NT})^T$$

$$\boldsymbol{D}_1=(-\boldsymbol{i}_{N-1},\boldsymbol{I}_{N-1})^T\otimes\boldsymbol{i}_{t_1},\boldsymbol{D}_2=(-\boldsymbol{i}_{N-1},\boldsymbol{I}_{N-1})^T\otimes\boldsymbol{i}_{T-t_1}$$

$$\boldsymbol{D}_1^*=(\boldsymbol{I}_{Nt_1}-\widetilde{\boldsymbol{S}})\boldsymbol{D}_1,\boldsymbol{D}_2^*=(\boldsymbol{I}_{N(T-t_1)}-\widetilde{\boldsymbol{S}})\boldsymbol{D}_2,\boldsymbol{D}^*=\begin{cases}\boldsymbol{D}_1^*, & t\leqslant t_1\\ \boldsymbol{D}_2^*, & t>t_1\end{cases}$$

将式(11.3.33)带入式(11.3.31)得到参数的估计量和固定效应估计量：

$$\hat{\boldsymbol{\beta}}=(\widetilde{\boldsymbol{X}}_1^{*T}\boldsymbol{M}_1^*\widetilde{\boldsymbol{X}}_1^*)^{-1}\widetilde{\boldsymbol{X}}_1^{*T}\boldsymbol{M}_1^*\widetilde{\boldsymbol{Y}}_1^* \tag{11.3.32}$$

$$\hat{\boldsymbol{\varphi}}=(\widetilde{\boldsymbol{X}}_2^{*T}\boldsymbol{M}_2^*\widetilde{\boldsymbol{X}}_2^*)^{-1}\widetilde{\boldsymbol{X}}_2^{*T}\boldsymbol{M}_2^*\widetilde{\boldsymbol{Y}}_2^* \tag{11.3.33}$$

$$\hat{\alpha}=(\boldsymbol{D}^{*T}\boldsymbol{D}^*)^{-1}\boldsymbol{D}^{*T}(\widetilde{\boldsymbol{Y}}^*-\widetilde{\boldsymbol{X}}_1^*\hat{\boldsymbol{\beta}}-\widetilde{\boldsymbol{X}}_2^*\hat{\boldsymbol{\varphi}}) \tag{11.3.34}$$

其中，$\widetilde{\boldsymbol{Y}}_1^* = (\boldsymbol{I}_{Nt_1} - \widetilde{\boldsymbol{S}})\widetilde{\boldsymbol{Y}}_1, \widetilde{\boldsymbol{X}}_1^* = (I_{Nt_1} - \widetilde{\boldsymbol{S}})\widetilde{\boldsymbol{X}}_1, \boldsymbol{M}_1^* = I_{Nt_1} - \boldsymbol{D}_1^* (\boldsymbol{D}_1^{*T}\boldsymbol{D}_1^*)^{-1}\boldsymbol{D}_1^{*T}$

$\widetilde{\boldsymbol{Y}}_{21}^* = (I_{N(T-t_1)} - \widetilde{\boldsymbol{S}})\widetilde{\boldsymbol{Y}}_2, \widetilde{\boldsymbol{X}}_2^* = (I_{N(T-t_1)} - \widetilde{\boldsymbol{S}})\widetilde{\boldsymbol{X}}_2, \boldsymbol{M}_2^* = I_{N(T-t_1)} - \boldsymbol{D}_2^* (\boldsymbol{D}_2^{*T}\boldsymbol{D}_2^*)^{-1}\boldsymbol{D}_2^{*T}$

将式(11.3.32)、(11.3.33) 和(11.3.34) 带入(11.3.31) 得到时间趋势估计量为：

$$\hat{\boldsymbol{f}}(\tau) = \boldsymbol{s}(\tau)(\widetilde{\boldsymbol{Y}} - I(t \leqslant t_1)\widetilde{\boldsymbol{X}}\hat{\boldsymbol{\beta}} - I(t > t_1)\widetilde{\boldsymbol{X}}\hat{\boldsymbol{\varphi}} - \boldsymbol{D}\hat{\boldsymbol{\alpha}}) \tag{11.3.35}$$

以上是在 t_1 已知的条件下的估计，若 t_1 未知，则需要估计 t_1。Hansen(1999) 提出突变点的识别方法，考虑个体效应对突变点的影响，对截面取平均值来估计突变点。即估计模型：

$$\bar{\boldsymbol{Y}}_t = I(t \leqslant t_1)\bar{X}_t\boldsymbol{\beta} + I(t > t_1)\bar{\boldsymbol{X}}_t\boldsymbol{\varphi} + \boldsymbol{f}_t + \bar{\boldsymbol{e}}_t \tag{11.3.36}$$

$$\bar{\boldsymbol{X}}_t = \boldsymbol{g}_t + \bar{\boldsymbol{v}}_t \tag{11.3.37}$$

其中，$\bar{Y}_t = \frac{1}{N}\sum_{i=1}^{N} Y_{it}, \bar{X}_t = \frac{1}{N}\sum_{i=1}^{N} X_{it}, \bar{e}_t = \frac{1}{N}\sum_{i=1}^{N} e_{it}$，上述模型的估计即为模型(11.3.19)$N=1$ 的情形，参考上述估计方法，将估计结果带入式(11.3.36)，得到残差估计值如下：

$$e_t(t_1) = \bar{\boldsymbol{Y}}_1 - \bar{\boldsymbol{X}}_t^T I(t \leqslant t_1)\boldsymbol{\beta} - \bar{\boldsymbol{X}}_t^T I(t > t_1)\hat{\boldsymbol{\varphi}} - \boldsymbol{f}(t_1) \tag{11.3.38}$$

于是 t_1 的估计值如下：

$$\hat{t}_1 = \underset{t_1 \in \varphi}{\operatorname{argmin}}(\hat{\boldsymbol{e}}(t_1)^T \hat{\boldsymbol{e}}(t_1)) \tag{11.3.39}$$

初步确定 t_1 的范围为 $t_1 \subset \varphi \subset [n\pi]$，通常限定$[\pi_L, \pi_U] = [0.15, 0.85]$，从而得到 t_1 的估计值，将 $\hat{t}_1$ 带入式(11.3.32)、(11.3.33) 和(11.3.34)，得到模型估计值：$\hat{\boldsymbol{\beta}} = \hat{\boldsymbol{\beta}}_{t_1}, \hat{\boldsymbol{\varphi}} = \hat{\boldsymbol{\varphi}}_{t_1}, \hat{\boldsymbol{f}} = \hat{\boldsymbol{f}}_{t_1}$。

在适当的假设前提下，不加证明地给出如下参数的性质：

(1) 当 $N \to \infty, T \to \infty$ 时，$\sqrt{Nt_1}(\hat{\boldsymbol{\beta}} - \boldsymbol{\beta}) \xrightarrow{d} N(0_d, \boldsymbol{\Sigma}_v^{-1}\boldsymbol{\Sigma}_{v,e}\boldsymbol{\Sigma}_v^{-1})$；

(2) 当 $N \to \infty, T \to \infty$ 时，$\sqrt{N(T-t_1)}(\hat{\boldsymbol{\varphi}} - \boldsymbol{\varphi}) \xrightarrow{d} N(0_d, \boldsymbol{\Sigma}_v^{-1}\boldsymbol{\Sigma}_{v,e}\boldsymbol{\Sigma}_v^{-1})$。

该模型的应用可参考相关文献。

第十二章　空间计量经济学

这一章我们将介绍融合空间因素的计量经济学知识。我们知道,传统的统计理论是一种建立在独立观测值假定基础上的理论。随着互联网和经济一体化的发展,国内区际关系越来越密切,区域间合作程度不断加深,考虑空间因素的影响突破了传统计量经济的局限性,是空间计量经济学从其中独立出来的根本原因。本章分为 4 节,主要讨论空间计量模型应用条件以及主要的空间模型介绍。

12.1　空间计量经济学基础

空间计量经济学是现代计量经济学的一个新分支,空间效应是空间计量经济学的基本特征,反映出空间因素的影响。因此,在模型中引入个体间的空间效应是空间计量经济学模型的重要任务。可以将空间效应分为空间相关性和空间异质性。顾名思义,空间相关性描述经济变量在空间结构上存在相关性,空间异质性描述由空间分布或者空间结构特点导致的不同经济个体间存在的差异性,这种差异性是由模型函数形式或者参数表现出来的结构特征(Anselin,1988a,1988b)。需要注意的是,空间效应不仅仅是局限在地理位置上的,也可以是政策辐射能力等。

12.1.1 空间相关性与检验

空间效应打破了传统计量经济学对独立样本的基本假设,拓宽了传统方法,是对传统方法的继承和发展。空间相关性是指不同位置的观测值在空间上的非独立性,呈现出某种非随机的空间模式(LeSage,1999),是事物和现象在空间上的相互依赖、相互制约、相互影响、相互作用,是事物和现象本身所固有的属性,是地理空间现象和空间过程的本质特征。与相同大小的独立样本相比,存在空间相关性的样本将导致较大的方差估计,假设检验的结果显著性也将随之降低。也正是因为空间相关性的样本用传统的方法进行估计会导致失真,降低模型的拟合度,所以需要将空间计量经济学从传统的计量经济学中独立出来,研究更加适合这种样本的估计方法具有重要意义。因此,在构建空间计量模型和进行分析时,最关键的是检验是否有空间相关性。并且,无论采用何种空间计量经济模型,都必须先对经济变量进行空间相关性检验。

空间相关性检验方法最常见的是分为两类：第一类，包括空间误差自相关或空间误差移动平均的误差相关检验，如 LMERR，R-LMERR；第二类，指空间滞后相关检验，如 LMLAG，R-LMLAG。除此之外，还有一些检验方法既可以检验对象间的空间误差自相关关系，又可以检验空间滞后相关关系，如 Moran's I 检验、Geary 检验，本章也将重点介绍这两种方法。目前为止，Moran's I 检验是最常见的检验空间相关性的方法。

(1)全局空间自相关指标

全局空间自相关的度量指标包括 Moran's I 统计量和 Geary 统计量等。

①Moran's I 统计量

Moran's I 统计量反映的是空间邻接或邻近的区域单元属性值的相似程度。假如 x 是位置(区域)的观测值，该变量的 Moran's I 统计值可以用如下公式表示：

$$\text{Moran's } I=\frac{n\sum_{i=1}^{n}\sum_{j=1}^{n}w_{ij}(x_i-\bar{x})(x_j-\bar{x})}{\sum_{i=1}^{n}\sum_{j=1}^{n}w_{ij}\sum_{k=1}^{n}(x_k-\bar{x})^2}=\frac{\sum_{i=1}^{n}\sum_{j\neq 1}^{n}w_{ij}(x_i-\bar{x})(x_j-\bar{x})}{S^2\sum_{i=1}^{n}\sum_{j\neq 1}^{n}w_{ij}} \tag{12.1.1}$$

其中，

$$S^2=\frac{1}{n}\sum_{i=1}^{n}(x_i-\bar{x})^2,\bar{x}=\frac{1}{n}\sum_{i=1}^{n}x_i$$

x_i 表示第 i 个地区的观测值，n 表示地区总数，w_{ij} 是空间权重矩阵元素，这个将在后面一节中进行介绍。进一步将 Moran's I 统计量进行标准化可以得到：

$$Z=\frac{\text{Moran's } I-E(I)}{\sqrt{\text{VAR}(I)}} \tag{12.1.2}$$

其中，$Z=\dfrac{\text{Moran's } I-E(I)}{\sqrt{\text{VAR}(I)}}$

$$E(I)=-\frac{1}{n-1},\text{VAR}(I)=\frac{n^2w_1+nw_2+3{w_0}^2}{{w_0}^2(n^2-1)}-E^2(I),w_0=\sum_{i=1}^{n}\sum_{j=1}^{n}w_{ij},w_1=$$

$\dfrac{1}{2}\sum_{i=1}^{n}\sum_{j=1}^{n}(w_{ij}+w_{ji})^2,w_2=\sum_{i=1}^{n}\sum_{j=1}^{n}(w_{i\cdot}+w_{\cdot j})^2$，$w_{i\cdot}$ 和 $w_{\cdot j}$ 分别是空间权重矩阵 $\boldsymbol{w}_{ij}$ 中的 i 行和 j 列的和。在不存在空间相关性的原假设条件下，Z 服从标准正态分布：

$$Z\sim(0,1)$$

Moran's I 统计量的取值范围是在[−1,1]之间，以 0 为分界点，小于 0 表示负相关，大于 0 表示正相关，等于 0 表示不相关。换言之，Moran's I 统计量越接近于−1 表示差异越大或者分布越不集中，Moran's I 统计量越接近于 1 表示相似度越高，Moran's I 统计量越接近于 0 表示单元间相关性不大。

②Geary 统计量

Geary 统计量(Getis，Ord；1992) 能够判断出空间数据是高值集聚还是低值集聚，这有效地补充了 Moran's I 统计量无法判断空间数据是高值集聚还是低值集聚的缺陷。而且，Geary 统计量与 Moran's I 统计量存在负相关关系，能够进行有效的比对。

Geary 统计量的 C 值计算公式可以写为：

$$C=\frac{(n-1)\sum_{i=1}^{n}\sum_{j=1}^{n}w_{ij}\ (x_i-\bar{x})^2}{2\sum_{i=1}^{n}\sum_{j=1}^{n}w_{ij}\sum_{k=1}^{n}\ (x_k-\bar{x})^2} \tag{12.1.3}$$

其中，C 为 Geary 统计量，其他变量和 Moran's I 统计量中的意思相同。

对 Geary 统计量的 C 值计算公式进行标准化：

$$Z(C)=(C-E(C))/\sqrt{\mathrm{Var}(C)} \tag{12.1.4}$$

其中，$E(C)$ 是数学期望，$\mathrm{Var}(C)$ 是方差。

Geary 统计量的 C 值取值范围是在[0,2]之间，以 1 为分界点，大于 1 表示负相关，小于 1 表示正相关，等于 1 表示不相关。标准化后的 Geary 统计量，取值范围是[0,1]之间，正的 $Z(C)$ 表示存在高值集聚，负的 $Z(C)$ 表示存在低值集聚。

(2) 局部空间自相关指标

局部空间自相关的度量指标包括：Moran 散点图、G 统计量，以及空间联系的局部指标(LISA)。接下来我们将逐个介绍这三个指标。

①Moran 散点图

以(W_z, z)为坐标点的 Moran 散点图常用来研究局部空间特征，它将空间滞后因子 W_z 和 z 的数据进行了可视化，化为二维图示。我们由之前介绍过的 Moran's I 统计量可以知道，Moran's I 统计量可以看作各地区观测值的乘积和，取值范围在 −1 到 1 之间，以 0 为分界点，大于 0 的为正相关，小于 0 的为负相关，等于 0 的则不相关。当目标区域数据在空间区位上相似的同时也有相似的属性值时，空间模式整体上就显示出正的空间自相关性；而当在空间上邻接的目标区域数据不同寻常地具有不相似的属性值时，就呈现为负的空间自相关性；零空间自相关性出现在当属性值的分布与区位数据的分布相互独立时。Moran 散点图也和 Moran's I 指标一样，分为正的、负的空间自相关，以及不相关 3 种。

如图 12.1.1 中所示就是 2015 年国内生产总值的 Moran 散点图。其中，第 1、3 象限代表观测值的正空间相关性，第 2、4 象限代表观测值的负空间相关性。除此以外，还可以看出第 1 象限代表了观测值高的区域单元被高值区域所包围(HH)；第 2 象限代表了观测值低的区域单元被高值区域所包围(LH)；第 3 象限代表了观测值低的区域单元被低值区域所包围(LL)；第 4 象限代表了观测值高的区域单元被低值区域所包围(HL)。

以 2015 年国内生产总值为例，空间权重 W 仍取常用的一阶邻近矩阵。Moran 散点图需要在 R 软件中实现：

打开 Moran 散点图函数文件"moran.R"，并运行函数文件。

接着调用 Moran 散点图程序：

```
W <- read.csv("W.csv",stringsAsFactors = FALSE,header = F)
x <- read.csv("x.csv",stringsAsFactors = FALSE,header = F) # 输入 x 和 W 的值
alpha = 0.05
moran(x,W,alpha)
```

Moran 散点图程序运行结果如图 12.1.1 所示，我们可以发现绝大多数省份的都处于第一或第三象限，说明我国国内生产总值呈现较强的空间正相关性。

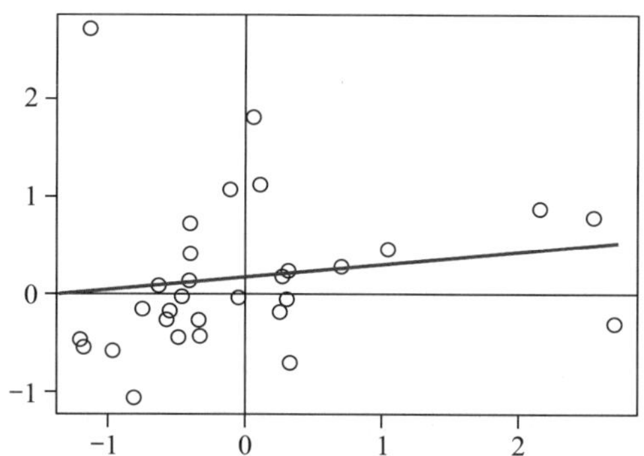

图 12.1.1　2015 年国内生产总值的 Moran 散点图

(2)G 统计量

全局 G 统计量的计算公式如下：

$$G=\sum_{i=1}^{n}\sum_{j=1}^{n}w_{ij}x_{i}x_{j}/\sum_{i=1}^{n}\sum_{j=1}^{n}x_{i}x_{j} \tag{12.1.5}$$

则每个区域单元的统计量为：

$$G_i=\sum_{i=1}^{n}w_{ij}x_{j}/\sum_{j=1}^{n}x_{j} \tag{12.1.6}$$

同样地，可以将 G 和 G_i 进行标准化：

$$Z(G)=(G-E(G))/\sqrt{\operatorname{Var}(G)} \tag{12.1.7}$$

$$Z(G_i)=(G_i-E(G_i))/\sqrt{\operatorname{Var}(G_i)} \tag{12.1.8}$$

显著的正值 G_i 表示在该区域单元周围，高观测值的区域单元趋于空间集聚；显著的负值 G_i 表示低观测值的区域单元趋于空间集聚。G 统计量具有能够探测出区域单元属于高值集聚还是低值集聚的空间分布模式。

(3) 空间联系的局部指标(LISA)

LISA 包括局部 Moran 指数和局部 Geary 指数，接下来将分别介绍。

局部 Moran 指数可以从 Moran's I 统计量的公式转化而来：

$$I_i=\frac{(x_i-\bar{x})}{S^2}\sum_{j=1}^{n}w_{ij}(x_j-\bar{x}) \tag{12.1.9}$$

正的 I_i 表示该空间单元与邻近单元的属性相似(“高 — 高”或者“低 — 低”)，负的 I_i 表示该空间单元与邻近单元的属性不相似(“高 — 低”或者“低 — 高”)。

局部 Geary 指数是一种基于距离权重矩阵的局部空间自相关指标，能够探测出高值集聚还是低值集聚：

$$G_i^*=\frac{\sum_{j}w_{ij}x_j}{\sum_{k}x_k} \tag{12.1.10}$$

在各区域不存在空间相关下，Getis 和 Ord 简化了 G_i^* 的数学期望和方差的表达式：

$$E(G_i^*)=\frac{\sum_j w_{ij}}{n-1}=\frac{W_i}{n-1},\mathrm{Var}(G_i^*)=\frac{W_i(n-1-W_i)Y_{i2}}{(n-1)^2(n-2)Y_{i1}^2}$$

其中，

$$Y_{i1}=\frac{\sum_j w_j}{n-1},$$

将 $\bar{R}^2$ 标准化，得到：

$$Z_i=\frac{G_i^*-E(G_i^*)}{\sqrt{\mathrm{Var}(G_i^*)}} \tag{12.1.11}$$

显著的正 Z_i 表示邻近单元的观测值高，显著的负 Z_i 表示邻近单元的观测值低。

12.1.2 空间权重

以区域经济管理研究为例，将空间效应引入经济管理过程的研究，建立空间计量模型进行空间统计分析时，一般要用空间权重矩阵 $\boldsymbol{W}$ 来表达 n 个位置的空间区域的邻近关系：

$$\boldsymbol{W}=\begin{bmatrix} w_{11} & w_{12} & \cdots & w_{1n} \\ w_{21} & w_{22} & \cdots & w_{2n} \\ \vdots & \vdots & \vdots & \vdots \\ w_{n1} & w_{n2} & \cdots & w_{nn} \end{bmatrix} \tag{12.1.12}$$

式中 w_{ij} 表示区域 i 与 j 的邻近关系。对于空间矩阵的构造，一直是一个有争议的问题。因为无法找到一个完全描述空间相关结构的空间矩阵，也就是说，理论上讲，不存在最优的空间矩阵。一般讲，空间矩阵的构造必须满足“空间相关性随着‘距离’的增加而减少”的原则。这里的“距离”是广义的，可以是地理上的距离，也可以是经济意义上合作关系的远近，甚至可以是社会学意义上的人际关系的亲疏。

(1) 空间矩阵的常规设定

空间矩阵的常规设定有两种，一种是简单的二进制邻接矩阵，另一种是基于距离的二进制空间权重矩阵。简单的二进制邻接矩阵的第 i 行与第 j 列元素为：

$$w_{ij}=\begin{cases}1 & \text{当区域 } i \text{ 和区域 } j \text{ 相邻接} \\ 0 & \text{其他}\end{cases} \tag{12.1.13}$$

基于距离的二进制邻接矩阵的第 i 行第 j 列元素为：

$$w_{ij}=\begin{cases}1 & \text{当区域 } i \text{ 和区域 } j \text{ 的距离小于 } d \text{ 时} \\ 0 & \text{其他}\end{cases} \tag{12.1.14}$$

在实际的区域分析中，空间权重矩阵的选择设定是外生的，原因是 $(n\times n)$ 阶矩阵 $\boldsymbol{W}$ 包含了关于区域 i 和区域 j 之间的空间链接的外生信息，不需要通过模型来估计得到它。权重矩阵中对角线上的元素 w_{ij} 被设定为 0。为了减少或消除区域间的外在影响，权重矩阵被标准化为 $w_{ij}^*=w_{ij}/\sum_{k=1}^n w_{ik}$，使得行元素之和为 1。

(2) 基于邻近概念的空间权重矩阵

基于邻近概念的空间权重矩阵(contiguity based spatial weights)有一阶邻近矩阵和

高阶邻近矩阵两种。

一阶邻近矩阵(the first order contiguity matrix)是假定两个地区有共同边界时空间关联才会发生,即当相邻地区 i 和 j 有共同边界用1表示,否则以0表示。一般有Rook邻近和Queen邻近两种计算方法(Anselin,2003)。

Rook邻近用“仅有共同边界”来定义,而Queen邻近则除了共有边界邻区外还包括共同顶点的邻区。由此可见,基于Queen邻近的空间矩阵常常与周围地区具有更加紧密的关联结构(拥有更多的邻区)。当然,如果假定区域间公共边界的长度不同(如10 km和100 km),其空间作用的强度也不一样,则还可以通过将公用边界的长度纳入权重计算过程中,使这种邻近指标更加准确一些。

空间权重矩阵不仅仅局限于第一阶邻近矩阵,也可以计算和使用更高阶的邻近矩阵。Anselin & Smirnov(1996)提出了高阶邻近矩阵的算法。二阶邻近矩阵(the second contiguity matrix)表示一种空间滞后的邻近矩阵。也就是说,该矩阵表达了邻近的相邻地区的空间信息。当使用时空数据并假设随着时间推移产生空间溢出效应时,这种类型的空间权重矩阵将非常有用,在这种情况下,特定地区的初始效应或随机冲击将不仅会影响其邻近地区,而且随着时间的推移还会影响其邻近地区的相邻地区。当然,这种影响是集合递减的。

可以看出,邻近空间权重矩阵因其对称和计算简单而最为常用,适合于测算地理空间效应的影响。

(3) 其他经济社会空间权重矩阵

除了使用真实的地理坐标计算地理距离外,还有包括经济和社会因素的更加复杂的权值矩阵设定方法。比如,根据区域间交通运输流、通讯量、GDP总额、贸易流动、资本流动、人口迁移、劳动力流等确定空间权值,计算各个地区任意两个变量之间的距离。例如:

① 基于万有引力定律的空间邻接矩阵

近年来,一些学者采用诺贝尔经济学奖获得者Tingbergen(1962)提出的引力模型研究区域贸易问题,该模型直接把地区间的距离作为解释变量引入模型中。其思想源自物理学中的万有引力定律,即两个物体之间的引力与它们的质量乘积成正比,与它们之间的距离平方成反比。尽管引力模型已经得到了广泛应用,但是基于万有引力定律构造空间邻接矩阵并不多见。我们认为,技术溢出效应是广泛存在的,而不仅仅局限于有共同边界的地区之间,并且两个地区之间的经济实力越强,技术交流与合作的吸引力往往越大,相应的技术溢出效应也越大。为此,本节基于万有引力定律构建如下空间邻接矩阵 $\Pi=(\pi_{ij})$:

$$\pi_{ij}=\begin{cases}\dfrac{m_i n_i}{r_{ij}^2} & i\neq j\\ 0 & i=j\end{cases} \tag{12.1.15}$$

其中,r_{ij} 为地区 i 与地区 j 的地理距离,可由两个地区的经纬度计算得到;m_i 为地区 i 的经济实力,本节以样本期内的人均实际GDP衡量。为了消除单位选取的影响,邻接矩阵需要标准化使行元素之和为1。

② 基于地理距离标准构造空间权重矩阵

空间邻接标准认为空间单元之间的联系仅仅取决于二者相邻与否，即只要不同空间单元相邻，则认为它们之间具有相同的影响强度，这在区域创新经济研究中是不符合客观事实的。例如，用空间邻接标准衡量的区域的地理位置，与北京邻接的只有天津、河北两省市，但我们不能认为北京只与津、冀地区发生联系而与其他省区均没有联系，也不能认为北京和在地理区位上与之相近的山东省之间的相互影响和北京与新疆、西藏等相对较远的省份之间的相互影响是等同的(而在邻接权重矩阵中北京、山东和北京、新疆之间的权重都为0)。基于这样的事实，我们通过地理距离标准构造空间权重矩阵，其实，这也符合地理学第一定律(Tobler W.R，1970)：任何事物与其他周围事物之间均存在联系，而距离较近的事物总比距离较远的事物联系更为紧密。Tiiupaas 和 Friso Schlitte 在 2006 年提出的空间距离权重矩阵为：

$$\omega_{ij}=\begin{cases}\dfrac{1}{d^2}, & i\neq j\\ 0, & i=j\end{cases} \tag{12.1.16}$$

其中，d 为两个地区地理中心位置间的距离。

③ 社会经济特征空间权重矩阵

以地理区位差异反映出的区域创新的空间联系及其强度仅仅表征了地理邻近特征的影响，是相对粗糙的，区域创新作为一项系统活动，必然受到其他多种非地理邻近因素的综合影响，因此需要从不同角度建构其他类型的空间权重矩阵，以全面客观地揭示区域创新生产的空间影响因素。本节将区域间的社会经济特征分为经济基础和人力资本两类，分别建立空间权重矩阵。

鉴于不同省区经济水平存在空间相关性的客观现实，许多学者通过建立经济距离空间权重矩阵来对这种关系予以描述，比较有代表性的如林光平等(2006)基于相邻地区间经济发展水平的差异程度越小，其经济上的相互联系强度就越大的假设，建立了基于地区差异的经济距离空间权重矩阵。然而，这一形式的矩阵存在明显不足。该矩阵中各元素所表征的两个空间单元之间的相互影响强度是相同的($w_{ij}=w_{ji}$)，而现实情况是经济发展水平较高的地区对经济水平较低地区产生更强的空间影响与辐射作用，比如北京对于河北的影响强度显然大于河北对北京的影响强度。由此，我们建立新的经济距离空间权重矩阵：

$$\boldsymbol{W}=\boldsymbol{W}_d\,\mathrm{diag}(\bar{Y}_1/\bar{Y},\bar{Y}_2/\bar{Y},L,\bar{Y}_n/\bar{Y}) \tag{12.1.17}$$

其中 $\boldsymbol{W}_d$ 为地理距离空间权重矩阵，$\bar{Y}_i=\dfrac{1}{t_1-t_0+1}\sum\limits_{t=t_0}^{t_1}Y_{it}$ 为考察期内第 i 省物质资本存量平均值，$\bar{Y}_i=\dfrac{1}{n(t_1-t_0+1)}\sum\limits_{i=1}^{n}\sum\limits_{t=t_0}^{t_1}Y_{it}$ 为考察期内总物质资本存量均值。通过上述矩阵可以发现，当一个地区的物质资本存量占总量比重较大(即 $\bar{Y}_i/\bar{Y}>\bar{Y}_j/\bar{Y}$)时，其对周边地区的影响也越大(即 $\omega_{ij}>\omega_{ji}$)。另外，我们用省会城市间的地理距离建立 $\boldsymbol{W}_d$，用地区物质资本存量表征地区经济发展水平。

人力资本对区域创新活动具有重要的影响。人力资本水平的提高可以增强对知识、技术以及其他信息的获取与运用能力，进而转化为创新产出，促进区域社会经济发展。以卢卡斯为代表的新增长理论认为，地区人力资本对经济发展具有决定性作用(Lucas，1988)。特别是对于中国这样的发展中大国来讲，区域经济水平普遍较低且发展不均衡，区域人力资本存量及其变化将会带来规模经济收益。在此过程中，创新作为经济收益的副产品随之产生。对发达地区而言，较高的人力资本与技术水平能够促使其经济不断发展，同时，由于“干中学”效应，伴随着经济水平不断提高，也产生了更多的内生性技术进步，提升了区域创新能力；而落后地区大多通过对先进技术的吸收与模仿，实现其经济发展与技术飞跃。然而，地区间人力资本水平差异会在很大程度上影响知识溢出与技术扩散。当两地区人力资本存量水平差距较大时，落后地区由于其较低的人力资本水平，使得其对先进技术的引进、消化、吸收与创新扩散过程受到一定程度的制约，也就是说，落后地区并不能够充分、有效地吸收先进技术，抑或其对先进技术的引进并不能对当地经济发展与创新活动起到应有的作用。相反，人力资本水平相近的技术引进地区由于具备了一定的人力资本存量，可以有效地模仿、吸收引进技术，直至实现自主创新。因此，人力资本存量水平的地区间差异是影响区域技术创新的重要因素。另外，由于技术创新活动的地方化(Caniels，2001)，建立人力资本权重时，我们仍然考虑地理区位因素的影响。

为了表征区域人力资本对于创新活动的影响，参照经济距离空间权重矩阵，建立人力资本空间权重矩阵：

$$\boldsymbol{W}=\boldsymbol{W}_d\,\mathrm{diag}\left(\frac{\overline{H}_1}{\overline{H}},\frac{\overline{H}_2}{\overline{H}},\cdots,\frac{\overline{H}_n}{\overline{H}}\right) \tag{12.1.18}$$

其中，$\overline{H}_i=\dfrac{1}{t_1-t_0+1}\sum\limits_{t=t_0}^{t_1}H_{it}$，$\overline{H}=\dfrac{1}{n(t_1-t_0+1)}\sum\limits_{i=1}^{n}\sum\limits_{t=t_0}^{t_1}H_{it}$，$\overline{H}_i$ 为第 i 省人力资本存量平均值，$\overline{H}$ 为总人力资本存量均值，t 为不同时期。这样设置权重矩阵的好处在于，可以更为深刻地揭示出区域人力资本水平差异对创新活动产生的动态影响。通过上述矩阵可以发现，当一个地区的人力资本存量占总量的比重较大(即 $\overline{H}_i/\overline{H}>\overline{H}_j/\overline{H}$)时，其对周边地区的影响也较大(即 $\omega_{ij}>\omega_{ji}$)。

④ 竞争矩阵

构造“竞争矩阵”(competition matrix)体现基础设施可能存在的正负溢出效应；基于地区间或行业间的投入产出联系和旅客量等流量数据分析溢出效应的来源。若 $i\neq j$，则 $w_{ij}=a_{ij}/\sum\limits_{k=1}^{n}a_{ik}$，若 $i=j$，则 $w_{ij}=0$。其中 a_{ij} 代表“从区域 i 运往区域 j 的货物”(Cohen 和 Paul，2001)或“行业的单位产出对中间品投入行业的需求量”(Moreno 等，2004)。

一方面，基础设施的网络结构导致其溢出效应超出所在地区或部门范围，而且相邻地区的资本和技术溢出效应更显著(Moreno 等，2004；Cantos 等，2005)。因此，可通过“地理邻近”方法构建空间权重衡量基础设施空间溢出效应。另一方面，具有类似经济社会特征的地区之间即使不相邻，基础设施网络也会导致地区之间要素流动和厂商选址的竞争产生负溢出效应，且地区间相似度越高则替代性越大(Boarnet，1998；Delgado 和 Alvarez，2007)。因此，需要结合“地理邻近”和“竞争矩阵”两种方法构建空间权重。考虑到中国地区之间普遍存在的产业竞争，本节采用标准化的“两地区制造业结构相似度”作为产业竞争指标构建“竞争矩阵”空间权重：

$$d_{ij}=\sqrt{\sum_{m}(a_{im}-a_{jm})^2} \tag{12.1.19}$$

其中，a_{im} 和 a_{jm} 分别为省份 i 和 j 的产业 m 占制造业产值比重，d_{ij} 越小则制造业结构越相似，赋予的竞争权重越大。制造业规模越大省份的产业竞争力较高，故竞争权重矩阵为：

$$w_{ij}=\frac{X_j}{d_{ij}} \tag{12.1.20}$$

其中，X_j 为省份 j 的制造业产值占全国制造业总值的比重，标准化处理得：

$$w_{ij}^*=\begin{cases}\dfrac{w_{ij}}{\sum\limits_{j=1}^{n}w_{ij}} & i\neq j\\ 0 & i=j\end{cases} \tag{12.1.21}$$

12.2 空间回归模型

空间相关性是空间效应识别的一个来源，主要表现在空间实质相关（spatially substantive dependence）和空间扰动相关（spatial nuisance dependence）两个方面。空间实质相关反映现实中存在的空间交互作用（spatial interaction effects），比如技术溢出等，是在演变过程中确实存在的真实成分，是确实存在的空间交互影响；空间扰动相关归入随机扰动项的影响，不是由解释变量引起的空间相关性。上述两种空间效应可以用两种模型来表征和刻画：当被解释变量之间的空间相关性影响模型而导致空间相关时，即表现出空间实质相关时，选用空间滞后模型；当模型的误差项在空间上相关时，即表现出空间扰动相关时，选用空间误差模型。空间滞后模型和空间误差模型是空间计量经济学模型的两个基础模型。

除了上述所讲的两种模型外，空间回归模型还包括空间自回归——残差自回归模型、空间残差移动平均模型、空间变系数回归模型、空间杜宾模型、空间误差修正模型、动态空间计量模型、空间向量自回归模型、半参数空间滞后模型、半参数空间向量自回归模型、半参数全局向量自回归模型等，本节主要介绍 2 种基础模型。

12.2.1 空间滞后模型

空间滞后模型（spatial lag model，SLM）描述的是空间实质相关。由于 SLM 模型与时间序列中的自回归模型相似，因此，SLM 模型又被称作空间自回归模型（spatial autoregressive model，SAR）。其模型表达式为：

$$\boldsymbol{Y}=\boldsymbol{\rho}\boldsymbol{W}\boldsymbol{Y}+\boldsymbol{X}\boldsymbol{\beta}+\boldsymbol{\varepsilon},\boldsymbol{\varepsilon}\sim N[\boldsymbol{0},\sigma^2\boldsymbol{I}] \tag{12.2.1}$$

其中，$\boldsymbol{Y}=(Y_1,\cdots,Y_N)'$ 是被解释变量矩阵，$\boldsymbol{X}=(X_1,\cdots,X_K)$ 是解释变量矩阵，$\boldsymbol{\rho}$ 是空间效应系数，$\boldsymbol{\beta}=(\beta_1,\cdots,\beta_k)'$ 是参数向量，$\boldsymbol{W}$ 是空间矩阵，是空间计量经济学模型的核心，具体体现在：

$$
\boldsymbol{W}=\begin{bmatrix} 0 & w_{12} & \cdots & w_{1N} \\ w_{21} & 0 & \cdots & w_{2N} \\ \vdots & \vdots & \ddots & \vdots \\ w_{N1} & w_{N2} & \cdots & 0 \end{bmatrix} \tag{12.2.2}
$$

其中，w_{ij} 描述第 j 个截面个体与第 i 个截面个体被解释变量之间的相关性。

空间滞后模型的经济学含义是，如果所关注的经济变量存在利用空间矩阵表示的空间相关性，则仅仅考虑其自身的解释变量 $\boldsymbol{X}$ 不足以很好地估计和预测该变量的变化趋势。例如，一个地区的房价会受到相邻区域房价的影响，如果我们只考虑当地的供需情况，便忽略了周边地区人口和资金的流动性对该地区的潜在影响。在模型中考虑适当的由于空间结构造成的影响（周边地区的房价），便可以较好地控制这一空间效应造成的影响。

在模型的解释变量中出现被解释变量的空间滞后性，普通最小二乘法（OLS）将不再适用，接下来介绍 3 种适合 SLM 的估计方法：工具变量估计（IV）、最大似然估计（ML）和广义矩估计（GMM）。

（1）工具变量估计（IV）

将模型（12.2.1）表达式转化成：

$$
\boldsymbol{Y}=[\boldsymbol{WY},\boldsymbol{X}][\boldsymbol{\rho},\boldsymbol{\beta}']'+\boldsymbol{\varepsilon} \tag{12.2.3}
$$

再进一步简化成：

$$
\boldsymbol{Y}=\boldsymbol{Z\theta}+\boldsymbol{\varepsilon} \tag{12.2.4}
$$

其中，$\boldsymbol{Z}-[\boldsymbol{WY},\boldsymbol{X}]$，$\boldsymbol{\theta}=[\boldsymbol{\rho},\boldsymbol{\beta}']'$。如果存在工具变量 $\boldsymbol{Q}$，满足如下条件：

$$
E[\boldsymbol{Q}'\boldsymbol{\varepsilon}]=0,E[\boldsymbol{Q}'\boldsymbol{Z}]=\boldsymbol{M}_{QZ}
$$

并且，$\boldsymbol{M}_{QZ}$ 是非奇异矩阵。则利用工具变量法可以得到估计量：

$$
\hat{\boldsymbol{\theta}}_{IV}=[\boldsymbol{Q}'\boldsymbol{Z}]^{-1}\boldsymbol{Q}'\boldsymbol{Y} \tag{12.2.5}
$$

IV 方法的关键所在是，选择适合的工具变量。一种方法是对模型 $\boldsymbol{Y}=\boldsymbol{X\beta}+\boldsymbol{\varepsilon}$ 进行 OLS 估计，利用$\boldsymbol{W}\hat{\boldsymbol{Y}}$ 作为 $\boldsymbol{WY}$ 的工具变量。另一种方法也可以估计模型 $\boldsymbol{WY}=\boldsymbol{X\beta}+\boldsymbol{\varepsilon}$，得到估计量$\widehat{\boldsymbol{WY}}$ 作为 $\boldsymbol{WY}$ 的工具变量。Rey 和 Boarnet（2004）指出，利用$\widehat{\boldsymbol{WY}}$ 的效果比利用$\boldsymbol{W}\hat{\boldsymbol{Y}}$ 的要好。但是这两种方法都不是十分令人满意，因为所利用的仍然仅仅是样本信息。

一种启发性的想法是，既然对于空间矩阵有若干种备选方案，是否可以利用备选的空间矩阵作为工具变量？例如，对于空间矩阵有两种方案 $\boldsymbol{W}_1$ 和 $\boldsymbol{W}_2$，如果设定模型为：

$$
\boldsymbol{Y}=\boldsymbol{\rho W}_1\boldsymbol{Y}+\boldsymbol{X\beta}+\boldsymbol{\varepsilon} \tag{12.2.6}
$$

利用$\boldsymbol{W}_1\hat{\boldsymbol{Y}}$ 作为工具变量进行估计，得到一个估计残差 $\boldsymbol{e}$；然后利用 Moran'I 检验方法检验残差 $\boldsymbol{e}$ 基于空间矩阵 $\boldsymbol{W}_2$ 的相关性；如果这一检验没有通过（原假设为不存在相关性），则说明利用 $\boldsymbol{W}_2\boldsymbol{Y}$ 作为工具变量是可行的。

（2）最大似然估计（ML）

将 $\boldsymbol{A}=\boldsymbol{I}-\boldsymbol{\rho W}$ 带入到模型（12.2.1），可以将模型写成：

$$
\boldsymbol{AY}=\boldsymbol{X\beta}+\boldsymbol{\varepsilon} \tag{12.2.7}
$$

其中，$\boldsymbol{\varepsilon}\sim N[\boldsymbol{0},\boldsymbol{\Omega}]$。利用 ML 估计的一阶极值条件：

$$\mathbf{0} = \boldsymbol{X}'\boldsymbol{B}'\boldsymbol{\Omega}^{-1}\boldsymbol{BAY} - \boldsymbol{X}'\boldsymbol{B}'\boldsymbol{\Omega}^{-1}\boldsymbol{BX\beta}$$

令 $\boldsymbol{B}=\boldsymbol{I}$,解上述的一阶极值条件就可以得到 $\boldsymbol{\beta}$ 的估计量：

$$\boldsymbol{\beta} = [\boldsymbol{X}'\boldsymbol{\Omega}^{-1}\boldsymbol{X}]^{-1}\boldsymbol{X}'\boldsymbol{\Omega}^{-1}\boldsymbol{AY} \tag{12.2.8}$$

结合式(12.2.1) 和式(12.2.7),可以将式(12.2.8) 的估计量进一步写成：

$$\boldsymbol{\beta} = [\boldsymbol{X}'\boldsymbol{\Omega}^{-1}\boldsymbol{X}]^{-1}\boldsymbol{X}'\boldsymbol{\Omega}^{-1}\boldsymbol{Y} - \boldsymbol{\rho}[\boldsymbol{X}'\boldsymbol{\Omega}^{-1}\boldsymbol{X}]\boldsymbol{X}'\boldsymbol{\Omega}^{-1}\boldsymbol{WY} \tag{12.2.9}$$

令：

$$\boldsymbol{\beta}_1 = [\boldsymbol{X}'\boldsymbol{\Omega}^{-1}\boldsymbol{X}]^{-1}\boldsymbol{X}'\boldsymbol{\Omega}^{-1}\boldsymbol{Y}$$

$$\boldsymbol{\beta}_2 = [\boldsymbol{X}'\boldsymbol{\Omega}^{-1}\boldsymbol{X}]^{-1}\boldsymbol{X}'\boldsymbol{\Omega}^{-1}\boldsymbol{WY}$$

显然,$\boldsymbol{\beta}_1$ 是模型$\boldsymbol{Y}=\boldsymbol{X\beta}_1+\boldsymbol{\varepsilon}$ 的估计量,$\boldsymbol{\beta}_2$ 是模型$\boldsymbol{WY}=\boldsymbol{X\beta}_2+\boldsymbol{\varepsilon}$ 的估计量(可以从模型推导估计量来检验)。两个模型的残差分别是 $\boldsymbol{e}_1$ 和 $\boldsymbol{e}_2$,则原模型的估计残差是 $\boldsymbol{e}=\boldsymbol{e}_1-\boldsymbol{\rho e}_2$。

根据上述内容我们可以归纳得到 ML 估计步骤如下：

① 利用 OLS 方法估计模型 $\boldsymbol{Y}=\boldsymbol{X\beta}_1+\boldsymbol{\varepsilon}$,得到估计量 $\hat{\boldsymbol{\beta}}_1$ 和 $\hat{\boldsymbol{e}}_1$;

② 利用 OLS 方法估计模型 $\boldsymbol{WY}=\boldsymbol{X\beta}_1+\boldsymbol{\varepsilon}$,得到估计量 $\hat{\boldsymbol{\beta}}_2$ 和 $\hat{\boldsymbol{e}}_2$;

③ 将残差估计量带入似然函数：

$$\ln L = -\frac{N}{2}\ln 2\pi - \frac{1}{2}\ln|\boldsymbol{I}-\boldsymbol{\rho W}|^{-2} - \frac{N}{2}\ln\left[\frac{1}{N}(\tilde{\boldsymbol{e}}_1-\boldsymbol{\rho}\,\boldsymbol{e}_2)'(\tilde{\boldsymbol{e}}_1-\boldsymbol{\rho}\tilde{\boldsymbol{e}}_2)\right] -$$
$$\frac{1}{2}[(\boldsymbol{I}-\boldsymbol{\rho W})\boldsymbol{Y}-\boldsymbol{X}(\tilde{\boldsymbol{b}}_1-\boldsymbol{\rho}\tilde{\boldsymbol{b}}_2)]'\left[\frac{1}{N}(\tilde{\boldsymbol{e}}_1-\boldsymbol{\rho}\tilde{\boldsymbol{e}}_2)'(\tilde{\boldsymbol{e}}_1-\boldsymbol{\rho}\tilde{\boldsymbol{e}}_2)*I\right]^{-1}\times$$
$$[(\boldsymbol{I}-\boldsymbol{\rho W})\boldsymbol{Y}-\boldsymbol{X}(\tilde{\boldsymbol{b}}_1-\boldsymbol{\rho}\tilde{\boldsymbol{b}})]$$

得到一个估计量 $\hat{\boldsymbol{\rho}}$;

④ 利用 $\hat{\boldsymbol{\rho}}$ 估计随机项协方差矩阵,得到：

$$\hat{\boldsymbol{\Omega}} = \frac{1}{N}[\hat{\boldsymbol{e}}_1-\hat{\boldsymbol{\rho}}\hat{\boldsymbol{e}}_2]'[\hat{\boldsymbol{e}}_1-\hat{\boldsymbol{\rho}}\hat{\boldsymbol{e}}_2]\times\boldsymbol{I}$$

对模型 $\boldsymbol{Y}=\boldsymbol{X\beta}_1+\boldsymbol{\varepsilon}$、$\boldsymbol{WY}=\boldsymbol{X\beta}_1+\boldsymbol{\varepsilon}$ 进行重新估计,得到估计量 $\boldsymbol{\beta}_1$、$\boldsymbol{\beta}_2$、$\boldsymbol{e}_1$、$\boldsymbol{e}_2$;

⑤ 将估计量 $\boldsymbol{\beta}_1$、$\boldsymbol{\beta}_2$、e_1、e_2 带入似然函数：

$$\ln L = -\frac{N}{2}\ln 2\pi - \frac{1}{2}\ln|\boldsymbol{I}-\boldsymbol{\rho W}|^{-2} - \frac{1}{2}\ln|\hat{\boldsymbol{\Omega}}|$$
$$-\frac{1}{2}[(\boldsymbol{I}-\boldsymbol{\rho W})\boldsymbol{Y}-\boldsymbol{X}(\boldsymbol{b}_1-\boldsymbol{\rho b}_2)]'[(\boldsymbol{I}-\boldsymbol{\rho W})\boldsymbol{Y}-\boldsymbol{X}(\boldsymbol{b}_1-\boldsymbol{\rho b}_2)]$$

重新估计 $\hat{\boldsymbol{\rho}}$;

⑥ 重复步骤 ④ 和 ⑤,直到收敛。

(3) 广义矩估计(GMM)

在介绍 ML 估计的时候,我们提到,它的随机扰动项 ε 服从正态分布,而当随机扰动项的分布不满足正态分布的时候,我们可以采用广义矩估计的方法进行估计。Kelejian 和 Prucha(1999,2010) 推导了横截面数据条件下的 GMM 参数估计的渐近分布特征。Kappor 在空间面板分析框架下,基于 Kelejian 和 Prucha 的基本原理,推导出了空间面板模型框架下参数的有效估计量。Moscone 和 Tosetti(2010) 在空间面板固定效应的条件下,分析了残差分布存在异方差情况下的空间面板 GMM 估计,经有限样本蒙特卡罗模拟试验证明，参数估计量的效率优于空间面板的 QML 估计。空间面板的 GMM 估计对于模型(12.2.1) 来说，可以使用空间的 TSLS 来估计。假设 $\boldsymbol{WY}$ 基于模型(12.2.1) 的第一阶段的 OLS 估计值为：

$$\hat{\boldsymbol{WY}} = \boldsymbol{\Pi}\left[(\boldsymbol{\Pi})'(\boldsymbol{\Pi})\right]^{-1}\boldsymbol{\Pi}'\boldsymbol{WY} \tag{12.2.10}$$

其中，$\boldsymbol{\Pi}$ 是模型全部的外生工具变量矩阵，其工具变量包括解释变量的空间滞后项 $\boldsymbol{WX}$ 以及 $\boldsymbol{X}$，还包括其高阶的空间滞后性。因此，$\boldsymbol{\Pi}$ 是 $N \times L$ 的矩阵，并且 $L \geqslant 2k$，k 是解释变量的个数。工具变量有效性的正交条件是 $\boldsymbol{E}[\boldsymbol{\Pi\varepsilon}]=0$。在式(12.2.10) 估计的基础上，我们定义 $\hat{\boldsymbol{Z}}=[\hat{\boldsymbol{WY}}X]$，因此空间效应的关键目标参数 $\boldsymbol{\rho}$ 的两阶段最小二乘估计量和方差为：

$$\hat{\boldsymbol{\theta}}_{\mathrm{TSLS}} = (\hat{\boldsymbol{Z}}'\hat{\boldsymbol{Z}})^{-1}\hat{\boldsymbol{Z}}'\boldsymbol{Y} \tag{12.2.11}$$

$$\mathrm{Var}\hat{\boldsymbol{\theta}}_{\mathrm{TSLS}} = s^2(\hat{\boldsymbol{Z}}'\hat{\boldsymbol{Z}})^{-1} \tag{12.2.12}$$

其中，$\boldsymbol{\theta}=(\boldsymbol{\rho},\boldsymbol{\beta}')'$，$s^2$ 是模型(12.2.1) 的 OLS 残差平方的均值计算得来的。

空间面板的 GMM 估计等价于最小化样本加权矩条件的二次型，并且这个矩条件满足正交条件，即 $E(\hat{\boldsymbol{Z}}\boldsymbol{\varepsilon})=0$，空间面板的 GMM 估计及最小化公式为：

$$J = \min E[\boldsymbol{g}(\theta)\boldsymbol{\Sigma}^{-1}\boldsymbol{g}(\theta)'] \tag{12.2.13}$$

与之相对应的矩条件为：

$$\boldsymbol{g}(\theta) = \frac{1}{N}\sum_{i=1}^{n}\boldsymbol{\pi}_i(\boldsymbol{y}_i - \boldsymbol{z}_i'\boldsymbol{\theta}) \tag{12.2.14}$$

且：

$$\boldsymbol{\Sigma} = E(\boldsymbol{g}(\theta)'\boldsymbol{g}(\theta)) = \frac{1}{n}E\left(\sum_{i=1}^{n}\boldsymbol{\pi}_i\boldsymbol{\pi}'_i(\boldsymbol{y}_i - \boldsymbol{z}'_i\boldsymbol{\theta})^2\right) \tag{12.2.15}$$

其中，$\boldsymbol{\pi}_i$ 是 $\boldsymbol{\Pi}$ 的第 i 行转置的列向量；$\boldsymbol{z}_i$ 是 $\boldsymbol{Z}$ 的第 i 行转置的列向量。式(12.2.15) 表明 GMM 估计中的加权矩阵是矩条件稳健估计量的方差协方差矩阵的逆。Anselin(2006) 的研究表明空间面板 TSLS 估计能够提供有效的 $\boldsymbol{\Sigma}$ 估计：

$$\boldsymbol{S}_0 = \sum_{i=1}^{n}\boldsymbol{\pi}_i\boldsymbol{\pi}'_i(\boldsymbol{y}_i - \boldsymbol{z}'_i\hat{\boldsymbol{\theta}}_{\mathrm{TSLS}})^2 \tag{12.2.16}$$

空间自回归向量系数 θ 的 GMM 估计量和方差分别为：

$$\hat{\boldsymbol{\theta}}_{\mathrm{GMM}} = [\boldsymbol{Z}'\boldsymbol{\Pi}(S_0)^{-1}\boldsymbol{\Pi}'\boldsymbol{Z}]^{-1}[\boldsymbol{Z}'\boldsymbol{\Pi}(S_0)^{-1}\boldsymbol{\Pi}'\boldsymbol{y}]$$

$$\mathrm{Var}(\hat{\boldsymbol{\theta}}_{\mathrm{GMM}}) = [\boldsymbol{Z}'\boldsymbol{\Pi}(\hat{\boldsymbol{S}}_0)^{-1}\boldsymbol{\Pi}'\boldsymbol{Z}]^{-1}$$

因此，进行空间面板的广义矩估计，无论是空间面板的滞后模型还是空间面板的误差模型的 GMM 估计的权重选择，都是基于矩条件的方差协方差矩阵的逆。

12.2.2 空间误差模型

空间误差模型(spatial error model，SEM) 描述的是空间扰动相关和空间总体相关。由于 SEM 模型与时间序列中的序列相关问题类似，因此也被称为空间自相关模型(spatial autocorrelation model) 或者空间残差自回归模型(spatial residual autoregressive model，SRAR)。模型表达式为：

$$\boldsymbol{Y}=\boldsymbol{X\beta}+\boldsymbol{\varepsilon},\boldsymbol{\varepsilon}=\boldsymbol{\lambda W\varepsilon}+\boldsymbol{u},\boldsymbol{\mu}\sim N(\boldsymbol{0},\boldsymbol{\sigma}^2 I) \tag{12.2.17}$$

其中,$\boldsymbol{\lambda}$ 为空间误差相关系数,度量了邻近个体关于被解释变量的误差冲击对本个体观察值的影响程度;空间矩阵 $\boldsymbol{W}$ 的元素 w_{ij} 描述了第 j 个截面个体与第 i 个截面个体误差项之间的相关性;其他符号的含义与式(12.2.1) 节中的相同。

空间误差模型的经济意义在于,在某一个地区发生的冲击会随着这一特殊的协方差结构形式 $\boldsymbol{W}$ 而传递到相邻区域,而这一传递形式是具有很长的时间延续性并且衰减的,也即是说,空间影响具有高阶效应。

空间误差模型也是应用非常广的一种空间计量模型,模型中的随机误差项出现了空间相关性,若直接用 OLS 估计,虽然参数估计具有无偏性,但是不是有效估计。接下来介绍空间误差模型的一种估计方法:最大似然估计(ML)。

令 $\boldsymbol{B}=\boldsymbol{I}-\boldsymbol{\lambda W}$,则对数似然函数写为:

$$\ln L=-\frac{n}{2}\ln 2\pi-\frac{1}{2}\ln\{|\boldsymbol{\Omega}|\times[|\boldsymbol{B}|]^{-2}\}-\frac{1}{2}[\boldsymbol{BY}-\boldsymbol{BX\beta}]'\boldsymbol{\Omega}^{-1}[\boldsymbol{BY}-\boldsymbol{BX\beta}] \tag{12.2.18}$$

利用 ML 估计的一阶极值条件:

$$\boldsymbol{0}=\boldsymbol{X}'\boldsymbol{B}'\boldsymbol{\Omega}^{-1}\boldsymbol{BY}-\boldsymbol{X}'\boldsymbol{B}'\boldsymbol{\Omega}^{-1}\boldsymbol{BX\beta}$$

于是解一阶条件得到 $\boldsymbol{\beta}$ 的估计量为:

$$\boldsymbol{\beta}=[\boldsymbol{X}'\boldsymbol{B}'\boldsymbol{\Omega}^{-1}\boldsymbol{BX}]^{-1}\boldsymbol{X}'\boldsymbol{B}'\boldsymbol{\Omega}^{-1}\boldsymbol{BY} \tag{12.2.19}$$

为了简化式(12.2.19),假设随机项协方差矩阵 $\boldsymbol{\Omega}=\boldsymbol{\sigma}^2\boldsymbol{I}$,则得到估计量:

$$\boldsymbol{\beta}=[\boldsymbol{X}'\boldsymbol{B}'\boldsymbol{BX}]^{-1}\boldsymbol{X}'\boldsymbol{B}'\boldsymbol{BY},\hat{\boldsymbol{\Omega}}=\frac{1}{n}[\boldsymbol{Be}]'[\boldsymbol{Be}]\times\boldsymbol{I} \tag{12.2.20}$$

其中,$\boldsymbol{e}=\boldsymbol{Y}-\boldsymbol{X\beta}$,将 $\hat{\boldsymbol{\Omega}}$、$\boldsymbol{\beta}$ 带入似然函数(12.2.18),求解式(12.2.21) 得到估计量 $\hat{\boldsymbol{\lambda}}$:

$$\max_{\lambda}\left\{-\frac{n}{2}\ln 2\pi-\frac{1}{2}\ln\{|\hat{\boldsymbol{\Omega}}|\times[|\boldsymbol{B}|]^{-2}\}-\frac{1}{2}[\boldsymbol{BY}-\boldsymbol{BX\beta}]'\hat{\boldsymbol{\Omega}}^{-1}[\boldsymbol{BY}-\boldsymbol{BX\beta}]\right\} \tag{12.2.21}$$

可以进一步利用 $\hat{\boldsymbol{B}}=\boldsymbol{I}-\hat{\boldsymbol{\lambda}}\boldsymbol{W}$ 重新估计式(12.2.20),并且反复迭代直到收敛。迭代过程与空间滞后模型 ML 估计类似,在此不再赘述。

12.2.3 空间回归模型的检验

(1)LM 检验

虽然在大样本情况下,Wald 检验、LM 检验以及 LR 检验是等价的,但是,由于 Wald 检验与 LR 检验要求无约束条件(即存在空间效应) 下的估计量,而存在空间效应的情况下,由于需要考虑矩阵运算的问题,模型的 ML 估计过程本身已十分复杂,从而使得统计量的构造过程会更加复杂,所以计量经济学模型的检验主要是基于 LM 检验构造的。

① 不存在空间自回归时空间残差相关的 LM 检验

该检验由 Burridge(1980) 提出。不存在空间自回归时,空间残差相关检验的原假设是模型残差不存在空间相关,即 H_0:$\boldsymbol{Y}=\boldsymbol{X\beta}+\boldsymbol{\varepsilon}$,其中 $\boldsymbol{\varepsilon}\sim N(\boldsymbol{0},\boldsymbol{\sigma}^2\boldsymbol{I})$。利用对数似然函数

$$\ln L=-\frac{n}{2}\ln 2\pi-\frac{1}{2}\ln\{|\hat{\boldsymbol{\Omega}}|\times[|\boldsymbol{B}|]^{-2}\}-$$

$$\frac{1}{2}[\boldsymbol{BY}-\boldsymbol{BX\beta}]'\hat{\boldsymbol{\Omega}}^{-1}[\boldsymbol{BY}-\boldsymbol{BX\beta}]+\frac{1}{2}\boldsymbol{\gamma\lambda} \tag{12.2.22}$$

通过一阶条件$\frac{\partial \boldsymbol{L}}{\partial \boldsymbol{\lambda}}=\mathbf{0}$，得到 $\boldsymbol{\gamma}=\frac{1}{\boldsymbol{\sigma}^2}\boldsymbol{e}'\boldsymbol{We}$。

构造统计量：

$$\mathrm{LM}=\frac{(\boldsymbol{e}'\boldsymbol{We}/s^2)^2}{T} \tag{12.2.23}$$

其中，

$$s^2=\frac{1}{n}\boldsymbol{e}'\boldsymbol{e},T=\mathrm{tr}(\boldsymbol{W}'\boldsymbol{W}+\boldsymbol{W}^2)$$

在原假设成立的条件下，$\mathrm{LM}\sim\chi^2(1)$，即：

$$\mathrm{LM}=\frac{(\boldsymbol{e}'\boldsymbol{We}/s^2)^2}{T}\sim\chi^2(1) \tag{12.2.24}$$

该检验统计量有两个备则假设，即 $\mathrm{H}_1:\boldsymbol{\varepsilon}=\boldsymbol{\lambda W\varepsilon}+\boldsymbol{\mu}$ 或者 $\mathrm{H}_1:\boldsymbol{\varepsilon}=\boldsymbol{\lambda W\mu}+\boldsymbol{\mu}$。也就是说，该统计量对于空间残差自相关和空间残差移动平均两种空间效应均有检验效力。

② 存在空间自回归时空间残差相关的 LM 检验

该检验是由 Bera 和 Yoon(1993) 提出的 Robust 检验方法。存在空间自回归时，空间残差相关检验的原假设仍然是模型残差不存在空间相关，即 $\mathrm{H}_0:\boldsymbol{Y}=\boldsymbol{\rho WY}+\boldsymbol{X\beta}+\boldsymbol{\varepsilon}$，其中 $\boldsymbol{\varepsilon}\sim N[\mathbf{0},\boldsymbol{\sigma}^2\boldsymbol{I}]$。检验的统计量为

$$\mathrm{LM}=\frac{(\boldsymbol{e}'\boldsymbol{We}/s^2-\boldsymbol{T}(\boldsymbol{R}\tilde{\boldsymbol{J}})^{-1}(\boldsymbol{e}'\boldsymbol{WY}/s^2))^2}{\boldsymbol{T}-\boldsymbol{T}^2(\boldsymbol{R}\tilde{\boldsymbol{J}})^{-1}} \tag{12.2.25}$$

其中，

$$s^2=\frac{1}{n}\boldsymbol{e}'\boldsymbol{e},(\boldsymbol{R}\tilde{\boldsymbol{J}})^{-1}=\left[\boldsymbol{T}+\frac{(\boldsymbol{WX}\hat{\boldsymbol{\beta}})'\boldsymbol{M}_X(\boldsymbol{WX}\hat{\boldsymbol{\beta}})}{s^2}\right]^{-1}$$

$$\boldsymbol{M}_X=\boldsymbol{I}-\boldsymbol{X}(\boldsymbol{X}'\boldsymbol{X})-1\boldsymbol{X}',\boldsymbol{T}=\mathrm{tr}(\boldsymbol{W}'\boldsymbol{W}+\boldsymbol{W}^2)$$

$\hat{\boldsymbol{\beta}}$ 是原假设中模型的 OLS 估计量。

在原假设成立的条件下，$\mathrm{LM}\sim\chi^2(1)$，即：

$$\mathrm{LM}=\frac{(\boldsymbol{e}'\boldsymbol{We}/s^2-\boldsymbol{T}(\boldsymbol{R}\tilde{\boldsymbol{J}})^{-1}(\boldsymbol{e}'\boldsymbol{WY}/s^2))^2}{\boldsymbol{T}-\boldsymbol{T}^2(\boldsymbol{R}\tilde{\boldsymbol{J}})^{-1}}\sim\chi^2(1) \tag{12.2.26}$$

同样，该检验统计量有两个备择假设，即 $\mathrm{H}_1:\boldsymbol{\varepsilon}=\boldsymbol{\lambda W\varepsilon}+\boldsymbol{\mu}$ 或者 $\mathrm{H}_1:\boldsymbol{\varepsilon}=\boldsymbol{\lambda W}\mu+\boldsymbol{\mu}$。

也就是说，该统计量对于空间残差相关和空间残差移动平均两种空间效应均有检验效力。

③ 不存在空间残差相关时空间自回归效应的 LM 检验

该检验由 Anselin(1988b) 提出，旨在检验模型是否存在空间实质相关。在不存在空间残差相关时，检验的原假设是 $\mathrm{H}_0:\boldsymbol{Y}=\boldsymbol{X\beta}+\boldsymbol{\varepsilon}$，备择假设是 $\mathrm{H}_1:\boldsymbol{Y}=\boldsymbol{\rho WY}+\boldsymbol{X\beta}+\boldsymbol{\varepsilon}$，其中，$\boldsymbol{\varepsilon}\sim N(\mathbf{0},\boldsymbol{\sigma}^2\boldsymbol{I})$。如果原假设成立，则模型是经典单方程线性模型；如果原假设被拒绝，则可以确定模型的设定形式为空间自回归模型。

模型检验的对数似然函数为：

$$\ln L=-\frac{n}{2}\ln 2\pi-\frac{1}{2}\ln\{|\boldsymbol{\sigma}^2\boldsymbol{I}|\times[|\boldsymbol{A}|]^{-2}\}-\frac{1}{2\sigma^2}[\boldsymbol{AY}-\boldsymbol{X\beta}]'\boldsymbol{\Omega}^{-1}[\boldsymbol{AY}-\boldsymbol{X\beta}] \tag{12.2.27}$$

构造的检验统计量是：

$$\mathrm{LM}=\frac{(\boldsymbol{e}'\boldsymbol{WY}/s^2)^2}{\boldsymbol{R\tilde{J}}} \tag{12.2.28}$$

其中，

$$\boldsymbol{R\tilde{J}}=\boldsymbol{T}+\frac{(\boldsymbol{WX\hat{\beta}})'\boldsymbol{M}_X(\boldsymbol{WX\hat{\beta}})}{s^2},\boldsymbol{T}=\mathrm{tr}(\boldsymbol{W}'\boldsymbol{W}+\boldsymbol{W}^2),\boldsymbol{M}_X=\boldsymbol{I}-\boldsymbol{X}(\boldsymbol{X}'\boldsymbol{X})-1\boldsymbol{X}',s^2=\frac{1}{n}\boldsymbol{e}'\boldsymbol{e},$$

$\hat{\boldsymbol{\beta}}$ 是原假设中模型的 OLS 估计量。在原假设成立的条件下，$\mathrm{LM}\sim\chi^2(1)$，即：

$$\mathrm{LM}=\frac{(\boldsymbol{e}'\boldsymbol{WY}/s^2)^2}{\boldsymbol{R\tilde{J}}}\sim\chi^2(1) \tag{12.2.29}$$

④ 存在空间残差相关时空间自回归效应的 LM 检验

Bera 和 Yoon(1992) 提出了一个当模型存在空间残差性时的空间自回归效应的 Robust 检验方法。该模型检验的原假设是 $\mathrm{H}_0:\boldsymbol{Y}=\boldsymbol{X\beta}+\boldsymbol{\lambda W\varepsilon}+\boldsymbol{\mu}$，其备择假设是 $\mathrm{H}_1:\boldsymbol{Y}=\boldsymbol{\rho WY}+\boldsymbol{X\beta}+\boldsymbol{\lambda W\varepsilon}+\boldsymbol{\mu}$，其中 $\boldsymbol{\varepsilon}\sim N(\boldsymbol{0},\boldsymbol{\sigma}^2\boldsymbol{I})$。如果原假设成立，则模型是空间残差自回归模型；如果原假设被拒绝，则可以确定模型的设定形式为空间自回归 — 残差自回归模型，模型不仅存在空间残差相关，也存在空间实质相关。检验的统计量是：

$$\mathrm{LM}=\frac{(\boldsymbol{e}'\boldsymbol{WY}/s^2-\boldsymbol{e}'\boldsymbol{We}/s^2))^2}{\boldsymbol{R\tilde{J}}-\boldsymbol{T}} \tag{12.2.30}$$

式中各个符号的含义与式(12.2.28) 中的相同。

在原假设成立的条件下，$\mathrm{LM}\sim\chi^2(1)$，即：

$$\mathrm{LM}=\frac{(\boldsymbol{e}'\boldsymbol{WY}/s^2-\boldsymbol{e}'\boldsymbol{We}/s^2))^2}{\boldsymbol{R\tilde{J}}-\boldsymbol{T}}\sim\chi^2(1) \tag{12.2.31}$$

该检验原假设中模型的残差结构为空间残差自回归效应。Anselin(1994) 指出，检验统计量(12.2.30) 对于原假设中模型的残差结构为空间移动平均效应也同样适用。

⑤ 判别准则

上述检验都是在一定的假设前提下进行的。式(12.2.23) 是在不存在空间自回归的假设下检验是否存在空间残差相关，式(12.2.25) 是在存在空间自回归假设下检验是否存在空间残差相关，式(12.2.28) 是在不存在空间残差相关的假设下检验是否存在空间自回归效应，式(12.2.30) 是在存在空间残差相关的假设下检验是否存在空间自回归效应。由于事先无法根据先验经验判断这些假设的真伪，那么就有必要构建一种判别准则，以决定哪种空间模型更加符合客观实际。

将(12.2.23) 统计量称为 LMERR，(12.2.25) 统计量称为 LMLAG，(12.2.28) 统计量称为 R-LMERR(R 表示稳健，Robust)，(12.2.30) 统计量称为 R-LMLAG。Anselin 和 Florax(1995) 提出了如下判别准则：如果在空间效应的检验中发现 LMLAG 较之

LMERR在统计上更加显著，且R-LMLAG显著而R-LMERR不显著，则可以断定适合的模型是空间滞后模型；相反，如果LMERR比LMLAG在统计上更加显著，且R-LMERR显著而R-LMLAG不显著，则可以断定空间误差模型是恰当的模型。

（2）残差空间相关性的Moran's I检验

上述的检验方法所构造的统计量是LM统计量，是基于LM检验方法所构造出来的。接下来要介绍的是基于Moran's I统计量来检验是否存在空间相关性。这种方法是由Cliff和Ord基于Moran 1948年提出的检验统计量，于1972年提出的。由于该统计量具有较好的小样本性质，至今仍被广泛使用。

该检验的原假设是$H_0:\boldsymbol{Y}=\boldsymbol{X\beta}+\boldsymbol{\varepsilon}$，即模型不存在空间相关性。如果原假设成立，我们可以利用OLS方法估计模型，得到一个估计残差$\boldsymbol{e}$，$\boldsymbol{e}$是一个$(n\times1)$的向量。如果怀疑模型中存在以空间矩阵$\boldsymbol{W}$表示的空间结构，则可以构造一个Moran's I算子，记为：

$$\boldsymbol{I}=\frac{\boldsymbol{e}'\boldsymbol{We}/S}{\boldsymbol{e}'\boldsymbol{e}/n} \tag{12.2.32}$$

其中，S是空间矩阵$\boldsymbol{W}$中的所有元素之和。

如果将空间矩阵$\boldsymbol{W}$进行标准化，则有$S=n$，于是式(12.2.31)可以写成：

$$\boldsymbol{I}=\frac{\boldsymbol{e}'\boldsymbol{We}}{\boldsymbol{e}'\boldsymbol{e}} \tag{12.2.33}$$

可以看出，$\boldsymbol{I}$相当于模型$\boldsymbol{We}=\boldsymbol{e\gamma}+\boldsymbol{\mu}$中系数$\gamma$的OLS估计量。如果原假设成立，即不存在空间相关性，则$E(\hat{\boldsymbol{\gamma}})=E(\boldsymbol{I})=0$，则有：

$$\frac{\boldsymbol{I}-E(\boldsymbol{I})}{\sqrt{\mathrm{Var}(\boldsymbol{I})}}\sim N(0,1) \tag{12.2.34}$$

该检验称为Moran's I检验，可以参照(12.1.1)节。

需要注意的是，这种方法进行的假设检验不存在明确的备择假设。也就是说，当原假设被拒绝时，只能够确定是否存在空间效应，而不能够确定其空间计量经济学模型的具体形式，即无法确定是用空间滞后模型还是用空间误差模型。

对于用Moran's I统计量来进行假设检验的另一种批评意见是，当存在空间效应时，通常的构造原理是将残差对其空间滞后效应进行回归，即以$\boldsymbol{We}$为解释变量对$\boldsymbol{e}$进行回归，例如前面提到过的$\boldsymbol{\varepsilon}=\boldsymbol{\lambda W\varepsilon}+\boldsymbol{\mu}$，而用Moran's I统计量来进行假设检验时则是将其空间滞后效应对于残差进行回归，即$\boldsymbol{We}=\boldsymbol{e\gamma}+\boldsymbol{\mu}$。但实际上是利用了$\mathrm{Cov}[(\boldsymbol{We})_i,\boldsymbol{e}_i]=0$这一条件来构造的统计量，其中，$(\boldsymbol{We})_i$是列向量的第$i$个元素。

例12.2.1　以各省（市、自治区）的发明专利申请授权数（LnPatent）为被解释变量，选取人力资本（LnL）和物质资本（LnK）作为解释变量。采用横截面数据，选取2013年我国30个省（市、自治区）数据进行分析。我们将根据Anselin判别准则选择适合的空间计量模型，并对模型进行估计。图12.2.1为2013年我国省际发明专利申请授权数影响因素的实证分析结果。

STATA15更新了空间计量相关命令，但是无法进行LM检验，所以本例将给出STATA15和MATLAB两个软件的操作过程。

STATA15 操作过程：

打开“12.2.1.dta”文件，在 Command 窗口输入如下命令：

spset id// 声明该数据为空间数据

spmatrix import W using w.txt// 导入空间矩阵，必须保证 w.txt 和 12.2.1.dta 在软件当前运行目录下

reg LnPatent LnK LnL

结果见图 12.2.1。

```
. reg LnPatent LnK LnL

      Source |       SS           df       MS      Number of obs   =        30
-------------+----------------------------------   F(2, 27)        =     13.93
       Model |  25.5512762         2  12.7756381   Prob > F        =    0.0001
    Residual |  24.7697854        27   .91739946   R-squared       =    0.5078
-------------+----------------------------------   Adj R-squared   =    0.4713
       Total |  50.3210616        29  1.73520902   Root MSE        =    .95781

------------------------------------------------------------------------------
    LnPatent |      Coef.   Std. Err.      t    P>|t|     [95% Conf. Interval]
-------------+----------------------------------------------------------------
         LnK |   .9620156   .5843056     1.65   0.111    -.2368806    2.160912
         LnL |   .2888431   .5990829     0.48   0.634    -.9403735     1.51806
       _cons |  -3.265278   2.091586    -1.56   0.130    -7.556859    1.026303
------------------------------------------------------------------------------
```

图 12.2.1　STATA15 OLS 回归结果

spregress LnPatent LnK LnL，ml dvarlag(W)// 进行 SLM 模型回归用 ML 估计方法

结果见图 12.2.2。

```
Spatial autoregressive model                    Number of obs     =         30
Maximum likelihood estimates                    Wald chi2(3)      =      39.01
                                                Prob > chi2       =     0.0000
Log likelihood = -37.853089                     Pseudo R2         =     0.5763

------------------------------------------------------------------------------
     LnPatent |      Coef.   Std. Err.      z    P>|z|     [95% Conf. Interval]
--------------+---------------------------------------------------------------
LnPatent      |
          LnK |   .8857137   .5220359     1.70   0.090    -.1374579    1.908885
          LnL |   .6346167   .5615714     1.13   0.258    -.4660431    1.735276
        _cons |  -4.560049   1.974794    -2.31   0.021    -8.430574   -.6895246
--------------+---------------------------------------------------------------
W             |
     LnPatent |  -.0253589   .0127962    -1.98   0.048     -.050439   -.0002788
--------------+---------------------------------------------------------------
var(e.LnPatent)|  .7282913   .1880544                      .4390498    1.208082
------------------------------------------------------------------------------
Wald test of spatial terms:          chi2(1) = 3.93       Prob > chi2 = 0.0475
```

图 12.2.2　STATA15 估计空间滞后模型

spregress LnPatent LnK LnL，ml dvarlag(W) errorlag(W)// 进行 SEM 模型回归

结果见图 12.2.3。

```
Spatial autoregressive model                    Number of obs     =         30
Maximum likelihood estimates                    Wald chi2(3)      =      37.81
                                                Prob > chi2       =     0.0000
Log likelihood = -37.124331                     Pseudo R2         =     0.5761

------------------------------------------------------------------------------
    LnPatent |      Coef.   Std. Err.      z    P>|z|     [95% Conf. Interval]
-------------+----------------------------------------------------------------
LnPatent     |
         LnK |   .7224773    .557761     1.30   0.195    -.3707142    1.815669
         LnL |   .7817362   .5940857     1.32   0.188    -.3826503    1.946123
       _cons |  -4.278385   1.966857    -2.18   0.030    -8.133353    -.423416
-------------+----------------------------------------------------------------
W            |
    LnPatent |  -.0254607   .0131565    -1.94   0.053    -.0512469    .0003256
  e.LnPatent |   .0792935   .0600806     1.32   0.187    -.0384624    .1970494
-------------+----------------------------------------------------------------
var(e.LnPatent)| .6724866   .1770727                      .4013779    1.126714
------------------------------------------------------------------------------
Wald test of spatial terms:          chi2(2) = 5.51       Prob > chi2 = 0.0636
```

图 12.2.3　STATA15 估计空间误差模型

MATLAB 操作过程：

先打开“12.2.1 数据.xlsx”文件，再打开本机 MATLAB 安装路径“F:\Matlab\toolbox\exlink”下的“excllink.xlam”文件，点击“启用宏”，Excel 软件将出现 MATLAB 加载项。

图 12.2.4　启用 MATLAB 加载项

下载空间计量 MATLAB 工具包[①]：jplv7、Elhorst，根据两个工具包所处的位置设置路径，见图 12.2.5。

图 12.2.5　设置 MATLAB 路径

① 参见 http://www.spatial-econometrics.com/.

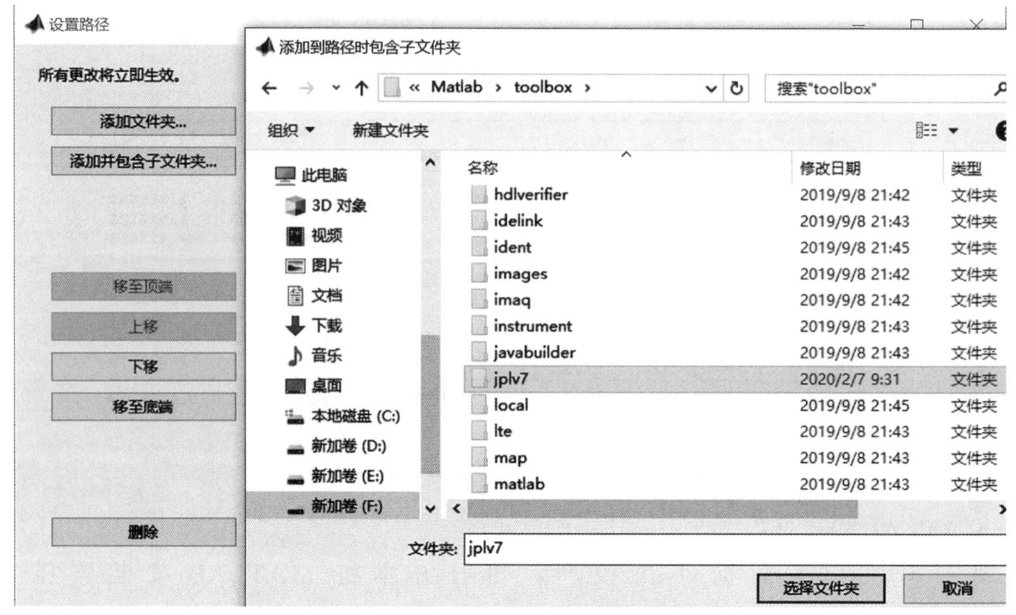

图 12.2.6 添加工具包到路径

选中工作表"A"的所有数据,点击"MATLAB/send data to MATLAB",在"variable name in MATLAB"输入框填入"A",即将数据命名为"A",同理选中工作表"W1"的所有数据,将数据导入 MATLAB 并命名为"W1",见图 12.2.7 和图 12.2.8。

图 12.2.7 将数据导入 MATLAB

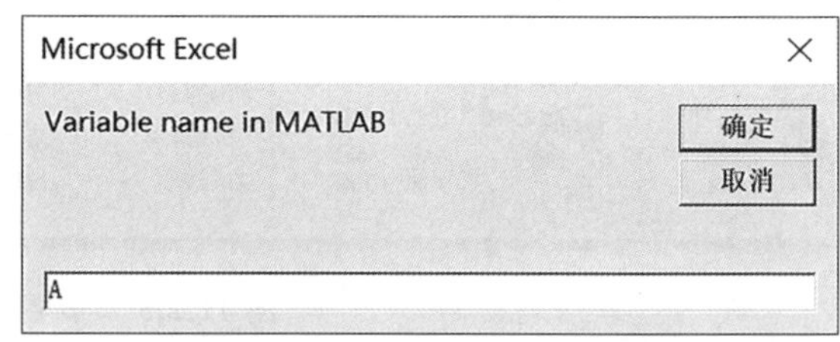

图 12.2.8 命名导入的数据

将"sem.m"文件中的代码复制到"命令行窗口"并运行,即可得到空间误差估计结果和 LM 检验结果,见图 12.2.9 和图 12.2.10。

```
Spatial error Model Estimates
Dependent Variable =          LnPatent
R-squared         =     0.5635
Rbar-squared      =     0.5311
sigma^2           =     0.7322
log-likelihood    =         -28.43303
Nobs, Nvars       =      30,      3
# iterations      =       0
min and max rho =    -0.9900,    0.9900
total time in secs =     0.0870
time for optimiz   =     0.0510
time for lndet     =     0.0220
time for t-stats   =     0.0010
No lndet approximation used
***************************************************************
Variable       Coefficient  Asymptot t-stat    z-probability
const            -3.244413       -1.642372          0.100513
LnK               0.722721        1.260181          0.207604
LnL               0.583620        0.983575          0.325325
lambda            0.108000        2.656098          0.007905
```

图 12.2.9　MATLAB 估计空间误差模型结果

```
>> LMsarsem_panel(results0,W,y,x)
LM test no spatial lag, probability            =   37.6366,     0.000
robust LM test no spatial lag, probability     =   46.6705,     0.000
LM test no spatial error, probability          =    6.1626,     0.013
robust LM test no spatial error, probability =   15.1966,     0.000
```

图 12.2.10　MATLAB 估计空间误差模型 LM 检验

将"sar.m"文件中的代码复制到"命令行窗口"并运行，即可得到空间误差估计结果和 LM 检验结果，见图 12.2.11。

```
Spatial autoregressive Model Estimates
Dependent Variable =          LnPatent
R-squared            =     0.5764
Rbar-squared         =     0.5451
sigma^2              =     0.7283
Nobs, Nvars          =      30,      3
log-likelihood       =         -27.457341
# of iterations      =      13
min and max rho      =    -1.0000,    1.0000
total time in secs =     0.0920
time for lndet       =     0.0080
time for x-impacts =     0.0700
# draws  x-impacts =       2500
Pace and Barry, 1999 MC lndet approximation used
order for MC appr    =     50
iter  for MC appr    =     30
***************************************************************
Variable       Coefficient  Asymptot t-stat    z-probability
const            -4.587152       -2.336089          0.019487
LnK               0.884117        1.690749          0.090885
LnL               0.641855        1.138609          0.254866
rho              -0.025890       -2.051644          0.040204
```

图 12.2.11　MATLAB 估计空间滞后模型

```
>> LMsarsem_panel(result,W,y,x)
LM test no spatial lag, probability          =    0.0003,    0.987
robust LM test no spatial lag, probability   =    0.0183,    0.893
LM test no spatial error, probability        =    0.7042,    0.401
robust LM test no spatial error, probability =    0.7222,    0.395
```

图 12.2.12 MATLAB 估计空间滞后模型 LM 检验

MATLAB 软件操作结果如表 12.2.1 所示。

从表 12.2.1 中我们可以看出,采用经典模型 OLS 估计的拟合优度不及两种空间模型,再对比两种空间模型的 LM 检验,可以看出 LMERR 检验(p=0.013) 较 LMLAG 检验(p=0.401) 更加显著。因此,采用空间误差模型可以更好地反映 30 个省(市、自治区) 的发明专利申请授权数是如何通过空间效应作用于其他地区的。

从估计结果可以看出,分别增加一单位的物质资本和人力资本,都会对发明专利申请授权数产生正向影响,物质资本对发明专利申请授权数的影响更显著且影响更大。λ 的系数为 0.0432,且通过了 1% 的显著性检验,说明空间溢出效应是中国地区技术进步中不可忽视的重要影响因素,考虑空间因素的影响有意义。

表 12.2.1 我国省际发明专利申请授权数影响因素的实证分析结果

变量	OLS	空间滞后模型(SLM)	空间误差模型(SEM)
CONSTANT	−3.2653(2.0916)	−4.5866(1.9636)	−3.2444(1.9754)
LnK	0.9620(0.5844)	0.8842(0.5229)	0.7227(0.5735)
LnL	0.2888(0.5991)	0.6417(0.5637)	0.5836(0.5934)
ρ	—	−0.0259(0.0126)	—
λ	—	—	0.1080(0.0407)
R^2	0.5078	0.5764	0.5635
LogL	−39.6946	−27.4576	−28.4330
LM 检验		0.7041(0.401)	6.1626(0.013)

注:括号内的是标准误。

12.3 面板数据空间回归模型

面板空间计量经济模型的理论研究在近年来得到了快速的发展。本节延续上一节内容,介绍两种面板数据的空间回归模型:面板数据空间滞后模型和面板数据空间误差模型。这两种模型都有固定效应和随机效应两种,接下来将一一介绍。其估计方法分为两种类别,即空间面板的最大似然估计和广义矩估计方法。

12.3.1 面板数据空间滞后模型

(1) 固定效应

在空间因素存在的情况下，面板数据的空间滞后模型的基本设定为：

$$\boldsymbol{y}_{it}=\boldsymbol{\rho}\sum_{j=1}^{n}\boldsymbol{w}_{ij}\boldsymbol{y}_{it}+\boldsymbol{x}'_{it}\boldsymbol{\beta}+\mu_i+\varepsilon_{it},i=1,\cdots,n,t=1,\cdots,T \tag{12.3.1}$$

其中，$\boldsymbol{y}_{it}$ 是被解释变量，$\boldsymbol{x}_{it}$ 是解释变量列向量，$\boldsymbol{\rho}$ 是空间自回归系数，$\boldsymbol{W}=(w_{ij})$ 是空间加权矩阵，n 是横截面数据个数，T 是样本时间维度，$\boldsymbol{\mu}_i$ 是个体固定效应，$\boldsymbol{\beta}$ 是解释变量 x_{it} 的回归系数列向量。

对于方程(12.3.1) 而言，如果不考虑空间因素进行估计，就是非空间的固定效应回归，这显然存在明显的缺失必要解释变量问题以及内生性问题。显然，这里直接的回归，由于被解释变量空间滞后项 $\sum_{j=1}^{n}w_{ij}y_{it}$ 的存在，将形成内生的解释变量的偏差。

将方程(12.3.1) 表示为：

$$\boldsymbol{y}=\boldsymbol{M\delta}+\boldsymbol{\varepsilon} \tag{12.3.2}$$

其中，$\boldsymbol{y}=(y_{11},\cdots,y_{n1},\cdots,y_{1T},\cdots,y_{nT})'$，$\boldsymbol{M}=[(\boldsymbol{I}_T\otimes\boldsymbol{W})\boldsymbol{yx}']$，$\boldsymbol{x}=(x_{11},\cdots,x_{n1},\cdots,x_{1T},\cdots,x_{nT})$，$\boldsymbol{\delta}=(\boldsymbol{\rho\beta}')'$。在空间效应存在的情况下，通常所使用的 OLS 参数估计的有偏渐近估计量为：

$$p\lim\hat{\delta}_{s-as}=\hat{\delta}+p\lim\left[\left(\frac{\boldsymbol{M'M}}{n}\right)^{-1}\left(\frac{\boldsymbol{M'\varepsilon}}{n}\right)\right] \tag{12.3.3}$$

空间效应存在的条件下，通常所使用的 OLS 回归往往存在缺失解释变量偏差，该偏差为：

$$p\lim\hat{\beta}_{as}=\boldsymbol{\beta}+\boldsymbol{\rho}\times\frac{\mathrm{Cov}(\boldsymbol{Wy},\boldsymbol{x})}{\mathrm{Var}(\boldsymbol{x})} \tag{12.3.4}$$

将模型(12.3.1) 表示为矩阵形式：

$$\left.\begin{aligned}\boldsymbol{y}&=\boldsymbol{\rho Wy}+\boldsymbol{X\beta}+\boldsymbol{\mu}+\boldsymbol{\varepsilon}\\ \boldsymbol{\varepsilon}&=(\boldsymbol{I}-\boldsymbol{\rho W})\boldsymbol{Y}-\boldsymbol{X\beta}-\boldsymbol{\mu}\end{aligned}\right\}\Rightarrow\boldsymbol{\varepsilon}\equiv\boldsymbol{AY}-\boldsymbol{X\beta}-\boldsymbol{\mu} \tag{12.3.5}$$

其中，$\boldsymbol{A}=\boldsymbol{I}-\boldsymbol{\rho W}$，$\rho$、$\beta$、$\sigma$ 的最大似然估计的对数似然函数为：

$$\begin{aligned}\ln L(y)=&|A|-\left(\frac{nT}{2}\right)\ln(2\pi)-\left(\frac{nT}{2}\right)\ln\sigma^2-\\&\left(-\frac{1}{2\sigma^2}(\boldsymbol{AY}-\boldsymbol{X\beta}-\boldsymbol{\mu})'(\boldsymbol{AY}-\boldsymbol{X\beta}-\boldsymbol{\mu})\right)\end{aligned} \tag{12.3.6}$$

求解式(12.3.6) 关于 $\boldsymbol{\mu}$ 的偏导数，并依据最优化的一阶条件得到 $\boldsymbol{\mu}$ 的值：

$$\begin{aligned}&\frac{\partial\ln L}{\partial\boldsymbol{\mu}}=\frac{1}{\sigma^2}\sum_{t=1}^{T}(\boldsymbol{y}-\boldsymbol{\rho Wy}-\boldsymbol{x\beta}-\boldsymbol{\mu})=0\\&\boldsymbol{\mu}=\frac{1}{T}\sum_{t=1}^{T}(\boldsymbol{y}-\boldsymbol{\rho Wy}-\boldsymbol{x\beta})\end{aligned} \tag{12.3.7}$$

将 $\boldsymbol{\mu}$ 的值代入到式(12.3.6) 中，并依据估计面板固定效应时通常所采用的去平均化的过程得到拟似然函数：

$$\ln L = -\frac{nT}{2}\log(2\pi\sigma^2) + T\ln|\boldsymbol{I}_N - \boldsymbol{\rho W}| - \frac{1}{2\sigma^2}\sum_{j=1}^{n}\sum_{i=1}^{T}\left(y_{it}^* - \rho\left[\sum_{j=1}^{n}(w_{ij}y_{it})\right] - x_{it}^*\boldsymbol{\beta}\right)^2 \tag{12.3.8}$$

其中，$y_{it}^* = y_{it} - \frac{1}{T}\sum_{t=1}^{T}y_{it}$；$x_{it}^* = x_{it} - \frac{1}{T}\sum_{t=1}^{T}x_{it}$。因此在得到空间面板固定效应模型的拟似然函数的条件下，通过最大化的一阶条件，得到 $\hat{\rho}$、$\hat{\beta}$、$\hat{\sigma}$ 的估计值。最后，得到 $\hat{\mu} = \frac{1}{T}\sum_{t=1}^{T}(y - \hat{\boldsymbol{\rho}}Wy - x\hat{\beta})$。

(2) 随机效应

参考张志强(2012) 的空间面板随机效应的对数似然函数，如下所示：

$$\ln L = -\frac{nT}{2}\ln(2\pi\sigma^2) + T\ln|\boldsymbol{I}_N - \boldsymbol{\rho W}| - \frac{1}{2\sigma^2}\sum_{i=1}^{n}\sum_{t}^{T}(\hat{\boldsymbol{y}}_{it} - \boldsymbol{\rho}\hat{\boldsymbol{y}}_{it}^* - \hat{\boldsymbol{x}}_{it}\boldsymbol{\beta})^2 \tag{12.3.9}$$

其中，

$$y_{it}^* = \sum_{j=1}^{n}w_{ij}y_{jt}, \hat{y}_{it} = y_{it} - (1-\theta)\frac{1}{T}\sum_{t=1}^{T}y_{it}$$

$$\hat{y}_{it}^* = y_{it}^* - (1-\theta)\frac{1}{T}\sum_{t=1}^{T}y_{it}^*, \hat{x}_{it} = x_{it} - (1-\theta)\frac{1}{T}\sum_{t=1}^{T}x_{it} \tag{12.3.10}$$

θ 是基于面板的横截面 OLS 和固定效应估计样本标准差的加权。在给定参数 θ 的条件下，似然函数与固定效应的空间面板估计方法一致。θ 通过紧凑型的似然函数的一阶条件得到其一致估计量，其对数似然函数表达式为：

$$\ln L = -\frac{nT}{2}\ln(\boldsymbol{e}(\theta)'\boldsymbol{e}(\theta)) + \frac{n}{2}\ln\theta^2$$

$$\boldsymbol{e}(\theta) = \boldsymbol{y}_{it} - (1-\theta)\frac{1}{T}\sum_{t=1}^{T}\boldsymbol{y}_{it} - \boldsymbol{\rho}\sum_{j=1}^{N}\boldsymbol{w}_{ij}\left[y_{jt} - (1-\theta)\frac{1}{T}\sum_{t=1}^{T}y_{jt}\right] - \left[\boldsymbol{x}_{it} - (1-\theta)\frac{1}{T}\sum_{t=1}^{T}\boldsymbol{x}_{ij}\right]\boldsymbol{\beta} \tag{12.3.11}$$

显然，空间面板随机效应滞后模型的估计，是通过联合估计空间面板的固定效应与非空间面板的随机效应模型来实现的。

12.3.2 面板数据空间误差模型

(1) 固定效应

面板数据空间误差模型的基本模型设定为：

$$\boldsymbol{y}_{it} = \boldsymbol{x}_{it}\boldsymbol{\beta} + \boldsymbol{\mu}_i + \boldsymbol{\mu}_{it}$$
$$\boldsymbol{\mu}_{it} = \boldsymbol{\lambda}\sum_{j=1}^{N}\boldsymbol{\omega}_{ij}\boldsymbol{\mu}_{it} + \boldsymbol{\varepsilon}_{it} \tag{12.3.12}$$

与面板数据空间滞后模型相类似，可以得到面板数据空间误差模型的对数似然函数：

$$\ln L = -\frac{nT}{2}\ln(2\pi\sigma^2) + T\ln|I_N - \boldsymbol{\rho W}| - \frac{1}{2\sigma^2}\sum_{j=1}^{n}\sum_{t=1}^{T}\left\{y_{it}^* - \boldsymbol{\lambda}\left[\sum_{j=1}^{n}(w_{ij}y_{it})\right]^* - (x_{it}^* - \boldsymbol{\lambda}\left[\sum_{j=1}^{n}(w_{ij}x_{jt})\right]^*\boldsymbol{\beta}\right\}^2 \quad (12.3.13)$$

其中的经济含义与前文所阐述的一致：去平均化的被解释变量与解释变量。依据式(12.3.13)的一阶最优化条件，可以得到参数的估计量：

$$\beta = \{[\boldsymbol{X}^* - \boldsymbol{\lambda}(\boldsymbol{I}_T \otimes \boldsymbol{W})\boldsymbol{X}^*]'[\boldsymbol{X}^* - \boldsymbol{\lambda}(\boldsymbol{I}_T \otimes \boldsymbol{W})\boldsymbol{X}^*]\}^{-1} \times [\boldsymbol{X}^* - \boldsymbol{\lambda}(\boldsymbol{I}_T \otimes \boldsymbol{W})\boldsymbol{X}^*]'[Y^* - \boldsymbol{\lambda}(\boldsymbol{I}_T \otimes \boldsymbol{W})\boldsymbol{Y}^*] \quad (12.3.14)$$

$$\sigma^2 = \frac{\boldsymbol{e}(\lambda)'\boldsymbol{e}(\lambda)}{nT} \quad (12.3.15)$$

其中，

$$\boldsymbol{Y}^* = (Y_{11}^*, \cdots, Y_{n1}^*, \cdots, Y_{1T}^*, \cdots, Y_{nT}^*)', \boldsymbol{X}^* = (X_{11}^*, \cdots, X_{n1}^*, \cdots, X_{1T}^*, \cdots, X_{nT}^*),$$

$$\boldsymbol{e}(\lambda) = [\boldsymbol{Y}^* - \lambda(\boldsymbol{I}_T \otimes \boldsymbol{W})\boldsymbol{Y}^*] - [\boldsymbol{X}^* - \lambda(\boldsymbol{I}_T \otimes \boldsymbol{W})\boldsymbol{X}^*]\boldsymbol{\beta},$$

那么关于 $\boldsymbol{\lambda}$ 的紧凑型的对数似然函数为：

$$\ln L = -\frac{nT}{2}\ln[\boldsymbol{e}(\boldsymbol{\lambda})'\boldsymbol{e}(\boldsymbol{\lambda})] + T\ln|\boldsymbol{I}_N - \boldsymbol{\lambda W}| \quad (12.3.16)$$

根据此式的一阶条件可以得到估计量 $\hat{\boldsymbol{\lambda}}$。代入式(12.3.14)和(12.3.15)可以得到估计量 $\hat{\beta}$ 和 $\hat{\sigma}$。相应地，面板数据空间误差模型固定效应的参数估计为：

$$\hat{\boldsymbol{\mu}}_i = \frac{1}{T}\sum_{t=1}^{T}(\boldsymbol{y}_{it} - \boldsymbol{x}_{it}\hat{\boldsymbol{\beta}}) \quad (12.3.17)$$

(2) 随机效应

参考张志强(2012)提出的，如果模型(12.3.12)中的参数 $\boldsymbol{\mu}_i$ 是随机的，$\mathrm{Var}(\mu_i) = \sigma_\mu^2$，$\mathrm{Var}(\varepsilon_{it}) = \sigma^2$，那么它的对数似然函数为：

$$\ln L = -\frac{nT}{2}\ln(2\pi\sigma^2) - \frac{1}{2}\ln|\varphi| + (T-1)\sum_{i=1}^{n}\ln B - \frac{1}{2\sigma^2}\boldsymbol{e}'\left(\frac{1}{T}\boldsymbol{\iota}_T\boldsymbol{\iota}_T' \otimes \boldsymbol{\varphi}^{-1}\right)\boldsymbol{e} - \frac{1}{2\sigma^2}\boldsymbol{e}'\left(\boldsymbol{I}_T - \frac{1}{T}\boldsymbol{\iota}_T\boldsymbol{\iota}_T' \otimes \boldsymbol{\varphi}^{-1}\right) \otimes (\boldsymbol{B}'\boldsymbol{B})\boldsymbol{e} \quad (12.3.18)$$

其中，$\boldsymbol{\iota}_T$ 为元素都是1的列向量，$\varphi = T\dfrac{\sigma_\mu^2}{\sigma^2} + (\boldsymbol{B}'\boldsymbol{B})^{-1}$，$\boldsymbol{B} = \boldsymbol{I}_N - \boldsymbol{\lambda W}$，$\boldsymbol{e} = \boldsymbol{Y} - \boldsymbol{X\beta}$，然而正是由于 φ 的存在使得我们进行参数估计是面临更为复杂的计算过程。Elhorst(2003)提出使用替代的方法，使得 φ 成为空间加权矩阵 $\boldsymbol{W}$ 的特征根的函数，从而简化了空间面板随机效应似然函数的估计得到 β，σ，$\boldsymbol{\lambda}$ 的估计量，其转换后的似然函数为：

$$\ln L = -\frac{T}{2}\ln(2\pi\sigma^2) - \frac{1}{2}\sum_{i=1}^{n}\ln\left(1 + T\frac{\sigma_\mu^2}{\sigma^2}(1 - \lambda\widetilde{w}_i)^2\right) + T\sum_{i=1}^{n}\ln(1 - \lambda\widetilde{w}_i) - \frac{1}{2\sigma^2}\tilde{\boldsymbol{e}}'\tilde{\boldsymbol{e}} \quad (12.3.19)$$

其中，$\widetilde{w}_i$ 是 $\boldsymbol{W}$ 的特征根，$\tilde{\boldsymbol{e}} = \hat{\boldsymbol{Y}} - \hat{\boldsymbol{X}}\boldsymbol{\beta}$。

通过(12.3.19) 式的一阶最优化条件得到：

$$\begin{aligned}\ln L = & C - \frac{T}{2}\ln\left[e\left(\lambda,\frac{\sigma_\mu^2}{\sigma^2}\right)'e\left(\lambda,\frac{\sigma_\mu^2}{\sigma^2}\right)\right] \\ & -\frac{1}{2}\sum_{i=1}^{n}\ln\left(1+T\frac{\sigma_\mu^2}{\sigma^2}(1-\lambda\widetilde{w}_i)^2\right)+T\sum_{i=1}^{n}\ln(1-\lambda\widetilde{w}_i)\end{aligned} \tag{12.3.20}$$

12.3.3 空间面板模型的检验

(1)Hausman 检验

空间面板模型中关于模型随机效应对固定效应的检验，同普通面板模型中的方法是类似的。巴尔塔基(2005) 提出了 Hausman 检验。

对于普通面板数据模型而言，原假设为：$H_0: h=0$，其中，

$$h=(\hat{\boldsymbol{\beta}}_{FE}-\hat{\boldsymbol{\beta}}_{RE})'[\hat{\sigma}_{RE}^2(\boldsymbol{x}'\boldsymbol{x})^{-1}-\hat{\sigma}_{FE}^2(\widetilde{\boldsymbol{x}}'\widetilde{\boldsymbol{x}})^{-1}]^{-1}(\hat{\boldsymbol{\beta}}_{FE}-\hat{\boldsymbol{\beta}}_{RE}) \tag{12.3.21}$$

该检验统计量服从自由度为 K 的 χ^2 分布，其中 K 为不包含常数项的解释变量个数。Hausman 检验同样可以对 SLM 模型和 SEM 模型做随机效应对固定效应的检验。以面板 SLM 模型为例，较普通面板多了解释变量 wy，那么(12.3.21) 式中的方括号的表达式应该翻转过来，同样可以得到一个检验统计量，服从自由度为 $K+1$ 的 χ^2 分布。如果原假设被拒绝，则拒绝随机效应模型，不拒绝固定效应模型。

(2)LM 检验

同横截面数据的空间相关性检验一样，对于面板数据下的空间交互效应检验，安瑟林等(2006) 提供了如下 LM 检验统计量：

$$\begin{aligned}\text{LMLAG} &= \frac{[\hat{\boldsymbol{e}}'(\boldsymbol{I}_T\otimes \boldsymbol{w})\boldsymbol{y}/\hat{\sigma}^2]^2}{\boldsymbol{J}} \\ \text{LMERR} &= \frac{[\hat{\boldsymbol{e}}'(\boldsymbol{I}_T\otimes \boldsymbol{w})\hat{\boldsymbol{e}}/\hat{\sigma}^2]^2}{\boldsymbol{T}\boldsymbol{T}_w}\end{aligned} \tag{12.3.22}$$

$$\boldsymbol{J}=\frac{1}{\hat{\sigma}^2}[((\boldsymbol{I}_T\otimes \boldsymbol{w})\boldsymbol{x}\hat{\boldsymbol{\beta}})'(\boldsymbol{M}(\boldsymbol{I}_T\otimes \boldsymbol{w})\boldsymbol{x}\hat{\boldsymbol{\beta}})+\boldsymbol{T}\boldsymbol{T}_w\hat{\sigma}^2]$$

$$\boldsymbol{M}=\boldsymbol{I}_{nT}-\boldsymbol{x}(\boldsymbol{x}'\boldsymbol{x})^{-1}\boldsymbol{x}'$$

$$\boldsymbol{T}_w=\text{trace}(\boldsymbol{ww}+\boldsymbol{w}'\boldsymbol{w})$$

类似地，埃尔霍斯特(2010b) 给出了空间面板回归模型下的这些 LM 检验的稳健形式：

$$\begin{aligned}\text{LMLAG} &= \frac{[\hat{\boldsymbol{e}}'(\boldsymbol{I}_T\otimes \boldsymbol{w})\boldsymbol{y}/\hat{\sigma}^2-\hat{\boldsymbol{e}}'(\boldsymbol{I}_T\otimes \boldsymbol{w})\hat{\boldsymbol{e}}/\hat{\boldsymbol{\sigma}}^2]^2}{\boldsymbol{J}-\boldsymbol{T}\boldsymbol{T}_w} \\ \text{LMERR} &= \frac{[\hat{\boldsymbol{e}}'(\boldsymbol{I}_T\otimes \boldsymbol{w})\hat{\boldsymbol{e}}/\hat{\sigma}^2-(\boldsymbol{T}\boldsymbol{T}_w/J)\hat{\boldsymbol{e}}'(\boldsymbol{I}_T\otimes \boldsymbol{w})\boldsymbol{y}/\hat{\sigma}^2]^2}{TT_w(1-\boldsymbol{T}\boldsymbol{T}_w/\boldsymbol{J})}\end{aligned} \tag{12.3.23}$$

例 12.3.1　以各省(市、自治区) 的发明专利申请授权数(LnPatent) 为被解释变量，选取人力资本(LnL) 和物质资本(LnK) 作为解释变量，选择 1993—2013 年我国 30 个省(市、自治区) 的面板数据进行分析。我们将根据 Anselin 判别准则选择适合的空间计量模型，并对模型进行估计。表 12.3.1 为 1993—2013 年我国省际发明专利申请授权数影响

因素的实证分析结果。

打开“12.3.1 数据”文件并导入数据，数据导入操作同例12.2.1，此处不再重复，将“12.3.1 LMsarsem-panel.m”文件中的代码复制到“命令行窗口”并运行，即可得到OLS估计结果和LM检验结果，见图12.3.1和图12.3.2。

```
Ordinary Least-squares Estimates
Dependent Variable =        LnPatent
R-squared         =    0.6814
Rbar-squared      =    0.6804
sigma^2           =    1.1578
Durbin-Watson     =    0.3255
Nobs, Nvars       =    630,     3
***************************************************************
Variable       Coefficient      t-statistic    t-probability
intercept        -3.497422        -7.794398         0.000000
LnK               1.602686        32.268735         0.000000
LnL              -0.413491        -5.966154         0.000000
```

图 12.3.1　OLS 估计结果

```
LM test no spatial lag, probability            =  105.4561,    0.000
robust LM test no spatial lag, probability     =   15.0060,    0.000
LM test no spatial error, probability          =  275.3940,    0.000
robust LM test no spatial error, probability =  184.9439,    0.000
```

图 12.3.2　LM 检验结果

将“12.3.1 slmsem-panelscompare.m”文件中的代码复制到“命令行窗口”并运行，即可得到空间滞后模型和空间误差模型的固定效应和随机效应估计结果，以及Hausman检验结果。程序运行结果如图12.3.3到图12.3.6所示：

```
Pooled model with spatially lagged dependent variable and spatial fixed effects
Dependent Variable =          LnPatent
R-squared            =    0.7686
corr-squared         =    0.6451
sigma^2              =    0.8789
Nobs,Nvar,#FE        =    630,      3,     32
log-likelihood       =       -854.14337
# of iterations      =      1
min and max rho      =   -1.0000,    1.0000
total time in secs =    0.0190
time for optimiz     =    0.0040
time for lndet       =    0.0060
time for t-stats     =    0.0010
No lndet approximation used
***************************************************************
Variable         Coefficient  Asymptot t-stat    z-probability
LnK                 1.161913        19.691795         0.000000
LnL                -0.401494        -6.594069         0.000000
W*dep.var.          0.435968        13.383275         0.000000

LR-test joint significance spatial fixed effects, degrees of freedom and probability =   59.1086,     30,    0.0012
```

图 12.3.3　空间滞后模型固定效应结果

```
Pooled model with spatially lagged dependent variable and spatial random effects
Dependent Variable =        LnPatent
R-squared           =   0.7606
corr-squared        =   0.6416
sigma^2             =   0.8660
Nobs,Nvar           =   630,     4
log-likelihood      =      -117908.83
# of iterations     =     3
min and max rho     =  -1.0000,    1.0000
total time in secs =   0.0550
time for optimiz    =   0.0480
time for lndet      =   0.0060
time for t-stats    =   0.0010
No lndet approximation used
*****************************************************************
Variable         Coefficient  Asymptot t-stat    z-probability
intercept          -2.521973        -6.329252         0.000000
LnK                 1.173143        20.145264         0.000000
LnL                -0.410647        -6.832792         0.000000
W*dep.var.          0.425990        13.089373         0.000000
teta                0.996894         7.547185         0.000000

LR-test significance spatial random effects, degrees of freedom and probability = -234050.2646,       1,      -Inf
```

图 12.3.4　空间滞后模型随机效应结果

```
Pooled model with spatial error autocorrelation and spatial fixed effects
Dependent Variable =        LnPatent
R-squared          =   0.6870
corr-squared       =   0.6859
sigma^2            =   0.5841
log-likelihood     =      -760.85022
Nobs,Nvar,#FE      =   630,     2,    32
# iterations       =    14
min and max rho =   -0.9900,   0.9900
total time in secs =    1.6190
time for optimiz   =    1.6070
time for lndet     =    0.0060
time for t-stats   =    0.0010
No lndet approximation used
*****************************************************************
Variable        Coefficient  Asymptot t-stat    z-probability
LnK                1.721472        30.239009         0.000000
LnL               -0.518483        -4.741907         0.000002
spat.aut.          0.708989        24.854760         0.000000

LR-test joint significance spatial fixed effects, degrees of freedom and probability =  245.6949,     30,    0.0000
```

图 12.3.5　空间误差模型固定效应结果

```
Pooled model with spatial error autocorrelation and spatial random effects
Dependent Variable =         LnPatent
R-squared           =    0.8393
corr-squared        =    0.6798
sigma^2             =    0.5812
Nobs,Nvar           =    630,     3
log-likelihood      =      -772.54294
# of iterations     =      3
min and max rho     =   -1.6036,    1.0000
total time in secs =    0.0210
time for optimiz    =    0.0180
***************************************************************
Variable       Coefficient  Asymptot t-stat    z-probability
intercept        -3.232456       -4.248058          0.000022
LnK               1.721347       30.855880          0.000000
LnL              -0.553750       -5.237908          0.000000
spat.aut.         0.706161       27.499377          0.000000
teta              0.000001        0.000134          0.999893

LR-test significance spatial random effects, degrees of freedom and probability =  222.3094,      1,    0.0000
Hausman test-statistic, degrees of freedom and probability =   -1.8205,      3,    0.6105
```

图 12.3.6　空间误差模型随机效应和 Hausman 检验结果

通过 LM 检验可以知道，LMLAG 检验（$p=0.000$）和 LMERR 检验（$p=0.000$）都是显著的，但是 R-LMLAG 检验（$p=0.000$）显著，而 R-LMLAG 检验的 $p=0.01>0.00$，因由此可以断定，应该选择空间误差模型。通过 Hausman 检验可知，接受“随机效应模型有效”的原假设。综上所述，采用面板数据空间误差随机效应模型可以更好地反映我国 30 个省（市、自治区）发明专利申请授权数是如何通过空间效应影响其他地区的。而且，从可决系数 R^2 可以看出，空间误差随机效应模型的 R^2 为 0.8393 最高。

我们通过面板数据空间误差随机效应模型的估计结果可以看出：

第一，一个省级区域的物质资本对发明专利申请授权数的影响显著为正，这说明一个地区物质资本投入量越大，越有利于发明专利申请授权数的增加。增加 1 单位的物质资本投入，能够增加 1.7213 单位的发明专利申请授权数。

第二，人力资本的投入对发明专利申请授权数有负向影响，即增加 1 单位人力资本的投入，会减少 0.5538 单位的发明专利申请授权数。根据规模报酬可以看出，人力资本的投入对于发明专利申请授权数的影响处于规模报酬递减阶段。

第三，λ 在 1% 的水平上显著为正，这表明空间溢出效应是中国地区技术进步不可忽视的重要影响因素，科研能力强的省份会对周围地区技术创新水平产生正的辐射作用，带动邻近地区技术创新发展。

上述实证分析结果总结如表 12.3.1 所示。

表 12.3.1　1993—2013 年我国省际发明专利申请授权数影响因素的实证分析结果

变量	OLS	空间滞后模型		空间误差模型	
	—	固定效应	随机效应	固定效应	随机效应
CONSTANT	−3.4974*** (0.4487)	—	−2.5170*** (0.3984)	—	−3.2325*** (0.7609)
LnK	1.6027*** (0.0497)	1.1619*** (0.0590)	1.1711*** (20.1199)	1.7217*** (0.0569)	1.7213*** (0.0558)
LnL	−0.4135*** (0.0693)	−0.4015*** (0.0609)	−0.4107*** (0.0601)	−0.5188*** (0.1095)	−0.5538*** (0.1057)
ρ	—	0.4360*** (0.0326)	0.4280*** (0.0325)	—	—
λ	—	—	—	0.7120*** (0.0283)	0.7062*** (0.0257)
R^2	0.6814	0.7686	0.7606	0.6870	0.8393
LR-test		59.1086*** (0.0012)	—	245.6836*** (0.0000)	222.309*** (0.0000)
Hausman 检验					−1.9331 (0.5864)
LM 检验统计值		167.7764*** (0.000)		372.4277*** (0.000)	
R-LM 检验统计值		6.5973*** (0.010)		211.2486*** (0.000)	

注：括号内的是标准误，LM 和 R-LM 检验括号内的是 p 值。*，**，*** 分别表示通过了 10%、5%、1% 的显著性检验。

12.4　空间变系数回归模型

用横截面数据建立计量经济学模型时，由于这种数据在空间上表现出的复杂性、自相关性和变异性，使得解释变量对被解释变量的影响在不同区域间可能是不同的，假定区域之间的经济行为在空间上具有异质性的差异可能更加符合现实。空间变系数回归模型(spatial varying-coefficient regression model) 中的地理加权回归模型(geographical weighted regression，GWR) 是解决这种问题的有效方法。

12.4.1 地理加权回归估计方法

接下来介绍地理加权回归的估计方法。给定研究区域的任何一个空间位置，记为 v。通过在 v 处指定一组权重，记为 $k_1(v)$，$k_2(v)$，…，$k_n(v)$，来表示各点的观测值的作用。其中第 i 个权值 $k_i(v)$ 对应于第 i 组观测(y_i，x_{i1}，x_{i2}，…，x_{ip})。根据加权最小二乘

法，v 点处的未知参数 $\beta_j(v),j=1,2,\cdots,p$ 可以通过使

$$\sum_{i=1}^{n}k_i(v)\{y_i-\beta_1(v)x_{i1}-\beta_2(v)x_{i2}-\cdots-\beta_p(v)x_{ip}\}^2 \tag{12.4.1}$$

达到最小来进行估计。记：

$$\boldsymbol{Y}=\begin{bmatrix}y_1\\y_2\\\vdots\\y_n\end{bmatrix},\boldsymbol{X}=\begin{bmatrix}x_{11}&x_{12}&\cdots&x_{1p}\\x_{21}&x_{22}&\cdots&x_{2p}\\\vdots&\vdots&\ddots&\vdots\\x_{n1}&x_{n2}&\cdots&x_{np}\end{bmatrix}=\begin{bmatrix}\boldsymbol{x}_1{}'\\\boldsymbol{x}_2{}'\\\vdots\\\boldsymbol{x}_n{}'\end{bmatrix},\boldsymbol{\beta}(v)=\begin{bmatrix}\beta_1(v)\\\beta_2(v)\\\vdots\\\beta_p(v)\end{bmatrix} \tag{12.4.2}$$

其中，$\boldsymbol{K}(v)=\mathrm{diag}(k_1(v),k_2(v),\cdots,k_n(v))$ 是 n 阶对角矩阵。从而 v 点的参数估计值可以表示为：

$$\hat{\boldsymbol{\beta}}(v)=\begin{bmatrix}\hat{\beta}_1(v)\\\hat{\beta}_2(v)\\\vdots\\\hat{\beta}_p(v)\end{bmatrix}=[\boldsymbol{X}^T\boldsymbol{K}(v)\boldsymbol{X}]^{-1}\boldsymbol{X}^T\boldsymbol{K}(v)\boldsymbol{Y} \tag{12.4.3}$$

显然，如果我们知道了 v 点处的自变量观测值为$(x_1,x_2,\cdots,x_p)$，则可以得到该点处因变量 $\boldsymbol{Y}$ 的拟合值为：

$$\hat{y}(v)=(x_1,x_2,\cdots,x_p)\hat{\beta}(v)=\hat{\beta}_1(v)x_1+\cdots+\hat{\beta}_p(v)x_p \tag{12.4.4}$$

注意到上述估计方法可以利用观测值给出因变量 在研究领域中的任何一点处的估计值，从而可以给出整个回归曲面的估计。特别地，若以 $\hat{Y}=(y_1,y_2,\cdots,y_n)^T$ 记因变量在各观测值点处的拟合值所组成的向量，则有

$$\hat{\boldsymbol{Y}}=\boldsymbol{SY} \tag{12.4.5}$$

其中，

$$S=\begin{bmatrix}\boldsymbol{x}_1{}^T\ [\boldsymbol{X}^T\boldsymbol{K}(v_1)\boldsymbol{X}]^{-1}\boldsymbol{X}^T\boldsymbol{K}(v_1)\\\boldsymbol{x}_2{}^T\ [\boldsymbol{X}^T\boldsymbol{K}(v_2)\boldsymbol{X}]^{-1}\boldsymbol{X}^T\boldsymbol{K}(v_2)\\\vdots\\\boldsymbol{x}_n{}^T\ [\boldsymbol{X}^T\boldsymbol{K}(v_n)\boldsymbol{X}]^{-1}\boldsymbol{X}^T\boldsymbol{K}(v_n)\end{bmatrix} \tag{12.4.6}$$

为了使以上的估计方法得以实现，应对研究区域内的每一点 v，指定相应的一组权值 $k_i(v),i=1,2,\cdots,n$。如前所述，第 i 个权值$k_i(v)$ 反映了第 i 组观测$(x_{i1},x_{i2},\cdots,x_{ip})$ 以及 y_i 对估计第v 处的参数值的重要性，正如 Tobler(1979) 的地理学第一定律中所言，“每件事情都与其他事情息息相关，但(位置) 邻近的事物比较远的事物更加相像。” 因此，距离 v 点较近的观测值对 v 点处的回归函数(或其中的参数) 的估计影响应该较大，相距较远的观测值对其影响较小。若以 $d(v_i,v)$ 来度量空间位置 v_i 和 v 之间的距离，则对于较小的 $d(v_i,v)$ 所对应的观测点应赋予较大的权值，反之则赋予较小权值。基于以上考虑，通常权函数有下列几种形式：

(1) 指数型权函数

给定研究区域内的一点 v，该点处的指数权定义为

$$k_i(v)=\exp\left\{-\frac{d^2(v_i,v)}{\theta}\right\},i=1,2,\cdots,n \tag{12.4.7}$$

其中，$\theta > 0$ 称为窗宽或者光滑参数。θ 的大小决定了拟合曲面的光滑性。在实际计算中，为便于整理，指数权系统也经常取为：

$$k_i(v) = \exp\{-\lambda d^2(v_i, v)\}, i = 1, 2, \cdots, n \quad 12.4.8)$$

这时，$\lambda = \frac{1}{\theta}$，且当 $\lambda = 0$ 时，相应的估计便是线性回归模型中的最小二乘估计。

(2) 截尾型权函数

首先，选择一个定义于$[0, +\infty]$上的非负不增函数 $f(u)$，满足当 $u > 1$ 时，$f(u) = 0$。最常用的这类函数是如下的平方权函数和立方权函数

$$f(u) = \begin{cases} (1-u^2)^2, 0 \leqslant u \leqslant 1 \\ 0, u > 1 \end{cases}, f(u) = \begin{cases} (1-u^3)^3, 0 \leqslant u \leqslant 1 \\ 0, u > 1 \end{cases} \quad (12.4.9)$$

则 v 点的权值取为：

$$k_i(v) = f\left(\frac{d(v_i, v)}{\theta}\right), i = 1, 2, \cdots, n \quad (12.4.10)$$

这时，对于 $d(v_i, v) > \theta$ 的观测值$(x_{i1}, x_{i2}, \cdots x_{ip})$和 y_i 便赋予零权。同样，θ 称为窗宽或者光滑参数，θ 值越大，拟合 v 点处的回归函数值所用的数据量越大，估计的回归曲面就越光滑。

以上权函数中的光滑参数 θ 一般用交叉证实(cross-validation) 法来确定，即令：

$$\mathrm{CV}(\theta) = \sum_{i=1}^{n} [y_i - \hat{y}_{(i)}(\theta)]^2 \quad (12.4.11)$$

其中，$\hat{y}_{(i)}$ 为在给定的 θ 值之下，去掉第 i 组观测数据$(y_i; x_{i1}, x_{i2}, \cdots x_{ip})$后，利用前面所介绍的局部加权最小二乘法所求得的 y_i 的估计值。选择 θ_0 使得：

$$\mathrm{CV}(\theta_0) = \min \mathrm{CV}(\theta), (\theta > 0) \quad (12.4.12)$$

则以 θ_0 作为 θ 的估计值。

12.4.2 空间变系数的地理加权回归模型

我们考虑如下因变量存在空间滞后现象时的地理加权回归模型：

$$y_i = \rho\left(\sum_j w_{ij} y_j\right) + \beta_1(v_i)x_{i1} + \beta_2(v_i)x_{i2} + \cdots + \beta_p(v_i)x_{ip} + \varepsilon_i, i = 1, 2, \cdots, n \quad (12.4.13)$$

可写成如下的矩阵形式：

$$\boldsymbol{Y} = \boldsymbol{\rho W Y} + \boldsymbol{M} + \boldsymbol{\varepsilon} \quad (12.4.14)$$

其中，$\boldsymbol{\varepsilon} = (\varepsilon_1, \varepsilon_2, \cdots, \varepsilon_n)'$，$\boldsymbol{M} = [\boldsymbol{x}'_1\boldsymbol{\beta}(v_1), \boldsymbol{x}'_2\boldsymbol{\beta}(v_2), \cdots, \boldsymbol{x}'_n\boldsymbol{\beta}(v_n)]'$，$\boldsymbol{W} = (w_{ij})(i = 1, 2, \cdots, n, j = 1, 2, \cdots, n)$为空间权重矩阵(spatial weights matrix)，一般是基于空间位置距离关系和相邻关系的结合，关于其详细的介绍可参考 Anselin(1988)，Anselin & Florax(1995)。下面我们将分别利用局部似然法和两步估计方法分别给出模型(12.4.14)的估计。

(1) 局部似然估计方法

类似于空间线性自回归模型，首先注意模型(12.4.14) 可转化为：

$$(\boldsymbol{I}_n - \boldsymbol{\rho W})\boldsymbol{X} = \varepsilon \tag{12.4.15}$$

从而我们可针对模型中的参数采取最大似然估计。此外，我们有：

$$\boldsymbol{J} = \left|\frac{\partial \varepsilon}{\partial Y}\right| = |\boldsymbol{I}_n - \boldsymbol{\rho W}| \tag{12.4.16}$$

因此，模型(12.4.13) 的对数似然函数可记为：

$$L(Y|\beta(\cdot),\rho,\sigma^2) = -\frac{n}{2}\ln(2\pi\sigma^2) - \frac{1}{2\sigma^2}(\boldsymbol{Y} - \boldsymbol{\rho WY} - \boldsymbol{M})^T (\boldsymbol{Y} - \boldsymbol{\rho WY} - \boldsymbol{M}) + \ln|\boldsymbol{I}_n - \boldsymbol{\rho W}| \tag{12.4.17}$$

其中，变系数 $\beta(v_i)$ 我们利用局部似然方法来估计。对于给定的一点 v_0，我们有对应的局部对数似然函数：

$$L(\beta(v_0)) = -\frac{1}{2\sigma^2}(\boldsymbol{Y} - \boldsymbol{\rho WY} - \boldsymbol{X\beta}(v_0))'\boldsymbol{K}(v_0)(\boldsymbol{Y} - \boldsymbol{\rho WY} - \boldsymbol{X\beta}(v_0)) - \frac{n}{2}\ln(2\pi\sigma^2) + \ln|\boldsymbol{I}_n - \boldsymbol{\rho W}| \tag{12.4.18}$$

其中，$K(v_0) = \mathrm{diag}(k_1(v_0), k_2(v_0), \cdots, k_n(v_0))$ 为 n 阶对角矩阵，$k_i(v_0)$ 的定义与第一节相同。则由 $\frac{\partial L(\beta(v_0))}{\partial \beta(v_0)} = 0$ 得：

$$\hat{\boldsymbol{\beta}}(v_0) = \begin{bmatrix} \hat{\beta}_1(v_0) \\ \hat{\beta}_2(v_0) \\ \vdots \\ \hat{\beta}_p(v_0) \end{bmatrix} = [\boldsymbol{X}'\boldsymbol{K}(v_0)\boldsymbol{X}]^{-1}\boldsymbol{X}'\boldsymbol{K}(v_0)(\boldsymbol{Y} - \boldsymbol{\rho WY}) \tag{12.4.19}$$

依此方法我们可分别得到 $\beta(v_i)$，$(i = 1, 2, \cdots, n)$ 的估计，从而有 $\boldsymbol{M}$ 的估计量：

$$\hat{\boldsymbol{M}} = \boldsymbol{S}(\boldsymbol{Y} - \boldsymbol{\rho WY}) \tag{12.4.20}$$

其中，$\boldsymbol{S}$ 的定义可见式(12.4.6)。将 $\boldsymbol{M}$ 的函数代入似然函数(12.4.17) 整理可得：

$$\begin{aligned} L(\boldsymbol{Y} \mid \boldsymbol{\rho}, \boldsymbol{\sigma}^2) &= -\frac{1}{2\sigma^2}[(\boldsymbol{I}_n - \boldsymbol{S})\boldsymbol{Y} - \boldsymbol{\rho}(\boldsymbol{I}_n - \boldsymbol{S})\boldsymbol{WY}]'[(\boldsymbol{I}_n - \boldsymbol{S})\boldsymbol{Y} - \boldsymbol{\rho}(\boldsymbol{I}_n - \boldsymbol{S})\boldsymbol{WY}] - \\ &\quad \frac{n}{2}\ln(2\pi\sigma^2) + \ln|\boldsymbol{I}_n - \boldsymbol{\rho W}| \\ &= -\frac{1}{2\sigma^2}(\boldsymbol{e} - \boldsymbol{\rho e}_L)'(\boldsymbol{e} - \boldsymbol{\rho e}_L) - \frac{n}{2}\ln(2\pi\sigma^2) + \ln|\boldsymbol{I}_n - \boldsymbol{\rho W}| \end{aligned} \tag{12.4.21}$$

其中，$\boldsymbol{e} = \boldsymbol{Y} - \boldsymbol{SY}$ 是利用地理加权回归技术拟合模型 $\boldsymbol{Y} = \boldsymbol{M} + \boldsymbol{\varepsilon}$ 所得残差，而 $\boldsymbol{e}_L = \boldsymbol{WY} - \boldsymbol{SWY}$ 则是模型 $\boldsymbol{Y}_L = \boldsymbol{WY} - \boldsymbol{M} + \boldsymbol{\varepsilon}$ 的拟合残差。再由 $\frac{\partial L(Y \mid \rho, \sigma^2)}{\partial \sigma^2} = 0$ 得 σ^2 的估计量为：

$$\hat{\sigma}^2 = \frac{(\boldsymbol{e} - \boldsymbol{\rho e}_L)'(\boldsymbol{e} - \boldsymbol{\rho e}_L)}{n} \tag{12.4.22}$$

将上面的 σ^2 的估计代入式(12.4.21)，则得到如下的只含有未知参数 ρ 的对数似然函数：

$$L(\boldsymbol{Y} \mid \rho) = C - \frac{n}{2}\ln(\boldsymbol{e} - \boldsymbol{\rho e}_L)'(\boldsymbol{e} - \boldsymbol{\rho e}_L) + \ln|\boldsymbol{I}_n - \boldsymbol{\rho W}| \tag{12.4.23}$$

其中，C 为一常数。显然上面所得到的关于未知参数 $\boldsymbol{\rho}$ 的集中(concentrated) 似然函数与一般空间自回归模型(空间滞后模型)$\boldsymbol{Y}=\boldsymbol{\rho WY}+\boldsymbol{X\beta}+\boldsymbol{\varepsilon}, i=1,2,\cdots,n$ 最后所得关于$\boldsymbol{\rho}$ 的集中似然函数形式是一样的，只是后者中的 $\boldsymbol{e}$ 与 $\boldsymbol{e}_L$ 分别为线性回归模型 $\boldsymbol{Y}=\boldsymbol{X\beta}+\boldsymbol{\varepsilon}$ 与 $\boldsymbol{WY}=\boldsymbol{X\beta}+\boldsymbol{\varepsilon}$ 基于最小二乘估计的拟合残差。

上面的集中似然函数是参数 $\boldsymbol{\rho}$ 的非线性函数，运用优化算法将其极大化可得到 $\boldsymbol{\rho}$ 的估计。具体的一些计算方法可参见 Anselin(1988)，Pace & Barry(1997)，Anselin & Bera(1998)，Barry & Pace(1999)。在得到 $\boldsymbol{\rho}$ 的估计量 $\hat{\boldsymbol{\rho}}$ 以后，$\boldsymbol{\beta}(v_i)$ 和 $\boldsymbol{\sigma}^2$ 的最终估计分别为：

$$\hat{\boldsymbol{\beta}}(v_i)=(\boldsymbol{X'K}(v_i)X]-1\boldsymbol{X'K}(v_i)(\boldsymbol{Y}-\hat{\boldsymbol{\rho}}\boldsymbol{WY}),\hat{\sigma}^2=\frac{(\boldsymbol{e}-\hat{\boldsymbol{\rho}}\boldsymbol{e}_L)'(\boldsymbol{e}-\hat{\boldsymbol{\rho}}\boldsymbol{e}_L)}{n} \tag{12.4.24}$$

在实际操作中，模型(12.4.13)的估计可分为如下几步：

① 利用地理加权回归方法分别拟合空间变系数模型$\boldsymbol{Y}=\boldsymbol{M}+\boldsymbol{\varepsilon}$ 与$\boldsymbol{Y}_L=\boldsymbol{WY}=\boldsymbol{M}+\boldsymbol{\varepsilon}$，得到对应的残差 $\boldsymbol{e}$ 与 $\boldsymbol{e}_L$，计算过程中窗宽的选择可以采用交叉验证方法。

② 利用优化方法针对集中似然函数(12.4.23)求出参数 $\boldsymbol{\rho}$ 的估计。

③ 基于 $\boldsymbol{\rho}$ 的估计，给出未知参数 $\boldsymbol{\beta}(\cdot)$ 以及 $\boldsymbol{\sigma}^2$ 的估计。

(2) 两步估计方法

上面的估计方法对于变系数的估计采用的是局部似然方法，与该方法不同的是我们可以将模型(12.4.13)看作由线性部分 $\boldsymbol{\rho WY}$ 与变系数部分$\boldsymbol{M}$ 组成的混合地理加权回归模型(魏和梅称之为半参数空间变系数回归模型)，从而我们可以利用魏和梅(2005)所提出的两步估计方法来拟合模型。

对于模型(12.4.13)，首先假设参数 $\boldsymbol{\rho}$ 给定，则该模型转化为如下的标准地理加权回归模型：

$$\boldsymbol{Y}^*=\boldsymbol{M}+\boldsymbol{\varepsilon} \tag{12.4.25}$$

其中，$\boldsymbol{Y}^*=\boldsymbol{Y}-\boldsymbol{\rho WY}$。对于该模型，利用第一节介绍的局部加权估计方法可得：

$$\hat{\boldsymbol{M}}=\boldsymbol{S}(\boldsymbol{Y}-\boldsymbol{\rho WY}) \tag{12.4.26}$$

其中，$\boldsymbol{S}$ 定义见式(12.4.6)。将 $\boldsymbol{M}$ 估计量代入原模型中整理得：

$$(\boldsymbol{I}_n-\boldsymbol{S})\boldsymbol{Y}=\boldsymbol{\rho}(\boldsymbol{I}_n-\boldsymbol{S})\boldsymbol{WY}+\boldsymbol{\varepsilon} \tag{12.4.27}$$

则该模型为典型的一阶空间自回归模型。

值得注意的是，对于模型(12.4.27)，我们可得到 ρ 的最小二乘估计为：

$$\hat{\boldsymbol{\rho}}=[\boldsymbol{Y'W'}(\boldsymbol{I}_n-\boldsymbol{S})'(\boldsymbol{I}_n-\boldsymbol{S})\boldsymbol{WY}]^{-1}\boldsymbol{Y'W'}(\boldsymbol{I}_n-\boldsymbol{S})'(\boldsymbol{I}_n-\boldsymbol{S})\boldsymbol{Y} \tag{12.4.28}$$

但是，由空间权重矩阵$\boldsymbol{W}$的结构特点，上面得到的$\hat{\boldsymbol{\rho}}$ 一般不是$\boldsymbol{\rho}$ 的一致估计。所以一般不采用最小二乘估计。

下面我们对模型(12.4.27)利用似然估计方法求取 $\boldsymbol{\rho}$ 的估计：

$$\boldsymbol{J}=\left|\frac{\partial\boldsymbol{\varepsilon}}{\partial\boldsymbol{Y}}\right|=|(\boldsymbol{I}_n-\boldsymbol{S})-\boldsymbol{\rho}(\boldsymbol{I}_n-\boldsymbol{S})W|=|(\boldsymbol{I}_n-\boldsymbol{S})(\boldsymbol{I}_n-\boldsymbol{\rho W})| \tag{12.4.29}$$

因此，模型(12.4.27)的对数似然函数为：

$$L_p(Y|\boldsymbol{\rho},\sigma^2)=-\frac{1}{2\sigma^2}[(\boldsymbol{I}_n-\boldsymbol{S})\boldsymbol{Y}-\boldsymbol{\rho}(\boldsymbol{I}_n-\boldsymbol{S})\boldsymbol{WY}]'[(\boldsymbol{I}_n-\boldsymbol{S})\boldsymbol{Y}-\boldsymbol{\rho}(\boldsymbol{I}_n-\boldsymbol{S})\boldsymbol{WY}]$$

$$
\begin{aligned}
&-\frac{n}{2}\ln(2\pi\boldsymbol{\sigma}^2)+\ln|(\boldsymbol{I}_n-\boldsymbol{S})(\boldsymbol{I}_n-\boldsymbol{\rho W})| \\
&=-\frac{1}{2\boldsymbol{\sigma}^2}(e-\boldsymbol{\rho} e_L)'(e-\boldsymbol{\rho} e_L)-\frac{n}{2}\ln(2\pi\boldsymbol{\sigma}^2)+\ln|\boldsymbol{I}_n-\boldsymbol{\rho W}|+\ln|\boldsymbol{I}_n-\boldsymbol{S}|
\end{aligned} \tag{12.4.30}
$$

由于 $\ln|\boldsymbol{I}_n-\boldsymbol{S}|$ 是一个与待估参数 σ^2 和 $\boldsymbol{\rho}$ 无关的常数，所以上面的似然函数 $L_p(\boldsymbol{Y}\mid\boldsymbol{\rho},\boldsymbol{\sigma}^2)$ 与通过局部似然得到的 $L(\boldsymbol{Y}\mid\boldsymbol{\rho},\boldsymbol{\sigma}^2)$ 只差一个常数，所以两步估计方法与前面的局部估计方法所得结果是相同的。

12.4.3 实例

例 12.4.1　本例选择 2004 年都柏林地区投票率数据为研究对象，使用选民投票率(GenEl2004)为被解释变量，解释变量有一年内的移民(即一年前搬到另一个地址)(DiffAdd)、地方政府租房者 (LARent)、高社会阶层人员(SC1)、失业人员(Unempl)、没有接受任何正规教育人员(LowEduc)，以及年龄组别：18 ～ 24 岁(Age18_24)、25 ～ 44 岁(Age25_44)、45 ～ 64 岁(Age45_64)。

GWR 估计需要 R 软件实现，本例的数据来自 R 语言包“GWmodel”的自带数据。打开“gwr.R” 文件运行即可。

R 软件结果如表 12.4.1 所示：

表 12.4.1　GWR 估计结果

变量	估计值	Std. Error	t 值	Pr(>|t|)
(Intercept)	77.70467	3.93928	19.726	< 2e−16 ***
DiffAdd	−0.08583	0.08594	−0.999	0.3187
LARent	−0.09402	0.01765	−5.326	1.92e−07 ***
SC1	0.08637	0.07085	1.219	0.2238
Unempl	−0.72162	0.09387	−7.687	1.96e−13 ***
LowEduc	−0.13073	0.43022	−0.304	0.7614
Age18_24	−0.13992	0.0548	−2.554	0.0111 *
Age25_44	−0.35365	0.0745	−4.747	3.15e−06 ***
Age45_64	−0.09202	0.09023	−1.02	0.3086

Signif. codes：0 '***' 0.001 '**' 0.01 '*' 0.05 '.' 0.1 ' ' 1

Residual standard error：5.304 on 313 degrees of freedom

Multiple R-squared：0.6383

Adjusted R-squared：0.629

F-statistic：69.03 on 8 and 313 DF，p-value：< 2.2e−16

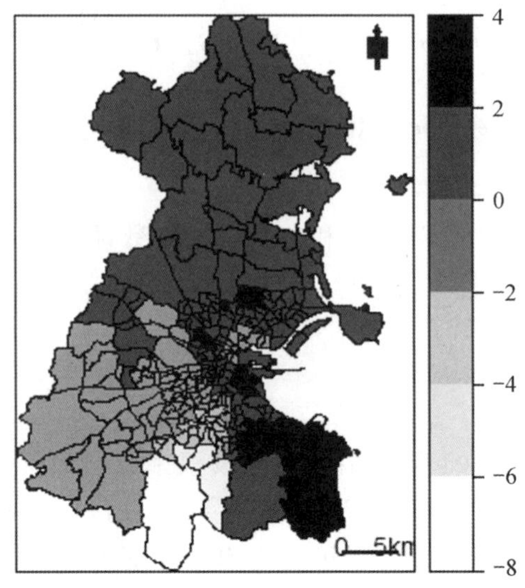

图 12.4.1　变量 LowEduc 的回归系数的局部估计值

图 12.3.7 反映了变量 LowEduc 的回归系数的局部估计值，颜色的深浅度反映出该地区没有接受任何正规教育人员的人口对投票率的贡献，颜色越深说明该项系数为正值，由图可以看出都柏林中部和东南部地区这部分人口参与投票比较积极；都柏林南部地区没有接受任何正规教育人员的人口对投票率的贡献为负值，说明该地区这部分人口参与投票意愿很低。

12.5　空间杜宾模型

12.5.1 模型

当解释变量的空间滞后项影响被解释变量时，我们应该考虑使用空间杜宾模型(SDM)。空间杜宾模型是一个通过加入空间滞后变量而增强了的空间滞后模型，即：

$$\boldsymbol{y}=\rho \boldsymbol{W}\boldsymbol{y}+\boldsymbol{X}\boldsymbol{\beta}+\boldsymbol{W}\bar{\boldsymbol{X}}\boldsymbol{\gamma}+\boldsymbol{\varepsilon} \tag{12.5.1}$$

其中，$n\times(Q-1)$ 矩阵 $\bar{\boldsymbol{X}}$ 是一个可变的解释变量矩阵，模型可简化为：

$$\boldsymbol{y}=(\boldsymbol{I}-\rho \boldsymbol{W})^{-1}(\boldsymbol{X}\boldsymbol{\beta}+\boldsymbol{W}\bar{\boldsymbol{X}}\boldsymbol{\gamma}+\boldsymbol{\varepsilon}),\boldsymbol{\varepsilon}\sim N(\boldsymbol{0},\boldsymbol{\sigma}^{2}\boldsymbol{I}) \tag{12.5.2}$$

$\boldsymbol{\gamma}$ 是一个$(Q-1)\times 1$ 的参数向量，用以度量相邻区域的解释变量对因变量 $\boldsymbol{y}$ 的边际影响，与 $\bar{\boldsymbol{X}}$ 和 $\boldsymbol{W}$ 相乘，得到反映相邻区域平均观测值的空间滞后解释变量。如果 $\boldsymbol{W}$ 是稀疏的(有很多的 0 值)，诸如 $\boldsymbol{W}\bar{\boldsymbol{X}}$ 之类的运算是无需耗费太多时间的。

通过定义 $\boldsymbol{Z}=(\boldsymbol{X},\boldsymbol{W}\bar{\boldsymbol{X}})$ 和 $\boldsymbol{\delta}=(\boldsymbol{\beta}',\boldsymbol{\gamma}')'$，该模型可以写为 SAR 模型，即：

$$\boldsymbol{y}=\rho \boldsymbol{W}\boldsymbol{y}+\boldsymbol{Z}\boldsymbol{\delta}+\boldsymbol{\varepsilon} \tag{12.5.3}$$

或者：

$$\boldsymbol{y}=(\boldsymbol{I}-\rho \boldsymbol{W})^{-1}\boldsymbol{Z}\boldsymbol{\delta}+(\boldsymbol{I}-\rho \boldsymbol{W})^{-1}\boldsymbol{\varepsilon} \tag{12.5.4}$$

使用空间杜宾模型的原因在于，当对区域样本数据进行空间回归建模的时候，同时存在下述两种情形：一是普通最小二乘回归模型的扰动项中有空间相关性，二是当处理区域样本数据的时候，会有一些与模型中的解释变量的协方差不为零的解释变量被忽略掉(LeSage and Fischer，2008)。

此外，空间杜宾模型之所以在空间回归分析领域占据重要的位置，是因为它囊括了众多应用广泛的模型。

(1) 当 $\gamma=0$ 的时候，它就包含了因变量的空间滞后因素，而排除了空间滞后解释变量的因素，从而变成了空间自回归模型，即：

$$\boldsymbol{y}=\boldsymbol{\rho W y}+\boldsymbol{X\beta}+\boldsymbol{\varepsilon} \tag{12.5.5}$$

(2) 当 $\rho=0$ 时，即假设因变量之间的观测值不相关，但因变量与相邻区域的特性(以空间滞后解释变量的形式) 有关，则该模型变为解释变量的空间滞后模型。

(3) 当 $\gamma=0$ 和 $\rho=0$ 的时候，该模型变为如下形式的标准最小二乘回归模型：

$$\boldsymbol{y}=\boldsymbol{X\beta}+\boldsymbol{\varepsilon} \tag{12.5.6}$$

于是，SDM 模型其实是提出了一种从一般到特殊的模型选取规则，检查到底是采用何种限制条件也不是个复杂的事情。最重要的是用以区别无限制 SDM 和 SEM 的公因子检验。在这种情况下，最常用的检验方法是相似比检验[详细说明可参考 LeSage 和 Pace(2009)，其他测试方法及其与蒙特卡罗证明的比较可参考 Mur 和 Angulo(2006)]。

最后我们要注意的是，空间杜宾模型(12.5.1) 的一般形式可写为：

$$\begin{aligned}\boldsymbol{y}&=\boldsymbol{\rho W}_1\boldsymbol{y}+\boldsymbol{X\beta}+\boldsymbol{W}_1\bar{\boldsymbol{X}}\boldsymbol{\gamma}+\boldsymbol{\varepsilon}\\ \boldsymbol{\varepsilon}&=\boldsymbol{\lambda W}_2\boldsymbol{\varepsilon}+\boldsymbol{u},\boldsymbol{u}\sim N(\boldsymbol{0},\boldsymbol{\sigma}_u{}^2\boldsymbol{I})\end{aligned} \tag{12.5.7}$$

式中，$n\times n$ 空间权重矩阵 $\boldsymbol{W}_1$ 和 $\boldsymbol{W}_2$ 可以一样。对于这个模型的一般形式的详细说明可以参考 LeSage 和 Pace(2009)。

12.5.2 实例

例 12.5.1　本例我们仍然继续研究我国省际发明专利申请授权数影响因素。以各省(市、自治区) 的发明专利申请授权数(LnPatent) 为被解释变量，选取人力资本(LnL) 和物质资本(LnK) 作为解释变量，选择 1993—2013 年我国 30 个省(市、自治区) 的面板数据进行分析。我们利用不同模型进行估计，并通过计算 LM 统计量检验结果。数据导入后运行“12.4.2SDM.m” 文件，即可得到模型和检验结果，见图 12.5.1 至图 12.5.5。

```
Pooled model with spatially lagged dependent variable and spatial fixed effects
Dependent Variable =        LnPatent
R-squared          =    0.8465
corr-squared       =    0.6871
sigma^2            =    0.5829
Nobs,Nvar,#FE      =    630,      5,     34
log-likelihood     =        -758.09939
# of iterations    =      1
min and max rho    =   -1.0000,    1.0000
total time in secs =    0.0250
time for optimiz   =    0.0050
time for lndet     =    0.0070
time for t-stats   =    0.0020
No lndet approximation used
***************************************************************
Variable        Coefficient  Asymptot t-stat    z-probability
 LnK               1.780426        28.539272         0.000000
 LnL              -0.600822        -4.103473         0.000041
W* LnK            -1.370223       -15.165480         0.000000
W* LnL             0.538181         3.355563         0.000792
W*dep.var.         0.704987        24.551823         0.000000
```

图 12.5.1　空间固定效应模型

```
Pooled model with spatially lagged dependent variable and time period fixed effects
Dependent Variable =        LnPatent
R-squared          =    0.8417
corr-squared       =    0.6018
sigma^2            =    0.5923
Nobs,Nvar,#FE      =    630,      5,     25
log-likelihood     =        -762.42671
# of iterations    =      1
min and max rho    =   -1.0000,    1.0000
total time in secs =    0.0180
time for optimiz   =    0.0030
time for lndet     =    0.0050
time for t-stats   =    0.0010
No lndet approximation used
***************************************************************
Variable        Coefficient  Asymptot t-stat    z-probability
 LnK               1.786408        28.723658         0.000000
 LnL              -0.646170        -4.452350         0.000008
W* LnK            -1.360353       -14.083323         0.000000
W* LnL             0.611924         3.221549         0.001275
W*dep.var.         0.648978        21.372853         0.000000
```

图 12.5.2　时间固定效应模型

```
Pooled model with spatially lagged dependent variable, spatial and time period fixed effects
Dependent Variable =         LnPatent
R-squared          =    0.8485
corr-squared       =    0.6073
sigma^2            =    0.5478
Nobs,Nvar,#FE      =    630,     5,     54
log-likelihood     =         -749.6992
# of iterations    =      1
min and max rho    =   -1.0000,    1.0000
total time in secs =    0.0180
time for optimiz   =    0.0040
time for lndet     =    0.0050
time for t-stats   =    0.0010
No lndet approximation used
***************************************************************
Variable        Coefficient  Asymptot t-stat    z-probability
 LnK               1.791643        29.395135         0.000000
 LnL              -0.608570        -4.264979         0.000020
W* LnK            -1.369713       -14.457985         0.000000
W* LnL             0.600852         3.222262         0.001272
W*dep.var.         0.654999        21.918849         0.000000
```

图 12.5.3　空间和时间固定效应模型

```
Pooled model with spatially lagged dependent variable, spatial and time period fixed effects
Dependent Variable =         LnPatent
R-squared          =    0.8519
corr-squared       =    0.5966
sigma^2            =    0.5803
Nobs,Nvar,#FE      =    630,     5,     54
log-likelihood     =         -749.6992
# of iterations    =      1
min and max rho    =   -1.0000,    1.0000
total time in secs =    0.0210
time for optimiz   =    0.0030
time for lndet     =    0.0050
time for t-stats   =    0.0010
No lndet approximation used
***************************************************************
Variable        Coefficient  Asymptot t-stat    z-probability
 LnK               1.792997        28.584032         0.000000
 LnL              -0.610050        -4.154139         0.000033
W* LnK            -1.444772       -15.235735         0.000000
W* LnL             0.615676         3.209080         0.001332
W*dep.var.         0.704726        26.158346         0.000000
```

图 12.5.4　空间和时间固定效应模型(误差修正)

```
Pooled model with spatially lagged dependent variable, no fixed effects
Dependent Variable =        LnPatent
R-squared          =    0.8397
corr-squared       =    0.6817
sigma^2            =    0.5798
Nobs,Nvar,#FE      =    630,      6,      5
log-likelihood     =        -770.4835
# of iterations    =      1
min and max rho    =   -1.0000,    1.0000
total time in secs =    0.0140
time for optimiz   =    0.0040
time for lndet     =    0.0050
time for t-stats   =    0.0010
No lndet approximation used
***************************************************************
Variable        Coefficient  Asymptot t-stat    z-probability
c                 -1.021047       -2.904245         0.003681
 LnK               1.776454       29.081898         0.000000
 LnL              -0.640758       -4.485838         0.000007
W* LnK            -1.361297      -15.256373         0.000000
W* LnL             0.574930        3.664772         0.000248
W*dep.var.         0.699996       24.113089         0.000000
```

图 12.5.5　空间和时间随机效应模型

总结如表 12.5.1 所示。

表 12.5.1　我国省际发明专利申请授权数影响因素的实证分析结果

变量	空间固定效应模型	时间固定效应模型	空间和时间固定效应模型	空间和时间固定效应模型(误差修正)	空间和时间随机效应模型
CONSTANT	—	—	—	—	－1.0212 (0.000000)
W × LnPatent	0.7050 (0.000000)	0.6490 (0.000000)	0.6550 (0.000000)	0.7047 (0.000000)	0.7000 (0.000000)
LnK	1.7804 (0.000000)	1.7864 (0.000000)	1.7916 (0.000000)	1.7930 (0.000000)	1.7765 (0.000000)
LnL	－0.6008 (0.000000)	－0.6462 (0.000008)	－0.6086 (0.000020)	－0.6101 (0.000033)	－0.6406 (0.000011)
W × LnK	－1.3702 (0.000000)	－1.3604 (0.000000)	－1.3700 (0.000000)	－1.4448 (0.000000)	－1.3612 (0.002095)
W × LnL	0.5382 (0.000792)	0.6119 (0.001275)	0.6009 (0.001272)	0.6157 (0.001332)	0.5749 (0.002095)
R^2	0.8465	0.8417	0.8485	0.8519	0.84
LogL	－758.0995	－762.4267	－749.6992	－749.6992	－770.4908

续表

变量	空间固定效应模型	时间固定效应模型	空间和时间固定效应模型	空间和时间固定效应模型(误差修正)	空间和时间随机效应模型
Wald Test Spatial Lag			213.6860 (0.0000)	238.6361 (0.0000)	
Wald Test Spatial Error			160.2626 (0.0000)	160.2626 (0.0000)	
Hausman			11.3387 (0.0000)	9.5730 (0.0083)	
					3.6535 (0.6003)

注:括号内为各项的 p 值。

表 12.5.1 给出了各个模型的估计系数、可决系数,以及 Wald 检验统计量。为了最终确定合适的空间面板模型的形式,我们分别计算了空间滞后和空间误差 Wald 检验统计量,分别用于判断 SDM 模型是否可以简化为 SLM 模型和 SEM 模型。由表 12.5.1 第四列的两个 Wald 统计量检验结果可知,两者均通过了 1% 的显著性水平检验,因此选取比 SLM 和 SEM 模型更广义形式的 SDM 模型进行实证分析是合适的。再看 Hausman 检验,其统计值为 3.6535,对应的 p 值为 0.6003,不拒绝存在随机效应的原假设,因此采用随机效应的 SDM 模型对本例进行分析更有效。

由估计结果可以看出,各个变量都通过了 1% 的显著性检验。空间滞后被解释变量 $W\times$LnPatent 的系数为 0.7250,这再一次表明我国技术创新存在显著的空间溢出效应,某个省份发明专利申请授权数提高会对相邻省份的发明专利申请授权数产生积极的影响。而且,由其余空间滞后变量的系数估计值以及显著性水平检验结果可以发现,如果在模型估计中忽略了这些变量的空间滞后项,将会因遗漏变量而造成估计结果偏误,这也意味着在建立计量模型对我国技术创新进行研究时,也要纳入这些变量的空间影响因子。物质资本对发明专利申请授权数的影响显著为正,而人力资本的投入对发明专利申请授权数有负向影响。再看二者的空间项可以发现,某省物质资本投入的增加对本省发明专利申请授权数有正向影响,而对邻近省份则有负向影响,而人力资本对本省发明专利申请授权数虽然有负向影响,但对邻近省份则有正向影响。

例 12.5.2 本例我们仍然继续研究我国省际发明专利申请授权数影响因素。以各省(市、自治区)的发明专利申请授权数(LnPatent)为被解释变量,选取人力资本(LnL)和物质资本(LnK)作为解释变量,选择 1993—2013 年我国 30 个省(市、自治区)的面板数据进行分析。我们利用不同模型进行估计,并通过计算 LM 统计量检验结果。数据导入后运行"12.4.3ecm.m"文件,即可得到模型和检验结果。基本模型如下:

$$\ln \mathrm{LnPatent}_{it} = \beta_0 + \beta_1 \ln K_{it} + \beta_2 \ln L_{it} + \beta_3 \mathrm{LnPatent}_{it}^{*} + \beta_4 \ln K_{it}^{*} + \beta_5 \ln L_{it}^{*} + u_{it} \tag{12.5.8}$$

u_{it} 代表随机误差项,β_0 代表固定效应,带 * 的变量为空间滞后项。如果在空间因素的作用下,专利申请授权数与其影响因素变量存在协整关系,$u_{it}\sim I(0)$,即残差项是平稳

序列。以模型(12.4.41)为基础,建立空间因素作用下的误差修正模型(SPECM)如下:

$$\Delta \ln \text{LnPatent}_{it} = \alpha_0 + \alpha_1 \Delta \ln \text{LnPatent}_{i,t-1} + \alpha_3 \Delta \ln K_{it} + \alpha_4 \Delta \ln L_{it} + \alpha_5 \text{LnPatent}^*_{i,t-1} + \alpha_6 \ln K^*_{it} + \alpha_7 \ln L^*_{it} + \alpha_8 u_{i,t-1} + \alpha_9 u^*_{i,t-1} + \varepsilon_{it} \tag{12.5.9}$$

α_8,α_9 是反映空间效应影响的误差修正项,如果 α_8,α_9 均是小于零的数,则表明专利申请授权数与其影响因素之间存在长期的协整关系。在式(12.5.9)的空间误差修正模型估计方面,由于空间滞后项的存在,采用 OLS 回归会产生明显的估计偏差。

对于专利申请授权数、人力资本和物质资本之间的协整关系进行了检验,检验结果分别如表 12.4.3 和表 12.4.4 所示。对于模型(12.4.41)的估计,利用空间和时间随机效应模型其结果在例 12.4.2 中已经给出。

SPECM 模型具体操作为,打开"12.4.3.dta"文件,在 stata 软件的 Command 窗口输入如下命令:

```
xtset area year// 声明面板数据
spset area// 声明空间数据
xtwest LnPatent LnK LnL,lags(1)
```

Statistic	Value	Z-value	P-value
Gt	-0.739	3.361	1.000
Ga	-1.418	4.414	1.000
Pt	-1.755	2.541	0.995
Pa	-0.964	1.715	0.957

图 12.5.6　面板协整检验结果

打开"12.4.3 数据 xlsx"文件,数据导入方式同例 12.3.1,此处不再重复,运行"12.4.3ECM.m"文件,即可得到模型估计结果,见图 12.5.7。

```
Ordinary Least-squares Estimates
R-squared      =    0.0638
Rbar-squared   =    0.0504
sigma^2        =    0.1015
Durbin-Watson  =    2.1318
Nobs, Nvars    =    570,     9
*****************************************************************
Variable        Coefficient      t-statistic    t-probability
variable 1         0.045959         0.215007         0.829840
variable 2         0.105452         2.530131         0.011674
variable 3         0.307004         3.431699         0.000644
variable 4        -0.538706        -1.000738         0.317385
variable 5        -0.036448        -0.841195         0.400597
variable 6         0.032258         0.454760         0.649458
variable 7         0.011681         0.389100         0.697350
variable 8        -0.083731        -3.422475         0.000666
variable 9         0.137630         1.683250         0.092883
```

图 12.5.7　SPECM 模型的 OLS 估计结果

图 12.5.7 的 Westerlund 检验结果表明，在省域层面上，专利申请授权数、人力资本和物质资本之间不存在长期的协整关系，但是这里我们为了给出读者例题说明，依然对模型(12.4.2) 进行估计。

表 12.5.2　空间影响效应下的面板协整检验

被解释变量 Δ LnPatent$_{it}$	OLS 估计
c	0.045959
Δ LnPatent$_{it-1}$	0.105452
Δ LnK_{it-1}	0.307004
Δ LnL_{it-1}	−0.538706
LnPatent$_{it-1}$ *	−0.036448
LnK_{it} *	0.032258
LnL_{it} *	0.011681
$u_{i,t-1}$	−0.083731
$u_{i,t-1}$ *	0.137630

α_9 并不是小于零的数，这说明专利申请授权数，人力资本和物质资本之间不存在长期的协整关系，这与前面的检验结果一致。

12.6　面板数据空间向量自回归模型

与传统的向量自回归模型不同，空间向量自回归模型考虑了空间层面的影响。面板数据是横截面数据和时间序列数据的有机结合，它具有横截面数据所不包括的有关个体行为信息，尤其是个体不易被观察到的特殊行为。它所体现的关系既包括空间个体属性在空间维度的相互影响，又包含其在时间维度的相互作用。

12.6.1 模型

面板数据空间向量自回归模型是在面板数据向量自回归的基础上加入空间效应，将空间影响因素通过权重矩阵 **W** 引入模型中，则模型可以写为

$$\begin{aligned}Y_{it}^{1}={}&\alpha_{12}Y_{it}^{2}+\cdots+\alpha_{1K}Y_{it}^{K}+\beta_{11}^{1}Y_{i,t-1}^{1}+\cdots+\beta_{1K}^{1}Y_{i,t-1}^{K}+\cdots+\beta_{11}^{p}Y_{i,t-p}^{1}+\cdots+\\&\beta_{1K}^{p}Y_{i,t-p}^{K}+\lambda_{11}^{01}\widetilde{Y}_{it}^{11}+\cdots+\lambda_{1K}^{01}\widetilde{Y}_{it}^{1K}+\cdots+\lambda_{11}^{0q}\widetilde{Y}_{it}^{q1}+\cdots+\lambda_{1K}^{0q}\widetilde{Y}_{it}^{qK}+\lambda_{11}^{11}\widetilde{Y}_{i,t-1}^{11}+\cdots+\\&\lambda_{1K}^{11}\widetilde{Y}_{i,t-1}^{1K}+\cdots+\lambda_{11}^{p1}\widetilde{Y}_{i,t-p}^{11}+\cdots+\lambda_{1K}^{p1}\widetilde{Y}_{i,t-p}^{1K}+\cdots+\lambda_{11}^{pq}\widetilde{Y}_{i,t-p}^{q1}+\cdots+\lambda_{1K}^{pq}\widetilde{Y}_{i,t-p}^{qK}+\\&\gamma_{11}^{0}x_{it}^{1}+\cdots+\gamma_{1Q}^{0}x_{it}^{Q}+\gamma_{11}^{1}\widetilde{x}_{it}^{11}+\cdots+\gamma_{1Q}^{1}\widetilde{x}_{it}^{1Q}+\cdots+\gamma^{q'}{}_{11}\widetilde{x}_{it}^{q'1}+\cdots+\\&\gamma^{q'}{}_{1Q}\widetilde{x}_{it}^{q'Q}+\mu_{i}^{1}+\varepsilon_{it}^{1}\end{aligned}$$

$$Y_{it}^{2}=\alpha_{21}Y_{it}^{1}+\alpha_{23}Y_{it}^{3}\cdots+\alpha_{2K}Y_{it}^{K}+\beta_{21}^{1}Y_{i,t-1}^{1}+\cdots+\beta_{2K}^{1}Y_{i,t-1}^{K}+\cdots+\beta_{21}^{p}Y_{i,t-p}^{1}+\cdots+$$

$$\beta_{2K}^{p}Y_{i,t-p}^{K}+\lambda_{21}^{01}\widetilde{Y}_{it}^{11}+\cdots+\lambda_{2K}^{01}\widetilde{Y}_{it}^{1K}+\cdots+\lambda_{21}^{0q}\widetilde{Y}_{it}^{q1}+\cdots+\lambda_{2K}^{0q}\widetilde{Y}_{it}^{qK}+$$
$$\lambda_{21}^{11}\widetilde{Y}_{i,t-1}^{11}+\cdots+\lambda_{2K}^{11}\widetilde{Y}_{i,t-1}^{1K}+\cdots+\lambda_{21}^{p1}\widetilde{Y}_{i,t-p}^{11}+\cdots+\lambda_{2K}^{p1}\widetilde{Y}_{i,t-p}^{1K}+\cdots+\lambda_{21}^{pq}\widetilde{Y}_{i,t-p}^{q1}+\cdots+$$
$$\lambda_{2K}^{pq}\widetilde{Y}_{i,t-p}^{qK}+\gamma_{21}^{0}x_{it}^{1}+\cdots\gamma_{2Q}^{0}x_{it}^{Q}+\gamma_{21}^{1}\widetilde{x}_{it}^{11}+\cdots+\gamma_{2Q}^{1}\widetilde{x}_{it}^{1Q}+\cdots+\gamma^{q'}{}_{21}\widetilde{x}_{it}^{q'1}+\cdots+$$
$$\gamma^{q'}{}_{2Q}\widetilde{x}_{it}^{q'Q}+\mu_{i}^{2}+\varepsilon_{it}^{2}$$
$$\vdots \tag{12.6.1}$$
$$Y_{it}^{K}=\alpha_{K1}Y_{it}^{1}+\cdots+\alpha_{K,K-1}Y_{it}^{K-1}+\beta_{K1}^{1}Y_{i,t-1}^{1}+\cdots+\beta_{KK}^{1}Y_{i,t-1}^{K}+\cdots+\beta_{K1}^{p}Y_{i,t-p}^{1}+\cdots$$
$$+\beta_{KK}^{p}Y_{i,t-p}^{K}+\lambda_{K1}^{01}\widetilde{Y}_{it}^{11}+\cdots+\lambda_{KK}^{01}\widetilde{Y}_{it}^{1K}+\cdots+\lambda_{K1}^{0q}\widetilde{Y}_{it}^{q1}+\cdots+\lambda_{KK}^{0q}\widetilde{Y}_{it}^{qK}$$
$$+\lambda_{K1}^{11}\widetilde{Y}_{i,t-1}^{11}+\cdots+\lambda_{KK}^{11}\widetilde{Y}_{i,t-1}^{1K}+\cdots+\lambda_{k1}^{p1}\widetilde{Y}_{i,t-p}^{11}+\cdots+\lambda_{KK}^{p1}\widetilde{Y}_{i,t-p}^{1K}+\cdots$$
$$+\lambda_{K1}^{pq}\widetilde{Y}_{i,t-p}^{q1}+\cdots+\lambda_{KK}^{pq}\widetilde{Y}_{i,t-p}^{qK}+\gamma_{K1}^{0}x_{it}^{1}+\cdots\gamma_{KQ}^{0}x_{it}^{Q}+\gamma_{K1}^{1}\widetilde{x}_{it}^{11}+\cdots+\gamma_{KQ}^{1}\widetilde{x}_{it}^{1Q}+\cdots$$
$$+\gamma^{q'}{}_{K1}\widetilde{x}_{it}^{q'1}+\cdots+\gamma^{q'}{}_{KQ}\widetilde{x}_{it}^{q'Q}+\mu_{i}^{K}+\varepsilon_{it}^{K}$$
$$i=1,\cdots,n,k=1,\cdots,K,t=1,\cdots,T$$

λ_{11}^{01},其中上标 0 表示时间原阶,只有空间滞后,1 表示空间滞后 1 阶。β_{11}^{1} 上标 1 表示时间滞后 1 阶,下标第一个 1 表示第 1 个变量,第二个 1 表示第一个系数,没有特殊含义,只是排个顺序。Y_{it}^{2} 上标表示第 2 个内生变量。

可以等价地写成矩阵形式:

$$\begin{bmatrix}1&\cdots&\alpha_{1K}\\\vdots&\cdots&\vdots\\\alpha_{K1}&\cdots&1\end{bmatrix}\boldsymbol{Y}_{it}=\begin{bmatrix}\beta_{11}^{1}&\cdots&\beta_{1K}^{1}\\\vdots&\cdots&\vdots\\\beta_{K1}^{1}&\cdots&\beta_{KK}^{1}\end{bmatrix}\boldsymbol{Y}_{i,t-1}+\cdots+\begin{bmatrix}\beta_{11}^{p}&\cdots&\beta_{1K}^{p}\\\vdots&\cdots&\vdots\\\beta_{K1}^{p}&\cdots&\beta_{KK}^{p}\end{bmatrix}\boldsymbol{Y}_{i,t-p}$$
$$+\begin{bmatrix}\lambda_{11}^{01}&\cdots&\lambda_{1K}^{01}\\\vdots&\cdots&\vdots\\\lambda_{K1}^{01}&\cdots&\lambda_{KK}^{01}\end{bmatrix}\widetilde{\boldsymbol{Y}}_{it}^{1}+\cdots+\begin{bmatrix}\lambda_{11}^{0q}&\cdots&\lambda_{1K}^{0q}\\\vdots&\cdots&\vdots\\\lambda_{K1}^{0q}&\cdots&\lambda_{KK}^{0q}\end{bmatrix}\widetilde{\boldsymbol{Y}}_{it}^{q}+\begin{bmatrix}\lambda_{11}^{11}&\cdots&\lambda_{1K}^{11}\\\vdots&\cdots&\vdots\\\lambda_{K1}^{11}&\cdots&\lambda_{KK}^{11}\end{bmatrix}\widetilde{\boldsymbol{Y}}_{i,t-1}^{1}+\cdots$$
$$+\begin{bmatrix}\lambda_{11}^{p1}&\cdots&\lambda_{1K}^{p1}\\\vdots&\cdots&\vdots\\\lambda_{K1}^{p1}&\cdots&\lambda_{KK}^{p1}\end{bmatrix}\widetilde{\boldsymbol{Y}}_{i,t-p}^{1}+\cdots+\begin{bmatrix}\lambda_{11}^{pq}&\cdots&\lambda_{1K}^{pq}\\\vdots&\cdots&\vdots\\\lambda_{K1}^{pq}&\cdots&\lambda_{KK}^{pq}\end{bmatrix}\widetilde{\boldsymbol{Y}}_{i,t-p}^{q}+\begin{bmatrix}\gamma_{11}^{0}&\cdots&\gamma_{1Q}^{0}\\\vdots&\cdots&\vdots\\\gamma_{K1}^{0}&\cdots&\gamma_{KQ}^{0}\end{bmatrix}\boldsymbol{x}_{it}$$
$$+\begin{bmatrix}\gamma_{11}^{1}&\cdots&\gamma_{1Q}^{1}\\\vdots&\cdots&\vdots\\\gamma_{K1}^{1}&\cdots&\gamma_{KQ}^{1}\end{bmatrix}\widetilde{\boldsymbol{x}}_{it}^{1}+\cdots+\begin{bmatrix}\gamma_{11}^{q'}&\cdots&\gamma_{1Q}^{q'}\\\vdots&\cdots&\vdots\\\gamma_{K1}^{q'}&\cdots&\gamma_{KQ}^{q'}\end{bmatrix}\widetilde{\boldsymbol{x}}_{it}^{q'}+\boldsymbol{\mu}_{i}+\boldsymbol{\varepsilon}_{it} \tag{12.6.2}$$

再将上式写为向量形式,进一步化简得:

$$\boldsymbol{\alpha}\boldsymbol{Y}_{it}=\boldsymbol{\beta}^{1}\boldsymbol{Y}_{i,t-1}+\cdots+\boldsymbol{\beta}^{p}\boldsymbol{Y}_{i,t-p}+\boldsymbol{\lambda}^{01}\widetilde{\boldsymbol{Y}}_{it}^{1}+\cdots+\boldsymbol{\lambda}^{0q}\widetilde{\boldsymbol{Y}}_{it}^{q}+\boldsymbol{\lambda}^{11}\widetilde{\boldsymbol{Y}}_{i,t-1}^{1}+\cdots+\boldsymbol{\lambda}^{p1}\widetilde{\boldsymbol{Y}}_{i,t-p}^{1}$$
$$+\cdots+\boldsymbol{\lambda}^{pq}\widetilde{\boldsymbol{Y}}_{i,t-p}^{q}+\boldsymbol{\lambda}^{0}\boldsymbol{x}_{it}+\boldsymbol{\lambda}^{1}\widetilde{\boldsymbol{x}}_{it}^{1}+\cdots+\boldsymbol{\lambda}^{q'}\widetilde{\boldsymbol{x}}^{q'}{}_{it}+\boldsymbol{\mu}_{i}+\boldsymbol{\varepsilon}_{it} \tag{12.6.3}$$

其中,$\boldsymbol{Y}_{it}$ 是内生变量;$\boldsymbol{Y}_{i,t-p}$ 是时间 p 阶滞后项;$\boldsymbol{x}_{it}$ 是外生变量;$\widetilde{\boldsymbol{x}}_{it}^{q'}$、$\widetilde{\boldsymbol{Y}}_{it}^{q}$ 分别是空间 q'、q 阶滞后项;$\widetilde{\boldsymbol{Y}}_{i,t-p}^{q}$ 是空间滞后 q 阶、时间滞后 p 阶项。每一项可以写成矩阵形式:

$$\boldsymbol{Y}_{it}=\begin{bmatrix}Y_{it}^{1}\\\vdots\\Y_{it}^{K}\end{bmatrix}_{K\times1},\boldsymbol{Y}_{i,t-1}=\begin{bmatrix}Y_{i,t-1}^{1}\\\vdots\\Y_{i,t-1}^{K}\end{bmatrix}_{K\times1},\boldsymbol{Y}_{i,t-p}=\begin{bmatrix}Y_{i,t-p}^{1}\\\vdots\\Y_{i,t-p}^{K}\end{bmatrix}_{K\times1},\widetilde{\boldsymbol{Y}}_{it}^{1}=\begin{bmatrix}\widetilde{Y}_{it}^{11}\\\vdots\\\widetilde{Y}_{it}^{1K}\end{bmatrix}_{K\times1},$$

$$\widetilde{\boldsymbol{Y}}_{it}^{q}=\begin{bmatrix}\widetilde{Y}_{it}^{q1}\\ \vdots\\ \widetilde{Y}_{it}^{qK}\end{bmatrix}_{K\times1},\widetilde{\boldsymbol{Y}}_{i,t-1}^{1}=\begin{bmatrix}Y_{i,t-1}^{11}\\ \vdots\\ Y_{i,t-1}^{1K}\end{bmatrix}_{K\times1},\widetilde{\boldsymbol{Y}}_{i,t-p}^{1}=\begin{bmatrix}Y_{i,t-p}^{11}\\ \vdots\\ Y_{i,t-p}^{1K}\end{bmatrix}_{K\times1},\widetilde{\boldsymbol{Y}}_{i,t-p}^{q}=\begin{bmatrix}Y_{i,t-p}^{q1}\\ \vdots\\ Y_{i,t-p}^{qK}\end{bmatrix}_{K\times1},$$

$$\boldsymbol{x}_{it}=\begin{bmatrix}x_{it}^{1}\\ \vdots\\ x_{it}^{Q}\end{bmatrix}_{Q\times1},\tilde{\boldsymbol{x}}_{it}^{1}=\begin{bmatrix}x_{it}^{11}\\ \vdots\\ x_{it}^{1Q}\end{bmatrix}_{Q\times1},\tilde{\boldsymbol{x}}^{q'}_{it}=\begin{bmatrix}x_{it}^{q'1}\\ \vdots\\ x_{it}^{q'Q}\end{bmatrix}_{Q\times1},\widetilde{\boldsymbol{Y}}_{it}^{1}=\sum_{i\neq j}w_{ij}\boldsymbol{Y}_{jt},\cdots,\widetilde{\boldsymbol{Y}}_{it}^{q}=\sum_{i\neq j}w_{ij}\widetilde{\boldsymbol{Y}}_{jt}^{q-1},$$

$$\tilde{\boldsymbol{x}}_{it}^{1}=\sum_{i\neq j}w_{ij}\boldsymbol{x}_{jt},\cdots,\tilde{\boldsymbol{x}}^{q'}_{it}=\sum_{i\neq j}w_{ij}\tilde{\boldsymbol{x}}_{jt}^{q'-1},$$

$\boldsymbol{\mu}_i=\begin{bmatrix}\mu_i^1\\ \vdots\\ \mu_i^K\end{bmatrix}_{K\times1}$ 是固定效应截距项，$\boldsymbol{\varepsilon}_{it}=\begin{bmatrix}\varepsilon_{it}^1\\ \vdots\\ \varepsilon_{it}^K\end{bmatrix}_{K\times1}$ 是随机扰动项，并且假定 ε_{it} 满足如下基本假设条件：

$$E(\boldsymbol{\varepsilon}_{it},\boldsymbol{\varepsilon}'_{it})=\begin{bmatrix}\sigma_1^2 & 0 & \cdots & 0\\ 0 & \sigma_1^2 & \cdots & 0\\ \vdots & \vdots & \ddots & \vdots\\ 0 & 0 & \cdots & \sigma_K^2\end{bmatrix}_{K\times K}=\boldsymbol{\Omega}_0,E(\boldsymbol{\varepsilon}_{it},\boldsymbol{\varepsilon}'_{jt})=0,(i\neq j)\tag{12.6.4}$$

我们可以看到，上述模型的右边既包含了被解释变量的时间滞后项 $\boldsymbol{Y}_{i,t-p}$，又包含了空间影响因素 $\widetilde{\boldsymbol{Y}}_{it}$ 及其滞后项，以及时空滞后项；既包含了外生变量 x_{it}，又包含了外生变量的空间项 $\tilde{\boldsymbol{x}}_{it}$ 及其滞后项。

针对上面的模型，我们可以采用类似于结构向量自回归模型，采用广义矩估计的方法来估计模型，具体思路如下：

首先将式(12.6.3) 转化为：

$$\boldsymbol{Y}_{it}=\boldsymbol{\alpha}^{-1}\boldsymbol{\beta}^{1}\boldsymbol{Y}_{i,t-1}+\cdots+\boldsymbol{\alpha}^{-1}\boldsymbol{\beta}^{p}\boldsymbol{Y}_{i,t-p}+\boldsymbol{\alpha}^{-1}\boldsymbol{\lambda}^{01}\widetilde{\boldsymbol{Y}}_{it}^{1}+\cdots+\boldsymbol{\alpha}^{-1}\boldsymbol{\lambda}^{0q}\widetilde{\boldsymbol{Y}}_{it}^{q}+\boldsymbol{\alpha}^{-1}\boldsymbol{\lambda}^{11}\widetilde{\boldsymbol{Y}}_{i,t-1}^{1}+\cdots+\boldsymbol{\alpha}^{-1}\boldsymbol{\lambda}^{p1}\widetilde{\boldsymbol{Y}}_{i,t-p}^{1}+\cdots+\boldsymbol{\alpha}^{-1}\boldsymbol{\lambda}^{pq}\widetilde{\boldsymbol{Y}}_{i,t-p}^{q}+\boldsymbol{\alpha}^{-1}\boldsymbol{\lambda}^{0}x_{it}+\alpha^{-1}\boldsymbol{\lambda}^{1}\tilde{\boldsymbol{x}}_{it}^{1}+\cdots+\boldsymbol{\alpha}^{-1}\boldsymbol{\lambda}^{q'}\tilde{\boldsymbol{x}}_{it}^{q'}+\boldsymbol{\alpha}^{-1}\boldsymbol{\mu}_i+\boldsymbol{\alpha}^{-1}\boldsymbol{\varepsilon}_{it}\tag{12.6.5}$$

从而可以得到上述模型的参数估计量，如 GMM 估计量。

基于对面板数据的空间向量自回归施加约束条件，利用 Choleski 分解得到其参数估计值。其中，式(12.6.1) 有 $K(K-1)+K^2+K^2+KN+K$ 个参数，式(12.6.5) 有 $K^2+K^2+KN+K(K+1)/2$ 个参数，所以我们需要对模型施加 $K(K-1)/2$ 个约束。与估计面板数据结构的向量自回归模型一样，我们通常对式(12.6.2) 中的 α 矩阵施加这些约束，约束 α 是一个下三角矩阵。

为了消除固定效应，对式(12.6.5) 进行差分变换：

$$\begin{aligned}\boldsymbol{Y}_{it}-\boldsymbol{Y}_{i,t-1}=&\boldsymbol{\alpha}^{-1}\boldsymbol{\beta}^{1}(\boldsymbol{Y}_{i,t-1}-\boldsymbol{Y}_{i,t-2})+\cdots+\boldsymbol{\alpha}^{-1}\boldsymbol{\beta}^{p}(\boldsymbol{Y}_{i,t-p}-\boldsymbol{Y}_{i,t-p+1})+\boldsymbol{\alpha}^{-1}\boldsymbol{\lambda}^{01}(\widetilde{\boldsymbol{Y}}_{it}^{1}-\\&\widetilde{\boldsymbol{Y}}_{i,t-1}^{1})+\cdots+\boldsymbol{\alpha}^{-1}\boldsymbol{\lambda}^{0q}(\widetilde{\boldsymbol{Y}}_{it}^{q}-\widetilde{\boldsymbol{Y}}_{i,t-1}^{q})+\boldsymbol{\alpha}^{-1}\boldsymbol{\lambda}^{11}(\widetilde{\boldsymbol{Y}}_{i,t-1}^{1}-\widetilde{\boldsymbol{Y}}_{i,t-2}^{1})+\cdots+\\&\boldsymbol{\alpha}^{-1}\boldsymbol{\lambda}^{p1}(\widetilde{\boldsymbol{Y}}_{i,t-p}^{1}-\widetilde{\boldsymbol{Y}}_{i,t-p+1}^{1})+\cdots+\boldsymbol{\alpha}^{-1}\boldsymbol{\lambda}^{pq}(\widetilde{\boldsymbol{Y}}_{i,t-p}^{q}-\widetilde{\boldsymbol{Y}}_{i,t-p+1}^{q})+\boldsymbol{\alpha}^{-1}\boldsymbol{\lambda}^{0}(x_{it}-\\&\boldsymbol{x}_{i,t-1})+\boldsymbol{\alpha}^{-1}\boldsymbol{\lambda}^{1}(\tilde{\boldsymbol{x}}_{it}^{1}-\tilde{\boldsymbol{x}}_{i,t-1}^{1})+\cdots+\boldsymbol{\alpha}^{-1}\boldsymbol{\lambda}^{q'}(\tilde{\boldsymbol{x}}^{q'}_{it}-\tilde{\boldsymbol{x}}^{q'}_{i,t-1})+\boldsymbol{\alpha}^{-1}(\boldsymbol{\mu}_i-\\&\boldsymbol{\mu}_i)+\boldsymbol{\alpha}^{-1}(\boldsymbol{\varepsilon}_{it}-\boldsymbol{\varepsilon}_{i,t-1})\end{aligned}\tag{12.6.6}$$

令 $\boldsymbol{\Gamma}^1=\boldsymbol{\alpha}^{-1}\boldsymbol{\beta}^1,\boldsymbol{\Gamma}^p=\boldsymbol{\alpha}^{-1}\boldsymbol{\beta}^p,\boldsymbol{\Lambda}^{01}=\boldsymbol{\alpha}^{-1}\boldsymbol{\lambda}^{01},\boldsymbol{\Lambda}^{0q}=\boldsymbol{\alpha}^{-1}\boldsymbol{\lambda}^{0q},\boldsymbol{\Lambda}^{11}=\boldsymbol{\alpha}^{-1}\boldsymbol{\lambda}^{11},\boldsymbol{\Lambda}^{p1}=\boldsymbol{\alpha}^{-1}\boldsymbol{\lambda}^{p1}$，$\boldsymbol{\Lambda}^{pq}=\boldsymbol{\alpha}^{-1}\boldsymbol{\lambda}^{pq},\boldsymbol{Y}^0=\boldsymbol{\alpha}^{-1}\gamma^0,\boldsymbol{Y}^1=\boldsymbol{\alpha}^{-1}\gamma^1,\boldsymbol{Y}^{q\prime}=\boldsymbol{\alpha}^{-1}\gamma^{q\prime},\boldsymbol{\varphi}=\boldsymbol{\alpha}^{-1}\boldsymbol{\mu}_i,\boldsymbol{u}_{it}=\boldsymbol{\alpha}^{-1}\boldsymbol{\varepsilon}_{it}$ 则：

$$\boldsymbol{\Delta Y}_{it}=\boldsymbol{\Gamma}^1\boldsymbol{\Delta Y}_{i,t-1}+\cdots+\boldsymbol{\Gamma}^p\boldsymbol{\Delta Y}_{i,t-p}+\boldsymbol{\Lambda}^{01}\boldsymbol{\Delta}\widetilde{\boldsymbol{Y}}_{it}^1+\cdots+\boldsymbol{\Lambda}^{0q}\boldsymbol{\Delta}\widetilde{\boldsymbol{Y}}_{it}^q+\boldsymbol{\Lambda}^{11}\boldsymbol{\Delta}\widetilde{\boldsymbol{Y}}_{i,t-1}^1+\cdots+\boldsymbol{\Lambda}^{p1}\boldsymbol{\Delta}\widetilde{\boldsymbol{Y}}_{i,t-p}^1+\cdots+\boldsymbol{\Lambda}^{pq}\boldsymbol{\Delta}\widetilde{\boldsymbol{Y}}_{i,t-p}^q+\boldsymbol{Y}^0\boldsymbol{\Delta x}_{it}+\boldsymbol{Y}^1\boldsymbol{\Delta}\tilde{\boldsymbol{x}}_{it}^1+\cdots+\boldsymbol{Y}^{q\prime}\boldsymbol{\Delta}\tilde{\boldsymbol{x}}_{it}^{q\prime}+\boldsymbol{\Delta u}_{it} \tag{12.6.7}$$

对于式(12.4.47)，$\boldsymbol{u}_{it}$ 和 $\Delta\boldsymbol{u}_{it}$ 满足以下条件：

$$E(\boldsymbol{u}_{it}\boldsymbol{u}_{it}')=E[(\boldsymbol{\alpha}^{-1}\boldsymbol{\varepsilon}_{it})(\boldsymbol{\alpha}^{-1}\boldsymbol{\varepsilon}_{it})']=\boldsymbol{\alpha}^{-1}E(\boldsymbol{\varepsilon}_{it}\boldsymbol{\varepsilon}_{it}')(\boldsymbol{\alpha}^{-1})'=\boldsymbol{\alpha}^{-1}\boldsymbol{\Omega}_0(\boldsymbol{\alpha}^{-1})'=\begin{bmatrix}\sigma_{11}^2 & \sigma_{11}^2 & \cdots & \sigma_{11}^2\\ \sigma_{11}^2 & \sigma_{11}^2 & \cdots & \sigma_{11}^2\\ \vdots & \vdots & \ddots & \vdots\\ \sigma_{11}^2 & \sigma_{11}^2 & \cdots & \sigma_{11}^2\end{bmatrix}_{K\times K}=\boldsymbol{\Omega}_1;$$

$E(\boldsymbol{u}_{it}\boldsymbol{u}_{j\tau}')=E[(\boldsymbol{\alpha}^{-1}\boldsymbol{\varepsilon}_{it})(\boldsymbol{\alpha}^{-1}\boldsymbol{\varepsilon}_{j\tau})']=\boldsymbol{\alpha}^{-1}E(\boldsymbol{\varepsilon}_{it}\boldsymbol{\varepsilon}_{j\tau}')(\boldsymbol{\alpha}^{-1})'=0,i\neq j$ 或者 $t\neq\tau$；

$E(\Delta\boldsymbol{u}_{it}\Delta\boldsymbol{u}_{it}')=\boldsymbol{\alpha}^{-1}E(\Delta\boldsymbol{\varepsilon}_{it}\Delta\boldsymbol{\varepsilon}_{it}')(\boldsymbol{\alpha}^{-1})'=2\boldsymbol{\alpha}^{-1}\boldsymbol{\Omega}_0(\boldsymbol{\alpha}^{-1})'=2\boldsymbol{\Omega}_1$；

$E(\Delta\boldsymbol{u}_{it}\Delta\boldsymbol{u}_{j\tau}')=\boldsymbol{\alpha}^{-1}E(\Delta\boldsymbol{\varepsilon}_{it}\Delta\boldsymbol{\varepsilon}_{j\tau}')(\boldsymbol{\alpha}^{-1})'=-\boldsymbol{\alpha}^{-1}\boldsymbol{\Omega}_0(\boldsymbol{\alpha}^{-1})'=-\boldsymbol{\Omega}_1$；

$E(\Delta\boldsymbol{u}_{it}\Delta\boldsymbol{u}_{j\tau}')=0,i\neq j$ 或 $|t-\tau|>1$。

虽然差分变换可以消除模型的固定效应，但是模型本身仍然存在固有的内生性，具体表现在：

① 滞后项与固定截距项和残差项的相关关系：

滞后项与固定截距项相关：$E[(\boldsymbol{Y}_{i,t-1})'\boldsymbol{\varphi}_i]\neq 0$

滞后项与残差项不相关：$E[(\boldsymbol{Y}_{i,t-1})'\boldsymbol{u}_{it}]=0$

差分滞后项与差分残差项相关：$E[(\boldsymbol{\Delta Y}_{i,t-1})'(\Delta\boldsymbol{u}_{it})]\neq 0$

② 空间因素与固定截距项和残差项的相关关系：

因为 $\widetilde{\boldsymbol{Y}}_{it}^1=\sum_{i\neq j}w_{ij}\boldsymbol{Y}_{jt},\cdots,\widetilde{\boldsymbol{Y}}_{it}^q=\sum_{i\neq j}w_{ij}\widetilde{\boldsymbol{Y}}_{jt}^{q-1},\widetilde{\boldsymbol{Y}}_{it}-\widetilde{\boldsymbol{Y}}_{i,t-1}=w_{i1}(\boldsymbol{Y}_{1t}-\boldsymbol{Y}_{1,t-1})+\cdots+w_{in}(\boldsymbol{Y}_{nt}-\boldsymbol{Y}_{n,t-1})$，而且，$w_{ii}=0$，所以：

当期空间因素与固定截距项相关：$E[(\widetilde{\boldsymbol{Y}}_{it})'\boldsymbol{\varphi}_i]\neq 0$；

当期空间因素与同截面的残差项不相关：$E[(\widetilde{\boldsymbol{Y}}_{it})'\boldsymbol{u}_{it}]=0$；

当期空间因素与不同截面的残差项相关：$E[(\widetilde{\boldsymbol{Y}}_{it})'\boldsymbol{u}_{jt}]\neq 0$；

滞后空间因素与固定截距项相关：$E[(\widetilde{\boldsymbol{Y}}_{i,t-1})'\boldsymbol{\varphi}_i]\neq 0$；

滞后空间因素与同截面的残差项不相关：$E[(\widetilde{\boldsymbol{Y}}_{i,t-1})'\boldsymbol{u}_{it}]=0$

滞后空间因素与不同截面的残差项相关：$E[(\widetilde{\boldsymbol{Y}}_{i,t-1})'\boldsymbol{u}_{jt}]\neq 0$；

当期空间因素的差分项与相同截面的残差的差分项不相关：

$$E[(\widetilde{\boldsymbol{Y}}_{it}-\widetilde{\boldsymbol{Y}}_{i,t-1})'(\boldsymbol{u}_{it}-\boldsymbol{u}_{i,t-1})]=0;$$

当期空间因素的差分项与不同截面的残差的差分项相关：

$$E[(\widetilde{\boldsymbol{Y}}_{it}-\widetilde{\boldsymbol{Y}}_{i,t-1})'(\boldsymbol{u}_{jt}-\boldsymbol{u}_{j,t-1})]\neq 0,i\neq j;$$

滞后空间因素的差分项与相同截面的残差的差分项不相关：

$$E[(\widetilde{\boldsymbol{Y}}_{i,t-1}-\widetilde{\boldsymbol{Y}}_{i,t-2})'(\boldsymbol{u}_{it}-\boldsymbol{u}_{i,t-1})]=0;$$

滞后空间因素的差分项与不同截面的残差的差分项相关：

$$E[(\widetilde{\boldsymbol{Y}}_{i,t-1}-\widetilde{\boldsymbol{Y}}_{i,t-2})'(\boldsymbol{u}_{jt}-\boldsymbol{u}_{j,t-1})]\neq 0, i\neq j。$$

12.6.2 模型估计

在实际计算的过程中,我们可以通过几个步骤来实现模型的估计,具体步骤如下:

① 用内生变量 $\Delta\boldsymbol{Y}_{it}$ 对所有的变量进行回归,即估计模型:

$$\begin{aligned}\boldsymbol{Y}_{it}=&\boldsymbol{\Gamma}^{1}\boldsymbol{Y}_{i,t-1}+\cdots+\boldsymbol{\Gamma}^{p}\boldsymbol{Y}_{i,t-p}+\boldsymbol{\Lambda}^{01}\widetilde{\boldsymbol{Y}}_{it}^{1}+\cdots+\boldsymbol{\Lambda}^{0q}\widetilde{\boldsymbol{Y}}_{it}^{q}+\boldsymbol{\Lambda}^{11}\widetilde{\boldsymbol{Y}}_{i,t-1}^{1}+\cdots+\boldsymbol{\Lambda}^{p1}\widetilde{\boldsymbol{Y}}_{i,t-p}^{1}\\&+\cdots+\boldsymbol{\Lambda}^{pq}\widetilde{\boldsymbol{Y}}_{i,t-p}^{q}+\boldsymbol{Y}^{0}x_{it}+\boldsymbol{Y}^{1}\widetilde{\boldsymbol{x}}_{it}^{1}+\cdots+\boldsymbol{Y}^{q'}\widetilde{\boldsymbol{x}}^{q'}{}_{it}+\boldsymbol{\varphi}+\boldsymbol{u}_{it}\end{aligned}\tag{12.6.8}$$

可以得到对应的系数估计值 $\hat{\Gamma}^{1},\cdots,\hat{\Gamma}^{p};\hat{\Lambda}^{01},\cdots,\hat{\Lambda}^{0q},\hat{\Lambda}^{11},\cdots,\hat{\Lambda}^{p1},\cdots,\hat{\Lambda}^{pq};\hat{\Upsilon}^{0},\hat{\Upsilon}^{1},\cdots,\hat{\Upsilon}^{q'};\boldsymbol{\varphi}$。

② 利用上面的回归得到的系数估计值,带入模型可以求得随机扰动项的估计值 $\hat{u}_{it}$:

$$\begin{aligned}\hat{\boldsymbol{u}}_{it}=&\boldsymbol{Y}_{it}-\boldsymbol{\Gamma}^{1}\boldsymbol{Y}_{i,t-1}-\cdots-\boldsymbol{\Gamma}^{p}\boldsymbol{Y}_{i,t-p}-\boldsymbol{\Lambda}^{01}\widetilde{\boldsymbol{Y}}_{it}^{1}-\cdots-\boldsymbol{\Lambda}^{0q}\widetilde{\boldsymbol{Y}}_{it}^{q}-\boldsymbol{\Lambda}^{11}\widetilde{\boldsymbol{Y}}_{i,t-1}^{1}-\cdots-\\&\boldsymbol{\Lambda}^{p1}\widetilde{\boldsymbol{Y}}_{i,t-p}^{1}-\cdots-\boldsymbol{\Lambda}^{pq}\widetilde{\boldsymbol{Y}}_{i,t-p}^{q}-\boldsymbol{Y}^{0}\boldsymbol{x}_{it}-\boldsymbol{Y}^{1}\widetilde{\boldsymbol{x}}_{it}^{1}-\cdots-\boldsymbol{Y}^{q'}\widetilde{\boldsymbol{x}}^{q'}{}_{it}-\boldsymbol{\varphi}\end{aligned}\tag{12.6.9}$$

12.6.3 实例

例 12.6.1　改革开放以来,中国在经济增长方面取得了巨大的成就,中国产业结构也借助良好的经济环境转型升级。但与此同时,中国较大的城乡收入差距也一直是国内外学者关注的焦点。虽然最近两年随着国家对三农的支持力度加大等,中国城乡收入比略有下降,但是近五年中国城乡居民收入比平均仍高达 3.082∶1。城乡收入差距、产业结构升级以及经济增长之间互为影响,这种复杂的关系为我们看清经济形势以及制定经济政策造成了无形的阻碍。因此,研究三者之间的影响区制显得尤为重要。根据以往的文献研究可以看出,城乡收入差距、产业结构升级以及经济增长之间紧密联系,构成经济发展三角形的三边,三者协同发展才能使这个三角形的面积增大。现有文献大多只注重于两两之间的单向关系上,本例将三者纳入一个较为完整的分析框架之中进行研究。

本例的操作基于 MATLAB 软件,操作步骤如下:

① 把“SPVAR.m”文件放到“jplv7 工作包”。

② 将“12.4.4 数据.xlsx”文件中的工作表“差分值汇总”和“W”中的数据导入 MATLAB 软件,分别命名为“pc”、“w”。

③ 运行“SPVAR.m”文件中的代码,可以得到模型估计结果和脉冲响应函数。模型估计结果将储存在“estimator2.xlsx”文件内,文件中有 6 个工作表,第一个为时间项系数,第二个为空间项系数。

④ 代码“SPVAR.m”中的脉冲响应函数部分,读者可以通过更改代码中“ind”、“imp”的值,选择想要进行脉冲响应分析的省份和变量。

本例将为城乡收入差距、产业结构升级以及经济增长三者之间的关系研究做以下两方面的工作:首先,在方法上构建面板数据空间向量自回归模型,并给出其估计结果。该模型不仅考虑了各变量间的同期影响、时间滞后影响,还考虑了空间滞后的影响。随着世界经济一体化的推进,个体间的空间影响已不容忽视。其次,应用空间脉冲响应函数模拟了城乡收入差距、产业结构升级以及经济增长在空间层面的“冲击 — 响应”情况。

(1) 模型设定和计量检验

模型主要包括的变量构造和数据来源说明如下：① 城乡收入差距：用城市居民的人均可支配收入与农村居民人均纯收入比来衡量，记为：IGAP。② 产业结构升级：用地区产业结构层次系数来衡量，记为：ISU。其系数定义式子简化为：$w=\sum_{i=1}^{3}\mathrm{st}_i\times \mathrm{i}=\mathrm{st}_1+2\mathrm{st}_2+3\mathrm{st}_3$，其中 st_1、st_2 与 st_3 分别表示第一产业、第二产业与第三产业在该地区经济中的占比。③ 经济增长：用人均实际 GDP 的自然对数形式来衡量，记为：Ln(GDP)。上述三个变量的数据均来自《中国统计年鉴》，2014 年各省 GDP 与人口数尚有不全，缺失部分数据取自各省统计局网站。由于西藏省多有数据缺失，从样本中剔除，因此本例考察的样本是我国大陆 30 个省(市、自治区)。

① 模型设定

根据前人研究，我们知道，产业结构升级(ISU)、城乡收入差距(IGAP) 和经济增长(Ln(GDP)) 之间相互影响，为研究三者之间的相互关系，本例采用面板数据空间向量自回归模型(SPVAR)。SPVAR 模型可以将三者包含在一个系统中研究三者之间的相互影响，包括同期影响、时间滞后影响，以及空间滞后影响。随着世界经济一体化的推进，地区间的联系越来越密切，考虑空间影响具有重要意义。因此，本例构造了以产业结构升级(ISU)、城乡收入差距(IGAP) 和经济增长(Ln(GDP)) 为内生变量的面板数据空间向量自回归模型(SPVAR)，为了简化分析，本例建立的 SPVAR 模型仅考虑时间滞后一阶和空间滞后一阶：

$$\begin{aligned}\mathrm{ISU}_{it}=&\beta_{21}\mathrm{IGAP}_{it}+\beta_{22}\mathrm{Ln}(\mathrm{GDP})_{it}+\theta_{21}\mathrm{IGAP}_{i,t-1}+\theta_{22}\mathrm{ISU}_{i,t-1}+\theta_{23}\mathrm{Ln}(\mathrm{GDP})_{i,t-1}\\&+\gamma_{21}\widetilde{\mathrm{IGAP}}_{i,t-1}+\gamma_{22}\widetilde{\mathrm{ISU}}_{i,t-1}+\gamma_{23}\mathrm{Ln}(\widetilde{\mathrm{GDP}})_{i,t-1}+\mu_{2i}+\varepsilon_{2it}\\\mathrm{IGAP}_{it}=&\beta_{11}\mathrm{ISU}_{it}+\beta_{12}\mathrm{Ln}(\mathrm{GDP})_{it}+\theta_{11}\mathrm{IGAP}_{i,t-1}+\theta_{12}\mathrm{ISU}_{i,t-1}+\theta_{13}\mathrm{Ln}(\mathrm{GDP})_{i,t-1}\\&+\gamma_{11}\widetilde{\mathrm{IGAP}}_{i,t-1}+\gamma_{12}\widetilde{\mathrm{ISU}}_{i,t-1}+\gamma_{13}\mathrm{Ln}(\widetilde{\mathrm{GDP}})_{i,t-1}+\mu_{1i}+\varepsilon_{1it}\\\mathrm{Ln}(\mathrm{GDP})_{it}=&\beta_{31}\mathrm{IGAP}_{it}+\beta_{32}\mathrm{ISU}_{it}+\theta_{31}\mathrm{IGAP}_{i,t-1}+\theta_{32}\mathrm{ISU}_{i,t-1}+\theta_{33}\mathrm{Ln}(\mathrm{GDP})_{i,t-1}\\&+\gamma_{31}\widetilde{\mathrm{IGAP}}_{i,t-1}+\gamma_{32}\widetilde{\mathrm{ISU}}_{i,t-1}+\gamma_{33}\mathrm{Ln}(\widetilde{\mathrm{GDP}})_{i,t-1}+\mu_{3i}+\varepsilon_{3it}\end{aligned}$$

其中，β_{kij}、θ_{kij} 和 γ_{kij} 分别是变量前的系数，$k=1,\cdots,K$，K 是内生变量个数，这里的 K 为 3；μ_{ki} 是常数项；ε_{kit} 是随机扰动项；$\widetilde{y}_{ki,t-1}=\sum_{i=1}^{n}w_{ij}y_{ki,t-1}$ 是空间滞后 1 阶、时间滞后 1 阶项，$i=1,\cdots,n$ 表示横截面个数。

② 计量检验

在对模型进行估计之前，需要对变量的平稳性、因果关系及空间相关性进行相应检验，平稳性检验结果表明，城乡收入差距、产业结构升级以及经济增长都是一阶单整序列，且三者之间存在着长期的协整关系；D-H 面板 Granger 检验表明，产业升级、城乡收入差距与经济增长之间都至少在 5% 显著水平下拒绝自身不是对方的 Granger 原因的原假设，即三者之间确实存在着两两互为因果的关系。本例主要介绍的是空间相关性检验。

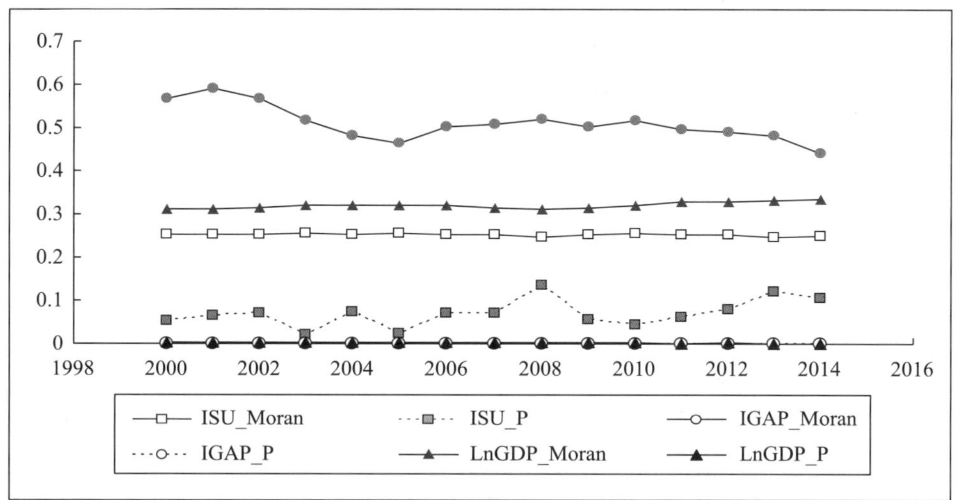

图 12.6.1 2000—2014 年各变量 Moran's I 空间相关性检验图

Moran's I 检验是基于截面数据的个体空间相关性检验，本例报告出了 2000—2014 年所有样本区间的检验结果。由 Moran's I 检验图可知，IGAP、ISU 以及 Ln(GDP) 都存在正的空间相关性。其中，城乡收入差距与经济增长从 2000 到 2014 年都在 1% 显著水平下拒绝空间不相关的原假设，虽然产业结构升级在 2008 与 2013 年两处 Moran 检验不显著，不过其余年份都在 5% 或 10% 显著水平下拒绝原假设。因此我们认为这三个内生变量都存在显著的空间相关关系。

(2) 实证结果及分析

① 空间向量自回归模型结果分析

模型系数的显著性足以说明在研究过程中加入空间项的合理性，而且空间滞后项系数的显著性要比时间滞后项的高。然而，模型的内生变量系统导致解释参数估计结果并没有实际意义，因此我们进一步计算模型的时空脉冲响应函数，来分析一个个体的一个变量发生一个单位标准差的变动对所有个体的所有内生变量所产生的冲击。

表 12.6.1 SPVAR 参数估计结果

	IGAP	ISU	Ln(GDP)
IGAP − 1	− 0.43192***	− 0.00415	0.099144**
	(0.110668)	(0.0251)	(0.064648)
ISU − 1	− 0.31135	− 0.18336**	0.225163
	(0.450297)	(0.102129)	(0.263048)
Ln(GDP) − 1	− 0.31115**	0.000676	− 0.18897**
	(0.199431)	(0.045232)	(0.116501)
$\widetilde{IGAP}$ − 1	− 0.11715	− 0.05496*	0.030894
	(0.162257)	(− 1.27686)	(0.400078)

续表

	IGAP	ISU	Ln(GDP)
$\tilde{\text{IS}}\text{U}-1$	-3.0209^{***}	0.404424^{***}	0.911194^{***}
	(0.66021)	(0.175127)	(0.314198)
$\text{Ln}(\tilde{\text{G}}\text{DP})-1$	-0.93247^{***}	-0.37391^{***}	0.25056^{**}
	(0.292399)	(0.07562)	(0.139155)

注：***、** 和 * 分别表示在 1%、5% 和 10% 的统计水平上显著

② 时空脉冲响应分析

与传统时间序列的 VAR 不同，空间面板 VAR 的脉冲体现在时间与空间两个维度上。一个冲击源(即一个地方的一个变量产生一个冲击)会产生 $n \times K$ 幅脉冲响应图(n 为个体数，K 为内生变量个数)。本节旨在探讨区域间城乡收入差距、产业结构高级化及经济增长之间的时空关系，所以结合地区代表性与研究目的，通过多次试算，本节最终选取了河南、上海与江苏三个地区作为主要的研究对象。

城乡收入差距较大的地区如新疆、甘肃、青海等主要集中在我国西部地区。而经济发展水平较高及产业结构层次较高的省份主要集中在我国东部沿海地区。如果个体空间跨度较大很难得出有意义的结果，因此本节挑选了中部地区省份中城乡收入差距较大的河南省作为样本，选取江苏作为产业结构层次高的代表地区，上海作为高经济水平的代表地区。图例说明：实线代表上海，虚线代表江苏，点线代表河南(见图 12.6.2、图 12.6.3 和图 12.6.4)。

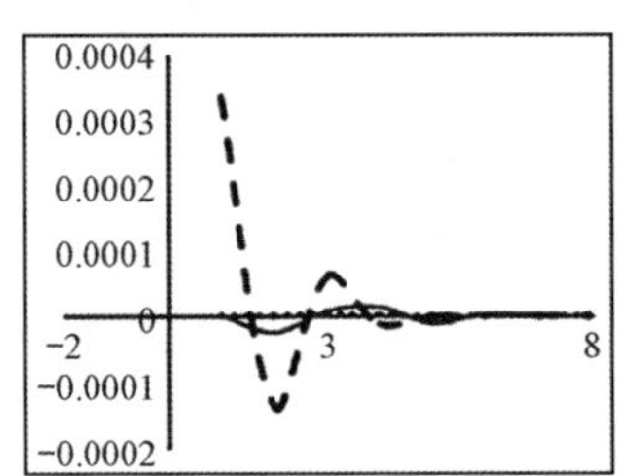

图 12.6.2 ISU 对 ISU 的冲击

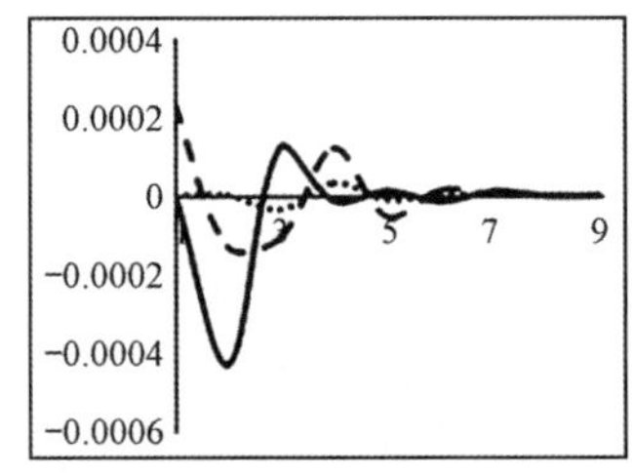

图 12.6.3 ISU 对 IGAP 的冲击

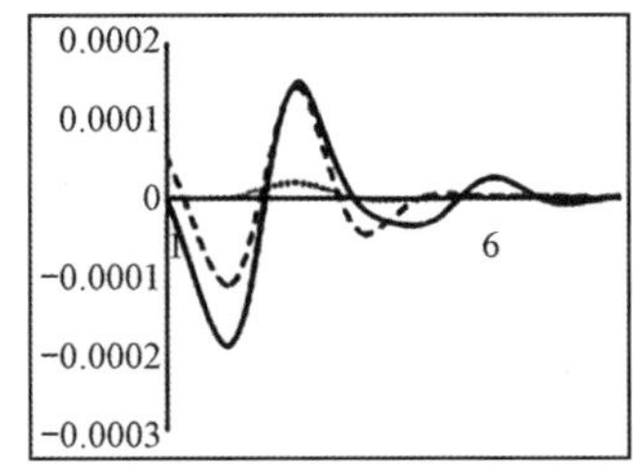

图 12.6.4 ISU 对 Ln(GDP) 的冲击

以产业结构高层次大省为冲击源的脉冲响应分析。(A) 由图 12.6.2 可知，江苏产业结构升级给自身一个强的促进作用，但此促进作用不可持续。基于区域经济的发展及竞争区制，邻近省份产业结构起初表现出劣势，但随后奋起追击，会产生一个短期的促进作用。(B) 由图 12.6.3 可知，江苏产业结构升级对自身城乡收入差距有强促进作用，但在长期内，人力资本投资得以调整，城乡劳动力逐渐适应产业结构调整所带来的需求变化，会在一定程度上缩小收入差距。能够较大幅度上减小上海地区的城乡收入差距，对空间位置上较远的省份影响较小，但仍可以看出出现先减小后增加再减小的周期性影响。(C) 由图 12.6.4 可知，江苏产业结构升级对当期自身经济增长存在一个较为明显的促进作用，这种作用随时间逐渐下降至负数，而江苏产业结构升级对上海的经济增长则先造成一个负向影响，再产生一个正向作用。上海的产业结构层次水平高于江苏，在区域经济高度合

作的情况下，江苏产业结构升级无疑会对上海产生一定的“挤出”效应和竞争效应，二者你追我赶，形成螺旋形波动，最终趋于平稳。

以城乡收入差距大省为冲击源的脉冲响应分析。(A) 由图 12.6.5 可知，河南城乡收入差距的扩大，对产业结构升级会产生较大的阻碍，随后也会有正向促进作用，但是促进作用不及抑制作用大。城乡收入差距扩大所导致的城乡消费断层作用到产业结构的发展上来，而随着区域贸易联系的加强，地区产业结构所依托的需求动力也不仅仅来源于本省，因而周边省份的产业结构升级也会受到这种负向影响。(B) 由图 12.6.6 可知，河南城乡收入差距受到一个正的冲击后，会给自身带来一个正的影响，但这个影响不持久，对其他省份有影响，但是影响较小。(C) 由图 12.6.7 可知，河南城乡收入差距增大在短期内会促进当地经济的增长，但是这种作用逐渐下降并最终转为一种负向影响，在长期内阻碍经济增长。

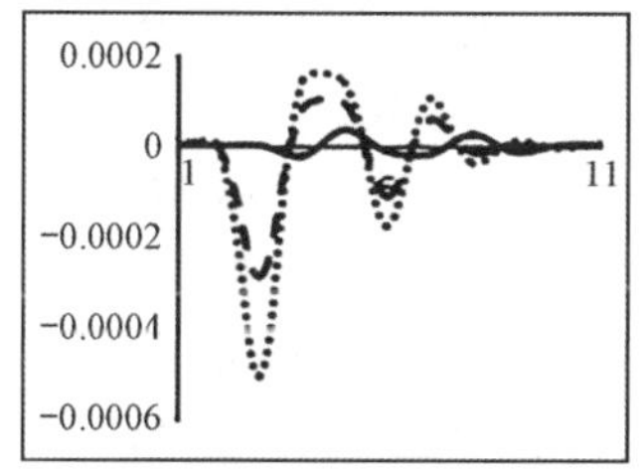

图 12.6.5　IGAP 对 ISU 的冲击

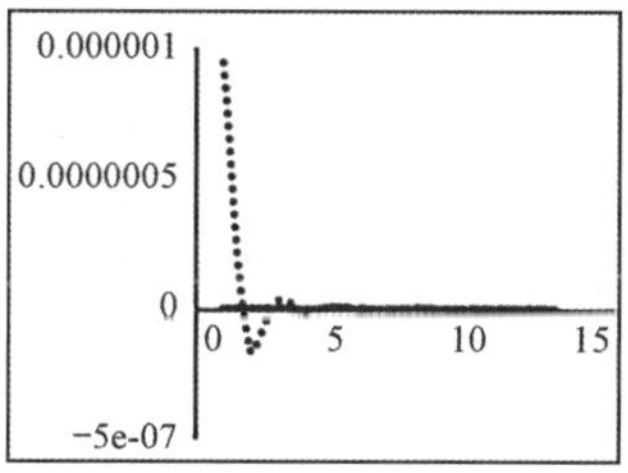

图 12.6.6　IGAP 对 IGAP 的冲击

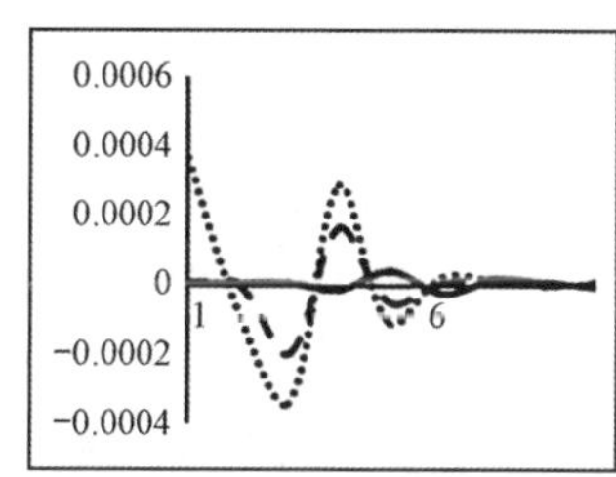

图 12.6.7　IGAP 对 LnGDP 的冲击

以经济大省为冲击源的脉冲响应分析。(A) 由图 12.6.8 可知，经济增长对产业结构升级的促进作用先上升，随后下降。随着上海经济增长，市场对于高级产业的生产需求不断扩大，所以也在一定程度上为周边省份的结构升级提供了动力。(B) 由图 12.6.9 可知，上海的经济增长冲击综合而言会扩大城乡收入差距，说明目前中国一些地区的发展模式在效率与公平上还不能兼顾。而随着人才流动门槛降低，工作形式转变等，上海经济增长导致周边省份高素质人才以不同形式向上海流动，因此会对周边省份的城乡收入差距产生的正向影响。(C) 由图 12.6.10 可知，上海经济增长受到一个单位的正向冲击，使得经济短时期内强增长，但这种增长不可持续。而且，经济大省的增长冲击会依靠其经济中心的地位向周边省份辐射，带动周边地区经济发展。

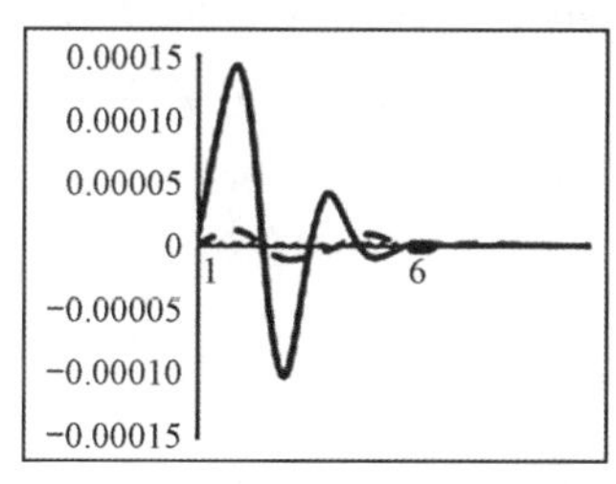

图 12.6.8　LnGDP 对 ISU 的冲击

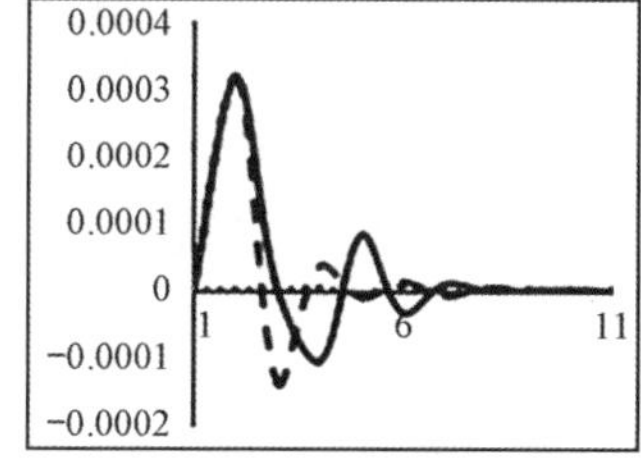

图 12.6.9　LnGDP 对 IGAP 的冲击

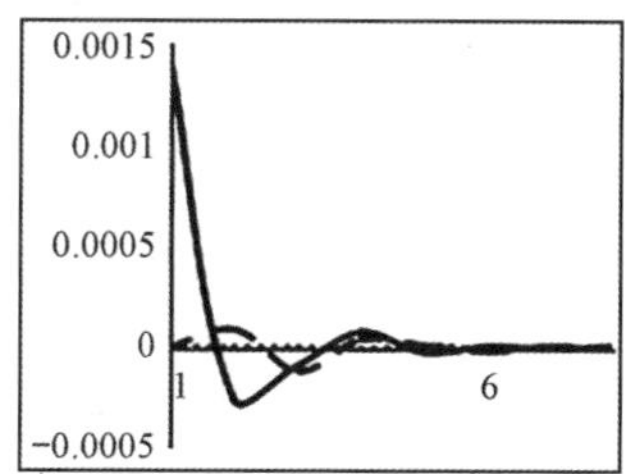

图 12.6.10　LnGDP 对 LnGDP 的冲击

综上所有图，可以发现虽然脉冲冲击源不一样，但是所有脉冲在时间上都收敛于 0。而在空间上，脉冲强度随着离冲击源距离的增大而减弱，即空间收敛。这也说明了上述结果较符合实际情况。

12.7 全局向量自回归模型

向量自回归模型(VAR)是把一个经济系统中的每个变量作为其他变量的滞后项所构造的函数,全局向量自回归模型(GVAR)的估计原理是先建立各个国家(或地区或行业)的 VARX* 模型,然后通过国家或者个体间的权重矩阵将不同个体的 VARX* 连成一个整体,即 GVAR。21 世纪以来,经济全球化和经济区域一体化获得了进一步的发展,这使得国家与国家、地区与地区、行业与行业之间的联系变得越来越紧密,打破了以往自力更生的生存理念和发展模式。因此,中央政府、地方政府和行业在制定经济政策时,不仅需要考虑内部环境,还需要考虑来自外部环境所产生的影响,而这个可以归纳为个体属性在空间层面的相互冲击所产生的相应过程。全局向量自回归模型的提出(Garratt Lee,Pesaran 和 Shin,2003a;2003b;2006; Pesaran,Schuermann 和 Weiner,2004;2006)为研究此类问题提供了一个很好的分析工具。该模型的脉冲响应函数不仅可以反映国家(或地区或行业)某内生变量的冲击在时间上对所有包括自身的国家(或地区或行业)所有内生变量的动态影响,还可以反映横截面上对另一个内生变量不同国家(或地区或行业)的溢出效应。各个国家(或地区或行业)的 VARX* 模型中的变量包括国家(或地区或行业)与国家(或地区或行业)外的核心变量,比如:国家的经济增长、汇率、利率、通货膨胀等;产业的利润、规模、技术水平、外贸开发度等。此外,模型还可以加入影响全部个体的全局性外生变量,如石油价格等。因此,GVAR 模型所研究的变量数据维度可以不同,这也突破了以往模型数据维度一致的限定。

12.7.1 模型

全局向量自回归模型(GVAR)是建立在单个国家(也可以是地区或行业,以下以国家为例)的向量自回归模型(VAR)的基础之上,即 GVAR 是建立在单个国家的 VARX* 模型的基础上的。建立第 i 个国家的 VARX* 模型:

$$\begin{aligned}\boldsymbol{X}_{it} &= \boldsymbol{a}_{i0} + \boldsymbol{a}_{i1}t + \boldsymbol{\Phi}_{i1}\boldsymbol{X}_{i,t-1} + \cdots + \boldsymbol{\Phi}_{ip_i}\boldsymbol{X}_{i,t-p_i} + \boldsymbol{\Lambda}_{i0}\boldsymbol{X}^*_{it} + \boldsymbol{\Lambda}_{i1}\boldsymbol{X}^*_{i,t-1} \\ &\quad + \cdots + \boldsymbol{\Lambda}_{iq_i}\boldsymbol{X}^*_{i,t-q_i} + \boldsymbol{\psi}_{i0}\boldsymbol{d}_t + \boldsymbol{\psi}_{i1}\boldsymbol{d}_{t-1} + \cdots + \boldsymbol{\psi}_{ir_i}\boldsymbol{d}_{t-r_i} + \boldsymbol{\varepsilon}_{it} \qquad (12.7.1) \\ & t = 1,\cdots,T, i = 1,\cdots,n\end{aligned}$$

其中,p_i、q_i、r_i 分别是对应变量的滞后 p_i 阶、q_i 阶和 r_i 阶;$\boldsymbol{X}_{it} = (X_{i1t},\cdots,X_{ik_it})'$ 表示第 i 个国家 $k_i \times 1$ 的国内内生变量向量;$\boldsymbol{X}^*_{it} = (X^*_{i1t},\cdots,X^*_{ik_it})'$ 表示第 i 个国家 $k_i \times 1$ 的国外变量向量,$\boldsymbol{X}^*_{it} = \sum_{j=0}^{n} \boldsymbol{w}_{ij}\boldsymbol{X}_{jt}$,$\boldsymbol{w}_{ij}$ 为权重矩阵;$\boldsymbol{\Phi}_{ij}$、$\boldsymbol{\Lambda}_{ij}$、$\boldsymbol{\psi}_{ij}$ 分别是 $k_i \times k_i$ 的系数矩阵;$\boldsymbol{d}_t$ 是第 i 个国家的一个 $d \times 1$ 的外生变量向量,也可以是全球共同的变量,即每个国家的 VARX* 模型中都包含此变量,$\boldsymbol{d}_{it} = \boldsymbol{d}_{jt} = \boldsymbol{d}_t$,$(i \neq j)$,例如国际石油价格对于全球各个国家而言都是一样的。我们假设全局变量对于全球经济来说,是弱外生性变量,即具有弱外生性。值得注意的是,虽然每个国家 VARX* 模型中的 $\boldsymbol{d}_t$ 是一样的,但其前面的系数 $\boldsymbol{\psi}_{ij}$ 反映了各个国家的内生变量 $\boldsymbol{X}_{it}$ 与全局变量 $\boldsymbol{d}_t$ 之间的关系,因此各个国家的 $\boldsymbol{\psi}_{ij}$ 有所不

同。$\boldsymbol{\varepsilon}_{it}$ 是 $k_i \times 1$ 的各国自发冲击的随机误差项向量。我们假设各国的自发冲击是非序列相关的，且均值为零，即：$E(\boldsymbol{\varepsilon}_{it})=0$，$\mathrm{Var}(\boldsymbol{\varepsilon}_{it})=\boldsymbol{\Sigma}_i$。假设 $\boldsymbol{\Sigma}_i(i=1,\cdots,n)$ 是不随时间变化而变化的，即具有时间不变性。

接下来，我们进一步将国内变量和国外变量结合，形成一个 $(k_i+k_i)\times 1$ 的向量 $\boldsymbol{Z}_i$：

$$\boldsymbol{Z}_{it}=\begin{bmatrix}\boldsymbol{X}_{it}\\ \boldsymbol{X}_{it}^{*}\end{bmatrix}$$

取 $\lambda_i=\max(p_i,q_i)$，$(i=1,\cdots,n)$，则式(12.7.1)可以重新改写为：

$$\boldsymbol{A}_i\boldsymbol{Z}_{it}=\boldsymbol{a}_{i0}+\boldsymbol{a}_{i1}t+\boldsymbol{B}_{i1}\boldsymbol{Z}_{i,t-1}+\cdots+\boldsymbol{B}_{i\lambda_i}\boldsymbol{Z}_{i,t-\lambda i}+\boldsymbol{\psi}_{i0}\boldsymbol{d}_t+\boldsymbol{\psi}_{i1}\boldsymbol{d}_{t-1}+\cdots+\boldsymbol{\psi}_{ir_i}\boldsymbol{d}_{t-ri}+\boldsymbol{\varepsilon}_{it} \tag{12.7.2}$$

其中，$\boldsymbol{A}_i=(\boldsymbol{I}_{k_i},-\boldsymbol{\Lambda}_{i0})$，$\boldsymbol{B}_{ij}=(\boldsymbol{\Phi}_{ij},\boldsymbol{\Lambda}_{ij})$（这里 $j=t-1,\cdots,t-q_i$）。$\boldsymbol{A}_i$ 和 $\boldsymbol{B}_{ij}$ 都是 $(k_i\times 2k_i)$ 阶矩阵，并且 A_i 是满秩矩阵，即 $\mathrm{Rank}(A_i)=k_i$。

接下来，利用连接矩阵将所有国家的 VARX＊ 模型结合在一起，构成一个完整的模型系统，得到一个 $(k\times 1)$ 的向量 $\boldsymbol{X}_t=(X'_{1t},\cdots X'_{nt})'$，这里 $k=\sum_{i=1}^{n}k_i$ 是全球模型中所有内生变量的个数。这样，我们可以将模型写为：

$$\boldsymbol{Z}_{it}=\boldsymbol{W}_i\boldsymbol{X}_t,i=1,\cdots,n \tag{12.7.3}$$

其中，$\boldsymbol{W}_i$ 是一个 $(2k_i\times k)$ 的矩阵，其中的元素都是已知的，即由权重构成的系数。W_i 就是我们之前所提到的连接矩阵，可以看做将各国 VARX＊ 模型连接成GVAR的一个连接矩阵。将(12.7.2)式和(12.7.3)式相结合可以得到：

$$\boldsymbol{A}_i\boldsymbol{W}_i\boldsymbol{X}_t=a_{i0}+a_{i1}t+\boldsymbol{B}_{i1}\boldsymbol{W}_i\boldsymbol{X}_{t-1}+\cdots+\boldsymbol{B}_{i\lambda_i}\boldsymbol{W}_iX_{i,t-\lambda i}+\boldsymbol{\psi}_{i0}\boldsymbol{d}_t+\boldsymbol{\psi}_{i1}\boldsymbol{d}_{t-1}+\cdots+\boldsymbol{\psi}_{ir_i}\boldsymbol{d}_{t-ri}+\boldsymbol{\varepsilon}_{it} \tag{12.7.4}$$

其中，$\boldsymbol{A}_i\boldsymbol{W}_i$ 和 $\boldsymbol{B}_{ij}\boldsymbol{W}_i$ 都是 $(k_i\times k)$ 的矩阵。

取 $\lambda=\max(\lambda_1,\cdots,\lambda_n)$，$r=\max(r_1,\cdots,r_n)$。将这些方程写为上下叠加的形式，则得到全局向量自回归模型 GVAR：

$$\boldsymbol{G}\boldsymbol{X}_t=\boldsymbol{a}_0+\boldsymbol{a}_1t+\boldsymbol{H}_1\boldsymbol{X}_{t-1}+\cdots+\boldsymbol{H}_\lambda\boldsymbol{X}_{t-\lambda}+\boldsymbol{\psi}_0\boldsymbol{d}_t+\boldsymbol{\psi}_1\boldsymbol{d}_{t-1}+\cdots+\boldsymbol{\psi}_r\boldsymbol{d}_{t-r}+\boldsymbol{\varepsilon}_t \tag{12.7.5}$$

其中，$\boldsymbol{a}_0=\begin{bmatrix}a_{10}\\ a_{20}\\ \vdots\\ a_{n0}\end{bmatrix}$，$\boldsymbol{a}_1=\begin{bmatrix}a_{11}\\ a_{21}\\ \vdots\\ a_{n1}\end{bmatrix}$，$\boldsymbol{\varepsilon}_{it}=\begin{bmatrix}\varepsilon_{1t}\\ \varepsilon_{2t}\\ \vdots\\ \varepsilon_{nt}\end{bmatrix}$，$\boldsymbol{G}=\begin{bmatrix}A_1W_1\\ A_2W_2\\ \vdots\\ A_nW_n\end{bmatrix}$，$\boldsymbol{H}_j=\begin{bmatrix}B_{1j}W_1\\ B_{2j}W_2\\ \vdots\\ B_{nj}W_n\end{bmatrix}$，

$\psi_j=\mathrm{diag}(\psi_{oj},\psi_{1j},\cdots,\psi_{nj})$；$\boldsymbol{G}$ 是 $(k\times k)$ 的满秩矩阵。

将(12.7.5)式整理就可以得到 GVAR 模型，可以写为如下形式：

$$\boldsymbol{X}_t=\boldsymbol{G}^{-1}\boldsymbol{a}_0+\boldsymbol{G}^{-1}\boldsymbol{a}_1t+\boldsymbol{G}^{-1}\boldsymbol{H}_1\boldsymbol{X}_{t-1}+\cdots+\boldsymbol{G}^{-1}\boldsymbol{H}_\lambda\boldsymbol{X}_{t-\lambda}+\boldsymbol{G}^{-1}\boldsymbol{\psi}_0\boldsymbol{d}_t+\boldsymbol{G}^{-1}\boldsymbol{\psi}_1\boldsymbol{d}_{t-1}+\cdots+\boldsymbol{G}^{-1}\boldsymbol{\psi}_r\boldsymbol{d}_{t-r}+\boldsymbol{G}^{-1}\varepsilon_t \tag{12.7.6}$$

值得注意的是，GVAR 系统往往很庞大，相对于样本长度来说，所需要顾及的系数的个数太多，如果使用传统 VAR 模型估计的方法，难以得到有效的结果。所以 GVAR 的估计采用的是以子系统估计法来估计整个系统的方法。具体地，VARX＊ 的系数是通过直接估计各个国家的模型而得到的，而不是从 GVAR 整体估计中得到的，这样就巧妙地避

免了对 GVAR 直接估计而需要估计太多系数的问题。

GVAR 模型的估计分为两步,第一步是估计单个国家的 VARX* 模型的未知系数,即估计模型(12.7.1)得到未知系数 $\boldsymbol{\Phi}_{ij}$、$\boldsymbol{\Lambda}_{ij}$、$\boldsymbol{\psi}_{ij}$ 的参数估计值。第二步是在第一步估计的基础上再由权重矩阵计算出 GVAR 模型中的系数矩阵 $\boldsymbol{G}$ 和 $\boldsymbol{H}_j$,无需再对 GVAR 模型进行重新估计。

12.7.2 实例

例 12.7.1 改革开放以来,固定资产投资,尤其是房地产开发投资对国民经济发展的推动作用越来越重要。随着中国城镇化进程的不断推进,房地产行业快速发展,已经成为国民经济的支柱产业。新建住房价格不断上升,导致各地区房地产市场出现不同程度的"泡沫",国家频频出台了对房地产市场进行调控的宏观经济政策。从 2005 年的"国八条"到 2015 年的"330 政策",几乎每年都会要求地方政府及相关部门抑制房地产价格过快上涨,促进房地产市场健康稳定发展。房地产开发投资是全社会固定资产投资的重要组成部分,占全社会固定资产投资的比重从 1986 年的 3.2% 增长到 2013 年的19.2%。房地产开发投资仅次于制造业投资,是全社会固定资产投资的第二大重点领域。1986 年,全国房地产开发投资总额只有 101 亿元,经过 30 年的发展,到 2014 年房地产开发投资全国总额到 95 035 亿元,年均增长率为 33.56%。2000—2014 年固定资产投资增长率和房地产开发投资增长率,两者大致趋同,但是房地产开发投资增长率的波动幅度明显大于固定资产投资增长率的波动幅度。房地产行业属于资本密集型行业,无论是开发商投资建设阶段,还是消费者购房阶段,都离不开商业银行信贷资金的支持。因此,中央银行货币供应量和利率的变化对房地产市场的影响较大。

本例我们要利用全局向量自回归模型(GVAR)来分析我国不同地区间货币政策对房地产开发投资作用的研究。GVAR 模型能够用于研究各国或各地区经济之间的联系,既可以分析全局变量的冲击对各国或各地区内生变量的影响,也可以分析一国或是一地区某一内生变量发生变化时对其他国家或地区的内生变量的影响。此外,GVAR 模型能够将多个变量同时纳入到一个统一的研究系统中,且允许维度不同的数据融合在同一个框架下;不仅考虑了变量间的同期影响,还考虑了时间滞后的影响以及空间影响。

(1) 模型设定和计量检验

① 模型设定

模型主要包括的变量和数据来源说明如下:(A) 城镇居民消费价格指数:表示各地区物价变化情况,用 CPI 表示;(B) 各省份代表性城市的新建住房价格指数:反映各省房价变化情况,用 NHPI 表示;(C) 房地产开发投资完成额:房地产开发投资水平,用 ITED 表示;(D) 固定资产投资:除去其中的房地产投资部分,用 FAI 表示;(E) 货币供应量当月值 M_2:反映社会总需求的变化和未来通货膨胀的压力状况,用 M_2 表示;(F) 一年期存款和贷款利率当月值:作为货币政策的利率工具,分别用 DIR 和 LR 表示。其中,货币供应量 M_2、一年期银行存款利率 DIR 和一年期银行贷款利率 LR 数据来自国研网数据库,城镇居民消费价格指数 CPI、新建住房价格指数 NHPI、固定资产投资 FAI 和房地产开发投资 ITED 数据主要来自 Wind 数据库和中国统计年鉴。需要说明的是,为了让数据具有更好的平稳性，本例对固定资产投资 FAI、房地产开发投资 ITED 和货币供应量 M_2 数据取自然对数，以消除异方差的影响，即：固定资产投资用 Ln(FAI) 表示，房地产开发投资用 Ln(ITED) 表示，货币供应量用 Ln(M_2) 表示。由于本例所使用的是月度数据，带有显著的季节性特征，因此，本例利用 EViews8.0 对相关变量采用 $X-12$ 方法进行季节调整，剔除了季节性因素的影响。本例从地理特征的角度建立了地理空间权重矩阵，以分析地区间经济活动的空间影响；连接矩阵使用各地区 2005—2015 年年平均国内生产总值计算得出；样本为 2005 年 7 月到 2015 年 8 月，总计 122 组数据，运用 GVARToolbox2.0 作为计量分析工具。运用“GVARToolbox2.0”[①] 工具包作为计量分析工具。具体操作方法如下：

A.将“GVARToolbox2.0” 工具包放在 MATLAB 工作路径下，见图 12.7.1。

B.打开“gvar.xlsx” 文件中的工作表“MAIN”，填写“GVAR SETUP” 部分，此部分包括国内外变量及全局变量设置，地区编号设置，文件保存目录及运行时是否中断设置。

C.将权重矩阵、变量数据以工作表的形式添加到“gvar.xlsx” 文件中。

D.打开 gvar.m 文件，在 MATLAB 的命令行窗口输入“gvar” 并运行调用工具包。输入要运行的文件名，本例为“gvar” 进行 GVAR 方法分析，见图 12.7.2。

E.程序运行出系数后，会询问是否进行脉冲响应分析，如图 12.7.3 所示，输入 y 为是，n 为否。

F.运行程序过程中产生的文件都保存在“gvar.xlsx” 文件所设置的目录下。

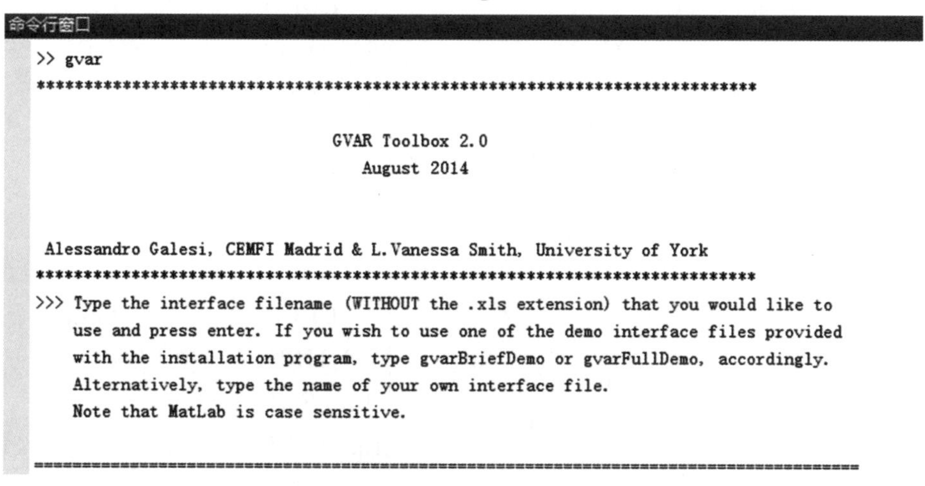

图 12.7.1　调用“GVARToolbox2.0” 工具包

```
gvar

The program is now running (do not press any key)
```

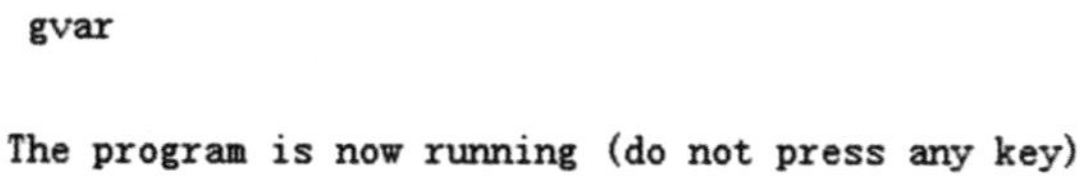

图 12.7.2　输入需要做 GVAR 估计的文件名

① 参见：http://www.econ.cam.ac.uk/people/emeritus/mhp1

```
Do you want to go on with the dynamic analysis of the GVAR? If yes, type y, otherwise type n:

=================================================================================
Dynamic analysis of the GVAR includes: Computation of the persistence profiles, impulse
response analysis, forecast error variance decomposition, and computation of the critical
values for the structural stability tests and the logLik test for overidentifying
restrictions on the cointegrating vectors. The last two assuming that the corresponding
functions, as well as the bootstrap, are enabled.
=================================================================================
 y
```

图 12.7.3　程序暂停提示信息:GVAR 动态分析

本例中,我们构建以城镇居民消费价格指数 CPI、新建住房价格指数 NHPI、固定资产投资 Ln(FAI) 和房地产开发投资 Ln(ITED) 为内生变量,以货币供应量 $\mathrm{Ln}(M_2)$、一年期银行存款利率 DIR 和一年期银行贷款利率 LR 为全局变量的全局向量自回归模型(GVAR):

$$\begin{pmatrix} \mathrm{CPI}_{it} \\ \mathrm{NHPI}_{it} \\ \mathrm{Ln}(\mathrm{FAI})_{it} \\ \mathrm{Ln}(\mathrm{ITED})_{it} \end{pmatrix} = \begin{pmatrix} a_{10} \\ a_{20} \\ a_{30} \\ a_{40} \end{pmatrix} + \begin{pmatrix} a_{11} \\ a_{21} \\ a_{31} \\ a_{41} \end{pmatrix} t + \begin{pmatrix} \Phi_{11} & \Phi_{12} & \Phi_{13} & \Phi_{14} \\ \Phi_{21} & \Phi_{22} & \Phi_{23} & \Phi_{24} \\ \Phi_{31} & \Phi_{32} & \Phi_{33} & \Phi_{34} \\ \Phi_{41} & \Phi_{42} & \Phi_{43} & \Phi_{44} \end{pmatrix} \begin{pmatrix} \mathrm{CPI}_{i,t-1} \\ \mathrm{NHPI}_{i,t-1} \\ \mathrm{Ln}(\mathrm{FAI})_{i,t-1} \\ \mathrm{Ln}(\mathrm{ITED})_{i,t-1} \end{pmatrix} +$$

$$\begin{pmatrix} \Lambda_{110} & \Lambda_{120} & \Lambda_{130} & \Lambda_{140} & \Lambda_{150} & \Lambda_{160} & \Lambda_{170} \\ \Lambda_{210} & \Lambda_{220} & \Lambda_{230} & \Lambda_{240} & \Lambda_{250} & \Lambda_{260} & \Lambda_{270} \\ \Lambda_{310} & \Lambda_{320} & \Lambda_{330} & \Lambda_{340} & \Lambda_{350} & \Lambda_{360} & \Lambda_{370} \\ \Lambda_{410} & \Lambda_{420} & \Lambda_{430} & \Lambda_{440} & \Lambda_{450} & \Lambda_{460} & \Lambda_{470} \end{pmatrix} \begin{pmatrix} \mathrm{CPI}_{it}^{*} \\ \mathrm{NHPI}_{it}^{*} \\ \mathrm{Ln}(\mathrm{FAI})_{it}^{*} \\ \mathrm{Ln}(\mathrm{ITED})_{it}^{*} \\ \mathrm{Ln}(M_2)_t \\ \mathrm{DIR}_t \\ \mathrm{LR}_t \end{pmatrix} +$$

$$\begin{pmatrix} \Lambda_{111} & \Lambda_{121} & \Lambda_{131} & \Lambda_{141} & \Lambda_{151} & \Lambda_{161} & \Lambda_{171} \\ \Lambda_{211} & \Lambda_{221} & \Lambda_{231} & \Lambda_{241} & \Lambda_{251} & \Lambda_{261} & \Lambda_{271} \\ \Lambda_{311} & \Lambda_{321} & \Lambda_{331} & \Lambda_{341} & \Lambda_{351} & \Lambda_{361} & \Lambda_{371} \\ \Lambda_{411} & \Lambda_{421} & \Lambda_{431} & \Lambda_{441} & \Lambda_{451} & \Lambda_{461} & \Lambda_{471} \end{pmatrix} \begin{pmatrix} \mathrm{CPI}_{i,t-1}^{*} \\ \mathrm{NHPI}_{i,t-1}^{*} \\ \mathrm{Ln}(\mathrm{FAI})_{i,t-1}^{*} \\ \mathrm{Ln}(\mathrm{ITED})_{i,t-1}^{*} \\ \mathrm{Ln}(M_2)_{t-1} \\ \mathrm{DIR}_{t-1} \\ \mathrm{LR}_{t-1} \end{pmatrix} + \begin{pmatrix} \varepsilon_{1t} \\ \varepsilon_{2t} \\ \varepsilon_{3t} \\ \varepsilon_{4t} \end{pmatrix} \quad (12.7.7)$$

② 计量检验

在对模型进行估计之前,需要对模型中的变量进行必要的统计检验,以避免伪回归。首先,表 12.7.1 给出了东部、中部和西部地区面板数据相应的统计性描述。其次,应用 ADF 和 WS 方法对模型中所有变量进行单位根检验。结果表明,所有变量进行一阶差分后都变成平稳序列,即为一阶单整序列。再次,对模型中可能存在的协整关系的阶数进行检验,表 12.7.2 给出了东中西部中河北、湖北和重庆三个模型中协整关系的迹检验。结果显示,在河北和重庆地区模型中变量之间存在两个协整关系,湖北地区模型中变量之间存在五个协整关系。说明在河北和重庆地区模型中存在两个变量使得以上的非平稳单位根过程的线性组合为一个平稳的过程，湖北地区模型同理可得，这一结论对于本例之后全局向量自回归模型的构建及分析脉冲响应的大小和持续性具有重要的意义。最后，对三个地区模型中的其他地区内生变量和全局变量进行弱外生性检验，表 12.7.3 给出检验结果，表明三个地区模型中的其他地区内生变量都是弱外生变量，即它们对模型中的内生变量会产生长期影响，但是模型中的内生变量不会对地区外变量有相应的长期影响。

表 12.7.1　各变量描述性统计

变量	东部			中部			西部		
	均值	中位数	标准差	均值	中位数	标准差	均值	中位数	标准差
CPI	2.73	2.40	2.25	2.97	2.53	2.33	3.28	2.68	2.67
FAI	6.15	6.20	1.11	6.20	6.36	1.04	5.49	5.58	1.14
NHPI	4.80	4.38	7.74	4.09	4.29	4.59	4.16	4.19	4.96
ITED	5.19	5.31	0.95	4.46	4.65	1.18	3.77	3.95	1.43
M_2	8.84	8.96	0.81	8.84	8.96	0.81	8.84	8.96	0.81
DIR	6.02	5.99	0.66	6.02	5.99	0.66	6.02	5.99	0.66
LR	2.87	2.95	0.60	2.87	2.95	0.60	2.87	2.95	0.60

表 12.7.2　各地区模型中协整关系的迹检验

	河北		湖北		重庆	
	统计量	临界值(5%)	统计量	临界值(5%)	统计量	临界值(5%)
内生变量个数	4		4		4	
外生变量个数	7		7		7	
$r=0$	474.36	212.39	436.67	131.01	291.51	212.39
$r=1$	303.04	171.33	305.66	102.58	204.39	171.33
$r=2$	178.22	134.16	203.08	88.19	140.13	134.16
$r=3$	88.96	100.96	114.89	46.81	80.47	100.96
$r=4$			68.08	36.36		
$r=5$			31.72	17.70		
$r=6$			14.03	14.03		

表 12.7.3　各地区以外变量的弱外生性检验(5% 显著性水平)

	F 检验	临界值	CPIs	FAIs	NHPIs	ITEDs	M_2	DIR	LR
河北	F(3,104)	2.69	0.47	1.32	0.17	1.61	1.61	0.94	0.75
湖北	F(4,103)	2.46	0.32	0.71	2.83	0.60	0.09	0.11	0.14
重庆	F(3,97)	2.7	0.22	1.45	1.18	0.27	0.23	0.02	0

(2) 实证结果

对 GVAR 模型进行了一些必要的统计检验后，就可以利用脉冲响应函数来分析变量之间的动态变化关系。由于全局向量自回归模型系统庞大，变量数目多，得到的结果较为丰富。除了有地区脉冲图，还有区域的脉冲响应图。为了分析本例所研究的问题，要从以下三个视角分析各区域变量之间的动态关系。

① 对货币供应量 M_2 冲击的反应

图 12.7.4 为货币供应量增加对东部、中部和西部地区固定资产投资和房地产开发投资的脉冲反应函数图。(a) 图中货币供应量一个标准差的正向冲击，在当期给东部、中部和西部地区固定资产投资带来的正向影响分别为 0.89%、2.16% 和 3.06%。经过 10 期的上下波动，货币供应量冲击对东中西部地区固定资产投资的影响基本保持稳定，东部地区的为 3.45%，中部地区的为 5.59%，西部地区的为 7.40%。从区域层面上看，增加货币供应量，对东中西部地区存在显著异质性影响，对西部地区的影响要强于东中部地区。(b) 图中货币供应量一个标准差的正向冲击，在当期给东部、中部和西部地区房地产开发投资带来 1.38%、-0.14% 和 3.71% 的影响。同固定资产投资的响应相同，对东部和中部地区的响应经过几期波动，最终稳定在 4.41% 和 7.89%，对西部地区的响应逐渐上升，最终稳定在 11.53%。图 12.7.4 表明增加货币供应量，对地区经济的发展和投资是有地区差异性的，中西部地区更易受到货币政策总量指标变化的影响。张红等(2012) 的研究也得出货币供应量的冲击对于西部地区的影响要强于东部地区的结论。中西部地区经济发展较东部地区落后，市场中的流动资本存量少，央行增加或减少货币供给量会对中西部地区的资本市场的流动性产生较大影响，因此对中西部地区的投资产生较大影响。(韩国高，2014)

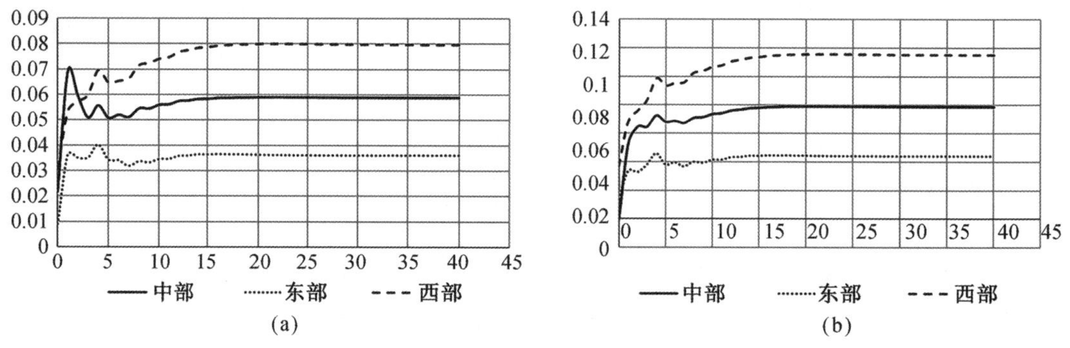

图 12.7.4 对货币供应量 M_2 冲击的反应

② 对贷款利率 LR 冲击的反应

图 12.7.5 为一年期贷款利率上升对东中西部地区固定资产投资和房地产开发投资冲击的脉冲响应函数。(a) 图中一年期贷款利率上升，东部地区固定资产投资对此较为敏感，在当期产生一个大小为 0.77% 的负向响应。随后，这种负向响应继续增加，在第 12 期稳定于 -2.83%。中部和西部地区对贷款利率上升的反应，在当期有一个大小为 1.08% 和 0.96% 的正向作用。随后正响应在短短 2 个月中急剧下降到零并出现负响应。在第 15 期，达到 -3.61% 和 -5.21%，较东部地区显著。说明中部和西部地区的固定资产投资受贷款利率上升的影响大于东部地区。(b) 图反映了一年期贷款利率上升对东部、中部和

西部地区房地产投资的影响。从图形上看，房地产投资受贷款利率的影响同固定资产投资一样，尽管在当期会有一个较小的正响应，这种正响应会迅速减小到零，并出现负响应，最终稳定于－3.86％、－4.92％和－7.96％。图12.7.5表明，紧缩的货币政策对各地区经济发展和投资均存在负面效应，贷款利率的增加，导致投资的成本上升，地区投资和发展均会受到影响。同货币供给量影响一样，西部地区所受影响较东部地区严重。东部和中部地区具有较好的经济基础和投资环境，对利率的冲击能够及时调整投资方向，避免受到严重影响。相关研究表明短期内利率变化对房地产价格和投资不明显，而在较长的时期内，利率则可以显著影响房地产投资（邓富民，王刚，2012）；东部地区金融体系完善，固定资产投资的来源更加多元化，而西部地区投资得到更多政策性支持，故受货币政策影响较大。当期利率变化与当期社会投资是负相关关系，当期基准利率及前一期基准利率的上升会促使当期社会投资额下降（赵楠，2006；王森等，2014）。

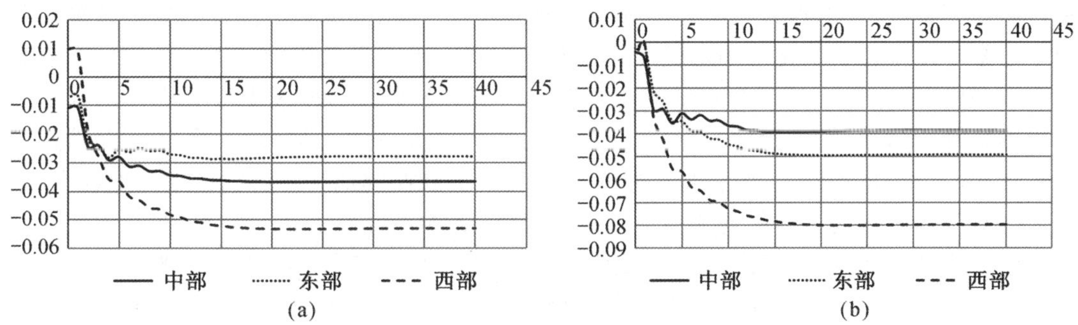

图12.7.5　对贷款利率LR冲击的反应

③ 对东部地区物价冲击的反应

图12.7.6(a)为东中西部地区的固定资产投资对东部地区物价冲击的响应结果。对东部地区CPI一个标准差的正向冲击，对东部、中部和西部的影响从图形上看呈现相似的特征，但在响应强度上存在差异。在当期对东部、中部和西部地区固定资产投资增长的响应值分别为－2.09％、－4.16％、－3.65％。随后这种负向影响逐渐增强。到第15期，东部地区的影响基本稳定在－2.95％，中部地区的为－3.68％，西部地区的为－6.00％。图(b)为东中西部地区的房地产投资对东部地区物价冲击的响应结果。对东部地区CPI一个标准差的正向冲击，在当期会给东中西部地区的房地产投资带来负向影响，西部地区影响最大（－4.73％），中部次之（－3.85％），东部最小（－2.43％）。同图(a)一样，物价对房地产投资的影响从负向效应逐步增强，到第12期基本稳定在－3.48％，－5.08％和－7.88％。

通过比较东部地区物价变化对东中西部地区固定资产投资和房地产投资的影响分析，发现在短期内，东部地区物价上升，在当期对固定资产投资和房地产投资均会产生负效应，中西部地区所受影响较东部地区严重，说明物价变化的空间溢出效应显著；从长期看，东部地区物价上涨，对东中西部地区的固定资产投资和房地产投资有正向促进作用，对东部地区的促进作用最大，其次是中部和西部。

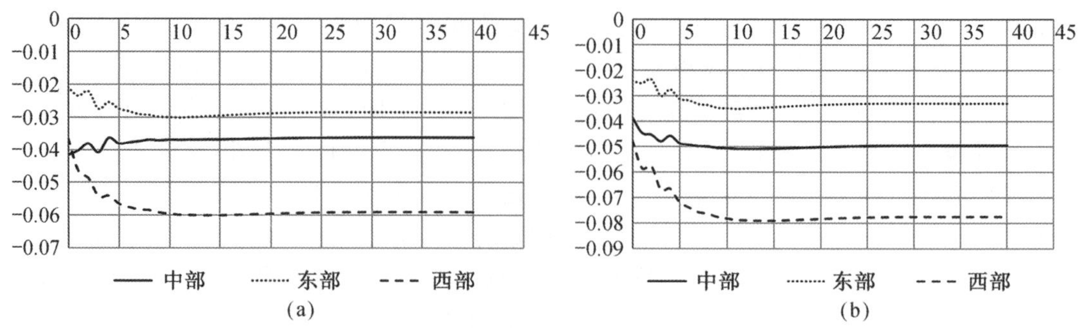

图 12.7.6 对东部地区物价冲击的反应

(3) 结论

本例采用中国30个省市自治区2005年7月到2015年8月的月度数据，构建了全局向量自回归模型(GVAR)，实证研究了区域房地产开发投资、固定资产投资和货币政策之间的冲击影响以及物价变化对固定资产投资和房地产开发投资的影响。由于模型所含结果较多，本例着重分析了东部地区和全局变量的冲击对东中西部地区固定资产投资和房地产投资影响的脉冲响应函数图。结论包括：① 货币供应量的增加，短期内会引起固定资产投资和房地产投资的波动，宽松的货币政策对中部和西部地区的影响较东部地区大；② 各地区对贷款利率的上升呈现相似的响应特征，但在响应强度上有所区别，西部地区的投资所受影响最为严重，中部次之，东部地区的投资受到的影响较小；③ 东部地区物价的上升，在短期内，对东中西部地区的固定资产投资和房地产投资都有负效应，这种短期抑制作用在中西部地区表现尤为突出，长期内，物价的上涨会促进东中西部固定资产投资和房地产投资，这种长期促进作用在东部和中部地区表现显著。

本例探讨了中国东中西部地区固定资产投资和房地产开发投资与货币政策之间的动态关系，在一定程度上反映了东部地区城镇居民消费价格的上升，不仅会给东部地区固定资产投资带来冲击，还会通过区域间的空间溢出效应影响中部和西部地区的固定资产投资和房地产投资。同时，通过货币政策的总量变化和利率变化的分析，说明了货币政策对地区的影响也是不对称的，中西部地区投资受政策影响较东部地区严重，这种现象的发生与中西部地区经济发展和区域经济发展有一定联系。中国目前地区之间的发展差距不断扩大，近年来房地产开发投资带来了经济短暂的繁荣，人们仍时刻担心房地产市场泡沫的破灭对经济造成的影响。本例认为，物价的上涨，虽然对固定资产投资和房地产开发投资有一定的正向促进作用，但物价的过快上涨所引起的通货膨胀对经济发展的影响更为严重。因此，对物价上涨应控制在合理的区间内，以避免严重的通货膨胀。在房地产开发投资上，各地区应结合地区土地资源、人口数量、实际住房需求等适当进行房地产开发，避免造成空城现象，将更多的资源用在地区实体产业中，发展本地区经济。在货币政策方面，国家应根据地区具体发展状况，与财政政策相结合，制定较为灵活的区域货币政策，通过区域化差异政策，控制地区经济发展过热和房价上涨过快。同时，也要照顾经济发展落后的地区，积极引导该地区金融系统发展，为本地区房地产市场和其他行业快速发展创造有利政策条件和金融环境。

第十三章　计量经济学的实证练习：经济增长的实证研究

学习计量经济学的一个主要目的就是能够根据研究者的需要，运用相应的计量方法进行实证研究。而从一个普通的计量学习者成长到有一定专业素养的研究者是个不容易的过程，需要很多的实践和不断深入学习。与普通的中高级计量经济学教材不同，我们除了更深入地学习基本的计量理论，或介绍一些更加高级、复杂和前沿的计量方法，我们试图在这个阶段帮助学生学习如何运用计量方法来规范地做一个"好"的实证研究。

从计量经济学诞生之初，就定位是经济学的一个分支，而不是统计学或数学在经济上的应用。所以一个好的实证研究一定也是一个好的经济学研究，而不只是简单用数据验证下经济理论，或使用高级的计量方法套用数据而得出一些结论而已。随着计量软件的发展和数据的越来越容易获得，一个人只要掌握一些基本的经济学(包括计量经济学)知识，使用软件和数据，无需太多准备，就可以做回归分析了。正如 Zax 在其计量经济学教材的序言所言，从笨拙的学生的研究到差劲的公共政策的研究，到处可见缺乏精度、缺乏重点、缺乏理解的计量经济学成果。从国内发表的众多论文来看，很多实证研究都只是计量模型的草率应用，没有真正理解应用计量经济技术所需要的条件，也没有真正发挥出计量经济技术的威力，甚至招致很多批评，致使一些人认为现在的很多的计量实证研究仿佛奇技淫巧，过度滥用了。这类研究从某种意义上来说更像是统计学或数学在经济上的应用，而不像是一个真正"好"的经济学论文，甚至都不是统计学或数学在经济上好的应用。

我们希望从中高级计量经济学的学习阶段就可以开始弥补这一缺憾。这也是学生在学习计量经济学过程中普遍会遇到的问题。如何将经济理论与计量模型相结合，在做完一个计量模型后，而不只是在计量或统计意义上分析结论，如何更好地洞察结论中的经济学含义，这不仅是一个高级计量经济学学习者会遇到的问题，即使对一个有经验的专业研究者也是一个不小的挑战。而提高这一能力的一个最好方法就是向高手学习。

本章的主要内容就是经济增长的实证分析。在经济学领域，经济增长是宏观经济学的核心内容之一，也是经济研究领域很成熟并有丰富成果和悠久历史的领域，这个领域也有很多优秀的实证研究成果，这些成果很好地结合了经济理论和计量分析方法，它们中的一些结论有可能你不完全认同，但其规范的研究范式是我们学习的好对象。而且很多研究也容易获得研究者所使用的数据，甚至还可以较容易获得比其更新更全面的数据。当然在学习跑步之前我们要先学习走路，在改进或创新之前我们先学习模仿其实证研究。

经济增长实证研究使用的主要数据来源是 Penn World Table 和世界银行的数据库，

这些数据都有不少公开的途径可以从网络获得。

在经济增长领域有大量的实证研究，这些研究的先驱和最具代表性的经典研究要属 Barrow(1991)的横截面研究论文《各国的经济增长》，Barrow(巴罗)还是经济增长因素研究的主要开创者和代表。在《各国的经济增长》(载 1991 年《经济学季刊》)及与马丁(Martin)合作的《趋同》(载 1992 年《政治经济学杂志》)两篇论文中，从国家间截面分析、国家中不同地区的截面分析和时间序列分析各个方面，研究了新古典经济模型的趋同含义。这些研究表明，《趋同》仅仅在一定的条件下才存在，只有当一系列解释变量都相同时，经济才"收敛"到相同的平衡增长路径。这些变量包括政府政策和制度、教育体系的性质、人们的储蓄倾向及其生育行为，还可能包括殖民历史和宗教传统等等。总体来说，由于穷国这些变量的值较差，所以它们并不比平均水平增长更快。

ESI(美国科学情报中心)数据显示，巴罗论文《各国的经济增长》在 1990 年代被引用 577 次，是引用最频繁的论文，巴罗也因此成为论文被引用次数最高的经济学家。1995 年巴罗与马丁合著的《经济增长》(MIT 出版社出版)是经济增长理论的集大成之作，该书系统介绍了 1950—1990 年代关于经济增长的主要研究成果，强调经济增长理论的经验应用以及理论假设与数据间的关系。这一理论与经验的结合是经济增长理论复苏的最激动人心的表现，该书被看作是思考增长问题的经典指导著作。

Mankiw，Romer 和 Weil(1992)《经济增长的经验贡献》为增长回归提供了一个简单的框架，从此以后称为 MRW 模型。MRW 模型在继承传统增长理论的基础上，为实证研究提供了一个较好的起点。该模型将 1960—1985 年期间的国家分为 3 个样本：98 个非石油生产国，76 个发展中国家(不包括小国家和统计数据有疑问的国家)，22 个人口超过 100 万的 OECD 国家，并利用规模报酬不变的柯布—道格拉斯生产函数为工具。MRW 模型通过引入人力资本，用物质资本投资、人力资本投资、人口增长率 3 个变量建立了一个扩展的计量模型，证明了新古典增长率模型的有效性，认为人力资本降低了物质资本的边际收益递减速度，尽管趋同速度比传统的索罗模型所喻示的要慢，但不能以经济增长率与起始人均收入是否呈负相关而简单地证伪新古典增长理论与新增长理论。

Nazrul Islam(1995)首次将计量经济学的面板数据模型方法应用于经济增长的分析，Kevin Lee 等(1997)也使用面板数据研究了此问题。

本章编排了三个经济增长的实证练习，要求根据提供的数据再现指定论文的结果。

(1)第一个是经济增长因素研究，要求再现 Barrow(1991)论文中的结果。或者参考巴罗的教材《经济增长》(第 1 版)的第 12 章，各国的的横截面经验分析，并对比该教材第二版的第 12 章内容。使用的数据为 BARLEE.ZIP。这个练习涉及的数据处理工作比较繁琐，涉及的解释变量比较多。下面给出的是关于教材的实证练习的说明。

①参考《经济增长》(第 1 版)巴罗著，阅读第 12 章：各国的横截面检验分析，要求复制书中的实证研究结果，主要是表 12.3 的结论。

使用本书提供的数据集 barlee.zip.

一些提示和说明：

作者使用的方法是三阶段最小二乘法，即考虑工具变量的两阶段最小二乘法，再把两个 10 年期增长回归方程放在一起联合估计的似不相关回归(SUR)方法。

因变量是 1965—1975 年和 1975—1985 年的真实人均 GDP 增长率，注意年平均增长率的计算方法，如 1965—1975 的 10 年年平均增长率为：$\left(\frac{\mathrm{GDP75}}{\mathrm{GDP65}}\right)^{0.1}-1$

该数据在 gdpsh5.prn 中，下面是一个供参考的 Stata 的 do 文件

```
use "C:\data\barrow\growth\code.dta"
merge using gdpsh5
save "C:\data\barrow\growth\growth1.dta"

 * 计算年平均增长率，正确的计算公式，1965—1985 年间 20 年的年平均增长率
gengrowth_avg=(gdpsh585/gdpsh565)^0.05-1
sumgrowth_avg growth

 * 增长率直方图 1965—1985 年，参考图 12.1，122 个国家，这里是 118 个国家
 * 宽度 0.006
histogramgrowth_avg,width(0.006) start(-0.030) frequency gap(15) ytitle(国家个数) xtitle(真实人均 GDP 增长率，1965—1985) xlabel(  0.03(0.03)0.06,labels) title("增长率直方图",position(6)) caption("118 个国家",position(1))

gen grow65_75=(gdpsh575/gdpsh565)^0.1-1
gen grow75_85=(gdpsh585/gdpsh575)^0.1  1

 * 教材 1965—1975 有 87 个观测值，1975—1985 有 97 个观测值，而这里为 118 和 123
 * SMPL97:Dummy for 97 countries（见附录）.
sum gdpsh565 gdpsh575 gdpsh585
 * 分别为 87 和 97 个观测
sum gdpsh565 gdpsh575 gdpsh585 if smpl97==1
```

又例如教育程度是控制变量，数据在 syr，prn 和 hyr.prn 中，变量是 syrmxx，syrfxx，hyrmxx，hyrfxx。下面是一个 Stata 导入数据的命令示例：

```
infile hyr60 hyr65 hyr70 hyr75 hyr80 hyr85 hyrm60 hyrm65 hyrm70 hyrm75 hyrm80 hyrm85 hyrf60 hyrf65 hyrf70 hyrf75 hyrf80 hyrf85 using "C:\data\barrow\growth\BARLEE\hyr.prn"
```

②阅读《经济增长》第 2 版，巴罗著的第 12 章，对比表格 12.3，看看和第 1 版有什么不同。哪些控制变量和之前不一样了？复制表 12.3 的结果，并说明你认为这些控制变量调整的原因是什么，在结论上和第 1 版有什么不同。

其他有用的参考资料有：

巴罗.经济增长的决定因素——跨国经验研究[M].中国人民大学出版社，2004

Robert J. Barro. Economic Growth in a Cross Section of Countries. *The Quarterly*

Journal of Economics,Vol. 106,No. 2.(May,1991),pp. 407—443

③要求：

最后提交相应的的 do 文件和 Word 文档,do 文件要有良好的注释说明。Word 文档中实证结果要仿照课本生成相应表格。

(2)第二个实证练习是再现 Mankiw,Romer 和 Weil(1992)的经典论文。这篇论文在新古典增长模型中引入了人力资本,据此推导出了一个实证模型,可以说是理论和实证研究结合的典范。他们研究了 98 个国家的人均 GDP 的差异,发现不同国家的人口增长率、物质资本储蓄率和工作人口读过中学的比例的差异可以解释其将近 80%的变化。这是个相当有解释力的实证结果。文件 MRW.xls 给出了论文所用的数据。文件中的变量有：

COUNTRY 国家编号

GDP601960 年工作年龄人口的人均 GDP

GDP851985 年工作年龄人口的人均 GDP

GDPGR1960—1985 年的 GDP 增长率

INTER 表示曼昆—罗默—威尔中间组的虚拟变量

INVEST 投资占 GDP 的百分比

NONOIL 非石油生产国的虚拟变量

OECDOECD 国家虚拟变量

POPGR 人口增长百分比

SCHOOL 工作年龄人口在读中学的比例

(3)三个实证练习的使用面板数据方法来研究经济增长,由于 KEVIN LEE 等(1997)的论文提供了相应数据,因此我们要求根据提供的数据 lps—data.zip,再现论文的结果。

参考文献:

Barro,R. J. Economic Growth in a Cross-Section of Countries[J].Quarterly Journal of Economics,106(2),pp. 407—443.

Islam, N. Growth empirics: a panel data approach [J]. Quarterly Journal of Economics,1995,110(4)1127 - 1170.

Mankiw,N. G.,D. Romer and D. N. Weil. A contribution to the empirics of economic growth[J].1992 Quarterly Journal of Economics,107 (May),407—437.

Lee,Kevin, Pesaran,M Hashem, Smith,Ron. Growth and Convergence in Multi-country Empirical Stochastic Solow Model[J]. Journal of Applied Econometrics, 1997, 12(4),357—392.

巴罗.经济增长(第 1 版)[M].中国社会科学出版社,2000.

巴罗.经济增长(第 2 版)[M].格致出版社,2010.

第十四章　计量经济学之 Stata 应用

在中高级计量经济学，我们要求至少掌握一种可编程的软件，这里我们推荐在统计和计量经济学都得到广泛应用的 Stata 软件。Stata 的命令语句极为简洁明快，易学易记。它有强大的帮助信息。学好用好一个软件的关键本领就是学会使用“帮助”。Stata 帮助中的英文表述都很简洁明了，范例都很经典，解读也都比较到位。

本地帮助：help　命令名

在线帮助：findit　命令名

作为一个流行的软件，许多 Stata 程序员会针对计量经济学发展编写一些最新的（ADO 文件），Stata 提供了严谨、简练而灵活的程序语句，用户可以编写自己的命令和函数，同时可随时到 Stata 网站寻找并下载最新的升级文件。下载后可以直接使用，也可以自行修改、添加功能。

Stata 的一个优点就是编写 do 文件。do 文件就是一个执行命令的清单，Stata 会按照 do 文件的内容一条条地执行命令。文件中注意要写注释，写清命令要做什么，内容需简洁清楚，便于以后查看。

任何一个好的研究项目的一个重要特征就是可复制性和可扩展性，do 文件则提供了这种便利。Do 文件还使你可以方便的回顾、修改、复制、交流或扩展你的实证研究工作。而且你可以通过阅读别人的 do 文件来学习。

本章不打算对 stata 作详细的介绍，关于 stata 的参考资料已有很多，这里只是汇总了 stata 的常用命令，供实际应用时可以快速参考。

表 14.1　Stata 中的算术表达式符号

算术		关系		逻辑	
^	幂	>	大于	!	否
*	乘	<	小于	～	否
/	除	>=	大于或等于	|	或
+	加	<=	小于或等于	&	和
−	减	==	等于		
		!=	不等于		
		～=	不等于		

附录:Stata 常用命令

1. 数据处理

打开文件:use 文件路径\文件名.dta,clear

变量标签:label variable tc `"total output"'

审视数据:

```
describe
list x1 x2
list x1 x2 in 1/5
list x1 x2 if q>=1000
drop if q>=1000
keep if q>=1000
```

考察变量的统计特征:

```
summarize x1
tabulate x1
correlate x1 x2 x3 x4 x5 x6
```

画图:

```
histogram x1,width(1000) frequency
kdensity x1
scatter x1 x2
twoway (scatter x1 x2) (lfit x1 x2)
twoway (scatter x1 x2) (qfit x1 x2)
```

生成新变量:

```
gen lnx1=log(x1)
gen q2=q^2
gen lnx1lnx2=lnx1 * lnx2
gen larg=(x1>=10000)
rename larg large
drop large
g large=(q>=6000)
replace large=(q>=6000)
drop ln *
```

计算器功能:

```
display log(2)
```

2. 线性回归分析

```
regress y1 x1 x2 x3 x4
```

reg y1 x1 x2 x3 x4,noc ＃不要常数项

reg y1 x1 x2 x3 x4 if q>=6000

predict yhat

predict e1,residual

display 1/_b[x1]

test x1=1 ＃ F 检验,变量 x1 的系数等于 1

test (x1=1) (x2+x3+x4=1) ＃ F 联合假设检验

test x1 x2 ＃系数显著性的联合检验

testnl _b[x1]= _b[x2]^2

ols 估计的稳健标准差

reg y x1 x2 x3,robust

约束回归

constraint def 1 x1+x2+x3=1

cnsreg y1 x1 x2 x3 x4,c(1)

cons def 2 x4=1

cnsreg y1 x1 x2 x3 x4,c(1-2)

3. stata 的日志

File-log-begin-输入文件名

log off 暂时关闭

log on 恢复使用

log close 彻底退出

4. stata 命令库更新

update all

help command

5. 正态分布检验

sysuse auto ＃调用系统数据集 auto.dta

hist mpg,normal

kdensity mpg,normal

qnorm mpg

*手工计算 JB 统计量

sum mpg,detail

di (r(N)/6) * ((r(skewness)^2)+[(1/4) * (r(kurtosis)-3)^2])

di chi2tail(自由度,上一步计算值)

*下载非官方程序

ssc install jb6

jb6 mpg

*正态分布的三个检验

sktest mpg

```
swilk mpg
sfrancia mpg
*取对数后再检验
gen lnmpg=log(mpg)
kdensity lnmpg,normal
jb6 lnmpg
sktest lnmpg
```

6. 处理异方差的 stata 命令及实例

(a)画残差图

```
rvfplot
rvfplot varname
*例题
reg y x1 x2 x3 x4
rvfplot      // 与拟合值的散点图
rvfplot x1 // 画残差与解释变量的散点图
```

(b)怀特检验

```
estat imtest,white
*下载非官方软件
ssc install whitetst
```

(c)BP 检验

```
estat hettest #默认设置为使用拟合值
estat hettest,rhs #使用方程右边的解释变量
estat hettest [varlist] #指定使用某些解释变量
estat hettest,iid
estat hettest,rhs iid
estat hettest [varlist],iid
```

(d)WLS

```
reg y x1 x2 x3 x4 [aw=1/var]
```

(e)一个 do 文件例子

```
Window—do—file editor—new do—file
#WLS for example
log using E:\wls_example.smcl,replace
set more off
use E:\example.dta,clear
reg y x1 x2 x3 x4
predict e1,res
gen e2=e1^2
g lne2=log(e2)
```

```
reg lne2 x2,noc
predict lne2f
g e2f=exp(lne2f)
* wls regression
reg y x1 x2 x3 x4 [aw=1/e2f]
log close
exit
```

7. 处理自相关的 Stata 命令及实例

(a)滞后算子/差分算子

```
tsset year
l.l2.D.D2.LD.
```

(b)画残差图

```
scatter e1 l.e1
ac e1
pac e1
```

(c)BG 检验

estat bgodfrey(默认 p=1)

estat bgodfrey,lags(p)

estat bgodfrey,nomiss0(使用不添加 0 的 BG 检验)

(d)Ljung-Box Q 检验

```
reg y x1 x2 x3 x4
predict e1,resid
wntestq e1
wntestq e1,lags(p)
```

* wntestq 指的是"white noise test Q",因为白噪声没有自相关

(e)DW 检验

做完 OLS 回归后,使用 estat dwatson

(f)HAC 稳健标准差

```
newey y x1 x2 x3 x4,lag(p)
reg y x1 x2 x3 x4,cluster(varname)
```

(g)处理一阶自相关的 FGLS

prais y x1 x2 x3 x4(使用默认的 PW 估计方法)

prais y x1 x2 x3 x4,corc(使用 CO 估计法)

(h)实例

```
use icecream.dta,clear
tsset time
graph twoway connect consumption temp100 time,msymbol(circle) msymbol(triangle)
reg consumption temp price income
```

```
predict e1,res
g e2=l.e1
twoway (scatter e1 e2) (lfit e1 e2)
ac e1
pac e1
estat bgodfrey
wntestq e1
estat dwatson
newey consumption temp price income,lag (3)
prais consumption temp price income,corc
prais consumption temp price income,nolog
reg consumption temp l.temp price income
estat bgodfrey
estat dwatson
```

8. 模型设定与数据问题

(a)解释变量的选择

```
reg y x1 x2 x3
estat ic
```

(b)对函数形式的检验(reset 检验)

```
reg y x1 x2 x3
estat ovtest (使用被解释变量的 2、3、4 次方作为非线性项)
estat ovtest,rhs (使用解释变量的幂作为非线性项,ovtest—omitted variable test)
*例题
use nerlove.dta,clear
reg lntc lnq lnpl lnpk lnpf
estat ovtest
g lnq2=lnq^2
reg lntc lnq lnq2 lnpl lnpk lnpf
estat ovtest
```

9. 多重共线性

```
estat vif
*例题
use nerlove.dta,clear
reg lntc lnq lnpl lnpk lnpf
estat vif
```

10. 极端数据

```
reg y x1 x2 x3
predict lev,leverage (列出所有解释变量的 lev 值)
```

```
gsort - lev
sum lev
list lev in 1/3
*例题
use nerlove.dta,clear
quietly reg lntc lnq lnpl lnpk lnpf
predict lev,leverage
sum lev
gsort - lev
list lev in 1/3
```

11. 虚拟变量

```
gen d=(year>=1978)
tabulate province,generate (pr)
reg y x1 x2 x3 pr2-pr30
```

12. 工具变量法的 Stata 命令及实例

(a)2SLS 的 Stata 命令

```
ivregress 2sls depvar [varlist1] (varlist2=instlist)
```

如：

```
ivregress 2sls y x1 (x2=z1 z2)
ivregress 2sls y x1 (x2 x3=z1 z2 z3 z4),r first
estat firststage,all forcenonrobust (检验弱工具变量的命令)
ivregress liml depvar [varlist 1] (varlist2=instlist)
estat overid (过度识别检验的命令)
*对解释变量内生性的检验(Hausman test),缺点:不适合于异方差的情形
reg y x1 x2
estimates store ols
ivregress 2sls y x1 (x2=z1 z2)
estimates store iv
hausman iv ols,constant sigmamore
*DWH 检验
estat endogenous
*GMM 的过度识别检验
ivregress gmm y x1 (x2=z1 z2) (两步 GMM)
ivregress gmm y x1 (x2=z1 z2),igmm (迭代 GMM)
estat overid
*使用异方差自相关稳健的标准差 GMM 命令
ivregress gmm y x1 (x2=z1 z2),vce (hac nwest[#])
```

(b)实例

```
use grilic.dta,clear
sum
corr iq s
reg lw s expr tenure rns smsa,r
reg lw s iq expr tenure rns smsa,r
ivregress 2sls lw s expr tenure rns smsa (iq=med kww mrt age),r
estat overid
ivregress 2sls lw s expr tenure rns smsa (iq=med kww),r first
estat overid
estat firststage,all forcenonrobust（检验工具变量与内生变量的相关性）
ivregress liml lw s expr tenure rns smsa (iq=med kww),r
*内生解释变量检验
quietly reg lw s iq expr tenure rns smsa
estimates store ols
quietly ivregress 2sls lw s expr tenure rns smsa (iq=med kww)
estimates store iv
hausman iv ols,constant sigmamore
estat endogenous（存在异方差的情形）
*存在异方差情形下,GMM 比 2sls 更有效率
ivregress gmm lw s expr tenure rns smsa (iq=med kww)
estat overid
ivregress gmm lw s expr tenure rns smsa (iq=med kww),igmm
*将各种估计方法的结果存储在一张表中
quietly ivregress gmm lw s expr tenure rns smsa (iq=med kww)
estimates store gmm
quietly ivregress gmm lw s expr tenure rns smsa (iq=med kww),igmm
estimates store igmm
estimates table gmm igmm
```

13. 短面板的 Stata 命令及实例

(1)面板数据的设定

```
xtset panelvar timevar
encode country,gen(cntry)（将字符型变量转化为数字型变量）
xtdes
xtsum
xttab varname
xtline varname,overlay
*实例
use traffic.dta,clear
```

xtset state year

xtdes

xtsum fatal beertax unrate state year

xtline fatal

(2)混合回归

reg y x1 x2 x3,vce(cluster id)

如：

reg fatal beertax unrate perinck,vce(cluster state)

estimates store ols

对比：

reg fatal beertax unrate perinck

(3)固定效应

xtreg y x1 x2 x3,fe vce(cluster id)

xi:reg y x1 x2 x3 i.id,vce(cluster id)(LSDV 法)

xtserial y x1 x2 x3,output(一阶差分法,同时报告面板一阶自相关)

estimates store FD

* 双向固定效应模型

tab year,gen (year)

xtreg fatal beertax unrate perinck year2—year7,fe vce (cluster state)

estimates store FE_TW

test year2 year3 year4 year5 year6 year7

(4)随机效应

xtreg y x1 x2 x3,re vce(cluster id)(随机效应 FGLS)

xtreg y x1 x2 x3,mle(随机效应 MLE)

xttest0(在执行命令 xtreg,re 后执行,进行 LM 检验)

(5)组间估计量

xtreg y x1 x2 x3,be

(6)固定效应还是随机效应:hausman test

xtreg y x1 x2 x3,fe

estimates store fe

xtreg y x1 x2 x3,re

estimates store re

hausman fe re,constant sigmamore

estimates table ols fe_robust fe_tw re be,b se(将主要回归结果列表比较)

14. 长面板与动态面板

(1)仅解决组内自相关的 FGLS

xtpcse y x1 x2 x3,corr(ar1)(具有共同的自相关系数)

xtpcse y x1 x2 x3,corr(psar1)(允许每个面板个体有自身的相关系数)

例题：

use mus08cigar.dta,clear

tab state,gen(state)

gen t=year－62

reg lnc lnp lnpmin lny state2－state10 t,vce(cluster state)

estimates store OLS

xtpcse lnc lnp lnpmin lny state2－state10 t,corr(ar1)（考虑存在组内自相关，且各组回归系数相同）

estimates store AR1

xtpcse lnc lnp lnpmin lny state2－state10 t,corr(psar1)（考虑存在组内自相关，且各组回归系数不相同）

estimates store PSAR1

xtpcse lnc lnp lnpmin lny state2－state10 t,hetonly（仅考虑不同个体扰动性存在异方差，忽略自相关）

estimates store HETONLY

estimates table OLS AR1 PSAR1 HETONLY,b se

(2)同时干预组内自相关与组间同期相关的 FGLS

xtgls y x1 x2 x3,panels (option/iid/het/cor) corr(option/ar1/psar1) igls

注：执行上述 xtpcse、xtgls 命令时，如果没有个体虚拟变量，则为随机效应模型；如果加上个体虚拟变量，则为固定效应模型。

例题：

xtgls lnc lnp lnpmin lny state2－state10 t,panels (cor) corr(ar1)

(3)组间异方差检验(LR 检验)

xtgls y x1 x2 x3,igls panel(het)

estimates store hetero

xtgls y x1 x2 x3,igls

estimates store homo

local df=e(N_g)－1

lrtest hetero homo,df(`df')

非官方命令

ssc install xttest3

xttest3（该沃尔德检验只能用在命令 xtreg,fe 或 xtgls 之后）

(4)组内自相关检验

net install st0039（安装命令 xtserial）

xtserial y x1 x2 x3,output（output 表示显示一阶差分回归结果）

例题：

xtserial lnc lnp lnpmin lny state2－state10 t

(5)组间截面相关检验

ssc install xttest2

xttest2（该 LM 检验只能使用在命令 xtreg,fe 或 xtgls 或 ivreg2 之后）

ssc install xtcsd（原假设是不存在组间截面相关，对于短面板同样适用）

xtcsd,pesaran abs show

xtcsd,friegman abs show

xtcsd,frees abs show（abs 显示该矩阵非对角线元素的绝对值之平均，show 显示残差的相关系数矩阵）

(6)随机系数模型估计

xtrc y x1 x2 x3,betas（附带了参数稳定性检验统计量及 P 值）

例题：

xtrc lnc lnp lnpmin lny,beta

(7)面板工具变量法

对固定效应模型先进行离差变换，再使用工具变量法

xtivreg y [varlist1] (varlist2=varlist_iv),fe

对固定效应模型先进行一阶差分，再使用工具变量法

xtivreg y [varlist1] (varlist2=varlist_iv),fd

对随机效应模型使用工具变量法

xtivreg y [varlist1] (varlist2=varlist_iv),re（xtivreg 不提供选项 vce(robust)，可以使用选择项 vce(bootstrap)）非官方的 GMM 估计命令）

ssc install xtivreg2

xtivreg2 y [varlist1] (varlist2=varlist_iv),fe gmm

xtivreg2 y [varlist1] (varlist2=varlist_iv),fd gmm

(8)动态面板估计法

xtabond depvar [indepvars],lags(p) maxldep(q) twostep vce(robust) pre(varlist) endogenous(varlist) inst(varlist)（差分 GMM 的 Stata 命令）

xtdpdsys depvar [indepvars],lags(p) maxldep(q) twostep vce(robust) pre(varlist) endogenous(varlist) inst(varlist)（系统 GMM 的 Stata 命令）

非官方命令(系统 GMM 的 Stata 命令)

ssc install xtabond2

例题：

use mus08psidextrcat.dta,clear

xtabond lwage occ south smsa ind,lags(2) maxldep(3) pre(wks,lag(1,2) endogenous(ms,lag(0,2)) endogenous(union,lag(0,2)) twostep vce(robust)

estimates store DiffGMM

estat abond(检验扰动项的差分是否存在自相关，进而决定是否可以使用差分 GMM 法)

estat abond,artests(3)（检验更高阶自相关）

工具变量的过度识别检验：

quietly xtabond lwage occ south smsa ind,lags(2) maxldep(3) pre(wks,lag(1,2)

```
endogenous(ms,lag(0,2)) endogenous(union,lag(0,2)) twostep
estat sargan（注意:若使用了 vce(robust),则不能运行该命令）
xtdpdsys lwage occ south smsa ind,lags(2) maxldep(3) pre(wks,lag(1,2)
endogenous(ms,lag(0,2)) endogenous(union,lag(0,2)) twostep vce(robust)
estimates store SYSGMM
estimates table DiffGMM SYSGMM,b se
estat abond
quietly xdpdsys lwage occ south smsa ind,lags(2) maxldep(3) pre(wks,lag(1,2)
endogenous(ms,lag(0,2)) endogenous(union,lag(0,2)) twostep
estat sargan
```

15. 离散被解释变量模型

(1)二值模型的 Stata 命令

```
probit y x1 x2 x3
logit y x1 x2 x3
mfx（计算在样本均值处的边际效应）
mfx,at (x1=0)（计算在"x1=0,x2,x3 取样本均值"处的边际效应）
mfx,eyex（计算在样本均值处的弹性）
predict yhat（计算发生概率的预测值）
estat clas（计算预测准确的百分比）
```

例题：

```
use womenwk.dta,clear
reg work age married children education
probit work age married children education,nolog
mfx
estat clas
logit work age married children education,nolog
mfx
estat clas
```

(2)二值选择模型中的异方差问题

```
hetprob y x1 x2 x3,het (varlist)
```

例题：

```
hetprob work age married children education,het(age married children education) nolog
```

(3)多值选择模型

```
mlogit y x1 x2 x3,base(#) (base(#)用于指定参照组)
mlogit y x1 x2 x3,rrr base(#) (汇报 relative risk ratio)
mprobit y x1 x2 x3,base(#)
```

例题

```
use brand.dta,clear
```

```
mlogit brand age female,base(1) nolog
predict pbrand1 pbrand2 pbrand3
list p* in 1/10
```

(4)排序选择模型

```
oprobit y x1 x2 x3
ologit y x1 x2 x3
```

例题：

```
use panel1184extract.dta,clear
oprobit rating83c ia83 dia,nolog
predict p2 p3 p4 p5
list p2 p3 p4 p5 in 1/1
```

(5)计数模型

```
poisson y x1 x2 x3,r (泊松回归)
nbreg y x1 x2 x3,r (负二项回归)
zip y x1 x2 x3,inflate(varlist) vuong (零膨胀泊松回归)
zinby x1 x2 x3,inflate(varlist) vuong (零膨胀负二项回归
```

16. 受限被解释变量模型

(1)截尾回归

```
truncreg y x1 x2 x3,ll(#) (左边断尾)
truncreg y x1 x2 x3,ul(#) (右边断尾)
truncreg y x1 x2 x3,ll(#) ul(#) (双边断尾)
```

例题：

```
use laborsub.dta,clear
tab lfp
truncreg whrs k16 k618 wa we,11(0) nolog
```

(2)归并回归

```
tobit y x1 x2 x3,ll(#) (左归并)
tobit y x1 x2 x3,ul(#) (右归并)
tobit y x1 x2 x3,ll(#) ul(#) (双边归并)
```

例题：

```
usewomenwk.dta,clear
tobit lwf age married children education,r 11(0)
estimates store TOBIT_R
```

(3)样本选择模型

```
heckman y x1 x2 x3,select (z1 z2)
heckman y x1 x2 x3,select (z1 z2) twostep
heckman y x1 x2 x3,select (w=z1 z2) (默认使用 MLE,选择方程的被解释变量为 w)
```

17. ARMA 模型的 Stata 命令及实现

(1)自相关与偏自相关

```
corrgram y,lags(#)
ac y,lags(#)
pac y,lags(#)
```

(2)ARMA

```
arima y,ar(1/#) ma(1/#)
arima y,arima(#p,#d,#q)
predict e1,res
corrgram e1,lags(#)
```

(3)ADL 与 ARMAX

```
arima y x1 x2 x3,ar(#) ma(#)
```

例题：

```
use pe.dta,clear
g d_logpe=d.logpe
corrgram d_logpe,lags(10)
ac d_logpe,lags(10)
pac d_logpe,lags(10)
arima d_logpe,ar(1/4) nolog
estat ic
predict e1,res
corrgram e1,lags(10)
arima d_logpe,ma(1/4) nolog
estat ic
predict e2,res
corrgram e2,lags(10)
arima d_logpe,ar(2 4) nolog
estat ic
arima d_logpe,ma(2 4) nolog
estat ic
```

(4)VAR 模型

varsoc x y z,maxlag(#)(计算信息准则,默认值为 4)

var x y z(进行 VAR 估计,默认值为 2)

var x y z,lags(1/3)(滞后期为 1 到 3)

var x y z,lags(3)(只使用滞后第 3 期)

var x y z,dfk(样本容量较小,使用 dfk 进行自由度调整)

var x y z,small(显示小样本的 t 与 F 统计量)

var x y z,exog(w1 w2)(引入外生变量 w1、w2)

varbasic x y z,irf（估计 VAR 模型,画 irf,未正交化）
varwle（估计 VAR 模型后,对每个方程以及所有方程的各阶系数的联合显著性检验）
varlmar（估计 VAR 模型后,对残差是否存在自相关进行 LM 检验）
varlnorm（估计 VAR 模型后,检验残差是否服从正态分布）
varstable,graph（估计 VAR 后,通过特征值检验该 VAR 系统是否为平稳过程）
vargranger（估计 VAR 后,进行格兰杰因果关系检验）
irf create filename,set(filename) step(＃) replace（默认值为 step(8)）
irf graph irf（画脉冲响应图,未正交化）
irf graph oirf（画正交化的脉冲响应图）
fcast compute prefix,step(＃)（计算被解释变量的未来＃期的预测值）
fcast graph varlist,observed（对预测值画图,并与实际值比较）
例题：

```
use macro_swatson.dta,clear
varsoc dinf unem
var dinf unem,lags(1/2)
varwle
varlmar
varstable,graph
varnorm
vargranger
irf create macro,set(macro) replace
irf graph irf
irf graph oirf
var dinf unem if quarter<tq(1991q1),lags(1/2)
fcast graph f_dinf f_unem,observed lpattern("_")
```

18. 单位根和协整检验

(1)ADF 检验

dfuller y（DF 检验,不含滞后差分项,等价于选择项"lags(0)"）
dfuller y,lags(p)（包含 P 阶滞后差分项）
dfuller y,noconstant（不带常数项）
dfuller y,trend（带时间趋势项）
dfuller y,regress（显示回归结果）

(2)PP 检验

pperron y（默认设置带常数项,不带时间趋势项）
pperron y,noconstant

pperron y,trend
pperron y,regress

(3)DF－GLS 检验

dfgls y (默认带时间趋势项,自动根据信息准则选择最佳滞后期数)

dfgls y,notrend

(4)KPSS 检验

ssc install kpss

kpss y

kpss y,notrend

例题:

use macro_swatson.dta,clear

line inf quarter

dfuller inf

di 12 * (167/100)^(1/4) (利用 pmax=[12 * (T/100)1/4]计算最大滞后阶数)

dfuller inf,lags(12) reg

dfuller inf,lags(8) reg

pperron inf

dfgls inf

kpss inf,notrend

dfgls dinf

kpss dinf,notrend

(5)面板单位根检验

xtunitroot

(6)协整分析

vecrank y1 y2 … yn,lags(#) (默认设置包括常数项,但不包括时间趋势)

vecrank y1 y2 … yn,lags(#) trend(none)

vecrank y1 y2 … yn,lags(#) trend(trend)

vecrank y1 y2 … yn,max (显示最大特征值统计量及其临界值)

(7)VECM 估计(同时估计短期的 VECM 模型和长期的协整回归)

vec y1 y2 … yn,lags(#) rank(#) (默认设置包括常数项,但不包括时间趋势)

vec y1 y2 … yn,lags(#) rank(#) trend(none)

vec y1 y2 … yn,lags(#) rank(#) trend(trend)

* 默认值为 lags(2) rank(1)

veclmar

vecnorm

vecstable,graph

irf create filename,set(filename) step(#) replace

irf graph irf

irf graph oirf

fcast compute prefix,step(#)

fcast graph varlist,observed

例题：

```
use mpyr.dta,clear
line logmr logy year,lpattern ("1" "_")
line logv r10 year,lpattern ("1" "_")
vecrank logmr logy r,trend(trend) max
varsoc logmr logy r
vec logmr logy r,lags(2) rank(1)
veclmar
vecnorm
vecstable,graph
irf create money,set(money) step(10) replace
irf graph irf
irf graph oirf
quietly vec logmr logy r if year<1980,lags(2) rank(1)
fcast compute f_,step(10)
fcast graph f_logmr f_logy f_r,observed lpattern("_")
```

参考文献

[1] Abrevaya, Jason and Christian M. Dahl. The effects of birth inputs on birthweight[J]. Journal of Business and Economic Statistics. 2008,26—4. p.379—397.

[2] Anselin L, Bera A. Spatial dependence in linear regression models with an introduction to spatial econometrics[J]. Statistics Textbooks and Monographs, 1998, 155:237—290.

[3] Anselin L, Florax R J G M. New directions in spatial econometrics[M]. Springer—Verlag Berlin and Heidelberg GmbH & Co,K,1995.

[4] Anselin L, Le Gallo J. Interpolation of air quality measures in hedonic house price models: spatial aspects[J]. Spatial Economic Analysis,2006,1(1):31—52.

[5] Anselin L. Spatial econometrics: methods and models[M]. Springer,1988.

[6] Blackburn M K, Neumark D. Unobserved Ability, Efficiency Wages, and Interindustry Wage Differentials[J]. Quarterly Journal of Economics, 1992, 107(4): 1421—1436.

[7] Brandt L, Biesebroeck J V, Zhang Y. Creative accounting or creative destruction? Firm-level productivity growth in Chinese manufacturing [J]. Journal of Development Economics,2012,97(2):339—351.

[8] Caniels M C J, Verspagen B. Barriers to knowledge spillovers and regional convergence in an evolutionary model[J]. Journal of Evolutionary Economics,2001,11(3): 307—329.

[9] Challet D, Zhang Y C. Emergence of cooperation and organization in anevolutionary game [J]. Physica A,1997,246 (3—4): 407— 418.

[10] Chen G, Firth M, Rui O. Have China's enterprise reforms led to improved efficiency and profitability? [J]. Emerging Markets Review,2006,7(1):82—109.

[11] Debarsy N, Ertur C. Testing for spatial autocorrelation in a fixed effects panel data model[J]. Regional Science and Urban Economics,2010,40(6): 453—470.

[12] Diks C, Panchenko V. A new statistic and practical guidelines for nonparametric Granger causality testing[J]. Journal of Economic Dynamics & Control, 2004,30(9 - 10):1647—1669.

[13] Dinc I S, Gupta N. The Decision to Privatize: Finance and Politics[J]. Journal

of Finance,2011,66(1):241 - 269.

[14]Don Bredin. Alternative Tests of the Expectations Hypothesis of the Term Structure of Interest Rates[J]. Research Technical Papers,2001.

[15]Elhorst J P. Dynamic panels with endogenous interaction effects when T is small[J]. Regional Science and Urban Economics,2010,40(5): 272—282.

[16]Elhorst J P. Specification and Estimation of spatial panel data models[J]. International regional science review,2003,26(3): 244—268.

[17]Elhorst J P. Unconditional Maximum Likelihood Estimation of Linear and Loglinear Dynamic Models for Spatial Panels[J]. Geographical Analysis,2005,37(1): 85—106.

[18] F. Y. Hsieh, Philip W. Lavori. Sample-Size Calculations for the Cox Proportional Hazards Regression Model with Nonbinary Covariates [J]. Controlled clinical trials,2000,21(6):552—560.

[19]Galvao A F,Gabriel M,Jose O. Threshold quantile autoregressive models[J]. Journal of Time,2011,32(3):253—267.

[20]Getis A,Griffith D A. Comparative Spatial Filtering in Regression Analysis[J]. Geographical Analysis,2002,34(2): 130—140.

[21]Griffith D A. A Linear Regression Solution to the Spatial Autocorrelation Problem[J]. Journal of Geographical Systems,2000,2(2): 141—156.

[22] Hepple, L. W. The Econometric Specification and Estimation of Spatio-temporal Models Time and Regional Dynamics[M]. London. Edward Arnold,1978.

[23]Hiemstra C,Jones J D. Testing for Linear and Nonlinear Granger Causality in the Stock Price - Volume Relation[J]. The Journal of Finance, 1994, 49 (5): 1639 —1664.

[24]Hsiao C, Hashem Pesaran M, Kamil Tahmiscioglu A. Maximum Likelihood Estimation of Fixed Effects Dynamic Panel Data Models Covering Short Time Periods [J]. Journal of Econometrics,2002,109(1): 107—150.

[25]Inessa Lovea and Lea Zicchinob.Financial development and dynamic investment behavior: Evidence from panelVAR[J].Quarterly Review of Economics and Finance 2006 Vol.46 NO.2 P190—2

[26]Jefferies P,Hart M,Hui P M, Johnson N F. From market games to real-world markets[J]. The European Physical Journal B,2001,20(4): 493— 501.

[27] Joon Y. Park. Nonlinear Regressions with Integrated Time Series [J]. Econometrica,2001,69(1):117 - 161.

[28] Juliet D′souza, William L. Mcgginson. The Financial and Operating Performance of Privatized Firms during the 1990s[J]. The Journal of Finance,2010,54 (4):1397—1438.

[29]Kelejian H H,Tavlas G S,Hondroyiannis G. A Spatial Modelling Approach to

Contagion among Emerging Economies[J]. Open Economies Review, 2006, 17(4－5): 423－441.

[30]Klein J P, Moeschberger M L. Survival Analysis: Techniques for Censored and Truncated Data, Second Edition[J]. 2003.

[31] Knyazeva A, Knyazeva D, Stiglitz J E. Ownership change, institutional development and performance [J]. Journal of Banking & Finance, 2013, 37 (7): 2605－2627.

[32]Koenker R. Quantile regression for longitudinal data[M]. Academic Press, Inc. 2004.

[33]Lee L F, Yu J. A Unified Transformation Approach for the Estimation of Spatial Dynamic Panel Data Models: Stability, Spatial Cointegration and Explosive Roots[M]. Handbook on Empirical Economics and Finance, 2010.

[34]LeSage J P, Kelley Pace R. A Matrix Exponential Spatial Specification[J]. Journal of Econometrics, 2007, 140(1): 190－214.

[35] LeSage J P, Pace R K. Introduction to Spatial Econometrics [M]. CRC Press, 2010.

[36]LeSage J P. The Theory and Practice of Spatial Econometrics[J]. University of Toledo. Toledo, Ohio, 1999, 28－33.

[37]Lu S F, Dranove D. Profiting from gaizhi: Management buyouts during China's privatization[J]. Journal of Comparative Economics, 2013, 41(2): 634－650.

[38] Maki D. Non-linear adjustment in the term structure of interest rates: a cointegration analysis in the non-linear STAR framework [J]. Applied Financial Economics, 2006, 16(17): 1301－1307.

[39] Michael R. M. Abrigo and Inessa Love. Estimation of panel vector autoregression in Stata: A package of programs[J]. Stata Journal 2016 vol. 16 No. 3 P778－804

[40] Mutl J, Pfaffermayr M. The Spatial Random Effects and the Spatial Fixed Effects Model: the Hausman Test in a Cliff and Ord Panel Model[R]. Reihe ökonomie/ Economics Series, Institut für Höhere Studien(IHS), 2008.

[41]Peter C. B. Phillips, Victor Solo. Asymptotics for Linear Processes[J]. The Annals of Statistics, 1992, 20(2): 971－1001.

[42]Regier D A, Ryan M, Phimister E, et al. Bayesian and classical estimation of mixed logit: An application to genetic testing[J]. Journal of Health Economics, 2009, 28 (3): 598－610.

[43]Revelli F. On Spatial Public Finance Empirics[J]. International Tax and Public Finance, 2005, 12(4): 475－492.

[44]Robin Burgess, Rohini Pande, Grace Wong. Banking For The Poor: Evidence From India [J]. Journal of the European Economic Association, 2005, 3 (2 - 3):

268－278.

[45]Schoenfeld D A. Sample-size formula for the proportional－hazards regression model.[J]. Biometrics,1983,39(2):499.

[46]Spector L C,Mazzeo M. Probit Analysis and Economic Education[J]. Journal of Economic Education,1980,11(2):37－44.

[47]Weber E. Financial Contagion,Vulnerability and Information Flow: Empirical Identification[J]. 2009.

[48]埃德加·E.彼得斯. 资本市场得混沌与秩序（第二版）[M]. 王小东 译. 北京：经济科学出版社，1999.

[49]安同良,周绍东,皮建才. R&D补贴对中国企业自主创新的激励效应[J]. 经济研究,2009(10):87－98.

[50]白重恩,路江涌,陶志刚. 国有企业改制效果的实证研究[J]. 经济研究,2006(8):4－13.

[51]蔡春,杨麟,陈晓媛,等. 上市公司审计意见类型影响因素的实证分析——基于沪深股市2003年A股年报资料的研究[J]. 财经科学,2005(01):95－102.

[52]陈磊,曾勇,杜化宇.石油期货收益率的分位数建模及其影响因素分析[J].中国管理科学,2012,20(03):35－40.

[53]陈普.FAVAR及其时变模型在中国宏观经济的应用[D].华中科技大学,2012.

[54]陈强. 高级计量经济学及Stata应用[M]. 高等教育出版社,2010,135－169.

[55]陈守东,王淼. 我国银行体系的稳健性研究——基于面板VAR的实证分析[J]. 数量经济技术经济研究,2011,28(10):64－77.

[56]陈争平. 大数据时代与经济史计量研究[J]. 社会科学文摘,2017,(02):30－32.

[57]单豪杰. 中国资本存量K的再估算:1952～2006年[J]. 数量经济技术经济研究,2008(10):17－31.

[58]邓慧敏. 基于贝叶斯Markov转换模型的股市收益与通胀动态关系研究[D].湖南大学,2014.

[59]段白鸽. 贝叶斯非线性分层模型在多元索赔准备金评估中的应用[J]. 数量经济技术经济研究,2014(3):148－160.

[60]冯蕾. 2005－2007年我国省际能源效率研究——基于DEA方法非意愿变量CRS模型的测度[J]. 统计研究,2009,26(11):31－35.

[61]傅强,陈园园,刘军,刘俊,董丽蒙.基于面板数据和动态Logit方法的金融危机预警模型[J].中央财经大学学报,2015(01):33－40.

[62]高大为. 货币政策中介指标与经济增长的关系研究[D].吉林大学,2006.

[63]高铁梅. 计量经济分析方法与建模[M]. 清华大学出版社,2009,243－263.

[64]格林. 计量经济分析[M]. 中国人民大学出版社,2011,475－559.

[65]关家宜. 我国宏观经济对沪港股市影响的贝叶斯研究[D].湖南大学,2015.

[66]郭国强.空间计量模型的理论和应用研究[D]. 华中科技大学,2013.

[67]贺力平,樊纲,胡嘉妮. 消费者价格指数与生产者价格指数:谁带动谁？[J]. 经

济研究，2008(11)：44－48.

[68]贺胜兵. 基于 PSTR 模型的地区间资本流动能力研究[J]. 统计研究，2008，(08)：45－49.

[69]胡春杰. 基于 BVAR 的利率、汇率与股市关系研究[D].湖南大学，2016.

[70]胡毅，王珏，杨晓光.基于面板 Logit 模型的银行客户贷款违约风险预警研究[J]. 系统工程理论与实践，2015，35(07)：1752－1759.

[71]胡育蓉，齐结斌.对外开放、空间溢出和包容性增长[J].国际贸易问题，2016(04)：3－14.

[72]黄清煌，高明.环境规制的节能减排效应研究——基于面板分位数的经验分析[J].科学学与科学技术管理，2017，38(01)：30－43.

[73]黄寿峰.财政支农、金融支农促进了农民增收吗？——基于空间面板分位数模型的研究[J].财政研究，2016(08)：78－90.

[74]黄先明.国际资源价格波动因素冲击测度分析——基于 FAVAR 模型[J]. 当代财经，2015，(03)：87－99.

[75]贾功祥.PVAR 模型在研究经济增长与能源消费关系中的应用[D].广东工业大学，2012.

[76]贾凯威编著.人民币汇率波动计量分析[M].北京：中国金融出版社，2015.

[77]蒋青华. 我国房价波动区制转移特征的实证研究[D].东北财经大学，2010.

[78]金培振，张亚斌，李激扬，等. 能源效率与节能潜力的国际比较——以中国与 OECD 国家为例[J]. 世界经济研究，2011(01)：21－27.

[79]靳云汇，金赛男. 高级计量经济学(下册)[M]. 北京大学出版社，2011.

[80]康宁，荆科.门限分位数自回归模型的预测方法及应用[J].数量经济技术经济研究，2016，33(03)：146－161.

[81]黎翠梅，曹建珍. 中国农村金融效率区域差异的动态分析与综合评价[J]. 农业技术经济，2012(3)：4－12.

[82]李福祥，何红霞. 我国货币需求的短期非线性动态调整特征研究——基于 MS-VECM 方法[J]. 金融研究，2010，(04)：64－71.

[83]李金凯. 高技术产业中研发投入对技术进步的非对称效应研究[D].东北财经大学，2016.

[84]李楠，乔榛. 国有企业改制政策效果的实证分析——基于双重差分模型的估计[J]. 数量经济技术经济研究，2010，01(02)：3－21.

[85]李晓芳，高铁梅，梁云芳. 税收和政府支出政策对产出动态冲击效应的计量分析[J]. 财贸经济，2005，(02)：32－39＋97.

[86]李远勤，张祥建. 中国国有企业民营化前后的绩效对比分析[J]. 南开经济研究，2008(4)：97－107.

[87]李志辉，罗平. SPSS 常用统计分析教程.第 4 版[M]. 电子工业出版社，2015.

[88]李子奈，叶阿忠.高等计量经济学[M]. 清华大学出版社，2000.

[89]李子奈，叶阿忠.高级应用计量经济学[M]. 清华大学出版社，2012.

[90]刘傲琼.基于时变参数因子VAR模型的中国货币政策有效性研究[D].南京财经大学,2013.

[91]刘凤良,鲁旭.CPI与PPI的“虚假传导”及其修正——一个相对稳健的实证框架[J].数量经济技术经济研究,2011(08):91-102.

[92]刘海庆,高凌江.我国税制结构、税负水平与经济增长的关系研究——基于全国30个省级单位面板数据的PVAR分析[J].财经理论与实践,2011,32(3):68-73.

[93]刘长庚,田龙鹏,陈彬.经济制度变迁、包容性增长与收入分配[J].财经科学,2016(01):78-87.

[94]卢克.多层次模型[M].格致出版社,2012.

[95]孟令杰.中国农业产出技术效率动态研究[J].农业技术经济,2000(5):1-4.

[96]欧阳敏华,雷钦礼.STAR误差修正模型中协整关系检验的inf-t统计量[J].数量经济技术经济研究,2013(09):137-151.

[97]欧阳志刚.阈值协整及其对我国的应用研究[D].华中科技大学,2008.

[98]潘省初主编.计量经济学中级教程(第2版)[M].北京:清华大学出版社,2013

[99]潘文卿.中国的区域关联与经济增长的空间溢出效应[J].经济研究,2012(1):54-65.

[100]潘越.基于非线性Granger因果检验的股市间联动关系研究[J].数量经济技术经济研究,2008(9):87-100.

[101]彭伟,曾裕峰,袁阳阳.基于门限加权不对称斜率模型的CAViaR研究[J].系统管理学报,2016,25(03):439-447.

[102]钱水土,陈鑫云.农村信用社区域性风险影响因素分析——基于面板数据Logit模型[J].金融研究,2016(09):115-130.

[103]任燕燕,王娜.中国物价波动对经济增长影响的实证分析——基于省际面板数据分位数回归[J].当代财经,2013(08):5-15.

[104]沈悦,周奎省,李善燊.基于FAVAR模型的货币政策的房价传导区制研究[J].当代经济科学,2011,33(03):50-58+126.

[105]苏鹏,赫永达,孙巍.收入分布变迁的需求效应及内需问题——基于准面板数据门限模型的分位数回归[J].山西财经大学学报,2014,36(06):28-38.

[106]孙坚强,崔小梅,蔡玉梅.PPI和CPI的非线性传导:产业链与价格预期区制[J].经济研究,2016(10):54-68.

[107]孙焱林,陈普,熊义明.贝叶斯视角下时变参数VAR建模——兼论“斜率之谜”[J].数量经济技术经济研究,2011,(10):123-133.

[108]瓦尼·布鲁雅,布鲁雅,张卓妮.logit与probit:次序模型和多类别模型[M].上海人民出版社,2012.

[109]王晴.基于BVAR模型的股债联动关系实证研究[D].上海交通大学,2014.

[110]王胜,陈继勇.中美经济关系、汇率制度与中国汇率政策——基于FAVAR模型的实证分析[J].数量经济技术经济研究,2010,27(01):95-106.

[111]王素,浦小松.异质性、教育发展与国家创新能力——基于面板分位数模型的研

究[J].教育研究,2015,36(06):117－123.

[112]王伟,田杰.基于DEA模型的财政金融支农资金配置效率实证研究[J].武汉金融,2009(05):58－60.

[113]王亚华,吴凡,王争.交通行业生产率变动的Bootstrap-Malmquist指数分析(1980－2005)[J].经济学:季刊,2008,7(3):891－912.

[114]温福星.阶层线性模型的原理与应用[M].中国轻工业出版社,2009.

[115]温焜.跨境资本流动、通货膨胀与实际汇率的关系研究——基于面板平滑转换回归模型PSTR[J].金融理论与实践,2016,(10):32－39.[2017－09－10].

[116]温涛,熊德平."十五"期间各地区农村资金配置效率比较[J].统计研究,2008,25(4):82－89.

[117]吴华超,温涛.基于DEA方法的农村资金配置效率研究——以统筹城乡综合配套改革试验区重庆市为例[J].金融理论与实践,2008(03):25－28.

[118]吴玉鸣.大学、企业研发与首都区域创新的局域空间计量分析[J].科学学研究,2006.

[119]吴玉鸣.空间计量模型在省域研发与创新中的应用研究[J].数量经济技术经济研究,2006.

[120]武翠芳.中国农村资金外流研究[D].中国农业大学,2007.

[121]鲜文铎,谢赞春.审计意见决策的贝叶斯有序离散选择分析[J].贵州财经大学学报,2012,30(06):99－104.

[122]鲜于建川,隽志才.基于分层贝叶斯的Mixed Logit模型及其应用[J].统计与决策,2015(5):80－82.

[123]项永兵,高玉堂,金凡.Cox回归模型的研究进展[J].中国慢性病预防与控制,1995(1).

[124]熊彬,马世杰.中国对柬埔寨投资企业绩效及其影响因素实证研究——基于广义定序Logit模型[J].国际贸易问题,2015(09):66－75.

[125]徐琼.基于DEA模型的技术效率实证分析——浙江省地区农业效率差异分析[J].宁波大学学报(理工版),2005,18(2):215－218.

[126]徐长生,程琳,庄佳强.地方债务对地区经济增长的影响与区制——基于面板分位数模型的分析[J].经济学家,2016(05):77－86.

[127]许启发,康宁.门限分位数自回归模型及在股市收益自相关分析中应用[J].系统工程理论与实践,2015,35(12):2993－3007.

[128]轩慧芳.基于BVAR模型的我国股票价格宏观经济因素影响分析[D].暨南大学,2014.

[129]杨超,李国良,门明.国际碳交易市场的风险度量及对我国的启示——基于状态转移与极值理论的VaR比较研究[J].数量经济技术经济研究,2011,28(04):94－109＋123.

[130]杨汝岱.中国制造业企业全要素生产率研究[J].经济研究,2015(2):61－74.

[131]杨永聪,申明浩.外贸包容性增长对地区创新能力的影响——基于省级空间面

板数据的分析[J].国际贸易问题,2015(05):3—10.

[132]杨子晖,赵永亮,柳建华.CPI与PPI传导区制的非线性研究:正向传导还是反向倒逼?[J].经济研究,2013(3):83—95.

[133]叶阿忠,吴继贵,陈生明等.空间计量经济学[M].厦门大学出版社,2015.

[134]尹力博,韩立岩.外部冲击对PPI指数的结构性传导——基于FAVAR模型的全视角分析[J].数量经济技术经济研究,2012,29(12):66—81.

[135]余珮,张搏,洪正华,张建华.在华外资银行分层区位战略及影响因素研究——基于嵌套Logit模型的实证检验[J].金融研究,2015(04):130—147.

[136]虞义华.空间计量经济学理论及其在中国的实践应用[M].经济科学出版社,2015.

[137]张航,赵鹏,乔珂,等.高速铁路旅客出行时间选择Logit模型与分析[J].铁道运输与经济,2017,39(1):55—60.

[138]张丽君,苏萌.新产品预先发布对消费者购买倾向的影响:基于消费者视角的研究[J].南开管理评论,2010,13(4):83—91.

[139]张莉莉,陆凤彬.物流成本对产出和价格水平的影响——基于FAVAR模型[J].系统工程理论与实践,2014,34(08):2025—2033.

[140]张林,肖诗顺.西部欠发达地区农村资金配置效率评价及影响因素分析[C].中国科协年会第17分会场—城乡一体化与“三农”创新发展研讨会.2011.

[141]张奇,胡蓝艺,王珏.基于Logit与SVM的银行业信用风险预警模型研究[J].系统工程理论与实践,2015,35(07):1784—1790.

[142]张倩.我国就业变动与经济周期波动相关性研究[D].东北财经大学,2012.

[143]张所地,范新英.基于面板分位数回归模型的收入、利率对房价的影响关系研究[J].数理统计与管理,2015,34(06):1057—1065.

[144]张志强.金融发展,研究创新与区域技术深化[J].经济评论,2012(3):82—92.

[145]赵耐青.生存分析的最小样本含量计算[J].复旦学报(医学版),1994(sh):333—337.

[146]赵武,李晓华,孙永康,王姣玥.面向区域创新发展的地市级包容性创新能力测评研究——来自陕西省10地市的数据[J].科技进步与对策,2015,32(14):108—113.

[147]周一鹿.中国农业信贷资金配置效率研究[D].西南大学,2010.

[148]朱慧明,郝立亚,虞克明,曾惠芳,李素芳.基于MCMC模拟的贝叶斯复合状态信用溢价模型研究[J].中国管理科学,2011,19(03):1—10.

[149]朱丽叶.分层模型与贝叶斯方法[D].暨南大学,2012.